Dagmar Bussiek

Benno Reifenberg 1892–1970

Dagmar Bussiek
Benno Reifenberg
1892–1970

Eine Biographie

WALLSTEIN VERLAG

Gedruckt mit Unterstützung
der FAZIT-Stiftung

Bibliografische Information der deutschen Nationalbibliothek
Die Deutsche Nationalbibliothek verzeichnet diese Publikation in der
Deutschen Nationalbibliografie; detaillierte bibliografische Daten
sind im Internet über http://dnb.d-nb.de abrufbar.

© Wallstein Verlag, Göttingen 2011
www.wallstein-verlag.de
Vom Verlag gesetzt aus der Adobe Garamond
Umschlaggestaltung: Susanne Gerhards, Düsseldorf
Umschlagfoto: DLA Marbach, Bildstelle
Druck: Hubert & Co, Göttingen

ISBN 978-3-8353-0898-5

Inhalt

Einleitung 7

Prägungen
Bürgerliche Herkunft und Fronterfahrung

Kindheit, Schulzeit, Studium (1892-1914) 37
Herkunft und Familie 38 — Humanistisches Gymnasium 50 — Frankfurt am Main 62 — Studienjahre 67

Der Erste Weltkrieg (1914-1918) 89
Kriegsfreiwilliger an der Westfront 91 — Artillerieoffizier 109 — Nachwirkung und Verarbeitung 120

Konsolidierung
Aufstieg bei der »Frankfurter Zeitung«

Der Weg in den Journalismus (1919-1924) 129
Heimkehr nach Frankfurt 131 — Die Entstehung eines Netzwerkes 134 — Beruf: Journalist 150

Leiter des Feuilletons (1924-1930) 157
Redaktioneller Alltag 160 — Das Feuilleton als Diskursraum 171 — Revirement 198

Politisierung (1930-1933) 211
Korrespondent in Paris 212 — Ressort: Innenpolitik 230

Gratwanderungen
Vom Leben und Schreiben in der Diktatur

Publizist im NS-Staat (1933-1937/38) 243
Der Prozess der Machtübernahme 245 — Die Redaktion im NS-Staat 262 — Anpassung und Zustimmung 277 — Die »Resistenz« des Bildungsbürgers 286

Rückzug in Etappen (1938-1945) 293
Eine Bildbesprechung und ihre Folgen 294 — Krankheit und Rekonvaleszenz 301 — Rückkehr in die Redaktion 314 — »Innere Emigration« 318 — Das Ende der »Frankfurter Zeitung« 336 — Zuflucht im Schwarzwald 343 — Unterstützung durch die IG Farben 363

Vergangenheitsbewältigung und neue Herausforderungen
Eine Karriere im Westen

»Die Gegenwart« (1945-1958) 369
Die Zeitschrift 372 — Die Schatten der Vergangenheit 387 Politische Positionen 393 — Persönlicher Lebenszuschnitt und publizistische Produktivität 404 — Das Scheitern der »Gegenwart« und die Übernahme durch die FAZ 410

Die »Frankfurter Allgemeine Zeitung« (1959-1970) 426
Der Herausgeber 428 — Die späten Jahre 443

Schlussbetrachtung 456

Quellen und Literatur 463

Bildnachweis 498

Dank 499

Einleitung

Benno Reifenberg (1892-1970) war einer der bedeutendsten deutschen Journalisten des 20. Jahrhunderts. Sein Name und seine Vita sind auf das Engste verbunden mit der Geschichte der »Frankfurter Zeitung« (FZ), die im Kaiserreich und in der Weimarer Republik zu den wichtigsten Stimmen des deutschen Liberalismus gezählt und in der strikt reglementierten Presselandschaft des NS-Staates eine besondere Rolle gespielt hatte: Obschon den Machthabern als bürgerliches Blatt mit einem traditionell hohen Anteil jüdischer Mitarbeiter prinzipiell verhasst, konnte sie aus politisch-strategischem Kalkül bis Mitte 1943 weiter erscheinen und genoss als Vorzeigeorgan fürs Ausland größere Spielräume für eine partiell nichtnationalsozialistische Berichterstattung als das Gros der übrigen deutschen Medien. Unmittelbar nach dem Ende des Zweiten Weltkrieges setzte eine intensive Legendenbildung um das »Weltblatt« vom Main ein, dessen ehemalige Mitarbeiter eine maßgebliche Position beim Wiederaufbau der deutschen Presse in den Westzonen bzw. der Bundesrepublik Deutschland beanspruchten und de facto auch übernahmen. Die Abgrenzung erfolgte dabei nicht nur gegenüber den einstigen nationalsozialistischen »Schriftleitern«, sondern auch gegenüber den heimkehrenden Emigranten, denen ein Urteil über die jüngste deutsche Geschichte und damit zugleich auch die Berechtigung zur Gestaltung der deutschen Gegenwart und Zukunft nicht oder nur in geringerem Maße zugestanden wurde. An der schwierigen Gratwanderung der FZ-Redaktion zwischen politischer Anpassung und Dissens in den Jahren 1933 bis 1943 war Benno Reifenberg maßgeblich beteiligt. Nach 1945 agierte er in seiner eigenen wie in der Wahrnehmung der Zeitgenossen als eine Art »Gralshüter der FZ-Tradition«[1].

Reifenberg entstammte dem wohlhabenden städtischen Bürgertum und damit jener sozialen Schicht, der sich die FZ seit ihrer Gründung als »Börsenblatt« in den 1850er Jahren politisch, ökonomisch und kulturell verbunden und verpflichtet gesehen hatte. Im August 1914 hatte sich der Student der Kunstgeschichte – wie so viele Angehörige seiner Generation – freiwillig zum Kriegsdienst gemeldet; er erlebte den gesamten Ersten Weltkrieg an der Westfront. Nach der Rückkehr in seine Heimat-

---

[1] Jens Flemming: »Neues Bauen am gegebenen Ort«. Deutschland, Europa und *Die Gegenwart*, in: Michel Grunewald/Hans Manfred Bock (Hrsg.): Der Europadiskurs in den deutschen Zeitschriften (1945-1955), Bern u.a. 2001, S. 187-218, hier S. 210.

EINLEITUNG

stadt Frankfurt am Main ebneten ihm persönliche Beziehungen den Weg in die Redaktion der FZ. Er begann seine Laufbahn als freier Mitarbeiter, zuständig für das lokale Frankfurter Kunstgeschehen, und machte in den Weimarer Jahren rasch und reibungslos Karriere: als Leiter des renommierten FZ-Feuilletons von 1924 bis 1930, als Pariser Korrespondent des Blattes 1930/31, als führender Kopf in der politischen Zentralredaktion in Frankfurt 1932/33. Intern galt Reifenberg bei der FZ als Zögling und möglicher Nachfolger von Heinrich Simon, dem Enkel und Erben des Zeitungsbegründers Leopold Sonnemann. Als die jüdische Familie Simon-Sonnemann nach der Machtübernahme Hitlers emigrieren musste, entschloss sich Reifenberg, der – obschon katholisch getauft und erzogen – nach den »Rassegesetzen« der Nationalsozialisten als »Halbjude« galt, zum Verbleiben in Deutschland und zur Fortsetzung seiner Tätigkeit bei der FZ. In dem Kreis prominenter Publizisten, die sich nach Kriegsende vergeblich um eine Wiederbegründung des traditionsreichen Blattes bemühten, spielte er eine Schlüsselrolle. Von 1945 bis 1958 wirkte er als Herausgeber der Halbmonatsschrift »Die Gegenwart«, die als Provisorium bis zur geplanten Neugründung der FZ und Auffangbecken für einen Stamm ehemaliger FZ-Redakteure konzipiert worden war und sich in der expandierenden und rasch wandelnden Medienlandschaft der jungen Bundesrepublik nicht behaupten konnte. 1958 erfolgte die Fusion der »Gegenwart« mit der ungleich erfolgreicheren, 1949 gegründeten »Frankfurter Allgemeinen Zeitung« (FAZ), die sich bis heute auf das Erbe der alten FZ beruft. Reifenberg wurde in die Riege der FAZ-Herausgeber aufgenommen und war in dieser Position bis zum Eintritt in den Ruhestand 1966 tätig. Als freier Mitarbeiter wirkte er bis zu seinem Tod im Jahre 1970 für die FAZ.

Die Rolle der FZ im »Dritten Reich« wird bis heute in der historischen Forschung kontrovers diskutiert. Dies wurde augenfällig deutlich im Februar 2005 auf einer Tagung der »Forschungsgemeinschaft 20. Juli 1944«, auf der unterschiedliche Aspekte der Pressegeschichte in der NS-Zeit verhandelt wurden. Angesichts der Tatsache, dass es »publizistischen Widerstand im engeren Sinne«[2] im totalitären Staat lediglich in Form von illegal angefertigten und verbreiteten Flugschriften hatte geben können, nicht aber in den allgemein zugänglichen, permanent kontrollierten und

---

2 Christoph Studt: Einleitung, in: Ders. (Hrsg.): »Diener des Staates« oder »Widerstand zwischen den Zeilen«? Die Rolle der Presse im »Dritten Reich«. XVIII. Königswinterer Tagung Februar 2005 (Schriftenreihe der Forschungsgemeinschaft 20. Juli, Band 8), Berlin 2007, S. 3-9, hier S. 3. Dort auch die folgenden Zitate.

EINLEITUNG

der Zensur unterworfenen Zeitungen und Zeitschriften, lag der Focus auf jenem »moralischen Respekt erhaschende[n] ›Schreiben zwischen den Zeilen‹«, mit dem in legal existierenden, staatlich reglementierten Publikationsorganen »vorsichtige Distanzierungen, ja gelegentlich sogar partielle Dissidenz« im Hinblick auf die ideologischen Vorgaben des Regimes signalisiert wurden.[3] »Der Verlauf der Tagung«[4], so berichtet Christoph Studt, der Herausgeber eines nachfolgend publizierten Sammelbandes, veranlasste den Berliner Historiker Bernd Sösemann dazu, den Schwerpunkt seines das Gesamtthema reflektierenden Einführungsvortrages für die Druckfassung zu ändern: Im Zentrum stand nun die Auseinandersetzung mit der FZ im NS-Staat[5] – ein Gegenstand, der im Kolloquium von dem Historiker und ehemaligen Redaktionsmitglied der FAZ Günther Gillessen behandelt worden war[6], so dass man im Tagungsband auf die »Doppelung eines Themas«[7] stößt. Der Grund erschließt sich bei der Lektüre der beiden Aufsätze rasch: Vorgelegt werden zwei Darstellungen, die gleiche Vorgänge mit stark unterschiedlicher Wertung präsentieren.

In Anlehnung an seine großangelegte Studie von 1986 sieht Gillessen die FZ im »Dritten Reich«[8] als Organ einer »getarnte[n] öffentliche[n]

3 Vgl. insbesondere Jürgen Fröhlich: »Die Umformung des deutschen Seins erlaubt keine passive Resignation«. Die Zeitschrift »Die Hilfe« im Nationalsozialismus, in: Studt, »Diener des Staates«, S. 115-130; Maria Theodora Freifrau von dem Bottlenberg-Landsberg: Die »Weißen Blätter« als Kristallisationspunkt konservativer Opposition im »Dritten Reich«, in: Studt, »Diener des Staates«, S. 143-160; Volker Mauersberger: »Zwischen den Zeilen?« – Rudolf Pechel und sein publizistischer Kampf für Freiheit und Recht, in: Studt, »Diener des Staates«, S. 175-182; Birgit Rätsch: »Der Tätige ist stets wichtiger als der Tote oder auch nur der Gefesselte«. Das Dilemma Fritz Sängers zwischen Mittun und Opposition, in: Studt, »Diener des Staates«, S. 183-194.
4 Studt: Einleitung, in: Ders., »Diener des Staates«, S. 3-9, hier S. 3.
5 Vgl. Bernd Sösemann: Journalismus im Griff der Diktatur. Die ›Frankfurter Zeitung‹ in der nationalsozialistischen Pressepolitik, in: Studt, »Diener des Staates«, S. 11-38. Vgl. auch Ders.: Die Frankfurter Zeitung im Nationalsozialismus. Zwischen Distanz und Anpassung, in: Die Zeit, Nr. 11, 6.3.1987.
6 Vgl. Günther Gillessen: Eine bürgerliche Zeitung »auf verlorenem Posten« – Die Frankfurter Zeitung im Dritten Reich, in: Studt, »Diener des Staates«, S. 161-174.
7 Studt: Einleitung, in: Ders., »Diener des Staates«, S. 3. Dort auch das folgende Zitat.
8 In der vorliegenden Arbeit wird die überarbeitete, 2. Auflage von 1987 herangezogen: Günther Gillessen: Auf verlorenem Posten. Die Frankfurter Zeitung im Dritten Reich, 2., überarb. Auflage, Berlin 1987.

Opposition«[9]. Mit Hilfe ausgefeilter Codes habe das Bürgerblatt zu seinen Lesern gesprochen und dabei einen »Widerstandswillen« an den Tag gelegt, der von den Zeitgenossen wohl verstanden worden sei, von den Nachgeborenen jedoch nicht nachvollzogen werden könne oder schlicht abgeleugnet werde – »[v]erständlich vielleicht«, wie Gillessen angesichts der Menschheitsverbrechen des Regimes einräumt, aber in seiner Lesart Ausdruck von »Nachher-Wissen, auch Nachher-Besser-Wissen«[10]. Die Replik Sösemanns fiel scharf aus: Mangelnde Quellenkritik bei umfangreicher Erschließung des zur Verfügung stehenden Materials warf er Gillessen vor, »forcierte Rechtfertigungsbemühungen«, »thematisch-konzeptionelle Enge«, »fehlenden Nuancenreichtum« und eine »Emotionalisierung der Debatte«, die statt zu einer »Klärung« zu einer »Verzeichnung der Sachverhalte« führe.[11] Selbst ehemalige Mitarbeiter der FZ hätten rückblickend differenzierter über ihr eigenes Tun geurteilt als der Historiker Gillessen. Als zeitgenössischen Kronzeugen eines solchen »vorsichtigeren« Urteils zitiert Sösemann den langjährigen FZ-Redakteur Reifenberg, der gegenüber dem Kollegen Oskar Stark erklärt habe, »[d]ie einzige Konsequenz, die er [Reifenberg, DB] daraus [aus der NS-Diktatur, DB] gezogen hatte, sei die, daß man den allerersten Anfängen widerstehen müsse; wenn man einmal im Geschirr sei, sei es mit der Freiheit der Entschließung vorbei.‹«[12]

Zweierlei wird an dieser Stelle deutlich. Zum einen: Obwohl die Geschichte der FZ gründlich erforscht und intensiv diskutiert worden ist, besteht bis heute kaum ein Minimalkonsens im Hinblick auf ihre Rolle in der NS-Zeit; am versöhnlichsten zeigte sich noch Martin Broszat in seiner 1987 im »Spiegel« veröffentlichten Replik auf Gillessens Buch mit dem beziehungsreichen Titel »Sanfte Gegenrede«.[13] Zum anderen: Über Benno Reifenberg, der in der Wahrnehmung der Zeitgenossen über lange Jahre der – zumindest informelle – »Steuermann«[14] der FZ und die

---

9 Gillessen: Eine bürgerliche Zeitung, S. 172. Dort auch das folgende Zitat.
10 Ebd., S. 173.
11 Sösemann, Journalismus im Griff der Diktatur, S. 11.
12 Reifenberg zitiert nach: Oskar Stark an Margret Boveri, 20.11.1965, Nachlass Boveri, zitiert nach: Sösemann, Journalismus im Griff der Diktatur, S. 37/38, hier S. 38.
13 Martin Broszat: Sanfte Gegenrede zur kriegerischen Sprache, in: Der Spiegel, Nr. 22/1987, S. 101-108.
14 Norbert Schandry, in: Stuttgarter Nachrichten, 11.2.1970, abgedruckt in: Benno Reifenberg 1892-1970. Worte des Gedenkens, Frankfurt am Main 1970, S. 30-32, hier S. 30.

EINLEITUNG

»Seele«[15] des Unternehmens gewesen ist, ist bis heute wenig bekannt: so wenig, dass sich der ansonsten gut informierte und prägnant argumentierende Sösemann auf Zitate aus zweiter Hand stützt, um Reifenbergs (vermeintlichen) Standpunkt zu verdeutlichen. Während Leben und Werk anderer ehemaliger Redakteure und Mitarbeiter der FZ im Zentrum wissenschaftlicher Arbeiten stehen[16], spielte Reifenberg bisher die Rolle des in unterschiedlichen Kontexten immer wieder gern zitierten, bei Bedarf zur moralischen Leitfigur stilisierten großen Unbekannten des Mythos FZ.[17] Diese Lücke zu schließen und Reifenbergs Bedeutung und Position bei der FZ und den mit ihr verbundenen personellen Netzwerken sowie nachfolgend im westdeutschen Nachkriegsjournalismus und in der Bundesrepublik Deutschland einer eingehenden Untersuchung zu unterziehen ist das Ziel der vorliegenden Biographie. In diesem Kontext wird zunächst ein knapper Blick auf die entscheidenden Sozialisationsinstanzen Reifenbergs gewährt werden: das Bürgertum als Herkunftsmilieu, die Stadt Frankfurt am Main als Lebensraum, schließlich die Zugehörigkeit zur »Frontgeneration« des Ersten Weltkrieges.

15 Margret Boveri an Winfried Martini, 16.1.1950, Nachlass Boveri, zitiert nach Gillessen: Auf verlorenem Posten, S. 67.
16 Zu nennen sind u.a.: Erich Achterberg: Albert Oeser. Aus seinem Leben und hinterlassenen Schriften (Studien zur Frankfurter Geschichte 13), Frankfurt a.M. 1978; David Bronsen: Joseph Roth. Eine Biographie, Köln 1974; Reiner Burger: Theodor Heuss als Journalist. Beobachter und Interpret von vier Epochen deutscher Geschichte, Münster 1999; Heike B. Görtemaker: Ein deutsches Leben. Die Geschichte der Margret Boveri, München 2005; Bergita Gradl: Rudolf Geck – Theaterkritiker der »Frankfurter Zeitung« (1898-1936), Diss., FU Berlin 1968; Ulrich P. Schäfer: Rudolf Kircher als Londoner Korrespondent der Frankfurter Zeitung 1920-1923 (Europäische Hochschulschriften, Reihe 40: Kommunikationswissenschaft und Publizistik 43), Frankfurt a.M. 1994, zugl. Diss. Univ. Dortmund 1991; Helmut Stalder: Siegfried Kracauer. Das journalistische Werk in der »Frankfurter Zeitung« 1921-1933 (Epistemata: Reihe Literaturwissenschaft 438), Würzburg 2003, zugl. Diss. Univ. Zürich 2002; Johannes Werner: Wilhelm Hausenstein. Ein Lebenslauf, München 2005. – Es fehlt bis zur Stunde eine Studie zum publizistischen Werk Dolf Sternbergers.
17 Die ausführlichste, freilich apologetische und wissenschaftlichen Ansprüchen nicht genügende Lebensbeschreibung stellt ein FAZ-Beitrag Gillessens von 2004 dar. Vgl. Günther Gillessen: Der Zweifel, in: FAZ, Nr. 24, 29.1.2004.

EINLEITUNG

Bürgertum und Bürgerlichkeit

Jenes Milieu, dem Benno Reifenberg entstammte und in dem er lebenslang sozial wie mental verankert blieb, an das sich auch die FZ zuvörderst wandte, war das Bürgertum, wie es sich als gesellschaftliche Formation seit der Aufklärung herausgebildet und etabliert hatte. Es war Dolf Sternberger, einer der Begründer der bundesdeutschen Politikwissenschaft in der Nachkriegszeit, langjähriger Mitarbeiter der FZ und persönlicher Freund Reifenbergs, der im Jahre 1975 in einem schmalen Band mit dem programmatischen Titel »Gerechtigkeit für das neunzehnte Jahrhundert« die Metapher des »Schiffbruchs« analysierte, die das Scheitern eines Mitglieds der bürgerlichen Gesellschaft an deren Maßstäben und Anforderungen beschreibt:

> »Mit Bedauern wohl, das vielleicht mit einem gewissen Genusse gemischt ist, wird es ausgesprochen, wenn jemand ›im Leben Schiffbruch erlitten‹ habe. Wenn aber ein Unterton von moralischem Hochmut mitklingt – in der Gesinnung: er hat es sich selber zuzuschreiben, er war zu waghalsig (oder so ähnlich) –, so ist dies doch dem Bilde selber keineswegs wesentlich. Denn dieses ist vielmehr gänzlich außerhalb aller Moral gelegen [...]. Mag der ›Schiffbruch‹ sich dem empirischen Sinn im einzelnen als Folge wirtschaftlicher Verwicklungen, falscher Spekulationen, als Zerrüttung der Familie, Krankheit, Prestigeverlust oder was immer darstellen – die allegorische Wendung [...] stempelt ihn sofort zum Naturereignis [...]. Jenseits von Gut und Böse, ja von Glaube und Unglaube, ohne Gott und ohne Teufel, jenseits überhaupt aller Verknüpfungen und Verpflichtungen menschlichen Zusammenlebens vollzieht sich der allegorische Schiffbruch«.[18]

Wenn die Grundfesten des bürgerlichen Daseins – materielle Sicherheit, überschaubare Ordnung der beruflichen wie privaten Lebensverhältnisse, öffentliche Respektabilität, physische wie mentale Gesundheit – ins Wanken, in Umsturz geraten, dann entsteht ein krisenhaft, ja: mitunter katastrophal empfundenes Szenario. Abhilfe verspricht allein die Rettung durch Orientierung an einem »festen Punkt« im »aufgewühlten

---

18 Dolf Sternberger: Hohe See und Schiffbruch. Zur Geschichte einer Allegorie, in: Ders.: Gerechtigkeit für das neunzehnte Jahrhundert. Zehn historische Studien, Frankfurt a.M. 1975, S. 151-164, hier S. 151.

Meere«[19] als Ausgangsbasis zur Reorganisation der Existenz, zum Neuaufbau.

Die Historiker Manfred Hettling und Stefan-Ludwig Hoffmann rekurrierten auf Sternbergs Ausführungen, als sie im Jahre 1997 das Bild der »hohen See« des Lebens und der stets drohenden Gefahr des »Schiffbruchs« aufnahmen, um Werte und Normen des deutschen Bürgertums im »langen« 19. Jahrhundert zu beschreiben. Dabei begriffen sie Bürgerlichkeit als »moralische Ordnung«, deren Grundsätze und Überzeugungen dem Bürger als Kompass dienten, die Turbulenzen seiner persönlichen Lebensgestaltung zu meistern: »Wie sich ein Seemann an den Sternen orientiert, um sein Schiff sicher auf das gewünschte Ziel hinzulenken, so bildeten Normen und Vorstellungen einen gemeinsamen Wertehimmel, an dem sich jeder individuell ausrichten konnte und mußte.«[20] Während im 18. Jahrhundert die Selbsterziehung des Menschen, der sich an seinen persönlichen Maßstäben zu messen habe, im Vordergrund gestanden habe, sei im 19. Jahrhundert die Konfrontation des Individuums mit den Anforderungen »der Welt« in den Mittelpunkt gerückt, so dass bürgerliche Erziehung, Sozialisation und Lebensführung im Wesentlichen in der Aneignung von allgemein akzeptierten Grundsätzen und Werten, Verhaltensweisen und Spielregeln bestanden habe. Dabei umfasste das bürgerliche Wertesystem, wie Hettling und Hoffmann ausführen, einerseits den Bereich gesellschaftlicher Konventionen und »Tugenden« wie Ordnung, Fleiß, Sparsamkeit, Pflichterfüllung, Mäßigung und Selbständigkeit, andererseits aber auch »emotionale Fixsterne wie etwa Liebe, Glaube, Anmut, Hingabe, Freundschaft.«[21] Diese Werte, die dem jeweiligen »Kapitän« der eigenverantwortlich gestalteten bürgerlichen Existenz behilflich sein sollten, die »Untiefen des Lebens«[22] sicher zu umschiffen oder zu bewältigen, mussten individuell angeeignet werden, wobei die damit verbundene Freiheit nicht selten auch als Überforderung erfahren wurde. Als zentraler Wert fungierte die Bildung, die den (männlichen) Bürger in den Stand versetzen sollte, einerseits das gesellschaftliche Versprechen auf Entwicklung der eigenen Persönlichkeit einzulösen, andererseits zum Leben in Gemeinschaften, zum Handeln in Gruppen, zum Zusammenschluss in Verbänden in der Lage zu sein: »Die

---

19 Sternberger, Hohe See und Schiffbruch, S. 158.
20 Manfred Hettling/Stefan-Ludwig Hoffmann: Der bürgerliche Wertehimmel. Zum Problem individueller Lebensführung im 19. Jahrhundert, in: Geschichte und Gesellschaft, 23. Jahrgang, 1997, S. 333-359, hier S. 337.
21 Hettling/Hoffmann, Der bürgerliche Wertehimmel (1997), S. 339.
22 Ebd., S. 340.

Verbindung von Individuen zu selbständig gebildeten und freiwilligen Verbänden bildete den Kern des bürgerlichen Sozialmodells seit dem späten 18. Jahrhundert.«[23]

Benno Reifenberg hat seine publizistische Nachkriegsschöpfung »Die Gegenwart« in einer redaktionsinternen Denkschrift von 1951 als »bürgerliche Zeitschrift« bezeichnet, die – ganz in der Tradition der FZ – »nur selbständig denkende« Menschen zu erreichen beabsichtige.[24] Legt man den Maßstab der Berufszugehörigkeit als Messlatte für bürgerliche Existenz an, so ist dieses Ziel erreicht worden. Das Leserprofil der »Gegenwart« erschließt sich über eine Statistik vom 19. August 1950, der 1.381 Leserzuschriften zugrunde lagen, die von der Redaktion akribisch sortiert und ausgewertet worden waren. Demnach gehörten 28,2 Prozent den »freien akademischen Berufen« (Ärzte, Rechtsanwälte, Architekten, Wirtschaftsprüfer, Steuerberater, freiberufliche Ingenieure) an, 11,1 Prozent arbeiteten in »höheren akademischen Berufen« im Staatsdienst, 6,1 Prozent waren Universitätsprofessoren und sonstige Wissenschaftler, 5,2 Prozent akademisch gebildete Lehrkräfte an Schulen und 1,6 Prozent Geistliche (ausschließlich protestantischer Konfession), summa summarum 52,2 Prozent Angehörige des Bildungsbürgertums im herkömmlichen Sinne. Hinzu kamen insgesamt 28,4 Prozent Leser(briefschreiber) aus den gehobenen Schichten des Wirtschaftslebens wie etwa selbständige Unternehmer, Direktoren, Bankleiter, Prokuristen und sonstige leitende Angestellte größerer Firmen. 13,1 Prozent entfielen auf die »kleinbürgerlichen« Gruppen der kaufmännischen Angestellten und mittleren Beamten; die übrigen ausgewerteten Leserzuschriften waren von Rentnern, Hausfrauen oder Personen ohne Berufsangabe verfasst worden. Arbeiter, Landwirte, Handwerker und kleine Gewerbetreibende wie etwa Gastwirte fehlten in der Aufstellung vollständig.[25]

Doch ist überhaupt legitim, für die junge Bundesrepublik Deutschland noch von einer »bürgerlichen« Zeitschrift, von einem »bürgerlichen« Lesepublikum zu sprechen und damit Begrifflichkeiten und Denktraditionen, die in der Zeit der Französischen Revolution begründet worden und für das 19. Jahrhundert zutreffend gewesen waren, auf eine Gesellschaft zu übertragen, die unter dem Eindruck zweier Weltkriege und einer totalitären, bei allen Ausgrenzungsmechanismen in vielerlei Hinsicht

23 Hettling/Hoffmann, Der bürgerliche Wertehimmel (1997), S. 348.
24 Benno Reifenberg: »Die Gegenwart«. Zur Entwicklung einer politischen Zeitschrift, 5.12.1951, in: LAM NL BR, 79.7696.
25 Statistik Leserprofil Gegenwart, 19.8.1950, in: LAM NL BR, 79.7701.

egalisierend wirkenden Diktatur stand? Vieles spricht dafür, dass die bürgerliche Gesellschaft als Kultur- und Wertegemeinschaft bereits Jahrzehnte zuvor im Ersten Weltkrieg erloschen war, buchstäblich versunken »im Schlamm der Schlachtfelder«[26], wie Elisabeth Domansky formuliert. Schon in der Weimarer Republik konnte unter dem Eindruck von Kriegsschulddebatte, Inflation, Massenarbeitslosigkeit und politischer Radikalisierung immer weiterer Bevölkerungskreise von einer dominanten bürgerlichen Leitkultur nur noch eingeschränkt die Rede sein, und ab 1933 ließ die Ideologie der klassen- und schichtenübergreifenden, rassisch definierten NS-»Volksgemeinschaft« kaum noch Raum für originär bürgerlichen Gestaltungswillen. Dennoch haben Fragmente überlieferter Bürgerlichkeit bis heute überdauert, prägten noch die bundesrepublikanische Geschichte in vielfältiger Weise und sind bis in unsere Gegenwart im 21. Jahrhundert wirkmächtig geblieben.[27]

Die profundeste Darstellung und Analyse zum Bürgertum im 20. Jahrhundert findet sich bei Hans-Ulrich Wehler, der im vierten Band seiner »Deutschen Gesellschaftsgeschichte« von 2003 den Prozess der sukzessiven Auflösung der vertrauten Sozialordnung zwischen 1914 und 1949 nachzeichnet. Wehler arbeitet zunächst heraus, dass die bürgerlichen Klassen mit ihrer »Doppelspitze aus Großbourgeoisie und Bildungsbürgertum«[28] von den Auswirkungen des Ersten Weltkrieges in höchst unterschiedlichem Maße betroffen waren: Während der Krieg in den Bildungsschichten durch den Rückgang der Realeinkommen und den Statusverlust, unter dem namentlich die privilegierte Gruppe der höheren Beamten litt, »verheerende Spuren«[29] hinterließ, zeigte sich bei Unternehmern und Geschäftsleuten eine tiefe Kluft zwischen Rüstungsindustrie und Kriegsgewinnlern auf der einen und den Verlierern aus den Reihen der notleidenden Konsumgüter- und Baubranche auf der anderen Seite. Wie das Bildungs- und Teile des Wirtschaftsbürgertums ging auch das von massiven Gehaltsreduktionen betroffene Kleinbürgertum 1918/19 ökonomisch geschwächt und mental angeschlagen in die junge, von großen

26 Elisabeth Domansky: Der Erste Weltkrieg, in: Lutz Niethammer u.a. (Hrsg.): Bürgerliche Gesellschaft in Deutschland. Historische Einblicke, Fragen, Perspektiven, Frankfurt am Main 1990, S. 285-319, hier S. 285.
27 Vgl. Manfred Hettling: Bürgerlichkeit im Nachkriegsdeutschland, in: Ders./Bernd Ulrich (Hrsg.): Bürgertum nach 1945, Hamburg 2005, S. 7-37.
28 Hans-Ulrich Wehler: Deutsche Gesellschaftsgeschichte. Vierter Band: Vom Beginn des Ersten Weltkrieges bis zur Gründung der beiden deutschen Staaten 1914-1949, München 2003, S. 306.
29 Ebd., S. 76.

EINLEITUNG

Teilen der bis dato tonangebenden Schichten ungeliebte Republik. Vielen einstmals Privilegierten war die materielle Basis des gewohnten Lebensstils abhandengekommen; hinzu kamen politische Verunsicherung angesichts des Zusammenbruchs der Monarchie, Revolutionsangst und die Konfrontation mit einer partiell bürgertumskritischen Linken: Das »traditionell selbstbewußte Ensemble von Berufsklassen und Funktionseliten [befand sich] in einem Zustand fataler Schwächung und tiefreichender Verstörung.«[30]

Dennoch: Die Weimarer Republik bedeutete nicht das Ende des bürgerlichen Hegemonialanspruches auf gesellschaftliche Geltung und politisch-kulturelle Deutungsmacht. Der Adel als »Konkurrent« des Bürgertums war durch Kriegsniederlage und Revolution diskreditiert und seines politischen und sozialnormativen Spitzenranges verlustig gegangen. Die städtische Arbeiterschaft hatte dem bürgerlichen Modell ebenso wenig entgegenzusetzen wie die bäuerliche und proletarische Landbevölkerung. Das Bürgertum, das zahlenmäßig nach Wehlers Berechnungen nun etwa ein Sechstel der Bevölkerung bildete[31], konnte »seine eigentümliche Ausstrahlungs- und Prägekraft« demnach bewahren und blieb führend »[i]m Verfassungs- und Kulturleben, in Recht und Wissenschaft, in Lebensführung und Arbeitsethos«. Zugleich war die soziale Ordnung jedoch auch von Erosionstendenzen geprägt, denn namentlich das Bildungsbürgertum, eine schmale Schicht von 0,8 Prozent der Bevölkerung[32], sah sich nach ökonomischen Verlusten und der Zerstörung seiner in den letzten Jahrzehnten des Kaiserreiches weitgehenden Symbiose mit dem Staat »einer Einflußminderung ausgesetzt, die es in nostalgischer Bitterkeit mit den goldenen Vorkriegsjahren verglich.«[33] Hinzu kam die immer lauter werdende Kritik von der Linken wie auch von der radikalen völkischen Rechten, denen die »Bürgerliche Gesellschaft« mit all ihren Leitzielen, Werten und Normen als Projekt gescheitert schien.

Die Nationalsozialisten, angetreten mit der Zielutopie einer klassenlosen, rassisch definierten »Volksgemeinschaft« unter Ausschluss von Juden, Sinti und Roma, Farbigen und anderen »Fremdrassigen«, von sogenannten »Erbkranken« und »Asozialen« sowie politisch Oppositionellen, hat das soziale Gefüge zunächst kaum verändert. Die traditionellen Sozialformationen behaupteten ihre gesellschaftliche Stellung und Funk-

30 Wehler: Deutsche Gesellschaftsgeschichte. Vierter Band, S. 294.
31 Ebd., S. 307. Dort auch die folgenden Zitate.
32 Vgl. ebd., S. 294.
33 Ebd., S. 308.

tion, rekrutierten sich weiterhin mit Hilfe erlernter und über Generationen eingeübter Mechanismen, pflegten einen spezifischen Habitus und bewahrten charakteristische Eigenarten; die Volksgemeinschaft war und blieb insofern ein Mythos – aber auch Mythen haben »eine verändernde Kraft, vor allem wenn sie sich der Suggestion des technischen und zivilisatorischen Fortschritts bedienen.«[34] Volksempfänger und Volkswagen, KDF-Reisen und sonntägliche Eintopfessen brachten – teils lediglich symbolisch, teils jedoch real spürbar – den Willen des Regimes zur Durchbrechung der Klassenschranken zum Ausdruck und schufen in weiten Teilen der Bevölkerung ein Gefühl wachsender sozialer Gleichheit. In Parteiapparat und Staatsbürokratie, in SS, Gestapo und Wehrmacht eröffneten sich neue Aufstiegs- und Karrieremöglichkeiten. Mit den Juden wurde ein Teil des deutschen Bürgertums auf brutale Weise aus dem öffentlichen Leben ausgeschaltet: entrechtet, enteignet, außer Landes getrieben, interniert oder umgebracht. Der Krieg beschleunigte den Elitenwandel; auf das Attentat vom 20. Juli folgte die Liquidierung von Teilen der Aristokratie, die qua NS-Programm langfristig ohnehin vom »Neuadel aus Blut und Boden« zu ersetzen war, noch bevor das einst machtvolle preußische Junkertum durch den Ausgang des Zweiten Weltkrieges zugleich mit seinen ostelbischen Stammgebieten die Basis seiner überkommenen politischen Vorrangstellung verlor. Die Bombardierungen der deutschen Städte durch die Alliierten in den letzten Kriegsjahren und die Folgen der totalen militärischen Niederlage ließen schließlich ein Szenario sozialer Gleichheit entstehen, das von den Machthabern in dieser Form gewiss nicht intendiert gewesen war.

Und das Bürgertum? – Wehlers Urteil fällt vernichtend aus. Mit einer »abstoßenden Apathie«[35] habe die überkommene Elite von Besitz und Bildung die Politik der Nationalsozialisten, namentlich die Verbrechen an Juden und Oppositionellen hingenommen; mit einem »Schulterzucken« oder sogar »mit hämischer Schadenfreude darüber, daß endlich hartes Durchgreifen gegen ›die Linken‹ auf der Tagesordnung stand«, habe es sich der Bürger in den Zuschauerrängen bequem gemacht, während auf der Bühne die Tragödie von der Zerstörung des bürgerlichen Rechtsstaates gegeben wurde: »Wohin man auch blickt: Der Frontalangriff auf die Leitideen und Institutionen einer zeitgemäßen ›Bürgerlichen Ge-

---

34 Hans-Ulrich Thamer: Verführung und Gewalt. Deutschland 1933-1945 (Die Deutschen und ihre Nation, Bd. 5), Berlin 1986, S. 503.
35 Wehler: Deutsche Gesellschaftsgeschichte. Vierter Band, S. 719. Dort auch das folgende Zitat.

sellschaft‹ ist ebenso unübersehbar wie die schmähliche Kapitulation aller bürgerlichen Klassen vor den Anmaßungen des Hitler-Regimes.«[36] Dies gelte im Rechtswesen, in der Wirtschaft, in der Wissenschaft sowie in den Medien, die sich nun der harten Zensur und den Anweisungen der braunen Propagandamaschinerie zu unterwerfen hatten. Fakt ist: Die bürgerliche Öffentlichkeit als zentrales Strukturelement der bürgerlichen Gesellschaft war mit dem Jahr 1933 in Deutschland außer Kraft gesetzt worden. Künftig leisteten Printmedien und Rundfunk geradezu das Gegenteil von kritischer Information. Fakt ist aber auch: Es hat – gleichsam unterhalb der Ebene aktiven politischen Widerstandes – auch und gerade von bürgerlicher Seite und von deutschen Intellektuellen Versuche gegeben, den Totalitätsanspruch des Regimes zu unterlaufen. Die Breite der wissenschaftlichen Debatte über die Grauzone zwischen politischer Anpassung auf der einen und risikobereitem Widerstand auf der anderen Seite spricht für sich.

»Widerstand«, »Innere Emigration«, »(bürgerliche) Resistenz«: Eine aufgelassene Debatte zur Geschichte der NS-Zeit

Dass sich gegen den Nationalsozialismus in Deutschland zwischen 1933 und 1945 von unterschiedlichen Seiten und in unterschiedlicher Art und Ausprägung Widerstand erhoben hat, ist unbestritten; die Frage, wie der Begriff des »Widerstandes« zu definieren und von anderen, »weicheren« Formen oppositionellen oder unangepassten Verhaltens abzugrenzen ist, ist jedoch in der historischen Forschung bis heute nicht abschließend geklärt. Sicher ist, dass von einer einheitlichen Widerstandsbewegung im Sinne einer geschlossenen, planmäßig handelnden Organisation nicht gesprochen werden kann. Der Widerstand in Deutschland bestand vorwiegend aus kleinen Gruppen oder »Einzeltätern«, die zum Teil in starker Isolation und unter größten persönlichen Risiken arbeiteten. Während in diesen Fällen des prinzipiellen und bis in letzter Konsequenz durchgestandenen Kampfes gegen das NS-Regime kein Zweifel an der Widerstandsleistung, an der Berechtigung des Wortes »Widerstand« bestehen kann, existiert daneben ein breites Spektrum oppositionellen bzw. abweichenden Verhaltens, das begrifflich sehr viel schwieriger zu fassen ist. Die Termini »Zivilcourage« und »ziviler Ungehorsam«, »Protest«, »Verweigerung«, »Dissidenz«, »Dissens«, »Resistenz«, Nonkonformität«, »In-

---

36 Wehler: Deutsche Gesellschaftsgeschichte. Vierter Band, S. 720.

nere Emigration«, »loyale Widerständigkeit« usw. spuken durch eine Debatte, die den Historiker späterer Zeiten vor das nahezu unlösbare Problem stellt, das häufig höchst individuelle Handeln von Menschen unter den Bedingungen einer nicht am eigenen Leibe erfahrenen Diktatur zu analysieren, zu bewerten und in eine möglichst »objektiven« Kriterien standhaltende Wissenschaftssprache zu pressen; Gillesen hat sich mit seiner Analyse der »Frankfurter Zeitung« im NS-Staat nicht zuletzt deswegen angreifbar gemacht, weil er der Redaktion wiederholt einen »Widerstand« bescheinigte, den er an keiner Stelle definiert oder auch nur zu definieren versucht hat. Was ist beispielsweise von einem kirchlichen Protest zu halten, der sich überwiegend oder sogar ausschließlich auf die Abwehr staatlicher Übergriffe und den Einsatz für die freie Verkündigung des Evangeliums bezog und zu der systematischen Entrechtung, Verfolgung und schließlich Ermordung der deutschen und europäischen Juden weitgehend geschwiegen hat, der für seine Protagonisten aber dennoch Gefahr für Leib und Leben bedeutete und auf jeden Fall eine beachtliche Mutleistung darstellte? Und was ist mit den kleinen Verweigerungshaltungen im Alltag? Wie ist das Verhalten von Menschen zu bewerten, die den Hitlergruß vermieden oder sich demonstrativ zu ihrem christlichen Glauben bekannten, obwohl sie befürchten mussten, dass es sich womöglich nachteilig auf ihre Berufskarrieren auswirken könnte? War das öffentliche Grüßen des jüdischen Nachbarn an einem Novembertag des Jahres 1938 oder das heimliche Abhören der BBC an einem wolkenlosen Sommerabend des Jahres 1943 Ausdruck von Opposition?

Hören wir, was ein Zeitgenosse zu sagen hat. Der konservative Historiker Hans Rothfels[37], der wegen seiner jüdischen Herkunft im »Dritten Reich« in die Vereinigten Staaten hatte emigrieren müssen, sprach am 20. Juli 1947 in der Universität Chicago über das Thema »Die deutsche Opposition gegen Hitler«; der Inhalt dieses Vortrages liegt einem später veröffentlichten Buch mit gleichem Titel zugrunde. Rothfels teilt die deutsche Bevölkerung in vier Gruppen ein: »tatsächliche Nazis«, d.h. politische Überzeugungstäter, »nominelle Nazis«, die meist aus Gründen

---

37 Der Historiker Hans Rothfels (1891-1976) wurde als deutscher Jude 1934 von seinem Lehrstuhl an der Universität Königsberg vertrieben und emigrierte 1939 über England in die USA. 1950/51 kehrte er unter Beibehaltung der amerikanischen Staatsbürgerschaft nach Deutschland zurück und nahm einen Ruf an die Universität Tübingen an. Der konservative Remigrant war Mitherausgeber und führender Kopf der 1953 erschienenen »Vierteljahreshefte für Zeitgeschichte«. Vgl. Jan Eckel: Hans Rothfels. Eine intellektuelle Biographie im 20. Jahrhundert, Göttingen 2005.

der Opportunität, des beruflichen oder gesellschaftlichen Ehrgeizes in die Partei oder eine ihre Formationen eingetreten waren oder sich zumindest politisch überzeugt und angepasst zeigten, »Nicht-Nazis« und engagierte »Anti-Nazis«, wobei er betont, dass die Grenzen alles andere als statisch gewesen seien. Von besonderem Interesse scheinen ihm die »Nicht-Nazis« zu sein, die er als eine »Reserve-Front«[38] des Widerstandes bezeichnet und folgendermaßen charakterisiert:

> »Während sie das unerläßliche Minimum von Konzessionen machten, blieben sie moralisch unberührt. Sie nahmen das Regime nicht als Dauerzustand an und gaben die Hoffnung auf sein Ende nie auf [...]. Diese Verhaltensweise entzieht sich zwar der ausdrücklichen Definition, aber sie ließ sich in vielen Fällen mit überraschender Anschaulichkeit beobachten. In Fabriken und Dienstzimmern pflegte das Gesprächsthema automatisch zu wechseln, sobald die wohlbekannten Parteimitglieder oder die Aufpasser außer Hörweite waren. [...] Es gab zwischen Nicht-Nazis eine schweigende, mitunter fast geheimnisvolle Verständigung.«[39]

Jene »fast geheimnisvolle Verständigung« der »Nicht-Nazis« ist nach dem Krieg auch von den führenden Köpfen der einstigen FZ, ist namentlich von Benno Reifenberg immer wieder angeführt worden, um die besondere Leistung und Bedeutung des Blattes im »Dritten Reich« zu betonen – und damit das Fortbestehen der FZ nach 1933, die Entscheidung gegen eine Schließung des Blattes, gegen eine mögliche Emigration zu begründen. Die Redaktion habe mit Anspielungen, mit Zitaten, mit Wortwitz, Satiren und Fabeln, mit der exponierten Platzierung bestimmter Artikel im Blatt, mit doppeldeutigen Überschriften usw. gearbeitet, um den Lesern, die für diese Art der Ansprache durchaus empfänglich und sogar dankbar gewesen sein, »zwischen den Zeilen« Kritik am System zu vermitteln. Zugleich sei auf diese Weise erreicht worden, dass in Deutschland bis 1943 eine Tageszeitung existiert habe, die in Anspruch, Sprache und Niveau bürgerlichen Lesegewohnheiten entsprochen habe. – Nachträgliche Rechtfertigung? Zur »Reserve-Front« des aktiven politischen Widerstandes zählte Reifenberg eindeutig nicht, auch wenn es offenbar Gruppen gab, die ihn als attraktiven potenziellen Mitstreiter betrachteten: Als 1944 der Pädagoge Adolf Reichwein, Mitglied des »Kreisauer

---

38 Hans Rothfels: Die deutsche Opposition gegen Hitler, neue, erweiterte Ausgabe, Frankfurt a. Main/Hamburg 1969, S. 31.
39 Ebd., S. 31/32.

Kreises«, auf Reifenberg zukam, um ihn für eine politische Mitarbeit zu gewinnen, lehnte er ab. Reifenberg hat den Krieg überlebt und konnte 25 Jahre westdeutsche Nachkriegsöffentlichkeit federführend mitgestalten. Reichwein, Vater von vier kleinen Kindern, wurde Opfer der Hinrichtungswelle nach dem 20. Juli.

Ein gelungener Versuch aus jüngerer Zeit, die unterschiedlichen Formen von Widerstand und Verweigerung im nationalsozialistischen Deutschland voneinander abzugrenzen und sprachlich fassbar zu machen, stammt von Richard Löwenthal. Er unterscheidet drei Grundformen des »Widerstandes« gegen den NS-Totalitarismus: 1.) politische Opposition, 2.) gesellschaftliche Verweigerung, 3.) weltanschauliche Dissidenz[40] – Letzteres als ein Feld, das besonders wichtig ist, wenn es um die Bewertung der Arbeit von Intellektuellen unter den »Nicht-Nazis« geht. Unter »politischer Opposition« versteht Löwenthal sämtliche Aktivitäten, die bewusst und gezielt gegen die NS-Diktatur gerichtet waren, ihre Untergrabung und in letzter Konsequenz ihren Sturz anstrebten und aus diesem Grund notwendig illegal waren und konspirativ betrieben werden mussten. Als »gesellschaftliche Verweigerung« bezeichnet er konkrete, praktische und relativ offene Formen des Widerstandes gegen Eingriffe der Nationalsozialisten in das gesellschaftliche Leben – wie etwa in die Organisation der Betriebe oder Kirchen – »ohne politische Flagge«[41], wobei zwischen institutioneller und individueller Verweigerung zu unterscheiden sei. Als deutlichstes Zeichen institutioneller Verweigerung betrachtet er die Proteste der Kirchen, insbesondere der katholischen Kirche, gegen die Verbrechen der Krankentötungen im Krieg, als stärkste Ausdrucksform individueller Verweigerung die aktive Hilfe für Verfolgte des Regimes. »Weltanschauliche Dissidenz« finde man, meist ebenfalls ohne politisches Etikett, in Teilen von Literatur, Kunst und Wissenschaft; der Begriff könne synonym mit dem älteren Terminus »Innere Emigration« gebraucht werden. Löwenthal bezieht Stellung, wenn er betont, dass diese Haltung »die Aktionen des Regimes zunächst kaum praktisch behindert« habe, dass jedoch »durch ihre Wirkung auf das Bewußtsein wichtiger Minderheiten die kulturellen Traditionen des früheren Deutschland über die Jahre des Schreckens hinweg« gerettet werden konnten:

---

40 Vgl. Richard Löwenthal: Widerstand im totalen Staat, in: Ders./Patrick von zur Mühlen (Hrsg.): Widerstand und Verweigerung in Deutschland, Neuausgabe, Bonn 1997, S. 11-24.
41 Ebd., S. 14. Dort auch die folgenden Zitate.

EINLEITUNG

»Ich will nicht verhehlen, daß ich den Vorwurf der politischen ›Hilflosigkeit‹ gegen solche Autoren für unfair und irrelevant halte. Ihr Widerstand wirkte nicht im Sinne eines aktuell-politischen Programms [...], sondern im Sinne der Bewahrung der humanen und humanistischen Tradition unserer Zivilisation«.[42]

Ein vergleichbarer Ansatz stammt von Martin Broszat, der 1981 im Rahmen eines Forschungsprojektes zur Geschichte von »Widerstand und Verfolgung in Bayern 1933-1945« den ursprünglich aus dem medizinischen Bereich stammenden Begriff der »Resistenz« in die Debatte einführte, der Löwenthals Definition der »gesellschaftlichen Verweigerung« ähnelt, jedoch zusätzlich auch Erscheinungsformen der »weltanschaulichen Dissidenz« abdeckt. Broszat wandte sich gegen »die Tendenz zur Identifizierung des Widerstandes mit dem großen Märtyrertum«[43], gegen »das Bild eines Totalitarismus, demgegenüber nur eine alles aufopfernde, alles riskierende Oppositions-Haltung möglich gewesen sei«, und forderte, »neben dem kämpferischen, konspirativen Widerstand, der Leib und Leben aufs Spiel setzte, die vielen ›kleinen‹ Formen des zivilen Mutes [...] in vollem Maße in die Betrachtung einzubeziehen.« Die sich daraus ergebende Ausweitung des Themas solle keineswegs »einer inflationären Entwertung des Widerstandsbegriffs oder gar einer irreführenden Vergrößerung seiner quantitativen und qualitativen Bedeutung Tür und Tor öffnen«; Ziel sei vielmehr, »die breite Skala [...] der Ausdrucksformen des Widerstandes« darzulegen und neben dem grundsätzlichen, aus politisch-weltanschaulicher Überzeugung geborenen Widerstand »auch die vielfältigen ad-hoc-Widerstände zu berücksichtigen, die das NS-Regime im Laufe seiner Geschichte durch einzelne seiner Maßnahmen selbst produzierte.« »Resistenz« im Sinne dieser Begriffsbildung bedeutet bei Broszat:

»Wirksame Abwehr, Begrenzung, Eindämmung der NS-Herrschaft und ihres Anspruches, gleichgültig von welchen Motiven, Gründen und Kräften her. Solche ›Resistenz‹ konnte begründet sein in der Fortexistenz relativ unabhängiger Institutionen (Kirchen, Bürokratie, Wehrmacht), der Geltendmachung dem NS widerstrebender sittlich-

---

42 Löwenthal, Widerstand im totalen Staat, S. 23.
43 Martin Broszat: Resistenz und Widerstand. Eine Zwischenbilanz des Forschungsprojektes, in: Ders./Elke Fröhlich/Anton Grossmann (Hrsg.): Bayern in der NS-Zeit. Band IV: Herrschaft und Gesellschaft im Konflikt, Teil C, München/Wien 1981, S. 691-709, hier S. 693. Dort auch die folgenden Zitate.

religiöser Normen, institutioneller und wirtschaftlicher Interessen oder rechtlicher, geistiger, künstlerischer o. a. Maßstäbe.«[44] Entscheidend ist demnach, dass die unterschiedlichen Formen der Einstellung, des Verhaltens oder Reagierens »tatsächlich eine die NS-Herrschaft und NS-Ideologie einschränkende Wirkung hatten.« Unter »Resistenz« lassen sich subsumieren: das kollektive oder individuelle aktive Gegenhandeln, etwa im Rahmen eines verbotenen Streiks oder der sonntäglichen Kritik eines Pfarrers von der Kanzel herab, der zivile Ungehorsam, der beispielsweise in der Nichtteilnahme an NS-Versammlungen, der Verweigerung des Hitler-Grußes oder der Nichtbeachtung des Umgangsverbots mit Juden, Kriegsgefangenen usw. zum Ausdruck kommen konnte, die Aufrechterhaltung von Gesinnungsgemeinschaften außerhalb der gleichgeschalteten NS-Organisationen oder auch die »bloße innere Bewahrung dem NS widerstrebender Grundsätze und [die] dadurch bedingte Immunität gegenüber nationalsozialistischer Ideologie und Propaganda (Ablehnung von Antisemitismus und Rassenideologie, Pazifismus o.a.).«

Broszats Ausführungen sind zum Teil scharf kritisiert worden, so etwa 1985 von Ian Kershaw, der den Begriff »Dissenz« für das so schwer zu fassende Phänomen bevorzugt[45], und 1993 von Klaus-Michael Mallmann und Gerhard Paul, die in einem Beitrag in der »Zeitschrift für Geschichtswissenschaft« die Formulierung »loyale Widerwilligkeit« ins Spiel brachten.[46] Mallmann/Paul argumentierten, der Terminus »Resistenz« sei ungeeignet, weil er »das unrealistisch-exkulpierende Bild einer breit gefächerten Widerständigkeit gegen das Dritte Reich«[47] zeichne, wobei vielfach als »Resistenz« begriffen werde, was den Weg in die Akten der NS-Sicherheitsbehörden gefunden habe, womit der Historiker sich zwangsläufig deren »Optik« zu eigen mache. Zudem reanimiere der Begriff eine Totalitarismus-Vorstellung vom NS-Regime als »eines weitgehend widerspruchsfreien, effizienten, allseits mächtigen und alle Lebensbereiche durchdringenden politischen Systems« und unterschlage

44 Ebd., S. 697. Dort auch die folgenden Zitate.
45 Vgl. Ian Kershaw: Widerstand ohne Volk? Dissens und Widerstand im Dritten Reich, in: Jürgen Schmädecke/Peter Steinbach (Hrsg.): Der Widerstand gegen den Nationalsozialismus. Die deutsche Gesellschaft und der Widerstand gegen Hitler, München/Zürich 1985, S. 779-798.
46 Klaus-Michael Mallmann/Gerhard Paul: Resistenz oder loyale Widerwilligkeit? Anmerkungen zu einem umstrittenen Begriff, in: Zeitschrift für Geschichtswissenschaft (1993), Heft 41, S. 99-116.
47 Ebd., S. 99. Dort auch die folgenden Zitate.

EINLEITUNG

systematisch die in der gesellschaftlichen Realität der Diktatur durchaus vorhandenen »Konsensdimensionen«. Der entscheidende Vorwurf an Brozat zielte sowohl bei Mallmann/Paul als auch bei Kershaw auf eine angeblich mit der Aufwertung passiver Verweigerungshaltungen verbundene Abwertung des aktiven Widerstandes. Demgegenüber sei an dieser Stelle betont, dass Broszat das große Verdienst gebührt, vernehmlich darauf hingewiesen zu haben, dass es im »Dritten Reich« unterhalb der Ebene einer planmäßig arbeitenden, politisch motivierten Opposition zahlreiche gesellschaftliche Verhaltensweisen gegeben hat, die nicht angepasst, nicht systemkonform waren, und dass er versucht hat, für diese breite Grauzone zwischen eindeutiger Anpassung und aktivem Widerstand eine brauchbare Vokabel zu etablieren. Obschon seine Wortwahl etwas unglücklich ist, v.a. weil die Unterscheidung von »Widerstand« und »Resistenz« im internationalen Diskurs nicht zu vermitteln ist (»Widerstand« heißt im Englischen »resistance«, im Französischen »résistance«) und der Begriff »Resistenz« zudem mit der französischen Widerstandsbewegung in der Zeit der deutschen Besatzung assoziiert wird, ist sein Vorschlag grundsätzlich ähnlich brauchbar wie die von Löwenthal getroffene Unterscheidung, in mancher Hinsicht sogar besser zu handhaben: So findet man in der Redaktion der FZ und in den Spalten des Blattes zwischen 1933 und 1943 sowohl Anzeichen von »gesellschaftlicher Verweigerung« als auch von »weltanschaulicher Dissidenz« – und die Grenzen sind dermaßen fließend, dass der beide Bereiche abdeckende Resistenz-Begriff sich geradezu aufdrängt.

Einen Ansatz auch zur Beschreibung jener gesellschaftlichen Erscheinung, die in der Sprache der Zeitgenossen als »Innere Emigration« firmierte, bietet das von Broszat Mitte der 1980er Jahre entwickelte Modell einer »Sozialgeschichte des deutschen Widerstandes«[48], das sowohl die Frage der zeitlichen Abfolge unterschiedlicher Ausdrucksformen widerständischen Verhaltens im NS-Staat als auch ihre jeweiligen gesellschaftlichen Trägerschichten berücksichtigt. Die erste Phase des Widerstandes umfasst demnach die Aktivitäten der Arbeiterbewegung, die im Wesentlichen bis 1934/35 gereicht hätten und »in gewisser Weise noch Fortsetzung der zum Teil bürgerkriegsähnlichen Konfrontation zwischen der sozialistischen Linken und den Nationalsozialisten«[49] vor 1933 gewesen seien. Als zweite Phase gelten unterschiedliche Erscheinungen von Resis-

48 Vgl. Martin Broszat: Zur Sozialgeschichte des deutschen Widerstands, in: Vierteljahreshefte für Zeitgeschichte 34 (1986), Heft 3, S. 293-309.
49 Ebd., S. 296.

tenz, vor allem in den Reihen des Bürgertums und insbesondere in der
»Konsolidierungs- und Erfolgsphase des NS-Regimes zwischen 1934/35
und 1940/41«[50]. Der Widerstand der konservativen Eliten, unter ihnen
zahlreiche Adelige aus Diplomatie und Offizierskorps, kulminierend im
Attentat vom 20. Juli 1944, stellt für Broszat die dritte Ausformung dar.
Michael Philipp hat Broszats Ansatz in seinem 1994 publizierten, außergewöhnlich dicht angelegten und überzeugend argumentierenden Beitrag »Distanz und Anpassung. Sozialgeschichtliche Aspekte der Inneren
Emigration« ausdrücklich gewürdigt.[51] Für die Untersuchung der FZ
und ihrer Redaktion zwischen 1933 und 1943 bietet Broszats Modell eine
einzigartige Zugangsweise: Wer die Zeitung aufschlägt, findet – nicht
täglich, nicht in jedem Beitrag, aber doch mit großer Regelmäßigkeit –
»bürgerliche Resistenz« in Reinkultur und im doppelten Sinne: eine partielle Abstinenz von den Programmen und Parolen der Machthaber, die
von gebildeten Bürgern für gebildete Bürger in Druckerschwärze gegossen worden war, zumindest tendenziell nur ihnen zugänglich und nur
von ihnen zu dechiffrieren.[52]

Urbanes Leben

Das Bürgertum des 19. und 20. Jahrhunderts hat sich aus dem vormodernen Stadtbürgertum entwickelt, griff aber im sozialen Radius sowie im
ideengeschichtlichen Anspruch weit über diese Formation der überkommenen Ständegesellschaft hinaus. Das Frankfurter Forschungsprojekt
»Stadt und Bürgertum im 19. Jahrhundert« unter Leitung des Historikers
Lothar Gall sah in dem Zugang über die Stadt sogar »den Königsweg zur
Erforschung des modernen Bürgertums«[53], das als »soziale Einheit am

50 Ebd., S. 300.
51 Vgl. Michael Philipp: Distanz und Anpassung. Sozialgeschichtliche Aspekte der
 Inneren Emigration, in: Aspekte der künstlerischen Inneren Emigration 1933 bis
 1945. Exilforschung – ein internationales Jahrbuch, Bd. 12, hrsg. im Auftrag der
 Gesellschaft für Exilforschung von Claus-Dieter Krohn, München 1994, S. 11-30,
 hier S. 13-15.
52 Vgl dazu auch Heidrun Ehrke-Rotermund/Erwin Rotermund: Zwischenreiche
 und Gegenwelten. Texte und Vorstudien zur »Verdeckten Schreibweise« im
 »Dritten Reich«, München 1999.
53 Hans-Walter Schmuhl: Bürgertum und Stadt, in: Peter Lundgreen (Hrsg.): Sozial- und Kulturgeschichte des Bürgertums. Eine Bilanz des Bielefelder Sonderforschungsbereichs 1886-1997, Göttingen 2000, S. 224-248, hier S. 224.

besten in seinem genuinen und konstitutiven Lebensraum, der Stadt, erfaßt werden«[54] könne. Auch Anhänger eines stärker auf den kulturellen Habitus abzielenden Ansatzes wie etwa Hans-Walter Schmuhl betonen die innige Verbindung zwischen Urbanität und Bürgerlichkeit bzw. die Bedeutung der Urbanität als »das formbildende Element in der Genese eines bürgerlichen Habitus«[55], dessen Prägekraft freilich in dem Maße nachließ, in dem urbane Lebensformen – und das meint in erster Linie die Teilnahme am politischen wie am kulturellen öffentlichen Leben – über die Grenzen der Großstädte hinausgriff und die Gesamtgesellschaft durchdrang. In diesem Sinne hat Klaus Tenfelde die nachlassende Bedeutung des Faktors Urbanität für das bürgerliche Selbstverständnis im 20. Jahrhundert herausgearbeitet.[56] Fragt man nach der politischen Ausrichtung des Bürgertums am Ort seiner ursprünglichen Herkunft, so hat Wolfgang Hardtwig mit der Formulierung von der »Stadt als gefährdete[m] Rückzugsort des Liberalismus«[57] eine ebenso eingängige wie zutreffende Formel gefunden, zumindest wenn es um das späte 19. und das 20. Jahrhundert geht. Obwohl die Städte lange eine Domäne bürgerlicher Honoratiorenpolitik und dem »Primat des Liberalismus«[58] verpflichtet blieben, waren bereits im späten Kaiserreich Auflösungstendenzen zu beobachten: Der Aufstieg der Sozialdemokratie in den Arbeiterquartieren, die Etablierung des Zentrums als gewichtiger politischer Faktor in katholisch dominierten Städten, die räumliche Mobilität der Menschen und die Tatsache, dass sich die großen Unternehmer, die vielbeschäftigten Bankiers und leitenden Angestellten zunehmend aus dem Ehrenamt zurückzogen, waren für diesen Prozess ausschlaggebend.

Selbstredend waren die deutschen Städte, die urbanen Wiegen des modernen Bürgertums, in ihrer Geschichte, politischen Verfasstheit, ökonomischen, sozialen und kulturellen Entwicklung und in dem Selbstverständnis wie in den Traditionen ihres Bürgertums keine gleichförmigen Gebilde; nicht zufällig hat der Frankfurter Bürger Reifenberg sein

---

54 Frank Möller: Bürgerliche Herrschaft in Augsburg 1790-1880, München 1998, S. 11.
55 Schmuhl: Bürgertum und Stadt, S. 248.
56 Vgl. Klaus Tenfelde: Stadt und Bürgertum im 20. Jahrhundert, in: Ders. und Hans-Ulrich Wehler (Hrsg.): Wege zur Geschichte des Bürgertums, Göttingen 1994, S. 347-353, hier S. 334/335.
57 Wolfgang Hardtwig: Großstadt und Bürgerlichkeit in der politischen Ordnung des Kaiserreiches, in: Lothar Gall (Hrsg.): Stadt und Bürgertum im 19. Jahrhundert (Stadt und Bürgertum, Band 1), München 1990, S. 19-64, hier S. 46.
58 Ebd., S. 48.

publizistisches Loblied der Urbanität immer wieder mit dem Hinweis auf den individuellen Charakter jeder einzelnen Stadt verknüpft, ja: die Städte sogar mit »Lebewesen« verglichen.[59] Frankfurt am Main, Reifenbergs Heimatstadt und Lebensmittelpunkt, ist von Gall als Beispiel für die Handels- und Gewerbestadt älterer Tradition, die im 19. Jahrhundert weiter florierte, in einem Atemzug mit Köln, Hamburg und Bremen genannt worden.[60] Frankfurt am Main wurde dominiert von einer selbstbewussten Schicht besitzender Bürger, die ihr Geld überwiegend im Bereich von Handel und Banken verdienten und – beinahe schon traditionell – bei den Wahlen für die liberalen Parteien und örtlichen Honoratioren stimmten. Ralf Roth hat in seiner herausragenden Arbeit über den Frankfurter Weg zur modernen Bürgergesellschaft[61] das gesellschaftliche Klima in der ehemals Freien Stadt beschrieben, die mit der preußischen Besetzung nach dem Krieg von 1866 zwar ihre Selbständigkeit verloren, ihre wirtschaftliche Bedeutung und politisch-kulturelle Sonderstellung jedoch nicht eingebüßt hatte. Frankfurt war ein »Mikrokosmos mit liberaleren Rahmenbedingungen als die umliegenden Regionen Deutschlands«[62]. Politische Aktivitäten gehörten zum Selbstverständnis der führenden Vertreter des selbstbewussten städtischen Bürgertums. Wichtige städtische Innovationen gingen auf die Spendenfreudigkeit reicher Frankfurter Bürgerfamilien zurück, zuletzt sogar die Errichtung der Frankfurter Stiftungsuniversität 1914.[63] Ein Strukturmerkmal der überwiegend protestantischen Stadt war die Existenz einer der größten jüdischen Gemeinden in Deutschland in Verbindung mit einer besonders frühen und gelungenen Integration der Juden in das kulturelle und wirtschaftliche Leben bereits seit Mitte des 19. Jahrhunderts – ein Prozess, der mit der

59 Vgl. u.a. Benno Reifenberg: Die Alte Frankfurter Brücke, in: FAZ, 25.6.1959, abgedruckt in: Ders: Das Einzigartige von Frankfurt. Ausgewählte Schriften, hrsg. von Helga Hummerich mit Bildern von Max Beckmann und Friedrich Philipp Usener, Frankfurt a.M. 1979, S. 53-63, hier S. 54.
60 Vgl. Lothar Gall: Stadt und Bürgertum im 19. Jahrhundert. Ein Problemaufriß, in: Ders.: Stadt und Bürgertum, S. 1-11, hier S. 17.
61 Ralf Roth: Stadt und Bürgertum in Frankfurt am Main. Ein besonderer Weg von der ständischen zur modernen Bürgergesellschaft 1760-1914 (Stadt und Bürgertum, Band 7), München 1996.
62 Ebd., S. 401.
63 Vgl. Gudrun-Christine Schimpf: Geld, Macht, Kultur. Kulturpolitik in Frankfurt am Main zwischen Mäzenatentum und öffentlicher Finanzierung 1866-1933, Frankfurt am Main 2007 sowie Bruno Müller: Stiftungen in Frankfurt am Main: Geschichte und Wirkung, neubearbeitet und fortgesetzt durch Hans-Otto Schembs (Mäzene, Stifter, Stadtkultur, Band 7), Frankfurt am Main 2006.

rechtlichen und politischen Gleichberechtigung im Jahre 1864 abgeschlossen wurde. Zahlreiche Stiftungen und Institutionen gingen auf jüdische Mäzene bzw. Begründer zurück[64] – so auch die von dem Bankier Leopold Sonnemann in der Mitte des 19. Jahrhunderts ins Leben gerufene FZ, die sich innerhalb weniger Jahrzehnte zu einem »Kristallisationskern der demokratischen Bewegung«[65] zunächst in Südwestdeutschland und bald auch überregional entwickeln sollte. Für Benno Reifenberg, dessen Eltern mit der Familie Sonnemann-Simon befreundet waren, war das Bürgertum Frankfurts prägende Sozialisationsinstanz; Frankfurt am Main sollte immer die Stadt bleiben, mit der und über die er sich identifizierte.

»Generation Frontkämpfer«

Die Zugehörigkeit zu einer bestimmten Generation ist eine Alltagserfahrung, die jeder Mensch macht – in der Familie zunächst, aber auch in Ausbildung, Studium und Erwerbsleben sowie in sämtlichen denkbaren sozialen Zusammenhängen. Der Soziologe Heinz Bude bemüht die einprägsame Formulierung von der Generationenzugehörigkeit und dem Generationengefühl als »Zeitheimat«: Generation als Verwurzelung »in der Zeit und nicht in einem Ort«[66]. Dies schließt Bilder und Assoziationen, Erinnerungen und Stimmungen ein, denen sich der Mensch nicht unmittelbar entziehen kann und die »ein unausgesprochenes Wir-Gefühl mit den ungefähr Gleichaltrigen«[67] begründen. Darüber hinaus ist »Generation« ein soziologischer Grundbegriff, der in jüngster Zeit auch Eingang in die geschichtswissenschaftliche Forschung gefunden hat und namentlich für die Arbeit des Biographen von größtem Wert ist. Ebenso wie die Zugehörigkeit zu einer sozialen Gruppe oder Schicht bzw. die Einbindung in ein spezifisches kulturelles Milieu und die räumliche Verortung in einer bestimmten Stadt oder Region gibt die Alterskohorte Aufschluss über Sozialisationserfahrungen und kollektive Zäsuren, die das Individuum beeinflusst und geprägt haben. Karl Mannheim hat in

---

64 Vgl. v.a. Hans-Otto Schembs: Jüdische Mäzene und Stifter in Frankfurt am Main, Frankfurt am Main 2007.
65 Roth: Stadt und Bürgertum, S. 469.
66 Heinz Bude: Generation im Kontext. Von den Kriegs- zu den Wohlfahrtsstaatsgenerationen, in: Ulrike Jureit/Michael Wildt (Hrsg.): Generationen. Zur Relevanz eines wissenschaftlichen Grundbegriffs, Hamburg 2005, S. 28-44, hier S. 28. Bude bezieht sich hier auf den Schriftsteller Wilfried G. Sebald (1994-2001).
67 Ebd., S. 28.

seinem bahnbrechenden Aufsatz »Das Problem der Generationen« von 1928 von einem »Lebensfond«[68] gesprochen, der sich aus einer »verwandten Lagerung« der Generationsangehörigen, das heißt aus der parallelen Teilnahme an einem bestimmten Abschnitt des historischen Prozesses, speise; hier geht es einerseits um die »ersten Eindrücke« des Menschen, andererseits um eine spezifische »Erlebnisschichtung«, die nicht von Anfang an feststeht, sondern sich im Laufe der Lebensjahre vollzieht und von den etwa Gleichaltrigen geteilt wird. Zur Semantik des Begriffs gehört seit Mannheim die Übertragung der familiären Generationenfolge auf die Gesellschaft, verbunden mit dem Anspruch der Jüngeren auf Übernahme der Macht von den Älteren, kurz: »das stete Neueinsetzen neuer Kulturträger«[69].

Ulrike Jureit und Michael Wildt verweisen auf die enge Verbindung der »Konstruktion von ›Generationen‹ […] mit der Entstehung der europäischen Moderne«, namentlich »mit der Differenzierung der einstigen Großfamilie und der Entdeckung von ›Jugend‹ als Entwicklungsbegriff«[70]. Generationen, zunächst auf rund 30 Jahre, heute auf deutlich kürzere Intervalle festgelegt, werden demnach als soziale Akteure mit einem quasi natürlichen Anspruch auf die Übernahme der gesellschaftlichen Leitungsfunktionen in einem bestimmten Lebensalter begriffen: »›Generation‹ entwickelte sich zu einem gesellschaftlichen Kollektivitäts- wie Kollektivierungsbegriff, der neben Stand, Schicht und Klasse den Rang einer sozialkulturellen Ordnungskategorie für sich beanspruchte.« Der Aufstieg der Psychologie und Psychoanalyse und die damit verbundene Entdeckung der frühen, mutmaßlich sogar vorgeburtlichen Prägung des Menschen wie des lebenslang dominanten Einflusses der ersten Kindheitserfahrungen, die Erforschung der Prozesse von Pubertät, Adoleszenz usw. mag den Aufstieg der »Ordnungskategorie« Generation befördert haben. Zugleich ist festzuhalten, dass sich bis heute die meisten gängigen Generationenmodelle überwiegend oder sogar ausschließlich an männlichen Kollektiverfahrungen und Lebensmodellen orientieren und auf Frauen nicht oder nur eingeschränkt anwendbar sind.[71] Dies gilt nicht zuletzt auch für die ansonsten wegweisende Studie von Helmut Fogt

---

68 Karl Mannheim: Das Problem der Generationen, in: Kölner Vierteljahrshefte für Soziologie, Jg. 7, 1928, Heft 2/3, S. 157-185 sowie S. 309-330, hier S. 182.
69 Ebd., S. 175.
70 Ulrike Jureit/Michael Wildt: Generationen, S. 7. Dort auch die folgenden Zitate.
71 Vgl. Christina Benninghaus: Das Geschlecht der Generation. Zum Zusammenhang von Generationalität und Männlichkeit um 1930, in: Jureit/Wildt, S. 127-158.

über »Politische Generationen« von 1982, die insbesondere im Hinblick auf die Erfahrungen der vom Ersten Weltkrieg betroffenen Alterskohorten, zu denen auch Benno Reifenberg gehörte, ausschließlich aus einem männlichen Blickwinkel argumentiert.[72] Wenn in der Zwischenkriegszeit der 20er und 30er Jahre eine »Hochkonjunktur der Generationsentwürfe«[73] zu verzeichnen war, so mag dies nicht zuletzt damit zusammenhängen, dass Deutschland in dieser Phase mit einer zur politischen wie gesellschaftlichen Führung drängenden Generation von Männern konfrontiert war, die ihre prägenden Sozialisationserfahrungen – oder besser gesagt: ihren prägenden Sozialisationsbruch – in den Massen- und Materialschlachten des Ersten Weltkrieges erfahren hatten. Es handelte sich um Männer, die in der wilhelminischen Ära des Deutschen Kaiserreiches, in einem Klima von überschwänglichem Nationalismus, anmaßendem Militarismus und Imperialismus, in einem vergleichsweise ausgeformten und nur partiell durchlässigen Klassensystem herangewachsen und dann im Alter zwischen etwa 18 und 25 Jahren an die Front gegangen waren. Als sie, die Überlebenden ihrer Generation, nach Hause zurückkehrten, standen sie oft genug in vielerlei Hinsicht vor dem Nichts – entwurzelt, traumatisiert, in keinem zivilen Beruf ausgebildet, aus ehemals funktionierenden sozialen Netzwerken gerissen, beladen mit Erfahrungen, die sie mit Eltern, älteren oder jüngeren Geschwistern und Freunden und last not least mit ihren Freundinnen, Geliebten und Ehefrauen nicht teilen konnten, belastet von der Erfahrung der militärischen Niederlage, konfrontiert mit dem Zusammenbruch des vertrauten politischen Systems, der ökonomischen Basis und der sozialen und mentalen Gewissheiten. Der Weltkriegsteilnehmer Reifenberg – das darf hier vorweggenommen werden – war im Jahre 1918 ein privilegierter Heimkehrer, aufgefangen in Familie, Partnerschaft und einem einflussreichen und materiell wohlbestellten Freundeskreis. Dennoch haben ihn die Bilder, Eindrücke und Erlebnisse seiner Generation nie losgelassen. In seinem publizistischen Werk hat er ihnen – häufig in einer eigentümlich apolitischen, auf die rein individuelle Erfahrung abzielenden Art und Weise – eine Stimme verliehen. In Kombination mit den Erfahrungen seiner Kindheit und Jugend im Frankfurter Bürgertum zur Zeit des Kaiserreiches bildeten die Ereignisse an der Westfront, um mit Karl Mannheim zu sprechen, seinen »Lebensfond«.

72 Vgl. Helmut Fogt: Politische Generationen (Beiträge zur sozialwissenschaftlichen Forschung, Bd. 32), Opladen 1982.
73 Jureit/Wildt: Generationen, S. 8.

Quellen

Ermöglicht wurde das vorliegende Buch durch die Tatsache, dass Benno Reifenberg von seinem zwanzigsten Lebensjahr bis zum Beginn seiner kurzen, tödlichen Krankheit im Januar 1970 als eine Art Archivar in eigener Sache tätig gewesen ist. Sein voluminöser Nachlass im Deutschen Literaturarchiv in Marbach am Neckar[74], der für dieses Buch erstmals systematisch ausgewertet wurde, zeugt von einer erstaunlichen Akribie, wenn es um das Sammeln und Bewahren von Dokumenten geht, die in der Zusammenschau seine Vita und v.a. seine Einbindung in personelle Netzwerke rekonstruierbar machen. Die ausgewerteten Unterlagen lassen sich im Wesentlichen in folgende Kategorien einordnen:
- Zeugnisse, Urkunden und amtliche Papiere: Hierzu gehören u.a. das Abiturzeugnis aus dem Jahre 1912[75], die Studienbücher der besuchten Universitäten Genf, München, Berlin und Frankfurt mit Angaben zu Immatrikulationszeiträumen und belegten Lehrveranstaltungen[76], der NS-»Fragebogen zur Durchführung des Schriftleitergesetzes vom 4. Oktober 1933, ausgefüllt am 13.8.1936«[77] sowie mehrere Fragebögen aus der Zeit der alliierten Militärregierung zum politischen Verhalten während und vor Beginn der NS-Zeit[78], ferner Urkunden und Auszeichnungen wie etwa das Große Verdienstkreuz der Bundesrepublik Deutschland 1952, die Goethe-Plakette der Stadt Frankfurt 1957 und der Goethepreis 1964, die Ehrendoktorwürde der Frankfurter Universität 1964 und die Ehrenplakette der Stadt Frankfurt 1967.[79]
- Lebensläufe und autobiographische Aufzeichnungen: Reifenberg hat im Laufe der Jahrzehnte aus unterschiedlichen Anlässen mehrfach seinen Lebenslauf in Stichworten oder in ausformulierter Form zu Papier gebracht.[80] Besonders ausführlich geriet ihm im September 1945 eine

74 Nachlass Benno Reifenberg im Bestand des Deutschen Literaturarchivs Marbach am Neckar, im Folgenden in der gesamten Arbeit abgekürzt: NL BR, DLA.
75 Zeugnis der Reife, in: NL BR, DLA, 79.3556.
76 Studienbuch der Universität Genf, LAM NL BR 79.3556; Studienbuch der Universität München, NL BR, DLA, 79.3556; Studienbuch der Universität Berlin, NL BR, DLA, 79.3556; Abgangszeugnis der Universität Frankfurt am Main, 6.4.1922, NL BR, DLA, 79.3556.
77 Fragebogen zur Durchführung des Schriftleitergesetzes vom 4. Oktober 1933, ausgefüllt am 13.8.1936, NL BR, DLA, 79.3552.
78 Konvolute aus der Zeit der Militärregierung, Military Government of Germany, Fragebogen, ohne Datum, NL BR, DLA, 79.3554.
79 Konvolut Urkunden, NL BR, DLA, 79.3555.
80 Undatierter Lebenslauf, Konvolut Lebenserinnerungen, NL BR, DLA, 79.12333.

EINLEITUNG

Lebensbeschreibung mit dem Titel »Summa vitae meae«[81], die in der dritten Person formuliert ist; der Adressat der sechsseitigen Skizze ist unbekannt, möglicherweise entstand der Text aus Gründen der Selbstreflexion. Von Reifenbergs Bemühen, der Nachwelt Einblick in seine Lebensgeschichte zu gewähren, zeugt ein Manuskript mit dem Titel »Beginn der Autobiographie«, das in den Jahren 1963, 1966 und 1967 entstand und Erinnerungen an die Kinder- und Jugendjahre umfasst.[82]

– Tagebücher: Tagebücher Reifenbergs liegen grundsätzlich für den Zeitraum zwischen Frühjahr 1912 und Anfang 1970 vor[83], unterscheiden sich jedoch sowohl im Hinblick auf die Quantität als auch auf die Nutzbarkeit und den Quellenwert. Kaum zu entziffern sind die Tagebücher aus dem Ersten Weltkrieg, da sie zum größten Teil nicht nur in äußerst flüchtiger Schrift verfasst, sondern zudem auch zerrissen und verschmutzt sind. Für die Weimarer Zeit sind sporadisch vollständige Bände vorhanden, während andere Jahrgänge komplett fehlen; aus den Jahren 1933 bis 1945 existieren Tagebuch-Fragmente. Vollständig erhalten und mühelos lesbar sind dagegen die Tagebücher der Jahre 1945 bis 1969/70, die zum Teil in hand- wie maschinenschriftlicher Fassung (also doppelt) angefertigt wurden, wobei keine wesentlichen Abweichungen zwischen den jeweiligen Fassungen zu konstatieren sind. Es darf vermutet werden, dass diese späten Tagebücher in der Absicht einer Publikation erstellt wurden oder als Grundlage für die geplante Autobiographie dienen sollten. Sie enthalten so gut wie nie politische Analysen und nur selten Angaben, die auf private Lebensumstände schließen lassen (Ausnahmen sind besondere Anlässe wie etwa die Hochzeit des Sohnes, die Geburten der Enkelkinder, größere Reisen, Krankheiten oder gelegentlich auch nächtliche Träume des Verfassers), sondern bestehen zumeist aus stichwortartigen Notizen über das Wetter und die Lektüre des Tages, berufliche Projekte, Pläne und Konflikte sowie über Treffen mit Kollegen, Freunden und anderen Zeitgenossen. Von besonderem Wert sind diese Notizen im Hinblick auf die Rekonstruktion der persönlichen Kontakte bzw. Netzwerke Reifenbergs.

81 »Summa vitae meae«, NL BR, DLA, 79.12334.
82 Beginn der Autobiographie, NL BR, DLA, 79.12333.
83 Tagebücher 1912-1970, NL BR, DLA, 79.12335-79.12364 sowie Tagebücher/Abschriften, NL BR, DLA, 79.12365-79.12392.

QUELLEN

– Briefe: Zum Nachlass Reifenbergs gehört eine umfangreiche Korrespondenz mit Tausenden verschiedener Personen, Institutionen und Organisationen, angefangen von einem ausführlichen Briefwechsel mit dem ersten Bundespräsidenten der Bundesrepublik Deutschland Theodor Heuss bis hin zu belanglosen Schreiben an Einwohnermeldeämter oder Reisebüros. Unter den Korrespondenzpartnern seien an dieser Stelle exemplarisch erwähnt: die Kollegen Margret Boveri, Bernard von Brentano, Max von Brück, Wolf von Dewall, Walter Dirks, Michael Freund, Rudolf Kircher, Herbert Küsel, Carl Linfert, Albert Oeser, Alfons Paquet, Fritz Sänger, Oskar Stark, Friedrich Sieburg und Erich Welter, ferner die Schriftstellerin Marie Luise Kaschnitz, der Hirnforscher Oskar Vogt und der hochrangige I.G.-Farben-Manager Georg von Schnitzler, die Reifenberg – jeweils auf unterschiedlichen Wegen – zu Hilfe kamen, als er zwischen 1943 und 1945 nicht mehr in seinem Beruf als Journalist arbeiten durfte, sowie der CDU-Politiker Heinrich von Brentano, ein Bruder Bernards, und der Politikwissenschaftler Dolf Sternberger, der zu Reifenbergs engeren Vertrauten zählte. Unter den persönlichen Freunden sind neben Sternberger vor allem der Kunsthistoriker, FZ-Mitarbeiter und spätere Diplomat Wilhelm Hausenstein und der Schweizer Buchautor und Kulturkritiker Max Picard zu nennen. Reifenbergs Kriegserleben der Jahre 1914 bis 1918 konnte anhand eines großen Konvoluts erhalten gebliebener Feldpostbriefe an die Freundin und spätere Ehefrau Maryla von Mazurkiewicz rekonstruiert werden. Persönliche Einblicke gestatten auch Reifenbergs Briefe an seine Eltern, die besonders für die Studienjahre ergiebig sind, sowie an seine Geschwister Ada Brunthaler, Hans Reifenberg und Lieselotte Reifenberg und in den 50er und 60er Jahren an den Sohn Jan Reifenberg, den langjährigen USA-Korrespondenten der FAZ. In den meisten Fällen liegen sowohl die Briefe Reifenbergs an die betreffenden Personen als auch deren Briefe an Reifenberg vor; darüber hinaus sind im Nachlass zahlreiche Schriftwechsel Dritter erhalten, die zwar in Verbindung mit einem Reifenberg betreffenden Thema entstanden, aber nicht von ihm stammen.[84]

---

84 Da der umfangreiche Briefwechsel den größten Teil des Nachlasses darstellt, der in einem 272 Seiten umfassenden Findbuch akribisch aufgeschlüsselt ist, soll an dieser Stelle auf exakte Angaben verzichtet und auf spätere Anmerkungen verwiesen werden.

EINLEITUNG

– Das Redaktionsarchiv der Zeitschrift »Die Gegenwart«: Der Nachlass enthält das Redaktionsarchiv der Zeitschrift »Die Gegenwart« von der Gründung 1945 bis zur Fusion mit der FAZ 1958: interne Denkschriften zur inhaltlichen Konzeption und politischen Ausrichtung, Auflage und wirtschaftlichen Entwicklung des Blattes, Protokolle der Redaktionskonferenzen, Briefwechsel zwischen den Herausgebern und den festen und freien Mitarbeitern, Leserbriefe usw.[85]

– Sammlung veröffentlichter Artikel Reifenbergs: Neben dem angegebenen Archivmaterial boten die drei Publikationsorgane, für die Reifenberg im Laufe seines Lebens tätig gewesen ist, den zweiten großen Quellenfundus. Die Auswertung der zeitweise drei Mal täglich erschienenen FZ zwischen 1918/19 und 1943, der Halbmonatsschrift »Die Gegenwart« zwischen 1945 und 1958 und der täglich in Druck gegangenen FAZ zwischen 1959 und 1970 im Hinblick auf die Rolle, Bedeutung und inhaltliche Positionierung Reifenbergs wäre aufgrund der riesigen Zahl anonym publizierter Artikel unmöglich gewesen, wenn nicht auch in diesem Fall der Nachlass wertvolle Hilfe geboten hätte: In der Dokumentationsstelle des Literaturarchivs Marbach fand sich ein Stapel Kladden mit den sorgfältig ausgeschnittenen und aufgeklebten, mit Datum und mitunter auch mit handschriftlichen Anmerkungen versehenen Artikeln Reifenbergs, die er in der Frühphase seiner Tätigkeit als freier Mitarbeiter bei der FZ zur Berechnung seiner Honorare angelegt und dann vermutlich aus Gewohnheit und/oder in dem Wunsch, das eigene Lebenswerk systematisch zu dokumentieren, kontinuierlich fortgesetzt hatte.[86] Lediglich für die dreizehn Jahre bei der »Gegenwart« fehlen entsprechende Bände, wobei nicht geklärt werden konnte, ob sie einmal vorhanden gewesen sind oder nicht.

– Die Presseorgane: Neben den Artikeln Reifenbergs, die durch den Nachlass systematisch verfügbar wurden, sind die FZ der Jahrgänge 1918/19 bis 1943, »Die Gegenwart« der Jahrgänge 1945 bis 1958 und die FAZ der Jahrgänge 1958 bis 1970, soweit erforderlich, im Original eingesehen worden. Dies gilt insbesondere für »Die Gegenwart«, da es hier – im Gegensatz v.a. zur FZ, aber auch zu FAZ – so gut wie keine wissenschaftliche Literatur gibt, auf die sich die Ausarbeitung stützen konnte.[87]

85 Konvolut »Die Gegenwart«, NL BR, DLA, 79.7684-79.10983.
86 Sammlung Artikel, NL BR, DLA, Dokumentationsstelle.
87 Es existieren lediglich der Aufsatz Flemmings (»Neues Bauen am gegebenen Ort«), der insbesondere die Gründungs- und Konsolidierungsphase der »Gegenwart« beleuchtet, sowie eine in jüngster Zeit an der Universität Kassel entstan-

QUELLEN

– Selbständige Veröffentlichungen Reifenbergs: Bei den selbständigen, d.h. außerhalb der fraglichen Presseorgane veröffentlichten Schriften handelt es sich überwiegend, wenn auch nicht ausschließlich um Sammelbände mit ausgewählten Beiträgen zu einem bestimmten Thema, die Reifenberg vorab in der FZ, der »Gegenwart« und der FAZ veröffentlicht hatte oder die postum von seiner Sekretärin Helga Hummerich herausgegeben wurden. Inhaltlich sind v.a. zwei Schwerpunkte auszumachen: zum einen Schriften zu Kunst und Kunstgeschichte[88], zum anderen zur Geschichte, Kultur und Architektur der Stadt Frankfurt am Main.[89] Eine Sammlung mit z.T. autobiographisch inspirierten Feuilletons erschien 1953 unter dem Titel »Lichte Schatten«[90]; ein vergleichbares Konzept liegt dem von Hummerich verantworteten Band »Offenbares Geheimnis« von 1992 zugrunde.[91] Das 1973 erschienene Werk »Landschaften und Gesichter« versammelt Feuilletons, die Reifenberg zwischen 1939 und 1943 in der FZ publiziert hatte und von denen ein gewichtiger Teil Erinnerungen an seine Soldatenzeit im Ersten Weltkrieg beinhaltet.[92] Gesprochene Rundfunkbeiträge Reifenbergs aus den 50er und frühen 60er Jahren liegen in Druckfassung von 1962 unter dem Titel »In den Tag gesprochen« vor.[93] Ein Verzeichnis der selbständigen Schriften Reifenbergs befindet sich im Quellen- und Literaturverzeichnis im Anhang dieser Arbeit.

---

dene Staatsexamensarbeit: Elisabeth Jenssen: Wiederbewaffnung und NATO-Beitritt der Bundesrepublik Deutschland: Positionen, Analysen und Debatten in der Zeitschrift *Die Gegenwart*, Wissenschaftliche Hausarbeit zur Ersten Staatsprüfung für das Lehramt an Gymnasien, Univ. Kassel 2008.

88 Am umfangreichsten: Benno Reifenberg: Das Abendland gemalt (Schriften zur Kunst), Frankfurt a.M. 1950 sowie: Die Piperdrucke. Texte von Benno Reifenberg, München 1956 (neu aufgelegt unter dem Titel: Hundert Betrachtungen zu Bildern europäischer Malerei, München 1974).

89 Am umfangreichsten: Benno Reifenberg: Das Einzigartige von Frankfurt. Ausgewählte Schriften, hrsg. von Helga Hummerich, Frankfurt a.M. 1979.

90 Benno Reifenberg: Lichte Schatten. Aus den literarischen Schriften, 2. Aufl., Frankfurt a.M. 1953.

91 Benno Reifenberg: Offenbares Geheimnis. Ausgewählte Schriften, mit Handzeichnungen des Autors. Einleitung von Helga Hummerich, Nachwort von Günter Busch, Frankfurt a.M. 1992.

92 Benno Reifenberg: Landschaften und Gesichter, Wien 1973.

93 Benno Reifenberg: In den Tag gesprochen, Frankfurt am Main 1962.

EINLEITUNG

- Erinnerungen von Zeitgenossen: Zu nennen sind hier in erster Linie die Erinnerungen der ehemaligen FZ-Mitarbeiter Karl Apfel[94], Margret Boveri[95] und Artur Lauinger[96] und des einstigen FAZ-Herausgebers Karl Korn[97]. Eine besondere Rolle nehmen die Memoiren von Helga Hummerich mit dem programmatischen Titel »Wahrheit zwischen den Zeilen. Erinnerungen an Benno Reifenberg und die Frankfurter Zeitung«[98] ein: Während Hummerich einerseits einzigartige Einblicke in Reifenbergs beruflichen Alltag der Jahre 1933 bis 1943 gewährt und deshalb auf keinen Fall ignoriert werden kann, sind ihre Bewertungen doch mit Vorsicht zu genießen, da die Verfasserin ihrem ehemaligen Chef mit einer Form von Heldenverehrung begegnet, durch die der Quellenwert ihres Buches deutlich gemindert wird. Reifenbergs Ehefrau Maryla hat im Jahre 1936 ihre Jugenderinnerungen unter dem Titel »Antike und junge Mädchen«[99] veröffentlicht und darin Erinnerungen an die Kriegsjahre verwoben, in denen sie mit Reifenberg verlobt war. Berücksichtigung findet in diesem Kontext auch eine schmale Broschüre mit den Gedenkreden, die von Freunden und Weggefährten 1970 an Reifenbergs Grab gehalten worden waren.[100]

---

94 Karl Apfel: In den zwanziger Jahren. Erinnerungen an die Frankfurter Zeitung, in: Archiv für Frankfurts Geschichte und Kunst, Heft 55, 1976, S. 235-253.
95 Margret Boveri: Verzweigungen. Eine Autobiographie, hrsg. von Uwe Johnson, München/Zürich 1978. Vgl. auch Dies.: Joseph Roth und die Frankfurter Zeitung, in: Merkur 25 (1971), S. 786-798.
96 Artur Lauinger: Das öffentliche Gewissen. Erfahrungen und Erlebnisse eines Redakteurs der Frankfurter Zeitung, Frankfurt a.M. 1958.
97 Karl Korn: Lange Lehrzeit. Ein deutsches Leben, Frankfurt a.M. 1975.
98 Helga Hummerich: Wahrheit zwischen den Zeilen. Erinnerungen an Benno Reifenberg und die Frankfurter Zeitung, Freiburg i.Br. 1984.
99 Maryla Mazurkiewicz: Antike und junge Mädchen, Berlin 1936.
100 Benno Reifenberg 1892-1970. Worte des Gedenkens.

Prägungen
Bürgerliche Herkunft und Fronterfahrung

Kindheit, Schulzeit, Studium (1892-1914)

Die Rekonstruktion der ersten Lebensjahrzehnte Reifenbergs konfrontiert zunächst mit einem Quellenproblem: Mit Ausnahme von erhalten gebliebenen Privatbriefen aus den Studienjahren 1912 bis 1914 wurden sämtliche Darstellungen über Herkunft, Familie und Freunde, Schulzeit, Studium und soziales Umfeld von Reifenberg selbst in der Absicht der Veröffentlichung zu Papier gebracht und z.T. auch tatsächlich in der Presse abgedruckt. Neben dem Fragment gebliebenen »Entwurf der Autobiographie« aus den 1960er Jahren existieren publizierte Erinnerungsskizzen aus mehreren Jahrzehnten. Diese Aufzeichnungen bieten insofern ein homogenes Bild, als sie nahezu durchgehend das Ideal eines gelungenen bürgerlichen Familienlebens fast bis zum Klischee stilisieren. Es ist unmöglich, zu ermitteln, was wir in diesen Schilderungen tatsächlich finden: die Darstellung der Realität, die durch die zeitliche Distanz unbewusst verzerrten Erinnerungen eines älteren Menschen an eine vermeintliche Realität, ein Wunschbild oder eine gezielte Präsentation des bürgerlichen Wertekanons. Dennoch lassen sich einige Aussagen über Reifenbergs Herkunftsmilieu mit Sicherheit treffen: Das Umfeld, in dem er die Grundlagen von Bildung, Erziehung und Sozialisation empfing, war urban, besitzbürgerlich und ambitioniert, geprägt von »jenem liberalen Geist, der das Frankfurter Bürgertum gerade um die Jahrhundertwende charakterisierte.«[1] Die Tatsache, dass Reifenberg in späteren Jahren von Zeitgenossen nahezu durchgängig eine Aura der Souveränität, Ausgeglichenheit und Integrität bei gleichzeitiger äußerlicher Schlichtheit im Auftreten bescheinigt worden ist, mag damit zusammenhängen, dass er sich – abgesehen von kurzen Unterbrechungen, v.a. während des Ersten und in den letzten Jahren des Zweiten Weltkrieges – stets in jenem sozialen und kulturellen Raum bewegt hat, in dem er mental beheimatet war. Dies trifft in gewisser Weise auch für die Studienjahre in Genf, München und Berlin zu, da Reifenberg nie lange genug an einem dieser Orte geblieben ist, um sich mit ihm zu identifizieren, und darüber hinaus die vorlesungsfreie Zeit überwiegend im Elternhaus verbrachte.

[1] Jan Reifenberg in einem persönlichen Schreiben an die Verfasserin vom 6.4.2006.

Frankfurt am Main war *sein* Ort, wie das Bürgertum *sein* Milieu war – in spezifischer Verschmelzung beider Elemente begriff sich Reifenberg als Bürger Frankfurts und war und blieb stets ein Frankfurter Bürgerlicher: Dies war gleichsam sein Sozialisationsgepäck.

Herkunft und Familie

Reifenbergs Vorfahren stammten väterlicherseits aus dem assimilierten deutschen Judentum, mütterlicherseits aus den Niederlanden. Die Eltern, der erfolgreiche Kaufmann Adolf Reifenberg und die fast 24 Jahre jüngere Elieze Marie van Delden, hatten im Oktober 1891 in der damaligen niederländischen Kolonie Java geheiratet, wo die Familie van Delden aus geschäftlichen Gründen ansässig war. Den autobiographischen Aufzeichnungen Benno Reifenbergs ist zu entnehmen, dass Eliezes Vater Berendt van Delden, Jahrgang 1840[2], »ein Reeder von großem Ansehen«[3] war, der es im Laufe seines Lebens zu zwölf Dampfschleppern brachte, die er – ganz Patriarch – der Reihe nach auf die Vornamen seiner zwölf Enkelkinder taufen ließ; Benno Reifenberg beschrieb ihn als »jähzornig«, aber »nicht ungütig« und führte seine regelmäßigen cholerischen Ausbrüche auf einen »Tropenkoller« infolge des unbekömmlichen feuchtwarmen Klimas auf Java zurück.[4] Über Großmutter Gezina van Delden heißt es, sie sei »alles andere als sanft, von keiner nennenswerten Bildung, gänzlich unlogisch und inkonsequent«[5] gewesen und habe ihn als den erstgeborenen Enkel in unvernünftiger Weise bevorzugt; außerdem sei sie – die Niederländerin – das einzige Mitglied der weitläufigen Familie gewesen, das Sympathien für den deutschen Kaiser Wilhelm II. gehegt habe. In der Familie wurde kolportiert, ihr Vater, ein Ingenieur aus Arnheim, »sei ein natürlicher Sohn aus dem regierenden Haus«, also ein unehelicher Abkömmling eines Mitglieds der holländischen Königsfamilie, gewesen: »Das war selbstverständlich nicht kontrollierbar.« Im Auftreten

---

2 Die Lebensdaten von Reifenbergs Eltern und Großeltern, seiner späteren Ehefrau und deren Eltern und Großeltern sind vermerkt in: Fragebogen zur Durchführung des Schriftleitergesetzes vom 4. Oktober 1933, ausgefüllt am 13.8.1936, NL BR, DLA, 79.3552.
3 Benno Reifenberg: Beginn der Autobiographie, Aufzeichnung stützt sich auf Notizen vom 19.1.1954, NL BR, DLA, 79.12333, S. 11.
4 Reifenberg: Beginn der Autobiographie, Aufzeichnung stützt sich auf Notizen vom 19.1.1954, NL BR, DLA, 79.12333, S. 10/11.
5 Reifenberg: Beginn der Autobiographie, Aufzeichnung stützt sich auf Notizen vom 19.1.1954, NL BR, DLA, 79.12333, S. 11/12. – Dort auch die folgenden Zitate.

KINDHEIT, SCHULZEIT, STUDIUM (1892-1914)

habe Gezina »eine Allüre des Gebieterischen« besessen, die mit Standesdünkel korrespondiert habe.

Elieze, die älteste der vier Töchter des Ehepaares van Delden, erblickte an 4. Juli 1872 in Poewadadi auf Java das Licht der Welt. Zu dieser Zeit machte sich im fernen Europa ihr späterer Ehemann Adolf Reifenberg gerade nach einjährigem Militärdienst als Kaufmann selbständig. Die Geschichte seiner Herkunft liest sich wie ein Exempel für den Aufstieg klein- oder unterbürgerlicher deutscher Juden in die Besitz- und Bildungsschicht im 19. Jahrhundert. Insbesondere seit den 1840er Jahren hatten sich die Lebensbedingungen der jüdischen Minderheit in Deutschland ununterbrochen verbessert; Thomas Nipperdey spricht von einem »phänomenal[en]«[6] Prozess, der sich auffällig von der generellen Tendenz zur Entpauperisierung der Bevölkerung abgehoben habe, und sieht die Ursache »in der Jahrhunderte lang eingeübten Wirtschaftsmoral und -praxis« der Juden, namentlich in dem Zwang zu Leistung, Anpassung und Innovation und der Einübung nichtzünftlerischer, kapitalistischer Wirtschaftsweisen im Zuge von Ausnahme-Gesetzgebungen. Waren die Juden in Deutschland während ihrer langen Geschichte immer überwiegend arm gewesen – eine Tatsache, die durch den legendären Reichtum einzelner Juden leicht verschleiert wurde –, so avancierten im Zuge der Industrialisierung und des allmählich beginnenden Aufschwungs des Dienstleistungssektors große Teile der jüdischen Bevölkerung zu Angehörigen der Ober- und oberen Mittelschicht. Hatten sich bis zum Jahre 1848 – je nach Region – nur 15 bis 33% der Juden in Deutschland eine »bürgerlich gesicherte Existenz« schaffen können, während 40 bis 50% als »arm« einzustufen gewesen waren, so lebten rund 25 Jahre später etwa 60% in gesicherten bürgerlichen Verhältnissen, und der Anteil der Armen war auf maximal ein Viertel, in manchen Regionen auf bis zu 5% gesunken.[7] Ruth Gay konstatiert: »Noch in der Mitte des 19. Jahrhunderts bestand die Hälfte der deutschen Juden entweder aus Bettlern oder war nur einen Schritt von einer solchen Existenz entfernt [...]. Doch als das Jahrhundert zu Ende ging, stand die Einkommenspyramide der jüdischen Bevölkerung auf dem Kopf.«[8] Zu den Gewinnern dieses sozialen Umbruchs zählte auch die Familie Reifenberg, deren Vorfahren – noch

---

6 Thomas Nipperdey: Deutsche Geschichte 1800-1866. Bürgerwelt und starker Staat, München 1983, S. 252. Dort auch das folgende Zitat.
7 Ebd.
8 Ruth Gay: Geschichte der Juden in Deutschland. Von der Römerzeit bis zum Zweiten Weltkrieg, dt. Ausgabe, München 1993, S. 163.

»ohne Eigennamen«[9] – seit Anfang des 18. Jahrhunderts in dem Dorf Laubuseschbach bei Weilburg im nördlichen Taunus ansässig gewesen waren. Bei Benno Reifenberg liest sich die Geschichte seiner Familie folgendermaßen:

»Woher sie dorthin [nach Weilburg, DB] verschlagen war, bleibt ungewiss. In jungen Jahren hat mein Urgroßvater bei einem Grafen von Limburg um die Erlaubnis gebeten, sich im Dorf Hennen bei Iserlohn als Weber niederzulassen. Dem Juden Isaac Joseph wurde dieser Zuzug bewilligt, und der Neuankömmling hat sich dann bald den Namen Reifenberg zugelegt. Er hielt es wie viele der deutschen Juden, die einen Eigennamen zu wählen hatten, sie nahmen einen Ortsnamen an. Warum der Mann aus Laubuseschbach sich mit dem befestigten Raubritterwesen für immer verbunden hat, weiss man nicht, vielleicht besass er für diese Taunusgegend ein heimatliches Gefühl.«[10]

In Hennen im Sauerland baute Isaac Joseph Reifenberg ein florierendes Webergeschäft auf.[11] Sein Sohn Moses Reifenberg, Jahrgang 1817, setzte die kaufmännische Tradition der Familie fort. Aus seiner Ehe mit der 1819 geborenen Johanna Nordwald aus dem Nachbarort Hüsten bei Arnsberg ging der Sohn Adolf hervor, der am 6. November 1848 in Hennen zur Welt kam und durch die Förderung und Fürsprache eines christlichen Geistlichen die Lateinschule in Schwerte und später das Gymnasium im westfälischen Lippstadt besuchen konnte. Für Adolf Reifenberg hatte seine jüdische Abstammung nach Ansicht seines Sohnes Benno kaum oder keine Bedeutung; er verstand sich als »Dissident« und war »zeitlebens ohne Konfession«.[12] Die Bemühungen vieler säkularisierter deutscher Juden um Integration in die christliche Mehrheitsgesellschaft, um Assimilation und Akkulturation als Akt der »Befreiung aus dem sozial-

9 Reifenberg: Beginn der Autobiographie, Aufzeichnung vom 31.3.1966, NL BR, DLA 79.12333, S. 7.
10 Ebd. – In Deutschland existieren mehrere Orte mit dem Namen Reifenberg; Reifenberg im Taunus liegt zwischen Frankfurt und Limburg. Der Name leitet sich höchstwahrscheinlich von dem Wort »Riffinberg«, d.h. Felsenberg, ab. Die Errichtung der Burg Reifenberg wird vor 1215 vermutet. 1363 wird das Raubrittergeschlecht Reifenberg im Zusammenhang mit einer Fehde mit Limburg erwähnt. Vgl. www.reifenberg.de, 1.7.2005.
11 Vgl. Reifenberg: Beginn der Autobiographie, Aufzeichnung vom 31.3.1966, NL BR, DLA, 79.12333, S. S. 7.
12 Reifenberg: Beginn der Autobiographie, Aufzeichnung vom 4.2.1963, NL BR, DLA, 79.12333, S. 4.

KINDHEIT, SCHULZEIT, STUDIUM (1892-1914)

kulturellen Ghetto«[13] des Judentums spiegeln sich in seiner Vita, in der beruflicher und gesellschaftlicher Ehrgeiz eine Schlüsselrolle einnahm.

Adolf Reifenberg blieb lange Junggeselle und konzentrierte sich ganz auf seine geschäftlichen Aktivitäten, die sich so zufriedenstellend entwickelten, dass er im Alter von 40 Jahren bereits »in bequemen Verhältnissen«[14] lebte. In dieser Phase lernte er 1889 die siebzehnjährige Elieze van Delden kennen, die mit ihrer Mutter und ihren drei Schwestern nach Deutschland gekommen war, um zu »etwas europäischer Bildung erzogen« zu werden. Noch im gleichen Jahr verlobte sich das Paar und reiste gemeinsam mit Gezina van Delden an Bord eines französischen Schiffes nach Indonesien zurück. Benno Reifenberg vermerkt, dass sein Vater in der Familie der Mutter »gut aufgenommen« worden sei, »wobei sein Vermögen von 80.000 Goldmark eine gewisse Empfehlung dargestellt haben mag.«[15]

Obwohl das Ideal romantischer Liebe und Leidenschaft zwischen Mann und Frau zu den Pfeilern der bürgerlichen Familienideologie im 19. Jahrhundert zählte, sah die Realität doch häufig anders aus: Bei Eheschließungen spielten regelmäßig neben emotionalen auch materielle Erwägungen eine Rolle; die Wahl des »richtigen« Partners oder der »richtigen« Partnerin konnte, wie Gunilla Budde ausführt, »die Kapitalkraft eines Unternehmens festigen, die Kreditwürdigkeit steigern, zum Knüpfen neuer Geschäfts- und Berufsverbindungen beitragen, aus Konkurrenten Koalitionspartner machen, Karrieren vorantreiben und Krisen abwenden.«[16] Auch der reiche Niederländer van Delden und sein vermögender deutscher Schwiegersohn Reifenberg verbanden mit der neuen familiären Verbindung nicht nur persönliche, sondern auch geschäftliche Hoffnungen: Sie planten, »einen Handel in Teakholz zu beginnen«[17], wobei Reifenberg die deutsche Vertretung in Köln übernehmen sollte. Über Frankreich kehrte er mit seiner jungen Frau – der große Altersunterschied der Ehepartner war nicht untypisch für das Bürgertum[18] – Anfang 1892 nach Deutschland zurück. In Oberkassel am Rhein, einem

---

13 Nipperdey, Deutsche Geschichte 1800-1866, S. 253.
14 Reifenberg: Beginn der Autobiographie, Aufzeichnung vom 5.1.1963, NL BR, DLA, 79.12333, S. 3. Dort auch die folgenden Zitate.
15 Reifenbergs Vermögen entsprach etwa dem Achtfachen des Jahreseinkommens eines hohen Beamten im Deutschen Kaiserreich.
16 Gunilla-Friederike Budde: Bürgerinnen in der Bürgergesellschaft, S. 256.
17 Reifenberg: Beginn der Autobiographie, Aufzeichnung vom 5.1.1963, NL BR, DLA, 79.12333, S. 3.
18 Budde spricht in diesem Kontext von einer »Bildungsbeziehung« (an Stelle der überlieferten Arbeitsbeziehung) bürgerlicher Ehepartner, die durch die häufig

kleinen Ort in der Nähe von Bonn, ließ man sich zunächst nieder, um bald darauf in das benachbarte Mehlem umzuziehen. Genau neun Monate nach der Hochzeit brachte die gerade zwanzigjährige Elieze am 16. Juli 1892 in Oberkassel ihr erstes Kind zur Welt: Benno Carl. Ihm folgten rasch zwei Geschwister: Adolphine Johanna Gesina, geboren am 2. Dezember 1893, und Johannes Berend, geboren am 25. August 1897, deren etwas wuchtige Vornamen in der Familie zu »Ada« und »Hans« abgekürzt wurden. Während sich die Mutter um die Erziehung der Kinder kümmerte, widmete sich der Vater dem Teakholzhandel und gründete, als diese Geschäftsidee nicht den erwünschten Erfolg brachte, mit dem angewachsenen Lagergut eine Holzwarenfabrik. Im ersten Jahrzehnt florierte die Firma, später »stellten sich Sorgen ein«[19]. 1895 wurde der Firmensitz von Köln nach Frankfurt am Main verlegt, bald darauf erfolgte die Übersiedlung der Familie.[20] In Frankfurt bekam Benno Reifenberg als Vierzehnjähriger noch eine kleine Schwester: Elise Charlotte, genannt »Liselotte«, geboren am 15. Oktober 1906.[21]

Wenn die bürgerliche Familie – gegründet auf der Zuneigung der Eheleute zueinander und zu den Kindern, gesichert durch das Einkommen des männlichen Familienoberhauptes, angestammte Sphäre der Ehefrau und Mutter und »Ruhehafen im rastlosen Getriebe der bürgerlichen Leistungsgesellschaft«[22] – zu Recht als »Dreh- und Angelpunkt bürgerlicher Kultur« bezeichnet worden ist, so hat Benno Reifenberg dieses Bild in seinen Erinnerungen an sein Elternhaus wieder und wieder kultiviert und idealisiert. Das Familienleben wird als überaus harmonisch beschrieben, geprägt von einer strikten Rollenverteilung zwischen Vater und Mutter, unbelastet von materiellen Sorgen. Man lebte in einem »hellen

zehn oder mehr Jahre betragende Altersdifferenz noch verstärkt worden sei. Vgl. Budde: Bürgerinnen in der Bürgergesellschaft, S. 257.
19 Reifenberg: Beginn der Autobiographie, Aufzeichnung vom 5.1.1963, NL BR, DLA, 79.12333, S. 3.
20 Vgl. Benno Reifenberg: »Summa vitae meae«, NL BR, DLA, 79.12334, S. 1.
21 Reifenberg schreibt den dritten Vornamen seiner Schwester Ada »Gesina«, den zweiten Vornamen seines Bruders Hans »Berend« und den ersten Vornamen seiner Schwester Liselotte »Elise«, die Vornamen seiner Großeltern und seiner Mutter dagegen »Gezina«, »Berendt« und »Elieze«. Diese Schreibweisen wurden hier jeweils übernommen. Es handelt sich bei den Namen der Kinder vermutlich um »eingedeutschte« Versionen der holländischen Vornamen.
22 Budde: Bürgerinnen in der Bürgergesellschaft, S. 258. Dort auch das folgende Zitat.

KINDHEIT, SCHULZEIT, STUDIUM (1892-1914)

*Familienbild, vermutlich: Benno Reifenberg um 1895
im Alter von etwa 3 Jahren mit seiner Großmutter mütterlicherseits
sowie der kleinen Schwester Ada*

Haus an den Anlagen«[23], einer vornehmen Frankfurter Wohngegend, und pflegte einen gehobenen Lebensstil: »Aus dem Eßzimmer sah man auf die Rotdornbäume und eine Art Mimosen. Mein Schlafzimmer war groß«.[24] Die Familie genoss teure Spezialitäten wie Artischocken, Spar-

23 Benno Reifenberg: Verzuckerte Veilchen, geschrieben im Januar 1928, veröffentlicht in: Ders.: Lichte Schatten, S. 432-435, hier S. 432.
24 Ebd., S. 432.

gel, Champignons und Erdbeeren[25] und saß an langen Winterabenden behaglich beisammen, um dem Vater zu lauschen, der aus den Werken des Volksschriftstellers Fritz Reuter vorlas.[26] Bücher spielten eine große Rolle, die Kinder hatten freien Zugang zur hauseigenen Bibliothek und lasen »früh die Dramen, fast gleich hinter den Märchen.«[27] Die Eltern spielten vierhändig Klavier, ein Onkel begleitete sie auf der Violine.[28] Nachdem die van Deldens etwa um das Jahr 1900 aus Java nach Europa zurückgekehrt waren und sich auf einer Insel gegenüber Bieberich bei Wiesbaden niedergelassen hatten[29], kamen mitunter »die Tanten« – Schwestern der Mutter – zu Besuch, duftende, gepflegte junge Frauen, über die der Neffe schrieb: »Sie sprachen unaufhörlich, laut und durcheinander, lachten, sangen ein wenig, blickten in den Spiegel, puderten sich [...]. Sie gingen ›shopping‹.«[30] Benno, Ada, Hans und die kleine Liselotte parlierten holländisch mit den Verwandten, denn sie profitierten von den Vorzügen einer zweisprachigen Erziehung:

»Sie [die Mutter, DB] sprach mit uns holländisch, wir vier Kinder antworteten auf deutsch. Die Briefe, die Mama mir in meiner Universitätszeit gesandt hat, waren deutsch, nur die Schlusssätze, die mich ihrer Liebe versicherten, tauchten als holländisch auf; als Kindheitserinnerung empfinde ich noch heute, wenn ich diese meine Muttersprache vernehme, sie stimmt mich heiter.«[31]

25 Vgl. Reifenberg: Verzuckerte Veilchen, in: Ders.: Lichte Schatten, S. 435.
26 Vgl. Benno Reifenberg: Vorlesen und Zuhören, Vortrag im HR, 21.2.1961, abgedruckt in: Ders.: In den Tag gesprochen, S. 13-17. – Fritz Reuter (1810-1874) gehörte zu den Begründern der neuniederdeutschen Dichtung. Im Mittelpunkt seiner Werke stehen die »einfachen Menschen« und die Schwachen der Gesellschaft sowie die Ideale der Eigeninitiative, Befreiung, Nächstenliebe und Gerechtigkeit. Politisch war Reuter dem liberaldemokratischen Spektrum zuzuordnen. 1837 war er wegen »Umsturzabsichten« zum Tode verurteilt worden, wobei er gleichzeitig zu 30 Jahren Festungshaft begnadigt wurde; 1840 erfolgte seine Haftentlassung im Rahmen einer Amnestie. Zu seinen bekanntesten Schriften gehören die Prosawerke »Ut de Franzosentid« (1859), »Ut mine Festungstid« (1862) und »Ut mine Stromtid« (3 Bände, 1862-1864).
27 Benno Reifenberg: Vom Lesen in jungen Jahren, Vortrag im HR, 17.1.1953, abgedruckt in: Ders.: In den Tag gesprochen, S. 122-129, hier S. 126.
28 Vgl. Reifenberg: Verzuckerte Veilchen, in: Ders.: Lichte Schatten, S. 434.
29 Vgl. ebd. sowie Schreiben Jan Reifenbergs an die Verfasserin, 6.4.2006.
30 Reifenberg: Verzuckerte Veilchen, in: Ders.: Lichte Schatten, S. 433.
31 Reifenberg: Beginn der Autobiographie, Aufzeichnung vom 2.4.1966, NL BR, DLA, 79.12333, S. 13.

KINDHEIT, SCHULZEIT, STUDIUM (1892-1914)

Elieze Reifenberg hatte ursprünglich wohl nicht davon geträumt, vier Kinder großzuziehen. Lieber – das wusste ihr ältester Sohn – wäre sie Ärztin geworden.[32] Dennoch spielte sie die Rolle der bürgerlichen Hausfrau und Mutter perfekt, »so dass er [der Vater, DB] kaum ein erzieherisches Wort uns zu sagen hatte«. Adolf Reifenberg, »freundlich und still«[33], widmete sich seinem Beruf und tauchte zuweilen im Familienkreis auf, um bei Ausflügen und auf Reisen der gesellschaftlich vorgesehenen Vaterrolle als »Welterklärer für die Kinder«[34] gerecht zu werden. Seinem Sohn Benno vermittelte er eine Vorliebe für ausgedehnte Spaziergänge[35] und eine Faszination für den Wechsel der Jahreszeiten sowie für die Phänomene des Wetters:

»Zuweilen las er mir den Wetterbericht vor, den das Abendblatt darbot, von Haparanda bis Süditalien durch Europa laufend. Der Vater ließ die Zeitung sinken, wenn er die Station Brindisi passiert hatte und wiederholte die für dort gemeldete Bemerkung: ›Das Meer ist leicht bewegt.‹ Es war das Mittelmeer der klassischen Bildung und der Sehnsucht: blau und leicht bewegt.«[36]

Sämtliche Versatzstücke, die für junge Menschen auf dem »Weg ins Bürgerleben«[37] idealtypisch von Bedeutung waren, finden sich in Reifenbergs autobiographischen Aufzeichnungen: Da gab es Hausmusik und Opernbesuche, Wanderungen am Wochenende und »Sommerfrischen« in den Ferien, sorgfältig zubereitete Mahlzeiten und eine ausgewogene Mischung aus kleinfamiliären Gemeinsamkeiten und individuellen Rückzugsmöglichkeiten. Flankiert wurde diese »Idylle«[38] von Großeltern, Onkeln und Tanten sowie Freunden und Bekannten der Eltern, die für ein paar Stunden ins Haus kamen oder als Logiergäste über Nacht blie-

---

32 Vgl. Reifenberg: Beginn der Autobiographie, Aufzeichnung vom 3.1.1963, NL BR, DLA, 79.12333, S. 2. Dort auch das folgende Zitat.
33 Reifenberg: Verzuckerte Veilchen, in: Ders.: Lichte Schatten, S. 434.
34 Gunilla-Friederike Budde: Auf dem Weg ins Bürgerleben. Kindheit und Erziehung in deutschen und englischen Bürgerfamilien 1840-1914 (Bürgertum. Beiträge zur europäischen Gesellschaftsgeschichte, Band 6), Göttingen 1994, S. 96.
35 Vgl. u.a. Benno Reifenberg: Zu Fuß Gehen, in: Ders.: Lichte Schatten, S. 429-431.
36 Benno Reifenberg: Über das Wetter, Vortrag im HR, 19.8.1956, abgedruckt in: Ders.: In den Tag gesprochen, S. 58-63, hier S. 61.
37 Budde: Auf dem Weg ins Bürgerleben.
38 Reifenberg: Beginn der Autobiographie, Aufzeichnung vom 31.3.1966, NL BR, DLA, 79.12333, S. 8.

ben. Im Sommer schwamm der junge Benno in der Mainmündung[39], im Winter ging es mit der ganzen Familie zum Schlittschuhlaufen an den Frankfurter Rechneiweiher, wo die Brüder Benno und Hans ihre Mutter und die Schwestern per Handschlitten über die Bahn zogen.[40] Kindheit – das waren für ihn »Kerzenlicht und Tannenduft«[41] zur Weihnachtszeit; Kindheit – das waren Sommerferien mit den niederländischen Großeltern an der Nordseeküste bei Scheveningen, wo Gezina van Delden gänzlich unbeabsichtigt das Interesse ihres Enkels am anderen Geschlecht weckte, indem sie ihn ein wenig zu energisch am »Damenbad« vorbeizerrte[42]; Kindheit – das waren Besuche im Biebricher Landhaus der van Deldens, wo der Großvater, unter Pappeln am Ufer sitzend, im Rhein angelte und der kleine Benno ihm schweigend zusehen musste, bis die Großmutter zur Mittagszeit auf den Balkon trat und mit einer Trompete das Signal zum Mittagessen gab.[43] In Erinnerung an die glücklichen frühen Jahre, so Reifenberg, habe er noch als Erwachsener mitunter in seinen alten Märchenbüchern von Hans Christian Andersen und Wilhelm Hauff geschmökert.[44]

Nicht geburtsständische Privilegien, wie sie der Adel für sich in Anspruch nahm, sondern Wollen und Können, Fleiß und Leistung sicherten im Bürgertum die gesellschaftliche Reputation und das materielle Wohlergehen. Für das um Assimilation bemühte deutsche »Reformjudentum« galt dies in besonderem Maße, denn zum einen wurde die Übernahme bürgerlicher Normen, Werte und Verhaltensweisen als eine Art Eintrittskarte für gesellschaftliche Anerkennung und sozialen Aufstieg betrachtet, zum anderen war der Wert der Bildung tief in der jüdischen Tradition

39 Vgl. Benno Reifenberg: Ein Glas Wasser, Vortrag im HR, 21.7.1957, abgedruckt in: Ders.: In den Tag gesprochen, S. 108-112, hier S. 109.
40 Vgl. Benno Reifenberg: Schopenhauer-Denkmal, in: FZ, 24.3.1935, abgedruckt in: Ders.: Das Einzigartige von Frankfurt, S. 195-198, hier S. 196/197.
41 Benno Reifenberg: Der alte Andree, in: FZ, 24.4.1936, abgedruckt in: Ders.: Lichte Schatten, S. 117-121, hier S. 117.
42 Vgl. Reifenberg: Beginn der Autobiographie, Aufzeichnung stützt sich auf Notizen vom 19.1.1954, NL BR, DLA, 79.12333, S. 12.
43 Benno Reifenberg: Rosa Wolke, in: FZ, 3.4.1942, abgedruckt in: Ders.: Landschaften und Gesichter, S. 257-259.
44 Vgl. Reifenberg: Vom Lesen in jungen Jahren, in: Ders.: In den Tag gesprochen, S. 122-129, Ders.: Hauffs Märchen, abgedruckt in: Ders.: Lichte Schatten, S. 172-175, Ders: Wie es mir mit Andersen geht, in: FZ, 28.1.1936, abgedruckt in: Ders.: Lichte Schatten, S. 341-344 und Ders.: Noch einmal Hauff lesen!, Vortrag im HR, 24.11.1956, abgedruckt in: Ders.: In den Tag gesprochen, S. 129-133.

KINDHEIT, SCHULZEIT, STUDIUM (1892-1914)

*Die Reifenberg-Geschwister Benno, Ada und Hans,
vermutlich um 1902*

verwurzelt; George L. Mosse kommt sogar zu dem Schluss, dass »Freunde wie Feinde glaubten, daß Juden an ihrem Bildungsniveau erkenntlich seien.«[45] Vor diesem Hintergrund muss die hohe Bedeutung betrachtet werden, die im Hause Reifenberg der Bildung beigemessen wurde. In einem autobiographischen Beitrag im Feuilleton der FZ hat Benno Reifenberg 1942 die Erinnerungen an seinen ersten Schultag aufbereitet, der in der Familie als großes Ereignis zelebriert worden sei. Sein Vater habe ihn zur Einschulung begleitet, während die Mutter mit den kleinen Geschwistern gespannt zu Hause gewartet habe. Mit den gewichtigen Worten »Dies hier, mein Sohn, ist dein Lehrer«[46] sei er, der Fünfjährige, der Obhut eines »riesige[n] Mann[es]« mit rotblondem Bart übergeben worden, zu dem er mit einer Achtung aufgesehen habe, die ihn im Rückblick mit leichtem Amüsement erfüllte: »Die Figur, der ich kaum bis zu

---

45 George L. Mosse: Das deutsch-jüdische Bildungsbürgertum, in: Reinhart Koselleck (Hrsg.): Bildungsbürgertum im 19. Jahrhundert. Teil II: Bildungsgüter und Bildungswissen (Industrielle Welt, Band 41), Stuttgart 1990, S. 168-180, hier S. 168.
46 Benno Reifenberg: Barbarossa, in: FZ, 13.3.1942, abgedruckt in: Ders.: Landschaften und Gesichter, S. 242-244, hier S. 242. Dort auch das folgende Zitat.

den Knien reichte, war für mich Fünfjährigen mehr als ein Mensch, sie war ein Inbegriff, heut würde ich sagen, sie war das verkörperte Schicksal. Ich redete es denn auch mit du an, wie den lieben Gott.«[47] Später, so Reifenberg weiter, habe der verehrte Volksschullehrer ihn einmal zur Strafe für eine Unartigkeit zu »Arrest« verurteilt – und ihm damit eine unbeabsichtigte Freude bereitet. Für ihn seien die zusätzlichen Stunden in der Nähe des Lehrers nämlich »ein Gnadenbeweis des Gottes« gewesen: »[I]ch kam freudestrahlend heim und rief der Mutter jubelnd zu: ›Ich hab Arrest, ich hab Arrest!‹«[47] Tatsächlich habe sich die Strafaktion als gemütliches Beisammensein in der Wohnung des Lehrers gestaltet, der seinem Zögling zunächst einen Bratapfel serviert habe, bevor er ihn anhielt, ihn bei seiner »umfangreiche[n] Korrespondenz mit Ferienheimen für arme Kinder« zu unterstützen.[48] Als Reifenberg seinem Lehrer unter dem Titel »Barbarossa« in der FZ ein Denkmal setzte, bewahrte er, wie er schrieb, noch immer eine Postkarte auf, »auf der in wunderbar geschweifter Schrift zu lesen stand: ›Von der Burg des Barbarossa send' ich, eh' ich scheiden muß, Dir den allerschönsten Gruß.‹«[49] Diesen Vers hatte ihm der engagierte Lehrer zukommen lassen, als er mit einer fiebrigen Erkältung unglücklich zu Hause im Bett lag, während die Klasse einen Ausflug in die hessische »Barbarossa«-Stadt Gelnhausen unternahm.

War dem Jungen bewusst, wie privilegiert er aufwachsen durfte? Beim Blättern in Hauffs Märchenbuch will er innegehalten und das Titelwort »Märchen für die Söhne und Töchter gebildeter Stände« studiert haben. Die »gebildeten Stände« – Jahrzehnte später schrieb er lapidar, dass er mit diesem Topos »damals so wenig wie heute etwas Rechtes anzufangen wußte«.[50] Während er seine soziale Herkunft so gut wie gar nicht reflektiert, sondern eher als Selbstverständlichkeit hingenommen hat, äußerte er sich ausführlich über religiöse Fragen. Auf Wunsch der Mutter waren seine Geschwister und er katholisch getauft worden und gingen regelmäßig zur Messe in die Frankfurter Liebfrauenkirche.[51] Der Vater, so

47 Reifenberg: Barbarossa, in: Ders.: Landschaften und Gesichter, S. 242/243.
48 Ebd., S. 243.
49 Ebd., S. 244.
50 Reifenberg: Hauffs Märchen, in: Ders.: Lichte Schatten, S. 172.
51 Die Niederländerin Elieze van Delden war ursprünglich evangelisch gewesen. Anfang der 1880er Jahre geriet sie mit ihrer Familie während des sogenannten Bataker-Aufstandes gegen die Kolonialmacht auf Sumatra in akute Gefahr. Ein deutscher Jesuitenpater nutzte die Situation, um die vier van-Delden-Töchter »kurzerhand« katholisch zu taufen. Vgl. Jan Reifenberg an die Verfasserin, 6.4.2006.

KINDHEIT, SCHULZEIT, STUDIUM (1892-1914)

Benno Reifenberg, habe die Mutter gewähren lassen und das Tischgebet, das abwechselnd von den drei größeren Kindern zu sprechen war, stets schweigend und »unverbrüchlich ernst«[52] abgewartet. Es störte Adolf Reifenberg offenbar überhaupt nicht, dass die religiösen Traditionen seiner Ahnen mit der Generation seiner Kinder endgültig erloschen; der Akt der Taufe war der letzte Schritt zur Verschmelzung mit der christlichen Mehrheitsgesellschaft.[53] Sein ältester Sohn hat sich nie als Jude oder »Halbjude« begriffen – erst die Nationalsozialisten konfrontierten ihn mit diesem Aspekt der Familiengeschichte. Ostern 1903 ging er zur Erstkommunion in den Frankfurter Dom. In dieser Zeit durfte Elieze Reifenberg sogar vorübergehend von einer Priesterlaufbahn ihres ältesten Sohnes träumen, denn der Pfarrer, der dem Zehnjährigen den Kommunionsunterricht erteilte, sah in ihm einen künftigen Geistlichen.[54] Für Benno kam dieser Weg jedoch nicht in Frage. Schon früh wurde er von Glaubenszweifeln erfasst, die er eingehend geschildert hat:

»Mit dem Kommunionsunterricht war die Beichte verbunden, die mir zunächst keine Pein bereitete. Ich fühlte mich, als es mit dem Katechismus auch eine Anleitung zum Beichten zu lesen gab, im Grunde nur vor einer Schwierigkeit, ich war augenscheinlich aller Sünden bar. Ich war nicht zornig, verleumdete niemand, hatte nicht gestohlen, ehrte meine Eltern. Nun gab es freilich das sechste Gebot. Ich hatte in Bezug auf den Artikel ›Unkeuschheit‹ keine rechte Vorstellung […]. Es gab da Untertreibungen, war man in Gedanken unkeusch? Und wie oft war man es in Taten? Ich beschloss, da es um Zahlen ging, solche zu nennen. Ich sagte zum ersten Fall sechzehn Mal und zum zweiten Fall sieben Mal. Ich hatte einen Halt an meinen Geburtsdaten gesucht und gefunden. […] Da mir Reue zu erwecken nicht gelang, musste ich mir sagen, dass mein Beichten sinnlos zu werden drohte […]. Es war da etwas Zwiespältiges in mein junges Leben geschlichen, von dem ich mich gerne befreit hätte.«[55]

52 Reifenberg: Beginn der Autobiographie, Aufzeichnung vom 2.4.1966, NL BR, DLA, 79.12333, S. 13.
53 Auch durch die Großeltern erfuhren die Reifenberg-Kinder keine jüdischen Prägungen mehr. Johanna Reifenberg starb 1893 in Iserlohn, Moses Reifenberg 1900 in Hennen. Vgl. Fragebogen zur Durchführung des Schriftleitergesetzes vom 4. Oktober 1933, ausgefüllt am 13.8.1936, NL BR, DLA, 79.3552.
54 Vgl. Reifenberg: Beginn der Autobiographie, Aufzeichnung vom 2.4.1966, NL BR, DLA, 79.12333, S. 14.
55 Reifenberg: Beginn der Autobiographie, Aufzeichnung vom 2.4.1966, NL BR, DLA, 79.12333, S. 16.

Die »entschieden katholische Erziehung durch Mama«[56] blieb sinnliche Erfahrung, wurde als lockendes Dunkel des Domes, als Brausen der Orgel, als gütiges Priestergesicht erinnert, hinterließ jedoch keine tieferen Spuren im Geistigen. Auf dem preußischen Kaiser-Friedrich-Gymnasium, das Benno Reifenberg besuchte, war der katholische Religionsunterricht ein Stiefkind, wurde den jüngeren Schülern durch den Zeichenlehrer erteilt und erst in höheren Klassen von einem Geistlichen übernommen. Er habe der christlichen Unterweisung nie anders als »lau« begegnen können, so Reifenberg: »[E]s gelang mir nicht mehr als ein lahmes Nebenherlaufen, das auch nach der Kommunion bald wieder einsetzte. Mein Anteil an den Sakramenten sank allgemach auf den Nullpunkt.«[57] In den letzten Jahren vor dem Abitur sei er dem Unterricht des toleranten katholischen Priesters mit »freundschaftliche[m] Abstand« gefolgt, ohne aus seiner inneren Haltung einen Hehl zu machen.[58] Zum christlichen – oder zu einem anderen – Glauben hat er zeitlebens nicht gefunden, obwohl er in recht jungen Jahren eine tief gläubige polnische Katholikin heiratete, die den gemeinsamen Sohn im christlichen Glauben erziehen würde: Die Konstellationen wiederholten sich in der folgenden Generation.

Humanistisches Gymnasium

Wie die meisten Kinder des arrivierten Bürgertums, zumal in seiner deutsch-jüdischen Ausprägung, erhielten die Reifenberg-Sprösslinge eine hervorragende Ausbildung; beide Söhne legten das Abitur ab, Tochter Ada ergriff den Beruf der Laborassistentin, Liselotte studierte nach dem Ersten Weltkrieg Gesang. Für seinen Erstgeborenen wählte Adolf Reifenberg – überzeugt vom Wert humanistischer Bildung[59] – das Königliche Kaiser-Friedrich-Gymnasium in Frankfurt – »die ›Anstalt‹, wie es in den Ausgangszeugnissen sich selbst bezeichnete. […] Die kühle, ordnungs-

---

56 Reifenberg: Beginn der Autobiographie, Aufzeichnung vom 18.2.1966, NL BR, DLA, 79.12333, S. 6.
57 Reifenberg: Beginn der Autobiographie, Aufzeichnung vom 2.4.1966, NL BR, DLA, 79.12333, S. 18.
58 Reifenberg: Beginn der Autobiographie, Aufzeichnung vom 2.4.1966, NL BR, DLA, 79.12333, S. 19.
59 Vgl. Reifenberg: Beginn der Autobiographie, Aufzeichnung vom 2.4.1966, NL BR, DLA, 79.12333, S. 17. Dort auch das folgende Zitat.

KINDHEIT, SCHULZEIT, STUDIUM (1892-1914)

heischende Bezeichnung war angemessen.«[60] Die Einrichtung war protestantisch geleitet und schloss die jüdischen wie auch die katholischen Schüler von der einmal wöchentlich stattfindenden Morgenandacht aus. »Christlicher Humanismus im preußischen Stil, nationale Haltung«[61] waren die offiziellen Maximen der 1888 auf städtischem Gelände am Frankfurter Tiergarten eröffneten Schule, die zur Entlastung des überfüllten städtischen Gymnasiums gegründet worden war und schon bald ein ausgeprägtes institutionelles Selbstbewusstsein entwickelte. Zum 25-jährigen Bestehen im Jahre 1913 zählte »die erste staatliche höhere Lehranstalt Frankfurts« 271 Schüler, darunter 29 Sextaner und 14 Abiturienten.[62] Aus Anlass des 75-jährigen Jubiläums der 1948 in Heinrich-von-Gagern-Gymnasium umbenannten Schule im Jahre 1963 gab Benno Reifenberg den Lesern der FAZ einen ausführlichen Einblick in die Schulgeschichte und zugleich in preußisch-deutsche Bildungstraditionen:

»[D]as preußische Kaiser-Friedrichs-Gymnasium stand außerhalb des städtischen, über Frankfurt hinaus berühmten Schulwesens. Jedenfalls schickten die preußischen Beamten ihre Söhne auf die einzige staatliche Anstalt, zumal sie darauf rechnen konnten, bei etwaiger Versetzung den gleichen preußischen Lehrplan für humanistische Gymnasien vorzufinden. [...] Die Schule, diese Anstalt, verkörperte in ihrer Tagesordnung, in ihren Ferien, den Maiausflügen, den Kaisergeburtstag- und Sedans-Feiern, der Ehrung am Todestag Kaiser Friedrichs III. vor seiner umkränzten Bronzebüste und dem Lied ›Du edler Dulder‹, mit den stereotypen Chören beim Abschied der Abiturienten: den Rhythmus des Jahres und der staatlichen, also unbedingten Ordnung, innerhalb derer, wie wir anzunehmen bereit waren, auch unser ferneres Leben sich abspielen würde. In der Obersekunda wählten die künftigen Theologen das Hebräische, wir anderen das Englische; die meisten von uns würden studieren, und nicht wenige wußten schon, wann und bei welcher Truppe sie ihrer Dienstpflicht Genüge leisten würden, vor oder zwischen den Semestern.«[63]

Nicht nur auf dem Kaiser-Friedrich-Gymnasium zu Frankfurt, sondern auf allen staatlichen humanistischen Gymnasien in Deutschland nahmen

60 Benno Reifenberg: Erinnerungen an ein Gymnasium, in: Ders.: Offenbares Geheimnis, S. 35-47, hier S. 36.
61 Chronik des Kaiser-Friedrich-Gymnasiums, in: NL BR, DLA, 79.3556, S. 6.
62 Vgl. Chronik des Kaiser-Friedrich-Gymnasiums, in: NL BR, DLA, 79.3556, S. 11.
63 Reifenberg: Erinnerungen an ein Gymnasium, in: Ders.: Offenbares Geheimnis, S. 36.

das Studium antiker Geschichte und der Unterricht in den alten Sprachen Griechisch und Latein gewaltigen Raum ein. Das Bewusstsein, in der Tradition des zunächst von antiken Vorbildern beeinflussten, später christlich geprägten Abendlandes zu stehen, korrespondierte dabei zunehmend mit deutschnationalem Denken. Mit der Formel »Das Abendland im Lehrplan, die Hohenzollern im Herzen und Kriegsdienst im Handeln«[64] hat Margret Kraul die schulpolitischen Ziele im wilhelminischen Deutschland prägnant beschrieben. Der Zeitzeuge Reifenberg urteilte im Rückblick: »[D]ie Gefahr unserer Erziehungsanstalt lag darin, dass wir von der neueren deutschen Geschichte nicht einen Zipfel zu fassen bekamen; wir wurden nicht konservativ, sondern reaktionär zum Staatsbürger geschult, möglichst auf die Beamtenkarriere gelenkt.«[65]

Zwar nicht die Hohenzollern, wohl aber das »Abendland« hat Benno Reifenberg sein Leben lang »im Herzen« behalten und im Munde geführt. Obwohl er selber kein gläubiger Christ war, hielt er den »christlichen Gedanken« für das Fundament Europas.[66] Seine schulische Ausbildung im Kaiserreich am Vorabend des Ersten Weltkrieges bewertete er in späteren Jahren zwiespältig: In die Dankbarkeit, »die ungemein plastisch greifbare Geisteswelt«[67] der Antike erfahren zu haben, mischte sich ein Ungenügen an dem erteilten Kunst- und vor allem Geschichtsunterricht. In der FAZ brachte er die Begeisterung seiner Generation bei Kriegsbeginn 1914 in kausalen Zusammenhang mit Bildungsdefiziten:

»Der letzte Abschnitt in unserem Geschichtsbuch war ›Neuzeit‹ überschrieben. Sie begann mit der Entdeckung Amerikas und endete in unserer Welt. Das heißt, sie brach ab. [...] Wir wußten kaum, was die Zahl 1848 so inhaltsschwer machte. Ich will nicht sagen, daß wir unkritisch geblieben waren, wir hätten auf Grund des Erlernten schon Maßstäbe zum Urteilen gefunden, aber wir kannten die Fakten nicht. Wir sind politisch fast ahnungslos auf die Universität gezogen.

In den ersten Augusttagen 1914 erreichte mich die Postkarte meines Freundes. Sie enthielt nur zwei mit Bleistift geschriebene Zeilen: ›Die Perser kommen. Bei Plätää sehen wir uns wieder.‹ [...] Ob man unsere Gegner als ›die Perser‹ bezeichnen durfte, steht dahin. Aber die Emp-

---

64 Margret Kraul: Das deutsche Gymnasium 1780-1980 (Neue Historische Bibliothek), Frankfurt am Main 1984, S. 120.
65 Reifenberg: Giesecke, in: Ders.: Offenbares Geheimnis, S. 48-55, hier S. 52.
66 Vgl. Tagebuch 18.10.1951, in: NL, DLA, BR 79.12345 sowie Tagebuch/Abschriften 79.12377.
67 Reifenberg: Giesecke, in: Ders.: Offenbares Geheimnis, S. 52.

findungen meines Freundes waren die unserer Generation: wir fühlten uns von einer Welt angegriffen. So konnte es keinen Zweifel geben, und das klassische Vorbild lenkte unser Handeln.«[68] Derartige politische Reflexionen lagen dem jungen Reifenberg offenkundig noch fern. Geborgen in dem wohlbekannten sozialen Milieu – die Schüler des humanistischen Gymnasiums stammten fast ausschließlich aus Familien von Beamten, Offizieren, Geistlichen, Ärzten, Lehrern, Kaufleuten und Gewerbetreibenden[69] –, entwickelte sich der Heranwachsende nach eigener Darstellung zu einem kontemplativen Geist[70] mit ausgeprägten künstlerischen Interessen. Viel Zeit verbrachte er mit Zeichenblock, Bleistiften und seinen geliebten Buntstiften, »feste[n] Ölkreiden, die sich anspitzen lassen«[71]. »Fast bis zum Abitur ein im Unbewussten träumendes, kaum erregtes Dasein«[72] führend, widmete er sich lieber ungeschickten Versuchen, mit »Kupferplatte und Rasiernadeln bewaffnet«[73] Frankfurter Altstadtszenen für die Ewigkeit zu bannen, als etwa der Lektüre einer Tageszeitung. Politisch-gesellschaftliche Fragen scheinen ihn nicht tangiert zu haben. Den erstaunten Blick des Schuldirektors, bei dem er die Genehmigung zum Eintritt in einen Turnverein einholte, will er erst Jahre später begriffen haben; motiviert von dem harmlosen Bedürfnis, »etwas mehr Sport [zu] treiben«[74], habe er nicht bedacht, »daß in einem Turnverein vielleicht noch Elemente der Unruhe

68 Reifenberg: Erinnerungen an ein Gymnasium, in: Ders.: Offenbares Geheimnis, S. 43. – Bei Platää (Plataiai) wurde im September 479 v. Chr. das Heer des persischen Großkönigs von den Griechen vernichtend geschlagen. Nur eine kleine Minderheit der griechischen Staaten hatte sich den Persern entgegengestellt, als diese 490 mit großem Aufwand zum Feldzug gegen Griechenland rüsteten. Obwohl die Erfolgschancen des Hellenenbundes gegen die persische Übermacht gering gewesen waren, vervollständigte die Zerstörung der persischen Restflotte auf der Samos gegenüberliegenden Mykale-Halbinsel nach der Schlacht von Platää den Sieg der Griechen über die Perser. Vgl. Hans-Joachim Gehrke/Helmuth Schneider (Hrsg.): Geschichte der Antike. Ein Studienbuch, Stuttgart 2000, S. 110-115.
69 Vgl. Chronik des Kaiser-Friedrich-Gymnasiums, in: NL BR, DLA, 79.3556, S. 11.
70 Vgl. Reifenberg: Summa vitae meae, NL BR, DLA, 79.12334, S. 1.
71 Benno Reifenberg: Vergnügen an Buntstiften. Aus einem Vortrag, in: Ders.: Offenbares Geheimnis, S. 128-137, hier S. 128.
72 Reifenberg: Summa vitae meae, NL BR, DLA, 79.12334, S. 1.
73 Reifenberg: Vergnügen an Buntstiften, in: Ders.: Offenbares Geheimnis, S. 131.
74 Reifenberg: Erinnerungen an ein Gymnasium, in: Ders.: Offenbares Geheimnis, S. 38. Dort auch das folgende Zitat.

von 1848 schwebten, die Preußen nun einmal nicht gern hatte.« Die Genehmigung zum Turnen wurde ihm erteilt und bestätigte ihn in seiner noch Jahrzehnte später öffentlich vertretenen Ansicht, dass die »Anstaltsordnung« des preußischen Kaiser-Friedrich-Gymnasiums »nicht etwa als intolerant bezeichnet werden [konnte]«[75]. Selbst in religiöser Hinsicht sah Reifenberg den Grundsatz der Toleranz bei aller Dominanz protestantischer Traditionen grundsätzlich gewährleistet; so sei etwa das jüdische Schreibverbot am Sabbat, dem schulpflichtigen Samstag, stets berücksichtigt worden.

Anders als viele seiner Zeitgenossen, die in ihren Erinnerungen das Kapitel »Schulzeit« als das dunkelste der ganzen Vita zeichneten[76], dominieren bei Reifenberg positive Erinnerungen. Der berüchtigte Drill der wilhelminischen Schulen, unter dem »zartbesaitete deutsche Bürgersöhne«[77] häufig litten, hat ihn offenbar nicht über Gebühr belastet. Die nationalistisch aufgeheizte Atmosphäre des letzten Vorkriegsjahrzehnts erfüllte ihn weder mit Begeisterung noch mit Protest; über die Jahr für Jahr wiederkehrenden Sedansfeiern meinte er später, »[n]icht so sehr der Sieg« sei gefeiert worden als »vielmehr der Frieden, den er mit sich breitete, auch unserer Epoche«, und der »eine Stimmung des Ausruhens, Zeithabens und Behagens« eingeläutet habe: »Mit ihm schloß im Grunde auch unsere [...] Vorstellung der Historie ab. Wir waren in der Neuzeit gelandet. [...] So waren auch die Schulfeiern am 2. September gemeint.«[78] Lehrer und Schüler des Kaiser-Friedrich-Gymnasiums folgten an diesem Tag einem festen Ritual, das früh am Morgen mit einer gemeinsamen Zugfahrt von Frankfurt nach Wilhelmsbad bei Hanau begann und in Reifenbergs Lesart alle Merkmale eines gelungenen und gänzlich unpolitischen Klassenausfluges trug:

»Ein Schloß aus dem 18. Jahrhundert mit zweistöckigem Hauptbau und reizenden Nebenpavillons, einst Bad in einem Park nach englischer Manier gelegen. Dort wurde aus dickwandigen Tassen Schokolade getrunken bei stattlichen Kuchenbergen. Zuvor waren Wettkämpfe zu bestehen, wobei es sogar Preise gab. Ich habe einmal auf solche Weise mir eine Schachtel mit Bleistiften ersprungen. [...] Man erging sich in

---

75 Reifenberg: Erinnerungen an ein Gymnasium, in: Ders.: Offenbares Geheimnis, S. 36. Dort auch das folgende Zitat.
76 Vgl. Budde: Auf dem Weg ins Bürgerleben, S. 207.
77 Ebd., S. 206.
78 Reifenberg: Erinnerungen an ein Gymnasium, in: Ders.: Offenbares Geheimnis, S. 41.

KINDHEIT, SCHULZEIT, STUDIUM (1892-1914)

Unschuld, und niemand von uns kam auf die Frage, wie es mit dem damals gegründeten deutschen Kaiserreich bestellt sei«.[79] So viel »Unschuld«, so viel »Helligkeit«[80] – ist das möglich? Gibt es nicht in der Geschichte jeder Kindheit und Jugend auch dunkle Seiten, an die der Erwachsene sich nicht mehr gern erinnert? Selbst wenn wir berücksichtigen, dass Reifenbergs Notizen über seine ersten zwanzig Lebensjahre überwiegend in hohem Alter entstanden und die Geschehnisse möglicherweise durch die zeitliche Distanz verklärt und vergoldet worden sind, bleibt das Bild erstaunlich intakt. Nur zwischen den Zeilen blitzt manchmal eine Andeutung auf, die darauf schließen lässt, dass der introvertierte, künstlerisch begabte Gymnasiast aus gutem Hause mit den typischen Problemen des jugendlichen Einzelgängers zu kämpfen hatte. Von einer gewissen »Isolierung«[81] im Kreise der Gleichaltrigen spricht Reifenberg für die Zeit des Kommunionsunterrichtes, mildert die Schärfe des Begriffes jedoch im gleichen Atemzug wieder ab, indem er augenzwinkernd hinzufügt, die Kameraden hätten ihn durchaus zu integrieren versucht, indem »sie mir ihre Kenntnisse zum sechsten Gebot beibringen wollten. Sie versuchten mich ›aufzuklären‹, doch was sie trieben, erschien mir abstossend. Ich zeigte umso müheloser Gleichgültigkeit und liess mich auf keine Vertraulichkeit ein.«

Als Reifenberg in der Untersekunda das Klassenziel verfehlte, empfand er zwar Scham über einen »Misserfolg, von dem ich wusste, wie verdient er meine Faulheit, um nicht zu sagen Schläfrigkeit oder Träumerei quittierte«[82], aber kein Bedauern über den Verlust der Kameraden, denn »ich war ziemlich verschlossen und verlor im Zurückbleiben keinen Freund.« In der folgenden Zeit kultivierte er seinen Außenseiterstatus: »Ich wollte die farbige Mütze der Untersekunda, blauer Grund mit gelbem Rand, nicht ein zweites Jahr tragen und griff zu einer zivilen Kopfbedeckung; das Aufsehen, das in den folgenden Sommermonaten mein breitrandiger Panama machte, ertrug ich stoisch.« Für die bildungsbeflissenen Eltern war das schulische Versagen ihres ältesten Sohnes eine »Schande«. Nicht an einer beliebigen gesellschaftlichen Hürde war der Sechzehnjährige gescheitert, sondern ausgerechnet an der Versetzung von

---

79 Ebd., S. 42.
80 Ebd., S. 37.
81 Reifenberg: Beginn der Autobiographie, Aufzeichnung vom 2.4.1966, NL BR, DLA, 79.12333, S. 16. Dort auch das folgende Zitat.
82 Reifenberg: Beginn der Autobiographie, Aufzeichnung vom 2.4.1966, NL BR, DLA, 79.12333, S. 21. Dort auch die folgenden Zitate.

der Mittel- zur Oberstufe, die Voraussetzung für das Privileg des einjährig-freiwilligen Wehrdienstes und die Aufnahme in das Offizierkorps war. Sein Vater, so erinnerte sich Benno Reifenberg später, habe mit verbissenem Schweigen, die Mutter mit Tränen reagiert. Um dem häuslichen Drama zu entgehen, habe er in den folgenden Wochen so oft wie möglich weite Fahrradausflüge in den Taunus unternommen. Sein Vater, der das Betreten des Gymnasiums konsequent vermieden habe, sei »auch später nie auf jenen Misserfolg von mir zurückgekommen«.

Die Neigung des Vaters, auf persönliche Probleme grundsätzlich mit Schweigen, mit der anhaltenden Verweigerung jeglicher Kommunikation zu reagieren, löste in Benno Reifenberg unklare Ängste aus, die er erst Jahrzehnte später zu artikulieren verstand. Ein Zeitungsbericht über die »Flucht des alten Tolstoi« aus dem Kreise seiner Familie erschütterte ihn zutiefst.[83] Wäre auch der eigene Vater zu einem solchen Schritt in der Lage? Kannte er den Vater überhaupt? Der Junge begriff:

»Das also konnte geschehen: ein alter Mann löst sich aus den Bindungen zu seinen Nächsten, achtet der natürlichen Liebe nicht, verhüllt sich, verschwindet ohne ein Wort. [...] Mir wurde die Unergründlichkeit der Menschenseele offenbar und ich schauderte [...]. Ich kann heute aussprechen, was damals schattenhaft durch mein Gemüt geisterte. Wir waren in unserem eigenen Kreise, seit ich fühlen konnte, glücklich gewesen, und nun hatte ich erfahren, daß solche Harmonien jäh verstummen können. Nicht allein durch den Tod. [...] – nein, die Harmonien auch unserer Familie konnten durch einen Entschluß des Vaters zerspringen. Das war mein Schaudern.«[84]

Auf die Einsamkeit der Sommerwochen mit Fahrrad und Panama folgte für den jungen Benno die Rückkehr in den schulischen Alltag – und nun stellte sich heraus, dass die Tragödie der verfehlten Versetzung auch einen positiven Aspekt hatte: Die Wiederholung des Lehrstoffes erleichterte

---

83 Vgl. Benno Reifenberg: Der Mensch unter der Windrose, in: Ders.: Offenbares Geheimnis S. 328-346. – Der russische Schriftsteller Leo Tolstoi, Jahrgang 1828, Schöpfer der weltberühmten Werke »Krieg und Frieden« (1868) und »Anna Karenina« (1877/78), verließ im Oktober 1910 nach 48-jähriger Ehe fluchtartig sein Gut, weil er das Familienleben als unerträglich empfand. Nach kurzem Aufenthalt in einem Kloster erkrankte er auf der Weiterfahrt und starb am 7. November 1910 auf einer Bahnstation.
84 Reifenberg: Der Mensch unter der Windrose, in: Ders.: Offenbares Geheimnis, S. 328/329.

KINDHEIT, SCHULZEIT, STUDIUM (1892-1914)

Kaufmann Adolf Reifenberg, Gymnasialschüler Benno mit Schülermütze, vermutlich 1902/03

ihm nach eigener Einschätzung seine weitere Laufbahn auf dem Gymnasium. Mindestens ebenso wichtig war für den Sechzehnjährigen die nun entstehende enge Freundschaft mit einem ehemaligen Klassenkameraden, von der ein autobiographischer Text zeugt, den Helga Hummerich im Jahre 1992 der Öffentlichkeit zugänglich machte. Heinz Giesecke, einziger Sohn eines aus Halle nach Frankfurt versetzten Justizbeamten, war demnach auf der Suche nach einem Schachpartner, als er auf Reifenberg aufmerksam wurde und ihn um ein Treffen außerhalb der Schule bat:

»Er war es, der sich mir genähert hat, nicht etwa aus Mitleid für den Zurückgebliebenen, sondern weil es ihm keine Ruhe ließ, wie sehr sich unsere Geister unterschieden. Manchmal glaubte ich, Heinz werde von der Neugier geplagt, warum ich eigentlich lebte, da ich, nach seiner Ansicht, gar nicht tätig [war], nicht denken, sondern nur träumen konnte. [...] Er wußte seinen ihn kennzeichnenden logischen Verstand angesichts des Phänomens Kunst nicht anzuwenden. [...] Eine Reihe von hoffnungslos romantischen Gedichten, die er im Selbstverlag herausgab, zeigte keinen einzigen originalen Zug. Wir beide sind uns nie begegnet ohne unsere Gegensätzlichkeit fast wie ein dauerndes latentes Drama zu empfinden.«[85]

Die Freundschaft begann mit einem nachmittäglichen Besuch Bennos im Hause Giesecke, wo die Mutter – »heiter und ein wenig ironisch gegenüber ihren beiden Männern«[86] – den Gast zunächst mit selbstgebackenem Kuchen und heißer Schokolade »traktierte«, bevor sie sich in die Küche zurückzog und der staunende Benno Zeuge einer seltsamen Szene wurde. Aus mehreren schmalen Holzkästen entnahmen Vater Giesecke und sein fast erwachsener Sohn ihre Zinnsoldaten und stellten sie in Reih und Glied auf dem Tisch auf, um sich – vor Kampfleidenschaft bleich und rot im Gesicht – einen Krieg mittels Erbsen und Zündplättchen zu liefern: »Es knatterte gehörig über den Tisch, das Zimmer war bald von Pulverrauch erfüllt, aber alles übertönte das Kampfgeschrei der beiden, die nicht aufhörten, bis auf einer der Seiten der letzte Soldat umgeworfen lag und diese Seite mithin verloren hatte.«[87] In den folgenden Jahren, so Reifenberg, sei er ein regelmäßiger und gern gesehener Gast in der mit dunklen Möbeln, schweren Decken und Zierrat aller Art über-

---

85 Reifenberg: Giesecke, in: Ders.: Offenbares Geheimnis, S. 50/51.
86 Ebd., S. 49. Dort auch das folgende Zitat.
87 Ebd., S. 49/50.

KINDHEIT, SCHULZEIT, STUDIUM (1892-1914)

ladenen Wohnung der Familie Giesecke gewesen.[88] Die Freundschaft mit Heinz habe ihn nicht nur um einprägsame persönliche Erfahrungen bereichert, sondern ihm auch erstmals »die Augen für den Staat und die Politik, für die Gesellschaft und das öffentliche Dasein überhaupt«[89] geöffnet. Auf Gieseckes Anregung ließen die beiden Gymnasiasten die bunten Schülermützen mitunter zu Hause und mischten sich bei sozialdemokratischen Versammlungen in möglichst unauffälliger Kleidung unter die Arbeiterschaft. Dankbar erkannte Reifenberg später, dass er »ohne Gieseckes Umsicht, ohne seinen Scharfsinn [...] während der Schulzeit garnicht [sic!] mit den Fragen des Sozialismus, der Gesellschaftspolitik bekannt geworden [wäre], geschweige mit Außenpolitik.«[90]

In den letzten Jahren vor dem Abitur vermochte der Lehrstoff des humanistischen Gymnasiums den wissbegierigen Schüler Benno Reifenberg nicht mehr zu befriedigen. Neben seinen künstlerischen Aktivitäten und dem Engagement im Turnverein besuchte er Vorträge über Entwicklungsmechanik, Philosophie und Kunstgeschichte[91] und war fasziniert, als er im Jahre 1910 im Freien Deutschen Hochstift, einer um das Goethehaus gebildeten Einrichtung, die sich als Mischung aus Akademie und Volkshochschule verstand, eine Vorlesung des Berliner Kunsthistorikers Heinrich Wölfflin über Rembrandt hörte: »Es war die erste Erfahrung, dass Kunst mehr bedeutet, als sich unter dem Begriff des Schönen fassen

88 Vgl. auch Benno Reifenberg: Schweigsamer Fluß, in: FZ, 27.6.1942, abgedruckt in: Ders.: Landschaften und Gesichter, S. 269-271. – Ein Freund aus späteren Jahren, der Schriftsteller Joseph Roth, widmete Benno Reifenberg 1928 den Roman »Zipper und sein Vater«, in dem er auf knappem Raum vom Schicksal eines allmählich verarmenden Kleinbürgers und seines mit elterlichen Hoffnungen überlasteten, im Leben und an der Liebe scheiternden Sohnes erzählt. Die Geschichte, die in den letzten Jahren des Kaiserreiches beginnt und sich bis in die Blütephase der Weimarer Republik erstreckt, wird aus der Perspektive eines am Geschehen unbeteiligten, neutral beobachtenden Jugendfreundes des Sohnes erzählt, der in den letzten Jahren vor dem Abitur zum ständigen Hausgast in der dunklen, etwas beengten Wohnung der Zippers wird. Obwohl die fiktiven Zippers in sozialer Herkunft, Charakter und Werdegang keinerlei Ähnlichkeit mit den real existierenden Gieseckes aufweisen, stellt sich doch die Frage, ob Roth von Reifenbergs Jugenderinnerungen zu seinem Buch inspiriert worden sein könnte. Vgl. Joseph Roth: Zipper und sein Vater, Amsterdam/Köln 1956/1975 /1986.
89 Reifenberg: Giesecke, in: Ders.: Offenbares Geheimnis, S. 51.
90 Ebd., S. 52.
91 Vgl. Reifenberg: Erinnerungen an ein Gymnasium, in: Ders.: Offenbares Geheimnis, S. 38.

liess«[92]. Sollte er seinen Neigungen folgen und Kunstgeschichte studieren? Reifenberg hat später berichtet, dass ihn diese Idee seit der Begegnung mit Wölfflin nicht mehr losgelassen habe.[93] Bis dahin hatte er an ein Jurastudium gedacht. Wie viele seiner Klassenkameraden begeisterte er sich für den Beruf des Rechtsanwalts:

> »[D]ie Verteidigung des edlen Räubers schwebte uns vor, unser Plädoyer würde die Geschworenen zu Tränen rühren, die Richter und die Beisitzer, eine Nadel würde man im Gerichtssaal fallen hören, und selbst dem Mann auf der Anklagebank würde eine Zähre über die abgehärmte Wange rollen.«[94]

So romantisch diese Vorstellung auch klingt, so wenig kann sie darüber hinwegtäuschen, dass die Juristenlaufbahn für einen jungen Mann wie Reifenberg nicht gerade eine originelle Entscheidung gewesen wäre. Ein Studium der Rechtswissenschaft in einer der alten Universitätsstädte wie Heidelberg, Marburg oder Gießen, Anschluss an ein möglichst exklusives Korps, Übernahme in den Staatsdienst oder Niederlassung als Anwalt – dies waren die klassischen Etappen für die Söhne des deutschen Bürgertums. Konrad H. Jarausch hat herausgearbeitet, in welcher Hinsicht sich die Jurastudenten im Kaiserreich »als zukünftige staatliche und wirtschaftliche Führungselite«[95] von den Kommilitonen aus anderen Fakultäten abhoben: »Sie waren jung, städtisch, evangelisch oder jüdisch (8,5 %), etwas moderner vorgebildet [als z.B. die Theologen, DB], männlich, am elitärsten und adeligsten und kamen aus Handel und Beamtenschaft sowie aus gebildeten und besitzenden Familien«. Dagegen widersprach, wie Gunilla Budde hervorhebt, »schon ein Liebäugeln mit einer aktiven Partizipation am professionellen Kunstbetrieb dem bürgerlichen Selbstverständnis.«[96] Bei aller Hochachtung für Kunst und Schöngeistiges – spätestens, wenn es um die berufliche Zukunft der Kinder ging, siegte die »verdichtete Bürgerangst vor der vereinsamten Künstlerexistenz« mitsamt ihren materiellen Unwägbarkeiten über die Kulturbeflissenheit.

Vieles deutet darauf hin, dass Benno Reifenberg seinen unkonventionellen Wunsch, das vergleichsweise prestigelose Fach Kunstgeschichte zu

---

92 Reifenberg. Summa vitae meae, NL BR, DLA, 79.12334, S. 2.
93 Reifenberg: Summa vitae meae, NL BR, DLA, 79.12334, S. 1/2.
94 Benno Reifenberg: Vom Risiko des freien Sprechens, in: Ders.: In den Tag gesprochen, S. 242-248, hier S. 242.
95 Konrad H. Jarausch: Deutsche Studenten 1800-1970 (Neue Historische Bibliothek), Frankfurt a.M. 1984, S. 79. Dort auch das folgende Zitat.
96 Budde: Auf dem Weg ins Bürgerleben, S. 148. Dort auch das folgende Zitat.

wählen, im Elternhaus wie in der Schule zunächst verschwiegen hat. Als der angehende Abiturient auf die Frage nach seinen weiteren Plänen brav antwortete, er werde Jura studieren, war sein Griechischlehrer so entsetzt, dass er Adolf Reifenberg einen privaten Besuch abstattete und ihm »eindringlich darlegte, sein Sohn müsse notwendig Archäologie studieren. Wenn irgendwo, so lägen dort seine Gaben.«[97] Die Reaktion des Vaters ist nicht überliefert, aber noch Reifenbergs Abiturzeugnis vom 4. März 1912 enthält den Vermerk, der Schüler verlasse die »Anstalt«, um sich dem Studium der Rechtswissenschaft zu widmen.[98] In Wirklichkeit hatte der Neunzehnjährige »kaum Ahnungen [...], welche Wege in die Zukunft ich mir ausdenken wollte.«[99] Bis zum Tag der Schulentlassung stand für ihn nur fest, dass er studieren würde.[100] Mit dem Gedanken, auf der Basis einer kaufmännischen Ausbildung in die väterliche Firma einzusteigen, scheint er nie gespielt zu haben. Offensichtlich hoffte er, dass sein Bruder das Geschäft übernehmen würde.[101] Der erste Sohn aus besitzbürgerlichem Elternhaus setzte an zum Sprung in die akademisch gebildete Schicht – und bestand mühelos sein Abitur; mit einem gewissen Stolz wies er in seinen autobiographischen Notizen darauf hin, dass es ihm sogar gelungen sei, aufgrund seiner schriftlichen Leistungen von der mündlichen Prüfung befreit zu werden. In den Fächern katholische Religionslehre, Deutsch, Latein, Französisch, Englisch, Geschichte und Erdkunde sowie in »Fleiß und Betragen« hatte er die Note »gut« erzielt, wobei ihm der deutsche Prüfungsaufsatz sogar »sehr gut« gelungen war. Nur »genügend« waren seine Leistungen in Griechisch, Mathematik, Physik und Handschrift, »sehr gut« dagegen im Turnen und im Singen.[102] Reifenberg wurde aufgefordert, bei der Abschlussfeier »die deutsche Rede zu halten, sie war den Gleichnissen Homers gewidmet.«[103] Die glänzend bestandene Reifeprüfung entschädigte sowohl den Schüler als auch seine Eltern für das »Versagen in der Untersekunda«. Zur Abiturfeier, so berichtete Benno Reifenberg, habe sich sein viel beschäftigter

97 Reifenberg: Beginn der Autobiographie, Aufzeichnung vom 18.2. 1967, NL BR, DLA, 79.12333, S. 23.
98 Vgl. Zeugnis der Reife, in: NL BR, DLA, 79.3556.
99 Reifenberg: Giesecke, in: Ders.: Offenbares Geheimnis, S. 53.
100 Ebd.
101 Vgl. Benno Reifenberg an Maryla von Mazurkiewicz, 25.3.1914, NL BR, DLA, 79.2859.
102 Vgl. Zeugnis der Reife, in: NL BR, DLA, 79.3556.
103 Reifenberg: Beginn der Autobiographie, Aufzeichnung vom 2.4.1966, NL BR, DLA, 79.12333, S. 21. Dort auch das folgende Zitat.

Vater zum ersten und einzigen Mal in die Schule begeben: Als er ihn vom Podium aus im Publikum entdeckt habe, habe es ihm vor Freude und Überraschung fast die Sprache verschlagen.[104]

Frankfurt am Main

In zwei autobiographisch inspirierten Prosastücken hat Benno Reifenberg seine Erinnerungen an die letzten Wochen in Frankfurt nach dem Abitur im März und der Aufnahme seines Studiums im April 1912 nahezu dramaturgisch gestaltet. Der Vorhang zur großen Abschieds- und Aufbruchszene hebt sich in »Alte Frankfurter Photographien«: Da ist das Haus der Eltern im Frankfurter Westen, da ist die Dachluke, die auf einen schmalen hölzernen Vorbau hinausgeht, der üblicherweise dem Kaminkehrer bei der Arbeit und den Kindern des Hauses als Balkon dient, da strahlt die Sonne, und ein Neunzehnjähriger klettert auf den Ausguck in »luftiger Höhe« und nimmt »Abschied von der Stadt«: »Am Morgen hatten die Abiturienten im Café Milani an Bethmannweiher einander Lebewohl gesagt. […] Der Frühlingshimmel versprach die ganze, unbeschreibliche Welt.«[105] Die zweite Szene, publiziert unter dem Titel »Philosophenweg«, spielt auf dem Genfer Bahnhof Cornavin und gerät zur großen Ankunft in der Welt der Erwachsenen. Es tritt erneut der Neunzehnjährige auf; dieses Mal entsteigt er einem Spätzug und ist erfüllt von einer Mischung aus Angst, Vorfreude und dem »glückselige[n]« Gefühl der »Freiheit«:

»Die anderen Reisenden des späten Zuges hatten sich verlaufen, ich stand bald allein. Die Bogenlampen schaukelten und warfen ein ungewisses Licht über den leeren Platz. […] Ich fühlte das Gewicht des Augenblickes, als ich einen Polizisten um Auskunft bat und als damit das Französisch der Sprachlehre von Ploetz aus dem Bereich des humanistischen Gymnasiums in der Praxis sich bewähren mußte. Das wirkliche Leben begann.«[106]

---

104 Reifenberg: Beginn der Autobiographie, Aufzeichnung vom 2.4.1966, NL BR, DLA, 79.12333, S. 21.
105 Benno Reifenberg: Alte Frankfurter Photographien, in: Ders.: Lichte Schatten, S. 20-34, hier S. 32.
106 Benno Reifenberg: Philosophenweg, in: Ders.: Landschaften und Gesichter, S. 266-268, hier S. 266. – Der Titel »Philosophenweg« bezieht sich auf Reifenbergs erste eigene Adresse am Genfer *Boulevard des Philosophes*, wo er ein möbliertes Zimmer bewohnte.

KINDHEIT, SCHULZEIT, STUDIUM (1892-1914)

Frankfurt um die Jahrhundertwende

Die Art, in der Reifenberg hier von seinem Aufbruch in das »wirkliche Leben« der Eigenständigkeit und Selbstverantwortlichkeit und dem damit zwangsläufig einhergehenden Verlust der häuslich-familiären Geborgenheit und Sicherheit berichtet, erinnert zum einen an bürgerliche Bildungsromane, lässt zum anderen aber auch die tiefe Bindung an die Heimatstadt erkennen, wenn Reifenberg besonders hervorhebt, er sei sicher gewesen, »man konnte Frankfurt lieben und die Ferne.«[107]

107 Reifenberg: Alte Frankfurter Photographien, in: Ders.: Lichte Schatten, S. 33.

PRÄGUNGEN

Jenes Frankfurt, in dem Reifenberg die prägenden Jahre zwischen dem vierten und neunzehnten Lebensjahr verbracht hatte, war eine prosperierende Großstadt.[108] Um die Jahrhundertwende hatte sich aus dem alten Finanz- und Messezentrum am Main eine moderne, außerordentlich dynamische Handelsmetropole entwickelt, die sich allmählich ins Umland hineinfraß. Sieben Brücken überspannten den Fluss, am westlichen Siedlungsrand breiteten sich die mächtigen Gleisanlagen des 1888 fertiggestellten Haupt- und Güterbahnhofs aus. Jährlich entstanden mehrere hundert Neubauten, Straßenverbreiterungen und Straßendurchbrüche sorgten für eine bessere Erschließung der Innenstadt. Der Gründerboom hatte Frankfurt Ausstellungen und Großveranstaltungen beschert und Geld in die Stadtkassen gespült. Richtungweisende Bauwerke entstanden: 1873-80 das Opernhaus, 1874-78 das Städelsche Kunstinstitut, 1874-79 die Börse, 1884-89 der Justizpalast. Die Einwohnerzahl stieg unaufhörlich von knapp 77.000 im Jahre 1867 über rund 229.000 1895 auf fast 445.000 am Vorabend des Ersten Weltkrieges. 1909 fand die Internationale Luftschifffahrt-Ausstellung in Frankfurt statt. Die 1880 gegründeten Adler-Werke entwickelten sich zu einem der führenden Hersteller von Automobilen, Fahrrädern und Schreibmaschinen. In seinem publizistischen Werk hat Reifenberg dem Frankfurt seiner frühen Jahre ein Denkmal gesetzt. In zahlreichen Aufsätzen und Artikeln beschrieb er Örtlichkeiten, Gebäude und Landschaften: den Anlagenring[109], den Main[110], den Palmengarten[111], die Katharinenkirche[112], den Hauptbahnhof[113] und

108 Unter den zahlreichen Veröffentlichungen zur Frankfurter Stadtgeschichte musste hier eine Auswahl getroffen werden. Vgl. Heinz Ulrich Krauß: Frankfurt am Main. Daten, Schlaglichter, Baugeschehen, Frankfurt am Main 1997, Hugo Müller-Vogg (Hrsg.): Wege zur Stadtgeschichte. Spaziergänge durch Frankfurt, Frankfurt am Main 1995 sowie das profunde Werk von Ralf Roth: Stadt und Bürgertum in Frankfurt am Main. Ein besonderer Weg von der ständischen zur modernen Bürgergesellschaft 1760-1914 (Stadt und Bürgertum, Band 7), München 1996.
109 Benno Reifenberg: Der Anlagenring, in: FAZ, 15.8.1962, abgedruckt in: Ders.: Das Einzigartige von Frankfurt, S. 13-17.
110 Benno Reifenberg: Die Stadt am Fluß, in: FAZ, 19.4.1963, abgedruckt in: Ders.: Das Einzigartige von Frankfurt, S. 19-28.
111 Benno Reifenberg: Der Palmengarten, in: FAZ, 8.3.1969, abgedruckt in: Ders.: Das Einzigartige von Frankfurt, S. 97-108.
112 Benno Reifenberg: Die Katharinenkirche, in: Die Gegenwart, 8.11.1954, abgedruckt in: Ders.: Das Einzigartige von Frankfurt, S. 109-116.
113 Benno Reifenberg: Der Hauptpersonenbahnhof, in: Die Gegenwart, 29.1.1954, abgedruckt in: Ders.: Das Einzigartige von Frankfurt, S. 127-134.

KINDHEIT, SCHULZEIT, STUDIUM (1892-1914)

den Römerberg[114], das Städel'sche Kunstmuseum[115] und die Oper[116], kurz: das gesamte »Stadtlebewesen«[117]. Als Helga Hummerich eine Auswahl dieser Beiträge 1979 in einem über 200 Seiten starken Sammelband unter dem Titel »Das Einzigartige von Frankfurt« herausgab, betonte sie im Vorwort die »Intensität«, mit der sich Reifenberg mit der Stadt auseinandergesetzt habe; in der für sie typischen apologetischen Art fügte sie hinzu: »So wie er hat keiner sie dargestellt. [...] Er haucht der Stadt den Atem ein. Was ihr [durch die Luftangriffe des Zweiten Weltkrieges, DB] verloren ging und nie wieder erstehen kann, wird hier lebendig«[118].

Frankfurt war für Reifenberg nicht nur Lebensmittelpunkt, sondern zugleich auch Lebensthema; noch als Herausgeber der bundesweit einflussreichen FAZ hat er die kommunalpolitischen Entscheidungen, insbesondere im Hinblick auf die städtebauliche Entwicklung nach den Bombardierungen im Zweiten Weltkrieg, lebhaft verfolgt und kommentiert.[119] Besonders interessant sind jene Beiträge, in denen er sich über den »Geist der Stadt«[120], wie er formulierte, über die Geschichte und die politischen Traditionen Frankfurts äußerte, wobei er gern auf die Paulskirche verwies[121] und das freiheitliche Erbe der Kaufmannsstadt mit dem »autoritär-militaristische[n] Polizeistaat«[122] Preußen kontrastierte. Unter der Überschrift »Der Frankfurter Weg« sprach er 1953 von einer »Frankfurter Nüchternheit«, die »schon im 19. Jahrhundert ein ›Gottesgnadentum‹

114 Benno Reifenberg: Schatten überm Römerberg, in: Die Gegenwart, 1.8.1951, abgedruckt in: Ders.: Das Einzigartige von Frankfurt, S. 139-151.
115 Benno Reifenberg: Das Städel, in: FAZ, 6.4.1960, abgedruckt in: Ders.: Das Einzigartige von Frankfurt, S. 122-126.
116 Benno Reifenberg: Das Frankfurter Opernhaus, in: Die Gegenwart, 1.7.1953, abgedruckt in: Ders.: Das Einzigartige von Frankfurt, S. 166-171.
117 Benno Reifenberg: Die Alte Frankfurter Brücke, in: FAZ, 25.6.1959, abgedruckt in: Ders.: Das Einzigartige von Frankfurt, S. 53-63, hier S. 54.
118 Helga Hummerich: Vorwort, in: Reifenberg: Das Einzigartige von Frankfurt, S. 7-12, hier S. 8/9.
119 Vgl. z.B. Benno Reifenberg: Das Frankfurt, in dem wir heute leben. Ein Vortrag, Frankfurt a.M. 1961. – Der Vortrag wurde gehalten am 23.11.1960 in der Gesellschaft für Handel, Industrie und Wissenschaft in Frankfurt.
120 Benno Reifenberg: Der Geist der Stadt, in: FAZ, 3.8.1968, abgedruckt in: Ders.: Das Einzigartige von Frankfurt, S. 29-43.
121 Vgl. z.B. Benno Reifenberg: Eine Art Reichshauptstadt, in: Frankfurt am Main. Merian. Das Monatsheft der Städte und Landschaften, Heft 8/XXI 1968, S. 6-16, hier S. 15.
122 Benno Reifenberg: Der Frankfurter Weg, in: Die Gegenwart, 19.12.1953, abgedruckt in: Ders.: Das Einzigartige von Frankfurt, S. 65-78, hier S. 72.

nicht begreifen« konnte und mochte:»Die demokratischen Regungen entsprangen daher auf diesem Boden weniger einem dogmatischen Eifer als natürlichen Impulse.«[123] Im gleichen Kontext zog Reifenberg Parallelen zwischen der politischen Verfassung der Schweizer Kantone und jener der bis zur preußischen Besetzung 1866 Freien Stadt Frankfurt:

»Der Schweiz war es ja gelungen, aus den freien Urkantonen das Prinzip der Föderation zu entwickeln, sie schuf sich damit auf geschichtlicher Grundlage eine moderne Demokratie. Frankfurt hatte Verwandtschaft zu einem Urkanton, weshalb es auch nach dem Zusammenbruch der Hoffnungen von 1848 mit durchaus wachem Bürgergeist die Periode der Reaktion aushielt. Die große liberale Idee des Rechtsstaates blieb das Ziel.«[124]

Im Hinblick auf die soziale Frage habe sich die Haltung des Frankfurter Bürgertums bis zum Ersten Weltkrieg in den Spalten der FZ abgebildet, wo man früh erkannt habe,»daß die politischen und sozialen Probleme einander durchdringen«[125], und immer auf eine»Verständigung von Arbeitgebern und Arbeitern« gehofft habe.»Staatshilfe« für die notleidende Arbeiterschaft sei begrüßt, die sozialistische Bewegung mit der ihr innewohnenden»kollektivistische[n] Tendenz«[126] jedoch abgelehnt worden, da sie stets im Widerspruch»zur individuellen Freiheit und zu den individuellen Rechten« gestanden habe:

»Zu einer Klassenpartei konnten die Demokraten das alte Vertrauensverhältnis nicht mehr finden, aus dem bisherigen Miteinandergehen wurde ein kühles Nebeneinanderstehen. Aber das Sozialistengesetz von 1878 ist als ein Ausnahmegesetz von niemandem auf der bürgerlichen Seite schärfer bekämpft worden als von der ›Frankfurter Zeitung‹. Man hat in Frankfurt frühzeitig die Unzulänglichkeit der bestehenden Arbeiterschutzgesetze eingesehen.«

Die FZ, die von Reifenberg hier wie in anderen Kontexten als Spiegel Frankfurter Bürgergeistes bemüht wird, spielte tatsächlich eine wichtige Rolle für die Stadt. Namentlich Heinrich Simon, der Enkel des FZ-Begründers Leopold Sonnemann, der seit Beginn des 20. Jahrhunderts in

---

123 Reifenberg: Der Frankfurter Weg, in: Ders.: Das Einzigartige von Frankfurt, S. 69.
124 Reifenberg: Der Frankfurter Weg, in: Ders.: Das Einzigartige von Frankfurt, S. 70.
125 Ebd., S. 74. Dort auch die folgenden Zitate.
126 Ebd., S. 75. Dort auch das folgenden Zitat.

die Führungsrolle in Redaktion und Verlag hineinwuchs, war eine wichtige Gestalt des städtischen Gesellschaftslebens – und ein gern gesehener Gast im Elternhaus Benno Reifenbergs.[127] Es mag mit dem liberalen Klima Frankfurts und der großen Bedeutung der dortigen jüdischen Gemeinde einerseits, mit Reifenbergs behütetem persönlichen Lebensumfeld andererseits zusammenhängen, dass er nach eigenem Zeugnis in seiner Kindheit und Jugend keinerlei Erfahrungen mit Antisemitismus gemacht hat; in seinem ersten Studiensemester im schweizerischen Genf will er erstmals erfahren haben, dass es eine solche »Gemütsverfinsterung«[128] überhaupt gibt. Wenn er immer wieder mit Stolz von den »in ihrer Unabhängigkeit selbstsicheren Bürger[n]«[129] Frankfurts und von seiner eigenen »auf Frankfurt basierende[n] Existenz«[130] sprach, so ist damit ein wichtiger Hinweis auf sein persönliches wie politisches Selbstverständnis gegeben.

Studienjahre

Neben dem Ideal der bürgerlichen Familie und der Identifikation mit der Stadt Frankfurt gibt es einen weiteren roten Faden, der Reifenbergs Erinnerungen an seine Jugend im Kaiserreich durchzieht und der von Tagebuchaufzeichnungen aus seinem ersten Studiensemester im Sommer 1912 im schweizerischen Genf wie auch von zahlreichen Briefen an seine Eltern und an seine spätere Ehefrau aus dem Sommer 1914 bestätigt wird: die Selbstinszenierung Reifenbergs als eines unpolitischen Ästheten, der einen Gedichtband der Tageszeitung vorzieht und sich ganz den sinnfreischönen Dingen des Lebens verschrieben hat, der Kunst in erster Linie, daneben der Literatur und der Musik und einer Leidenschaft für lange Spaziergänge. So betonte er, dass er, der »politisch völlig ahnungslose junge Deutsche«, während seines Aufenthalts in Genf sowohl durch einen britischen Bekannten, mit dem er zuweilen zu Mittag gegessen habe, als auch durch seine Wirtin mit politischen Themen konfrontiert worden sei, die er als »lästig« wie »Fliegen«, die es »abzuwehren« galt, emp-

---

127 Vgl. Reifenberg: Beginn der Autobiographie, Aufzeichnung vom 5.1.1963, NL BR, DLA, 79.12333, S. 4.
128 Benno Reifenberg: Genf. Erinnerung und Ahnung, in: Ders.: Offenbares Geheimnis, S. 56-62, hier S. 56.
129 Reifenberg: Der Frankfurter Weg, in: Ders.: Das Einzigartige von Frankfurt, S. 65.
130 Reifenberg: »Summa vitae meae«, NL BR, DLA, 79.12334, S. 1.

funden habe.[131] Zur gleichen Zeit habe er aus bloßer Neugier zum ersten Mal in seinem Leben an einer Demonstration teilgenommen, die russische Kommilitonen organisiert hatten, um auf die angeblichen rituellen Schlachtungen christlicher Kinder durch Juden aufmerksam zu machen.[132] Die vorgebrachten Vorwürfe gegen eine religiöse Minderheit seien ihm allerdings »unglaubhaft«[133] erschienen und »die Nachstellungen, die daraufhin der Pöbel den Juden antat«, hätten ihn abgestoßen, so dass er sich rasch zurückgezogen habe. Eine tiefer gehende Reflexion des Antisemitismus unterblieb offenbar. »Geistig waffenlos«, so heißt es in der Lebensbeschreibung »Summa vitae meae« von 1945, habe er sich bei Beginn des Ersten Weltkrieges freiwillig an die Front gemeldet: »ein durchaus unpolitischer Mensch, ohne ein kritisches Vermögen.«[134] Ähnliche Formulierungen finden sich in Reifenbergs autobiographischen Notizen und Veröffentlichungen dutzendfach, in der Regel ergänzt um den Hinweis, er sei in seinen frühen Jahren ein »Einzelgänger« gewesen. Dies zeigt besonders anschaulich folgende Episode:

Noch bevor er zum ersten Mal eine Universität von innen gesehen hatte, traf Reifenberg die Entscheidung, sich keinem studentischen Korps, keiner Verbindung anzuschließen. Als ausschlaggebend dafür wird ein Besuch bei dem Schulfreund Heinz Giesecke bezeichnet, der seit seinem 1911 bestandenen Abitur an der juristischen Fakultät der Universität Heidelberg studierte und sich einer schlagenden Verbindung angeschlossen hatte. Zu seiner ersten Bestimmungsmensur im Frühjahr 1912, dem »Kernritual«[135] der Aufnahme in das Korps, lud Giesecke demnach Reifenberg ein, der sich sofort, »geehrt und verpflichtet«[136], auf den Weg an den Neckar machte:

»Es fing ein wenig unglücklich an. Ich hatte nie geraucht und verabscheute den Alkohol. [...] Ich bestellte also an jenem Vormittag einen Tee, der mir auch ohne Wimperzucken vorgesetzt wurde; doch das Porzellan machte [...] unter den riesigen Bierkrügen eine kuriose Figur. Mein Mentor erklärte mir nun einiges zur Disziplin im Korps [...], das

131 Reifenberg: Genf, in: Ders.: Offenbares Geheimnis, S. 56/57.
132 Im Tagebuch berichtet Reifenberg von diesem Erlebnis unter dem Datum des 18. Mai 1912. Vgl. Tagebuch 1912 – Genf, in: NL BR, DLA, 79.12335, Tagebücher 1912-1915.
133 Reifenberg: Genf, in: Ders.: Offenbares Geheimnis, S. 56. Dort auch das folgende Zitat.
134 Reifenberg: »Summa vitae meae«, NL BR, DLA, 79.12334, S. 2.
135 Jarausch, Deutsche Studenten, S. 69.
136 Reifenberg: Giesecke, in: Ders.: Offenbares Geheimnis, S. 53.

KINDHEIT, SCHULZEIT, STUDIUM (1892-1914)

Trinken geschah auf Befehl, nicht etwa als Genuss. Der Körper habe eben zu parieren. Die Bestimmungsmensur war nicht anders zu verstehen, man hatte sich mit offenem Visier dem Gegner zu stellen, zu attackieren oder zu parieren, das Wesentliche war, bei einer Verwundung keine Miene zu verziehen, nicht zu zucken. [...] Vom Bierdunst etwas betäubt, in den Ohren noch die harten Kommandos des ›in die Kanne‹, das von mir wohl wahrgenommene halberstickte Schlucken, trat ich gegen Mittag endlich ins Freie.«[137]

Zu dieser Zeit befand sich der studentische Korporatismus in Deutschland auf dem Höhepunkt seiner Entwicklung. Je nach Stadt und Universität lag die Organisationsrate der Studierenden zwischen ungefähr 25 und über 50 %; am höchsten war sie in den kleinen Hochschulorten wie Marburg.[138] »Verbindungsmitgliedschaft war«, wie Konrad H. Jarausch unterstreicht, »ein wichtiges Element in der sozialen Strategie der Statussicherung oder des Aufstiegs in höhere Schichten.«[139] Auch Reifenberg, der sich nach eigenem Zeugnis »bis dahin [...] jeder persönlichen Bindung entzogen«[140] hatte, der »durch die Gymnasialzeit hindurchgegangen [war], ohne an irgendwelchen gesellschaftlichen oder konfessionellen Konventikeln anders denn je als Zuschauer teilzunehmen«, spürte die »leise Verlockung«[141] des Korpsgeistes. Wenn er sich dennoch am Ende seines dreitägigen Heidelberg-Aufenthalts gegen eine Mitgliedschaft und für »die absolute Freiheit der privaten Sphäre«[142] entschied, so hatte dieser Entschluss keine politischen Gründe. Die Tatsache, dass die ursprünglichen liberalen Traditionen der organisierten Studentenschaft längst einer mehr oder weniger vorbehaltlosen Zustimmung zum wilhelminischen Staat gewichen waren[143], spielte für ihn keine Rolle, vielmehr fühlte er sich mental abgestoßen von der in Heidelberg erlebten Praxis des Verbindungswesens. Das Kommando-Saufen beim Frühschoppen hatte ihn

---

137 Ebd., S. 53/54.
138 Vgl. Jarausch, Deutsche Studenten, S. 59 und 65.
139 Jarausch, Deutsche Studenten, S. 67.
140 Reifenberg: »Summa vitae meae«, NL BR, DLA, 79.12334, S. 2. Dort auch das folgende Zitat.
141 Reifenberg: Giesecke, in: Ders.: Offenbares Geheimnis, S. 54.
142 Reifenberg: »Summa vitae meae«, NL BR, DLA, 79.12334, S. 2.
143 Vgl. dazu beispielsweise Konrad H. Jarausch: Students, Society, and Politics in Imperial Germany. The Rise of Illiberalism, Princeton 1982.

»angewidert«[144], und was er bei der Bestimmungsmensur des Freundes zu sehen bekam, schockierte ihn:

> »[W]ie blitzschnell auf der linken Wange von G. der feine Schnitt des Durchziehers erschien, der zarte Mund blieb unverändert, ein Zuruf, und schon tupfte der Arzt das einsetzende starke Blutfliessen ab. Mein Freund wurde beglückwünscht. Ich versprach ihm, abends auf seine Bude zu kommen und ging langsam hinab zum Neckar. Ich war mit mir einig: ich würde nicht in ein Korps eintreten.«

Während das sinnlose Blutvergießen bei der Mensur den begeisterten Turner entsetzt und seinen Sinn für Humanität verletzt hatte, beeinträchtigte der Anblick der zum Bandagieren entkleideten Körper der Studenten sein ästhetisches Empfinden: »Es waren durchweg aufgeschwemmte Leiber, die alles andere als an der Luft gebräunt, weisslich wie Fischbäuche ohne rechte Kontur mich so abstießen, dass ich hoffte, ich würde diese durch massloses Trinken entstellten Torsi bald vergessen.«[145] Noch am gleichen Abend besuchte Reifenberg seinen Freund, der nach der erlittenen Verletzung mit Fieber im Bett lag, und teilte ihm mit, weshalb er verzichtete: »Giesecke drehte sein Gesicht zur schrägen Wand der Dachstube, und so schied ich von ihm. Wir ahnten wohl beide nicht, dass wir nun beginnen würden, auseinander zu leben.« Später trafen sich die beiden Jugendfreunde in München wieder, wo Giesecke sein Jurastudium fortsetzte, während Reifenberg sich seinen Traum von der Kunstgeschichte erfüllte. Es gelang ihnen nicht mehr, an alte Zeiten anzuknüpfen. Giesecke hatte sich privat einem Medizinerkreis angeschlossen, und Reifenberg registrierte befremdet, dass er offensichtlich von dem »Phänomen des Toten« fasziniert war und sich von seinen Freunden in die Anatomie mitnehmen ließ, wo er das Sezieren beobachten durfte. Heinz Giesecke diente »bei den Marburger Jägern und rückte gleich Anfang August 1914 aus.« Er fiel im April 1917 in Russland. Sein Vater, der für Reifenberg lebenslang »[z]u den rätselhaften Personen, die meinen Weg gekreuzt haben«, gehörte, überlebte den Sohn nur um kurze Zeit. Nach dem Krieg besuchte Reifenberg die Witwe, die nach dem Tod von Mann und Kind in ihre Heimatstadt Halle zurückgekehrt war. Sie er-

---

144 Reifenberg: Giesecke, in: Ders.: Offenbares Geheimnis, S. 54. Dort auch das folgende Zitat.
145 Reifenberg: Giesecke, in: Ders.: Offenbares Geheimnis, S. 55. Dort auch die folgenden Zitate.

zählte ihm, Heinz sei, »gar nicht schwer verwundet, im Frost des Schützengrabens nicht imstande gewesen, sich zu verbinden, und also verblutet.« Unabhängig von der Entscheidung für oder gegen ein Korps – nach bestandenem Abitur hatte Reifenberg sich der Frage nach seinem künftigen Lebensweg zu stellen. Gleichgültig, ob er den konventionellen Bahnen folgte und die juristische Laufbahn einschlug, ob er den Rat seines Griechischlehrers und »Schutzpatrons«[146] beherzigte und Archäologie studierte oder ob er seinem eigenen Gefühl vertraute und sich für die Kunstgeschichte entschied, auf jeden Fall standen ihm ein Umzug, die Trennung von Eltern und Geschwistern und ein Neuanfang in einer anderen Stadt bevor, denn die Stiftungsuniversität Frankfurt am Main befand sich noch im Planungsstadium. Genf diente ihm weniger als erster Studienort als vielmehr als eine Übergangsstation, um sich ernsthafte Gedanken über seinen weiteren Werdegang zu machen. An der dortigen Universität, wo er sich am 30. April für das Sommersemester 1912 immatrikulierte, belegte er unter anderem Veranstaltungen in französischer Literatur und politischer Ökonomie.[147] Zudem nahm er bei seiner Wirtin in einer Pension am *Boulevard des Philosophes*, wo er sich einquartiert hatte, Französischunterricht[148] und erwarb auf diese Weise Sprachkenntnisse, die ihm im Laufe seines Lebens immer wieder zugutekommen sollten. Ansonsten erzählt sein Genfer Tagebuch vor allem von Müßiggang unter komfortablen Bedingungen, von Ruderpartien auf dem See, Theater- und Restaurantbesuchen, Ausflügen ins Umland und einem Flirt mit einer Russin. Von ernsthaften Studien ist ebenso wenig die Rede wie von Politik oder gesellschaftlich relevanten Fragen.[149]

Als Reifenberg erfuhr, dass der von ihm verehrte Kunsthistoriker Heinrich Wölfflin einen Ruf nach München angenommen hatte, traf er die zukunftsweisende Entscheidung: Er brach seinen Aufenthalt in der Schweiz ab und immatrikulierte sich am 2. November 1912 an der Universität der bayerischen Hauptstadt für das Fach Kunstgeschichte.[150] Damit entschied er sich für eine damals noch kaum etablierte Disziplin, die unter deutschen Akademikern den etwas zweifelhaften Ruf genoss, »ein vornehmes Studium« zu sein, »bei dem man sich nicht allzu sehr plagt, in

---

146 Reifenberg: Beginn der Autobiographie, Aufzeichnung vom 18.2.1967, NL BR, DLA, 79.12333, S. 23.
147 Vgl. Studienbuch der Universität Genf, NL BR, DLA, 79.3556.
148 Vgl. Reifenberg: Genf, in: Ders.: Offenbares Geheimnis, S. 57.
149 Vgl. Tagebuch 1912 – Genf, in: NL BR, DLA, 79.12335, Tagebücher 1912-1915.
150 Vgl. Studienbuch der Universität München, NL BR, DLA, 79.3556.

PRÄGUNGEN

Benno Reifenberg um 1912

ein bevorzugtes Verhältnis zu den Professoren tritt und Gelegenheit erlangt, sein Geld auf Studienreisen in nobler Weise loszuwerden.«[151] In den vorhandenen Quellen findet sich kein Hinweis darauf, welche beruflichen Wünsche oder Vorstellungen Reifenberg bei Studienbeginn mit seiner Wahl verband, und auch die Reaktion seiner Eltern ist nicht über-

---

151 Sybille Dürr: Zur Geschichte des Faches Kunstgeschichte an der Universität München (Schriften aus dem Institut für Kunstgeschichte der Universität München, Band 62), München 1993, S. 40.

KINDHEIT, SCHULZEIT, STUDIUM (1892-1914)

liefert. Da Adolf Reifenbergs Holzwarenfabrik in den letzten Jahren vor Kriegsbeginn in eine Krise geriet[152], kann man vermuten, dass der Vater es lieber gesehen hätte, wenn sein ältester Sohn sich doch noch zu der ursprünglich geplanten juristischen Laufbahn entschlossen oder ein anderes »Brotstudium« gewählt hätte; Benno Reifenberg berichtet, dass er »bis ins Mark erschrocken« gewesen sei, als er während eines Besuchs im Elternhaus seinen Vater, den sonst so beherrschten, ruhigen, zur Konfliktvermeidung neigenden Mann, aus Verzweiflung über den Zustand der Firma weinen und fluchen hörte.[153]

Verglichen mit den schon an mittelalterlichen Universitäten gelehrten Fächern Theologie, Medizin, Jura und Philosophie ist die Kunstgeschichte eine junge Wissenschaft. Erwachsen war sie seit der zweiten Hälfte des 18. Jahrhunderts aus der sogenannten Ästhetik, der von Alexander Gottlieb Baumgarten aus der Philosophie entwickelten »Lehre vom Wesen und den Erscheinungsformen des Schönen und Hässlichen in der Natur und den Künsten«[154]. Stimulierend für die Entwicklung des Fachs waren einerseits das zeitgenössische Interesse an den Kunstwerken Griechenlands und Roms, das in engstem Zusammenhang mit der systematischen Beschäftigung mit den alten Sprachen stand, und andererseits die »Ansicht, daß die Zeichenkunst ebenso wie Musikpflege, Tanzen und Reiten zu den Tugenden gehörte, die ein gebildeter Student beherrschen sollte«[155]. 1764 wurde Johann Joachim Winckelmann durch das Werk »Geschichte der Kunst des Altertums« zum »Vater sowohl der Archäologie als auch der Kunstgeschichte.«[156] Die erste selbständige, von der Philologie wie auch von der Archäologie unabhängige Professur für das Fach Kunstgeschichte wurde 1813 in Göttingen eingerichtet. Trotz der verhältnismäßig späten Etablierung eines entsprechenden Lehrstuhls in München – 1890 wurde der Privatdozent Berthold Riehl vom Prinzregenten Luitpold zum außerordentlichen Professor ernannt, 1906 erfolgte die Umwandlung der Stelle in eine ordentliche Professur – genoss die bayerische »Kunststadt«[157] hohes Ansehen: »Wer wirklich neuere

---

152 Vgl. Reifenberg: Beginn der Autobiographie, Aufzeichnung vom 18.2.1966, NL BR, DLA, 79.12333, S. 6.
153 Ebd.
154 Konversationslexikon dtv Begriff »Ästhetik«, zitiert nach: Dürr, Zur Geschichte des Faches Kunstgeschichte, S. 5.
155 Dürr, Zur Geschichte des Faches Kunstgeschichte, S. 5.
156 Ebd., S. 4.
157 Der Begriff taucht in der einschlägigen Literatur immer wieder auf, u.a. bei Dürr, Zur Geschichte des Faches Kunstgeschichte, S. 4.

Kunstgeschichte studieren will, geht nach Berlin oder München oder nach Bonn«[158].

Für einen kunstbegeisterten jungen Menschen wie den zwanzigjährigen Benno Reifenberg war München in der Tat ein ideales Pflaster. Seit der ersten Hälfte des 19. Jahrhunderts hatte die Hauptstadt des Königreichs Bayern einen beachtlichen Aufstieg zum »Mekka der Musen«[159] in Deutschland erfahren; liebevoll sprachen die Zeitgenossen von »Isar-Athen«[160]. In seinem bekannten Werk »Hitlers München« schreibt David Clay Large, es gehöre »zu den eigenartigen Paradoxien der neuen europäischen Geschichte«, dass die Geburtsstadt des Nationalsozialismus und »Hauptstadt der Bewegung«[ ]in den Jahrzehnten vor dem Ersten Weltkrieg international den Ruf besessen habe, »die toleranteste, bürgerfreundlichste und heiterste Stadt Deutschlands« zu sein: »Im egalitären und beschwingten Klima Münchens könne man fast vergessen, so hieß es, daß man sich in Deutschland befand.«[161] Zum Image der Stadt gehörte die scheinbar alle sozialen Unterschiede nivellierende Bierseligkeit des Oktoberfestes ebenso wie eine gepflegte Kunst- und Kulturbeflissenheit, die sich in einer besonderen gesellschaftlichen Wertschätzung der zahlreich vertretenen bildenden Künstler äußerte und München zum Magnet für Maler und Bildhauer, aber auch für Schriftsteller und Musiker machte. Legendär war die Münchener Bohème, die sich in Schwabing feierte, wo die aus Norddeutschland »zugereiste« Malerin Franziska zu Reventlow die »freie Liebe« zelebrierte und die – vorzugsweise nichteheliche – Mutterschaft zur weiblichen Erfüllung stilisierte, wo Künstler, Intellektuelle und Studenten im Tabakrauch der Kaffeehäuser die Dinge des Lebens diskutierten und Thomas Mann beim Blättern in dem Satireblatt »Simplicissimus« jene Karikatur eines fettleibigen, betrunkenen Münchners entdeckte, die ihn zu der Figur des Alois Permaneder, des zweiten Ehemannes der unglücklichen Toni Buddenbrook, animierte. Im Jahre 1902 schrieb der Lübecker Mann über seine Wahlheimat:

»München leuchtete. Über den festlichen Plätzen und weißen Säulentempeln, den antikisierenden Monumenten und Barockkirchen, den

---

158 W. van Kempen: Die Pflege der Kunstgeschichte an der Georgia-Augusta Universität Göttingen in Mtt. D. Universitätsbundes 1951, H. 1, Jg. 27, S. 6, zitiert nach: Dürr, Zur Geschichte des Faches Kunstgeschichte, S. 6.
159 David Clay Large: Hitlers München. Aufstieg und Fall der Hauptstadt der Bewegung, deutsche Taschenbuchausgabe, München 2001, S. 11.
160 Large überschrieb die Einleitung seines Werkes mit »Isar-Athen«. Ebd., S. 9.
161 Ebd., S. 10.

KINDHEIT, SCHULZEIT, STUDIUM (1892-1914)

springenden Brunnen, Palästen und Gartenanlagen der Residenz spannte sich strahlend ein Himmel von blauer Seide [...]. Vor der Akademie der bildenden Künste, die ihre weißen Arme zwischen der Türkenstraße und dem Siegestor ausbreitet, hält eine Hofkarosse. [...] Lässigkeit und hastloses Schlendern in all den langen Straßenzügen des Nordens. [...] Man ist von Erwerbsgier nicht gerade gehetzt und verzehrt dortselbst, sondern lebt angenehmen Zwecken.«[162]

Freilich: Längst nicht alle Münchner waren in der Lage, ein von »Erwerbsgier« befreites, angenehmes Leben zu führen. Die Stadt, die am Vorabend des Ersten Weltkrieges knapp 600.000 Einwohner zählte, kämpfte mit sozialen Konflikten, ökonomischen Schwierigkeiten, Armut, Wohnungsnot, Prostitution und einem politisch aufgeheizten »Klima des Nationalismus und der Fremdenfeindlichkeit, des Sich-Abschottens gegen die Außenwelt«[163], sie war »nicht nur eine Hochburg des Antisemitismus, sondern spielte auch eine prominente Rolle in der mit ihm geistesverwandten alldeutschen Bewegung.«[164] Nahm Benno Reifenberg diese Strömungen wahr? Registrierte er die unter dem schönen Schein der sonnigen Kunstmetropole verborgenen sozialen Nöte? Traf er auch hier auf den aus Genf bekannten Judenhass? Litt er persönlich unter den hohen Mieten? In seinen später veröffentlichten Erinnerungen an seine Studienzeit hat er nichts davon berichtet[165], und Briefe aus dieser Lebensphase sind in seinem Nachlass nicht vorhanden. München war für ihn der Ort angeregten Studiums, der ihm Gelegenheit bot, mit Heinrich Wölfflin einen Nestor der deutschen Kunstgeschichte leibhaftig zu erfahren. Während seiner drei Münchener Studiensemester belegte er sämtliche Veranstaltungen, die der von ihm so hochgeschätzte Professor anbot, unter anderem »Die abendländische Kunst im Zeitalter des Rubens und Rembrandt« und »Typen deutschen Städtebaus« im Wintersemester 1912/13, »Die Kunst der Renaissance in Italien« und »Die Architektur Münchens« im Sommersemester 1913 sowie »Die architektonische Stilbildung des Mittelalters und der neueren Zeit« und »Geschichte der graphischen

162 Thomas Mann: Gladius Dei, in: Ders.: Frühe Erzählungen 1893-1912, hrsg. von Terence J. Reed (Große kommentierte Frankfurter Ausgabe Werke – Briefe – Tagebücher, Bd. 2.1), Frankfurt am Main 2004, S. 222-242, hier S. 222/223.
163 Large, Hitlers München, S. 71.
164 Ebd., S. 27.
165 Vgl. Benno Reifenberg: Heinrich Wölfflin 1864-1945, in: Ders.: Offenbares Geheimnis, S. 71-85, Ders.: Karl Voll, in: FZ, 24.4.1942, abgedruckt in: Ders.: Landschaften und Gesichter, S. 263-265, und Ders.: Fritz Burger, in: FZ, 27.6.1916, abgedruckt in: Ders.: Offenbares Geheimnis, S. 63-67.

Künste« im Wintersemester 1913/14.[166] Wölfflins Bestrebungen, das theoretische Studium der Kunstgeschichte um praktische Übungen im Zeichnen zu erweitern[167], kamen Reifenbergs Talenten und Vorlieben entgegen; sein Leben lang versuchte er sich – um seine eigene Formulierung zu verwenden – als künstlerischer »Dilettant«, experimentierte mit Radierungen, Aquarell- und Ölmalerei und kehrte am Ende immer wieder zu Zeichenblock, Blei- und Buntstiften zurück.[168] Später schrieb er über seinen Lehrer, es gebe »manche, die von Wölfflin so denken wie dieser von Burckhardt: nie hat ein akademischer Lehrer so vorgetragen, nie einer Bildwerke so zum Sprechen gebracht.«[169]

Heinrich Wölfflin, geboren 1864 im schweizerischen Winterthur, galt »während der ersten Jahrhunderthälfte als der berühmteste Kunsthistoriker.«[170] Sein erstes Studiensemester 1882/83 hatte er in Basel verbracht, wo er den von Reifenberg erwähnten Jacob Burckhardt hörte, später studierte er in Berlin und München Philosophie, Archäologie und neuere Literatur. Nach der Promotion traf er während eines längeren Aufenthalts am Archäologischen Institut in Rom 1886/87 die Entscheidung, seinen Forschungsschwerpunkt künftig auf die Kunstgeschichte zu legen. Seine Habilitationsschrift stand unter dem Titel »Renaissance und Barock«. Wölfflin wurde 1889 Privatdozent in München, 1893 Nachfolger Burckhardts auf dem »ehrenvollen Lehrstuhl«[171] in Basel, 1901 Professor in Berlin. Über seine Münchener Antrittsvorlesung im April 1912 berichteten die »Münchener Neuesten Nachrichten«, »Wölfflin habe festgestellt, es gebe zwei Arten der kunsthistorischen Geschichtsbetrach-

---

166 Vgl. Studienbuch der Universität München, NL BR, DLA, 79.3556.
167 Vgl. Dürr, Zur Geschichte des Faches Kunstgeschichte, S. 56.
168 Vgl. Benno Reifenberg: Vergnügen an Buntstiften, in: Ders.: Offenbares Geheimnis.
169 Reifenberg: Heinrich Wölfflin, in: Ders.: Offenbares Geheimnis, S. 74. – Jacob Christoph Burckhardt (1818-1897) studierte evangelische Theologie, Geschichte, Philologie und Kunstgeschichte in Basel, Berlin und Bonn und habilitierte sich 1844 im Fach Geschichte in Basel, wo er 1845 außerordentlicher Professor wurde. Nach ausgedehnten Reisen und Tätigkeiten als Lehrer und Journalist erhielt er 1855 einen Ruf als Professor für Kunstgeschichte an das Polytechnikum Zürich. 1858 wechselte er als Ordinarius für Geschichte an die Universität Basel und lehrte hier bis Ende 1885 Geschichte, von 1882 bis 1893 zuerst daneben, später ausschließlich Kunstgeschichte.
170 Nikolaus Meier: Heinrich Wölfflin (1864-1945), in: Heinrich Dilly (Hrsg.): Altmeister moderner Kunstgeschichte, 2., durchgesehene Auflage, Berlin 1999, S. 63-79, hier S. 63.
171 Dürr, Zur Geschichte des Faches Kunstgeschichte, S. 53.

KINDHEIT, SCHULZEIT, STUDIUM (1892-1914)

tung, die universalhistorische und die lokalhistorische Betrachtung. Von letzterer sei sein Kollege Riehl ausgegangen. Er selbst werde vom Universalhistorischen ausgehen und dann zur lokalhistorischen Betrachtungsgruppe zurückkehren.«[172] Wölfflin galt als strenger Formalist.[173] Seine immer wieder neu aufgelegten »Kunstgeschichtlichen Grundbegriffe« »schienen das Problem der Kunst handlich zu machen in augenfälligen Alternativen: Linear und malerisch, Fläche und Tiefe, geschlossene und offene Form, Vielheit und Einheit, Klarheit und Unklarheit«[174]. Obwohl er sich bereits im Jahre 1924 nach Zürich zurückzog, verweist das Münchener Institut für Kunstgeschichte noch heute mit Stolz auf seine internationale Bedeutung.[175] Reifenbergs Faszination für Architektur und Städtebau dürfte von Wölfflin mindestens gefördert, vielleicht sogar inspiriert gewesen sein.

Einen ganz anderen Typus als der strenge akademische Übervater Wölfflin verkörperte der ehemalige Realschullehrer Karl Voll, der 1905 Honorarprofessor an der Universität München und 1907 ordentlicher Professor an der Technischen Hochschule geworden war. Bei ihm hörte Reifenberg über »Geschichte der zeichnenden Künste im 19. Jahrhundert« (WS 1912/13), »Kunstgeschichte des 18. Jahrhunderts« (SS 1913) und »Geschichte der französischen und deutschen Malerei des 19. Jahrhunderts« (WS 1913/14) und belegte verschiedene kunstgeschichtliche Übungen.[176] Später hat er den »kleinen dicken Bayern«[177] mit der Leidenschaft für französische Weine porträtiert:

»Stellte Karl Voll im Seminar, auf der Tischkante sitzend, seine Fragen, ohne daß die immer zahlreiche Hörerschaft vernünftig antwortete, dann entwickelte er seinen Schülern den allgemeinen Rückgang des Wissens und die besondere Unzulänglichkeit dieses Seminars langsam und sehr deutlich; sein abgrundtiefer Baß blieb immer der gleiche und quittierte ohne Scheu: ›Da sind Sie aber auf dem Holzweg, mein Verehrtester‹, oder einfach ›Gott segne Sie, meine Gnädigste‹, wenn eine der angehenden Kunsthistorikerinnen zögernd gerade das Falsche hervorgebracht hatte.«[178]

172 Vgl. ebd., S. 54.
173 Vgl. Meier, Heinrich Wölfflin, S. 66.
174 Meier, Heinrich Wölfflin, S. 64.
175 Vgl. Dürr, Zur Geschichte des Faches Kunstgeschichte, S. 4.
176 Vgl. Studienbuch der Universität München, NL BR, DLA, 79.3556.
177 Reifenberg: Karl Voll, in: Ders.: Landschaften und Gesichter, S. 264.
178 Ebd. S. 263/264.

Voll war Experte für niederländische Malerei, die Reifenberg liebte. Während er Wölfflin als extrem distanzierten Menschen beschrieb, der keinerlei persönliche Kontakte mit Studierenden unterhalten habe[179], sei Voll zugänglich gewesen und habe eine bodenständige Begeisterung für sein Fach verströmt: »Aus guten Stoffen Farben zu gewinnen, gutes Öl daran zu tun, die mächtige Mischung auf solid gewebte Leinwand aufzutragen, das ist für Voll ein Vorgang wie das Bereiten einer Mahlzeit gewesen. Malen, das war eine der schönsten Formen des Lebensgenusses.«[180] Lebensgenuss war auch für den Studenten Reifenberg in dieser Phase ein wichtiges Stichwort. Neben dem Besuch der Vorlesungen erkundete er die Schackgalerie und die Alte Pinakothek und streifte zu Fuß durch München, seinen Zeichenblock und die Stifte immer im Gepäck. In den Semesterferien fuhr er nach Frankfurt zu seinen Eltern, wo er, wie er einer jungen Kommilitonin namens Maryla von Mazurkiewicz schrieb, künstlerische Tätigkeit mit Müßiggang mischte:

»Ich [...] laufe des morgens, mit einem grossen Skizzenbuch bewaffnet, in einer alten zum Teil romanischen Kirche am Main herum, ich bin meistens ganz allein, nur ab und zu beim Ausmessen der Winkel (ich bemühe mich nämlich um einen sorgfältigen Grundriss) kommt die alte Haushälterin vom Herrn Pfarrer und wischt den Staub von den dunklen Chorgestühlen. [...] Nachher gegen elf schlendere ich durch die Stadt; es hat für mich einen eigenen Reiz dem Werktagstreiben um diese Zeit zuzusehen, denn die Schule hatte mir immer diesen Anblick entzogen und in den Ferien sind wir nie zu Hause. Wenn ich dann so müßig gehe, [...] dann fühle ich, dass ich das Zeug zu einem prachtvollen Taugenichts in mir habe und ich muss bedauern, dass man seine schönsten und liebenswürdigsten Qualitäten so selten vervollkommnen kann.«[181]

179 Vgl. Reifenberg: Heinrich Wölfflin, in: Ders.: Offenbares Geheimnis, S. 74.
180 Reifenberg: Karl Voll, in: Ders.: Landschaften und Gesichter, S. 264.
181 Benno Reifenberg an Maryla von Mazurkiewicz, 14.8.1913, NL BR, DLA, 79.2859. Dort auch das folgende Zitat. – Reifenberg bezieht sich hier auf die Novelle »Aus dem Leben eines Taugenichts« von Joseph von Eichendorff aus dem Jahre 1826. In dem spätromantischen Werk wird der junge Sohn eines Müllers von seinem Vater als »Taugenichts« beschimpft und in die Welt geschickt. Auf der Suche nach dem Glück zieht er aus und verliebt sich auf seinen Reisen in eine junge Frau, die ihm zunächst unerreichbar scheint, seine Liebe nach zahlreichen Irrungen und Wirrungen jedoch schließlich erwidert. Vgl. u.a. Klaus Lill: Die Künstlernovelle: J. von Eichendorff: Aus dem Leben eines Taugenichts; Th. Mann: Tonio Kröger, Paderborn 2003, sowie Ansgar Hillach:

KINDHEIT, SCHULZEIT, STUDIUM (1892-1914)

Beflügelt war das Lebensgefühl des selbsternannten »Taugenichts« nicht nur von der Kunst, sondern auch von der Liebe. Monatelang warb er um die wenige Monate jüngere Maryla von Mazurkiewicz, eine zierliche, dunkelhaarige Polin, die 1913 zum Studium der Kunstgeschichte nach München gekommen war. Die ersten Briefe Reifenbergs an Maryla stammen vom August 1913: »Wäre ich korrekt, dann müsste ich beginnen: Sehr verehrtes Fräulein …, aber dann wäre ein kleiner blonder Schnurrbart unvermeidlich, und der wäre mit einer energischen Handbewegung in die Höhe zu zwirbeln. Ich habe aber leider keinen Schnurrbart.« Noch bevor Maryla und er zum vertrauten »Du« übergingen, schmiedete Reifenberg gemeinsame Zukunftspläne: »Ich glaube, wir werden das Licht, das wir miteinander angezündet haben, nicht mehr sinken lassen«[182], schrieb er ihr am 13. Januar 1914 aus Frankfurt. Die Weihnachtsferien 1913/14 dehnten sich für den verliebten jungen Mann endlos. Zum ersten Mal konnte er einen Aufenthalt im Elternhaus nicht recht genießen, denn seine Gedanken kreisten um Maryla:

> »Es ist etwas sehr Schönes um eine Familie: Wie die Vöglein im Nest drängen wir dicht uns zusammen, und schauen aus dem Warmen in die böse kalte Welt. Aber dieses Beieinander hat auch seine Nachteile, z.B. ist es nicht leicht, etwa eine Stunde allein zu sein, um nachdenkliche Briefe zu schreiben. […] Am Weihnachtsabend […] entwickelt sich ein ganz prachtvoller Lärm, Liselotte jauchzt, Hansens abgrundtiefer Bass ergeht sich in Ausdrücken männlichster Freude, selbst Ada und ich müssen laut reden, sonst verstehen wir uns nicht, die alte Großmutter hört gerührt dem Klavierspielen Papas zu – er spielt immer dasselbe Stück um diese Stunde: die Hirtenscene von Bach aus dem Weihnachtsoratorium – und am allerglücklichsten ist vielleicht die Frau Mutter, die das alles angerichtet hat. Und dann geht es seinen gewohnten Gang; man zeigt sich seine Kostbarkeiten, singt: Stille Nacht, heilige Nacht, O, du fröhliche, o du selige Weihnachtszeit, und: Vom Himmel hoch da komm ich her. Und dann liegt man auf dem Boden, seinen Teller ›Leckers‹ vor sich und liest. Es kommt die

---

Aufbruch als novellistisches Ereignis: Joseph von Eichendorff: Aus dem Leben eines Taugenichts (1826), in: Winfried Freund (Hrsg.): Deutsche Novellen: von der Klassik bis zur Gegenwart, München 1993, S. 73-83.

182 Benno Reifenberg an Maryla von Mazurkiewicz, 13.1.1914, NL BR, DLA, 79.2859.

Weihnachtstafel mit Karpfen und Meerrettich. [...] Als alle sich gelegt hatten, sass ich noch immer da und dachte an Sie.«[183]

Benno Reifenberg konnte in diesen Tagen nicht ahnen, dass er das letzte Weihnachtsfest im Kreis der Eltern und Geschwister gefeiert hatte. Der Krieg zerriss die Familienbande. Benno ging 1914 an die Front; Hans, der gern Geologie studiert hätte[184], wurde 1916 Soldat. Erst neunzehn Jahre später fanden sich die vier Geschwister wieder zu einem gemeinsamen Christfest zusammen – »und es war aufregend und schön«[185]. Die Eltern erlebten diese Familienzusammenführung des Jahres 1932 nicht mehr mit. Adolf Reifenberg starb am 17. Mai 1917 nach einem längeren Herzleiden an Arteriosklerose[186], und seine Frau überlebte ihn nur um sieben Jahre: »Sie hat lange vor ihrem Tod mit Bestimmtheit erklärt, sie werde ihren 52. Geburtstag nicht feiern. Sie ist dann auch am 4. Mai 1924 gestorben, im Juli 1924 wäre sie 52 geworden. Die Umstände ihres Sterbens haben etwas Rätselhaftes.«[187]

Weihnachten 1913 war die bürgerliche Wohlstandsidylle im Hause Reifenberg nur noch Fassade. Die Firma hatte so schwerwiegende Probleme, dass Adolf Reifenberg entgegen seiner bisherigen Gewohnheit dazu überging, seinen ältesten Sohn in die Geschäfte zu involvieren und seine Sorgen mit ihm zu teilen.[188] Für Benno hatte dies die unangenehme Nebenwirkung, dass er am Ende der Weihnachtsferien nicht sofort nach München zurückkehren konnte. Am 15. Januar 1914 berichtete er Maryla, dass seine Familie sich mit der Frage beschäftige, ob ein Kompagnon in die Firma aufgenommen und das Unternehmen zur GmbH umgewandelt werden solle. Zeit für kunsthistorische Lektüre, zum Lernen, Zeichnen und für seine geliebten Spaziergänge finde er nur noch »zwischendurch«.[189] Mit schlecht verborgener Unzufriedenheit notierte er am

183 Benno Reifenberg an Maryla von Mazurkiewicz, 28.12.1913, NL BR, DLA, 79.2859.
184 Vgl. Benno Reifenberg an Maryla von Mazurkiewicz, 1.2.1915, NL BR, DLA, 79.2859.
185 Benno Reifenberg an Max Picard, 29.12.1932, NL BR, DLA, 79.12438.
186 Vgl. Reifenberg: Beginn der Autobiographie, Aufzeichnung vom 5.1.1963, NL BR, DLA, 79.12333, S. 4.
187 Reifenberg: Beginn der Autobiographie, Aufzeichnung vom 4.2.1963, NL BR, DLA, 79.12333, S. 5.
188 Vgl. beispielsweise die Schreiben Benno Reifenbergs an Adolf Reifenberg vom 30.1.1914, 6.5.1914 und 9.5.1914, NL BR, DLA 79.12446.
189 Vgl. Benno Reifenberg an Maryla von Mazurkiewicz, 15.1.1914, NL BR, DLA, 79.2859.

KINDHEIT, SCHULZEIT, STUDIUM (1892-1914)

20. Januar: »[E]s kommt nicht zu der Regelmäßigkeit des Lebensganges, die ich so sehr schätze. [...] Das Denken fällt mir nicht leicht, ich kann mich nicht konzentrieren zwischen Tür und Angel [...]. Selbst lesen fällt mir hier schwer«[190]. Vier Tage später nahm er kein Blatt mehr vor den Mund und offenbarte Maryla seine heftige Sehnsucht nach einem Wiedersehen mit ihr: »Ich werde so unsagbar glücklich sein. Ich werde erst dann begreifen, wie die Zeit war, die ich hier durchmachte.«[191] Während Benno Reifenberg in Frankfurt seinem Vater zur Seite zu stehen versuchte, versorgte ihn Maryla von Mazurkiewicz mit ihren Notizen zu den Vorlesungen Wölfflins.[192] Ganz zweifellos war sie für Reifenberg nicht nur ein hübsches Mädchen, das er anhimmelte und gerne erobern wollte, sondern auch eine geschätzte Partnerin in geistigen Fragen.[193] Eine Porträtskizze, die Reifenberg im Jahre 1919 von ihr anfertigte, zeigt das zarte Gesicht einer ernsten jungen Frau, die sich mit geschlossenen Augen in Gedanken oder Träumen zu verlieren scheint.[194] Maryla hatte als Angehörige der polnischen Aristokratie eine exzellente Ausbildung genossen. Sie war am 16. Februar 1893 in Starachowice im russischen Teil Polens als Tochter des Ingenieurs Joseph Thomas von Mazurkiewicz und seiner Frau Romana geboren worden und hatte nach dem Besuch einer Warschauer Privatschule für »höhere Töchter« das Abitur an einem Knabengymnasium in Krakau abgelegt. Jan Reifenberg berichtet, seine Mutter habe ihm »immer erzählt, dass ihr Vater sie deshalb zur Matura ins österreichische Krakau schickte, weil dort [...] Polnisch als Sprache zugelassen war, während der Unterricht in Warschau ausschließlich Russisch gewesen sei.«[195] Da die alten Sprachen, deren Kenntnis Voraussetzung für die Reifeprüfung war, an Mädchenschulen nicht gelehrt wurden, hatte Joseph von Mazurkiewicz seiner Tochter selber Lateinunterricht erteilt und einen privaten Griechischlehrer engagiert. Maryla

190 Benno Reifenberg an Maryla von Mazurkiewicz, 20.1.1914, NL BR, DLA, 79.2859.
191 Benno Reifenberg an Maryla von Mazurkiewicz, 24.1.1914, NL BR, DLA, 79.2859.
192 Vgl. Benno Reifenberg an Maryla von Mazurkiewicz, 17.1.1914, NL BR, DLA, 79.2859.
193 Diesen Eindruck, den der frühe Briefwechsel des Paares vermittelt, bestätigte für spätere Jahre Reifenbergs Sekretärin Helga Hummerich, die die Familie gut kannte. Vgl. Hummerichs Vorwort zu: Reifenberg: Offenbares Geheimnis, S. 14 und 16.
194 Das Bild ist abgedruckt in: Reifenberg: Offenbares Geheimnis, S. 15.
195 Persönliche Mitteilung Jan Reifenbergs an die Verfasserin, 6.4.2006.

liebte besonders die griechische Sprache. In ihren 1936 veröffentlichten Jugenderinnerungen »Antike und junge Mädchen« erzählte sie:

»Ich wurde jeden Morgen um fünf Uhr wach, sprang ans Fenster und schaute hinaus: wie verschieden war das frühe Licht! Das heutige glich nicht dem von gestern, und morgen sollte es wieder anders sein. Das erfüllte mich mit singender Freude. [...] Mit jedem Schluck Tee und jedem Stück Brot war ich begierig, eine neue griechische Vokabel herunterzuschlucken, um in den mir nachmittags erteilten Unterrichtsstunden die Autoren freier lesen zu können. Nur noch drei Monate trennten mich vom Abitur.«[196]

In den letzten Wochen des Wintersemesters 1913/14 war Benno Reifenberg wieder in München, doch während Maryla und er endlich ein Paar wurden – der erste Brief, in dem Reifenberg seine spätere Frau duzt und das zeitgenössische Kosewort »Kind« für sie verwendet, stammt vom 18. März 1914[197] –, stand auch schon eine neue Trennung bevor. Maryla würde während der Semesterferien Frankreich und Belgien bereisen[198], und Benno plante mit Beginn des Sommersemesters einen Umzug nach Berlin, wo er sein Studium bei Adolf Goldschmidt fortsetzen wollte, der dort als Nachfolger Wölfflins seit 1912 Kunstgeschichte lehrte. Reifenbergs berufliche Zukunftspläne, die zwei Jahre zuvor noch höchst vage gewesen waren, hatten mittlerweile Konturen angenommen. Im dritten Fachsemester Kunstgeschichte träumte er nicht nur von einer Promotion, sondern bereits von Habilitation und Hochschullaufbahn.[199] Obwohl er keinen Hehl daraus machte, dass ihm der Abschied von München sehr schwerfiel[200], hielt er den Wechsel nach Berlin für notwendig, da für die angestrebte Universitätskarriere das Renommee der Hochschule mehr zähle als das des akademischen Lehrers und deshalb »ein Examen bei Goldschmidt mehr Wert besitze als eines bei dem bedeutenderen Wölfflin«, wie er seinen Eltern erklärte.[201] Folgt man Reifenbergs Darstellung, so rief seine Entscheidung, München zu verlassen, große

---

196 Mazurkiewicz, Antike und junge Mädchen, S. 85 und 87.
197 Vgl. Benno Reifenberg an Maryla von Mazurkiewicz, 18.3.1914, NL BR, DLA, 79.2859.
198 Ebd.
199 Vgl. Benno Reifenberg an Maryla von Mazurkiewicz, 5.1.1914, NL BR, DLA, 79.2859.
200 Benno Reifenberg an Elieze Reifenberg, 11.3.1914, NL BR, DLA, 79.12446.
201 Benno Reifenberg an Adolf und Elieze Reifenberg, 7.6.1914, NL BR, DLA, 79.12446.

KINDHEIT, SCHULZEIT, STUDIUM (1892-1914)

Enttäuschung bei einem Privatdozenten hervor, der gerade kurz vor der Ernennung zum außerordentlichen Professor stand und auf der Suche nach wissenschaftlichem Nachwuchs war: Fritz Burger, Jahrgang 1877, ausgebildeter Architekt, hatte den jungen Frankfurter demnach gern als Assistenten gewinnen wollen.[202] Am 7. Februar 1914 berichtete der Student seiner Mutter, dass er am Vorabend bei Burger eingeladen gewesen sei und sich nun bestärkt fühle in seinem Entschluss, »zu Goldschmidt zu gehen«:

»Er [Burger, DB] jammerte, er habe keine Schüler, die ihm treu bleiben und er hätte doch so viel Arbeit für Leute wie mich. Das ist mir aber ganz gleichgültig, demnächst heisst den Doktor machen, und dann würde ich zu ihm erst gehen, wenn er Professor ist. Das wird auch meines Erachtens nicht lange mehr dauern. Als Persönlichkeit ist und bleibt er mir unsympathisch, und wenn man einmal die Wärme eines Wölfflin hat spüren dürfen, dann kann man das blasse Reden Burgers nicht mehr anhören.«[203]

Burger fiel bei Verdun. Benno Reifenberg, selbst als Soldat »im Feld«, widmete ihm seine erste Publikation, einen Nachruf, der am 27. Juni 1916 in der FZ erschien. In behutsamen Formulierungen und respektvollen Worten ließ er darin durchblicken, dass er Burger für einen »Unvollendeten« hielt, und gab damit eine frühe Kostprobe seiner später weit entwickelten Fähigkeit zur Kritik »zwischen den Zeilen«:

»Der Krieg wird zur Tragödie, wenn er auf immer vernichtet, was nicht vollendet war. Auch der Jüngling kann eine Vollkommenheit sein, wie es der Greis sein kann am Abend seines Lebens, wie auch der Knabe. Wenn aber der Mann, um in den Krieg zu ziehen, ein Werk verlassen muß, dessen Vollendung nur *sein* Hirn ausdenken kann, dann sollte dieser Mann nicht sterben. Burger ist gefallen, und die Arbeit seines Lebens ist jäh abgebrochen; was er hinterlassen, kann dem, der ihn nicht kannte, niemals sagen, was hier geplant war.«[204]

Wie fern mag Benno Reifenberg der Gedanke an Krieg und Soldatentod im Frühjahr 1914 gewesen sein? Mit Beginn des Sommersemesters zog er

---

202 Vgl. Benno Reifenberg an Adolf Reifenberg, 30.1.1914, NL BR, DLA, 79.12446.
203 Benno Reifenberg an Elieze Reifenberg, 7.2.1914, NL BR, DLA, 79.12446.
204 Reifenberg: Fritz Burger, in: Ders.: Offenbares Geheimnis, S. 63-67.

in die Reichshauptstadt, wo er zunächst Unterschlupf bei dem mit seinen Eltern befreundeten Ehepaar Paul und Anne Stern-Lenneberg[205] fand, aber sofort auf die Suche nach einer eigenen Behausung ging. Ganz einfach gestaltete sich die Angelegenheit nicht, obwohl die Mieten im Vergleich mit München erfreulich niedrig waren.[206] Am 26. April schrieb Reifenberg an seine Eltern, er habe ein möbliertes Zimmer mit Frühstück für 35 Mark in Wilmersdorf gefunden[207], aber schon bald darauf berichtete er seiner Mutter frustriert, dass der Vermieter ihm kurzfristig abgesagt habe: »Unangenehm ist jetzt das neue Wohnungssuchen. Ich weiß wenigstens, wo ich hingehen muss, nur der Westen kommt in Frage.«[208] Am 2. Mai konnte er schließlich erleichtert nach Hause vermelden, dass er eine annehmbare Unterkunft bekommen habe: »Bett, Schreibtisch, Divan, Waschtisch und 4 kahle Wände. Es ist hell und ich schaue in Gärten«[209]. Die Fahrt mit der Stadtbahn zur Universität dauerte etwa 45 Minuten und führte quer durch den Tiergarten, »eine schöne Strecke«, wie Reifenberg schrieb. Ansonsten entpuppte sich Berlin für ihn als herbe Enttäuschung. Im Stadtzentrum könne kein Mensch wohnen, so Reifenberg, denn »es ist zu laut, man wird erstickt von diesen Straßenzügen, man wird so unscheinbar, so unwichtig, wie ein Strohhalm auf einem Fluss.«[210] Die Stadtbahn war ihm zu voll, und er bedauerte »die kleinen Ladenmädchen [...], wenn sie schlafend hin und herschaukeln mit rot erhitzten Gesichtern.«[211] Von einem Ausflug ins Umland kam er beinahe ärgerlich heim: »Nichts weiches, freundliches; graues Wasser und trockener Sand, auf dem nur unwillige Kiefern entstehen können.«[212] Das Schlimmste aber war für den ehrgeizigen Studenten, dass die Universität nicht hielt, was er sich versprochen hatte:

205 Für einen Brief an die Eltern vom 26.4.1914 benutzte Benno Reifenberg Briefpapier mit dem Briefkopf der Familie Stern-Lenneberg als Berlin-Schöneberg. Vgl. Benno Reifenberg an Adolf und Elieze Reifenberg, 26.4.1914, NL BR, DLA, 79.12446.
206 Benno Reifenberg an Adolf und Elieze Reifenberg, 26.4.1914, NL BR, DLA, 79.12446.
207 Ebd.
208 Benno Reifenberg an Elieze Reifenberg, ohne Datum, NL BR, DLA, 79.12446.
209 Benno Reifenberg an Adolf und Elieze Reifenberg, 2.5.1914, NL BR, DLA, 79.12446. Dort auch das folgende Zitat.
210 Benno Reifenberg an Elieze Reifenberg, ohne Datum, NL BR, DLA, 79.12446.
211 Benno Reifenberg an Elieze Reifenberg, 3.7.1914, NL BR, DLA, 79.12446.
212 Benno Reifenberg an Elieze Reifenberg, 16.5.1914, NL BR, DLA, 79.12446.

»In München waren bessere Kräfte. Goldschmidt ist ungemein vorsichtig, behutsam im Aufstellen seiner Meinung, ohne auch nur im geringsten etwas von dem Ideenschwung eines Wölfflin zu haben. Dabei ist er sympathisch, aber er geht an die Bilder heran, wie der Arzt an einen Kranken, mit dem unbehaglichen Gefühl, die Diagnose nicht stellen zu können. Das nennt man nun wissenschaftlich, gut, aber mir behagts nicht; ich muss mich sehr daran gewöhnen.«[213]

Reifenberg belegte bei Goldschmidt Veranstaltungen über »Deutsche Malerei und Plastik des 15. bis 16. Jahrhunderts« und »Venezianische Malerei« und hörte ferner bei dem Archäologen Georg Loeschke eine Vorlesung über »Geschichte der hellenischen Kunst«.[214] An die Eltern schrieb er, Loeschke sei »sehr komisch« mit seinem sächsischen Dialekt: »Wenn er von dem glassischen Dempel spricht, dann muss man lachen.«[215] Insgesamt fiel Reifenbergs Urteil über das Studium der Kunstgeschichte in Berlin verheerend aus: »[W]äre ich am Anfang hier her gekommen, wäre ich verzweifelt.« Erst in der Mitte des Semesters machte er »nachträglich eine Entdeckung«[216]: den Philosophen Ernst Alfred Cassirer. Bei ihm besuchte Reifenberg eine Veranstaltung mit dem Titel »Platon und die Geschichte des Platonismus«.[217] Viel Zeit verbrachte er im Kaiser-Friedrich-Museum, das ihn »für alles« entschädigte, wie er notierte: »Ich habe noch nie eine Sammlung gesehen, wo das Niveau ein so hohes ist.«[218] Insgesamt vermitteln Reifenbergs Briefe an seine Familie dennoch den Eindruck, dass er seine Entscheidung für den Wechsel nach Berlin bereute, zumal das Studium teurer sei als in München: »Obwohl ich [...] sehr wenig belege, ist doch die Summe für die Vorlesungen mindestens 85 M«[219].

Geld wurde in diesen Monaten zu einem wichtigen und immer brisanteren Thema für die Kaufmannsfamilie Reifenberg. Benno bat seinen Vater wiederholt, »mir alles mitzuteilen, wie Du durch kommst.«[220] Auf

213 Benno Reifenberg an Adolf und Elieze Reifenberg, 2.5.1914, NL BR, DLA, 79.12446.
214 Vgl. Studienbuch der Universität Berlin, NL BR, DLA, 79.3556.
215 Benno Reifenberg an Adolf und Elieze Reifenberg, 2.5.1914, NL BR, DLA, 79.12446. Dort auch das folgende Zitat.
216 Benno Reifenberg an Elieze Reifenberg, 16.5.1914, NL BR, DLA, 79.12446.
217 Vgl. Studienbuch der Universität Berlin, NL BR, DLA, 79.3556.
218 Benno Reifenberg an Adolf und Elieze Reifenberg, 2.5.1914, NL BR, DLA, 79.12446.
219 Benno Reifenberg an Elieze Reifenberg, 16.5.1914, NL BR, DLA, 79.12446.
220 Benno Reifenberg an Adolf Reifenberg, 30.1.1914, NL BR, DLA, 79.12446.

der Suche nach einer bezahlten Nebentätigkeit wandte er sich an das »Akademische Stellenvermittlungsbureau« in der Hauptstadt und erfuhr, »wie viele offene Hauslehrerstellen es gibt, die meisten auf dem Lande durchschnittlich 120-150 M Gehalt und freie Kost. Ich überlege mir ob ich nicht in den Ferien dergleichen einmal annehmen soll.«[221] Sein Versuch, einen kleinen Artikel über »Altfrankfurt« in der FZ unterzubringen, scheiterte. Gereizt teilte er seinem Vater am 27. Mai mit:

»Vom treulosen Dr. Simon habe ich bis jetzt auch nicht ein Wort gehört, obwohl ich ihm einen langen Brief gesandt habe. Er ist in Italien und kümmert sich jetzt den Teufel um mich. […] Ich war gestern abend bei einem Kunsthistoriker, der Mann zeigte mir die literarischen Kritiken die er für das Tageblatt seiner Heimatstadt Cassel verfasst. Ja so etwas miserables stilloses [sic!] las ich seit langem nicht. Der Mann hat aber sein hübsches Nebeneinkommen zu seinem Wechsel.«[222]

Da der Einstieg in den Journalismus nicht gelang, erwog Benno Reifenberg, sich sein Geld mit Nachhilfeunterricht zu verdienen. Es spricht Bände über seine angespannte nervliche Situation, dass er diese Überlegung mit einem für ihn völlig untypischen Sarkasmus kommentierte: »Ich bestelle mir so einen Sextaner einfach auf mein Zimmer kurz nach Mittag und verliere so recht viel Zeit.« Eine emotionale Erleichterung war die Anwesenheit Marylas in der Stadt, zumal es zunächst nicht so ausgesehen hatte, als ob sie ihm nach Berlin folgen könne.[223] Im Juni 1914 verlobte sich das Paar.[224] Dennoch hatte Benno Reifenberg Heimweh nach Frankfurt und dem Taunus[225] und bat seine Mutter dringend um einen Besuch in Berlin:

---

221 Benno Reifenberg an Elieze Reifenberg, 15.6.1914, NL BR, DLA, 79.12446.
222 Benno Reifenberg an Adolf Reifenberg, 27.5.1914, NL BR, DLA, 79.12446. Dort auch das folgende Zitat.
223 Am 11. März hatte Reifenberg aus München an seine Mutter geschrieben, dass Maryla als russische Staatsangehörige aus politischen Gründen keine Zulassung für die Berliner Universität erhalten habe und deshalb mit dem Gedanken spiele, nach Krakau zu gehen und dort zu promovieren. Aus einem Schreiben an die Mutter vom 15. Juni geht dann jedoch hervor, dass Benno und Maryla gemeinsam in der Hauptstadt waren. Vgl. Benno Reifenberg an Elieze Reifenberg, 11.3.1914 und 15.6.1914, NL BR, DLA, 79.12446. Helga Hummerich berichtet, dass auch Maryla Reifenberg in Berlin studiert habe. Vgl. Hummerichs Vorwort zu: Reifenberg: Offenbares Geheimnis, S. 16.
224 Persönliche Information von Jan Reifenberg an die Verfasserin, 25.9.2005.
225 Vgl. Benno Reifenberg an Elieze Reifenberg, 16.5.1914, NL BR, DLA, 79.12446.

»Ich kann Dir nicht sagen, wie sehr ich mich freuen würde, wenn das Wirklichkeit werden sollte. Dass Du endlich mal eine Vorstellung gewinnst, wie ich eigentlich wohne, und was für ein Leben so ein Student führt. Du würdest dann auch Maryla kennen lernen und könntest sehen, was für Menschen ich mir zum näheren Umgang wähle. [...] Wir könnten dann am Ende vielleicht zusammen zurückfahren.«[226]

Zu dem Besuch scheint es nicht gekommen zu sein; zumindest ist in Reifenbergs Briefen an die Eltern nichts mehr davon erwähnt. Stattdessen spitzte sich die materielle Situation der Familie immer weiter zu. In einem eindringlichen Schreiben mit Datum von 6. Juli 1914 forderte Benno seinen Vater auf, seine seit Jahren vernachlässigte Buchhaltung in Ordnung zu bringen und ehrlich Rechenschaft über den Stand der Geschäfte abzulegen: »Ich habe nicht das Recht, Dir Lehren zu geben, aber ich bitte Dich inständig und koste es was es wolle, die Bilanzen zu ziehen.«[227] Offenbar fehlten dem kleinen Familienunternehmen mindestens 20.000 Mark, und die Gläubiger begannen zu drängen.[228] Aus der Ferne versuchte Benno Reifenberg, seinen verzweifelten Vater zu beschwichtigen, aber was er schrieb, klang alles andere als beruhigend; er hatte nicht einmal mehr Geld für die Bahnfahrt von Berlin nach Frankfurt, so dass Paul Stern-Lenneberg als Freund der Familie aushelfen musste:

»Ihr habt ja schrecklich viel durchmachen müssen, aber wirklich: so unsagbar tragisch ist die ganze Sache doch nicht. [...] Papa, Du musst bedenken, dass Du erwachsene Kinder hast, um sie brauchst Du Dich nicht zu sorgen. Liselotte wird höchst einfach nach Holland [zu Verwandten mütterlicherseits, DB] geschickt. Ich selbst komme wenn ich mit Paul noch gesprochen habe und von ihm das Geld zur Reise empfangen habe sofort.«

Es ist unter diesen Umständen verständlich, dass Benno Reifenberg in den letzten Wochen vor Kriegsbeginn mit ganz anderen Problemen als der großen Weltpolitik beschäftigt war. Während sich die diplomatische Krise in Europa nach der Ermordung des österreichischen Thronfolgers und seiner Frau am 28. Juni 1914 in Sarajewo immer weiter zuspitzte,

---

226 Benno Reifenberg an Elieze Reifenberg, 15.6.1914, NL BR, DLA, 79.12446.
227 Benno Reifenberg an Adolf Reifenberg, 6.7.1914, NL BR, DLA, 79.12446.
228 Ebd. – Dort auch das folgende Zitat.

kämpfte er bei »abscheuliche[r] Hitze«²²⁹ mit einem Konzept für seine Dissertation. In seinen zahlreichen Briefen an seine Eltern findet sich kein einziges politisches Wort, kein noch so beiläufiger Kommentar zur Tagespolitik. Für den Studenten stand mittlerweile fest, dass er nicht in Berlin bleiben würde:

»Mein Plan geht dahin: Zunächst noch ein Semester in Berlin zu verbringen und dann nach München um unter Wölfflin zu promovieren. Meine Doktorarbeit schwebt mir immer klarer vor Augen, schwelt aber noch. Es wird wahrscheinlich gehandelt werden: Über die Entwicklung des Gefühls für die Stadt. Und zwar werde ich mich auf die graphische Kunst von Dürer bis Rembrandt […] beschränken. Dazu gehört zunächst noch ein genaueres Studium des hiesigen Kupferstilkabinetts. Wölfflin wird der Plan meiner Meinung nach gefallen. […] Wenn es so geht wie ich hoffe bin ich in 1½ Jahren Doktor, oder stehe wenigstens vor der Promotion. – Mit der Hauslehrerstelle bin ich noch nicht im klaren. […] Ich komme auf jeden Fall erst nach Hause, ehe ich die Stelle antrete.«²³⁰

Ende Juli fuhr Benno Reifenberg zurück nach Frankfurt. Als er sich von Maryla von Mazurkiewicz verabschiedete, ahnten beide wohl nicht, dass sie sich in den folgenden vier Jahren ganze fünf Tage sehen würden.²³¹ Reifenberg würde nicht in Kunstgeschichte promovieren, er würde nicht nach Berlin zurückkehren und nie mehr in München leben. Seine nächste Station waren die Schlachtfelder der Champagne.

---

229 Benno Reifenberg an Adolf und Elieze Reifenberg, 3.7.1914, NL BR, DLA, 79.12446.
230 Benno Reifenberg an Adolf Reifenberg, 25.6.1914, NL BR, DLA, 79.12446.
231 Vgl. Benno Reifenberg an Maryla von Mazurkiewicz, 20.2.1918, NL BR, DLA, 79.2859.

Der Erste Weltkrieg (1914-1918)[1]

Als Angehöriger des Geburtsjahrgangs 1892 und Kriegsfreiwilliger von 1914 gehörte Benno Reifenberg der sogenannten Frontkämpfer- oder Frontgeneration an, die ihre entscheidende Sozialisation in der Spätphase des deutschen Kaiserreiches erfahren hatte und von den Erfahrungen des Kriegseinsatzes und der militärischen Niederlage geprägt worden war. Der Sozialwissenschaftler Helmut Fogt hat in seiner 1982 publizierten Studie über »Politische Generationen« von dem »Versailles-Trauma« die-

---

1 Zum Ersten Weltkrieg existiert wissenschaftliche Literatur in nahezu unübersehbarer Fülle. Eine knappe, aber gelungene Überblicksdarstellung mit umfangreicher Bibliographie im Anhang bietet Roger Chickering: Das Deutsche Reich und der Erste Weltkrieg, deutsche Ausgabe, München 2002, S. 248-270. Umfassend die unter Leitung von Fritz Klein herausgegebenen Bände: Deutschland im Ersten Weltkrieg, 3 Bände, Ost-Berlin 1968/69. Ferner sind v.a. zu nennen: Peter Graf Kielmannsegg: Deutschland und der Erste Weltkrieg, Frankfurt am Main 1968; Karl Dietrich Erdmann: Der erste Weltkrieg, München 1980; Günther Mai: Das Ende des Kaiserreichs. Politik und Kriegführung im Ersten Weltkrieg, München 1987; Holger Herwig: The First World War. Germany and Austria-Hungary, 1914-1918, London 1997. Unterschiedliche Phasen des Krieges stehen im Mittelpunkt der Aufsätze in dem Sammelband von Wolfgang Michalka (Hrsg.): Der Erste Weltkrieg. Wirkung, Wahrnehmung, Analyse, München/Zürich 1994. Vgl. ferner auch Imanuel Geiss: Das Deutsche Reich und der Erste Weltkrieg, München/Zürich 1985 sowie Klaus Dorst/Wolfgang Wünsche: Der erste Weltkrieg. Erscheinung und Wesen, Ost-Berlin 1989. Einen stärker kulturhistorischen Ansatz verfolgen Gerhard Hirschfeld u.a. (Hrsg.): »Keiner fühlt sich hier mehr als Mensch ...«. Erlebnis und Wirkung des Ersten Weltkrieges, Frankfurt a.M. 1996; Ders. u.a. (Hrsg.): Kriegserfahrungen. Studien zur Sozial- und Mentalitätsgeschichte des Ersten Weltkrieges, Frankfurt a.M. 1996 sowie Wolfgang Kruse (Hrsg.): Eine Welt von Feinden. Der Große Krieg 1914-1918, Frankfurt am Main 1997. Dokumente zum Alltag an den Frontlinien finden sich bei Bernd Ulrich/Benjamin Ziemann (Hrsg.): Frontalltag im Ersten Weltkrieg. Wahn und Wirklichkeit, Frankfurt a.M. 1994. Vgl. ferner Wolfram Wette (Hrsg.): Der Krieg des kleinen Mannes. Eine Militärgeschichte von unten, München 1992. Unter sozialhistorischer Perspektive ist grundlegend das Werk von Jürgen Kocka: Klassengesellschaft im Krieg. Deutsche Sozialgeschichte 1914-1918, Göttingen 1973. Zur Kriegszielpolitik des kaiserlichen Deutschland vgl. Fritz Fischer: Griff nach der Weltmacht. Die Kriegszielpolitik des kaiserlichen Deutschland 1914/18, Düsseldorf 1961. Die Kontroverse um die Thesen Fischers wurde in jüngerer Zeit aufgegriffen von Konrad H. Jarausch: Der nationale Tabubruch. Wissenschaft, Öffentlichkeit und Politik in der Fischer-Kontroverse, in: Martin Sabrow/Ralph Jessen/Klaus Große Kracht: Zeitgeschichte als Streitgeschichte. Große Kontroversen nach 1945, München 2003, S. 20-40.

ser Alterskohorte gesprochen, deren Angehörige mit dem Gefühl, »im Felde unbesiegt« geblieben zu sein, in eine Gesellschaft zurückkehrten, die von massiven ökonomischen Problemen und sozialstrukturellen Krisen, partiell auch von einem aufkeimenden Antimilitarismus dominiert wurde und die sich deshalb als besonders anfällig für die radikalen antirepublikanischen und revanchistischen Ziele der Nationalsozialisten erwiesen.² Der Historiker Ulrich Herbert spricht in Anlehnung an Günther Gründel, der auf die Generationenlehre der 30er Jahre Einfluss nahm, von der »jungen Frontgeneration« als dem »eigentlichen Träger des so viel diskutierten Fronterlebnisses«: Diese Männer der Geburtsjahrgänge 1890 bis 1900 waren bei Kriegsausbruch »blutjung« und damit »noch tief empfänglich für alles und am tiefsten für das Große und Furchtbare. [...] Sie sind als begeisterte, aber durch das Übermaß des allzu starken und furchtbaren Erlebnisses vielleicht sehr bald entwurzelte Jünglinge hinausgetaumelt«. Die nachfolgende »Kriegsjugendgeneration« der Jahrgänge 1900 bis 1910 habe sich die Fronterfahrung der älteren Brüder nur aus zweiter Hand aneignen können, sei jedoch auf andere Weise ebenfalls stark vom Krieg beeinflusst worden: durch die Zustände an der »Heimatfront«, Hunger, Not, Todesnachrichten, schließlich durch den »Zusammenbruch der Welt der Väter und alles dessen, was bisher gegolten hatte«, durch früh internalisierte Begriffe von Gut und Böse, Freund und Feind. Es handele sich um eine »Generation der Sachlichkeit«, der Kühle und der Härte – »Abgrenzungsmerkmale zu der Gruppe der Älteren, die als gefühlig und zu sehr auf Personen statt auf ›die Sache‹ bezogen kritisiert wurde.« Die Generation der nach 1910 Geborenen habe weder vom Krieg noch von der Vorkriegszeit tiefere Eindrücke empfangen, sondern ihre prägenden Erfahrungen in den Zeiten der Revolution und in den Inflationsjahren gemacht.³

Generationelle Zuschreibungen können stets nur allgemeine Tendenzen wiedergeben, nicht jedoch das individuelle Erleben einfangen. Die Kriegserfahrung des Weltkriegsteilnehmers Reifenberg kommt in besonderer Weise in der umfangreichen Sammlung seiner hinterlassenen

2 Vgl. Fogt, Politische Generationen, Opladen 1982, S. 129.
3 Vgl. Günther E. Gründel: Die Sendung der jungen Generation. Versuch einer umfassenden revolutionären Sinndeutung der Krise, München 1932. Vgl. auch Ulrich Herbert: Best. Biographische Studien über Radikalismus, Weltanschauung und Vernunft 1903-1089, 2., durchgesehene Auflage, Bonn 1996, S. 42-46. Vgl. auch Ders.: Generationenfolge in der deutschen Geschichte des 20. Jahrhunderts, in: Jürgen Reulecke (Hrsg.): Generationalität und Lebensgeschichte im 20. Jahrhundert (Schriften des Historischen Kollegs. Kolloquien, Band 58), S. 95-114.

Feldpostbriefe zum Ausdruck. Der größte Teil dieser Briefe war an seine Verlobte und spätere Ehefrau Maryla gerichtet; daneben sind einige Schreiben an seine Eltern und Geschwister erhalten geblieben.[4] Ein zweiter großer Quellenfundus liegt in Form der zahlreichen Prosastücke vor, in denen Reifenberg in späteren Lebensphasen seine Kriegserinnerungen für die Öffentlichkeit publizistisch aufbereitet hat. Diese Texte machen deutlich, dass Reifenberg, um die Formulierung Gründels zu bemühen, tatsächlich stärker auf Personen als auf »die Sache« rekurrierte; vergeblich sucht man in seinen Schriften militärische Details oder politische Analyse; er berichtet von Menschen und Tieren, vom Wetter und den Jahreszeiten, vom Marschieren, Essen und Schlafen, von Entbehrungen und Emotionen. Seine Orientierung am Individuum und »dem Individuellen«, die die wichtigste Konstante in seinem intellektuellen Werk darstellt, kommt in diesem Kontext besonders klar zum Ausdruck.

Kriegsfreiwilliger an der Westfront

Es gibt eine Legende, die besagt: In den letzten Julitagen des Jahres 1914 verfiel das Deutsche Reich in einen nationalen Rausch, der mehrere Wochen anhielt. Auf öffentlichen Plätzen, in feinen Cafés und einfachen Gaststätten, vor den Palästen, Regierungsgebäuden und den Redaktionen der Zeitungen versammelten sich Menschenmassen zu den spektakulärsten patriotischen Kundgebungen, die das Land je gesehen hatte. Männer und Frauen aller gesellschaftlichen Schichten rissen sich jubelnd

---

4   Zur Bedeutung und zum Wert von Feldpostbriefen als historische Quellen liegen Untersuchungen aus jüngerer Zeit vor. Vgl. v.a. Bernd Ulrich: Die Augenzeugen. Deutsche Feldpostbriefe in Kriegs- und Nachkriegszeit 1914-1933, Essen 1997 sowie Klaus Latzel: Vom Kriegserlebnis zur Kriegserfahrung. Theoretische und methodische Überlegungen zur erfahrungsgeschichtlichen Untersuchung von Feldpostbriefen, in: Militärgeschichtliche Mitteilungen, Bd. 56, 1997, S. 1-30. Dabei sind insbesondere auch die Grenzen betont worden, die bei der Analyse der Briefe zu berücksichtigen sind, namentlich die drohende Zensur von außen, aber auch die »Schere im Kopf« des Soldaten, der den Angehörigen oder der geliebten Partnerin in der Heimat drastische Schilderungen der blutigen Kriegsrealität »ersparen« wollte, um sie und sich selbst zu schützen, und darüber hinaus andere sensible Themen wie etwa Sexualität zurückhaltend behandelte oder gar nicht zur Sprache brachte. Dies trifft auch auf Reifenbergs Briefe von der Front zu, wobei im Einzelfall die Tendenz zu beobachten ist, dass er sich im Austausch mit seiner Schwester Ada emotional stärker öffnete und »authentischer« berichtete als in den meist sehr vorsichtig formulierten, liebevoll-zartfühlenden Briefen an Maryla.

die druckfrischen Extrablätter aus den Händen, die vom bevorstehenden Krieg kündeten. Musikkapellen spielten, durch die Straßen schallten Hurra-Rufe und vermischten sich mit den Klängen der Nationalhymne. In allen größeren Städten formierten sich spontan Demonstrationszüge, deren Verlauf überall ähnlich war: Alle zogen an den örtlichen Denkmälern vorbei, schwenkten Flaggen, Hüte und Taschentücher, sangen »Heil Dir im Siegerkranz« und »Die Wacht am Rhein«, riefen »Lang lebe der Kaiser!« und lauschten den überall ähnlichen politischen Reden meist unbekannter Männer aus dem Volk. In den Berliner Arbeitervierteln, einer Bastion der – zunächst und vorübergehend noch kriegskritischen – Sozialdemokraten, wehten die Farben Schwarz-Weiß-Rot im warmen Sommerwind. In München zwangen die begeisterten Massen den österreichischen Konsul, nicht weniger als fünf Mal zu ihnen zu sprechen. In Duisburg, Kiel und Hamburg vermerkte man Fälle von Körperverletzung an unbekannten Mitbürgern zur Strafe für »unpatriotisches« Verhalten. Als das Kaiserpaar am 31. Juli von seiner jährlichen »Nordlandreise« im offenen Wagen in die Hauptstadt zurückkehrte, drängte die Menge im Zustand absoluter Verzückung von den Gehwegen gefährlich weit auf den Fahrdamm. Der frühe August brachte die Kriegserklärungen Deutschlands an Russland und Frankreich. Hörsaalweise meldete sich die akademische Jugend, die künftige Elite der Nation, freiwillig an die Front, um furchtlos auszurücken, den Gewehrlauf geschmückt mit den Blumen der Abschied nehmenden Mädchen. Schon bald marschierten in langen Reihen die »Feldgrauen« durch die Straßen, von dem Applaus der Spalier stehenden Bevölkerung begleitet und mit so vielen »Liebesgaben« bedacht, dass sich das Rote Kreuz bemüßigt fühlte, vor den gesundheitlichen Gefährdungen durch übermäßigen Schokoladengenuss zu warnen. Deutschland war geeint im Patriotismus, in einem großen überwältigenden »Ja« zum Krieg. Der Kaiser kannte keine Parteien mehr, sondern nur noch Deutsche, und er kannte seine Deutschen gut. Eine Gesellschaft wuchs zusammen zur Volksgemeinschaft, der »Geist von 1914« war geboren.

So weit die Legende; die Realität war deutlich komplexer und facettenreicher. In seinem im Jahr 2000 erschienenen Werk »Der ›Geist von 1914‹ und die Erfindung der Volksgemeinschaft« arbeitet der US-amerikanische Historiker Jeffrey Verhey heraus, wie unterschiedlich der Beginn des Ersten Weltkrieges in der deutschen Öffentlichkeit tatsächlich wahrgenommen wurde. Da mischten sich Enthusiasmus und Ekstase mit Abscheu und Entsetzen, da gab es Idealismus, Stolz, Überschwang, Zuversicht und Heiterkeit ebenso wie tumbe Aggression, Randale, Angst,

DER ERSTE WELTKRIEG (1914-1918)

Panik und Depression, es fehlten auch nicht die Friedensdemonstranten und jene verzweifelten Kirchenbesucher, die Gott um seinen Beistand für sich und ihre Familien baten. Für das wahre Kennzeichen jener Tage hält Verhey jedoch ein Gefühl finsterer Entschlossenheit, das die große Mehrheit der Bevölkerung verband: »Deutschland war nicht in Begeisterung vereint, sondern in Entschlossenheit.«[5] Der oft beschriebene nationale Rausch des »Augusterlebnisses« sei »auf einen kleinen Ausschnitt der städtischen Bevölkerung beschränkt«[6] gewesen und habe vor allem die wohlhabende, gebildete Mittel- und Oberschicht in den nicht grenznahen Regionen erfasst. In den Dörfern und ländlich geprägten Kleinstädten »war die Stimmung eher ernst als überschwenglich. In den grenznahen Großstädten zeigte sich ebenfalls wenig Begeisterung.« Wo schon in Friedenszeiten die Existenzangst zu Hause gewesen war, regte sich keine Kriegsbegeisterung. Insbesondere Frauen empfanden »ehrliche Sorge und Bestürzung.«

Schon zeitgenössische Beobachter wussten, dass im Sommer 1914 keineswegs alle Deutschen das Gleiche auf die gleiche Weise erlebt und empfunden hatten, sondern dass es orts-, klassen-, geschlechts- und generationenspezifische Differenzen gab. Hinzu kamen die Unterschiede des Charakters und der ganz persönlichen Lebenssituation; zu Recht wirft Verhey die Frage auf, wie viele junge Männer sich wohl freiwillig an die Front meldeten, um »die eigene Abenteuerlust zu befriedigen, nicht zurück in die Schule zu müssen oder über eine gescheiterte Liebesbeziehung hinwegzukommen.«[7] Im »Berliner Beobachter« hieß es am 2. August 1914, selten habe es »ein besseres Schulbeispiel für die Definierung des Begriffs ›Gemischte Gefühle‹ gegeben« als in der gegenwärtigen Situation.[8] Und der Soziologe Leopold von Wiese stellte fest: »Die Menschen sind verschieden, und die großen, ernsten und gerade durch ihre Einfachheit wirkenden Tage des Kriegsbeginns sind, soviel ich habe

---

5 Jeffrey Verhey: Der »Geist von 1914« und die Erfindung der Volksgemeinschaft, deutsche Ausgabe, Hamburg 2000, S. 192. – Vgl. zu diesem Thema u.a. auch die komparatistische Studie von Thomas Raithel: Das »Wunder« der inneren Einheit. Studien zur deutschen und französischen Öffentlichkeit bei Beginn des Ersten Weltkrieges, Bonn 1996 sowie die lokalhistorische Untersuchung von Christian Geinitz: Das Augusterlebnis in Freiburg. Eine Studie zum Kriegsbeginn 1914, Essen 1998.
6 Verhey, Der »Geist von 1914«, S. 191. Dort auch die folgenden Zitate.
7 Ebd., S. 172.
8 Vgl. Berliner Beobachter, in: Berliner Lokal-Anzeiger, 2. August 1914, Nr. 387, 1. Beiblatt, zitiert nach: Verhey, Der »Geist von 1914«, S. 192.

beobachten können, von den Menschen je nach Anlage und Erfahrung verschieden erlebt worden.«[9] Von den rund 185.000 Kriegsfreiwilligen, die sich bis zum 11. August 1914 gemeldet hatten und angenommen worden waren[10], handelte sicherlich ein Teil aus Patriotismus und politischer Überzeugung, aber ebenso ausschlaggebend mögen Motive wie jugendliche Neugier, Langeweile, Fernweh, der Drang zur Emanzipation von Elternhaus und Schule, innere Konflikte, Liebeskummer, Probleme mit dem Lehrherrn oder Meister, Schwierigkeiten im Studium, berufliche Orientierungslosigkeit, Konvention, Rücksicht auf die gesellschaftliche Stellung der Familie oder schlichtes Pflichtgefühl gewesen sein. Hinzu kam die Wirkung der allgegenwärtigen Propaganda. Bernd Ulrich und Benjamin Ziemann sind der Ansicht, dass der gesellschaftliche Druck auf die Söhne des gebildeten Bürgertums in jenen Wochen so groß war, dass sie um eine freiwillige Meldung kaum herumkamen: »Nicht warum sich jemand freiwillig meldete, ist [...] zu fragen, sondern: Hatte er eigentlich eine reelle Chance, es nicht zu tun?«[11]

Als sich der 22-jährige Fabrikantensohn Benno Reifenberg am 4. August 1914, dem Tag der britischen Kriegserklärung an das Deutsche Reich, freiwillig zu den Waffen meldete, geschah es »mit einer Fraglosigkeit, die in jenem Augenblick seine ganze Generation bestimmt hat«[12], wie es in seinen autobiographischen Notizen heißt. Aus den wenigen Zeilen, die uns Auskunft über sein »Augusterlebnis« zu geben vermögen, spricht an keiner Stelle nationaler Enthusiasmus. Wortkarg scheint Reifenberg, wenn es um dieses Thema geht, und ernst. Vielleicht ist es tatsächlich der Begriff »Entschlossenheit«, der seine Haltung am besten charakterisiert. Die Nachricht von der russischen Teilmobilmachung, die am 29. Juli 1914 bekannt wurde und der Kriegserklärung Österreichs an Serbien vorausging, erreichte ihn nicht etwa auf einer patriotischen Demonstration »Unter den Linden« in Berlin, sondern auf einer Geschäftsreise mit dem Vater nach Straßburg. Ein Brief, den er während der Zugfahrt von Frank-

9 Leopold von Wiese: Politische Briefe über den Weltkrieg, Zwölf Skizzen, München/Leipzig 1914, S. 94. – Leopold von Wiese (1876-1969) war Professor für Soziologie in Hannover und Köln und gilt als Mitbegründer der analytischen Soziologie als eigenständigen Forschungsgebiets. Jeffrey Verhey: Der »Geist von 1914« und die Erfindung der Volksgemeinschaft, deutsche Ausgabe, Hamburg 2000, S. 192.
10 Vgl. Verhey, Der »Geist von 1914«, S. 168/169.
11 Bernd Ulrich/Benjamin Ziemann: Das soldatische Kriegserlebnis, in: Kruse, Eine Welt von Feinden, S. 127-158, hier S. 130.
12 Benno Reifenberg: »Summa vitae meae«, NL BR, DLA, 79.12334, S. 2.

DER ERSTE WELTKRIEG (1914-1918)

furt in die Festungsstadt im deutschen Westen an Maryla von Mazurkiewicz schrieb, gewährt einen bescheidenen Einblick in seinen Gemütszustand und seine Einschätzung der Situation:

> »Überall spricht man vom Krieg. Die Lage ist sicher sehr ernst. [...] Du musst Dich darauf gefasst machen, dass die Grenzen gesperrt werden. Das tritt sofort im Fall einer Mobilmachung ein. Solltest Du dann die nächste Zeit nichts mehr von mir hören so halt folgendes fest im Auge: Allerdings muss ich mich bei der Mobilmachung sogleich zum Heer melden. Aber es vergehen dann mindestens 2 Monate ehe ich ins Feld rücken darf. Zunächst wirst Du Dich nicht um mich sorgen, Du Liebe? Ich bin so freudig klar im Kopf.«[13]

Reifenberg fügte hinzu, dass er sich darauf freue, den Straßburger Dom zu sehen und ein paar Stunden allein in der Stadt zu verbringen. Eine Erklärung, warum er sich im Falle der Mobilmachung melden »müsse« – nicht: »könne« oder »wolle« –, findet sich nicht. Wie sein bester Freund Heinz Giesecke glaubte Benno Reifenberg offensichtlich an einen Verteidigungskrieg der Deutschen gegen eine feindliche Übermacht und hatte deshalb keinen Zweifel an der moralischen Legitimation des Waffenganges.[14] Er war ein Kind seiner Zeit und seiner Klasse, ein Produkt des humanistischen Gymnasiums, »gewissermaßen geistig waffenlos«, wie er mehr als dreißig Jahre später schrieb, »ein durchaus unpolitischer Mensch, ohne ein kritisches Vermögen«, der nun »aus der bis dahin wie selbstverständlich verlaufenden Bahn geworfen« wurde.[15] Wie tief der Einschnitt sein würde, den dieser Krieg darstellte, konnte er nicht ahnen, als er am 6. August 1914 als Freiwilliger bei der Ersatzabteilung des 63. Feldartillerie-Regiments der Preußischen Armee die militärische Kurzausbildung begann, die dem Einsatz an der Front vorausging. Schon am 2. September – nicht zwei Monate, sondern nur vier Wochen nach dem ersten Einrücken in die Kaserne – erfolgte der Aufbruch gen Westen. Was Reifenberg dabei erlebte und 26 Jahre später schilderte, mag exemplarischen Charakter gehabt haben:

> »Fahnen wehten, golden wuchs der Wein der Reife zu. Unser Zug rüttelte langsam den Fluß hinab, die Kanoniere saßen auf den Protzen

---

13 Vgl. Benno Reifenberg an Maryla von Mazurkiewicz, 27.7.1914, NL BR, DLA, 79.2859.
14 Vgl. Benno Reifenberg: Erinnerungen an ein Gymnasium, in: Ders.: Offenbares Geheimnis, S. 35-47, hier S. 43.
15 Vgl. Reifenberg: »Summa vitae meae«, NL BR, DLA, 79.12334, S. 2.

und rauchten vergnügt die Zigarren, die ihnen Mädchen in hellen Kleidern zugeworfen hatten, unter vielem Winken und mit strahlenden Gesichtern. Dann machte es einen Ruck und wir hielten. Man hörte die Pferde in den Waggons stampfen. Zur Seite des Bahndammes waren Holzbänke und lange Tische aufgeschlagen. Es gab die erste warme Verpflegung dieses Krieges. Die Sonne ging hinter Godesberg glühend unter, ich schaute dem roten Leuchten eine Weile nach.«[16]

Wenn die deutschen Soldaten im Spätsommer 1914 in gelassener und freudiger Stimmung an die Front zogen, so hing dies nicht nur mit der allgemeinen Siegeszuversicht zusammen, sondern auch mit dem weit verbreiteten Glauben an einen kurzen Feldzug: »Sie zogen einem Abenteuer entgegen, von dem die meisten glaubten, es sei spätestens Weihnachten vorüber.«[17] Die militärische Führung ging in ihren Planungen davon aus, dass der Krieg maximal ein Jahr dauern und prinzipiell in den ersten Gefechten im Westen zu entscheiden sein würde. Auf der Basis des modifizierten Schlieffen-Plans erwartete die deutsche Armee einen Feldzug nach dem Muster von 1870. Nach einem raschen Sieg über die französischen Hauptstreitkräfte sollten im Westen nur noch kleinere militärische Operationen notwendig sein, so dass der Großteil der deutschen Truppen sich dann auf den Krieg im Osten konzentrieren könnte. Auf diese Weise sollte ein Zweifronten-Krieg für Deutschland und Österreich-Ungarn zu gewinnen sein, obwohl diese sogenannten Mittelmächte ihren Entente-Gegnern Russland, England und Frankreich hinsichtlich Wirtschaftspotential, Bevölkerungszahl und Stärke der bewaffneten Macht unterlegen waren.

Seit über zwei Jahrzehnten rechnete Berlin mit der Möglichkeit, eines Tages einen Zweifronten-Krieg gegen eine Allianz französischer und russischer Streitkräfte führen zu müssen. Allein die Größe der russischen Armee sprach gegen einen schnellen Sieg im Osten – als die Planspiele 1914 blutiger Ernst wurden, konnten die Russen auf ein 3,4 Millionen Mann starkes Heer bauen, während die Mittelmächte gemeinsam »nur« 3,7 Millionen Bewaffnete aufzubieten hatten, die sich an allen Fronten behaupten mussten. Zur Lösung dieser Problematik hatte Alfred Graf von Schlieffen, Generalstabschef von 1891 bis 1906, jenen Schlachtplan entwickelt, der sich bis heute mit seinem Namen verbindet: »eine kolos-

---

16 Benno Reifenberg: Schmetterlinge, in: FZ, 8.9.1940, abgedruckt in: Ders.: Landschaften und Gesichter, S. 101/102, hier S. 102.
17 Chickering, Das Deutsche Reich und der Erste Weltkrieg, S. 25.

DER ERSTE WELTKRIEG (1914-1918)

sale Einkreisungsstrategie«[18] im Westen, die auf die Zerschlagung der französischen Armee abzielte. Dabei sollten die deutschen Truppen um den französischen Verteidigungswall herummarschieren, der seit der demütigenden Niederlage von 1870 die französische Ostgrenze von Belfort bis Verdun sicherte, sollten Luxemburg, Holland und Belgien überrollen und im Norden Frankreichs einfallen. Parallel dazu war ein Rückzug der deutschen Streitkräfte im Süden geplant, »so daß die französische Armee in eine atemberaubende ›Umkehr der Fronten‹, eine strategische ›Drehtür‹, gelockt werden und plötzlich den Feind im Rücken spüren würde.«[19] Ein vorübergehender Vorstoß der Franzosen durch das Elsass nach Baden war einkalkuliert. Helmuth Graf von Moltke, der Schlieffen 1906 im Amt ablöste, bügelte einige logistische Schwächen des Schlieffen-Plans aus und beschloss insbesondere, Holland zu verschonen, da er fürchtete, Deutschland könne sich nicht noch einen weiteren Gegner auf dem Schlachtfeld leisten. Unabdingbarer Bestandteil des Plans war jedoch die Degradierung des neutralen Belgien zum deutschen Durchmarschgebiet. Dass dieser Gewaltakt aller Wahrscheinlichkeit nach Großbritannien gegen das Deutsche Reich auf den Plan rufen würde, wurde hingenommen. Schwerwiegende Folgen hatte Moltkes Entscheidung, in Abänderung des Schlieffen-Plans den linken Flügel des Heeres im Süden entlang der französischen Grenze auf Kosten des rechten Flügels im Norden, der die Invasion Belgiens ausführen sollte, zu stärken. Moltke wollte damit verhindern, dass französische Truppen deutschen Boden betraten, und schwächte dafür »nicht nur die Angriffsspitze der großen Flankenbewegung, sondern unterminierte auch den Drehtür-Effekt, der in Schlieffens Kalkül den Schlüssel zur Vernichtung der französischen Truppen darstellte.«[20]

Zu den zahlreichen Schwächen des Schlieffen-Plans, dessen Inflexibilität kaum zu übertreffen war, gehörte das Fehlen eines militärstrategischen »Notprogramms« für den Fall, dass die Dinge an der Westfront sich nicht wie beabsichtigt entwickelten. Darüber hinaus blieben die gewaltigen demographischen und technologischen Veränderungen der Zeit weitgehend unberücksichtigt. Das ungeheure Wachstum der europäischen Armeen infolge der Bevölkerungsexplosion und der Hochrüstung der vergangenen Jahrzehnte sowie der fortgeschrittene Entwicklungsstand der technischen Ausstattung bedingten einen weitreichenden Wan-

18 Ebd., S. 33.
19 Ebd., S. 34.
20 Ebd., S. 35.

del in der Kriegsführung. Der Kampf an beiden Fronten zeigte schnell, dass Artillerie und Maschinengewehre zum dominierenden Faktor auf dem modernen Schlachtfeld geworden waren und für angreifende Truppen ein schwer zu überwindendes Hindernis darstellten. Der Schlieffen-Plan war, so stellt Roger Chickering zusammenfassend fest, schlicht »auf das falsche Jahrhundert zugeschnitten [...]. Der Preis für diese Lektion war überwältigend.«[21]

Für Deutschland begann der Krieg zunächst so, wie er am Reißbrett konzipiert worden war. Per Eisenbahn wurden die deutschen Truppen inmitten der öffentlichen Feierlichkeiten der ersten Augusttage nach Westen und Osten geschickt, wo sich ihre Korps wie vorgesehen zu acht Armeen zusammenschlossen. Sieben von ihnen kamen im Westen zum Einsatz, das waren 1,6 Millionen Mann. Sie konzentrierten sich überwiegend auf die Kämpfe im Nordwestsektor. Die ersten Kampfhandlungen verliefen vielversprechend: Schon am 4. August, einen Tag nach der Kriegserklärung an Frankreich, fiel die strategisch wichtige belgische Festung Liège und gab den Weg frei für den Marsch durch Belgien. Die Invasion begann am 16. August, vier Tage später standen deutsche Truppen in Brüssel. Die deutsche Siegeszuversicht ruhte, wie Chickering formuliert, jedoch »auf wackeligen Beinen. [...] Die Schnelligkeit und Breite des deutschen Vorstoßes verlangten den Armeen, denen noch keine motorisierten Fahrzeuge zur Verfügung standen, enorme Anstrengungen ab.«[22] Die Soldaten der führenden Einheiten marschierten bis zu 40 Kilometer am Tag, so dass die Feldküchen und der Nachschub nicht nachkamen. Die körperlich Schwächeren unter den untrainierten Kriegsfreiwilligen konnten nicht mithalten, die Straßen waren bald mit Pferdefuhrwerken verstopft, die Kommunikationstechnik versagte, der Widerstand der Belgier war zwar schwach, aber nachhaltig, und die mittlerweile auf dem Kontinent gelandeten Briten verwickelten die deutschen Truppen am 23. August in eine erste kleinere Auseinandersetzung. Gleichzeitig kamen von der Ostfront Nachrichten, die die gesamte Grundlage des deutschen Vorgehens bedrohten. Die russische Mobilmachung vollzog sich schneller, als die deutschen Militärstrategen angenommen hatten, und die erste Begegnung mit den russischen Truppen am 20. August endete mit einer deutschen Niederlage. Im Vertrauen auf einen erfolgreichen Ausgang des Feldzuges im Westen zog Moltke daraufhin zwei Korps aus Belgien ab, um sie zur Verstärkung der Kräfte nach Osten zu schicken. Doch auch

21 Chickering, Das Deutsche Reich und der Erste Weltkrieg, S. 42.
22 Ebd., S. 37.

die Operationen an der Westfront verliefen anders als geplant. Auf der äußersten westlichen Flanke brach der Kontakt zwischen den beiden auf die Marne zumarschierenden deutschen Armeen ab. Östlich von Paris formierten sich französische und britische Streitkräfte zur Verteidigung. Als die Ersatzabteilung des 63. Feldartillerie-Regiments der 4. Armee Anfang September über den Rhein durch das eroberte Belgien nach Nordfrankreich geschickt wurde, war der Schlieffen-Plan bereits so gut wie gescheitert.

Die erste militärische Auseinandersetzung, von der Benno Reifenberg in seinen autobiographischen Prosastücken zum Ersten Weltkrieg berichtet hat, war die Eroberung der nordfranzösischen Industriestadt Lille kurz hinter der belgischen Grenze. Nach der Niederlage in der ersten Marneschlacht versuchten die Deutschen vergeblich, mit einer Flankenbewegung im Norden die Überreste ihrer ursprünglichen Strategie zu retten. Zwei Monate lang lieferten sich die gegnerischen Armeen einen Wettlauf zum Ärmelkanal und manövrierten dabei unentwegt umeinander. Lille war eine wichtige Station auf dem Weg zur Küste, eine Festung mit weit reichendem Kontroll- und Wirkungsbereich und ein Verkehrsknotenpunkt mit Bahnanbindung. Am 12. und 13. Oktober marschierten die Deutschen nach neuntägiger Belagerung in die Stadt ein:

»Der Anfang davon war für uns eine dumpfe Industrievorstadt, menschenleer, mit herabgelassenen Läden, eine Straßenkreuzung, Feuerüberfall auf die Vorhut. Ich sehe noch den Geschützführer, wie er die Haubitze in der Straßenenge abprotzen und mit Kartätschen in die Querstraßen schießen ließ, er war ein düsterer Mann, aber er blieb so gelassen wie auf dem Kasernenhof und beruhigte sein nervöses Pferd. Vor mir lag im Sterben ein Kanonier, alle meine Cola-Pastillen nutzten nichts, ich sah zum ersten Mal die unverkennbaren Züge des Todes von einem Gesicht Besitz nehmen. Noch zweimal mißlang der Einzug in Lille, erst als wir eine Nacht hindurch das Bahnhofsviertel unter Feuer genommen hatten, ergab sich die Stadt.«[23]

Von Lille aus ging es noch ein paar Kilometer in Richtung Küste, dann kam der Vormarsch zum Erliegen. Auf einer Wiese bei Pérenchies nordwestlich von Lille bekamen die Männer einen Vorgeschmack auf das, was kommen sollte: auf den Stellungskrieg. Reifenberg erinnerte sich später an jene Herbsttage, in denen er begriff, dass die deutschen Soldaten ihr

---

23 Benno Reifenberg: Quartier bei Lille, in: FZ, 17.11.1940, abgedruckt in: Ders.: Landschaften und Gesichter, S. 127-129, hier S. 128.

Weihnachtsfest überall, aber nicht in Paris feiern würden: »Zuerst hatte man gesagt, es sei da bei Armentières eine große Schlacht im Gange, dann hieß es, die Engländer hätten sich bis zur Küste gestellt, und schließlich hörte man von einer neuen Einrichtung: Laufgräben. Man müsse auf längere Zeit gefaßt sein.« Die Männer sattelten die Pferde ab und brachten sie in einer nahe gelegenen Scheune unter; für sich selber bauten sie »aus Fässern, Türen und Strohbündeln etwas [...], was mit einigem guten Willen für Hütten gehalten werden konnte.« In einem verlassenen, kriegsbeschädigten Hof fanden sich Lebensmittelvorräte, »insbesondere Gläser herrlichen Honigs«. Der November brachte zunächst Regen, dann Kälte:

>»Nebeltage hatten uns frieren machen, dann taumelten die letzten Blätter abwärts, das Gehölz zur Seite, wo wir einige Tote zu Anfang begraben hatten, wurde durchsichtig, mit einem Male war der erste Schnee da. Wir wurden stiller; begannen zu ahnen, daß die ›Schlacht bei Armentières‹ zwar ihr Ende gefunden, der Krieg aber kaum begonnen habe.«[24]

Die Schlacht bei Armentières nahe Lille vom 13. Oktober bis zum 2. November 1914 gehörte zu einer Reihe von Vorstößen, mit denen die Deutschen einen Durchbruch erzielen wollten, um die alliierten Kräfte nördlich zu umfassen und die Kanalhäfen zu erobern. Das Ergebnis enttäuschte alle Erwartungen. Nach der Schlacht bei Ypern Ende Oktober und Anfang November wurde die Front im Westen zur Mauer. Keine Seite war in der Lage, die Linien der anderen zu durchbrechen. Von der belgischen Küste bis zur Schweizer Grenze standen sich die feindlichen Armeen in einem geschlossenen, mehr als 700 Kilometer langen Streckenabschnitt gegenüber. Das Jahr 1914 endete »mit Schlieffens Alptraum«[25]. Die Metzelei des Stellungs- und Grabenkriegs begann.

Nach Monaten des Schweigens schrieb Benno Reifenberg auf seiner Wiese bei Pérenchies am 28. November 1914 den ersten Feldpostbrief an Maryla von Mazurkiewicz, die kurz vor Kriegsbeginn auf Drängen ihres Vaters nach Polen zurückgekehrt war und in Lodz in einem zunächst von den Russen geführten, später von den Deutschen übernommenen Lazarett in der Schwerverwundeten-Abteilung arbeitete:

---

24 Benno Reifenberg: Der Hafer, in: FZ, 30.11.1939, abgedruckt in: Ders.: Landschaften und Gesichter, S. 35-37, hier S. 35/36.
25 Chickering, Das Deutsche Reich und der Erste Weltkrieg, S. 43.

DER ERSTE WELTKRIEG (1914-1918)

»Ich werde versuchen durch die Feldpost mich mit Dir in Verbindung zu setzen. Es wäre ein Glück für Deutschland, wenn wir schon nach Lodz Briefe senden könnten. […] Bei uns zu Hause gehts gut, das Geschäft bleibt vorläufig in Gang. Ich selbst bin gesund und fühle mich körperlich ausgezeichnet. Mein Denken rostet wohl ein wenig, aber ich fühle tiefer denn je. […] Wir haben alle den frohen Mut zu hoffen. […] Durchhalten, das ists.«[26]

Fünf Wochen lang lag die Batterie bei Pérenchies fest, zog dann »in eine Fabrik, die in Stallungen umgeändert wurde«, wo es »Reitunterricht und recht friedlichen Kasernendienst« gab, bevor sie in Lille verladen und nach Süden transportiert wurde. Die Fahrt endete in der Nähe von Reims in der Champagne: »Der Ort – Pontfaverger – wo wir Quartier machten, war sehr alt […] und sehr interessant für mich«, schrieb Reifenberg an Maryla, »eine alte romanische Kirche und eine gotische mit Reimser Anklängen.«[27] Es goss in Strömen: »Bei jedem Schritt der Gäule spritzte der aufgeweichte Kreideboden in Fontänen hoch, Schlamm der Champagne; lange Monate würden wir ihn nicht loswerden.«[28] Ein Jahr zuvor hatte Reifenberg das Christfest bei Karpfen und Weihnachtsleckereien zu Hause in Frankfurt gefeiert und kaum größere Probleme gekannt als seine Sehnsucht nach seiner Freundin, nun beging er den Heiligen Abend mit den Kameraden in einem verlassenen alten Bauernhof, bevor es am 25. Dezember weiterging nach Moulin Ripont in den Ardennen, einem Ort, der in seinen Kriegserinnerungen eine Schlüsselrolle spielt: »Drüben am Hang waren Unterstände wie von Höhlenbewohnern eingewühlt, die Kanonen hörten nicht auf, den Baß für das düstere Stück zu spielen, das nun begann; die Winterschlacht in der Champagne nämlich.«[29]

Die »Winterschlacht in der Champagne« war das Ergebnis des Versuchs der Entente-Mächte England und Frankreich, die militärische Stagnation im Westen durch Angriffshandlungen mit begrenzter Zielset-

---

26 Benno Reifenberg an Maryla von Mazurkiewicz, 28.11.1914, NL BR, DLA, 79.2859. – Zu Polen sowie speziell zum deutsch-polnischen Verhältnis im Ersten Weltkrieg vgl. u.a. Werner Basler: Deutsche Annexionspolitik in Polen und im Baltikum 1914-1918, Ost-Berlin 1962; Martin Broszat: Zweihundert Jahre deutsche Polenpolitik, München 1963, S. 173-200; Werner Conze: Polnische Nation und deutsche Politik im ersten Weltkrieg, Graz/Köln 1998.
27 Vgl. Benno Reifenberg an Maryla von Mazurkiewicz, 16.1.1915, NL BR, DLA, 79.2859.
28 Benno Reifenberg: Über die Brücke, in: FZ, 29.12.1940, abgedruckt in: Ders.: Landschaften und Gesichter, S. 144-146, hier S. 144.
29 Ebd., S. 145.

zung zu beenden und wieder in den Bewegungskrieg überzugehen. Entsprechende Überlegungen gab es gleichzeitig auch auf deutscher Seite bei der Obersten Heeresleitung (OHL), die Alliierten entfalteten jedoch größere Aktivitäten. Infolgedessen kam es zwischen Januar und März 1915 zu mehreren kleinen britischen und französischen Offensiven, »die bei beiderseitig hohen Verlusten zu unbedeutenden Geländegewinnen für die Entente-Armeen führte[n].«[30] Benno Reifenberg hat sich über kein anderes Kriegserlebnis so ausführlich geäußert wie über dieses. In »Ripont Mühle«, wie er gern auf Deutsch formulierte, erfuhr er den Krieg in seinem ganzen alptraumhaften Schrecken: Winterkälte, Hunger, Todesgefahr. »[U]nter kargen Kiefern in selbstgebauten, regennassen Hütten«[31] vegetierten Mensch und Tier dahin, »Eiswind« kam auf, der Regen wurde von »körnigem Schnee« abgelöst[32], »die erdkrustigen Mäntel schlugen starr um die Beine, den Pferden faulten die Fesseln«[33], und der Ernst der militärischen Lage verbot »alles kunsthistorische Sinnieren.«[34] In einem Brief an Maryla vom 16. Januar 1915 berichtete Reifenberg mit trotzigem Stolz, die Franzosen hätten sich bei dem Versuch, »ihre grosse Offensive durchzuführen«, nur »blutige Köpfe« geholt und seien »nicht einen Meter« vorangekommen; im gleichen Atemzug offenbarte er ihr seinen heftigen Wunsch, »mit meinem Studium wieder anzufangen.« Die Sehnsucht nach der Rückkehr ins Zivilleben durchzog Reifenbergs Feldpostbriefe fortan wie ein roter Faden.

Abseits »vom Kämpfen und Schlachten« litt der Kriegsfreiwillige unter der Monotonie und Stupidität seines Alltags als »Fuhr- und Stallknecht«.[35] »Ich habe neben gelegentlichen Ritten und dem Pflegen kranker Pferde nichts zu tun«[36], heißt es in dem Brief an Maryla vom 16. Januar 1915, und am 1. Februar lieferte er seiner Verlobten Details: Im Morgengrauen stehe er »gähnend und röchelnd« auf, um beim trüben Schein einer Öl-

30 Dorst/Wünsche, Der Erste Weltkrieg, S. 109.
31 Benno Reifenberg: Die einfachen Dinge, in: FZ, 15.9.1940, abgedruckt in: Ders.: Landschaften und Gesichter, S. 103-105, hier S. 104.
32 Vgl. Benno Reifenberg an Maryla von Mazurkiewicz, 1.2.1915, NL BR, DLA, 79.2859.
33 Reifenberg: Die einfachen Dinge, in: Ders.: Landschaften und Gesichter, S. 104.
34 Benno Reifenberg an Maryla von Mazurkiewicz, 16.1.1915, NL BR, DLA, 79.2859. Dort auch das folgende Zitat.
35 Vgl. Benno Reifenberg an Maryla von Mazurkiewicz, 1.2.1915, NL BR, DLA, 79.2859.
36 Benno Reifenberg an Maryla von Mazurkiewicz, 16.1.1915, NL BR, DLA, 79.2859.

lampe »die Gäule [zu] satteln und [zu] schirren«, tagsüber schichte er »gewaltige Misthaufen« und treibe sich auf Landstraßen herum.[37] Mit feiner Ironie berichtete Reifenberg von den Mangelhaftigkeiten und Absurditäten eines Krieges, der nicht von ordentlich ausgebildeten Soldaten, sondern von uniformierten und bewaffneten Zivilisten geführt wurde:

»Da gibts dann spassige Bilder: z.B. auf einer engen Straße stehen sich gegenüber ein hoch geladener Strohwagen und eine Feldküche (Fachausdruck: Goulaschkanone). Der Strohwagen ist mit 6 Pferden bespannt, die geritten werden von einem Theologen, einem Nationalökonom und einem Studiosus der Kunstgeschichte. Die Goulaschkanone fährt ein biederer Rheinländer, der nicht schlecht schimpft. Die 3 Fakultäten drüben einigen sich zunächst auf ein würdiges Schweigen, worauf der Nationalökonom, als Mann von Fach den Vorschlag macht, die Feldküche rückwärts herauszuziehen und ihn erst vorbeizulassen. Geheul und Hohngelächter auf der anderen Seite. […] Man springt ab, den Küchengäulen an die Zügel und schiebt ungeachtet des tobenden Rheinländers das Gefährt zurück in eine Straßenbucht. Der Strohwagen schifft langsam durch die gefährliche Enge und die Studenten wissen, dass es ihnen nie fehlen werde; sie können immer noch als letzte Rettung ein Rollfuhrgeschäft eröffnen. Das ist eine tröstende Aussicht.«

Es klang fast wie komische Verzweiflung, wenn Reifenberg diesen Brief mit dem Hinweis an Maryla beendete, ihr Freund sei »immer noch einfacher Kriegsfreiwilliger, was aber seiner guten Laune keinen Abbruch tut. Wenn er erst Gedichte hat, wirds ganz fein.«

Die folgenden Wochen ließen keinen Raum mehr für Situationskomik, erst recht nicht für Poesie. Ab Mitte Februar erlebte die Batterie »einen Monat schwersten Kampfes« an der »kritischen Stelle, bei Perthes«.[38] Erst am 25. März war Reifenberg in der Lage, den Briefkontakt mit Maryla von Mazurkiewicz wiederaufzunehmen; vom »Würfeln um Leben und Tod wochenlang« war da die Rede und davon, dass er aus der Realität des Krieges in die »Scheinwelt« romantischer Betrachtungen fliehe, in der man Blumen bewundere und in Dorfkirchen Harmonium

---

37 Vgl. Benno Reifenberg an Maryla von Mazurkiewicz, 1.2.1915, NL BR, DLA, 79.2859. Dort auch die folgenden Zitate.
38 Vgl. Benno Reifenberg an Maryla von Mazurkiewicz, 25.3.1915, NL BR, DLA, 79.2859.

spielen möge.[39] Diese Empfindungen setzte er viele Jahre nach dem Krieg in Prosa um. Unter dem Titel »Ruf aus der Ferne« beschrieb er den Zauber eines Vogelzwitscherns mitten im Kanonendonner, den er mit einem Kameraden namens Münster geteilt habe, der wenige Monate später von einer Granate in Stücke gerissen worden sei:

> »Wir hatten Munition geholt. [...] Die Straße glich einem kreidigen Fluß, durch den wir unser Gefährt schwankend und spritzend steuerten. Münster und ich hockten schweigend auf unseren Gäulen, die Mäntel waren regenfeucht und lehmbeschwert. [...] Die Kanonen hatten wieder zu sprechen angefangen und rollten dunkel [...]. Da rief Münster mir plötzlich zu: ›Mensch, 'ne Lerche!‹ Wir konnten sie nicht sehen [...]. Aber wir hörten sie. Schwirrend stiegen die Vogelstrophen. Je stumpfer das Geschützfeuer herandröhnte, um so freier schrillte die Lerche darüber empor.«[40]

Von Mitte März bis in den Hochsommer 1915 hinein lag Reifenberg mit seiner Batterie, die fast nur aus Kriegsfreiwilligen bestand, in dem Dorf Les petites Armoises zwischen Sedan und Vouziers. Nach dem Alptraum der »Winterschlacht« kamen die Überlebenden im Laufe eines für sie vergleichsweise friedlichen Frühlings allmählich wieder zu Kräften:

> »[W]ir putzten das Zaumzeug, bis die Trensen und Kandaren wie Silber in dem wohlgefetteten Riemenwerk glänzten, über den Hecken trockneten die schweren Reitermäntel und das Drillichzeug, wir holten in leichtem Gefährt aus der Nachbarschaft Stroh, ritten ein wenig durchs Gelände [...]. Wir schliefen, erhitzt von den hellen Stunden, Träume zauberten uns ins Weite und verwehrten uns, darauf zu achten, daß manchmal die Scheiben in der stillen Stube heftiger zu klirren begannen.«[41]

Reifenberg begann in dieser Zeit wieder zu zeichnen. »Ich werde lebendig«[42], schrieb er an Maryla. Am 2. Juli 1915 teilte er ihr stolz mit, dass sein Hauptmann ihn für eine Ausbildung zum Richtkanonier ausgewählt

---

39 Benno Reifenberg an Maryla von Mazurkiewicz, 25.3.1915, NL BR, DLA, 79.2859.
40 Benno Reifenberg: Ruf aus der Ferne, in: FZ, 27.10.1940, abgedruckt in: Ders.: Landschaften und Gesichter, S. 56/57.
41 Benno Reifenberg: Les petites Armoises, in: FZ, 15.3.1941, abgedruckt in: Ders.: Landschaften und Gesichter, S. 160-162, hier S. 160/161.
42 Benno Reifenberg an Maryla von Mazurkiewicz, 25.3.1915, NL BR, DLA, 79.2859.

und »aus dem Gespann genommen« habe. Statt »Reiten und Fahren« lerne er nun »das Geschütz bedienen«, eine »Feinarbeit«, die größte Ruhe, Konzentration und Selbstbeherrschung erfordere: »Es ist nicht so leicht zu sagen wie tiefgreifend eine solche Änderung ist. [...] Die Leute sind ruhig und ernst im Gegensatz zu den lärmenden Reitern, ihre Dienstleistungen sind weniger anstrengend aber verantwortungsvoller.«[43] Reifenberg empfand den neuen Dienst als »anregender und angemessener«[44], als größere Herausforderung an seine Fähigkeiten als die bisherige Tätigkeit. Zugleich bedeutete die Ausbildung zum Richtkanonier ein Ende der Untätigkeit in der Stellung in Les petites Armoises, das Ende »der langen, langen Wartezeit«[45], in der Reifenberg nach dem Glück der Erholungsphase zuletzt unter Langeweile und einem Gefühl von Nutzlosigkeit, Lethargie und Unzufriedenheit gelitten hatte. Aus den Zeitungen, die den Soldaten zur Verfügung standen, entnahm er, dass das Geschehen an der Westfront den Militärstrategen Kopfzerbrechen bereitete, und er selber fühlte sich als Teil des Problems in einem Stellungskrieg, der »gar kein richtiger anständiger Kampf«[46] sei: »[W]ährend wir im Osten so wundervoll vordringen lautet der letzte Armeebefehl des Kaisers für uns: Aushalten wie eine Mauer aus Erz. Und das ist nicht leicht, besonders wenn man jung ist.«[47] Nun konnte er seine Kräfte auf neuem Posten und in neuer Funktion wieder einbringen. Aus »Feuerstellung im Westen« berichtete er Maryla am 16. August 1915, er sei abwechselnd zwölf Stunden im Schützengraben und dann 24 Stunden im Quartier, und könne »die ewigen Gräben« kaum noch ertragen: »Unbändig ist die Sehnsucht nach vorwärts zu kommen«.[48]

An jenem 16. August 1915 fand Reifenberg »im bombensicheren Unterstand« die Zeit, nicht nur an Maryla, sondern auch an seine Schwester Ada in Frankfurt zu schreiben.[49] Der Vergleich der beiden Briefe macht deutlich, wie zurückhaltend der Soldat war, wenn es darum ging, seiner Verlobten Gefühle von Verzweiflung und innerer Not zu gestehen. Wäh-

---

43 Benno Reifenberg an Maryla von Mazurkiewicz, 2.7.1915, NL BR, DLA, 79.2859.
44 Benno Reifenberg an Maryla von Mazurkiewicz, 16.8.1915, NL BR, DLA, 79.2859.
45 Benno Reifenberg an Maryla von Mazurkiewicz, 2.7.1915, NL BR, DLA, 79.2859.
46 Benno Reifenberg an Maryla von Mazurkiewicz, 1.2.1915, NL BR, DLA, 79.2859.
47 Benno Reifenberg an Maryla von Mazurkiewicz, 2.7.1915, NL BR, DLA, 79.2859.
48 Benno Reifenberg an Maryla von Mazurkiewicz, 16.8.1915, NL BR, DLA, 79.2859.
49 Vgl. Benno Reifenberg an Ada Reifenberg, 16.8.1915, NL BR, DLA, 79.12445. Dort auch die folgenden Zitate.

rend er Maryla ausführlich beschrieb, wie viel besser und angenehmer seine Lebensbedingungen in den letzten Wochen geworden seien, dass er ein granatensicheres Bett im Felsen, Fenster und Tür, Tisch und Bücher und sogar ein Bild an der Wand habe, nahm er in seinem Schreiben an Ada kein Blatt vor den Mund; wie ein Sturzbach brach angestaute Bitterkeit aus ihm heraus:

»Mir ist im Krieg nur Folgendes klar geworden: Es kommt nicht darauf an, was für einen Inhalt die Pflicht hat. Wenn Du einsiehst z.B. in allerhöchster Gefahr, Du musst etwas tun, so gibt Dir das die höchste Ruhe. [...] Es ist gleichgültig, wer von außen her Dir eine Pflicht auferlegt, ob die Gesellschaft, der Staat, Moralgesetze. Du selbst von innen heraus, ein unmissverständliches ›Es muss sein‹, dann handle danach ohne viel zu überlegen – es stimmt schon – und Du bist mit Dir selbst zufrieden. Das ist die ganze Ethik, die ich aus dem Kriege gerettet habe: Lohn und Strafe, an die Allgemeinheit denken, alles Unsinn.«

Wollte Benno Reifenberg die geliebte Frau im fernen Lodz davor schützen, sein Elend – und damit auch: seine geistig-seelische Veränderung – im vollen Ausmaß zur Kenntnis zu nehmen? Glaubte er, dass er die Freundin mit »männlicher« Gelassenheit beeindrucken müsse? Was auch immer ihn davon abgehalten haben mag, ihr seine düsteren Gedanken mitzuteilen – gegenüber Ada war er offener. Der nur 17 Monate jüngeren Schwester zeigte er jenes traurige, verzweifelte Gesicht, das er vor Maryla sorgfältig zu verbergen versuchte:

»[I]ch könnte das ja gar nicht aushalten über Dinge nachzudenken wie: ist der Krieg recht oder unrecht. Muss es immer Krieg geben. Sterben? Entwickelt sich die Menschheit? Der Einzelne. Und all das mehr. Ach was, ich habe das Buch mit diesen Dingen zugeklappt, als alter Mann werde ich vielleicht einmal wieder darin blättern. [...] Ach, die Leute [...] wollen der Menschheit zur Freiheit helfen. Wollen bestimmen, was Christentum ist, anständige Ehe, was Kunst. Alles mit ehrlichem Bestreben und Bemühen, aber ich sage: Fasst erst den Erdboden.«

Die kriegsbedingte Trennung zeigte, wie nahe sich die Geschwister Benno und Ada waren. Ada stellte in Frankfurt eine kleine Bibliothek zusammen, von der sie hoffte, dass sie ihrem Bruder gefallen würde, und schickte sie an die Westfront: von Goethe den »Faust« und »Wilhelm Meisters Wanderjahre«, dazu Eichendorffs »Taugenichts« und die »Flegeljahre« von Jean Paul. Neben ein paar anderen persönlichen Habseligkeiten – seiner Brieftasche, seinem Tagebuch, Skizzenbüchern, einem

DER ERSTE WELTKRIEG (1914-1918)

Kasten mit Blei- und Buntstiften und einer Reihe Postkarten mit Ansichten vom Rhein – bildeten sie Reifenbergs »Heiligtum«. Viel Zeit für schöne Lektüre blieb ihm allerdings nicht, denn er stand nun in der Ausbildung zum Artillerieoffizier und versenkte sich in jeder freien Minute in »die Schiesslehre«. »Doch davon schreibe ich Dir nicht gern«, hieß es in dem Brief an Maryla vom 16. August. »Du kannst Dir wohl schwer vorstellen, dass die Hand, die sich einst mühte, Schumanns zarte Kinderlieder zu spielen, am Abzug einer Haubitze lag und grausigsten Tod beschwor.«[50]

Nachdem Reifenberg zweimal als Beobachter im Schützengraben verschüttet worden war, ohne dass ihm ein »Härchen [...] gekrümmt« worden wäre[51], zog er sich im Herbst 1915 als Meldereiter bei einem Sturz von einem angeschossenen Pferd eine Verletzung am Knöchel zu, die eine mehrwöchige Lazarettbehandlung erforderlich machte. Er wurde nach Deutschland zurücktransportiert und lag zunächst vier Wochen lang »im Gipsverband [...] in Baden-Baden«, bevor er zur Genesung nach Hause, nach Frankfurt entlassen wurde.[52] Wie viele Soldaten, die durch eine Verwundung vorübergehend dem Grauen der Grabenkämpfe und dem zermürbenden Einerlei zwischen den Schlachten entgehen konnten, war Reifenberg zunächst so glücklich über die erzwungene Pause vom Krieg, dass er die Schmerzen und Einschränkungen, unter denen er zweifellos gelitten haben muss, kaum erwähnte; nur in einem Nebensatz berichtete er Maryla, er hinke am Stock durch die Stadt, fügte aber sogleich hinzu: »Ich liebe das Leben inniger denn je.«[53] Der 23-jährige genoss das Wiedersehen mit Eltern und Geschwistern, spielte Klavier und besuchte kunsthistorische Vorlesungen im Städel. »Ich bin in einem wunderschönen Zustand«, schwärmte er gegenüber Maryla, »für alles dankbar und empfänglich, wie nur Kinder sein können. Ich vergesse mit

---

50 Benno Reifenberg an Maryla von Mazurkiewicz, 16.8.1915, NL BR, DLA, 79.2859.
51 Vgl. Benno Reifenberg an Maryla von Mazurkiewicz, 2.7.1915, NL BR, DLA, 79.2859. Reifenberg hat diese Ereignisse nicht datiert; aus dem Kontext ist zu vermuten, dass sie sich während der »Winterschlacht« im Februar/März 1915 zutrugen.
52 Vgl. Benno Reifenberg an Maryla von Mazurkiewicz, 30.10.1915, NL BR, DLA, 79.2859.
53 Benno Reifenberg an Maryla von Mazurkiewicz, 17.11.1915, NL BR, DLA, 79.2859.

allen Kräften den Krieg.«[54] Um »wenigstens den Versuch [zu] unternehmen, in die Orientarmee einzutreten« und damit der Westfront zu entkommen, lernte er Türkisch.[55] Erst als die Heilung des kranken Knöchels sich immer weiter verzögerte, als das neue Jahr anbrach und aus Verdun die Nachricht kam, dass sein ehemaliger Lehrer Fritz Burger gefallen war, machte die gehobene Stimmung einem zunehmend depressiven Zustand Platz. »Mir kommt ein Wort von Hölderlin nicht mehr aus dem Sinn: April und Mai und Junius sind ferne – Ich hab genug, ich lebe nicht mehr gerne«, schrieb er am 4. Januar 1916 an Maryla. »Das Warten hier im Lande kommt mir sündhaft vor.«[56] Zwar sei ihm mittlerweile eine recht interessante Tätigkeit als militärischer »Instrukteur« (Ausbilder) in Frankfurt zugewiesen worden, »doch die Stelle der Jungen [ist] da, wo scharf geschossen wird.« Reifenberg betonte, er wolle zurück an die Front.

Der Wunsch des Offiziersanwärters wurde erhört. Im Januar 1916 wurde Reifenberg zunächst wieder in die Champagne kommandiert – »aber nur kurz Gott sei Dank«. Am 2. Februar begann er auf einer »Schiessschule«, die von den Deutschen in Ostende an der belgischen Nordseeküste errichtet worden war, eine mehrwöchige Ausbildung »im Fliegerbeschiessen« und erlernte damit »eine neue Kunst, die ich als garnisonsdienstfähig, mit meinem immer noch schwachen Knöchel, ganz gut bewältigen kann«, wie er Maryla erklärte. Der militärische Aufstieg brachte eine Verbesserung der Ernährung mit sich. Von dem Frühstück in Ostende war Reifenberg so begeistert, dass er seiner Familie bereits am ersten Morgen um acht Uhr früh per Postkarte Bericht erstattete: »Brot (weiss!), Butter, vier Kekse, Thee.«[57] Er fügte hinzu, dass er gut geschlafen habe und sich

54 Benno Reifenberg an Maryla von Mazurkiewicz, 30.10.1915, NL BR, DLA, 79.2859.
55 Vgl. Benno Reifenberg an Maryla von Mazurkiewicz, 11.12.1915, NL BR, DLA, 79.2859. – Das Osmanische Reich war 1914 auf der Seite der Mittelmächte in den Krieg eingetreten, weil es sich die Wiedergewinnung der Vormachtstellung im Schwarzmeerraum zum Nachteil Russlands erhoffte, musste jedoch schon bei den ersten größeren Kampfhandlungen eine schwere Niederlage hinnehmen. Am 25. April 1915 begann die Dardanellen-Operation der Alliierten mit dem Ziel des Durchbruchs nach Konstantinopel. Als Reifenberg am 4. Januar 1916 von einem Eintritt in die »Orientarmee« träumte, war diese Offensive so gut wie gescheitert; fünf Tage später wurde sie abgebrochen.
56 Benno Reifenberg an Maryla von Mazurkiewicz, 4.1.1916, NL BR, DLA, 79.2859. Dort auch das folgende Zitat.
57 Benno Reifenberg an Familie Reifenberg, 2.2.1916, NL BR, DLA, 79.2860. Dort auch das folgende Zitat.

auf einen interessanten Kurs freue: »Was aus uns gemacht wird, ist immer noch rätselhaft! Wahrscheinlich bekommen wir als die ersten ein neues Geheimnis der Fliegerbeschiessung anvertraut.« Elf Tage später wusste er mehr: »Das Rätsel ist gelöst: Wir [...] kommen [...] als Ausbildungspersonal für 8 Batterien nach Marny!«[58]

Artillerieoffizier

Reifenbergs Einstellung zu seiner militärischen Laufbahn war und blieb während des gesamtes Krieges ambivalent. Einerseits empfand er seine neuen Aufgaben als Offiziersanwärter bzw. Artillerieoffizier als Herausforderung – das Wort »interessant« taucht in diesem Kontext immer wieder in seinen Briefen auf –, andererseits beobachtete er mit Argwohn Veränderungen seiner Persönlichkeit. Am 28. Februar 1916 schrieb er an seine Verlobte:

> »Meine sehr liebe Maryla,
> ich habe vor, Seite auf Seite zu füllen und Dir so lange zu erzählen und so lange zu Dir zu sprechen bis ich endlich aufgetaut bin, der raue Ton des Kommandierens erstorben ist und bis ich endlich wieder rede und denke wie der, an den Deine Briefe aus Brügge [im Frühjahr 1914, DB] gerichtet waren. Denn diese Briefe habe ich soeben gelesen mit tiefer Rührung, Zeile für Zeile [...]. Maryla, ich war selbst in Brügge. Zweimal gar. [...] Es war so schön, so unendlich schön dort. Ein Kriegsmann weint nie, weisst Du, aber so ein ganz klein wenig hat mich die Innigkeit dorten gepackt und es hätte leicht sein können, als hätte ich Tränen im Auge gehabt.«[59]

En passant fügte Reifenberg hinzu, er habe im Oktober 1915 nach seiner Verwundung das Eiserne Kreuz erhalten: eine »Neuigkeit«, die schon mindestens vier Monate alt war, als er sie endlich einer Erwähnung würdigte: »Nun bin ich Offiziersaspirant und warte sehnsüchtig darauf – Kunsthistoriker wieder mich nennen zu dürfen.«[60]

58 Benno Reifenberg an Familie Reifenberg, 13.2.1916, NL BR, DLA, 79.2860. – Das Dorf Marny liegt in der Nähe der französischen Stadt Annecy südlich des Genfer Sees.
59 Benno Reifenberg an Maryla von Mazurkiewicz, 28.2.1916, NL BR, DLA, 79.2859.
60 Ebd. – Es handelte sich um das Eiserne Kreuz II. Klasse. Vgl. NL BR, DLA, 79.3554, Konvolute aus der Zeit der Militärregierung, Military Government of Germany, Fragebogen, ohne Datum.

Reifenberg als Offizier, um 1915

Die folgenden Monate brachten Dienst in Eibingen bei Rüdesheim, wo im März 1916 zum Schutz einer Rheinbrücke »eine Batterie einzurichten« war[61], später in Frankfurt, Ostende und Straßburg. Im Sommer 1916 lebte Reifenberg wieder für einige Zeit im Elternhaus, in dem es »sehr still« geworden war: »Meine Schwester in Holland, mein Bruder Hans

---

61 Vgl. Benno Reifenberg: Wiedersehen nach einem halben Jahrhundert, in: Ders.: In den Tag gesprochen, S. 179-183, hier S. 179.

Infanterist, der bald an die Front kommen wird.«[62] In der gedrückten Atmosphäre »bei dem kränklichen Vater und der sorgenvollen Mutter«[63] wurde er erneut von jener eigentümlichen inneren Unruhe gepackt, die offenbar abseits der Schlachtfelder früher oder später immer Besitz von ihm ergriff. Bei Maryla klagte er am 6. Juli, er müsse »wieder warten, warten. Wär doch der Krieg zu Ende, oder wäre ich wieder an der Front!«[64] Selbst ein längerer Einsatz im Osten zwischen November 1916 und Mai 1917 vermochte seinen Tatendrang nicht zu befriedigen. Seiner Familie teilte er mit, »er sei unter die Holzfäller gegangen und baue Hütten«; von den Russen bekomme er »nicht viel zu sehen«.[65] Im »knirschenden Schnee«[66] des eiskalten russischen Winters kreisten seine Gedanken unentwegt um den Kampf in der Champagne.[67] Reifenbergs Zerrissenheit war augenfällig: Während er ohne jede Verherrlichung oder Verklärung das »Kriegsgrauen«[68] der Westfront beim Namen nennen konnte, zog es ihn doch zugleich unwiderstehlich dorthin zurück. Als Maryla andeutete, dass sie mitunter Angst um ihn habe, beruhigte er sie zunächst: »Du musst Dir um mich nie Sorge machen. Ich stehe in einer solch weltverlorenen Gegend, wo sich grosse militärische Dinge in diesem Krieg wohl nicht mehr ereignen werden.«[69] Gleich im nächsten Satz konfrontierte er sie jedoch mit seinem Plan, die vergleichsweise sichere Position so schnell wie möglich wieder gegen größere Gefahren einzutauschen, da er die »Tatenlosigkeit« nicht ertragen könne – »[z]umal wenn der Bruder Hans an der Somme steht.«

Im Mai 1917 kehrte Reifenberg nach Frankfurt zurück und kam gerade rechtzeitig, um seinem todkranken Vater während der letzten Stunden

---

62 Benno Reifenberg an Maryla von Mazurkiewicz, 22.8.1916, NL BR, DLA, 79.2859.
63 Benno Reifenberg an Maryla von Mazurkiewicz, 8.11.1916, NL BR, DLA, 79.2859.
64 Benno Reifenberg an Maryla von Mazurkiewicz, 6.7.1916, NL BR, DLA, 79.2859.
65 Vgl. Ada Reifenberg an Maryla von Mazurkiewicz, 12.12.1916, NL BR, DLA, 79.2859.
66 Benno Reifenberg an Maryla von Mazurkiewicz, 7.1.1917, NL BR, DLA, 79.2859.
67 Vgl. Benno Reifenberg an Maryla von Mazurkiewicz, 5.3.1917, NL BR, DLA, 78.2859.
68 Benno Reifenberg an Maryla von Mazurkiewicz, 28.2.1916, NL BR, DLA, 79.2859.
69 Benno Reifenberg an Maryla von Mazurkiewicz, 10.2.1917, NL BR, DLA, 79.2859. Dort auch das folgende Zitat.

zur Seite zu stehen. In seinen autobiographischen Aufzeichnungen hat er dieses Sterben beschrieben, das in so auffälligem Kontrast zu dem anonymen Massentod an der Westfront stand – hier starb ein alter Mann nach einem erfüllten Leben im Kreise seiner Familie in einem Bett:

> »Nie habe ich einen Menschen sanfter sterben sehen als meinen Vater. Der Atem ging an jenem frühen Nachmittag langsamer und langsamer, beim Ausatmen folgte kein neues Einziehen der Luft. Das Gesicht des Sterbenden war mit geschlossenen Augen dem offenen Fenster zugewandt, ein Frühlingsgewitter war niedergegangen und verzog sich über den erfrischten Blütenbäumen nach Osten. Von ferne rollte noch einmal der Donner. Dann ging mit dem wunderbaren Duft von frisch genässter Erde die Stille in das Zimmer. Ich habe damals ohne Zögern, als sei nun das von je gegeben, das geliebte und verehrte Gesicht gezeichnet«.[70]

Als Adolf Reifenberg am 17. Mai 1917 starb, waren die finanziellen Verhältnisse, in denen er seine Familie hinterließ, so »eng« geworden, dass »nur eine einfache Grabstätte« gewählt werden konnte. Da der Verstorbene »Dissident« gewesen war, erschien bei der Beerdigung kein Geistlicher. Heinrich Simon begleitete die Zeremonie auf der Orgel und gab seinem Freund auf diese Weise das letzte Geleit. Elieze Reifenberg war mit nur 44 Jahren Witwe geworden. Als sie dem Sarg ihres Mannes folgte, stützte sie sich auf den Arm ihres ältesten Sohnes, der die ihm zugedachte Rolle als neues männliches Familienoberhaupt nur unter Aufbietung immenser seelischer Kräfte ausfüllen konnte – aus seinen Feldpostbriefen lässt sich schließen, dass er einem nervlichen Zusammenbruch im Verlauf des gesamten Krieges niemals so nahe war wie in diesen Tagen. Sechs Wochen vor dem Tod seines Vaters hatte er die Nachricht erhalten, dass Heinz Giesecke, der wohl einzige Freund, den er bis dahin jemals gehabt hatte, an der Ostfront gefallen war: »Hat sich gequält an schwerster Verwundung im Lazarett und ich war nicht bei ihm. Nach mir vielleicht gerufen und ich war nicht bei ihm.«[71] Reifenberg hatte nach eigenem Bezeugen bei dieser Todesnachricht geweint,

---

70 Benno Reifenberg: Beginn der Autobiographie, Aufzeichnung vom 5.1.1963, NL BR, DLA, 79.12333, S. 4. Dort auch die folgenden Zitate.
71 Benno Reifenberg an Maryla von Mazurkiewicz, 6.4.1917, NL BR, DLA, 79.2859.

DER ERSTE WELTKRIEG (1914-1918)

»wie ich nur als Kind bei der Mutter weinte.«[72] Eine »sehr ernste Zeit«[73] erlebe er, gestand er Maryla – und hielt doch unverbrüchlich an seinem Credo fest: »Die Welt ist so schön; viel zu schön zum Kriegführen.«[74]
Und wieder: Westfront. Am Chemin des Dames wurde der frischgebackene Leutnant Benno Reifenberg eingesetzt – da, wo es »süßlich nach Verwesung roch und bitter nach verkohltem Holz«[75]. Hier, südöstlich der Champagne, traf die französische Infanterie in diesen Tagen auf deutsche Stellungen. Was folgte, war ein »Gemetzel«, bei dem innerhalb von sieben Wochen 250.000 Mann für minimale Geländegewinne ihr Leben ließen. Chickering hat diese sogenannte Nivelle-Offensive als eine »sinnlose Übung« bezeichnet, die die französische Armee in die tiefste Krise des Krieges gestürzt habe: »Daß die Krise nicht mit der Auflösung der ganzen Armee endete, war einigen glücklichen Umständen zu verdanken, nicht zuletzt der Unkenntnis der Deutschen über das Ausmaß der Unruhen.«[76] – Der deutsche Artillerist Reifenberg lag verschanzt in den Hügeln am Ufer des Flusses und hatte die »Marslandschaft« zu beobachten, durch die sich als »lange kahle Höhe« der »Damenweg« zog. In einem seiner autobiographischen Erinnerungsstücke beschrieb er später, wie eines Nachmittags ein fehlgeleiteter französischer Angriff die Toten statt die Lebenden traf:

> »Immer in die gleiche Stelle stürzten die Granaten. Sie wühlten den Friedhof von Chamouille, am Ortsausgang, da wo der Hohlweg einschneidet, in Fetzen. Es war, als sollte dieser stillen Landschaft ihr Geheimnis entrissen werden, schwarze Erde, das vermoderte Holz, die Kreuze flogen durch die Luft und kamen als unheimliche Vögel mit trägem Flügelschlag zu Fall, aus hundertjähriger dörflicher Ruhe aufgeschreckt. Aber dann wurde alles wieder still, der Pulvergeruch strich durchs Tal, die Pappeln seufzten.«[77]

---

72 Benno Reifenberg an Maryla von Mazurkiewicz, 17.4.1917, NL BR, DLA, 79.2859.
73 Benno Reifenberg an Maryla von Mazurkiewicz, 3.6.1917, NL BR, DLA, 79.2859.
74 Benno Reifenberg an Maryla von Mazurkiewicz, 13.6.1916, NL BR, DLA, 79.2859.
75 Benno Reifenberg: Ailettegrund, in: FZ, 14.6.1940, abgedruckt in: Ders.: Landschaften und Gesichter, S. 83/83.
76 Chickering, Das Deutsche Reich und der Erste Weltkrieg, S. 212/213.
77 Reifenberg: Ailettegrund, in: Ders.: Landschaften und Gesichter, S. 82.

Der September 1917 brachte für Reifenberg »die Geschäfte eines Batterieführers, und das heisst ziemlich viel Arbeit«[78], aber auch »das Vertrauen, der Krieg wird bald zu Ende sein.«[79] Tatsächlich schienen die Aussichten auf einen deutschen Sieg trotz des wachsenden Elends und der politischen Polarisierung der »Heimatfront« vielversprechender zu sein als jemals zuvor seit dem Sommer 1914. Das französische Militär stand vor dem Zusammenbruch. Im Osten endete der Krieg in der Auflösung der russischen Armee, bevor die Bolschewisten im November 1917 die Macht ergriffen und ein unmittelbares Ende der Kampfhandlungen forderten. Auch die britischen Streitkräfte waren erschöpft. Allein der Kriegseintritt der USA im April 1917 versprach noch Erleichterung für die Entente. In seinen regelmäßigen Briefen an seine polnische Verlobte sprach Benno Reifenberg öfter vom Frieden als vom Sieg. Obwohl er von einem Künstlerleben träumte und sich damit tröstete, dass der große Vincent van Gogh erst im Alter von 30 Jahren zu zeichnen begonnen habe, war ihm bewusst, dass er für seine künftige Frau und die geplante Familie eine solide Existenzgrundlage schaffen musste. »[I]ns Geschäft gehe ich nicht«, erklärte er fest, »ich [...] versuche nach dem Krieg mein Staatsexamen (Deutsch, Geschichte) zu machen. Und verschiebe den kunsthistorischen Doktor auf zwei bis drei Jahre. Ich möchte bald selbständig sein.«[80]

Nach einem kurzen Treffen mit Maryla im Oktober in Frankfurt erlebte Reifenberg den Jahreswechsel 1917/18 als Etappenoffizier im belgischen Gent. Ein Brief an die Freundin vom 9. Dezember 1917 ist eines des wenigen Dokumente, in denen er Ressentiments gegen ein anderes Volk äußerte – und zwar ausgerechnet gegen die von den Deutschen überfallenen, besetzten, gedemütigten Belgier: »Ich bin in Gent nach einer recht beschwerlichen Fahrt hinter der Front her. Diesmal hat man mir ein Bürgerquartier gerichtet. Frau Belgierin mit falschen Augen und falschen Zähnen empfing mich mit jener schmeichlerischen Höflichkeit, die an dem Volk hier ich hasse.«[81] So wie Reifenberg als Schüler das Image des Einzelgängers gepflegt und sich als Student dem Verbindungs-

---

78 Benno Reifenberg an Maryla von Mazurkiewicz, 24.9.1917, NL BR, DLA, 79.2859.
79 Benno Reifenberg an Maryla von Mazurkiewicz, 25.9.1917, NL BR, DLA, 79.2859.
80 Benno Reifenberg an Maryla von Mazurkiewicz, 8.6.1917, NL BR, DLA, 79.2859.
81 Benno Reifenberg an Maryla von Mazurkiewicz, 9.12.1917, NL BR, DLA, 79.2859. Zu Belgien im Ersten Weltkrieg vgl. v.a. Ludwig von Köhler: Die Staatsverwaltung der besetzten Gebiete. Belgien, Stuttgart/Berlin/Leipzig 1927

DER ERSTE WELTKRIEG (1914-1918)

Reifenberg als Soldat, 1917

leben entzogen hatte, so hatte er jetzt laut eigener Darstellung Schwierigkeiten im Kreis der Offiziere, fühlte sich »abseits [...] und allein. Das was sie ›Amusement‹ nennen, dazu fehlt mir das Talent.«[82] Er war froh, als er das Etappenleben in der ersten Märzhälfte beenden und sich als Zugführer in eine »neue Feuerstellung« bei Laon, nördlich vom Chemin des Dames, begeben konnte: »Meine Leute – froh, einen Führer zu haben – machten mir einen recht guten Eindruck.«[83] Wenige Tage später wurde der Zug »mit einem anderen zusammengelegt [...] zu einer Batterie. Und ich als jüngerer Offizier muss natürlich vor einem älteren zurückstehen, sodass ich anstatt Führer nur 1. Offizier der neuen Batterie werde.«[84] Reifenberg nahm »dieses Wegnehmen an Verantwortung« offenbar gelassen hin: »[S]o ehrgeizig bin ich nicht«. Immer mehr Raum nahmen in seinen Briefen die wechselnden Pläne für das Berufsleben nach dem Ende des Krieges ein. Hin- und hergerissen war er zwischen dem Traum, sich in Muße seinen kunsthistorischen Studien zu widmen und vielleicht doch noch die ursprünglich angestrebte akademische Karriere zu machen, und dem Wunsch nach materieller Unabhängigkeit und einem bürgerlichen Lebensstil. Maryla von Mazurkiewicz hatte die Kriegsjahre genutzt, um sich einen eigenen Beruf aufzubauen. An einer Mädchenschule in Lodz unterrichtete sie Geschichte und übernahm außerdem die Nachmittagsbetreuung der Schülerinnen, aß mit ihnen zu Mittag, malte, zeichnete, nähte und sang mit ihnen.[85] Obwohl Reifenberg mehrfach betonte, wie sehr er sich freue, dass Maryla eine angemessene, sinnvolle Tätigkeit gefunden habe[86], wünschte er doch, dass sie nach der Hochzeit, bürgerlichen Konventionen entsprechend, daheim bleibe. Am 20. März 1918 schrieb er ihr, am liebsten sähe er sie »in meinem Haus und nur für mich daseiend. Und es muss doch auch bald so werden.«[87]

sowie Frank Wende: Die belgische Frage in der deutschen Politik des Ersten Weltkrieges, Hamburg 1969.
82 Benno Reifenberg an Maryla von Mazurkiewicz, 10.12.1917, NL BR, DLA, 79.2859.
83 Benno Reifenberg an Maryla von Mazurkiewicz, 16.3.1918, NL BR, DLA, 79.2859.
84 Benno Reifenberg an Maryla von Mazurkiewicz, 20.3.1918, NL BR, DLA, 79.2859. Dort auch die folgenden Zitate.
85 Vgl. Mazurkiewicz, Antike und junge Mädchen, S.151-166.
86 Vgl. beispielsweise Benno Reifenberg an Maryla von Mazurkiewicz, 16.1.1915, NL BR, DLA, 79.2859.
87 Benno Reifenberg an Maryla von Mazurkiewicz, 20.3.1918, NL BR, DLA, 79.2859.

DER ERSTE WELTKRIEG (1914-1918)

Reifenberg wusste, dass das Deutsche Reich politisch isoliert war. »[M]ein armes Deutschland«, heißt es in einem Brief an die polnische Freundin vom 19. Februar 1918, »weißt Du, was es leidet, was es verloren, was es entbehren wird auf lange Zeit? Wir stehen allein gegenüber der Welt.«[88] Er sorgte sich, dass sein künftiger Schwiegervater Vorurteile gegen ihn als Deutschen hegen könnte: »Ich fürchte [...] für das Verhältnis Deines Vaters zu mir. Es wäre mir angenehm, wenn er, um eine Vorstellung von meiner Gesinnung zu haben, ab und zu die ›Frankfurter Zeitung‹ lesen könnte. Im grossen und ganzen finde ich dort nichts, was meinen politischen Ansichten widerspräche.«[89] Die FZ hatte den Krieg zu Beginn als Verteidigungsnahme des »umzingelten« Reiches befürwortet, sämtlichen Annexionsträumen von Alldeutschen und anderen nationalistischen Kräften jedoch stets eine energische Absage erteilt. Sie wandte sich gegen den uneingeschränkten U-Boot-Krieg und unterstützte die Friedensresolution des Reichstags von 1917, in deren Forderung nach einem Verständigungsfrieden ohne Gebietserweiterungen sich vorübergehend diejenigen parlamentarischen Kräfte zusammenfanden, die zwei Jahre später als »Weimarer Koalition« das schwere Erbe des zusammengebrochenen Kaiserreiches antreten mussten. Der nationalistische Autor August Eigenbrodt empfand die Haltung des Blattes 1917 als »hassenswert«[90]: »Die Zeitung zeigt in ihrer tiefen Abneigung gegen alles, was man ›Militarismus‹ nannte, während dieser Jahre nicht das geringste Schwanken.«[91]

Der Sieg im Osten – Lenin ließ am 3. März 1918 den Friedensvertrag von Brest-Litowsk unterzeichnen – schien den Deutschen eine Möglichkeit zu bieten, das militärische Patt im Westen zu beenden. Die Zeit drängte, denn für Ende 1918 rechnete die OHL mit der Landung größerer amerikanischer Truppenverbände auf europäischem Boden. Bis März 1918, als der Friedensvertrag mit der neuen, nun sowjetischen Regierung unterzeichnet wurde, zogen die Deutschen deshalb 33 Divisionen mit mehr als 500.000 Soldaten aus dem Osten und Süden ab und verbrachten sie an die Westfront. Die sogenannte Ludendorff-Offensive sollte die Verteidigungslinien der Alliierten sprengen und sie zu Friedensverhandlungen zwingen. Wie Chickering formuliert, wäre es »vielleicht übertrie-

---

88 Benno Reifenberg an Maryla von Mazurkiewicz, 19.2.1918, NL BR, DLA, 79.2859.
89 Vgl. ebd.
90 August Eigenbrodt: Berliner Tageblatt und Frankfurter Zeitung in ihrem Verhalten zu den nationalen Fragen 1887-1914, 2. Auflage, Berlin 1917, S. 10.
91 Eigenbrodt, Berliner Tageblatt und Frankfurter Zeitung, S. 99.

ben«, diesen Plan »als eine ›militärische Absurdität‹ zu bezeichnen«, aber er strafte die materiellen Grundlagen militärischer Macht souverän mit Verachtung.[92] Trotz der Verstärkung aus dem Osten waren die deutschen Truppen den alliierten Streitkräften in jeder Hinsicht unterlegen – nicht nur an Kopfzahl, sondern auch in Bezug auf Versorgung und Ausstattung. Den Deutschen standen 80 Prozent der Mannschaften, drei Viertel der Artilleriegeschütze, 80 Prozent der Flugzeuge und nicht einmal ein Viertel der Lastkraftwagen der Alliierten zur Verfügung; ihre zehn Panzer waren allesamt vom Feind erbeutet worden.[93] Die Ernährungslage war katastrophal, teilweise gingen die Männer mit einem Stück Brot und einem Schluck Wasser im Magen an die Front. Als Prinz Max von Baden in einer Unterredung mit Ludendorff fragte, was geschehen werde, falls die Offensive misslingen sollte, antwortete der Erste Generalquartiermeister der OHL trocken: »Dann muss Deutschland eben zugrunde gehen.«[94] Am 21. März 1918 begann der Angriff, von dem der Leutnant Reifenberg an seine Braut schrieb, er habe ihn kommen sehen.[95] In vier Wellen erstreckte sich die Offensive über das gesamte Frühjahr. Am Ende stand das deutsche Scheitern.

Immer kriegskritischer wurden Reifenbergs Feldpostbriefe in diesen Wochen: »Die tosende Kriegsmaschine, an der ich jetzt mithelfe die Räder zu stellen, braust weiter, wie halten wir Armen sie wieder auf?«[96] Am 6. April berichtete er Maryla von einem Regenspaziergang während einer Feuerpause: »Über gemauerte Wege [...] durch Dörfer. Alle zerschossen und zertrümmert. [...] In den Trümmern des Hauses findest Du ab und zu ein Buch, oder Briefe. In einem Hof ein Kinderpuppenwagen. [...] Groteske Bilder.«[97] Als besonders belastend empfand Reifenberg seine Verwendung als Ordonanzoffizier im Stab der 7. Armee. Schweigend musste er den Gesprächen der höheren Offiziere lauschen und seine eigenen Ansichten verbergen: »Ich bin [...] kein freier Mensch. [...] Mir

---

92 Vgl. Chickering, Das Deutsche Reich und der Erste Weltkrieg, S. 217.
93 Vgl. Klein, Deutschland im Ersten Weltkrieg, Band 3, S. 230-231 und 314.
94 Vgl. Max von Baden: Erinnerungen und Dokumente. Neu herausgegeben von Golo Mann und Andreas Burckhardt. Mit einer Einleitung von Golo Mann, Stuttgart 1968, S. 242.
95 Vgl. Benno Reifenberg an Maryla von Mazurkiewicz, 27.3.1918, NL BR, DLA, 79.2859.
96 Benno Reifenberg an Maryla von Mazurkiewicz, 23.5.1918, NL BR, DLA, 79.2859.
97 Benno Reifenberg an Maryla von Mazurkiewicz, 6.4.1918, NL BR, DLA, 79.2859.

sind die Hände gebunden, der Mund verschlossen.«[98] Per Telegramm erfuhr er von seiner Mutter, dass sein Bruder »ich weiss nicht wo gasvergiftet im Lazarett [liegt]«. Gleichzeitig kam die Nachricht vom Soldatentod eines ehemaligen Schulkameraden: »Er ist nach Heinz der letzte Mensch gewesen, der mich eigentlich mit Frankfurt aus früherer Zeit verbunden hat. Nun ist er auch noch fortgegangen.«[99] Ende Mai nahm Reifenberg nach eigener Darstellung zum ersten Mal »nach so vielen Abwehrschlachten«[100] an einem Angriff teil:

> »Von mir ist zu berichten, das es mir gut geht; wir wohnen in Zelten und sind so enger als früher mit der Natur verbunden. Die Franzosen bemitleide ich aufrichtig, aber auf unsere Erfolge bin ich stolz. [...] Manche Stoffe zum Roman kannst Du finden und sehr oftmals möchtest Du weinen. Die Welt bleibt unverrückbar schön in einem strahlenden Mai, die Menschen aber haben sich verrannt.«

Im Sommer 1918 beantragte Benno Reifenberg Hochzeitsurlaub. Am 27. August heiratete er Maryla von Mazurkiewicz in einer katholischen Zeremonie in der Sankt-Leonards-Kirche in Frankfurt. Nur drei gemeinsame Tage blieben dem Paar[101], dann musste Reifenberg zurück an die Front, wo die Zustände verheerend waren. Deutschland hatte mit der Frühjahrsoffensive seine letzte Karte ausgespielt. Das Land war buchstäblich leer, die Reserven aufgebraucht. Die Angehörigen des Jahrgangs 1900 wurden an die Front geschickt und kämpften dort neben 30-jährigen Familienvätern. Früher als von der OHL erwartet, hatten sich die Amerikaner aktiv in den Krieg im Westen eingeschaltet. An der Somme, in der Panzerschlacht bei Amiens[102] am 8. August 1918 mussten die Deutschen eine schwere Niederlage hinnehmen; man sprach vom »schwarzen Tag des deutschen Heeres«. Langsam, aber stetig weichten die Fronten auf, zogen sich die deutschen Truppen zurück. Die Soldaten hatten die Sache verloren gegeben. Sie revoltierten nicht offen, sondern getarnt;

---

98 Benno Reifenberg an Maryla von Mazurkiewicz, 8.5.1918, NL BR, DLA, 79.2859. Dort auch das folgende Zitat.
99 Benno Reifenberg an Maryla von Mazurkiewicz, 23.5.1918, NL BR, DLA, 79.2859.
100 Benno Reifenberg an Maryla von Mazurkiewicz, 31.5.1918, NL BR, DLA, 79.2859. Dort auch das folgende Zitat.
101 Persönliche Mitteilung von Jan Reifenberg an die Verfasserin, 14.9.2005.
102 Vgl. Gregory Blaxland: Amiens. 1918, London 1968.

von einem »verdeckten Militärstreik«[103] spricht Wilhelm Deist. Auf bis zu eine Million schätzt man die Zahl derer, die den Kampf in den letzten Kriegsmonaten schlicht und einfach aufgaben: Sie kapitulierten, täuschten Krankheiten vor, brachten sich selber Verletzungen bei, verschwanden irgendwo hinter den Linien, setzten sich ab – sie wollten nach Hause. Bereits am 14. August hatte die OHL die militärische Lage als aussichtslos eingestuft, aber noch bis in den späten Herbst hinein schleppten sich die sinnlosen Kämpfe. Der Krieg war zu Ende, und auch der einstige Kriegsfreiwillige Reifenberg wusste es: »Man hält den Atem an, wenn man denkt. Deshalb hüte ich mich zu denken. Was wird werden, Frieden oder ein verzweiflungsvoller Endkampf auf Leben und Tod? Kein Mensch weiß es, die Welt im bläulichen Herbst schweigt.«[104]

Zu dieser Zeit befanden sich die deutschen Streitkräfte und ihre Verbündeten bereits auf dem Rückzug in die Heimat. Die Südfront war im Zusammenbruch begriffen. Das verbündete Bulgarien formulierte ein Friedensgesuch. Die Auflösung der Donaumonarchie begann. Die neue deutsche Regierung des Prinzen Max von Baden sandte am 3. Oktober die erste von mehreren Noten nach Washington, um die Friedensbedingungen der Amerikaner auszukundschaften. Im Stab der 7. Armee heftete man quasi in letzter Minute dem Ordonanzoffizier Reifenberg das Eiserne Kreuz Erster Klasse an die Uniformbrust. Er erwähnte es in seinen letzten Feldpostbriefen an Maryla mit keinem Wort. Am 13. Oktober 1918 schrieb er ihr: »[I]ch bin mit meinem Kommandeur allein hier geblieben und ziehe Morgen weiter. Glaube nicht, dass wir ein sinkendes Schiff verlassen. Wir werden, das ist meine feste Überzeugung, in engeren Grenzen ein reicheres Leben führen. Mir geht es unentwegt gut.«[105]

Im November 1918 kehrte Benno Reifenberg nach Frankfurt zurück. Er war Leutnant der Reserve, ausgezeichnet mit dem Eisernen Kreuz ers-

---

103 Wilhelm Deist: Verdeckter Militärstreik im Kriegsjahr 1918?, in: Wette, Der Krieg des Kleinen Mannes, S. 146-167. Vgl. auch Benjamin Ziemann (Hrsg.): Fahnenflucht im deutschen Heer 1914-1918, in: Militärgeschichtliche Mitteilungen 55 (1996), S. 93-130 sowie Christof Jahr: Gewöhnliche Soldaten. Desertion und Deserteure im deutschen und britischen Heer 1914-1918, Göttingen 1998.
104 Benno Reifenberg an Maryla von Mazurkiewicz, 11.10.1918, NL BR, DLA, 79.2859.
105 Benno Reifenberg an Maryla von Mazurkiewicz, 13.10.1918, NL BR, DLA, 79.2859.

ter und zweiter Klasse, Träger des Silbernen Verwundetenabzeichens.[106] Als er am Frankfurter Hauptbahnhof aus dem Zug stieg, setzte er sich für eine Weile zwischen die Heimkehrer, die »so anders als sie ausgezogen waren, über Tische, Bänke zu Haufen lehnten«[107]. Im Wartesaal saßen und lagen erwachsene Männer auf dem blanken Boden oder schmiegten sich Halt suchend an Fremde. Wer Schlaf fand, konnte sich glücklich schätzen: »Die Augen vieler waren vom Trommelfeuer wie für immer aufgerissen«. Durch die Szenerie der »leblos Kauernden« bewegten sich ein paar bleiche Kellner, die den Zahlungskräftigen »schales Getränk [...] und den Ersatz von Speisen« servierten. Reifenberg zückte Papier und Stifte und zeichnete die Szenerie. Vor seiner Abfahrt im Westen hatte er Maryla angerufen. Sie schrieb später in ihren Erinnerungen: »Kurze schnelle Worte am Telephon, von zerrenden Geräuschen unterbrochen, dann ein Ruf an eine Zwischenstelle: ›Bitte vermitteln!‹ Und endlich eine junge, klingende Stimme, die deutlich die nahe Ankunft verkündete. Der Krieg war zu Ende.«[108] – Am 12. Dezember 1918 wurde Reifenberg »demobilisiert«.

Nachwirkung und Verarbeitung

»Die Menschen sind verschieden«, wusste Leopold von Wiese bei Kriegsbeginn schlicht, aber treffend zu formulieren. So unterschiedlich wie die Soldaten, die die Material- und Massenschlachten der Westfront erlitten und überlebten, waren ihre Reaktionen auf diese Traumata. Günther Gillessen ist der Ansicht, Benno Reifenberg sei »innerlich ungebrochen« aus dem Krieg zurückgekehrt, »nicht verzweifelt wie Erich Maria Remarque, nicht idealistisch-abgehärtet wie Ernst Jünger. Auch nicht angebrochen wie Friedrich Sieburg.«[109] Gillessen kannte Reifenberg gut; er gehörte in

---

106 Das Eiserne Kreuz I. und II. Klasse erwähnte Reifenberg, als er nach dem Ende des Zweiten Weltkrieges in dem obligatorischen »Fragebogen« der US-Besatzungsmacht Angaben zu seiner militärischen Laufbahn und seinen Auszeichnungen machen musste. Vgl. NL BR, DLA, 79.3554, Konvolute aus der Zeit der Militärregierung, Military Government of Germany, Fragebogen, ohne Datum. Jan Reifenberg ergänzte diese Angabe in einer persönlichen Mitteilung an die Verfasserin vom 14.9.2005 um den Hinweis auf das Silberne Verwundetenabzeichen.
107 Benno Reifenberg: Im Wartesaal, in: Ders.: In den Tag gesprochen, S. 215-221, hier S. 218. Dort auch die folgenden Zitate.
108 Mazurkiewicz, Antike und junge Mädchen, S. 170.
109 Günther Gillessen: Der Zweifel, in: FAZ, Nr. 24, 29.1.2004.

den 60er Jahren zu seinem engeren beruflichen Umfeld. Dennoch muss man seinen Worten hinzufügen: Losgelassen hat Reifenberg das Erlebte der Jahre 1914 bis 1918 nie, sonst hätte er nicht immer wieder darüber geschrieben. Seine kleinen Prosastücke sind auf den ersten Blick gänzlich unpolitisch, beinhalten aber doch einen zarten, leisen Protest gegen das Grauen des Krieges – und den steten Appell an das Individuum in der Masse auch unter den widersinnigsten und entsetzlichsten Umständen. Wo andere zeitgenössische Autoren der »Frontgeneration« die schmutzigen Tatsachen der Schlachtfelder und Lazarette beim Namen nennen, wo sie Blut, Eiter, Läuse, offene Bauchwunden, schmutzige Verbände, rasenden Hunger, gemeinsame Notdurft und gemeinsame Bordellbesuche, die Ekel erregende Konsistenz von total verschimmeltem Brot, die fiebrig glänzenden Augen der Sterbenden, Anblick und Geruch verwesender Leichen und die allmähliche Verrohung der Gemüter mit brutaler Offenheit beschreiben, wählt Reifenberg Andeutungen und Umschreibungen. Blutige Schlachtenszenen findet man in seinem Werk an keiner Stelle; er erzählt von der Ruhe zwischen den Stürmen und lässt »zwischen den Zeilen« lesen.

Im Kriegsjahr 1942, als er in der FZ nur noch sehr eingeschränkt publizieren konnte, verfasste Reifenberg einen Text mit dem Titel »Der Stein von Manre«, den er binden ließ und in kleiner Auflage als Sonderdruck an Freunde verteilte. Darin berichtet er von einer Reise zu den alten Kriegsschauplätzen, die er im Frühsommer 1933 zusammen mit seinem Bruder Hans, der 1916 als Abiturient an die Westfront gekommen war, unternommen hatte.[110] Hans Reifenberg hatte Deutschland nach dem Krieg verlassen: »Er war damals [...] aufgebrochen und hatte Europa gegen Indien getauscht, weil er alles erfahren habe, ›was in Europa zu erfahren ist‹, aber nun stand er wieder an der alten Stelle.«[111] Beide Brüder waren verheiratet und hatten zu Hause eine junge Familie, aber diese Reise von Metz über Verdun zu den Feldern der Champagne wurde zu zweit angetreten:

»Hinter Etain stiegen wir aus, Hans hatte [den Omnibus, DB] mitten auf der Straße halten lassen. Er hatte seinen Anmarschweg wiederer-

110 »Der Stein von Manre« ist undatiert. Aus Briefen an Maryla Reifenberg geht hervor, dass die Reise Ende Mai/Anfang Juni 1933 stattfand. Vgl. Maryla Reifenberg: Verschiedene Abschriften: »Aus Briefen an Maryla. Tagebuch in Briefen«, NL BR, DLA, 79.12621.
111 Benno Reifenberg: Der Stein von Manre, in: Ders.: Lichte Schatten, S. 449-462, hier S. 453.

kannt. Wir haben den Tag über wenig gesprochen, Hans schritt voran, ich folgte im Abstand. Hans ging scheinbar regellos, aber ich ahnte, nach welchen Notwendigkeiten er seinen Weg aussuchte. Die Hügel waren kahl, nur in einigen Erdfalten wölbte sich Buschwerk. Manchmal ragte aus dem jungen blanken Grün ein schwarzgebrannter Pfahl: Einmal war hier Wald gewesen.«[112]

Reifenberg schildert, wie er mit seinem Bruder das Fort Douaumont passierte, das einstige Kernstück der Verteidigungsanlage vor Verdun[113], wo der Kampf um einige Meter Erde im Jahre 1916 mit Millionen Tonnen an Kriegsmaterial und Hunderttausenden Menschenleben bezahlt worden war, und von dort den Weg nach Norden einschlug. Hans sei erregt und aufgewühlt gewesen. Auf einem Hügel habe er sich »platt auf den Boden« geworfen – auf diesem »»verfluchten Hang««[114], wie er sagte, habe er wochenlang gelegen, ohne sich ein einziges Mal aufrichten und das vor ihm liegende Gelände betrachten zu können. Der Boden sei nun, im Juni 1933, »wiesen- und blumenüberwachsen« gewesen, was der Soldat von einst nicht habe begreifen können, denn unbewusst habe er aufgebrochene Erde erwartet, »wie man sie polternd vom Spaten auf den Sarg wirft.« Doch plötzlich – eine typische Wendung in Reifenbergs Kriegserinnerungen – habe der Lebenshunger über die dunkle Erinnerung gesiegt, und zwar im wahrsten Sinne des Wortes: Hinter Verdun sei man in ein Gasthaus eingekehrt und habe Eierkuchen und Rotwein bestellt. »Leichte Wolken trieben am Himmel, ein Kuckuck rief, wir waren glücklich.«[115] – »Der Stein von Manre« ist eine literarisch gelungene, atmosphärisch dichte Beschreibung des östlichen Frankreich, wo »die Mauern reden«[116]. Bilder, die eine Generation junger Männer internalisiert hatte, werden lebendig in diesen Zeilen: das »Gerassel unzähliger Wagen und Geschütze«, der »Kreidestaub der ausgefahrenen Chausseen« im Sommer, der strömende Regen im Herbst, der den Boden in Schlamm verwandelt, das splitternde Eis der Pfützen unter schweren Soldatenstiefeln im Winter, der Geruch von Holzfeuer, das Rauschen der Dormoise, Moulin Ripont, Reims, Laon, der Chemin des Dames, die Bilder »von Geistern und Lebendigen und von

---

112 Reifenberg: Der Stein von Manre, in: Ders.: Lichte Schatten, S. 455/456.
113 Vgl. u.a. German Werth: Verdun. Die Schlacht und der Mythos, Bergisch-Gladbach 1979.
114 Reifenberg: Der Stein von Manre, in: Ders.: Lichte Schatten, S. 456. Dort auch die folgenden Zitate.
115 Ebd., S. 458.
116 Ebd., S. 451. Dort auch die folgenden Zitate.

den Toten.«[117] Auf den Feldern bei Manre in den Ardennen, so erzählt Reifenberg, habe sein Bruder »ein Ammonshorn« gefunden, »versteinertes Leben aus dem Anbeginn«[118], das er mit sich genommen habe; diese Episode gab den Anstoß für den Titel »Der Stein von Manre«.

Einige Werke von Angehörigen der »Frontgeneration« sind in die Literaturgeschichte eingegangen. Ernst Jünger, Jahrgang 1895, veröffentlichte 1920 seine »Stahlgewitter«, Arnold Zweig, Jahrgang 1887, schuf in den 20er und 30er Jahren das mehrbändige Weltkriegsepos »Der große Krieg der Weißen Männer«, Erich Maria Remarque, Jahrgang 1898, wurde durch den Roman »Im Westen nichts Neues« von 1929 und die ein Jahr später folgende Hollywood-Verfilmung weltberühmt. Benno Reifenberg hat den Stimmen seiner Generation als Leiter des Feuilletons der FZ zwischen 1924 und 1930 Raum gewährt. Unter seiner Ägide erschienen 1927 der erste Teil von Zweigs Romanzyklus (»Sergeant Grischa«) und 1928 das weniger bekannt gewordene Werk »Krieg« von Ludwig Renn im Vorabdruck.[119] Reifenberg protegierte vor allem Renn, dessen Werk er mit den Worten ankündigte, es beschreibe auf »unbegreiflich[e]« Weise das »arme nackte Geschehen« des Krieges »in der robusten Einfachheit des ungeistigen Menschen«: »Er sieht nichts als das Gelände, auf dem man Krieg führt, er versteht nichts als die militärische Aufgabe, die man ihm zugewiesen hat. Dumpf, ohne daß er einen Sinn begriffen hätte, kehrt er zurück, es regnet, es gibt keinen Ausweg.«[120]

Reifenbergs Angaben zu dem Autor Ludwig Renn, tatsächlich: Arnold Vieth von Golßenau, sind unzutreffend – nicht der einfache, ungeistige Mann sprach hier, sondern ein ehemaliger Offizier aus wohlhabender sächsischer Adelsfamilie, der sich selber zugutehielt, im Gegensatz zu dem erfolgreicheren Remarque »genaue Kenntnis der militärischen Taktik und auch eine gewisse Einsicht in größere Zusammenhänge«[121] gehabt zu haben. Golßenau, Jahrgang 1895, hat große Probleme gehabt, sich nach 1918 eine Friedensexistenz zu schaffen. Sein Lebenslauf in den

117 Ebd., S. 450.
118 Ebd., S. 462.
119 Zweigs »Sergeant Grischa« erschien unter dem Titel »Alle gegen einen« zwischen dem 12. Juni und dem 16. September 1927, Renns »Krieg« zwischen dem 16. September und dem 8. November 1928.
120 Benno Reifenberg: Über die Erinnerung an den Krieg. Zu unserer Veröffentlichung von Ludwig Renn: »Krieg«, in: FZ, 16.9.1928.
121 Ludwig Renn, zitiert nach: Günther Drommer: All die tapferen Soldaten. Nachwort zu: Ludwig Renn: Krieg. Roman, Berlin 2001, S. 323-334, hier S. 328. – Vgl. auch Erhard Schütz: Romane der Weimarer Republik, München 1986, S. 208-213.

folgenden zehn Jahren deutet auf Entwurzelung hin: abgebrochene Polizeilaufbahn, ein wenig Jura in München, ein bisschen Kunstgeschichte in Wien, Arbeit auf dem Lande und in einer Kunsthandlung, Wanderjahre durch Südeuropa und Ägypten, Schriftstellerei, 1928 Eintritt in die KPD. Sein Alter Ego Ludwig Renn in dem von Reifenberg zum Vorabdruck gebrachten Roman erlebt den gesamten Krieg an der Westfront, von der Eroberung Belgiens im August 1914 bis zur gescheiterten Märzoffensive 1918 und dem folgenden Zusammenbruch der Front. Seinen Schilderungen fehlt in auffälliger Weise jegliches Pathos. In denkbar einfacher Sprache erfolgt der Bericht des Soldaten: Er marschiert, er schießt, er exerziert in der Etappe und tötet an der Front, er registriert die Freundlichkeit auf den Gesichtern französischer Zivilisten und wundert sich kurz darüber, bevor es weitergeht; es ärgert ihn, wenn es kein Brot gibt, aber er löffelt brav seine Fleischbrühe zum Kaffee; er begräbt seine toten Kameraden und nimmt ihnen vorher die Wertsachen ab, und einmal lebt er eine Woche lang mit dem braunen getrockneten Blut eines französischen Offiziers an den Händen, weil sich keine Waschgelegenheit findet. Irgendwann, ziemlich spät wohl, begreift er, dass der Krieg verloren ist. Er kehrt heim – »es regnet, es gibt keinen Ausweg.«

Für Renns Helden eröffnet sich keine Erlösung durch geistige Zuflucht; er findet nicht zur Nation, nicht zum Sozialismus, nicht zu Gott in diesem Krieg. Diese Haltung – wenn man denn von einer Haltung sprechen kann – korrespondierte mit der Position Reifenbergs, der durch den Krieg keine ideologische Radikalisierung oder religiöse Bekehrung erfuhr und in der Weimarer Zeit jedem Versuch, das Fronterlebnis politisch zu instrumentalisieren, energisch widersprochen hat. 1928 wandte er sich in der FZ gegen die Idee eines Denkmals für den »Unbekannten Soldaten«, weil er diese Geste als Missbrauch der Toten empfand: »Der Unbekannte ist kein Held gewesen, weder für den Nationalismus noch für den pazifistischen Gedanken; er ist sicher nicht gestorben, damit er sein Tun vor sich selbst ad absurdum hätte führen können. Sein Tod ist weder für die eine noch für die andere Ideologie anwendbar.«[122]

Bevor sich Reifenberg mit Beginn der Weimarer Republik wieder in jene Sphären von Kunst und Kultur zurückzog, die ihn bereits vor 1914 zuvörderst interessiert hatten, ist eine publizistische Episode in seiner Vita zu vermerken, die einen raren Einblick in seine frühe politische Gedankenwelt gewährt. Am 24. November 1918 veröffentlichte er anonym

---

122 Reifenberg: Über die Erinnerung an den Krieg, in: FZ, 16.9.1928. Dort auch die folgenden Zitate.

in der FZ unter der Überschrift »Worauf Ihr stolz sein müsst!« einen Appell an die Überlebenden des Krieges.[123] Man spürt die Empörung in seinen Worten, als er, ohne die Verantwortlichen beim Namen zu nennen, eine leidenschaftliche Anklage gegen jene Eliten formuliert, die das Leiden und Sterben der deutschen Frontsoldaten für eine zweifelhafte militärische Strategie und ohne echte Aussicht auf Sieg in Kauf genommen hatten. Sie – und nur sie – hatten in seinen Augen diesen Krieg verloren, nicht aber die Männer im Schützengraben, die als magere, müde, zerlumpte Gestalten, geschlagen und besiegt, zu ihren Frauen und Familien nach Hause zurückkehren mussten:

> »Weil Ihr so arm waret, weil ihr hungrig waret, weil ihr müde waret und euch doch geschlagen habt wie kein Volk der Erde. […]
> Eure Kanonen gaben Tausende von Schuß mehr heraus als man je berechnet hatte. Die Franzosen hätten sie längst zu altem Eisen geworfen. Ihr mußtet mit elenden Pferden sie wieder zur Werkstatt schleppen. […]
> Wie haben Eure Pferde hungern müssen. Preßheu und künstliches Gemisch aus Häckel und Zucker wurde ihnen vorgesetzt. […] Mit blutenden Herzen habt Ihr aus den Armen Tag und Nacht die letzten Kräfte herausgepreßt. […]
> Habt Ihr nicht immer und immer wieder Eure wenigen Sachen gewaschen, wie oft die nasse Mütze umgekehrt auf den Kopf gestülpt, um das Futter zu trocknen und zu bleichen. Wie sparsam waren die Stiefel mit Holz besohlt, mit Nägeln schwer beschlagen. Wer hat Euch das nachgemacht? Was weiß der Soldat, der Schokolade und Bisquitt zum Ueberdruß hat, von der Qual des Trommelfeuers, wenn nichts im Magen ist als ein Stück hartes Kriegsbrot, das tagelang auf dem Tornister getragen war.
> Was hast Du für einen armen Krieg führen müssen! Was hat man dir für Kaffee vorgesetzt. Wie war das Brot aufs Gramm abgewogen, wie kümmerlich das bisschen Marmelade im Pappkarton empfangen. Schlechtes Seifenpulver gab man euch, Buchenblätter zum Rauchen. Und Ihr habt Euch doch geschlagen. Seid stolz, seid stolz!«[124]

123 Benno Reifenberg: Worauf Ihr stolz sein müsst!, in: FZ, 24.11.1918. – Jan Reifenberg berichtete, dass sein Vater diesen Aufruf an die Soldaten der VII. Armee spontan am Tag des Waffenstillstandes, dem 11. November 1918, aus Empörung über die Flucht des Kaisers nach Holland geschrieben habe. Persönliche Mitteilung an die Verfasserin, 21.10.2005.
124 Reifenberg: Worauf Ihr stolz sein müsst!, in: FZ, 24.11.1918.

DER ERSTE WELTKRIEG (1914-1918)

Fast ein Jahrzehnt später, im September 1928, geißelte Reifenberg im Feuilleton der FZ das Versagen der deutschen Politik und Militärführung im Weltkrieg und plädierte für »einen unbedingten, radikalen Pazifismus«.[125] Im gleichen Atemzug warnte er die Pazifisten davor, mit dem Finger auf die Frontsoldaten zu zeigen und sich »dem Heroischen, das im Kriege sich offenbart hat«, zu verschließen: »Der Pazifismus, der glaubt, über diese Soldaten, die ihre Pflicht getan haben, hinwegsehen zu können, der, noch schlimmer, glaubt, in den Armeen nur von den Deserteuren sprechen zu dürfen, ein solcher Pazifismus macht es sich zu leicht.« Auch und gerade »[i]m Schatten des Kriegs«, im Angesicht »der dumpfen Leichenhügel« plädierte der Bürgersohn Reifenberg für die bürgerlichen Tugenden Disziplin und Pflichterfüllung. Für ihn war es kein Widerspruch, den Krieg zu einer Sinnlosigkeit zu erklären und offen »die Dummheit und Unzulänglichkeit« der Eliten anzuprangern und zugleich die Leistung der Frontsoldaten mit starken Worten zu würdigen. Die »schmachvolle Lüge vom Dolchstoß«[126] hat er mit Verve bekämpft, denn er empfand sie als Schlag ins Gesicht derer, die genau wussten, dass Deutschland den Krieg »im Felde« verloren hatte, weil sie dieses »Feld« aus eigener Anschauung kannten. Gegen die Übermacht von Gegnern, die eine unfähige deutsche Führung den Männern im Schützengraben eingehandelt hatte, habe es keine Chance gegeben. Hochachtung gelte dem Versuch der Soldaten, das Unmögliche möglich zu machen. Ende 1918 wog Reifenberg diese Argumente noch nicht fein säuberlich ab, um sie als politische Waffe gegen Deutschnationale und Nationalsozialisten zu verwenden, sondern ließ seinen Emotionen freien Lauf:

> »Wer hat gesiegt? Die drüben, die alles hatten? Die Schwarze und Gelbe euch entgegenhetzten, die Amerikaner heranführten, mit der ganzen Welt sich verbanden? Oder ihr, die ihr ueberall sein mußtet, in Finnland, Aegypten, in der Ukraine, im Westen? [...] Ihr seid die Sieger! Hut ab vor Euch, Leute aus dem Schützengraben. Laßt Euch den Stolz nicht nehmen, kein Auge drüben darf so leuchten wie das eure.«[127]

In seinen autobiographischen Aufzeichnungen von 1945 unter dem Titel »Summa vitae meae« hat Reifenberg den Ersten Weltkrieg als den ent-

---

125 Vgl. Reifenberg: Über die Erinnerung an den Krieg, in: FZ, 16.9.1928. Dort auch die folgenden Zitate.
126 Benno Reifenberg: Frankfurt, 16. Juni: Antwort an Gregor Strasser, in: FZ, 16.6.1932.
127 Reifenberg: Worauf Ihr stolz sein müsst!, in: FZ, 24.11.1918.

scheidenden Wendepunkt seines Lebens beschrieben, denn: »Das einstige Selbstverständliche einer rein privaten, im Individuellen wurzelnden Existenz war ins Problematische zersplittert.«[128] In den folgenden Jahren sollte die Innerlichkeit, die Reifenberg in seiner Jugend regelrecht zelebriert hatte, nach und nach der Bereitschaft weichen, gesellschaftliche und – in einem zweiten Schritt – auch politische Verantwortung zu übernehmen.

---

128 Reifenberg: »Summa vitae meae«, NL BR, DLA, 79.12334, S. 2.

Konsolidierung
Aufstieg bei der »Frankfurter Zeitung«

Der Weg in den Journalismus (1919-1924)

Die frühen Weimarer Jahre waren für Benno Reifenberg eine Phase der mitunter mühsamen, aber letztlich gelungenen Orientierung im zivilen Leben, das auf die Kriegserfahrung folgte. Familiengründung und Berufseinstieg fielen zeitlich zusammen mit der Aufnahme und Festigung zahlreicher freundschaftlich-kollegial geprägter Kontakte, heute würden wir sagen: mit der Schaffung eines personalen Netzwerkes. Persönliche Beziehungen ebneten ihm den Weg zur »Frankfurter Zeitung« und damit in den Journalismus – einen Beruf, der in Deutschland wie auch in anderen europäischen Ländern noch in der Mitte des 19. Jahrhunderts »in den Kinderschuhen«[1] gesteckt hatte. Die immer zahlreicheren Presseorgane waren zunächst hauptsächlich von den Verlegern selber gestaltet worden, die dabei häufig Unterstützung durch nebenberuflich tätige Redaktionsgehilfen erhielten. Der Abschluss des »Verberuflichungsprozesses« der Journalisten fand, wie Jörg Requate herausarbeitet, erst in der Weimarer Republik statt.[2] Von Anfang an hatten sich vor allem Akademiker in diesem Bereich etabliert, da insbesondere die Arbeit für die Tagespresse Fremdsprachenkenntnisse voraussetzte. Obwohl faktisch keine Zugangsvoraussetzungen bestanden, der Journalismus also ein freier Beruf war, spielte die soziale Herkunft deshalb eine wesentliche Rolle. Angehörige unterbürgerlicher Schichten hatten kaum die Chance, sich auf dem Pressemarkt so zu etablieren, dass sie vom Schreiben leben konnten. Der Anteil der Akademiker war »enorm hoch«[3] und hatte um die Jahrhundertwende bei knapp 80 Prozent gelegen[4], wobei mehr als die

---

1 Jörg Requate: Journalismus als Beruf. Entstehung und Entwicklung des Journalistenberufs im 19. Jahrhundert. Deutschland im internationalen Vergleich (Kritische Studien zur Geschichtswissenschaft, Bd. 109), Göttingen 1995, S. 130.
2 Ebd., S. 131.
3 Ebd., S. 144.
4 Vgl. ebd., S. 143.

Hälfte von ihnen Absolventen der philosophischen Fakultäten waren[5]; hinzu kamen 5 bis 6 Prozent »abgebrochene« Studenten.[6]

Das gängige Klischee vom Journalismus als »Auffangbecken für Gescheiterte«[7] hat Benno Reifenberg nicht tangiert – er hat sich stets mit großem Selbstbewusstsein über seine Arbeit geäußert. Stolz war er vor allem auf seine Zugehörigkeit zu dem überregional bekannten und auch im Ausland verbreiteten Bürgerblatt FZ, in dessen Redaktion er intern schon bald als eine Art Kronprinz des Mitinhabers und Konferenzvorsitzenden Heinrich Simon gehandelt wurde. Simons Einfluss auf Reifenbergs Lebensweg kann schwerlich überschätzt werden: Durch ihn lernte der junge Journalist Persönlichkeiten aus den Bereichen Kunst, Literatur und Publizistik kennen, die ihn prägen und teilweise jahrzehntelang begleiten sollten, darunter den prominenten Kunstkritiker Julius Meier-Graefe, den Maler Max Beckmann, den späteren FZ-Kollegen und persönlichen Vertrauten Dolf Sternberger und den Kunstschriftsteller Wilhelm Hausenstein, der bald zu seinen engsten Freunden zählen sollte.[8] Es ist bedauerlich, dass die Gesprächsinhalte dieses informell tagenden Kreises nicht überliefert sind; Reifenberg hat sich in einem Beitrag von 1951 auf wenige und zudem sehr allgemein gehaltene Worte beschränkt: »Die Sorgen des Landes, die Aufgaben der Stadt und die überraschenden, wie es damals schien, vielversprechenden Ausblicke in neue Ausdrucksformen des Geistes – das alles bildete den Stoff.«[9] Der »Stoff«, mit dem sich Reifenberg selber intensiv auseinandersetzte, war die bildende Kunst; für dieses Ressort war er bei der FZ zunächst engagiert worden. Nach Studium und Fronterfahrung war er an den Ausgangspunkt zurückgekehrt – in *sein* Milieu: das Bürgertum; an *seinen* Ort: nach Frankfurt am Main; zu *seinem* Thema: der Kunst. Bei der FZ

---

5 Vgl. ebd., S. 162.
6 Vgl. ebd., S. 143.
7 Requate, Journalismus als Beruf, S. 156.
8 Zu Hausenstein vgl. zuletzt Werner, Wilhelm Hausenstein sowie Heinz Friedrich: Wer war Wilhelm Hausenstein?, in: Jahrbuch 13. Bayerische Akademie der Schönen Künste, Band 2, 1999, S. 664-670; Walter Migge: Wilhelm Hausenstein. Wege eines Europäers. Katalog einer Ausstellung, Marbach am Neckar 1967; Laurence Blanc: Wilhelm Hausenstein (1882-1957). Un médiateur culturel et politique entre l'Allemagne et la France (Annales Littéraires de l'Université de Franche-Comté, 642), Paris 1997.
9 Benno Reifenberg: Der Sinn für Qualität, in: Oswald Goetz (Hrsg.): Beiträge für Georg Swarzenski zum 11. Januar 1951, Berlin/Chicago 1951, S. 254-260, hier S. 258.

würde er künftig von Frankfurt aus bürgerliche Öffentlichkeit in Deutschland entscheidend mitgestalten.

Heimkehr nach Frankfurt

Obwohl das früher weit verbreitete Klischee des Veteranen, der in der Heimat nichts als Hunger, Not und Arbeitslosigkeit vorfand und weder auf den sprichwörtlichen Dank des Vaterlandes noch auf die Hilfe und Unterstützung von Staat und Gesellschaft zählen konnte, nicht den Tatsachen entsprach[10], war der Wiedereinstieg ins Zivilleben für viele Männer, gerade für die Kriegsversehrten, hart. Die Freiwilligen, die sich im Sommer 1914 aus den Hörsälen der Universitäten an die Front gemeldet hatten, waren nun – sofern sie überlebt hatten – Mitte bis Ende zwanzig und ohne abgeschlossene Ausbildung und Berufserfahrung. Viele hatten Schaden an Körper und Seele genommen. Nicht alle kamen in eine intakte Familie, Ehe oder Partnerschaft zurück. Die ökonomische und soziale Gesamtsituation in Deutschland war alles andere als vielversprechend. Benno Reifenberg war unter diesen Umständen ein höchst privilegierter Kriegsheimkehrer. Auf ihn warteten daheim in Frankfurt nicht nur seine junge Frau, sondern mit Heinrich (»Heinz«) Simon auch eine Art Schutzengel. Er hatte dem Sohn seines verstorbenen Freundes Adolf Reifenberg bereits im Sommer 1917 versprochen, ihm nach Kriegsende die Fortsetzung seines Studiums zu finanzieren – »[g]anz ohne jede Bedingung.«[11] Ob Simon dieses großzügige Angebot wahr gemacht hat, ist nicht mehr nachvollziehbar. Auf jeden Fall gewährte er Benno und Maryla Reifenberg Obdach: Vermutlich bis 1923 lebten die beiden in Simons großem, elegantem Bürgerhaus am Frankfurter Untermainkai.[12] Nach der Geburt ihres Sohnes Jan Georg am 2. Mai 1923 zogen sie zu Elieze Reifenberg nach Kronberg im Taunus »und 1925 in unsere erste Wohnung im Grüneburgweg [in Frankfurt, DB], alles zur Miete.«[13] Seit 1923 gehörte Marylas verwitwete Mutter Romana von Mazurkiewicz zu der kleinen »Lebensgemeinschaft«[14]. Sie blieb bis zu ihrem Tod 1958 im

10 Vgl. Richard Bessel: Die Heimkehr der Soldaten. Das Bild der Frontsoldaten in der Öffentlichkeit der Weimarer Republik, in: Hirschfeld/Krumeich/Renz, »Keiner fühlt sich hier mehr als Mensch ...«, S. 260-282.
11 Vgl. Benno Reifenberg an Maryla von Mazurkiewicz, 8.8.1917, NL BR, DLA, 79.2859.
12 Persönliche Mitteilung von Jan Reifenberg an die Verfasserin, 21.10.2005.
13 Ebd.
14 Benno Reifenberg an Adolf Bergengruen, 26.8.1958, NL BR, DLA, 79.12396.

Alter von 91 Jahren bei Tochter und Schwiegersohn und hat für ihren Enkel Jan »eine entscheidende Rolle gespielt.«[15]

»Jene ersten Jahre nach dem Kriege – wie schwer war es, daran zu glauben, dass man lebte«[16], schrieb Maryla Reifenberg später. Die Familie musste, wie Jan Reifenberg berichtet, jahrelang »mit sehr knappen Geldmitteln auskommen«[17], da neben Marylas Mutter auch Bennos jüngste Schwester Liselotte, die Gesang studierte, mitzuernähren war. Ada Reifenberg heiratete 1922 in Batavia, wo sie als Laborantin an einem Tropeninstitut tätig war, den Ingenieur Hans Brunthaler, damals Ostasienvertreter für den Motorenhersteller Humboldt-Deutz. Das kinderlose Ehepaar lebte bis zur Rückkehr nach Deutschland 1928 in Singapur und Schanghai, später in Nürnberg. Die Tatsache, dass Adas Ehemann die Patenschaft für Jan übernahm, zeigt, wie eng die familiären Beziehungen trotz der immensen räumlichen Entfernungen waren. Hans Reifenberg, der seit 1919 als Leiter einer Tabak-Plantage auf Sumatra lebte, heiratete eine Holländerin, Annie Westenberg, und bekam mit ihr zwei Kinder, den 1922 geborenen Rolf und die 1926 geborene Maryla. Bei den Familientreffen waren nun viele Sprachen zu hören; im Herbst 1925 vermerkte Benno Reifenberg gerührt, dass der zweijährige Jan mit seinem Cousin Rolf polnisch zu sprechen versucht habe, worauf der kleine Junge aus Sumatra malaiisch geantwortet habe.[18]

Benno Reifenberg hat das Geschäft seines verstorbenen Vaters nach Kriegsende »abgewickelt.«[19] Im Adressbuch der Stadt Frankfurt war die »Holzwarenlager und Büro Reifenberg – van Delden & Co. GmbH« noch bis 1924 eingetragen. Zudem arbeitete er zeitweise als Privatsekretär für den Kaufmann Rudy Passavant, Mitinhaber der Frankfurter Eisen- und Metallgroßhandlung Philipp Passavant & Sohn, der ebenfalls bei Simon in dem großen Haus am Untermainkai lebte.[20] Im Übrigen aber blieb er, wie er Maryla während des Krieges versprochen hatte, »unserer Sache treu«[21] und immatrikulierte sich bereits am 9. Dezember 1918 an

---

15 Persönliche Mitteilung von Jan Reifenberg an die Verfasserin, 21.10.2005.
16 Mazurkiewicz, Antike und junge Mädchen, S. 183.
17 Persönliche Mitteilung von Jan Reifenberg an die Verfasserin, 21.10.2005. – Auch die folgenden Angaben zur Familiengeschichte stammen von Jan Reifenberg.
18 Benno Reifenberg an Hans Reifenberg, 12.10.1925, NL BR, DLA, 79.2857.
19 Persönliche Mitteilung Jan Reifenberg, 21.10.2005.
20 Vgl. Dieter Rebentisch: Max Beckmann und Frankfurt am Main, in: Archiv für Frankfurts Geschichte und Kunst 69, 2003, S. 127-157, hier S. 128.
21 Benno Reifenberg an Maryla von Mazurkiewicz, 8.6.1917, NL BR, DLA, 79.2859.

der philosophischen Fakultät der jungen Frankfurter Universität.[22] Dort bemühte man sich in diesen Jahren, die fehlenden akademischen Traditionen durch hervorragende Leistungen in Forschung und Lehre auszugleichen: »Nicht überall oder auf allen wissenschaftlichen Gebieten hatte die [...] anfänglich in anderen Universitätsorten gern wohlwollend belächelte Anstalt darin Erfolg. Aber auf manchem Feld gelang ihr das und gab ihr bis zur Machtergreifung der Nationalsozialisten ein eigenwilliges Gepräge.«[23]

Als einer von nur knapp dreißig Studierenden im Fach Kunstgeschichte[24] genoss Reifenberg ein offenes, liberales, experimentierfreudiges universitäres Klima. Das Kunstgeschichtliche Institut hatte seinen Sitz im Städel, der traditionsreichen Frankfurter Kunstsammlung, deren Direktor Georg Swarzenski bereits ab 1908 kunsthistorische Vorlesungen außerhalb des Hauses angeboten hatte. Swarzenski, Jahrgang 1876, war 1906 zum Leiter der Städelschen Kunstsammlung und der Städtischen Galerie berufen worden und hatte sich im Zuge der Stiftung und Gründung der Universität für die Einrichtung eines Lehrstuhls für Mittlere und Neuere Kunstgeschichte starkgemacht. Bald nach der Eröffnung der Hochschule am 25. Oktober 1914 wurde er Honorarprofessor für Kunstgeschichte. Als ersten Lehrstuhlinhaber berief man Rudolf Kautzsch, der bereits in Halle, Darmstadt und Breslau Ordinariate bekleidet hatte. Er brachte ein lebhaftes Interesse für frühe Buchkunst mit und bot zahlreiche Veranstaltungen zu diesem Thema an. Im Hinblick auf die Vielfalt und Qualität des künstlerischen Anschauungsmaterials war Frankfurt gut ausgestattet.[25] Die Rahmenbedingungen waren also komfortabel; dennoch hat Benno Reifenberg seinen Traum von einer akademischen Karriere nicht mehr ernsthaft zu verwirklichen versucht. Am Ende des Wintersemesters 1920/21 brach er sein Studium ohne Abschluss ab, im

22 Vgl. Abgangszeugnis der Universität Frankfurt am Main, 6.4.1922, NL BR, DLA, 79.3556.
23 Notker Hammerstein: Die Johann Wolfgang Goethe-Universität Frankfurt am Main. Von der Stiftungsuniversität zur staatlichen Hochschule, Band I: 1914 bis 1950, Neuwied/Frankfurt am Main 1989, S. 17.
24 Vgl. Gerhard Eimer: Das Kunstgeschichtliche Institut, in: Die Geschichte des Kunstgeschichtlichen Instituts der Goethe-Universität Frankfurt: 1915-1995, hrsg. vom Direktorium des Kunstgeschichtlichen Instituts (Frankfurter Fundamente der Kunstgeschichte, Band 17), Frankfurt am Main 2002, S. 5.
25 Vgl. Heinrich Dilly: Material zu einer Geschichte des Kunstgeschichtlichen Instituts der Johann Wolfgang Goethe-Universität Frankfurt am Main, in: Die Geschichte des Kunstgeschichtlichen Instituts, S. 44.

April 1922 folgte die formale Exmatrikulation.[26] Der nun fast 30-jährige hatte andere berufliche Optionen: Im März 1919 hatte er als ständiger freier Mitarbeiter der FZ das lokale Kunstreferat übernommen.[27] Damit stand er am Beginn einer journalistischen Laufbahn – ohne akademischen Grad und Titel und ohne Volontariat.

Die Entstehung eines Netzwerkes

Die »Frankfurter Zeitung« war bis in die späten 1920er Jahre ein Familienunternehmen. Leopold Sonnemann, der Begründer des Blattes, hatte sich in der zweiten Hälfte des 19. Jahrhunderts aus kleinen Verhältnissen zu einem der angesehensten und wohlhabendsten Frankfurter Bürger hochgearbeitet.[28] Der 1831 geborene Sohn eines Baumwollwebers aus Höchberg bei Würzburg hatte mit 14 Jahren die Realschule verlassen, um als Lehrling in das väterliche Geschäft einzusteigen. Schon sein Vater stellte das Handwerk zugunsten einer Tätigkeit als Zwischenhändler für Webwaren ein und wählte die Handelsstadt am Main als Warenlager und Geschäftssitz. Auffällig waren die Parallelen zwischen Sonnemann und Benno Reifenbergs Vater Adolf[29]: Beide stammten aus jüdischen Weberfamilien, beide hatten sich früh vom Glauben ihrer Vorväter gelöst, beide waren Autodidakten, und beide hatten ihrer geschäftlichen Karriere durch kluge Eheschließung Impulse zu geben verstanden. Sonnemann heiratete 1854 nach dem frühen Tod seiner Eltern die Kaufmannstochter Rosa Schüler und schaffte damit den Sprung ins Bankgeschäft. Die Familie unterhielt enge geschäftliche Verbindungen nach Berlin, Wien, Brüssel und Paris und profitierte besonders vom Aufschwung der Börse 1856. Später betonte Sonnemann, dass ihm eine »Vermischung von Bankgeschäft und Journalistik« zur Schaffung eigener Vorteile ferngelegen habe: »Unsere Bankunternehmungen florierten, und die Zeit, die ich

---

26 Vgl. Abgangszeugnis der Universität Frankfurt am Main, 6.4.1922, NL BR, DLA, 79.3556.
27 Diese Zeitangabe stützt sich auf die Sammelmappen mit eigenen Beiträgen, die Reifenberg – wie bei der FZ allgemein üblich – zur Berechnung seiner Honorare angelegt hatte. Sie befinden sich im Deutschen Literaturarchiv Marbach/Dokumentationsstelle.
28 Vgl. Heinrich Simon: Leopold Sonnemann. Seine Jugendgeschichte bis zur Entstehung der »Frankfurter Zeitung«, Frankfurt a.M. 1931.
29 Nicht zufällig dachte Reifenberg spontan an seinen Vater, als er Simons Buch über Sonnemann las. Vgl. Tagebuch, 6.10.1956, NL BR, DLA, 79.12348 sowie Tagebuch/Abschriften, NL BR, DLA, 79.12383.

dieser Tätigkeit durch journalistische Tätigkeit entzog, hat mir in materieller Beziehung jedenfalls viel mehr geschadet als genützt.«[30]

Mit der Gründung der »Frankfurter Handelszeitung«, deren erste Ausgabe am 27. August 1856 erschien, wollte Sonnemann zunächst eine Lücke in der Tagespresse füllen. Der Aufstieg von Banken, Börsen und Aktiengesellschaften im Zuge der Industrialisierung hatte sich in der Mitte des 19. Jahrhunderts noch nicht in angemessener Weise publizistisch niedergeschlagen. Den politischen Tagesblättern fehlte zumeist der später übliche Wirtschaftsteil, so dass das Informationsbedürfnis der Geschäftsleute und Bankiers vorerst nur durch Provisorien befriedigt wurde. Dazu gehörte auch der sogenannte »Geschäftsbericht« des Frankfurter Bankiers Heinrich Bernhard Rosenthal[31], der seit 1853 an jedem Börsentag erschien und die erste Keimzelle der FZ darstellte. 1856 wandte sich Rosenthal an seinen Kollegen Sonnemann, um mit ihm gemeinsam ein Informationsblatt für Geschäftsfreunde und Kunden herauszugeben. Sonnemann nahm die Angelegenheit in die Hand und engagierte den hauptberuflichen Redakteur Max Wirth. Der »Frankfurter Handelszeitung« ging als mehrwöchige Interimslösung der »Frankfurter Geschäftsbericht« voraus; 1859 änderte das Blatt seinen Namen erneut und nannte sich nun »Neue Frankfurter Zeitung«. Wirth aktualisierte die Wirtschaftsberichterstattung und löste sie aus dem engeren lokalen Kontext. Für den Ausbau des Politikressorts engagierte Sonnemann den Redakteur Georg Friedrich Kolbe, der in der Paulskirche 1848 liberaler Abgeordneter gewesen war. Man focht für die Liberalisierung des Kapitalverkehrs und eine entsprechende Reform des Aktienrechts, für Parlamentarismus, Demokratie und – bis zur Reichsgründung – für die großdeutsche Lösung. Das Herzstück des Blattes blieb lange Zeit der Wirtschaftsteil, der das Prestige der Zeitung begründete.[32]

Sonnemann und seine politischen Freunde, sowohl in der Redaktion der FZ als auch in der Deutschen Volkspartei, waren bürgerliche Sozial-

---

30 Sonnemann zitiert nach Simon, Leopold Sonnemann, S. 142.
31 Rosenthals Bedeutung für die Gründung der FZ wurde von Reifenberg und den übrigen Herausgebern der Gedenkschrift »Ein Jahrhundert Frankfurter Zeitung« von 1956 unterschlagen und wird auch von Gillessen nicht gewürdigt. Vgl. Gegenwart/Sonderheft: Ein Jahrhundert Frankfurter Zeitung, begründet von Leopold Sonnemann, 1856-1956, 29.10.1956 sowie Gillessen: Auf verlorenem Posten. – Eine besonders detaillierte Darstellung der Firmengeschichte findet sich bei Walter Schübeler: Die Redaktion der »Frankfurter Zeitung« in ihrem letzten Jahrzehnt (1933-1943), Magisterarbeit Univ. Münster 1988, S. 9-15.
32 Vgl. Gillessen: Auf verlorenem Posten, S. 12.

reformer und standen in erbittertem Widerspruch zur entstehenden Arbeiterbewegung, namentlich zu Ferdinand Lassalle.[33] Heftige Konflikte gab es jahrzehntelang mit Otto von Bismarck. 1866, als die preußischen Armeen in der Freien Reichsstadt Frankfurt einrückten, wich Sonnemann mit der politischen Redaktion ins »Exil« nach Stuttgart aus, von wo aus er das Publikum mit einer kurzfristig improvisierten »Neuen Deutschen Zeitung« belieferte. Schon im Herbst 1866 kehrte er in das annektierte Frankfurt zurück und gründete die »Frankfurter Zeitung und Handelsblatt«: »Damit begann die Ära der Konsolidierung und der Ausbau zum Weltblatt.«[34] Mit dem Aufstieg Frankfurts zur Handels- und Bankenmetropole wuchs die nationale und bald auch internationale Bedeutung der FZ, die sich als »wachsam-kritische Begleiterin der deutschen Politik« und eines der einflussreichsten Organe des Liberalismus etablierte, »zurückhaltend in der Sprache, doch entschieden im Urteil.«[35] Unter Sonnemanns Ägide stärkte sie dem Zentrum im Kulturkampf den Rücken[36] und kämpfte im Schulterschluss mit den ansonsten wenig geliebten Sozialdemokraten gegen das Sozialistengesetz. Die Redaktion kritisierte das »persönliche Regiment« Wilhelms II. und den weltpolitischen Ehrgeiz seiner Kamarilla, die Flottenpolitik, die koloniale Expansion und jede Form von ausuferndem Nationalismus und Chauvinismus. Zahlreiche Strafverfahren und Verfolgungsmaßnahmen wegen sogenannter »Preßvergehen« waren die Folge. In Sprache, Anspruch und Selbstverständnis war die Redaktion so elitär wie das Gros ihrer bürgerlichen Leserschaft; Gillessen betont: »Sorgfalt in allem: Dazu konnte man keine Dilettanten, Wichtigtuer oder Halbgebildete brauchen, sondern nur Leute mit Urteil und geistiger Disziplin, Leute mit der Fähigkeit des guten Journalisten zur Distanz.«[37] Zur Vermeidung einer hierarchischen Ordnung verzichtete die Redaktion auf einen Chefredakteur und übertrug die Leitung einem informellen engeren Kreis, der täglich stattfindenden Redaktionskonferenz: »Ihre praktische Aufgabe war die Vorbereitung der nächsten Ausgabe der Zeitung.«[38]

---

33 Vgl. Hans Ebeling: Die Anfänge der Frankfurter Zeitung und Ferdinand Lassalle, Diss. Univ. Gießen 1929.
34 Jürgen Seul: Karl Mey im Urteil der »Frankfurter Zeitung«, Husum 2001, S. 12.
35 Gillessen: Auf verlorenem Posten, S. 17.
36 Vgl. Adolf Kullmann: Die Stellungnahme der »Frankfurter Zeitung« zum Kulturkampf, Diss. Univ. Würzburg 1922.
37 Gillessen: Auf verlorenem Posten, S. 17.
38 Ebd., S. 29/30.

DER WEG IN DEN JOURNALISMUS (1919-1924)

Die FZ und die mit ihr verbundene Frankfurter Societäts-Druckerei wurden 1893 in eine GmbH umgewandelt. Dem Aufsichtsrat saß der Patriarch persönlich vor, zu den weiteren Mitgliedern zählte sein Schwiegersohn Felix Simon aus Berlin, der Ehemann von Sonnemanns einziger Tochter Therese. Die beiden Söhne der Simons wurden 1910, ein Jahr nach dem Tod ihres Großvaters, zu Prokuristen bestellt. Heinrich Simon, Jahrgang 1880, der ältere der Brüder, übernahm intern die Führungsposition bei der FZ und baute in der Weimarer Zeit den zwölf Jahren jüngeren Reifenberg zu seinem Nachfolger auf. Er »war ein typisches Mitglied des bürgerlichen und künstlerischen Milieus des alten Frankfurt«[39], hatte in Freiburg, Berlin und Erlangen Philosophie und Literaturwissenschaft studiert, mit einer Arbeit über Novalis promoviert und sich in Rom mit Kunstgeschichte beschäftigt, bevor er 1906 zunächst als Feuilletonist zur FZ kam. Etwa bei Kriegsbeginn wurde er Konferenzvorsitzender und damit Primus inter pares im Gefüge der Redaktion. Karl Apfel, seit 1925 Redakteur bei der FZ, hat Simon als einen »entschiedenen Mittler« geschildert, der es verstanden habe, seine Meinung zur Geltung zu bringen, ohne »in den Stil eines Vorsitzers zu fallen«[40]. Simon verfügte über Intellekt und Pflichtbewusstsein, er war musikalisch, ein begabter Pianist, der sich um das Feuilleton der FZ verdient gemacht hat, aber für die kaufmännischen Aufgaben, die sein Amt mit sich brachte, in Anlage und Persönlichkeit ungeeignet war. Den wachsenden wirtschaftlichen Schwierigkeiten des Blattes stand er ebenso hilflos gegenüber wie sein ein Jahr jüngerer Bruder Kurt, ein promovierter Jurist. Als dem Unternehmen in den späten zwanziger Jahren »das Wasser bis zum Halse stand«, opferten die Simons nach und nach ihr gesamtes Vermögen, um die Zeitung zu retten – jene Zeitung, die sie wenige Jahre später, in Hitlers Reich, endgültig verlieren sollten.

Das personelle Netzwerk, das in den 20er Jahren um die FZ herum entstand und für Benno Reifenberg zu *seinem* Netzwerk werden sollte, entfaltete sich nicht nur in der täglichen Arbeit in der Redaktion, sondern mindestens in gleichem Maße in dem Frankfurter Salon des Ehepaares Heinrich und Irma Simon. Jeden Freitagmittag trafen sich hier Journalisten, Künstler und Wissenschaftler zum intellektuellen Austausch bei ausgesuchten Speisen und anregenden Getränken. Über die Gästeliste wusste der regelmäßig anwesende Reifenberg zu berichten:

---

39 Ebd., S. 39.
40 Apfel: In den zwanziger Jahren, S. 239.

KONSOLIDIERUNG

»Manche tauchten improvisiert auf, mancher Fremde erschien auf Grund lange vorbereiteter Verabredung. Es läßt sich sagen, daß an diesem ›Freitagstisch‹ kaum eine bedeutende Figur vorübergegangen ist, die in jenen Jahrzehnten sich neu in Frankfurt niedergelassen hat oder die alte Stadt auf kürzere oder längere Frist aufsuchte.«[41]

Der Schriftsteller Rudolf G. Binding[42], der Dichter Fritz von Unruh[43], der Schauspieler Heinrich George[44] und der Dirigent und Komponist

41 Reifenberg: Der Sinn für Qualität, S. 258.
42 Rudolf G. Binding (1867-1938) studierte Rechtswissenschaften und Medizin in Tübingen, Heidelberg und Berlin und war Stabsoffizier im Ersten Weltkrieg. Erst in fortgeschrittenem Lebensalter begann er nach Kriegsende seine Laufbahn als Schriftsteller mit der Veröffentlichung der »Keuschheitslegende« im Jahre 1919. Auf der Basis deutschnationalen Denkens verherrlichte Binding in seinem literarischen Werk den Krieg und ließ sich nach 1933 von den Nationalsozialisten vor den Propagandakarren spannen. Vgl. Bernhard Martin: Dichtung und Ideologie. Völkisch-nationales Denken im Werk Rudolf Georg Bindings (Europäische Hochschulschriften, Reihe 1: Deutsche Sprache und Literatur, Band 950), Frankfurt a.M. u.a. 1986.
43 Fritz von Unruh (1885-1970) hatte wie Binding den Ersten Weltkrieg als Offizier mitgemacht, das Erlebte jedoch gänzlich anders interpretiert und verarbeitet als der Schriftstellerkollege: Er wurde Pazifist und stellte den Kampf gegen Krieg und Gewalt in den Mittelpunkt seines künstlerischen Schaffens. In der Weimarer Zeit war Unruh ein angesehener Schriftsteller und viel gespielter Bühnenautor; 1933 fielen seine Werke der nationalsozialistischen Bücherverbrennung zum Opfer. Unruh erlebte die NS-Zeit in der Emigration in Italien, Frankreich, Spanien und zuletzt in den USA. Erst in den letzten Jahren vor seinem Tod hatte er seinen Lebensmittelpunkt wieder in Deutschland. Er gilt als bedeutender Vertreter des literarischen Expressionismus. Vgl. u.a. Dieter Kasang: Wilhelminismus und Expressionismus. Das Frühwerk Fritz von Unruhs 1904-1921 (Stuttgarter Arbeiten zur Germanistik, Band 78), Stuttgart 1980 sowie Karola Schulz: Fast ein Revolutionär. Fritz von Unruh zwischen Exil und Remigration (1932-1962) (Cursus, Band 11), München 1995.
44 Heinrich George (1893-1946), Kriegsfreiwilliger des Ersten Weltkrieges, war einer der renommiertesten Schauspieler der Weimarer Republik. Aufgrund seiner Zugehörigkeit zur KPD wurde er nach der Machtübernahme der Nationalsozialisten zunächst vom Spielbetrieb ausgeschlossen, arrangierte sich dann jedoch mit dem Regime und machte Karriere im NS-Staat. George wirkte in den wichtigsten NS-Propagandafilmen wie »Jud Süß« (1940) und »Kolberg« (1945) mit. Nach Kriegsende wurde er von den Sowjets verhaftet und starb ein Jahr später im Internierungslager Sachsenhausen. Sein Sohn Götz George gehört zu den etabliertesten deutschen Schauspielern der Gegenwart. Vgl. zuletzt Kurt Fricke: Spiel am Abgrund. Heinrich George. Eine politische Biographie, Halle a.d. Saale 2000.

DER WEG IN DEN JOURNALISMUS (1919-1924)

Wilhelm Furtwängler[45] – um nur einige zu nennen – gehörten zu den Gästen. Christoph Bernoulli, der als Angestellter im Societätsverlag in den Jahren 1922/23 zu diesem *jour fixe* gebeten wurde, erinnerte sich später:

»Neben der stillen, umsichtigen und zurückhaltenden, allseitig verehrten Hausfrau Irma Simon wirkte der lebhafte, zappelige, hochgradig extravertierte Hausherr nicht wie ein Zeitungsbeherrscher, sondern viel eher wie ein Musikant. Sein Interesse am Menschen war groß; von Natur gesellig, besaß er die Gabe, Gespräche zu führen und anzuregen, so daß Langeweile an dieser Tischrunde, an der Rede und Gegenrede flogen, nicht aufkommen konnte.«[46]

»Am runden Tisch bei Simons«[47] hatte Benno Reifenberg Gelegenheit, seinen akademischen Lehrer Georg Swarzenski privat zu erleben: »Oft schweigsam und still genießend, oft herrlich aus sich herausgehend, war er ein imponierender Redner, sachgebunden und seiner selbst sicher.«[48] Die ungewöhnlichste Erscheinung in der »Herrenrunde« war für Bernoulli der Maler Max Beckmann, der als Zimmernachbar des Ehepaares Reifenberg vorübergehend im Hause Simon logierte:

»Nichts verriet an ihm den Künstler, aber man spürte, daß im Kreise der wichtigen Männer einer saß, der alle an intensiver Spannungskraft übertraf. [...] Auf seinem athletischen Körper saß am kurzen Hals der festgebaute, eckige Schädel. Sein Gesicht war hart, das Profil scharf

---

45 Der Dirigent und Komponist Wilhelm Furtwängler (1886-1954) leitete von 1922 bis 1945 und erneut von 1952 bis 1954 die Berliner Philharmoniker, zudem von 1922 bis 1928 die Gewandhauskonzerte in Leipzig und von 1927 bis 1930 sowie noch einmal 1939/40 die Wiener Philharmoniker. 1931 übernahm er die musikalische Leitung der von Hitler zu Propagandazwecken missbrauchten Bayreuther Festspiele. Von den Nationalsozialisten wegen seiner internationalen Reputation als kulturelles Aushängeschild hofiert, wurde Furtwängler 1933 Direktor der Berliner Staatsoper. Von dem Amt des Vizepräsidenten der Reichsmusikkammer musste er jedoch 1934 wieder zurücktreten, nachdem er sich für jüdische Künstler und andere Verfolgte des Regimes eingesetzt hatte. 1945 erhielt er zunächst Dirigierverbot, das jedoch schon bald wieder aufgehoben wurde. Vgl. zuletzt Herbert Haffner (Hrsg.): Furtwängler, Berlin 2006 sowie Alfred Brendel (Hrsg.): Die Zeit Klassik-Edition. Band 10: Wilhelm Furtwängler. Leben und Musik des großen Dirigenten, Hamburg 2006.
46 Christoph Bernoulli: Die Herrenrunde beim Chefredakteur Simon der Frankfurter Zeitung, in: Klaus Gallwitz (Hrsg.): Max Beckmann in Frankfurt, Frankfurt am Main 1984, S. 26-28, hier S. 26.
47 Ebd. S. 27.
48 Ebd., S. 26.

geschnitten. Das energiegeladene Kinn stellte er hoch [...]. Die Augen blieben meist halbgeschlossen. [...] Als Figur gehörte Beckmann auf den Rummelplatz: im gestreiften Trikot mit Melone auf dem Kopf wäre er als Ausrufer vor einer Schaubude bestens am Platz gewesen. [...] So wirkte er bei Simons wie ein fahrender Artist, ein Fremdling«.[49]

Beckmann war ein Gezeichneter des Krieges: Als freiwilliger Sanitätssoldat in Flandern hatte er 1915 einen psychischen und physischen Zusammenbruch erlitten. Orientierungslos strandete er bei dem befreundeten Maler Ugi Battenberg und seiner Frau Friedel in der Schweizer Straße in Frankfurt. Aus einem geplanten Kurzaufenthalt wurde eine Dauerlösung. Beckmann wurde 1917 aus der Armee entlassen und blieb mehr als siebzehn Jahre in Frankfurt, bis zu seinem Weggang nach Berlin 1933. Als die Battenbergs längst umgezogen waren, wohnte der Gast weiter in der Schweizer Straße und malte im Atelier im vierten Stock seine Bilder. Zu den wenigen Menschen, denen er Zutritt zu seinen Räumen gewährte, gehörte Benno Reifenberg, der den Maler im Mai 1919 kennengelernt und diese Begegnung im Tagebuch festgehalten hatte:

»Mit Heinz [Simon] bei Beckmann. Sehr witziges Gespräch, zynisch und doch nicht roh. Auf einmal während Heinz Chopin spielte, tiefen Einblick in Beckmanns Wesen: die Welt ist trostlos. Hoffnung nur die geistige Kraft in uns. Schliesslich muss doch einmal kommen: persönliche Freiheit. ›Ich habe es nicht gewollt, hier 50 Jahre leben zu müssen. Je eher man dann verreckt, desto besser.‹ Er gefällt mir.«[50]

Mit diesen wenigen Worten erfasste Reifenberg spontan die Quintessenz von Beckmanns Denken und Schaffen. Der 1884 geborene Künstler gehörte keiner Schule an, entwarf keine Dogmatik und verachtete Theorien und Wissenschaftsjargon. Sein Werk zeigt den Menschen des 20. Jahrhunderts in seiner Gefährdung und Ungewissheit und ist ein Aufruf zur Freiheit und Selbstfindung des Individuums im Schöpferischen.[51] Beckmann und Reifenberg verbanden nicht nur Kunstbegeisterung und persönliche Sympathie, sondern auch ein inniges Verhältnis zu der Stadt Frankfurt. Für Beckmanns »Bedürfnis nach Distanz und Menschen-

---

49 Bernoulli, Die Herrenrunde, S. 27.
50 Tagebuch, 30.5.1919, NL BR, DLA, 79.12336, sowie Tagebuch/Abschriften, NL BR, DLA, 79.12360.
51 Vgl. Stephan Reimertz: Max Beckmann, Reinbek bei Hamburg 1995, S. 9/11. – Zu Beckmann vgl. u.a. auch: Olaf Peters: Vom schwarzen Seiltänzer. Max Beckmann zwischen Weimarer Republik und Exil, Berlin 2005.

gewühl«⁵² gab es keinen besseren Ort als den Frankfurter Hauptbahnhof. Allein oder in Gesellschaft saß er bis in die frühen Morgenstunden bei Champagner und Muschelsuppe im Bahnhofsrestaurant und ließ sich inspirieren: »Der Bahnhof war das Sinnbild der Stadt, und deswegen suchte er ihn auf. ›Meine Kunst kriegt hier zu fressen‹ – mit diesen Worten hatte er einige Jahre zuvor seine Eindrücke von den Schlachtfeldern Flanderns beschrieben.«⁵³ In Beckmanns Werk sehen wir die Orte gemalt, die Reifenberg in Feuilletons und Aufsätzen liebevoll beschrieben hat: den Frankfurter Bahnhofsvorplatz, das Städel, die Brücken, den Untermainkai mit den klassizistischen Bürgerhäusern, den Fluss und die Altstadt und das kleinbürgerliche Sachsenhäuser Ufer. Von seiner Frau, der Opernsängerin Minna Tube, und dem gemeinsamen Sohn Peter lebte der Künstler dauerhaft getrennt; als er sich 1924 in die zwanzig Jahre jüngere Mathilde Kaulbach (»Quappi«) verliebte, ließ er sich scheiden. Sein 1919 entstandenes »Selbstbildnis mit Sektglas« zeigt ihn, wie sein Biograph Stephan Reimertz formuliert, »übernächtigt, beschwipst und apathisch, als Täter und Opfer.«⁵⁴ Leicht ironisch kommentierte Beckmanns Freund Stephan Lackner diesen Habitus:

> »Und so, umgeben von schönen Frauen,
> Austern und Sekt,
> hat Beckmann mit beträchtlichem Selbstvertrauen
> den erfolgreichen Bürger in sich entdeckt.
> Mit Melonenhut und seidenem Schal
> durchmißt er das irdische Jammertal.«⁵⁵

Benno Reifenberg war bald fester Bestandteil des Kreises um Beckmann, der sich zum Trinken und Tanzen in Simons Salon traf und bis morgens um zwei beieinanderblieb.⁵⁶ Später erinnerte er sich an das erste Frühjahr nach dem Krieg:

> »Wir waren da noch sehr jung und meinten, es sei Glücks genug, das Leid des Krieges überstanden zu haben. Der Mann von nebenan, der uns ab und zu besuchte und mit dem wir lachend höchst primitive

---

52 Klaus Gallwitz: Max Beckmann in Frankfurt, in: Ders.: Max Beckmann, S. 7-15, hier S. 8.
53 Ebd., S. 9.
54 Reimertz, Max Beckmann, S. 68.
55 Lackner, zitiert nach ebd., S. 69.
56 Tagebuch, 13.1.1920, NL BR, DLA, 79.12336, sowie Tagebuch/Abschriften, NL BR, DLA, 79.12620.

und dann wieder höchst originelle Mahlzeiten einnahmen, kam zwar noch in seinem Sanitäterrock, aber auch er schien heiter. [...] Niemals hätte ich ahnen können, was drüben im Dachstock während jenes Frühlings entstehen würde, vor welchem Bild der Maler sich Wochen und Monate der Konfrontation abverlangte. Das Gemälde ›Die Nacht‹ findet nur auf den Marterszenen mittelalterlicher deutscher Bilder ein ähnliches Grauen.«[57]

Reifenberg hat sich sein Leben lang intensiv mit Beckmanns Werk auseinandergesetzt, das ihn zunächst verstörte, zugleich aber auch faszinierte. Von der Gewaltorgie an Wehrlosen, die der Maler in dem Werk »Nacht« zeigt, war er spontan so schockiert, dass er öffentlich von einem Bildersturm träumte: »Es möge eine Zeit kommen, wo braungebrannte, schöne Gotteskinder mit kühnen Stirnen, hellen Augen diese Bilder lachend verbrennen.«[58]

Anderthalb Jahre später hatte sich Reifenbergs Urteil grundlegend gewandelt. Er kannte nun Beckmanns Briefe aus dem Felde[59] und hatte den Künstler und die tiefen Spuren, die nicht nur der Krieg, sondern auch die Wirren und die Not der Nachkriegszeit bei ihm hinterlassen hatten, verstehen gelernt. Im Dezember 1920 fand er einfühlsame Worte für das Leiden des Überlebenden am Überleben:

»Aus seinen Selbstporträts ist alles klar und deutlich abzulesen. Das von 1914 ist eine gute Radierung. Eine Radierung mit malerischen Werten [...]. 1917. Die Granaten tun ihre Arbeit. [...] Ein Mensch muß in dem wüsten Fleischerladen des Krieges Handlangerdienste tun. Und sieht sich so im Spiegel: große Flächen schlagen sein Gesicht ein, große Linien umgrenzen hager den Schädel. [...] Noch glaubt er an die eigene Kraft, trotzt so vielem Unglück [...]. Und wie von selbst zeichnet eine gläubige Hand die Strahlen der Gloriole.

1918 ist die Gloriole verschwunden. [...] Eiskalt ragt die Stirn, sticht der Mundwinkel nach unten. Ringsum schneidend helles Licht furcht-

---

57 Ohne Titel. Vortrag über Max Beckmann anläßlich einer Gedächtnisfeier zum 70. Geburtstag am 12.12.1954 in Frankfurt, Konvolut Max Beckmann-Feier 1954, NL BR, DLA, 79.11065, S. 9.
58 Max Beckmann. Zur Ausstellung seiner Werke in der Frankfurter »Vereinigung für neue Kunst«, in: Frankfurter Zeitung, 7.6.1919.
59 Vgl. Tagebuch. – Vgl. Max Beckmann: Briefe im Kriege. Gesammelt von Minna Tube, Berlin 1916. Die Briefsammlung wurde 1984 neu aufgelegt. Vgl. Max Beckmann: Briefe im Kriege (1914-1915). Gesammelt von Minna Tube. Mit 32 Zeichnungen des Künstlers. Nachwort von Peter Beckmann, München 1984.

baren Erkennens. Die Augen liegen tief und klein in dunklen Höhlen. [...] Aber der Einsame [...] scheint zu erwachen. [...]. Es ist, als habe der Trauernde aufgehorcht, als habe er sich auf ferne Dinge besonnen. Daß es Musik auf Erden gibt? Liebe?«[60]

Benno Reifenberg hat als Kunstkritiker der FZ nicht unmaßgeblich dazu beigetragen, den Namen Max Beckmann in Deutschland bekannt zu machen. Mitunter schoss er dabei sogar übers Ziel hinaus, wie Bernoulli berichtet:

»Eines Freitags wollten wir ihm [Beckmann, DB] beim schwarzen Kaffee [...] eine Freude bereiten [...]. So las nun einer der Anwesenden das hohe Lob auf unsern Meister aus dem von Benno Reifenberg geschriebenen Texte. Als er aber an eine Stelle kam, in der die Ansicht vernehmbar wurde, Beckmann nähere sich jetzt in seiner neuen Farbgebung der Palette des Velázquez, sprang der Maler mit dem Zorneswort ›Das ist zuviel!‹ auf und verließ laut schimpfend das Zimmer. Im Weggehen hörte man Worte wie: ›Pfui, pfui Teufel, Teufel, das ist zuviel.‹«[61]

1924 erschien im Münchener Piper-Verlag die bis dahin umfangreichste Monographie zum Leben und Werk Beckmanns, verfasst von vier namhaften Autoren: Curt Glaser, Julius Meier-Graefe, Wilhelm Fraenger und Wilhelm Hausenstein.[62] Zwischen Reifenberg und dem zehn Jahre älteren Kunstkritiker Hausenstein, der seit 1917 als freier Mitarbeiter für die FZ schrieb, entwickelte sich eine Freundschaft. Hausenstein stammte aus dem Schwarzwald, hatte das Gymnasium in Karlsruhe besucht und an den Universitäten Heidelberg, Tübingen und München Geschichte, Philosophie und Nationalökonomie studiert. Ab 1905 wandte sich der promovierte Historiker der Kunstgeschichte zu und fand damit das Feld, auf dem er sich als Journalist und Buchautor profilieren konnte. Wie Reifenberg war er von Karl Voll und der Münchner Fakultät für Kunstgeschichte geprägt worden. Aufgrund seiner Mitgliedschaft in der SPD, aus der er nach Kriegsende wieder austrat, war ihm eine Universitätslaufbahn im Kaiserreich verwehrt geblieben. 1921 verschaffte er Reifenberg die Möglichkeit, in dem von ihm geleiteten und von Julius Meier-Graefe

---

60 Radierungen von Max Beckmann, in: FZ, 21.12.1920.
61 Bernoulli, Die Herrenrunde, S. 27/28. – Diego Rodríguez de Silva y Velázquez (1599-1660) gehörte als spanischer Hofmaler zu den wichtigsten Porträtkünstlern seiner Zeit.
62 Curt Glaser u.a.: Max Beckmann, München 1924.

herausgegebenen Kunst-Jahrbuch *Ganymed*, wo unter anderem Heinrich Mann, Annette Kolb und Alfred Döblin publizierten, einen Beitrag über Max Beckmann unterzubringen.[63] Als er 1924 einen Bildband zum Werk des niederländischen Künstlers Jan Vermeer van Delft veröffentlichte[64], bat er Reifenberg um ein Nachwort. Der Beitrag des »Halb-Holländer[s]«[65] fiel schwärmerisch aus: »Er [Vermeer, DB] hat zart, aber unendlich bestimmt die Sache seiner Nation vorgetragen. Seine Bilder sind die Bilder Hollands.«[66]

Immer wieder hat Hausenstein den jüngeren Freund ermutigt, sich ganz dem Schreiben zu widmen. Zu seinem fünfzigsten Geburtstag am 17. Juni 1932 gratulierte ihm Reifenberg in der »Neuen Rundschau« mit den Worten:

> »Ihr Wagen, Freund, rollt nun rascher dahin. [...] Vor zehn Jahren haben Sie mich aufspringen lassen und mir das erste Fahren beigebracht. Sie schenkten mir dabei einen Kirsch ein, verbrannten ein Stück Zucker, gossen den braunen Saft in das scharfe Wasser ihrer Heimat und meinten, was das Schreiben anlange, so solle ich es getrost versuchen. Sperrangelweit flogen mir die Tore auf, heiter und zukunftsfroh flogen mir die Strassen in die Welt.«[67]

Anders als Reifenberg, der zeitlebens ohne tieferen Zugang zu Kirche und Religion blieb und nach eigenen Worten nicht beten konnte[68], war Hausenstein tief im christlichen Glauben verwurzelt; 1940 konvertierte er vom Protestantismus zum Katholizismus. Diese geistige Prägung teilte er mit dem Schweizer Kulturphilosophen Max Picard, der nicht müde wurde, Individuum und Gesellschaft zu einer Rückbesinnung auf das

---

63 Benno Reifenberg: Max Beckmann, in: Ganymed. Jahrbuch für die Kunst, 3. Band, München 1921, S. 37-49. – Ursprünglich hatte Meier-Graefe über Beckmann schreiben wollen, dann jedoch das Interesse an dem Projekt verloren. Hausenstein schlug Reifenberg als Ersatz vor. Vgl. Benno Reifenberg: Julius Meier-Graefe, in: Die Neue Rundschau, Jg. 1962, S. 738-756, hier S. 752.
64 Vermeer van Delft. Das Bild: Atlanten zur Kunst, hrsg. von Wilhelm Hausenstein, Band X. Mit einem Nachwort von Benno Reifenberg und einer Anmerkung von Wilhelm Hausenstein, mit fünfundvierzig Tafeln und einem Titelbild, München 1924.
65 Wilhelm Hausenstein: Anmerkung, in: Vermeer van Delft, S. 17-18, hier S. 18.
66 Benno Reifenberg: Nachwort, in: Vermeer van Delft, S. 3-14, hier S. 3.
67 Benno Reifenberg: An Wilhelm Hausenstein. Als er fünfzig wurde, in: Die Neue Rundschau, 43 Band I (1932), S. 818-823, hier S. 818.
68 Vgl. Tagebuch, 4.1.1956, NL BR, DLA, 79.12348 sowie Tagebuch/Abschriften, NL BR, DLA, 79.12383.

Christentum zu mahnen. Picard verteidigte die eheliche Autorität des Mannes, brandmarkte die neuen Medien Film und Rundfunk als »Instrumente«, die Psychoanalyse als »Schule« und die Großstadt als »Zentrale« der »Gottesflucht«, schrieb gegen den Hang zum Caféhausleben und begriff die Kriege der Neuzeit ebenso wie unvorhergesehene Erfindungen, das Auftauchen sogenannter Wunderkinder, die Zunahme bestimmter Krankheiten wie Krebs und Schizophrenie, die Entstehung von Epidemien und die Gründung von Sekten, das Überhandnehmen von Nervosität, die Verehrung von Idolen oder »großen Männern« wie auch die Entwicklung der modernen Kunst als Begleiterscheinungen der Abwendung vom Schöpfer und von dessen ewig gültigen Geboten: »Diese mechanische Plötzlichkeit soll Gottes Unberechenbarkeit imitieren.«[69] Als grundsätzliches Problem der modernen, säkularen Gesellschaft betrachtete er die »Zusammenhanglosigkeit«, die »Atomisierung« des Menschen, dessen Gesichtszüge seine Glaubens- und damit Haltlosigkeit spiegelten: »Das Menschengesicht kann sich nur dann als das Ebenbild Gottes bewahren, wenn es mit dem göttlichen Urbild, von dem es geschaffen wurde, durch den Glauben verbunden ist. Sobald der Mensch sich von Gott löst, verliert das Gesicht alle Bildhaftigkeit: es zerfällt.«[70]

Picard war 1888 als Sohn eines Schweizer Kaufmannes im badischen Schopfheim geboren worden, stand im Alter also zwischen Hausenstein und Reifenberg. Seinen Beruf als Arzt hatte er 1918 aufgegeben, »weil er sich vom Mechanistisch-Positivistischen der modernen medizinischen Wissenschaft abgestoßen fühlte«[71], wie Peter Hamm schreibt. Nachdem er schon als junger Assistenzarzt in Heidelberg philosophische Vorlesungen bei Heinrich Rickert und Ernst Troeltsch gehört hatte, ließ er sich nach dem Krieg als freier Schriftsteller in Brissago im Tessin nieder. Sein 1916 erschienenes Werk »Das Ende des Impressionismus«[72] setzte ein kul-

---

69 Max Picard: Die Flucht vor Gott, Erlenbach — Zürich/Leipzig 1935, S. 95.
70 Ebd., S. 171.
71 Peter Hamm: Einer allein. Gegen das Zeitalter des Nichtmehrwissens. Etwas über Max Picard, in: Bayerische Akademie der Schönen Künste. Jahrbuch 13, Band 2, 1999, S. 641-648, S. 644.
72 Max Picard: Das Ende des Impressionismus, München 1916. – 1954 widmete Picard Reifenberg sein Buch »Die Atomisierung in der modernen Kunst«, über das die Freunde zweifellos intensiv diskutiert hatten. Darin heißt es: »Es ist kein Da-sein, keine Dauer in einem solchen [abstrakten, DB] Bild. Der Mensch, der durch einen Akt der Entscheidung ein Objekt nimmt und es in die Ordnung, die mit dem Schöpfer verbunden ist, setzt, dieser Mensch ist eliminiert.« Max Picard: Die Atomisierung in der modernen Kunst, Hamburg 1954, S. 7.

turkritisches Ausrufezeichen: Bloße Eindrücke, festgehalten im gemalten Bild, sind demnach Ausdruck der verlorenen Mitte des Künstlers, gehen am Wesen der Dinge vorbei und verhindern die Erreichung des höchsten irdischen Zieles des Menschen, der inneren Sammlung. 1935 schrieb Picard in seinem Buch »Die Flucht vor Gott«:

>»Der Mensch ist zu allen Zeiten vor Gott geflohen, aber das unterscheidet die Flucht heute von jeder anderen: der Glaube war früher das Allgemeine [...]; die Flucht hingegen [...] kam erst dadurch zustande, daß der Einzelne sich durch einen Akt der Entscheidung von der Welt des Glaubens löste [...]. Heute ist es umgekehrt: der Glaube als objektive äußere Welt ist zerstört, der einzelne muß in jedem Augenblick sich immer von neuem durch den Akt der Entscheidung den Glauben schaffen, indem er sich von der Welt der Flucht löst«.[73]

Rein rationales Argumentieren war nicht Picards Sache. Wie Hausenstein, den Heinz Friedrich als »Grandseigneur des Geistes«[74] feiert, war er antimodern, ohne ein Konservativer im engeren politischen Sinne zu sein. Europäische, »abendländische« Traditionen bildeten für beide das Zentrum ihres Denkens. Benno Reifenberg lernte Max Picard 1922 durch Hausenstein kennen.[75] Jahrzehnte später vermerkte er, er habe »beiden Freunden [...] für den eigenen Geistesgang viel zu verdanken.«[76]

Die Tatsache, dass Reifenberg einerseits mit einem ausgesprochenen Gegner der modernen Kunst wie Picard, andererseits aber auch mit einem Expressionisten wie dem Schriftsteller Kasimir Edschmid, einem Vetter Ugi Battenbergs, freundschaftlichen Umgang pflegte, zeigt jene erstaunliche intellektuelle Offenheit, die später das eigentliche Kennzeichen seiner Tätigkeit als Feuilletonchef der FZ war: »Er war nicht gebunden außer durch sein Qualitätsgefühl und durch seinen Optimismus.«[77] Als Kunstkritiker vertrat er keine Schule und hielt bewusst Distanz zu kunstwissenschaftlichen Theorien. 1959 erklärte er Fridel Battenberg:

>»Ich mag das Theoretische in der Kunst dann nicht, wenn damit Regeln aufgestellt werden, für die das gemalte Bild dann nur Beispiel oder Illustration ist. Ich glaube an das Bild als an ein Lebewesen. [...]

---

73 Picard: Die Flucht vor Gott, S. 11.
74 Friedrich, Wer war Wilhelm Hausenstein?, S. 666.
75 Undatierter Lebenslauf, Konvolut Lebenserinnerungen, NL BR, DLA, 79.12333.
76 Ebd.
77 Friedrich Sieburg, zitiert nach Franz Taucher in dessen Vorwort zu: Reifenberg: Landschaften und Gesichter, S. 10.

Deshalb mag ich mich auch nicht mehr in den Streit über modern – nicht modern, abstrakt – gegenständlich usw. einlassen. Ich will Ihnen den Grund sagen: einfach weil es mich langweilt.«[78]

Zu den Männern, die Reifenberg durch Simon kennenlernte und mit denen er langfristig in Verbindung bleiben sollte, gehörte neben dem Münchener Verleger Reinhard Piper auch der bekannte Kunstkritiker Julius Meier-Graefe. Der 1867 geborene Publizist hatte nach einem abgebrochenen Studium der Kunstgeschichte in den 1890er Jahren Zugang zur Berliner Bohème gewonnnen und galt als Wegbereiter des Expressionismus. Seine dreibändige »Entwicklungsgeschichte der modernen Kunst«, ab 1914 im Piper-Verlag erschienen, wurde 1966 von Benno Reifenberg und der Witwe Annemarie Meier-Graefe-Broch neu herausgegeben.[79] Meier-Graefe war ein Freund und Förderer des Malers Karl Hofer, über dessen Werk Reifenberg 1924 seine erste und für lange Zeit einzige selbständige Schrift, einen kommentierten Bildband, publizierte.[80] Lilly von Schnitzler, die Ehefrau von Georg von Schnitzler, dem kaufmännischen Direktor und späteren Vorstandsmitglied der IG Farben, wurde

78 Benno Reifenberg an Fridel Battenberg, 12.3.1959, Konvolut Max Beckmann, NL BR, DLA, 79.11080.
79 Julius Meier-Graefe: Entwicklungsgeschichte der modernen Kunst. Nach der dritten Auflage neu herausgegeben von Benno Reifenberg und Annemarie Meier-Graefe-Broch, 2 Bände, München 1966.
80 Benno Reifenberg: Karl Hofer. Mit einer Selbstbiographie des Künstlers (Junge Kunst, Band 48), Leipzig 1924. – Karl Hofer, geboren 1878 in Karlsruhe, studierte nach einer Buchhändlerlehre an der Karlsruher Kunstakademie bei Hans Thoma und in Stuttgart bei Leopold von Kalckreuth. In den 20er Jahren konnte er seine Werke, die sich durch vereinfachende Linien, breitflächige Kompositionen und die bevorzugte Verwendung gedämpfter Farbtöne, insbesondere Rot, Orange, Blau, Violett und Braun, auszeichnen, bei mehreren großen Ausstellungen zeigen. Seiner Laufbahn als Künstler und Hochschullehrer wurde ein jähes Ende gesetzt, als er im Nationalsozialismus Ausstellungsverbot erhielt und seines Amtes als Professor an der Hochschule der Künste in Berlin enthoben wurde. 1937 war Hofer mit mehreren Gemälden in der Ausstellung »Entartete Kunst« in München vertreten. Nach dem Zweiten Weltkrieg engagierte er sich für den Wiederaufbau der Hochschule für Bildende Künste in Berlin-Charlottenburg, deren Leitung er 1949 übernahm. Er starb 1955 in Berlin, ausgezeichnet mit dem Großen Bundesverdienstkreuz der Bundesrepublik Deutschland. Obwohl Hofer Gestaltungselemente des Expressionismus in sein Werk einfließen ließ, ist er keiner künstlerischen Richtung eindeutig zuzurechnen. Vgl. Elisabeth Furler (Hrsg.): Karl Hofer. Leben und Werk in Daten und Bildern. Mit einer Einleitung von Ursula Feist, Frankfurt am Main 1978.

1924 durch Hausenstein auf Beckmann aufmerksam gemacht und gehörte in den 50er und 60er Jahren zusammen mit Reifenberg zu den maßgeblichen Köpfen der Max-Beckmann-Gesellschaft, die sich um die Pflege des künstlerischen Andenkens des im Dritten Reich verfemten und 1937 emigrierten Künstlers verdient gemacht hat.[81] Heinrich Simon machte Benno Reifenberg auch mit dem gebürtigen Wiesbadener Dolf Sternberger bekannt, der laut Lilly von Schnitzler 1924 der jüngste Gast bei Simon war, gerade 17 Jahre alt.[82] Sternberger studierte Germanistik, Theaterwissenschaft, Kunstgeschichte, Soziologie und Philosophie in Kiel, Frankfurt und Heidelberg; 1932 promovierte er mit einer Arbeit über Heidegger. Als freier Mitarbeiter der FZ ab 1927 und Redakteur seit 1934 war er einer der prominentesten Weggefährten Reifenbergs. Die gute Küche und die anregende Atmosphäre bei den Simons genossen auch Käthe von Porada, die 1926 die Modeberichterstattung für die FZ aus Paris übernahm und mehrfach für Beckmann Modell saß[83], und die Schriftstellerin Annette Kolb, eine Freundin der Familie von »Quappi« Beckmann.[84] Die Deutsch-Französin Kolb bewegte sich ab 1916 im Umfeld der von René Schickele in Zürich herausgegebenen pazifistisch-expressionistischen »Weißen Blätter«.[85] Sowohl Kolb als auch der Elsässer

81 Vgl. Konvolut Max Beckmann Gesellschaft in NL BR, DLA, 79.11077-79.11278.
82 Vgl. Ansprache von Lilly von Schnitzler-Mallinckrodt: In Memoriam Benno Reifenberg, München/Bremen 1970, S. 11-13, hier S. 12.
83 Vgl. Welt auf der Leinwand, in: Gallwitz, Max Beckmann, S. 29-89, hier S. 66.
84 Vgl. Klaus Gallwitz u.a. (Hrsg.): Max Beckmann. Briefe, Band II: 1925-1937, bearbeitet von Stephan von Wiese, München/Zürich 1994, S. 322/323.
85 Vgl. Sven Arnold: Das Spektrum des literarischen Expressionismus in den Zeitschriften »Der Sturm« und »Die Weissen Blätter« (Forschungen zur Literatur- und Kulturgeschichte, Band 64), Frankfurt am Main 1998. – René Schickele (1883-1940) schrieb Romane (u.a. »Das Erbe am Rhein«, 3 Bände, 1925-1931), Erzählungen, Dramen, Lyrik und Essays und gehörte zu den Wortführern des literarischen Expressionismus. Als Elsässer deutscher Sprache engagierte er sich für die Verständigung zwischen Deutschland und Frankreich. Schickele emigrierte zweimal aus Deutschland: während des Ersten Weltkrieges in die Schweiz, unter dem Eindruck der nationalsozialistischen Bedrohung nach Südfrankreich, wo er 1940 starb. Vgl. u.a. Albert M. Debrunner: Freunde, es war eine elende Zeit! René Schickele in der Schweiz 1915-1919, Frauenfeld u.a. 2004; Hans Wagener: René Schickele. Europäer in neun Monaten, Gerlingen 2000; Holger Seubert: Deutsch-französische Verständigung. René Schickele, München 1993. – Wie Schickele setzte sich auch Annette Kolb (1870-1967) nachhaltig für die deutsch-französische Verständigung ein. Neben ihrer Tätigkeit als Essayistin (»13 Briefe einer Deutsch-Französin«, 1916), Biographin (u.a. »Mozart«, 1937) und Übersetzerin schilderte sie in oft autobiographischen Romanen Frauenschicksale

Schickele publizierten im Feuilleton der FZ. Der Dichter Rainer Maria Rilke, ein glühender Verehrer Kolbs, war seit 1915 mit Wilhelm Hausenstein befreundet.[86] Benno Reifenberg übernahm 1922 die Patenschaft für Renée-Marie, die einzige Tochter Hausensteins, die ihren ungewöhnlichen Vornamen der Freundschaft ihrer Eltern mit Rilke verdankte. Die Beziehungen innerhalb der einflussreichen »Clique«[87], zu der Reifenberg zunächst durch den Zufall seiner familiären Herkunft gestoßen war, in der er sich jedoch rasch etablieren konnte und ein geschätzter Gesprächspartner, Freund und Kollege wurde, waren eng und mannigfaltig. 1951 schwärmte er in einem Georg Swarzenski gewidmeten Band:

> »Frisch an Einfällen, unverbraucht in der Dankbarkeit fürs Leben, unbeugsam in den geistigen Entscheidungen; moderne Menschen. So führten sie jahrelang miteinander ein intermittierendes Gespräch. [...] An dieser Runde ist ein gut Teil des geistigen Deutschlands zu Gast gewesen.«[88]

Wolfgang Schivelbusch, der sich in seinem 1982 erschienenen Sammelband »Intellektuellendämmerung. Zur Lage der Frankfurter Intelligenz in den zwanziger Jahren« mit der »Legende« FZ auseinandergesetzt hat, sieht die Redaktion und den ihr eng verbundenen Simon-Kreis deutlich kritischer als der Zeitzeuge Reifenberg oder auch der Chronist Gillessen. Geradezu das Gegenteil von Innovation habe geherrscht: Dass Binding, Swarzenski und Unruh gelegentlich in der FZ veröffentlichten, habe »nichts mit Nachwuchsförderung und Talententdeckung zu tun [gehabt], da es sich um ältere und fest im Kulturleben etablierte Persönlichkeiten handelte, die keiner besonderen Förderung bedurften.« Mit jenen Redakteuren und Autoren, die der FZ in den Weimarer Jahren »moderne Züge« einprägten, habe »Simon wenig intellektuellen und menschlichen

---

(u.a. »Daphne Herbst«, 1928, und »Die Schaukel«, 1934). Sie emigrierte 1933 nach Frankreich und zog 1940 weiter in die USA; nach Kriegsende kehrte sie nach Europa zurück. Vgl. zuletzt Jürgen Schwalm: »Ich musste es auf meine Weise sagen«. Annette Kolb (1870-1967). Leben und Werk, Bad Schwartau 2006; Armin Strohmeyr: Annette Kolb. Dichterin zwischen den Völkern, München 2002; Charlotte Marlo Werner: Annette Kolb. Eine literarische Stimme Europas, Königstein/Taunus 2000.

86 Vgl. Rüdiger Görner (Hrsg.): Rainer Maria Rilke (Wege der Forschung, Band 638), Darmstadt 1987, S. 161 ff.
87 Hans Reimann: Frankfurt – Mainz – Wiesbaden. Was nicht im Baedeker steht, Nachdruck der 1930 erschienenen Ausgabe, Leipzig 1995, S. 139.
88 Reifenberg: Der Sinn für Qualität, S. 258.

Kontakt« gehabt.[89] Geradezu vernichtend fiel das zeitgenössische Urteil des Schriftstellers und FZ-Mitarbeiters Joseph Roth aus, der 1927 in einem Brief an den Kollegen Bernard von Brentano von »Snobs« sprach, die Simon um sich schare, und von den »traurigsten Ritter[n] der Welt«, die sich zur »Freitagstafelrunde [...] um den traurigsten aller Könige« versammelten.[90] Roth und Brentano gehörten neben Siegfried Kracauer zu jenen »modernen« FZ-Autoren, die nicht zum engeren Kreis um Simon zählten. Benno Reifenberg sollte im Laufe der 20er Jahre auch mit ihnen in geistigen Austausch und namentlich mit Roth in freundschaftlichen Kontakt treten, ohne dabei jedoch seine Verbundenheit mit Simon zu verleugnen. Dass es am Tisch des mächtigen Verlegers »entschieden apolitisch«[91] zuging, wie Schivelbusch konstatiert, dürfte seinen Interessen und Neigungen entgegengekommen sein.

Beruf: Journalist

Ungeachtet seiner gesellschaftlichen Beziehungen zum »geistigen Deutschland« musste sich Benno Reifenberg in den frühen 20er Jahren zunächst einen Namen als Journalist machen, bevor an eine Festanstellung bei der FZ zu denken war. Unter dem Kürzel B.R. gestaltete er die Rubrik »Bildende Künste«, in der er in erster Linie über lokale Kunstereignisse, über Ausstellungen und Auktionen in der Mainmetropole berichtete. Er schrieb über Malerei und Graphik, über Bildhauerkunst und alle kunstgewerblichen Ausdrucksformen. Später erinnerte er sich an seine journalistische Lehrzeit:

»Jahre hindurch habe ich mich der Kunstkritik befleißigt. [...] Meine ersten Versuche hierin geschahen im Salon Schames. Schames war ein alter Kunsthändler in Frankfurt, der sich nicht scheute, die allerneuesten Bilder zu zeigen. Ernst Ludwig Kirchner hat von dem merkwürdigen, etwas verwachsenen Männlein einen großartigen Holzschnitt geschaffen. Der alte Schames war von freundlichem Gemüt, wenn er

---

89 Wolfgang Schivelbusch: Die Frankfurter Zeitung, in: Ders.: Intellektuellendämmerung. Zur Lage der Frankfurter Intelligenz in den zwanziger Jahren: Die Universität. Das Freie Jüdische Lehrhaus. Die Frankfurter Zeitung. Radio Frankfurt. Der Goethe-Preis und Sigmund Freud. Das Institut für Sozialforschung, Frankfurt am Main 1982, S. 42-61, hier S. 48/49.
90 Joseph Roth an Bernard von Brentano, 19.6.1927, in: Joseph Roth. Briefe 1911-1939, hrsg. und eingeleitetet von Hermann Kesten, Köln/Berlin 1970, S. 104/105.
91 Schivelbusch, Intellektuellendämmerung, S. 47.

mich im Katalog Notizen machen sah, schlurfte er zu mir heran und meinte mitleidig, ich hätte da ›eine difficile Arbeit‹; er riet mir, die fremdartigen Erscheinungen an den Wänden lange und oft zu betrachten, ehe ich mein Urteil faßte, und meinte sorgenvoll im schönsten Frankfurterisch: ›Sie müsse sehr vorsichtig sei.‹«[92]

Sein erstes Buchreferat, eine Besprechung von Jacob Burckhardts »Erinnerungen aus Rubens«, publizierte Reifenberg am 4. Januar 1920 im Literaturblatt der FZ[93]: »Ich las dazu viele Wochen im Œuvre Burckhardts [...] – und war am Ende verzweifelt, daß ich meine Notizensammlung mit den fünfzig Zeilen in Einklang bringen sollte, die mir von der strengen Redaktion des Literaturblattes vorgeschrieben waren.«[94] Mitunter konnte Reifenberg auch einen Artikel zum überregionalen Kunstgeschehen veröffentlichen und damit seinen Horizont über die Stadtgrenzen hinaus erweitern; so berichtete er im Sommer 1922 über eine Ausstellung der Werke Edward Munchs im Züricher Kunsthaus[95] und 1924 vom »Stuttgarter Kunstsommer«[96]. In der Sammlung seiner Beiträge, die Reifenberg in diesen Jahren zur Berechnung seiner Honorare penibel führte, verzeichnete er für den Zeitraum vom 18. Februar bis zum 18. Dezember 1920 27, zwischen dem 21. Dezember 1920 und dem 21. November 1921 bereits 49 Beiträge.

Während Reifenberg aus dem Umfeld Heinrich Simons geistige Nahrung bezog und von den Debatten mit so unterschiedlichen Persönlichkeiten wie Beckmann, Edschmid, Hausenstein und Picard intellektuell profitieren konnte, war er im redaktionellen Alltag bei der FZ mit einem altgedienten und höchst erfahrenen Journalisten konfrontiert, der ihm das praktische Handwerk des Zeitungsschreibens vermittelte: Rudolf Geck. In Herkommen und Habitus stellte dieser Mann geradezu ein lebendiges Gegenstück zu dem bildungsbürgerlichen Milieu dar, in dem sich Reifenberg bis zum Beginn des Krieges ausnahmslos bewegt hatte und in das er 1918 übergangslos zurückkehren konnte. Geck war 1868 in

---

92 Benno Reifenberg: Kritisches Geschäft, in: Ders.: Offenbares Geheimnis, S. 110-115, hier S. 110/111. – Ludwig Schames (1852-1922) war zunächst Bankier, dann ab 1895 Kunsthändler in Frankfurt und hat sich namentlich um den deutschen Expressionismus verdient gemacht.
93 Benno Reifenberg: Erinnerungen aus Rubens, in: FZ, 4.1.1920.
94 Reifenberg: Kritisches Geschäft, in: Ders.: Offenbares Geheimnis, S. 111.
95 Edward Munch. Zur Ausstellung im Züricher Kunsthaus, in: FZ, 15.7.1922.
96 Benno Reifenberg: Stuttgarter Kunst-Sommer, in: FZ, 10.7.1924.

Elberfeld geboren worden und nach dem frühen Tod seiner Mutter in einem Waisenhaus aufgewachsen: »Von Schulbildung ist nichts bekannt, kein Studium, keine Sprache außer Deutsch. [...] Man weiß auch nicht, auf Grund wovon er, 1898, zur Redaktion hat stoßen können.«[97] Reifenberg vermutete, dass Leopold Sonnemann, »der sich auf Menschen verstand«, den gelernten Fotografen und passionierten Theaterkritiker Geck trotz seiner mangelnden Vorbildung »in eigenem Ermessen« engagiert hatte. Als Autodidakt hatte sich »-ck« – so zeichnete Geck seine Artikel – »selbst einen Vers auf die Welt machen müssen«. 1907 war er als Nachfolger des verstorbenen Fedor Mamroth Leiter des Feuilletons geworden.[98] Neben seiner journalistischen Arbeit verfasste er kleine Gedichte, die von »Jugend, Alter, Familie, Tod, Frühling, Liebe, Müttern, Kindern und Liebenden«, von »menschliche[n] Gefühlen, Sehnsüchte[n] und Wünsche[n]« handelten.[99] Ein Intellektueller war er nicht, aber seine Theaterkritiken und Rezensionen waren lebensnah und »mit Liebe«[100] geschrieben. Reifenberg hat ihn als seinen »Lehrmeister« bezeichnet.[101] Geck las die Manuskripte des »Neuling[s]«, bevor sie in den Satz gingen, und rauchte dabei österreichische Zigaretten »mit langem Mundstück, das er verkniffen im Mundwinkel hielt«:

> »Dieser Umstand und auch, daß der Rauch ihm in das übers Blatt gebeugte Gesicht schlug, schien ihn zu hindern, laut zu lesen. Der Adept stand hinter ihm, sah die Hand hier und da hauchfeine Unterstreichungen vornehmen und hörte dabei ein beifälliges, von Kopfnicken begleitetes Brummen des Meisters. Manchmal wurde unterstrichen ohne jedes Brummen, dann kam später eine kritische Bemerkung. [...] Die schärfste Kritik lautete: ›Ja, mein Freund‹«, und Geck schob die Brille auf die Stirn hoch, ›Goethe hat gesagt, lassen Sie die Dinge ruhig auf sich wirken und suchen Sie den bezeichnendsten Ausdruck dafür.‹«[102]

---

97 Benno Reifenberg: -ck, in: Ders.: Offenbares Geheimnis, S. 102-106, hier S. 104. Dort auch die folgenden Zitate. – Reifenberg steuerte diesen Text auch als Vorwort bei, als der Societätsverlag 1962 eine Auswahl der Arbeiten Gecks als Buch veröffentlichte. Vgl. -ck. Die schönsten Geschichten von Rudolf Geck. Ein Zeitungsmann erzählt, Frankfurt am Main 1962.
98 Gradl, Rudolf Geck, S. 19/20.
99 Vgl. ebd., S. 14.
100 Ebd., S. 207.
101 Vgl. Reifenberg: Kritisches Geschäft, in: Ders.: Offenbares Geheimnis, S. 110.
102 Reifenberg: -ck, in: Ders.: Offenbares Geheimnis, S. 102.

DER WEG IN DEN JOURNALISMUS (1919-1924)

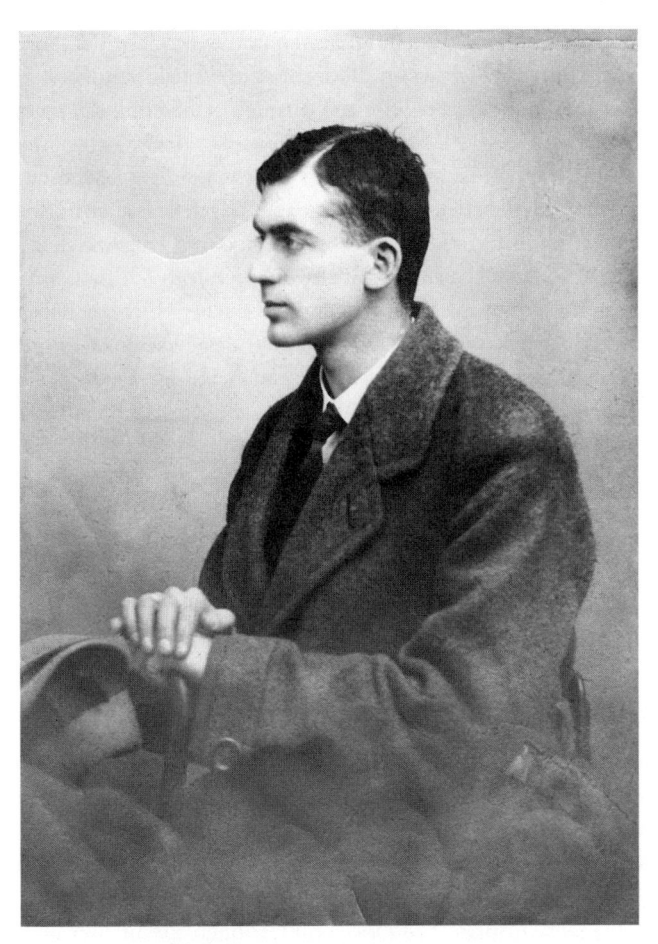

Benno Reifenberg als junger Journalist

Reifenberg beschrieb Geck als ein menschliches Original voll Diplomatie, Schlagfertigkeit, Sarkasmus und echter »Volkstümlichkeit«[103]. Obwohl er »ein Gesellschafter erster Ordnung«[104] war, sich vor Einladungen kaum retten konnte und somit wohl reichlich Gelegenheit gehabt hatte, eine passende Frau kennenzulernen, hatte er nie geheiratet und mit den Jahren skurrile Züge entwickelt. Er benutzte zum Schreiben ausschließlich Bleistifte, lebte hauptsächlich von Kaffee, Zigaretten und Schlafmit-

103 Ebd., S. 103.
104 Ebd., S. 105.

teln, litt unter Epilepsie und Alpträumen und nahm Jahr für Jahr an den Weihnachtsfeiern im örtlichen Obdachlosenasyl teil. Sein Büro war immer chaotisch, auf dem Schreibtisch türmten sich vergilbte Papiere. Gespräche mit jüngeren Mitarbeitern pflegte er mit den Worten »›Ich sehe, lieber Herr, Ihre Zeit ist gemessen ...‹« zu beenden.[105] Geck konnte »reizend mit den kleinsten Kindern umgehen und verstand von ihnen und den Haustieren mit großer Beobachtungsgabe und erstaunlicher Seelenkunde zu erzählen.«[106] Seine Feuilletons trug er mit Vorliebe im Frankfurter Gefängnis Preungesheim vor. Reifenberg berichtete, er habe einmal erstaunt beobachtet, wie sich Geck – ganz entgegen seiner Gewohnheit – bei einer Konferenz Notizen machte, und habe der Versuchung nicht widerstehen können, einen neugierigen Blick auf das Blatt zu werfen: »[E]s waren statistische Erhebungen ad personam der Redakteure, wonach die Herren kreuz und quer gegliedert wurden: verheiratet, Hundebesitzer, entbehrt der Fülle des Haares, Konfession, Brillenträger.«

In den 20er Jahren zog sich Geck, der – so das Urteil seiner Biographin Bergita Gradl – in seiner geistigen Verfassung, seinen künstlerischen Vorlieben und moralischen Werturteilen stets »ein Kind seiner Zeit, des 19. Jahrhunderts«[107], geblieben war, allmählich aus der Redaktion zurück und überließ das Feuilleton mehr und mehr dem Nachwuchsjournalisten Reifenberg, der diese Entscheidung folgendermaßen interpretierte:

> »[A]ls die Bühne die Nachkriegsverwirrungen spiegelte – und vertiefte –, fühlte sich ein -ck nicht mehr zuständig, er wurde unlustig, und die Freuden der Nachtkritik – spät, allein im Haus der Eschenheimerstraße zu sitzen, sorgsam die wenigen Zeilen des vorwegnehmenden Urteils zu prüfen, in der Setzerei das Blatt abzuliefern, den letzten Putzfrauen eine Liebenswürdigkeit zu sagen, hinter ihnen die Lichter abzuschalten, die sie immer hatten brennen lassen – das verlor an Reiz.«[108]

Im Jahre 1924, als »der Jan krähte und die Mutter in Cronberg im Frühling endete«[109], wurde Benno Reifenberg Nachfolger Gecks als Leiter des Feuilletons der FZ. Damit war an verantwortlicher Stelle in der Redaktion ein Generationswechsel vollzogen, der schon seit einiger Zeit überfällig gewesen war. 1921 war mit dem Abdruck der ersten soziologischen Beiträge Siegfried Kracauers eine neue Epoche für das Feuilleton einge-

---

105 Vgl. Reifenberg: -ck, in: Ders.: Offenbares Geheimnis, S. 102/103.
106 Ebd., S. 103. Dort auch das folgende Zitat.
107 Gradl, Rudolf Geck, S. 207.
108 Reifenberg: -ck, in: Ders.: Offenbares Geheimnis, S. 104.
109 Benno Reifenberg an Max Picard, 27.9.1939, NL BR, DLA, 79.12438.

leitet worden. Während Geck wie auch der langjährige Theaterkritiker Bernhard Diebold das Feuilleton mit kleinen, unterhaltsamen Beiträgen mit philosophischem Hintergrund oder pädagogisch-moralischer Intention füllten, formulierten die Vertreter der jüngeren Generation, zu denen neben Kracauer namentlich auch die Schriftsteller Joseph Roth und Bernhard (»Bernard«) von Brentano zählten, ein neues Verständnis von Feuilleton: Nicht nur Theater, bildende Künste, Literatur, Musik usw., sondern alle Aspekte der Lebenswirklichkeit und Gesellschaftskultur waren demnach als Gegenstand von Reportage und Kommentar zu begreifen.[110] Schivelbusch beschreibt das FZ-Feuilleton der 20er Jahre als tief gespalten in einen traditionellen, »rechten« Flügel um Geck und Diebold und eine soziologisch-politisch nach links tendierende Fraktion mit dem Protagonisten Kracauer, dem »einzige[n], dessen journalistisches Werk nicht nur überdauerte, sondern sich richtig erst in der Nachwirkung entfaltete.«[111] Selbst wenn diese Darstellung zu grob sein sollte, wie Dolf Sternberger meint[112], so gab es doch unter den Mitarbeitern unzweifelhaft »politische Schattierungen zwischen ›links‹ und ›rechts‹«[113], die für Konfliktstoff sorgten. Benno Reifenberg, der sich zwar für alles in seiner Umgebung interessierte, »aber doch immer auch aus Distanz«, der integrierte statt zu spalten, hielt das Feuilleton in den folgenden Jahren »in der Mitte zusammen und war zugleich die Brücke zu Heinrich Simon.« Ideologisch wie persönlich ließ er sich nicht vereinnahmen, sondern bewahrte jene Unabhängigkeit, die ihn stets ausgezeichnet hatte und die auch Schivelbusch positiv wertet.[114] Für viele seiner Kollegen wurde er in den beiden folgenden Jahrzehnten zu einer regelrechten »Kultfigur«[115]. Margret Boveri nannte ihn »die Seele«[116] der Redaktion; Karl Apfel schwärmte von seiner »von innen strahlenden Klarheit«[117] und betonte, Reifenberg habe die »ungeteilte Sympathie des ganzen Hauses« besessen; Franz Taucher verstieg sich gar zu der Formulierung, er habe bei jeder

---

110 Vgl. Gillessen: Auf verlorenem Posten, S. 64/65.
111 Schivelbusch, Intellektuellendämmerung, S. 50.
112 Sternberger zitiert nach Gillessen: Auf verlorenem Posten, S. 65. Gillessen bezieht sich auf eine persönliche Auskunft Sternbergers vom 16.3.1938.
113 Gillessen: Auf verlorenem Posten, S. 65. Dort auch die folgenden Zitate.
114 Vgl. Schivelbusch, Intellektuellendämmerung, S. 50/51.
115 Jan Reifenberg in einem Schreiben an die Verfasserin, 25.9.2005.
116 Boveri gebrauchte diese Formulierung mehrfach, u.a. in einem Geburtstagsbrief an Reifenberg vom 14.7.1942, in: NL BR, DLA, Konvolut 50. Geburtstag 1942, 79.6809.
117 Apfel: In den zwanziger Jahren, S. 252. Dort auch das folgende Zitat.

Begegnung mit Reifenberg das Gefühl gehabt, dass »Gott in seinen lichten Stunden den Menschen so gewollt [hat]«[118]. Differenzierter urteilt Gillessen, der Reifenberg in späteren Jahren bei der FAZ kennenlernte und sich intensiv mit seiner Persönlichkeit und Wirkung auseinandergesetzt hat:

> »Reifenberg war in jeder Hinsicht ein Bildbetrachter. [...] Was er in seinen Feuilletons beschrieb, besaß dichterischen Zauber und hatte immer etwas Tröstendes. Unangenehmes ließ er nicht an sich heran. Seine Distanz war ein Filter. Er sah alles, aber was er als Autor davon zurückgab, war [...] immer geläutert. Das Mißfällige kam nicht vor. [...] In allen Fragen, die die Zeitung als Gemeinschaft angingen, war Reifenberg die moralische Autorität. Aber er kannte auch seine charismatische Wirkung. Er verstand sie einzusetzen und damit zu herrschen.«[119]

---

[118] Franz Taucher: Vorwort zu: Reifenberg: Landschaften und Gesichter, S. 16.
[119] Gillessen: Auf verlorenem Posten, S. 66/67.

Leiter des Feuilletons (1924-1930)

Die breite historische Forschung zur Geschichte der Weimarer Republik ist, wie Detlev Peukert 1987 resümierend feststellte, von einem »Widerspruch zwischen der optimistischen Zeichnung kultureller Avantgardeleistungen und der pessimistischen Vision politischer und sozialer Misere« geprägt, der sich nicht auflösen lasse, da er die Epoche charakterisiere.[1] Mit einem in der Kunstgeschichte gebräuchlichen Begriff hat Peukert in seinem gleichnamigen Buch von den »Krisenjahren der klassischen Moderne« gesprochen, in denen Deutschland nach dem sozioökonomischen Wandel im Zuge der Industrialisierung einen umfassenden soziokulturellen Wandel im Sinne der Modernisierung erlebt habe, der sich auf die Bereiche Wissenschaft und Kunst, Städtebau, Technik und Medizin, geistige Reflexion und alltägliche Lebenswelt bezog: »In den Jahren zwischen Erstem Weltkrieg und Weltwirtschaftskrise setzte sich die klassische Moderne auf breiter Front durch, entfaltete ihre Widersprüche und stürzte in ihre tiefste Krise.«[2]

Für das Feuilleton boten die knapp vierzehn Weimarer Jahre in ihrer Dynamik, Dramatik und Experimentierfreudigkeit eine außergewöhnlich reiche Phase. Deutsche Schriftsteller wie Alfred Döblin, Lion Feuchtwanger, Erich Kästner, Thomas und Heinrich Mann, Erich Maria Remarque, Kurt Tucholsky und Arnold Zweig schufen Weltliteratur. In der bildenden Kunst dominierten Expressionisten, Abstrakte, Dadaisten und Vertreter der »Neuen Sachlichkeit«; die Entgrenzung des Kunstmarktes ging einher mit der »Auflösung der bildungsbürgerlichen Symbiose von genialischem Kunstproduzenten und gehobenem Kunstkonsum«[3]. Der Film entwickelte sich zum Massenmedium, der Rundfunk expandierte. Bertold Brecht formulierte die Grundsätze des Epischen Theaters und erprobte neue Inszenierungsformen. Walter Gropius begründete mit dem Bauhaus einen der berühmtesten Architekturstile des 20. Jahrhunderts. Die Presselandschaft veränderte sich in dem Maße, in dem »Massenproduktion und Massenkonsum [dafür sorgten], daß sich serielle Öffent-

---

1 Detlev J.K. Peukert: Die Weimarer Republik. Krisenjahre der klassischen Moderne (Neue Historische Bibliothek), Frankfurt am Main 1987, S. 11. – Zur Weimarer Republik vgl. grundlegend Eberhard Kolb: Die Weimarer Republik, 6., überarbeitete und erweiterte Auflage (Oldenbourg Grundriss der Geschichte, Band 16), München 2002 und hier v.a. auch die umfassende Bibliographie, S. 260-306.
2 Peukert, Die Weimarer Republik, S. 11/12.
3 Ebd., S. 168.

lichkeitsformen als attraktiv und modern darstellten«[4]; die Illustrierte trat ihren Siegeszug an, und traditionsreiche Blätter wie die FZ, deren Lektüre Zeit und Muße erforderten, kämpften um ihre Auflage. Aus den USA schwappten Jazz- und Swingmusik über den großen Teich nach Europa. Die Ausstattungsrevue mit den spärlich bekleideten *girls* löste die Operette als populäres Unterhaltungsmedium ab. Die gesellschaftliche Rolle der Frau, insbesondere aber ihre Wahrnehmung wandelte sich; die *neue Frau* – berufstätig, sportlich, selbstbewusst, leicht androgyn – geisterte durch die öffentliche Debatte, »Realität und Kunstprodukt in einem.«[5] Geschlechterrollen wurden kontrovers diskutiert, die Themen Sexualität und Geburtenplanung aus der Tabu-Zone befreit. Von einem »Tanz über Gräben« spricht Modris Eksteins, der den Geist der Epoche im Kontext mit dem vorangegangenen Kriegserleben analysiert hat.[6] Für Benno Reifenberg war der Krieg »Hintergrund für das Bild des europäischen Menschen. Im Schatten des Kriegs, vor dem jähen Vakuum 1914-1918, leben die Lebenden.«[7]

War das Feuilleton der FZ schon in der ersten Hälfte der 20er Jahre auf dem besten Weg gewesen, sich als hochrangiges Forum kultureller, kulturpolitischer und kulturräsonierender Öffentlichkeit zu etablieren, so konnte es seinen Ruf und seine Bedeutung unter Reifenbergs Leitung noch einmal steigern; von einem gelungenen Beitrag zur Entwicklung der ersten deutschen Demokratie spricht die Literaturwissenschaftlerin Almut Todorow im Rahmen einer 1996 publizierten umfassenden Untersuchung.[8] Buchrezensionen, Theater- und Filmkritiken, Essays, Glossen, Anekdoten, Erzählungen und Fortsetzungsromane standen neben Reportagen, Nachrichten und Interviews. Reifenbergs Programm war ehrgeizig; 1929 bekannte er sich in einem Artikel mit dem Titel »Gewissenhaft« zum Feuilleton als dem »fortlaufenden Kommentar zur

---

4 Peukert, Die Weimarer Republik, S. 165.
5 Jens Flemming/Klaus Saul/Peter-Christian Witt: Familienleben im Schatten der Krise. Dokumente und Analysen zur Sozialgeschichte der Weimarer Republik 1918-1933, Düsseldorf 1988, S. 123. Vgl. u.a. auch Peukert, Die Weimarer Republik, S. 101-111 sowie Ute Frevert: Frauen-Geschichte. Zwischen Bürgerlicher Verbesserung und Neuer Weiblichkeit (Neue Historische Bibliothek), S. 146-199.
6 Vgl. Modris Eksteins: Tanz über Gräben. Die Geburt der Moderne und der Erste Weltkrieg, deutsche Ausgabe, Reinbek bei Hamburg 1990.
7 Benno Reifenberg: Über die Erinnerung an den Krieg. Zu unserer Veröffentlichung von Ludwig Renn: »Krieg«, in: FZ, 16.9.1928.
8 Vgl. Almut Todorow: Das Feuilleton der »Frankfurter Zeitung« in der Weimarer Republik. Zur Grundlegung einer rhetorischen Medienforschung (Rhetorik-Forschungen, Band 8), Tübingen 1996, S. VII.

Politik«.⁹ 1964 erklärte er, die gesamte Redaktion der FZ habe fest auf dem Boden der Weimarer Verfassung gestanden, die Aussöhnung von »Bourgeoisie« und Sozialdemokratie erstrebt und »[d]en damals neu sich überhitzenden Nationalismus [...] verachtet, aber zu lange unterschätzt und seine groteske Übersteigerung durch Hitler zunächst einfach nicht wahrnehmen wollen.« Im Sinne dieser politischen Grundsätze sei das Feuilleton zu einem »Forum« ausgebaut worden, »das viele Schriftsteller einer Generation anzog, die in der Kraft ihrer Jugend, ihrer Erfahrungen des Krieges überzeugt waren, es müsse eine alles durchdringende Verwandlung der früheren Lebensverhältnisse, auch der Gesellschaftsordnung zu erwarten sein, und die es als ihre Aufgabe betrachteten, diese Verwandlung vorwärtszutreiben.«¹⁰

Einschränkungen und Differenzierungen sind an dieser Stelle geboten. Es wird im Folgenden gezeigt werden, dass Reifenbergs eigene Kommentare zu den Werken sozialkritischer Autoren und Künstler wie Friedrich Wolf oder Käthe Kollwitz das Unbehagen des Bildungsbürgers an einem offensiv politisch motivierten Kulturschaffen nicht verleugnen konnten. Im Hinblick auf die Debatte um Geschlechterrollen und Frauenbilder, die im FZ-Feuilleton sehr eingehend geführt wurde, hat Reifenberg nicht vermocht, sich von dem vor 1914 etablierten bürgerlichen Normen- und Wertesystem zu lösen und die sozialen Realitäten der Weimarer Republik angemessen zu berücksichtigen. Seine Bedeutung als Intellektueller in dieser Epoche ist in erster Linie durch seinen beinahe instinktiven Sinn für Qualität und Innovation sowie durch seine hochentwickelte Gabe definiert, einige der namhaftesten Literaten der Gegenwart für die FZ zu gewinnen; er agierte dabei, wie Daniel Argèles für Thomas Mann formuliert hat, als Vertreter eines »kulturellen Aristokratismus«, der »in der Tradition der Aufklärung [stand].«¹¹ Das persönliche Netzwerk erweiterte sich namentlich um die Schriftsteller und Publizisten Joseph Roth, Siegfried Kracauer, Bernard von Brentano und Friedrich Sieburg, die eine wichtige Rolle für das FZ-Feuilleton spielten. Während Reifenbergs Freundschaft mit Roth, der unmittelbar nach der Machtübernahme Hit-

---

9   Benno Reifenberg: Gewissenhaft, in: FZ, 1.7.1929.
10 Benno Reifenberg: Einleitung, in: Ingrid Gräfin von Lynar (Hrsg.): Facsimile Querschnitt durch die Frankfurter Zeitung. Eingeleitet von Benno Reifenberg, Bern/München/Wien 1964, S. 5-8, hier S. 7.
11 Daniel Argèles: Thomas Manns Einstellung zur Demokratie, in: Manfred Gangl/Gérard Raulet (Hrsg.): Intellektuellendiskurse in der Weimarer Republik. Zur politischen Kultur einer Gemengelage, Frankfurt a.M. u.a. 1994, S. 221-231, hier S. 229.

lers emigrierte, 1933 zerbrach und sich gleichzeitig auch der enge Arbeitskontext mit Kracauer nach dessen Flucht aus Deutschland auflöste, haben die Verbindungen mit Brentano und Sieburg die NS-Zeit überdauert und wurden in der Bundesrepublik fortgesetzt.

Redaktioneller Alltag

»Und die Frankfurter Zeitung?
Ihre Auflage wird enorm überschätzt, weil der Streuwinkel des Blattes enorm hoch ist. Die niedrigste betrug dreißigtausend, die höchste fünfundvierzigtausend. Eingesessene Frankfurter lesen den Generaler; gebildete Demokraten im Reiche, eine dünne Oberschicht, halten die Frankfurter Zeitung.
Sie ist [...] ein täglich dreimal erscheinendes Archiv der Weltgeschichte unter besonderer Berücksichtigung deutscher Fragen.
Das sauberste und sensationsloseste Blatt. Abmachung statt Aufmachung. Ohne Schlagzeile. Der Leitartikel der Abendausgabe bis 29 mit dem nackten Datum überschrieben. Alles kühl, klug, schlicht, piano, anonym, ein wenig akademisch, ehrbar und ehrlich.
Unter dem Strich entfernt man sich gern ins Subjektive, Haremhafte. Immer wird geschwärmt, angebetet, bezärtelt, zerschwebt. [...] Hochgebildete, geschmackvolle Epheben schüren den Kamin des Feuilletons und kultivieren kulturvolle Kultur auf kultivierteste Weise. Und ungezählte Sekretärinnen, abgeklärt, vitaminreich und weltentrückt, walten, von süßem Zephir umsäuselt, ihres dito Amtes.«[12]

Mit diesen Sätzen beschreibt Hans Reimann 1930 in seinem nicht ganz ernst gemeinten Reiseführer »Frankfurt – Mainz – Wiesbaden. Was nicht im Baedeker steht« jene Zeitung, die damals wie auch später im Rückblick höchste Ansprüche an das eigene Wirken postulierte: Nicht nur Weltblatt wollte man sein, sondern auch Anwalt der »freiheitlich Gesinnten [...], die dem Unvernünftigen mit Vernunft begegnen, dem Dogmatismus mit Toleranz, die dem Schwachen tätiges Mitleid zollen, die niemals, unter welchen Bedingungen auch, einen Zweifel an der Würde der Humanität zulassen.«[13] Große Worte für eine Tageszeitung, die von ihren

---

12 Reimann: Frankfurt – Mainz – Wiesbaden, S. 135/136. – »Generaler« war die gebräuchliche Abkürzung für die auflagenstarke Frankfurter Tageszeitung, den »Generalanzeiger«.
13 Die Gegenwart/Sonderheft: Ein Jahrhundert Frankfurter Zeitung, Vorwort.

Mitarbeitern immer wieder in erstaunlicher Weise personalisiert worden ist; so gratulierte René Schickele dem Blatt 1931 als einem »Familienmitglied« zum 75. Geburtstag: »Frankfurterin, du gehörst ins Land meiner Kindheit!«[14] Die Identifikation des Einzelnen mit dem Kollektiv war bei der FZ ungewöhnlich stark ausgeprägt und spiegelte sich bei so manchem Mitarbeiter in der Ernsthaftigkeit seiner Züge: »Benno Reifenberg, Feuilletonleiter der Frankfurter Zeitung, sitzt in Premieren, und nichts geht in ihm vor. Er hat noch nie auch nur gelächelt. Vielleicht ab heute.«[15] So sah Reimann den tonangebenden »Epheben« in der zweiten Hälfte der 20er Jahre, während der Betroffene selber die süße Last der Verantwortung empfand:

»Das Geschäft, Kritiken zu schreiben, ist [...] ein kritisches Geschäft, in dem Sinne, wie man von einem kritischen Augenblick spricht. Damit ist ein Augenblick gemeint, in dem alles von einer Entscheidung abhängt, das heißt genauer, wo alles Heil oder Unheil davon abhängt, ob die richtige Entscheidung getroffen wird. [...] Kritik üben bedeutet immer ein gefahrvolles Unternehmen.«[16]

Die Auflage der FZ war zwar deutlich höher als in Reimanns Büchlein angegeben, nahm aber in der Weimarer Zeit mit beunruhigender Geschwindigkeit ab. Waren 1918 noch 110.000 Exemplare täglich auf den Markt gekommen, wobei nicht eindeutig zu klären ist, ob es sich dabei um die gedruckte oder die verkaufte Auflage handelte, so hatte sich diese Zahl bis 1932 halbiert.[17] Wie die beiden anderen großen liberalen Blätter, die »Vossische Zeitung« und das »Berliner Tageblatt«, litt die FZ unter dem Niedergang der liberalen Parteien in der Weimarer Republik. In Kombination mit einem schwindenden Anzeigengeschäft und dem nicht immer klugen ökonomischen Agieren der Unternehmensleitung sorgte dies in der zweiten Hälfte der 20er Jahre für massive materielle Probleme, die zeitweise die Existenz der Zeitung zu gefährden drohten. Seit 1926 arbeitete der Verlag mit Verlusten von jährlich mehreren hunderttausend Mark; Anfang 1928 hatte sich eine Bankschuld von einer Million angehäuft.[18] Kurt Simon, der sich gegen alle Versuche sperrte, das Unternehmen durch grundsätzliche Umstrukturierungen zu retten, musste im

---

14 René Schickele als Familienmitglied an die Frankfurterin, in: FZ, 29.10.1931.
15 Reimann: Frankfurt – Mainz – Wiesbaden, S. 155/156.
16 Reifenberg: Kritisches Geschäft, in: Ders.: Offenbares Geheimnis, hier S. 111/112.
17 Vgl. Gillessen: Auf verlorenem Posten, S. 36.
18 Vgl. ebd., S. 46.

Sommer 1928 aus der Geschäftsleitung ausscheiden und in den Aufsichtsrat überwechseln. Danach lagen die Lasten der Sanierung auf den Schultern seines Bruders Heinrich, der sich von dem befreundeten Berliner Rechtsanwalt Fritz Sabersky beraten ließ. Phasenweise war die finanzielle Misere so schwerwiegend, dass sogar der Verkauf des angestammten Frankfurter Verlagsgebäudes erwogen wurde.[19] Reichtümer konnten die Redakteure unter diesen Umständen nicht ernten. Erik Graf Wickenburg, der von 1928 bis 1943 Mitglied der Feuilletonredaktion und in dieser Funktion anderthalb Jahre lang ein enger Mitarbeiter Reifenbergs bis zu dessen Wechsel nach Paris war, bezeichnete die Bezahlung in einem Interview mit Almut Todorow 1989 als »ziemlich miserabel«. Flapsig fügte er hinzu, er habe sich zwar ein Auto leisten können, »aber Kinder schon nicht mehr.«[20] Die redaktionelle Arbeit in den 20er Jahren vollzog sich im Spannungsfeld von besorgniserregender Finanzlage, permanent sinkender Auflage und hochgesteckten Ansprüchen an die Qualität des Blattes.

»[I]n dem merkwürdigen architektonischen Konglomerat, das die ›Frankfurter Zeitung‹ und ihre Druckerei beherbergte« und in dem sich, wie der Redakteur Hans Bütow berichtete, sogar langjährige Mitarbeiter mitunter verirrten, führte die Feuilletonredaktion ein »abseitiges Dasein. Es war nirgends eine Spur von dem, was man Repräsentanz hätte nennen können.«[21] Die FZ residierte seit 1863 in der Großen Eschenheimer Straße 31 im Herzen Frankfurts. Gillessen hat die Umgebung liebevoll beschrieben:

»Die Straße von der Hauptwache zum Eschenheimer Turm heißt bei den Frankfurtern von alters her die ›Eschenheimer Gaß‹. Auf den Emailleschildern steht ›Große Eschenheimer Straße‹. Groß ist sie eigentlich nicht; vor ihrer Zerstörung in den Luftangriffen des Zweiten Weltkriegs war sie sogar recht schmal, eine richtige Gasse, und groß hieß sie nur zur Unterscheidung von der ›Kleinen Eschenheimer Straße‹, einem kurzen Gäßchen mit Lädchen und Werkstätten kleiner Handwerker, das auf der halben Länge von rechts her einmündete. Die große aber, eben die ›Eschenheimer Gaß‹, zog ehemals in einer leichten Krümmung von der Hauptwache zum Eschenheimer Turm, und

---

19 Vgl. Gillessen: Auf verlorenem Posten, S. 46/47.
20 Erik Graf Wickenburg, Interview vom 16. und 17.5.1989, zitiert nach: Todorow: Das Feuilleton der »Frankfurter Zeitung«, S. 167-193, hier S. 170.
21 Hans Bütow: Große Eschenheimer Straße 31, in: Die Gegenwart/Sonderheft: Ein Jahrhundert Frankfurter Zeitung, S. 39.

LEITER DES FEUILLETONS (1924-1930)

Das Zeitungshaus in der Zwischenkriegszeit

dabei stieg sie auch ein wenig an. Diese Kurve war kaum wahrzunehmen, aber sie gestattete, die Straße immer ganz im Blick zu haben. Am oberen Ende stand der Turm des Eschenheimer Tores, am untern der Glockenturm der Katharinenkirche.«[22]

Betrat man das große Zeitungshaus, so stand man zunächst in einem großzügig mit Marmor und Säulen gestalteten Eingangsbereich, von dem eine geschwungene Treppe sowie ein meist außer Betrieb befind-

22 Gillessen: Auf verlorenem Posten, S. 11

licher Lift in die oberen Etagen führten. Von langen Fluren gingen Büros ab, »Zimmer neben Zimmer, in denen wie an einem Klostergang die Redakteure hausten, allein oder zu zweien [...]. Die Redaktionszimmer waren fast spartanisch einfach gehalten, mit Büchern und Papieren überfüllt, der einzige Schmuck bestand zumeist aus großen Wandkarten.«[23] Die Ressorts waren räumlich voneinander getrennt, das Feuilleton »[i]rgendwo in den unteren Regionen« in Räumlichkeiten untergebracht, die Wickenburg an »Mönchszellen« erinnerten: »[W]irklich so ganz schmale Zimmer nebeneinander. [...] Sehr primitiv eingerichtet, kein Luxus«[24]. Die Aussicht mochte eine Entschädigung darstellen: Durch das Fenster seines Büros genoss Reifenberg den Blick auf das dreiflügelige barocke Stadtschloss, das im 18. Jahrhundert der Fürst von Thurn und Taxis errichtet hatte, als er die Zentrale seines Post-Stafettendienstes vorübergehend an den Main verlegte, und das als Sitz des Deutschen Bundestages ab 1815 und der von der Paulskirche und der Deutschen Nationalversammlung eingesetzten provisorischen Reichsregierung 1848/49 zum Ort großer politischer Ereignisse geworden war. Noch in den 50er Jahren behauptete der ehemalige Feuilletonchef, er kenne das Palais so gut, dass er es aus der Erinnerung zeichnen könne:

> »Das Eisengitter ist durch ein Paar Doppelsäulen von den Flügelmauern kräftig abgesetzt. Alle Flächen sind weiß verputzt, aller Stein ist roter Sandstein [...]. Die Mitte aber krönt eine Skulpturengruppe aus gelbem Sandstein. [...] Die Gruppe gilt als ein Beispiel schönster Barockskulptur. Mir ist sie mehr. Ich sah sie im Regen dunkler werden, im Widerschein später Sonne abends glühen, ich sah ihre Zierlichkeit von schmalen Schneestreifen gesäumt. Ich will nicht schwärmen, aber das Profil der Göttin Minerva suchten meine Augen nicht selten, wenn es galt, über einen Gedanken ganz klarzuwerden oder beim Schreiben den gemäßen Ausdruck zu finden.«[25]

---

23 Bütow: Große Eschenheimer Straße 31, in: Die Gegenwart/Sonderheft: Ein Jahrhundert Frankfurter Zeitung. Dort auch das folgende Zitat.
24 Wickenburg, Interview vom 16. und 17.5.1989, zitiert nach: Todorow: Das Feuilleton der »Frankfurter Zeitung«, S. 183.
25 Benno Reifenberg: Das Portal in der Eschenheimer Gasse, Hessischer Rundfunk, 14.11.1954, abgedruckt in: Ders.: In den Tag gesprochen, S. 174-178, hier S. 177/178.

LEITER DES FEUILLETONS (1924-1930)

Der Arbeitstag bei der FZ begann Mitte der 20er Jahre um acht Uhr morgens – »schrecklicherweise«[26], wie Wickenburg scherzte – mit einer Konferenz zur Vorbereitung der nächsten Ausgabe der Zeitung, die damals noch dreimal täglich erschien. Das Feuilleton war in diesem Plenum nicht vollständig, sondern nur durch Abgesandte vertreten[27], es ist aber davon auszugehen, dass Reifenberg regelmäßig unter den Teilnehmern war.[28] Das »Abendblatt«, das den Leitartikel enthielt und deshalb für das Politische Ressort und die gesamte Zeitung von besonderer Bedeutung war, kam am frühen Nachmittag auf den Markt und druckte um 12 Uhr mittags an: »Die Zeitung mußte also ein paar Minuten nach 11 Uhr am Umbruchtisch fertig sein.«[29] Das »Erste Morgenblatt« wurde am Abend verbreitet, das »Zweite Morgenblatt« in der Nacht versandt und am frühen Morgen ausgetragen. Als man am 1. September 1931 für Frankfurt und Umgebung zu einer zweimaligen Erscheinungsweise überging und das »Abendblatt« mit dem »Ersten Morgenblatt« vereinigte, konnte die Konferenz auf zehn Uhr vormittags verlegt werden. Das Feuilleton folgte einem festen Publikationsrhythmus: »Erstes Morgenblatt« mit umfangreichen Einzelbeiträgen, »Zweites Morgenblatt« ohne Feuilleton oder mit einer Romanfolge, »Abendblatt« mit kürzeren Beiträgen und Kulturnachrichten. Seit dem 1. Februar 1930 gab es für das Reichsgebiet und das Ausland nur noch die sogenannte »Reichsausgabe«, die mit Ausnahme der Frankfurter Lokalberichte den Inhalt aller Ausgaben enthielt und in drei Versionen hergestellt wurde, die von der Länge des Transportweges zum Leser abhingen.[30]

Die Konferenz mit durchschnittlich etwa zwanzig Teilnehmern tagte im zweiten Obergeschoss in einem »lang gestreckten, leicht vom Jugendstil geprägten Raum mit den dunkel gebeizten Holzwänden«[31], dessen Fenster auf das gegenüberliegende Portal und den Innenhof des Palais hinausgingen. Die Redakteure saßen auf festen Plätzen um einen langen, mit grünem Filz bezogenen Tisch, an dessen Kopfende bis Anfang 1934 Heinrich Simon präsidierte. Hinter ihm, an der Schmalseite des Raumes, hing ein Porträt Leopold Sonnemanns. Zu seiner Linken führte seine Sekretärin Margarethe Spannuth, »Königinmutter« genannt, die einzige

---

26 Wickenburg, Interview vom 16. und 17.5.1989, zitiert nach: Todorow: Das Feuilleton der »Frankfurter Zeitung«, S. 170.
27 Vgl. Todorow: Das Feuilleton der »Frankfurter Zeitung«, S. 108/109.
28 Vgl. Apfel: In den zwanziger Jahren, S. 252.
29 Gillessen: Auf verlorenem Posten, S. 30.
30 Ebd.
31 Hummerich: Wahrheit, S. 40.

Frau, die zu dieser Männerrunde zugelassen war, Protokoll, zu seiner Rechten, »als erster an der Längsseite des Tisches, mit dem Rücken zur Fensterfront, saß Robert Drill, der als eine Art Senior die Redaktionsgeschäfte leitete.«[32] Drill war 1870 in Graz geboren worden, hatte dort und in Wien Philosophie, später – nach einer zweijährigen Unterbrechung mit Tätigkeiten im Bankgewerbe und in der Landwirtschaft – Volkswirtschaft in München studiert. Nach seiner Promotion kam er 1896 zur FZ, wo er sich auf Sozialpolitik, Bildungs- und Kirchenfragen spezialisierte. Für den jungen Kollegen Karl Apfel war er »[e]in bedachtsamer, man möchte sagen, abgeklärter Geist, der sich nie zu einer heftigen oder gar unbedachten Äußerung hinreißen ließ. Ein Mann mit einem sehr ausgeprägten, humanen Instinkt.« An seiner Seite hatte Fritz Schotthöfer seinen Platz, »eine sehr entgegengesetzte Natur. Pfälzer von Geburt, war ihm auch das pfälzische Temperament zu eigen, das zu cholerischen Ausbrüchen neigt. [...] Oft legte sich hinterher ein versöhnendes Lächeln auf die Züge, und nie blieb ein Stachel zurück.«[33] Der 1871 geborene Volkswirt hatte lange Jahre als Feuilletonist und später als politischer Korrespondent aus Paris geschrieben, bevor er nach Kriegsende Mitglied der außenpolitischen Redaktion der Frankfurter Zentrale wurde. Im Frühjahr 1939 schied er aus dem Redaktionsverband aus. Als er 1951 starb, ehrte ihn Benno Reifenberg als einen Moralisten im besten Sinne, »der das Richtige und das Falsche genau auseinander hielt«[34], und erinnerte sich, wie Schotthöfer ihn, den jungen Kollegen, warnte: »›Herr Reifenberg, lesen Sie nicht zuviel Zeitungen!‹«

Für den außenpolitischen Teil der Zeitung erwähnt Karl Apfel in seinen Erinnerungen neben Schotthöfer den Frankreich-Experten Emil Ney, altersmüde und voller schwärmerischer Anekdoten über alte Zeiten und lange Nächte in Paris[35], und den Potsdamer Kadettenkorps-Zögling Wolf von Dewall, der nach einem Sprachenstudium in Genf und Paris zehn Jahre lang in China gelebt hatte und seit 1916 für die FZ tätig war; 1932 wurde er zum Leiter des Londoner Büros bestellt. Von der Außen- zur Innenpolitik wechselte in den 20er Jahren Karl August Junge, 1865 geboren, studierter Historiker und erfahrener Journalist, der seit 1903 für die FZ arbeitete. »In lockerer Verbindung zur außenpolitischen Redak-

---

32 Apfel: In den zwanziger Jahren, S. 240. Dort auch das folgende Zitat.
33 Ebd., S. 241.
34 Benno Reifenberg: Ein Journalist, Hessischer Rundfunk, 28.10.1951, abgedruckt in: Ders.: In den Tag gesprochen, S. 45-47, hier S. 47. Dort auch das folgende Zitat.
35 Vgl. Apfel: In den zwanziger Jahren, S. 241/242.

tion stand Mitte der 20er Jahre noch Werner Jantschge«[36], ein gelernter Buchhändler aus Wien, der 1924 als führender Kopf eines pazifistischen Jugendkreises zur FZ gestoßen war. Neben Benno Reifenberg und Erich Tross, der die neugegründete Beilage »Für Schule und Jugend« übernahm, gehörte Jantschge »zur Nachwuchs-Generation, die in diesen Jahren herangezogen wurde.«

Politisch »am weitesten links«[37] stand in der Redaktion der wirtschaftspolitische Redakteur Arthur Feiler, der seinen Platz im großen Konferenzraum an der Fensterseite bei den Außenpolitikern hatte. Feiler, geboren 1879 in Breslau, Abitur, Bankausbildung, war 1903 in die Handelsredaktion eingetreten, wechselte 1910 zum politischen Teil und wurde im Juni 1920 in den zwölfköpfigen Vorläufigen Reichswirtschaftsrat berufen, wo er der Sozialisierungskommission angehörte. Neben seiner Arbeit für die FZ gelang ihm 1923 die Promotion in Heidelberg, 1928 die Habilitation in Frankfurt. Gillessen beurteilt Feiler kritisch: Er habe »sich immer stärker in eine antibürgerliche Haltung hineinmanövriert.«[38] Im Dezember 1930 kam es zum Bruch mit Simon, im Frühjahr 1931 ging Feiler als außerordentlicher Professor an die Handelsschule in Königsberg, blieb aber freier Mitarbeiter der FZ. Feiler hatte in den frühen 20er Jahren das wirtschaftspolitische Ressort innerhalb der politischen Redaktion begründet, das Erich Welter in den 30er Jahren ausbaute. Hier beschäftigte man sich mit Fragen der Volkswirtschaft und der Sozialpolitik, während dem traditionellen Handelsteil die Finanz-, Firmen- und Börsenberichterstattung oblag. In der täglichen Konferenz wurde der Handelsteil – wie auch das »Stadtblatt« – lediglich durch Abgesandte repräsentiert, während alle Vertreter der politischen Redaktion feste Mitglieder waren: »Der Handelsteil und das Stadtblatt führten ein gewisses Eigenleben.«[39]

An der gegenüberliegenden Seite des Tisches, mit Blick zum Fenster, saßen die Vertreter der Innenpolitik: Alexander Giesen, dessen Spezialgebiete Justiz und Verwaltung waren, Salli Goldschmidt, ein ehemaliger Realschullehrer und promovierter Volkswirt, der seit 1898 für die FZ schrieb, und Wilhelm Cohnstaedt, ebenfalls von Hause aus Volkswirt mit Doktortitel. Seit 1901 war Cohnstaedt Mitarbeiter der von Friedrich Naumann herausgegebenen Zeitschrift »Die Hilfe« gewesen. 1906 trat er

---

36 Apfel: In den zwanziger Jahren, S. 243. Dort auch das folgende Zitat.
37 Gillessen: Auf verlorenem Posten, S. 40.
38 Ebd., S. 41.
39 Ebd., S. 30.

in die außenpolitische Abteilung der FZ ein und nahm von 1907 bis 1910 die Aufgabe des USA-Korrespondenten in New York wahr. Nach halbjähriger Tätigkeit im Berliner Büro gelangte Cohnstaedt wieder in die Auslandsredaktion der Frankfurter Zentrale. Cohnstaedt und Goldschmidt engagierten sich beide für die Deutsche Demokratische Partei, der die Redaktion als Gesamtheit politisch nahestand. Goldschmidt war von 1924 bis 1933 Stadtverordneter im Frankfurter Stadtparlament; Cohnstaedt, »der wichtigste innenpolitische Redakteur«[40], gehörte seit 1919 dem Reichsparteivorstand der DDP an. Auch Heinrich Simon war DDP-Mitglied, enthielt sich aber weitgehend öffentlicher Auftritte für die Partei, während Arthur Feiler als einer der wirtschafts- und sozialpolitischen Berater des Parteivorstandes fungierte. Bei Apfel heißt es:

> »Es ist nicht zu leugnen, daß die Zeitung in ihrem innenpolitischen Teil, bei aller Unabhängigkeit ihrer Meinung, in einer gewissen politischen Verschwisterung zur Demokratischen Partei lebte, daß sie sich auch in den ersten Jahren der Republik bei Parlamentswahlen deutlich für diese Partei aussprach. Trotzdem hütete sie sich, ein Parteiorgan zu werden. Die offene Haltung gegenüber dem Zentrum und der Sozialdemokratie blieb stets gewahrt, während im Laufe der Jahre das Verhältnis zur benachbarten bürgerlichen Gruppe, der Deutschen Volkspartei, besonders nach dem Tode Stresemanns, immer problematischer wurde.«[41]

Neben den innenpolitischen Redakteuren am großen Konferenztisch saß Philipp Rodenbach, der sich als Ingenieur vor allem mit technisch-wirtschaftlichen Fragen und Städtebau beschäftigte. Der Rest der Stühle war den Feuilletonisten und den Vertretern der anderen nichtpolitischen Ressorts sowie den jüngeren Kollegen vorbehalten. Zu ihnen gehörten die Vertreter der Depeschenredaktion, die als Nachrichtenredakteure »die eigentlichen ›Blattmacher‹«[42] waren. Reifenbergs Amtsvorgänger Geck »hatte im Konferenzzimmer seinen eigenen Platz, ein wenig abseits, in der Fensternische, wo auch die Tageszeitungen zur Lektüre auslagen. In einem kleinen Sessel sitzend, pflegte er während der Sitzungen in der Frankfurter Zeitung zu lesen.«[43] Novizen in der Redaktion wurden nach erst drei Monaten zur Konferenz gebeten und bekamen dann zunächst

---

40 Gillessen: Auf verlorenem Posten, S. 35.
41 Apfel: In den zwanziger Jahren, S. 246/247.
42 Ebd. S. 250.
43 Ebd., S. 252.

einige Wochen lang ein »Armesünderbänkchen«[44] hinter dem Vorsitzenden zugewiesen. Erst wenn Simon den neuen Kollegen aufforderte, einen bestimmten Platz bei Tisch einzunehmen, waren die »Initiationsriten«[45] der Männerrunde abgeschlossen.

Wichtigster Tagesordnungspunkt der Konferenz war die Besprechung des Leitartikels. Sie folgte direkt auf das Referat eines Depeschenredakteurs, der die wichtigsten Nachrichten der Nacht zusammenfasste und auf die anstehenden Ereignisse des Tages verwies. Die Inhalte des Leitartikels mussten zügig durchgesprochen werden; der jeweils mit der Abfassung betraute Redakteur verließ die Konferenz und zog sich in sein Büro zurück. Er besaß in den folgenden zwei Stunden das Privileg, beim Arbeiten die Tür nicht nur zu schließen, was bei der FZ ansonsten unüblich war, sondern sich auch mit einem Schild mit einem großen schwarzen »L«, das an die Türklinke gehängt wurde, vor unliebsamen Störungen zu schützen. Der Leitartikel entstand immer unter Zeitdruck, wobei die Arbeit dadurch erleichtert wurde, dass Gedankengang und Argumentation mindestens in großen Zügen, mitunter auch im Detail bereits im Plenum festgelegt worden war. In der Konferenz wurden laut Hummerich anschließend »dringende Themen diskutiert, Artikeleingänge vorgetragen, Wünsche an die Korrespondenten festgelegt, Zuschriften erörtert, Informationen aus den verschiedensten Gebieten mitgeteilt […]. Wichtiges wurde auch aus anderen Zeitungen berichtet«.[46]

Karl Apfel beschreibt in seinen Erinnerungen, wie er 1925 als 27-jähriger zur Redaktion stieß. Er stammte aus Mannheim, hatte nach der Teilnahme am Ersten Weltkrieg in Heidelberg und München Germanistik und Geschichte studiert und zum Jahreswechsel 1922/23 promoviert. Mit einem Probeartikel in der Tasche wurde er im ersten Stock des großen Gebäudes in der Eschenheimer Gasse im sogenannten Botenzimmer vorstellig – einem spärlich möblierten Raum, der bei der FZ zugleich als Anmeldezimmer diente:

> »Da es sich bei dem Artikel um eine vergleichende historische Betrachtung handelte, schickte der Bote den Besucher zu Fritz Schotthöfer von der Außenpolitik. […] Was sich aus dem Kontakt mit ihm ergab, in einem späteren Gespräch auch mit Heinrich Simon und anderen Herren, war die Mitteilung, daß die Redaktion gerade daran denke,

---

44 Gillessen: Auf verlorenem Posten, S. 32.
45 Ebd., S. 33.
46 Hummerich: Wahrheit, S. 41/42.

eine junge Nachwuchskraft einzustellen, woraus sich dann eine Abrede entwickelte, als Volontär in die Redaktion einzutreten.«[47]

Über die Aufnahme des Anwärters entschied die sogenannte Engere Konferenz, »ein Gremium der Redakteure mit einer gewissen Anciennität.«[48] Falsch ist Apfels Behauptung, »daß die Redaktion bei der Aufnahme von Nachwuchskräften unabhängig von Empfehlungen oder persönlichen Beziehungen war.«[49] Benno Reifenbergs Vita wie auch Erik Graf Wickenburgs Werdegang beweisen das Gegenteil. Wickenburg war 1903 im österreichischen Kasern geboren worden, hatte zwei Studiengänge – Jura und Philosophie – abgebrochen und als Angestellter in einer Champagnerfabrik gearbeitet, als er mit 25 Jahren in die Feuilletonredaktion der FZ eintrat, wo er zeitweise für das »Reiseblatt« und die Beilage »Berichte und Bilder« verantwortlich war. In erfrischender Offenheit berichtete er Almut Todorow, dass ihm die Schwester seiner Frau über Irma Simon die Möglichkeit zu einem Vorstellungsgespräch vermittelt habe:

> »Da bin ich hingefahren und das war wirklich sehr lustig, da dachte ich, na, jetzt wirst Du von allen Seiten gefragt werden, was du alles kannst, – ich kann ja nichts. Ich habe ja nur wenig studiert; ich habe gesagt, ein bisserl Philosophie – habe aber nicht viel gemacht. Na, ich kam hin, und kein Mensch hat mich gefragt, sondern der Reifenberg, der damalige Chef des Feuilletons, hat mich zu seiner Wohnung eingeladen. Und sein Sohn war da, der war, glaube ich, sechs, sieben Jahre alt, und wir haben den ganzen Nachmittag gespielt mit seinem Sohn. Ich habe Kinder sehr gern, und so habe ich mit dem gespielt, und der Reifenberg kam so zwischendrin einmal dazu, und damit war die Sache erledigt. ›Ja‹, sagte er, ›Sie kommen dann auf Probe im Mai‹, oder Juni war's. Und da kam ich jetzt auf Probe nach Frankfurt und war sehr gern dort.«[50]

Es ist erstaunlich, dass Reifenberg bei einem so engen Mitarbeiter wie Wickenburg nicht stärker auf den Nachweis beruflicher Qualifikation geachtet haben soll, denn in der Regel nahm er seine Tätigkeit und die damit verbundene Verantwortung überaus ernst. Obwohl die Arbeit als Feuilletonist häufig mit einem grundlegenden Selbstzweifel verbunden

---

47 Apfel: In den zwanziger Jahren, S. 236.
48 Ebd. S. 237.
49 Ebd., S. 236.
50 Wickenburg, Interview vom 16. und 17.5.1989, zitiert nach: Todorow: Das Feuilleton der »Frankfurter Zeitung«, S.167.

war, der Reifenbergs journalistischen Lehrer Rudolf Geck 1925 zu der Formulierung inspirierte, »[d]aß diese für den Tag Schaffenden und vom Tag Verschlungenen« gerade gut genug schrieben, um »am nächsten Morgen in [ihren] Geist Käse eingewickelt« zu sehen[51], war Reifenberg weit davon entfernt, seinen Beruf mit Geringschätzung oder Selbstironie zu betrachten. Das Stigma, schöngeistig-unterhaltendes Beiwerk für die »harten« Sparten Politik und Wirtschaft zu produzieren, hat ihn – zumindest dem äußeren Anschein zufolge – nicht tangiert.

Das Feuilleton als Diskursraum

Der verlorene Krieg, das Ende des Kaiserreiches und der politische und kulturelle Aufbruch der jungen Republik spiegelten sich in der Weimarer Zeit im Feuilleton der FZ, wo die ältere, im 19. Jahrhundert wurzelnde Generation, für die beispielhaft Rudolf Geck stand, Mitte der 20er Jahre in den Hintergrund trat und durch jüngere Journalisten wie Benno Reifenberg, Siegfried Kracauer, Joseph Roth oder Friedrich Sieburg abgelöst wurde: »Sie waren die Vertreter einer Generation und eines liberalen Milieus, das die durchdringende Veränderung der kaiserzeitlichen Lebensverhältnisse vorantreiben wollte und das Feuilleton als Diskursraum nutzte.«[52] Reifenberg, der an diesem Prozess maßgeblich beteiligt war, hatte in diesem Sinne klare Maximen an die Mitarbeiter ausgegeben, die Wickenburg in der Erinnerung so zusammenfasst:

»Der Reifenberg war der Meinung, das Feuilleton darf nicht nur aus schöngeistigen Dingen bestehen, sondern muß auch vor allem die Reportage von Berufen, Tatsachen und Umständen bringen. Ich habe einen Artikel geschrieben über die Champagnererzeugung, zum Beispiel, [...] und einen anderen, da war ich bei verschiedenen Fabriken und habe das angeschaut. Das waren Reportagen, die sollten nach Reifenbergs Vorstellung die Substanzen des Lebens zeigen, nicht so sehr ein Gedicht machen wie: draußen schneit's und die Flocken fallen, lyrische Sachen oder Liebesgeschichten, das alles nicht. Sondern Feuilletons in dem damaligen Sinn, also gut geschriebene Berichte über vorhandene Substanzen.«[53]

---

51 Rudolf Geck: Wollen die Eintagsfliegen ..., in: FZ, 16.1.1925.
52 Todorow: Das Feuilleton der »Frankfurter Zeitung«, S. 69.
53 Wickenburg, Interview vom 16. und 17.5.1989, zitiert nach: Todorow: Das Feuilleton der »Frankfurter Zeitung«, S. 169.

Als »Anführer«[54] der Frankfurter Feuilletonisten war Reifenberg grundsätzlich für die Auswahl der Themen verantwortlich, bestimmte die großen Linien, segnete die einzelnen Artikel ab und übernahm »ganz allein«[55] die Auswahl der Romane, die in den Vorabdruck gingen. Darüber hinaus publizierte er häufiger eigene Artikel als in den Jahren der freien Mitarbeit bis 1924. Wickenburg erinnerte sich an den gemeinsamen Arbeitsalltag folgendermaßen:

> »Da war also der Reifenberg, und ich saß in dem Vorzimmer vom Reifenberg und war sein nächster Kollege und hatte die angenehme Aufgabe, alle, die ins Zimmer vom Reifenberg wollten, mußten bei mir durchgehen, und ich mußte sie wegschicken, der hatte ja wirklich keine Zeit. [...] Die Post kam zu mir, alle Post, ich habe sie dann aussortiert, je nach Ressort, Musik, Theater und so weiter oder Feuilletons, die eingeschickt wurden. Die Feuilletons, die eingeschickt wurden, haben wir verteilt an die verschiedenen Lektoren, das waren vor allem der Geck und ich, da war dann meistens nichts Gescheites dabei. Und der Geck und ich, wir haben beide dann die Sachen gelesen, wir haben es uns gegenseitig unter Umständen gezeigt, wenn es gut war, haben wir es gegengelesen. Und von Zeit zu Zeit hat sich dann der Reifenberg zu uns gesetzt, hat gesagt, das ist vielleicht gut, und das ist gut, und er hat dann die endgültige Wahl getroffen, was genommen wird.«[56]

Almut Todorow ist es gelungen, das personelle Gefüge der Feuilletonredaktion während der zweiten Hälfte der 20er Jahre weitgehend zu rekonstruieren. Die »hauptberufliche Stammbesetzung«[57] bestand demnach aus Benno Reifenberg, Rudolf Geck, der souverän genug war, als »einfacher« Redakteur seinem einstigen Schüler Reifenberg zuzuarbeiten, Bernhard Diebold, seit 1917 verantwortlicher Theaterkritiker, und Siegfried Kracauer, seit 1920 Mitarbeiter und seit 1921 Redakteur der FZ. Hinzu kamen eine Reihe fester Mitarbeiter, die regelmäßig publizierten, deren vertragliche Beziehungen zur Redaktion aber nicht bekannt sind. Als Rezensent des Frankfurter Musiklebens arbeitete Karl Holl für die Zeitung; er war »einer der beständigsten Mitarbeiter bis zum Ende der Weimarer Zeit [...], der zeitenweise ein Riesenpensum im Feuilleton absolvierte und damit einer der wichtigsten Vermittler der zeitgenössischen

---

54 Wickenburg, Interview vom 16. und 17.5.1989, zitiert nach: Todorow: Das Feuilleton der »Frankfurter Zeitung«, S. 180.
55 Ebd., S. 182.
56 Ebd., S. 180.
57 Todorow: Das Feuilleton der »Frankfurter Zeitung«, S. 91.

Neuen Musik während der Weimarer Republik wurde.«[58] Diebolds Theaterberichte aus Frankfurt und Umgebung wurden ergänzt durch die Berliner Theaterkritiken von Ernst Heilborn, der bereits seit 1901 für das Blatt tätig war. Daneben finden sich regelmäßig Beiträge von Karl August Junge, der eigentlich zum Ressort Innenpolitik zählte, und von dem für Wirtschaft und Technik zuständigen Redakteur Erich Laßwitz. Todorow nennt außerdem die Namen Ernst Benkard, Werner Mahrholz, Walter Müller-Wulckow, Hans Natonek, Franz Rieffel, Waldemar Schweisheimer, Leopold Schwarzschild, Walter Tschuppik sowie Martha Maria Gehrke, Margarete Susmann, Hannah Szász und Margarete Zündorff. Ferner beschäftigte die Redaktion in den späten 20er Jahren einen Redakteur als Assistenten des Feuilletonleiters. Laut Wickenburg, der diesen Posten im Juli 1928 übernahm, hatte er mit Heinrich Hauser und Joseph Roth zwei Vorgänger innerhalb von kurzer Zeit gehabt, die es – beide mit Reifenberg persönlich befreundet – in dieser Position nicht lange ausgehalten hatten.[59] Wickenburg, elf Jahre jünger als Reifenberg und ohne journalistische Ausbildung oder Erfahrung, hatte dagegen keine Probleme, sich mit der Assistentenrolle zu arrangieren, zumal er seinen Vorgesetzten mochte und schätzte:

> »Bei uns im Feuilleton war der Reifenberg der Chef, für mich das Idealbild nicht nur eines guten Schreibers, sondern auch eines vorbildlichen Menschen; sehr seriös, aber großzügig im Denken und wohltuend in der Form des Umgangs, bei dem man immer das Gefühl hatte, verstanden und geachtet zu werden, auch wenn man Fehler gemacht hatte. Er wußte immer [...] ein gutes Motiv zu finden. Für mich das Ideal eines modernen Gentleman, wie es mir später nie wieder begegnet ist.«[60]

Wickenburg schwärmte von der »absolut kameradschaftlich[en]«[61] Art Reifenbergs, der kranke oder erschöpfte Mitarbeiter ohne weitere Umstände nach Hause geschickt, ihnen Erholungspausen geradezu verordnet habe. Urlaubsreisen seien problemlos genehmigt worden: »Es ging alles ganz locker vor sich.«[62] Die angenehme Atmosphäre habe die langen Ar-

---

58 Todorow: Das Feuilleton der »Frankfurter Zeitung«, S. 92.
59 Vgl. Wickenburg, Interview vom 16. und 17.5.1989, zitiert nach: Todorow: Das Feuilleton der »Frankfurter Zeitung«, S. 187.
60 Ebd., S. 172.
61 Ebd., S. 188.
62 Wickenburg, Interview vom 16. und 17.5.1989, zitiert nach: Todorow: Das Feuilleton der »Frankfurter Zeitung«, S.183. Dort auch das folgende Zitat.

beitstage vergessen lassen: »Auch mußte man nicht die Zeit absitzen, man ist gern dort gesessen. Ich bin eigentlich zehn Stunden manchmal gesessen. Weil's ja interessant war. Also nicht so wie in einer Firma, wo man wartet, oh, es ist halb sechs, um sechs ist Schluß und so.«

Inhaltlich gliederte sich die Arbeit im Feuilleton in zwei Bereiche, in das Redigieren, das sich in den späten 20er Jahren bei Wickenburg und Geck konzentrierte, und in das Schreiben, das die Redaktionsmitglieder und die zahlreichen freien Mitarbeiter und »Fachleute« gleichermaßen übernahmen. Obwohl es grundsätzlich »eine gewisse Teilung, Ressortteilung«[63] gab, war jeder »feste« Angehörige der Feuilletonredaktion in der Lage, für alle Bereiche einzuspringen. Wickenburg führt dazu aus:

»Der Diebold war nur fürs Theater da und hat sehr lange Geschichten, sehr interessante Aufsätze geschrieben. Für die Musik war der Dr. Holl zuständig. Und dann für Film war der Kracauer, Siegfried Kracauer. [...] Und Literatur hat zum großen Teil der Hausenstein gemacht. Und dann wir alle, jeder hat einmal geholfen. Ich habe einmal über einen Film was geschrieben, obwohl das sein [Kracauers, DB] Ressort war. Es war also eine sehr kameradschaftliche Arbeit, Zusammenarbeit.«

Auch Redakteure des Politik- und Handelsressorts kamen gelegentlich mit eigenen Beiträgen im Feuilleton zu Wort, während sich umgekehrt die Feuilletonisten sich nur höchst selten im politischen Teil äußerten. Neben den Artikeln der eigenen festen und freien Mitarbeiter wurden fremde Texte gedruckt, darunter Erzählungen und Romane im Vorabdruck.[64] Hier entfaltete das Feuilleton seine ganze Strahlkraft; die immer etwas schwärmerische Helga Hummerich zitierte sogar einen nicht genannten Kollegen mit den Worten, »[z]u Reifenbergs Zeit im Feuilleton der FZ erscheinen zu dürfen, sei unmittelbar nach der Auszeichnung durch den Nobelpreis gekommen.«[65] Neben jenen Autoren wie Rudolf G. Binding, Fritz von Unruh, Wilhelm Hausenstein, Max Picard, Kasimir Edschmid, Julius Meier-Graefe, René Schickele und Annette Kolb, die sich aufgrund persönlicher Beziehungen zum Hause Simon ohnehin im Dunstkreis der FZ bewegten, zierten Namen das Feuilleton, die ent-

63 Ebd., S. 170. Dort auch das folgende Zitat.
64 Ein Verzeichnis der Fortsetzungsromane und Erzählungen, die zwischen 1919 und 1933 in der Frankfurter Zeitung erschienen, findet sich bei: Karl Woisetschläger: Die Rezeption neuer Erzählliteratur in der »Neuen Freien Presse« und in der »Frankfurter Zeitung« 1918-1933, Diss. Univ. Wien 1991, S. 372-374.
65 Helga Hummerich: Schreiben – ein Fest. Von gemeinsamen Arbeitstagen, Einleitung zu: Reifenberg: Offenbares Geheimnis, S. 9-20, hier S. 20.

LEITER DES FEUILLETONS (1924-1930)

weder schon in den 20er Jahren weithin bekannt waren oder aber ihren Ruhm in dieser Zeit begründeten: Walter Benjamin, Ernst Bloch, Bert Brecht, Max Brod, Alfred Döblin, Max Frisch, Erich Kästner, Hermann Kesten, Egon Erwin Kisch, Heinrich Mann, Robert Musil, Erwin Piscator, Joseph Roth, Anna Seghers, Carl Zuckmayer und Arnold Zweig, aus Frankreich André Gide, Julien Green und Marcel Proust, aus dem angloamerikanischen Sprachraum Ernest Hemingway und James Joyce – die Liste ließe sich fortsetzen.

Es ist unmöglich, einen exakten Überblick über alle Veröffentlichungen zu geben, die der Feuilletonleiter Reifenberg zwischen 1924 und 1930 verantwortete. Todorow, die das Feuilleton des Jahres 1929 akribisch untersucht hat, fand unter anderem Auszüge aus dem Nachlass von Oscar Wilde und Émile Zola sowie aus dem Werk Edgar Allan Poes, städtebauliche Überlegungen des bekannten Frankfurter Architekten und Stadtplaners Ernst May, ein Lenin-Porträt aus der Feder Winston Churchills, den Erstabdruck eines Aufsatzes von Maxim Gorki, André Gides Kindheitserinnerungen, Ernährungsratschläge für Tuberkulosekranke von Ferdinand Sauerbruch, einen Beitrag über Richard Wagner als Tierschützer, Betrachtungen von Georg Swarzenski über »Das Museum der Gegenwart«, den fast vollständigen Vorabdruck von Döblins Romanerfolg »Berlin Alexanderplatz«, einen Reisebericht Arthur Feilers aus Russland, Aphorismen von Hugo von Hofmannsthal, drei Kapitel aus Friedrich Sieburgs »Gott in Frankreich?« im Vorabdruck, Annette Kolbs Notizen aus einem Gespräch mit dem französischen Staatsmann Aristide Briand, Briefe des Mediziners und Politikers Rudolf Virchow an seine Mutter und von Theodor Storm an den Kollegen Fontane, Agnes Smedleys Lebenserinnerungen »Eine Frau allein« und – last but not least – Siegfried Kracauers große soziologische Untersuchung »Die Angestellten«. Angesichts dieser Vielfalt und der Qualität der gewählten Texte scheint Friedrich Sieburgs enthusiastisches Urteil über das Feuilleton in der Ära Reifenberg gerechtfertigt:

»Dahinrauschende Erzählertemperamente, geniale Melancholiker, geistesstarke Haarspalter, die in der dünnen Luft der damaligen Soziologie ihr kniffliges Handwerk betrieben, Gläubige und Zweifler, Spötter und Enthusiasten, sie alle wurden in den Dienst eines Feuilletons gestellt, das in Wahrheit ein Panorama der Zeit war«.[66]

---

66 Friedrich Sieburg, zitiert nach Franz Taucher in dessen Vorwort zu: Reifenberg: Landschaften und Gesichter, S. 10.

»[I]n der dünnen Luft der damaligen Soziologie« bewegte sich namentlich Reifenbergs redaktioneller Mitstreiter Siegfried Kracauer[67], der im Rahmen seiner journalistischen Tätigkeit »die Bewohner des deutschen Kosmos an den entlegensten Orten« aufsuchte, wie sein Biograph Momme Brodersen schreibt, »in Arbeitsämtern, bei Demonstrationen, in Spelunken und Vergnügungslokalen, auf Sport- und politischen Veranstaltungen, am häufigsten aber in einer Lokalität, die gewissermaßen der Ort der kleinen Leute war – in den Kinos oder, wie es damals noch hieß, in den ›Lichtspieltheatern‹.«[68] Kracauer war 1889 in Frankfurt geboren worden und im kleinbürgerlichen Norden der Stadt aufgewachsen; die feine Wohngegend am Anlagenring, wo Benno Reifenberg seine Kindheit und Jugend verbracht hatte, kannte er nur durch Sonntagsspaziergänge mit seinem beruflich frustrierten Vater, der sich als Tuchhändler und reisender Vertreter mehr schlecht als recht durchs Leben schlug und zu Hause die Familie tyrannisierte. Wie viele Söhne aus dem ehrgeizigen mittelständischen Judentum besuchte Kracauer das Realgymnasium, um einen »ordentlichen« Beruf zu erlernen. Er studierte Architektur und bestand 1911 in München sein Diplom als Bauingenieur. Zum Journalismus kam er als Seiteneinsteiger auf Umwegen, nachdem er als Architekt mehr oder weniger gescheitert war und den Krieg als »arbeitsverwendungsfähig im Beruf« an der »Heimatfront« – zuletzt im Stadtbauamt Osnabrück – verbracht hatte. Ausgeprägte Minderwertigkeitskomplexe überschatteten zumindest die ersten Lebensjahrzehnte des kleinwüchsigen Mannes mit dem Sprachfehler und dem »uneuropäischen Gesicht«[69], dessen Meldung als Kriegsfreiwilliger im Jahre 1914 aus gesundheitlichen Gründen abgelehnt worden war. Nach dem Krieg setzte sich Kracauer intensiv mit Georg Simmel auseinander und fand über den Kulturpessimismus zur Sozialkritik. Die lange entbehrte berufliche Stabilität erhielt er durch seine Festanstellung als Redakteur bei der FZ im Jahre 1924.

Neben seiner bekannten Studie »Die Angestellten«, die 1929/30 zunächst im Feuilleton der FZ, später als Buch erschien, verfasste Kracauer

67 Vgl. Stalder: Siegfried Kracauer sowie ferner v.a. Gertrud Koch: Kracauer zur Einführung, Hamburg 1996; Momme Brodersen: Siegfried Kracauer, Reinbek bei Hamburg 2001; Georg Steinmeier: Siegfried Kracauer als Denker des Pluralismus. Eine Annäherung im Spiegel Hannah Arendts, Berlin 2008; Frank Grunert/Dorothee Kimmich (Hrsg.): Denken durch die Dinge. Siegfried Kracauer im Kontext, Paderborn 2008.
68 Brodersen: Siegfried Kracauer, S. 55.
69 Joseph Roth an Bernard von Brentano, 19.12.1925, in: Joseph Roth. Briefe 1911-1939, S. 70/71, hier S. 70.

einen autobiographischen, anonym veröffentlichten Roman mit dem Titel »Ginster«, den die FZ im April 1928 in Auszügen druckte. Er berichtet darin vom Erleben – oder besser gesagt: vom Nichterleben – des Krieges aus der Perspektive eines frontuntauglichen jungen Mannes, der die Jahre 1914 bis 1918 als »völlige Ereignislosigkeit«[70] erfährt. Das Werk erschien nahezu gleichzeitig mit Arnold Zweigs »Der Streit um den Sergeanten Grischa«, Ludwig Renns »Krieg« und Erich Maria Remarques »Im Westen nichts Neues«, war aber im Gegensatz zu diesen Kriegsromanen kein großer Erfolg. Trotz des prestigeträchtigen Vorabdrucks in der FZ brauchte Kracauer, das »arme Waserl«[71], lange, um einen Verlag zu finden, und als er es schließlich geschafft hatte, bei S. Fischer in Berlin unter Vertrag zu kommen, lag das Buch, »das allzu quer zu seiner Zeit stand«[72], wie Blei in den Regalen. Auf einem Zeitungsabdruck des Romans findet sich die handschriftliche Widmung: »Für Benno Reifenberg in Dankbarkeit für den Ginster und in Freundschaft. Krac. 4. Mai 1928«[73].

Enger und zugleich problematischer als die Freundschaft mit Kracauer war in den 20er und frühen 30er Jahren Reifenbergs Beziehung zu dem Schriftsteller Joseph Roth, der seit 1923 für die FZ arbeitete und 1925/26 als Auslandskorrespondent des Blattes in Paris lebte, wo Benno und Maryla Reifenberg ihn und seine Frau Friedl im Herbst 1925 besuchten. Roth liebte die französische Hauptstadt, die er, der Jude aus dem österreichischen Galizien, als eine Art Ersatzheimat empfand, und war verzweifelt, als er den Pariser Posten nach nur einem Jahr an Friedrich Sieburg abgeben musste. 1894 in bescheidenen Verhältnissen geboren, hatte Roth in Wien Literaturwissenschaft studiert und schon früh journalistisch gearbeitet. 1914 war er als untauglich vom Militärdienst zurückgestellt worden, und als er 1916 schließlich doch eingezogen wurde, fand er rasch im Pressedienst Verwendung, wo er nach eigenen Angaben unter anderem mit der Zensur von Feldpostbriefen betraut war. Nach Kriegsende begann der mittellose junge Mann seine Laufbahn als Feuilletonist und Schriftsteller. Aus seiner Zeit als Hauslehrer in einer adeligen Familie übernahm er einiges für die eigene Lebensführung: »Handküsse, gelbe Rosen, Spazierstöcke sowie der Kult der nach unten enger werdenden Hosenbeine

---

70 Brodersen: Siegfried Kracauer, S. 67.
71 Roth an Brentano, in: Joseph Roth. Briefe 1911-1939, S. 70/71.
72 Brodersen: Siegfried Kracauer, S. 69.
73 Vgl. ebd., S. 59.

gehören in der Erinnerung seiner Freunde zu Roth. Auf viele Beobachter wirkte er später vollendet österreichisch, auch sehr aristokratisch.«[74]

Als seine Freundschaft mit Reifenberg begann, war Roth bereits Alkoholiker. Dennoch schrieb er neben seinen journalistischen Arbeiten allein in den Jahren 1922 bis 1924 drei Romane: »Das Spinnennetz« erschien im Vorabdruck in der Wiener »Arbeiterzeitung«, »Hotel Savoy« in der FZ und »Die Rebellion« im »Vorwärts«. »Hotel Savoy« beleuchtet den gesellschaftlichen Umbruch der Nachkriegszeit durch die symbolische Darstellung eines heruntergekommenen Luxushotels in einer großen Industriestadt im Osten, vermutlich Lodz. Der Roman spielt im Sommer 1919. Vor dem Hotel steht Gabriel Dan, aus russischer Gefangenschaft entlassen, entwurzelt und berufslos, kontaktfreudig und abenteuerlustig. Er, der einmal Schriftsteller werden wollte, lässt sich treiben – ein Heimkehrer, einer von denen, die der Krieg zerstört hat. Außer einem vagen Bedürfnis nach Abwechslung ist ihm nichts geblieben. Er verlässt das Hotel erst, als es durch einen Brand verwüstet wird. – Zu Roths großen Veröffentlichungen in der FZ zählten ferner Reiseberichte aus der Sowjetunion, aus Albanien, Polen und Italien sowie aus dem Saargebiet.

Ende der 20er Jahre geriet Roths turbulentes, vom Trinken, Schreiben und Reisen geprägtes Leben vollständig aus den Fugen, als seine Frau geistig erkrankte und zu verwahrlosen begann. Benno und Maryla Reifenberg haben dem Roth-Biographen David Bronsen Jahrzehnte später von einem erschütternden Erlebnis erzählt: An einem Märzabend des Jahres 1928 klopfte es an der Tür ihrer Frankfurter Wohnung, und vor ihnen stand Friedl Roth im Zustand akuter Verwirrung – mit ungepflegten Haaren, zerdrückter Kleidung und schiefer Körperhaltung, erfüllt von motorischer Unruhe. Maryla Reifenberg erinnerte sich:

> »Meine Mutter meinte sofort, die arme Frau sei verstört. Mit etwas wie Panik in der Stimme erklärte Friedl, sie käme soeben von St. Raphael [an der französischen Riviera, DB], und daß sie es dort nicht länger aushalte. Da ihr Zimmer oberhalb der Zentralheizung lag, meinte sie, es kämen Gespenster aus den Rohren und sie hatte auch die Vorstellung von aufsteigenden Erddämpfen, die sie erschreckt haben sollen. Dann packte sie gegen Roths Freunde aus. Die hätten nur so getan, als ob sie nett wären, aber sie könne sie durchschauen.

[74] Helmuth Nürnberger: Joseph Roth, Reinbek bei Hamburg 1981, S. 42/43. – Zu Roth vgl. ferner das herausragende Werk von Bronsen: Joseph Roth, sowie in neuerer Zeit: Géza von Cziffra: Der heilige Trinker: Erinnerungen an Joseph Roth. Mit einem Vorwort von Marcel Reich-Ranicki, Berlin 2006.

Ich brachte sie im Frankfurter Hof unter, rief Roth in Berlin an und verbrachte zusammen mit meinem Mann, der mich nicht mit Friedl allein lassen wollte, die ganze Nacht in ihrem Zimmer. Sie konnte nicht schlafen, sprach immer wieder von Feinden, brachte alles durcheinander und richtete noch einmal Beschuldigungen gegen Roths Freunde und viele andere Menschen.«[75]

Zeitweise hatten die Reifenbergs den Eindruck, dass Friedl Roth absichtlich verstört wirken wollte, um die in ihrer problematischen Ehe mit einem intellektuell weit überlegenen Mann aufgestauten Aggressionen zu kanalisieren. Als sie diesen Verdacht jedoch dem behandelnden Arzt anvertrauten, antwortete dieser nur, »man müsse achtgeben, denn sie könne aus dem Fenster springen.«[76] 1929 kam die noch nicht 30-jährige mit der Diagnose Schizophrenie in die Berliner Nervenheilanstalt Westend, 1930 wurde sie nach Österreich gebracht, wo sie zehn Jahre lang in verschiedenen Sanatorien und Pflegeheimen lebte. Im Zuge der NS-Krankentötungen wurde sie im Juli 1940 ermordet. Obwohl Joseph Roth schon 1929 eine Affäre mit der Schauspielerin Sybil Rares hatte und bald darauf eine längere Liebesbeziehung mit der farbigen Journalistin Andrea Manga Bell einging, blieb die Erkrankung seiner Frau eine der einschneidendsten Erfahrungen seines Lebens. Im Interview mit Bronsen bekannte Benno Reifenberg, dass er dem Freund davon abgeraten hatte, die Kranke persönlich zu betreuen: »Als Roth mich wegen seiner Frau um Rat bat, sagte ich ihm, er könnte nicht beides tun – arbeiten und seine Frau pflegen. Er stützte sich darauf, als er seine Frau nach Wien schickte, hatte aber zu gleicher Zeit Schuldgefühle, er tue nicht genug für sie.«[77]

In dieser schwierigen Phase war Roth häufig zu Gast bei den Reifenbergs, wo er, der ohne Vater und Geschwister aufgewachsen war und keine eigenen Kinder hatte, vorübergehend familiäre Geborgenheit fand. Besonders gut verstand er sich mit Marylas Mutter, die er zärtlich »Babusia« (polnisch: »Großmutter«) nannte.[78] Bronsen ist der Ansicht, dass Benno Reifenberg für Joseph Roth »psychisch die Rolle eines älteren Bruders spielte«[79]. Umgekehrt schilderte Reifenberg den Schriftsteller nach seinem Tod als »das ewige Kind, das im Affekt handelt«[80]. So er-

---

75 Interview Maryla Reifenberg, zitiert nach: Bronsen, Joseph Roth, S. 336.
76 Bronsen, Joseph Roth, S. 336.
77 Interview Benno Reifenberg, zitiert nach Bronsen, Joseph Roth, S. 344.
78 Vgl. Bronsen, Joseph Roth, S. 373/374.
79 Ebd., S. 59.
80 Ebd., S. 374.

zählte er von einer Szene, die er mit dem chronisch finanzschwachen Dichter in Paris erlebt habe:

> »Er glaubte, daß andere den scharfgeschliffenen Wundersinn für die geheimen Quellen des Geldes besaßen, ihm selbst blieben sie verschlossen. Sie versiegten unter seiner zierlichen Hand. [...] Einmal, als er sich und mir eingestand, daß er nun auf Monate eingeschränkt würde leben müssen, und dabei zufällig in die Manteltasche griff und nur Kleingeld darin fand, schleuderte er in einem furchtbaren Unmut die elenden Kupferstücke auf die Straße. Es war eine tüchtige Handvoll Sous, die da auf der abschüssigen Rue de la Sorbonne wegrollte. Eine alte Frau war hinter uns hergegangen und sammelte flink ein. Joseph Roth beobachtete sie und wurde über das verstohlene, hastige Bücken der kopfschüttelnden Alten wieder heiter. Als diese unsicher aufblickte, beruhigte er sie und schenkte ihr ein Francstück zum Abrunden der Kleinbeute.«[81]

Roths beständige Suche nach den »Quellen des Geldes« war es, die 1929/30 zur ersten großen Krise zwischen Reifenberg und ihm führte, als der Freiberufler etwa dreißig Artikel in den deutschnationalen »Münchner Neuesten Nachrichten« unterbrachte. In der Folge kam es zum Bruch mit der FZ, die darauf bestand, ihren prominenten Mitarbeiter exklusiv oder gar nicht zu drucken. Für Reifenberg, der als Feuilletonchef für die Angelegenheit verantwortlich zeichnete, war die Situation belastend, zumal ihm Roth am 3. Juli 1929 einen langen Brief sandte, der vor arroganter Selbstüberschätzung nur so troff:

> »Auf keinen Fall mute ich Ihnen zu, mir moralische Gründe für meinen Abgang von der F.Z. zu liefern. Ich bedarf ihrer keineswegs. ›Moralisch‹ ist alles, was ich mache. [...] Sicher ist, daß der ›Radikalismus‹, also die Anständigkeit der F.Z., zum großen Teil meine Anständigkeit war, und daß die F.Z. diesen Teil verliert. [...] Sie selbst wissen sehr gut, daß der Glanz meines Radikalismus die ganze Frankfurter Zeitung verschönt und sogar legitimiert hat. [...] Ich selbst bin identisch mit Radikalismus; und wo Joseph Roth schreibt, wird es radikal, im Abort oder im Parlament, so wie es überall kühl wird, wo ein Wind bläst. Ich also bleibe Joseph Roth, so lange ich eine Zeile schreibe. Die

---

81 Benno Reifenberg: Erinnerung an Joseph Roth, in: Ders.: Lichte Schatten, S. 205-214, hier S. 212.

Frankfurter Zeitung aber ändert sich, sobald sie den Glanz meiner Zeilen entbehrt.«[82]

In der folgenden Zeit arbeitete Roth zunächst für die »Münchner Neuesten Nachrichten«, dann für die »Kölnische Zeitung«. Im Oktober 1930 kam er als fester freier Mitarbeiter zurück zur FZ. Hier erschienen auch seine großen Romane »Hiob« von 1930 und »Radetzkymarsch« von 1932 im Vorabdruck.[83] Bernard von Brentano, ein Freund Roths, der 1925 durch seine Vermittlung in die Berliner Feuilletonredaktion gelangt war[84], blieb der Zeitung noch bis 1933 treu. Von den Anhängern der These, dass im Feuilleton dieser Jahre eine ausgesprochene Lagerbildung stattgefunden habe, wird Brentano neben Roth und Kracauer dem progressiven Flügel zugeordnet. Offene und versteckte Kritik gab es in diesem Kreis weniger an Geck, obwohl Roth auch ihn meinte, als er Reifenberg 1929 vorwarf, dass er sich mit »zwei Tölpeln« über seine Artikel berate[85], als vielmehr an dem Theaterkritiker Bernhard Diebold. Wenn es um ihn ging, gab sogar der üblicherweise vornehm-zurückhaltende Max Picard jegliche Contenance auf: »Diese Mischung aus einfacher Dummheit und Läppischkeit und Gespreiztheit ist das deutliche Bild der Dementia praecox«[86], schimpfte er Ende 1926 in einem Brief an Reifenberg. Der Feuilletonchef unternahm jedoch nichts gegen Diebold, der vier Jahre lang Dramaturg und Regisseur am Schauspielhaus München gewesen war, bevor er 1917 zur FZ kam. Reifenberg war nicht der Typ, der sich in derartige Auseinandersetzungen zwischen verschiedenen Cliquen hineinziehen ließ. Seine Rolle war und blieb die des unabhängigen Mittlers, der im Hintergrund die Fäden in der Hand hielt.

Auch als Leiter des Feuilletons konzentrierte sich Reifenberg in seinen eigenen Beiträgen in erster Linie auf bildende Kunst. Wenn ihn jedoch ein Buch, ein Film, ein Theaterstück besonders fesselte, machte er eine Ausnahme. Der Weltkrieg, das Leiden und Sterben der Frontsoldaten und das Schicksal der Überlebenden ihrer Generation spielten unter seiner Ägide eine wichtige Rolle im Feuilleton der FZ. Hier erschienen 1927

---

82 Joseph Roth an Benno Reifenberg, 3.7.1929, zitiert nach: Bronsen, Joseph Roth, S. 377. – Reifenberg hatte Bronsen diesen Brief aus Privatbesitz zum Abdruck zur Verfügung gestellt; er ist bei »Joseph Roth. Briefe 1911-1939« nicht abgedruckt.
83 »Hiob« wurde in zwischen dem 14. September und dem 21. Oktober 1930 abgedruckt, »Der Radetzkymarsch« zwischen dem 17. April und dem 9. Juli 1932.
84 Vgl. Bronsen, Joseph Roth, S. 264.
85 Vgl. Joseph Roth an Benno Reifenberg, 3.7.1929 (s. Anm. 82).
86 Max Picard an Benno Reifenberg, 24.12.1926, NL BR, DLA, 79.12563.

mit »Sergeant Grischa« der erste Teil von Arnold Zweigs Romanzyklus »Der Große Krieg der Weißen Männer« und 1928 der vom Feuilletonchef stark protegierte Roman »Krieg« von Ludwig Renn im Vorabdruck.[87] Der Artikel, in dem er den Vorabdruck von »Krieg« ankündigte, geriet Reifenberg zu einem politischen Bekenntnis, wie man es ansonsten kaum von ihm kannte:

> »So wird allmählich die Ahnung zu einer fürchterlichen Gewißheit: die Freunde, die Brüder sind für eine leere Idee gestorben. Die Vorstellung, dass die Nationen mit der Waffe ihre Sache auskämpfen müßten, daß es keinen anderen Ausweg gäbe, als zu marschieren, [...] diese Vorstellung war eine eingebildete. [...]
> Sie seien in ihn [den Krieg, DB] hineingestolpert, stammeln die Staatsmänner. Wie man in eine Pfütze stolpert, in ein Unglück. Dafür also bluten die Freunde, die Brüder, für ein Mißgeschick, für einen Unglücksfall.«

Renn hatte seinen Kriegsbericht, der zunächst den Titel »Tage und Jahre im Krieg« trug, bereits 1924 fertiggestellt und konnte ihn vier Jahre später – nach unzähligen Ablehnungen durch Verlage – endlich beim Frankfurter Societätsverlag unterbringen. Die Verbindung zur FZ war möglicherweise durch Arnold Zweig zustande gekommen.[88] Reifenberg hatte sich zugunsten von Renn gegen den Abdruck des Anti-Kriegsromans »Der Überläufer« von Wilhelm Lehmann entschieden, in dem die Hauptfigur dem Gesetz des Krieges durch Flucht zu entkommen versucht.[89]

Ein reifes Gespür für literarische Qualität bewies Reifenberg, als er seinen Lesern Ende 1928 einen jungen amerikanischen Nachwuchsautor namens Ernest Hemingway[90] und dessen Roman »Fiesta«, der soeben in

---

87 Zweigs »Sergeant Grischa« erschien unter dem Titel »Alle gegen einen« zwischen dem 12. Juni und dem 16. September 1927, Renns »Krieg« zwischen dem 16. September und dem 8. November 1928.

88 Vgl. Drommer: All die tapferen Soldaten, S. 328.

89 Wilhelm Lehmann (1882-1968) wurde vor allem als Naturlyriker bekannt. Nachdem sein autobiographisch inspirierter Roman »Der Überläufer« von der FZ abgelehnt worden war, fand er keinen Verlag für das Werk, das erst 1962 veröffentlicht wurde. Vgl. Gallwitz: Max Beckmann. Briefe, S. 341.

90 Ernest Hemingway (1899-1961) avancierte zum wohl erfolgreichsten und bekanntesten US-amerikanischen Schriftsteller des 20. Jahrhunderts. 1954 erhielt er den Nobelpreis für Literatur. In seinen Werken thematisierte Hemingway, der auch als Reporter und Kriegsberichterstatter tätig war, das Lebensgefühl und die Ängste seiner Generation und behandelte Themen wie Tapferkeit, Treue, Krieg, Männlichkeit und das Verhältnis zwischen Männern und Frauen. Vgl. in jünge-

deutscher Übersetzung erschienen war (Original: »The sun also rises«, 1926[91]), ans Herz legte und zur Lektüre empfahl: »Wir müssen gestehen, daß uns diese Sprache von drüben noch nicht zu Ohren kam, daß wir sie überhaupt noch nicht – nirgends – gedruckt sahen. Es treten Menschen auf, deren Existenz wir nur ahnten«.[92] Die Protagonisten des Buches, zu dem sich der spätere Nobelpreisträger aus dem Mittleren Westen der USA während mehrerer Europa-Reisen in der ersten Hälfte der 20er Jahre hatte inspirieren lassen, sind gelangweilte junge Amerikaner, die in Paris ein von Alkohol und schnellem Amüsement bestimmtes Leben führen. Aus Übersättigung beschließen sie, zur Abwechslung eine Reise nach Spanien zu machen und in Pamplona einen Stierkampf zu erleben. Angesichts des uralten Rituals in der Arena begreifen sie ihren eigenen Lebensstil als dekadent, hedonistisch und öde, ohne freilich aus dieser Erkenntnis irgendeine Konsequenz zu ziehen. Eine – im wahrsten Sinne des Wortes – unmögliche Liebesgeschichte gibt es auch: Jake Barnes, die männliche Hauptfigur, Journalist von Beruf, verliebt sich leidenschaftlich in die schöne Ashley Brett. Diese hat zwar keine Skrupel, ihren Verlobten zu betrügen, Barnes aber kommt für die Liebhaber-Rolle nicht in Frage, da er durch eine Kriegsverletzung impotent geworden ist. Stattdessen muss er zusehen, wie die Frau seiner Träume in Pamplona ein Verhältnis mit dem Matador Pedro Romeo, der als Inbegriff reiner Männlichkeit beschrieben wird, beginnt. Die freizügige Darstellung von Sexualität hatte den Autor in Amerika in Schwierigkeiten mit seinem Verlag Scribner's gebracht. »Fiesta« lässt bereits die Grundmelodie anklingen, die Hemingways gesamtes Werk durchzieht: »die Konfrontation mit dem Tod und der kategorische Imperativ, dabei Würde und Anstand selbst noch in einer Niederlage zu bewahren.«[93] Zugleich ist das Buch ein Generationenroman. Hemingways deutscher Biograph Hans-Peter Rodenberg führt dazu aus, die »Grundstimmung von *Fiesta*« habe »einen Nerv« getroffen, da die tragenden Figuren des Romans »alle auf die eine

   rer Zeit u.a. Linda Wagner-Martin: Ernest Hemingway. A literary life, Basingstoke u.a. 2007; Charles M. Oliver: Critical companion to Ernest Hemingway. A literary reference to his life and work (Facts on File library of American literature), New York 2007; Hans-Peter Rodenberg: Ernest Hemingway, Reinbek bei Hamburg 1999; Wolfgang Hartwig: Ernest Hemingway: Triumph und Tragik seines Lebens, 2. Auflage, Berlin 1990.
91 Ernest Hemingway: Fiesta. Roman, 9. Auflage, Reinbek bei Hamburg 1999. Vgl. zuletzt Harold Bloom (Hrsg.): The sun also rises, New York 2007.
92 Benno Reifenberg: Fiesta, in: FZ, 16.12.1928.
93 Rodenberg: Ernest Hemingway, S. 54. Dort auch das folgende Zitat.

oder andere Weise Opfer des Krieges, Opfer ihrer Zeit« seien: »Der Krieg hatte Bretts erste Liebe getötet und Barnes entmannt, und es war der Krieg, der Cohn [Barnes' Tennisfreund, DB] und Bretts Verlobten Campbell zu dem gemacht hatte, was sie waren, Verlorene in den Wirren einer Zeit, in der sie sich nicht mehr zurechtfanden.« Die Mischung aus Verlorenheit und einem müden Zynismus, die Hemingway den Helden seines Romans angedeihen lasse, konnte wohl von Millionen junger Menschen, von den Angehörigen der »Frontgeneration«, aber auch der »Kriegsjugendgeneration«, verstanden und geteilt werden; nicht umsonst hatte Hemingway seinem Werk einen Ausspruch der amerikanischen Schriftstellerin Gertrude Stein vorangestellt: »Ihr gehört alle einer verlorenen Generation an.«

In seiner Besprechung von »Fiesta« thematisierte Reifenberg zunächst nicht das Verbindende, sondern das Trennende – die Differenz zwischen dem alten Europa und »der amerikanischen Situation«[94]. Die Rezension lässt erkennen, dass er – typisch für bürgerliche Intellektuelle seiner Zeit – vom Klischee des geschichts- und kulturlosen und deshalb oberflächlich-materialistischen US-Amerikaners zutiefst durchdrungen war:

> »Es geht auch eine Handlung durch das Buch, aber sie ist ganz gleichgültig. Wichtig ist nur zu sehen, wie diese jungen Amerikaner nach Europa kommen, nicht weniger fremd als Columbus einst nach Amerika. Daß sie sich breit machen, in Paris, in den Quartiers, in guten kleinen Restaurants und in allen Bars, daß sie aber nirgends zu Hause sind – und es spüren. Sie leben in der für Fremde reservierten Oberfläche, das ekelt sie an und deshalb flegeln sie sich darin. Sie haben diese Kennerschaft, die billig zu haben ist, jeder kennt jedes Tanzlokal, jeden Cocktail und die Mädchen; ihre Kenntnisse sind genau wie die Koffer einer amerikanischen Reisegesellschaft: sehr praktisch – und völlig gleiche Koffer. Das wird mit einer Schnödigkeit alles ausgesprochen, die erstarren macht. [...] Sie stecken in der Zwecklosigkeit ihres Daseins wie in einem gräßlichen Konfektionsanzug; überall spielen sie Bridge, überall saufen sie sich voll, überall duschen sie den Rausch wieder weg und lassen sich rasieren.«

Nach dieser respektlosen Bestandsaufnahme amerikanischer Lebens- und Wesensart aus der Perspektive des Europäers vollzieht Reifenberg dann – völlig überraschend für den Leser der Rezension – plötzlich eine argumentative Kehrtwende:

---

94 Benno Reifenberg: Fiesta, in: FZ, 16.12.1928. Dort auch die folgenden Zitate.

»Das könnte uns sehr gleichgültig sein, wäre es nur ausgemacht, wir seien von Grund auf anders. Diese Menschen haben nämlich auch menschliche Züge [...]. Es gibt auch bei ihnen Passion [...], es gibt auch bei ihnen Religion [...], es gibt sogar eine Art Gentleman-Ideal. [...] Das ist der Vorzug von Hemingway: Der Mann hält die Augen offen. Er sieht alles in der bösen Helligkeit eines Vormittags, durch ein umgekehrtes Opernglas sieht er die Erde; die wird klein und präzise, mit schrecklicher Zufälligkeit über die kahle Bühne geweht. Wenn aber einmal der Bühnenausschnitt interessiert, dann entsteht großartig, wahrhaftig eine Welt«.

Die Auseinandersetzung mit dem »Land der unbegrenzten Möglichkeiten«, mit dem wirtschaftlichen und kulturellen Erfolg der Vereinigten Staaten nahm in der öffentlichen Debatte der Weimarer Zeit breiten Raum ein. Seit der Jahrhundertwende war nicht mehr zu übersehen, dass die USA, wie Egbert Klautke konstatiert, »zum Prototyp einer modernen, kapitalistischen Gesellschaft« wurden: »Die Mechanisierung und Technisierung von Lebens- und Arbeitswelt, Verstädterung und Landflucht, soziale Frage und soziale Bewegungen, die ›Entzauberung der Welt‹ durch wissenschaftlichen Fortschritt und Säkularisierung verdichteten sich zu einem umfassenden gesellschaftlichen Strukturwandel«[95], der seinen stärksten Protagonisten in den USA fand. Sämtliche Tendenzen und Phänomene einer als krisenhaft empfundenen Moderne, die beispielsweise Reifenbergs Freund Max Picard wortreich beklagte, schienen in besonderem Maße Ausdruck der allmählich auf Europa übergreifenden US-amerikanischen Kultur zu sein. Amerika – das war ein Synonym für Tempo, Nervosität, Hektik und Rastlosigkeit, für naiven Optimismus, pragmatische Rücksichtslosigkeit und für jenen Konformismus, den Reifenberg in den »völlig gleiche[n] Koffer[n]« amerikanischer Reisegesellschaften versinnbildlicht sah. Unter dem Schlagwort der »Amerikanisierung« diskutierte das deutsche Feuilleton die Erscheinungen einer neuen »Massenkultur«, die immer größeren Bevölkerungskreisen moderne Errungenschaften wie Film, Rundfunk und Tanzmusik leicht zugänglich machte. Benno Reifenberg nahm die kulturkritischen Impulse des entstehenden »Antiamerikanismus« auf, ohne sie zum Glaubenssatz zu machen. Nicht nur amerikanische Literatur, sondern auch das große Hollywood-Kino konnten ihn faszinieren; so kam er im Mai

---

95 Egbert Klautke: Unbegrenzte Möglichkeiten. »Amerikanisierung« in Deutschland und Frankreich (1900-1933) (Transatlantische Historische Studien, Band 14), Wiesbaden 2003, S. 8. – Vgl. auch Peukert, Die Weimarer Republik, S. 178-181.

1928 begeistert aus einer Wiederholung des Charlie-Chaplin-Films »The Kid« von 1923 zurück in die Redaktion:

> »Das ist nun schon so lange her, seit wir den kleinen Jackie sahen, wie er sich mit dem großen Freund Chaplin an die Arbeit machte und Fensterscheiben einwarf. […] Chaplin hat einst das Kind Jackie von der Straße gelesen, hat mit dem Kind gelebt und mit ihm zusammen jene Geschichte ›The Kid‹ erzählt, bei deren Anblick die Erwachsenen der ganzen Erde einfach und ernst und natürlich werden wie die Kinder.«[96]

Komisch, sentimental und pathetisch zeigt der britische Komiker, der von den hervorragenden Produktions- und Verdienstmöglichkeiten der »Traumfabrik Hollywood« in die USA gelockt worden war und in der Öffentlichkeit durchgängig als Amerikaner wahrgenommen wurde, in seinem ersten abendfüllenden Spielfilm, wie ein Vagabund durch unfreiwillige Adoptivvaterschaft aus seiner Einsamkeit gerissen wird. Anfangs versucht er noch, das von der unglücklichen ledigen Mutter ausgesetzte Baby loszuwerden, und überlegt sogar, es in einen Gully zu werfen, doch schließlich nimmt er den Jungen mit sich, zieht ihn groß, sorgt sich um sein Wohlbefinden und bemüht sich teilweise sogar, ihm jene bürgerlichen Manieren beizubringen, die er selbst längst ad acta gelegt hat. Die beiden leben davon, die Leute zu betrügen: Charlie repariert Fensterscheiben, die sein Ziehsohn – dargestellt von Jackie Coogan, der durch »The Kid« zum Kinderstar wurde – auf sein Geheiß eingeworfen hat. Seine Zuneigung zu dem Kind ist zunächst begrenzt: Roh stößt er Jackie mit dem Fuß weg, als die Entdeckung durch die Polizei droht. Diese Haltung ändert sich endgültig, als er den Jungen unter Aufbietung aller Kräfte vor dem Waisenhaus rettet – eine Szene, in der Chaplin, Sohn einer Londoner Varietékünstlerin, traumatische Kindheitserfahrungen verarbeitet und zugleich die seelenlose staatliche Wohlfahrtsbürokratie anprangert. Der Film, der auf geschickte Weise Sentiment und Slapstick verbindet, spielt vor dem Hintergrund des amerikanischen Slums:

---

96 Benno Reifenberg: Wiedersehen mit »The Kid«. Zur Aufführung des Chaplin-Films im Ufa-Schwan-Theater, in: FZ, 14.5.1928. Dort auch das folgende Zitat. – Charlie Chaplin (1889-1977) gehörte zu den wichtigsten Filmschaffenden des 20. Jahrhunderts und erhielt für seinen Film »Zirkus« von 1928 den »Oscar« in der Kategorie »beste Regie«. Neben »Zirkus« und »The Kid« sind v.a. folgende Filme erwähnenswert: »The Tramp« (1914), »Moderne Zeiten« (1936) und die Hitler-Persiflage »Der große Diktator« (1940). Vgl. u.a. David Robinson: Chaplin. Sein Leben, seine Kunst, Zürich 1993.

»Das ist ein Armenviertel der großen Stadt, aus Backsteinen sind die Häuser, aus unverputzten, recht schmutzig gewordenen Backsteinen; vom Himmel sieht man nichts, nur fliegt ab und zu aus den oberen Stockwerken Dreck auf die Straße. [...] Jetzt, dort hinten, den schmierigen Wänden entlang, muß Chaplin kommen. [...] Siehe, da zappelt es heran, das kleine wohlvertraute Figürchen, fröhlich und gottergeben, rasch und doch behaglich, in vollkommem glücklichsten Vertrauen auf ein gutes Gewissen. [...] Da steht er und hält der Freude und dem Zutrauen Stand, das nun die ganze Welt, alle guten Menschen der Welt ihm entgegenjubeln.«

»[A]lle guten Menschen der Welt«: in diesem Begriff fasst Reifenberg die naive Humanität des Films zusammen, der bei der deutschen Premiere im November 1923 vom breiten Publikum ebenso begeistert aufgenommen worden war wie von den Kritikern.[97] Chaplins Tramp ist ein Verzweifelter mit einem großen Herzen, ein Gescheiterter, der mit Löwenmut darum kämpft, inmitten des Elends seine Würde zu bewahren. Seinen Tricks und Gaukeleien, die nur auf den ersten Blick harmlos wirken, haftet eine sanft-subversive Wirkung an, die in der von Inflation, Armut und Arbeitslosigkeit gepeinigten Weimarer Republik den Geist der Zeit traf.

Während Reifenberg die subtile, in eine gehörige Portion Komik verpackte Darstellung sozialer Probleme und Schieflagen à la Chaplin schätzte, lehnte er künstlerisches Schaffen mit offener politischer Motivation und Zielrichtung ab. Besonders deutlich wurde dies in seiner Besprechung der Frankfurter Erstaufführung von Friedrich Wolfs Abtreibungsdrama »Cyankali« im Herbst 1929. Die leidenschaftlich zustimmende Reaktion des Publikums, das auf der Galerie des Schauspielhauses »bei offener Szene« gegen den Paragraphen 218 demonstrierte, irritierte ihn:

»Die Tendenz des Stückes schlug bei der gestrigen Aufführung wie ein Blitz in die Zuhörer. [...] Die Forderung nach lebendigem Theater wäre somit erfüllt. Das was der Autor mit der nicht undramatischen Handlungserzählung beabsichtigte, hat er erreicht [...], aber dennoch sei die Frage erlaubt, ob nicht ein Theater sich von der Volksversammlung zu unterscheiden habe.«[98]

---

97 Zur deutschen Chaplin-Rezeption vgl. Klautke: Unbegrenzte Möglichkeiten, S. 244-247.
98 Benno Reifenberg: »Cyankali«. Erstaufführung des Schauspiels von Friedrich Wolf im Frankfurter Schauspielhaus, in: FZ, 31.10.1929. – Friedrich Wolf (1888-1953), Arzt, Schriftsteller und Dramatiker, schrieb neben »Cyankali« weitere zeit-

Im Mittelpunkt von »Cyankali« steht das Proletariermädchen Hete Fent, dessen Leben durch eine ungewollte Schwangerschaft ruiniert wird. Paul, der Vater ihres Kindes, ist nicht in der Lage, eine Familie zu ernähren. Als die Arbeiter der Fabrik, in der die beiden jungen Leute ihr kärgliches Auskommen verdienen, wegen der Lohnforderungen der Gewerkschaft ausgesperrt werden, spitzt sich die Lage zu. Zusammen mit seinem Freund Max bricht Paul in die Betriebskantine ein, um die hungernden Familien in der Nachbarschaft mit Lebensmitteln zu versorgen, und muss anschließend untertauchen. Da die verzweifelte Hete keinen Arzt findet, der sie aus ihrer Not befreit, bittet sie Paul, ihr zu »helfen«, aber der junge Mann reagiert völlig überfordert. Mit unsauberem Besteck unternimmt Hete schließlich an sich selber einen Abbruchversuch und schleppt sich dann, von Schmerzen und Todesangst gepeinigt, zu einer Kurpfuscherin, die ihr als Abtreibungsmittel Zyankali verkauft. Völlig erschöpft und hochfiebernd liegt Hete mit starken Blutungen im Bett, als die Kriminalpolizei in der Arbeiterwohnung erscheint und Mutter Fent unter dem Verdacht der Beihilfe zum Schwangerschaftsabbruch gemäß Paragraph 218 des Strafgesetzbuches verhaftet. Die sterbende Hete bleibt allein zurück. Mit den Worten »Tausende ... müssen ... so ... sterben ... [...] Hilft ... uns ... denn ... niemand?«[99] lässt Wolf seine Heldin in der letzten Szene in die Kissen sinken.

Reifenbergs Besprechung des Dramas, das in Deutschland eine ausgedehnte Diskussion über das Thema Schwangerschaftsabbruch auslöste, lässt deutlich sein Unbehagen spüren. Auch er lehnte ein Gesetz ab, »das [...] die furchtbare soziale Unsicherheit im Lande nicht mit einkalkuliert, das täglich von hunderten von Frauen überschritten wird, somit als Gesetz diskreditiert ist, das aber dennoch verhängnisvoll wirkt, weil aus Angst vor ihm der Weg zum Kurpfuscher, damit zu Krankheit und Tod

---

und sozialkritische Erzählungen und Dramen, ferner Romane und Kinderbücher. Als Mitglied der KPD musste er 1933 emigrieren und war nach Teilnahme am Spanischen Bürgerkrieg als Mitarbeiter im Sowjetischen Propagandadienst tätig. Nach 1945 war er am Wiederaufbau des Rundfunk- und Theaterwesens in der DDR beteiligt. Vgl. u.a. Christel Berger: Friedrich Wolf 1953. Eine unvollständige Biographie rückwärts (Erkundungen – Entwürfe – Erfahrungen, Band 1), Berlin 2006; Werner Jehser: Friedrich Wolf. Leben und Werk, Berlin 1982; Michael Kienzle: (Hrsg.): Wolf, Friedrich: Cyankali § 218. Mit Materialien, Stuttgart u.a. 1998.

99 Cyankali. Ein Schauspiel, in: Friedrich Wolf: Dramen, 2. Auflage, Berlin/Weimar 1976, S. 99-170, hier S. 170.

zu oft beschritten werden muß.«[100] Im gleichen Atemzug beklagte er jedoch die plakative Natur des Stücks, das mit allen Mitteln eine Zwangslage konstruiere, die der Heldin ihre individuelle Entscheidungsfreiheit »innerhalb der echten menschlichen Dimension« raube. Sein abschließendes Urteil über das Stück des Kommunisten Wolf war vernichtend: »[G]efährliche Plattheit.« Kein Zweifel: Mit einer gelungenen Aufführung von Shakespeares »Sommernachtstraum«[101] war der Theaterkritiker Reifenberg glücklicher zu machen als mit vielen jener »neuere[n] Stücke«[102] mit politischer Zielrichtung, für die »Cyankali« ein prominentes Beispiel bot.

Aus Anlass des Todes von Heinrich Zille am 9. August 1929 gelang Reifenberg das Kunststück, das Werk des Berliner »Milljöh«-Zeichners zu würdigen, ohne dabei seinen eigenen sozialen Hintergrund und seine daraus erwachsende persönliche Distanz zu Arbeiterschaft und Unterschicht zu verleugnen:

> »Vor vielen Jahren fanden wir in der Münchener ›Jugend‹ eine Zeichnung von Heinrich Zille. Ein Plankenzaun, den Proletarier in Sonntagskleidern entlang ziehen. [...] Auf dem Bild also marschiert vorne ein junges Paar, eine blonde stramme Person und ein schwarzer fettlicher Kerl, mit kleinem steifem Hut und falscher Brillantnadel. Folgt ein Kind, trägt stumpf ein Papierlämpchen, stolpert über seine O-Beine. Dahinter ein älteres Paar, er ein Knäul torkelnder Glieder, mit dem Säugling im Arm. Die Alte war das Furchtbarste. Ein kurzer Leib, ein Kapotthütchen um den großen Schädel geknüpft, in der schlappen Hand den Strohhut des Kindes. Wieder schwanger. Es war ein großer Schreck, als wir das Blatt sahen.«[103]

---

100 Benno Reifenberg: »Cyankali«. Erstaufführung des Schauspiels von Friedrich Wolf im Frankfurter Schauspielhaus, in: FZ, 31.10.1929. Dort auch die folgenden Zitate.
101 Benno Reifenberg: Sommernachtstraum. Geträumt im Heidelberger Schloß am 23. Juli, in: FZ, 25.7.1927.
102 Benno Reifenberg: »Cyankali«. Erstaufführung des Schauspiels von Friedrich Wolf im Frankfurter Schauspielhaus, in: FZ, 31.10.1929.
103 Benno Reifenberg: Heinrich Zille. 10.1.1858-9.8.1929, in: FZ, 17.8.1929. – Heinrich Zille (1858-1929) zeichnete u.a. für die »Lustigen Blätter«, die »Jugend« und den »Simplicissimus«. In humorvoll-satirischer, zugleich jedoch sozialkritischer Form stellte er das Alltagsleben des Berliner Proletariats dar. Vgl. zuletzt Rolf Kremming: Heinrich Zille, Berlin 2002; Matthias Flügge (Hrsg.): Heinrich Zille. Zeichner der Großstadt, 2. Auflage, Dresden u.a. 1998.

Es ist wohl kein Zufall, dass Reifenberg unter den unzähligen Zeichnungen Zilles gerade diese zur Beschreibung auswählte und nicht etwa eine der typischen Hinterhof-Szenen, mit denen der gelernte Fotograf als Zeichner berühmt geworden war. Hier spielen Proletarier Bürgertum, streben Arbeiter in aller Unbeholfenheit empor ins Kleinbürgertum – mit allen Versatzstücken bis hin zur »falschen Brillantnadel«, hier adaptieren Angehörige einer unterbürgerlichen Schicht die bürgerliche Sitte des Spaziergangs in Sonntagskleidern. Für einen Mann, der in seiner gesamten Herkunft, Sozialisation und Lebensweise so sehr ein Bürgerlicher war, dass er den Plural (»... als wir das Blatt sahen.«) in Anspruch nahm, um sein Erschrecken gleichsam repräsentativ für eine ganze Gesellschaftsschicht deutlich zu machen, musste dies fremd und vertraut zugleich wirken, unheimlich und möglicherweise sogar bedrohlich. Unwillkürlich denkt man an den jungen Berliner Studenten Benno Reifenberg, der sich im Juli 1914 nach einem Badeausflug zum Wannsee bei seiner Mutter beschwert hatte: »Man sitzt doch aufeinander zusammen mit einem etwas zweifelhaften Publikum.«[104]

»Zweifelhaftes Publikum« stellt auch das Œuvre von Zilles berühmter Berliner Kollegin Käthe Kollwitz[105] dar, mit dem Reifenberg sich mehrfach auseinandergesetzt hat. »Respekt« bekundete er in einem frühen Beitrag vom 23. Juni 1919 vor einem »Menschen, der furchtlos vom Elend der Welt gesprochen hat. Von trunkenen Männern, müden schwangeren Frauen, von blassen Hinterhauskindern hat sie nie aufgehört, das Leid zu verkünden.« Die Würdigung der Person Käthe Kollwitz verband er jedoch mit einer massiven Kritik an der politischen Aussage ihres Werkes:

> »Dieses Festhalten an einem bestimmten Gedanken, sagen wir offen an einer Tendenz bedeutet künstlerisch eine gewaltige Belastungsprobe: der Inhalt wächst über die Gestaltungskraft hinaus. Wir bewundern den Mut, mit dem Käthe Kollwitz an das größte Thema unserer Menschheit herangegangen ist, aber ob sie im letzten ihm gewachsen ist, bezweifeln wir.«[106]

---

104 Benno Reifenberg an Elieze Reifenberg, 3.7.1914, NL BR, DLA 79.12446.
105 Die bedeutende deutsche Grafikerin und Bildhauerin Käthe Kollwitz (1867-1945) lebte und arbeitete in Berlin. Ihr künstlerisches Werk thematisiert in erster Linie das soziale Elend des Proletariats und die Not des Krieges. Vgl. zuletzt Lotte Bormuth: Käthe Kollwitz. Aus dem Leben einer engagierten Künstlerin, Marburg 2006; Ilse Kleberger: Käthe Kollwitz, Augsburg 2004.
106 Benno Reifenberg: Käthe Kollwitz, in: FZ, 23.6.1919.

Zum 60. Geburtstag der Künstlerin am 8. Juli 1927 griff er dieses Thema wieder auf und verwies – bei aller Hochachtung vor dem Werdegang, dem Mut und der Mitleidsfähigkeit der Maurertochter aus Königsberg, der Frau eines Kassenarztes aus dem Berliner Norden, der Mutter eines gefallenen Kriegsfreiwilligen von 1914 – erneut auf »die Grenzen ihrer Kunst«: »Es gibt in diesen Zeichnungen allzuoft den großen Riß zwischen der umfassenden deklamatorischen Linie und dem leeren nicht substanzierten Detail.« Als herausragend beurteilte Reifenberg das künstlerische Werk der Sozialistin und Kriegsgegnerin Kollwitz allein dort, wo es Mutter-Kind-Szenen in den Mittelpunkt rückte, wo es »[b]escheidener, im besten Sinne fraulicher« geriet, wie er formulierte.[107] In einem solchen Urteil schimmert neben der immerwährenden Distanz zum unterbürgerlichen Milieu ein Ressentiment gegen Frauen auf, die in ihrem Schaffen unbescheiden auftraten und sich nicht auf »weibliche« Themen beschränken wollten. Das Leitbild der unterschiedlichen Geschlechtercharaktere und der darauf beruhenden geschlechtsspezifischen Arbeitsteilung, dem im Koordinatensystem des Bürgertums als Grundlage eines gelungenen Familienlebens hohe Bedeutung zukam, wirkte sich nicht nur auf sein publizistisches Œuvre, sondern auch auf seine Tätigkeit in der Redaktion aus: Reifenberg wachte penibel darüber, dass keine Frau einen Fuß in die politische Redaktion setzte und darüber hinaus auch kein weibliches Wesen mit Ausnahme der unentbehrlichen Sekretärinnen einen festen Arbeitsvertrag mit der FZ erhielt. Bis weit in die zweite Hälfte der 30er Jahre war das Blatt ein reiner »Männerstaat«, in dem Frauen nur Gastrollen – etwa als freie Mitarbeiterinnen im Feuilleton – spielen durften.

Dass Reifenberg bei der Bewahrung der männlichen Exklusivität der Redaktion eisenhart sein konnte, erfuhr namentlich die Journalistin Margret Boveri, die jahrelang gegen seinen Widerstand um eine Festanstellung bei der FZ kämpfte. Sie hat mehrfach berichtet, wie Reifenberg sie im Juli 1937 im Verlagsgebäude empfing und ihr nach einem Rundgang durch das Haus unmissverständlich erklärte, Frauen seien prinzipiell nicht befugt, an den Redaktionskonferenzen teilzunehmen, und könnten daher auch nicht Mitglieder des »Stabs« werden. Erst im Frühjahr 1939, als Reifenberg sich aus gesundheitlichen Gründen für längere Zeit aus der Redaktion zurückziehen musste, gelang es Boveri, eine Stelle als Auslandskorrespondentin der FZ in Stockholm zu ergattern.[108]

107 Benno Reifenberg: Käthe Kollwitz, in: FZ, 8.7.1927.
108 Vgl. Görtemaker: Ein deutsches Leben, S. 93, 95, 108-112.

Sie hat Reifenberg später verziehen und ließ sich – wie so viele Menschen, die ihn persönlich näher kennen lernten – von seiner gewinnenden Art beeindrucken. In einem schwärmerischen Geburtstagsbrief vom 14. Juli 1942 dankte sie ihm für seine »Freundlichkeit und Güte« und bescheinigte ihm sogar »eine Ähnlichkeit mit den antiken Göttern, die sich noch menschlich gebärdeten und die zu den Menschen ein persönliches Verhältnis hatten«.[109] Die Frage, ob sie auch so geurteilt hätte, wenn es Reifenberg gelungen wäre, sie mit einer unregelmäßigen Tätigkeit als freie Mitarbeiterin abzuspeisen, wie er ursprünglich geplant hatte, steht auf einem anderen Blatt.

Das ausführlichste Zeugnis von Reifenbergs Frauenbild bietet seine Ankündigung der neuen Beilage »Für die Frau«, die ab März 1926 einmal monatlich die FZ ergänzte und zunächst von Rudolf Geck, dann von Max Geisenheyner und ab 1933 von Wilhelm Hausenstein betreut wurde.[110] Dabei betonte er zunächst, dass das neue Blatt elitärere Ziele verfolge als die bereits auf dem Markt befindlichen Frauenmagazine: »Wir stellen an unsere Beilage den höheren, den höchsten Anspruch: Wir widmen sie nämlich den Leserinnen *unseres* Blattes.«[111] Diese Leserinnen waren offensichtlich bereit und vor allem auch materiell in der Lage, sich intensiv um die Details ihres äußeren Erscheinungsbildes zu sorgen, denn Reifenberg kündigte an, dass Modefragen ein Schwerpunktthema werden sollten, obwohl ihm »die ökonomischen Gefahren solcher Tendenzen« durchaus bewusst waren, wie er schrieb. »In einer Epoche schlimmster wirtschaftlicher Not, von der die Frauen zu Männerberufen getrieben wurden«, setzte er seine Hoffnungen auf die weibliche Liebe zu Mode, Kosmetik und Schönheitspflege als der Nivellierung der Geschlechter entgegenwirkende Elemente, denn »modisch, elegant – das heißt: frauenwürdig.« Unverhohlen beklagte er die Folgen einer Entwicklung, die »die Spannung zwischen den Geschlechtern« durch »gleichmachende, entnervende Alltagsarbeit« von Mann und Frau vernichte:

»Etwas von dem Geheimnis des Lebens ist damit verloren gegangen, als die Distanz vom Mann zur Frau sich zu verringern begann. Diese

---

[109] Margret Boveri an Benno Reifenberg, 14.7.1942, NL BR, DLA, Konvolut 50. Geburtstag 1942, 79.6809.

[110] Die FZ führte in den 20er Jahren eine Reihe von Beilagen ein, die zum Teil in die Zuständigkeit der Feuilletonredaktion fielen. Vgl. Todorow: Das Feuilleton der »Frankfurter Zeitung«, S. 70.

[111] Benno Reifenberg: »Für die Frau«, in: FZ, 2.3.1926. Dort auch die folgenden Zitate.

Distanz hat einmal den Respekt des Mannes vor der Frau ausgemacht. Es scheint uns, daß die Frau, die Kameradin seiner Arbeit, darum ringt, jener Abstand und jener Respekt des Mannes möge wieder statthaben. Es möge wieder dem Mann gestattet sein, die Frau zu schützen, sie zu beschenken und damit sich selbst.«

Es ist bezeichnend, dass Reifenberg in einer Aufzählung jener Sujets, welche die Leserinnen der künftigen Frauenbeilage mutmaßlich beschäftigen, das Lebensthema »Beruf« irgendwo zwischen »Spiel« und Theater« einordnete:

»Es kann uns nichts unwichtig bleiben, was die Frau umgibt, was sie berührt. Die kleinen Dinge werden Ausdruck eines innerlichen Wertes. Wenn uns alles gleich wichtig ist: ein Spiegel und ein Flakon, ein Strumpfband und ein Taschentuch, Lyrik und Sport, Küche und Kinderstube, Spiel, Beruf, Theater und Musik, Lippenstift und Handschuh – so ist damit gesagt, daß man auch die großen Dinge nach dem Wert der kleinen abschätzen dürfe.«

Keine Frage: Die Frau, die sich hier angesprochen fühlte, lebte weltenweit entfernt von den müden Fabrikproletarierinnen und den sorgenden Müttern mit ihren rauen, verarbeiteten Händen, die Käthe Kollwitz darstellte und die Benno Reifenberg mit respektvollem Abstand, ohne echte Empathie betrachtete. Thea Lethmair, die sich in den 50er Jahren mit der Frauenbeilage der FZ auseinandergesetzt hat, fand in ihr keine »Sympathie für eine forcierte Emanzipation der Frau, der in den Augen der Schriftleitung von je etwas Fatales angehaftet hat.«[112] Es dominierten Beiträge über Mode, wobei sich die Redaktion am »Maßstab Paris«[113] orientierte, über Kosmetik, Gymnastik und Gesundheitspflege, ferner über bildende Kunst, Literatur, Theater, Musik und Film, so dass die Frauenbeilage einen feuilletonistischen Charakter gewann. Daneben gab es Artikel über Botanik, Zoologie, regionales Brauchtum wie beispielsweise Trachtenpflege, Psychologie, Ehe, Familie, Kindererziehung, Schule, Wohnkultur, Haushalt und Küche. Zum Themenkreis »Frau und Beruf« erschienen mehrere Aufsatzreihen, wobei in erster Linie die Beiträge von Heddy Neumeister zu nennen sind, die in den 30er und 40er Jahren über die Ausbildungs- und Ausübungsmöglichkeiten verschiedener »Frauenberufe« informierten: Landwirtin, Journalistin, Ärztin, Fürsorgerin,

---

112 Thea Lethmair: Die Frauenbeilage der »Frankfurter Zeitung«. Ihre Struktur – ihre geistigen Grundlagen, Diss., München 1956, S. 61.
113 Ebd., S. 146.

Kindergärtnerin, Lehrerin, Gärtnerin, Krankenschwester, Schneiderin, Schönheitspflegerin, Volksbibliothekarin, Innenarchitektin, Apothekerin und Jugendleiterin.[114]

Während Reifenberg für die Frauenbeilage nur ab und zu einen Text lieferte, verantwortete er die Geschlechterdebatte im Feuilleton, wo die Rollen von Mann und Frau in den 20er Jahren kontrovers und differenziert diskutiert wurden.[115] Grundsätzlich hielt die Redaktion am Primat des Hausfrauen-»Berufs« fest, denn erstens bedeute das Leben als Ehefrau und Mutter für die große Mehrheit der Frauen das höchste persönliche Glück und zweitens könne die Frau mit ihren besonderen Anlagen und Talenten in diesem Bereich am meisten für die Gesellschaft leisten. Dogmatisch war man aber nicht: Herausragende berufliche Leistungen von einzelnen Frauen, die sich – aus welchen Gründen auch immer – für eine berufliche Karriere entschieden hatten, wurden durchaus gewürdigt. Wenn es um Sexualität ging, wurden vor allem die negativen Folgen übertriebener Aufklärung thematisiert, die in einer Entzauberung oder gar Verrohung der Liebe gesehen wurden. Von hohem Interesse waren die angeborenen, biologischen Unterschiede der Geschlechter, etwa die neuen wissenschaftlichen Erkenntnisse über den weiblichen Zyklus und Hormonhaushalt, über die Übertragung und Verhütung von Geschlechtskrankheiten und die sexuelle Aufklärung der Jugend. Tina Ohnmacht vermerkt in ihrer Untersuchung des Geschlechterdiskurses in der »Frankfurter Zeitung«, dass insbesondere Joseph Roth wiederholt »auf den Verlust der metaphysischen Dimension der Liebe durch die ›hygienische‹ Aufklärung« hingewiesen habe, die er in der Sowjetunion beobachtet und »als geradezu ›reaktionär‹ und spießig« beurteilt habe.[116]

Die FZ, die im Kaiserreich die Forderungen der Frauenbewegung nach politischen Rechten für die Frau unterstützt hatte – »zumindest als die ›Frauenfrage‹ zu einem tagesaktuellen Thema geworden und nicht mehr zu umgehen war«[117] –, unterschied prinzipiell zwischen einer guten, gemäßigten, bürgerlichen Frauenbewegung, der die Redaktion nahestand, und einer verwerflichen, radikalen, sozialistischen Gleichmachungsbewegung, die abgelehnt wurde. Ohnmacht konstatiert, die »Ähnlichkeit der Frauen aller Schichten« sei »in diesem Verständnis größer als die zwi-

---

114 Vgl. Lethmair: Die Frauenbeilage der »Frankfurter Zeitung«, S. 134-140.
115 Vgl. Tina Ohnmacht: Geschlechterdiskurs in der Tagespresse. Institutionalisierte Orte des Redens über Frauen in der *Frankfurter Zeitung* und der *Frankfurter Rundschau*, Magisterarbeit, Univ. Konstanz 2000, S. 27.
116 Ohnmacht: Geschlechterdiskurs, S. 27/28.
117 Ebd., S. 24.

schen Männern und Frauen der gleichen Schicht. Die Zeitung negiert [...] den Unterschied zwischen den sozialen Klassen«.[118] Frauen wurden aufgefordert, die ihnen in die Wiege gelegten Gaben zu nutzen, ohne dabei zu vermännlichen. Die Problematik der arbeitenden Frau der unterbürgerlichen Schichten, die häufig neben ihrer täglichen Tätigkeit in Industrie oder Landwirtschaft eine vielköpfige Familie zu versorgen hatte, wurde kaum gesehen.

Benno Reifenbergs Ansichten über Ehe und Familie entsprachen lebenslang den traditionellen Normen und Werten des Bürgertums. »Wärme, Sorge und Pflege« habe die Frau und Mutter zu spenden, während dem Mann und Vater der ernsthafte, wegweisende Part und die materielle Versorgung der kleinen Gemeinschaft zukomme. Nur auf dieser Basis sah er die Voraussetzungen für ein glückliches Heranwachsen von Kindern gegeben.[119] In der eigenen Familie konnte Reifenberg seine Ideale verwirklichen: Während er oft zwölfstündige Arbeitstage in der Redaktion absolvierte, kümmerte sich seine Frau um Haushalt und Kindererziehung. Zugleich aber bewahrte sich die ehemalige Lehrerin, die die deutsche Sprache mittlerweile hervorragend beherrschte, ihre intellektuelle Neugierde und eine gewisse Eigenständigkeit. Seit den späten 20er Jahren gehörte Maryla Reifenberg zu den freien Mitarbeitern der FZ. Da sie aus materiellen Gründen – anders als die alleinstehende Journalistin Margret Boveri – nicht gezwungen war, einer Erwerbstätigkeit nachzugehen, konnte sie sich dabei in Umfang und Inhalt ihrer Arbeit auf ein »weibliches« Maß beschränken. Eine hübsche Anekdote steht am Beginn ihrer publizistischen Tätigkeit: An einem Herbsttag des Jahres 1926 las sie dem dreijährigen Jan ein Kinderbuch vor, das den Jungen begeisterte. Später setzte sie sich hin und schrieb ihre erste Rezension, »Tiere«, die in der Vorweihnachtszeit den Weg in die Spalten des Literaturblattes fand.[120] Zwei Jahre später ließ sie die Besprechung eines ins Deutsche übertragenen Werkes des zeitgenössischen französischen Schriftstellers Georges Duhamel mit dem Titel »Freuden und Spiele« folgen:

»Lieber Freund, spät komme ich dieses Jahr mit meinem Weihnachtsgeschenk und doch bitte ich Sie, noch schnell Ihre Türe zu öffnen, um dieses kleine Buch in Empfang zu nehmen. Ich lege es Ihrer Frau, die ich noch nicht kenne, wie ein warmes, weißes Brot in die Hände. Ich

---

118 Ebd., S. 42.
119 Vgl. Benno Reifenberg: Gedanken über die moderne Familie, NL BR, DLA, 79.2511.
120 Vgl. Maryla R. Mazurkiewicz: Das Tierbuch von Freyhold, in: FZ, 5.12.1926.

Maryla Reifenberg in den 30er Jahren

wünschte, daß es sich vermehre und in tausend Mutterhände gelangte. [...] Es ist zärtlich, leichtfüßig, schalkhaft, es ist ernst wie Kinderaugen, wenn sie fragen und glauben, es ist erschütternd durch seine sanfte Gewalt. [...] Das Buch nähert sich dem Ende. Die erste Trennung: Das Kind wird in den Kindergarten geführt. Blanche, die Mutter, sagt: ›Später werden wir ihn vielleicht an der Schwelle irgendeiner Kaserne verlassen. Dann kommen die Bahnsteige, die Hafendämme, was weiß ich?‹«[121]

121 Maryla R. Mazurkiewicz: »Freuden und Spiele«. Ein Brief zu einem Buch von Georges Duhamel, in: FZ, 21.12.1928.

Jan war vorerst noch nicht in dem Alter der Kasernen, Bahnsteige und Hafendämme, sondern ein kleiner Junge, für den die Mutter mit Sorgfalt die Lektüre auswählte. Wenn ihr ein Kinderbuch besonders zusagte, besprach sie es in der FZ. Bald kamen kleine Beiträge über Mode und Malerei hinzu. 1929 veröffentlichte sie unter dem Namen Maryla R. Mazurkiewicz bereits fünf Artikel, die sie – wie allgemein üblich – zur Berechnung ihrer Honorare in einer Kladde archivierte.[122] In den 30er Jahren publizierte sie regelmäßig im Feuilleton, der Frauenbeilage, dem Literatur- und dem Stadtblatt und mitunter auch im Hauptteil der Zeitung. Hoch gelobt wurden ihr Porträt des polnischen Schriftstellers Joseph Conrad im Oktober 1934[123] und eine sechsteilige biographische Studie über den ebenfalls aus Polen stammenden Komponisten Frédéric Chopin im Frühjahr 1935.[124] 1937 erschien im Feuilleton ihre Erzählung »Die blaue Schürze«, mit der sie der Kinderfrau ihrer eigenen Kindertage ein Denkmal setzte:

»In ihren Händen lebte immer der Duft der jeweiligen Jahreszeit, ihrer Früchte, Blumen, Speisen, Getränke ... einmal konnten sie süß und sommerlich nach Rosen duften, wenn Pantoninka die Rosenblätter-Konfitüre einmachte, dann bezaubernd nach Himbeeren, erfrischend nach Aepfeln, scharf nach Essigreizkern und Gurken, würzig nach getrockneten Pilzen, nach Pflaumenmus, kräftig nach geräucherten

---

122 Vgl. NL BR, DLA, darin: Prosa von Maryla Reifenberg, Sammlungen, 79.12223.
123 Vgl. Maryla R. Mazurkiewicz: Polarstern. Über Joseph Conrad, Kapitän und Dichter, in: FZ, 10.10.1934. – Joseph Conrad, eigentlich Teodor Józef Konrad Korzeniowski (1857-1924), englischer Schriftsteller polnischer Herkunft, befuhr bis 1894 als Kapitän auf britischen Handelsschiffen die Weltmeere. Viele seiner Romane und Novellen berichten von fernen Ländern, andere behandeln politische und historische Themen. Bekannt wurde z.B. sein 1917 veröffentlichtes und auch in deutscher Sprache publiziertes Werk »The shadow-line« (»Die Schattenlinie«). Vgl. u.a. in neuerer Zeit: John Stape: The several lives of Joseph Conrad, Toronto 2007; Cordula Lemke/Claus Zittel (Hrsg.): Joseph Conrad 1857-1924 (Memoria, Band 8), Berlin 2007; Elmar Schenkel: Fahrt ins Geheimnis: Joseph Conrad. Eine Biographie, Frankfurt a.M. 2007.
124 Vgl. Maryla R. Mazurkiewicz: Heimatlied. Aus Chopins Leben, in: FZ, 2.3., 3.3., 5.3., 6.3., 7.3., 8.3. und 9.3.1937. – Zu Vita und Werk des polnischen Komponisten und Pianisten Frédéric Chopin vgl. u.a. in neuerer Zeit: Tadeusz A. Zielinski: Chopin. Sein Leben, sein Werk, seine Zeit, dt. Ausgabe, Mainz 2008; Hugo Leichtentritt: Frédéric Chopin. Eine Biographie, Leipzig 2007; Alain Duault: Frédéric Chopin, Arles 2004.

Würsten. Hunderterlei Gerüche entströmten diesen tätigen Händen. Alle bedeuteten den Kindern allernächste Heimat.«[125]

1936 veröffentlichte Maryla Reifenberg ihre Jugenderinnerungen »Antike und junge Mädchen«. Reifenberg schätzte das publizistische Talent und wohl auch den Rat seiner Frau: Wie er 1939 an Hausenstein schrieb, hat Maryla seine Texte stets aufmerksam gelesen und kritisch kommentiert[126], und Helga Hummerich meint, dass er sich dabei »unbedingt« auf ihr Urteil verlassen habe.[127] Im Frühjahr 1930 organisierte Maryla Reifenberg den Umzug der Familie von Frankfurt nach Paris, wo ihr Mann den Posten als Auslandskorrespondent der FZ übernahm. Nach sechs Jahren war seine Zeit als Leiter des Feuilletons vorüber. In gewisser Hinsicht sind die Jahre 1924 bis 1930 die erfolgreichste Phase im Leben des Journalisten Reifenberg gewesen; nie wieder ist seine Arbeit von den Zeitgenossen so uneingeschränkt positiv bewertet worden. Dennoch hat er im Rückblick auch selbstkritische Töne angeschlagen. Nach den Erfahrungen der NS-Diktatur erklärte er in seinen persönlichen Aufzeichnungen »Summa vitae meae« von 1945 sein Konzept eines FZ-Feuilletons für politisch gescheitert:

> »Was half die Überzeugung, mit den Schriftstellern jenseits unserer Grenzen sich eins zu wissen, Hemingways ›Farewell to Arms‹ im Romanteil mit brennenden Wangen zu lesen, Ludwig Renns ›Krieg‹, Ernst Glaesers ›Jahrgang 1902‹. In der politischen Redaktion verlor man die Illusionen, man hatte nicht geglaubt, daß soviel Unbelehrbare überlebt haben würden. Von denen wollte niemand den Krieg verloren haben, und so verloren die Besten, die Einsichtigen die Chancen des Friedens.«[128]

Revirement

Reifenbergs Wechsel nach Paris im April 1930 war Teil einer umfassenden personellen Umstrukturierung der Redaktion, die in der Forschung zur Geschichte der FZ eingehend diskutiert worden ist, zumal sie sich

---

125 Maryla R. Mazurkiewicz: Die blaue Schürze, in: FZ, 13.1., 14.1., 15.1. und 16.1.1937.
126 Vgl. Benno Reifenberg an Wilhelm Hausenstein, 24.10.1939, NL BR, DLA, 79.12415.
127 Vgl. Hummerich: Schreiben – Ein Fest, in: Reifenberg: Offenbares Geheimnis, S. 16.
128 Reifenberg: Einleitung zu Lynar: Facsimile Querschnitt, S. 8.

mit hoher Wahrscheinlichkeit im Kontext einer umstrittenen finanziellen Transaktion vollzog: In der Person des Vorstandsvorsitzenden der IG Farben, Carl Bosch, kaufte sich in den späten 20er Jahren die deutsche Schwerindustrie in das Frankfurter Traditionsunternehmen ein.[129] Die entsprechenden Verhandlungen zwischen Bosch und dem vom finanziellen Bankrott bedrohten Haus Simon-Sonnemann hatten bereits im Sommer 1928 begonnen; im Frühjahr 1929 war der Deal perfekt: Über die formell im Besitz seines Mitarbeiters Hermann Hummel[130] befindliche *Imprimatur GmbH* übernahm Bosch 48 Prozent des Aktienkapitals der FZ. Obwohl sich alle Beteiligten bemühten, die Vorgänge in der Öffentlichkeit zu verschleiern, vermuteten viele Beobachter richtig,

129 Diese Vorgänge sind an anderer Stelle ausführlich geschildert worden. Vgl. Gillessen: Auf verlorenem Posten, S. 44-64, sowie Schivelbusch, Intellektuellendämmerung S. 53-61. – Der promovierte Chemiker Carl Bosch (1874-1940) war während des Ersten Weltkrieges stellvertretender Direktor, ab 1919 Vorstandsvorsitzender der BASF in Ludwigshafen. 1925 wurde er Vorstandsvorsitzender der neu gegründeten IG Farbenindustrie AG. Bosch, der 1931 den Chemie-Nobelpreis erhielt, setzte seine Arbeit in Wissenschaft und Industrie nach der Machtübernahme der Nationalsozialisten fort und wurde 1935 Vorsitzender des Aufsichtsrates der eng mit dem Regime kooperierenden IG Farben, 1937 Nachfolger Max Plancks als Präsident der Kaiser-Wilhelm-Gesellschaft (heute: Max-Planck-Gesellschaft). Vgl. Jens Ulrich Heine: Verstand & Schicksal. Die Männer der IG Farbenindustrie A.G. (1925-1945) in 161 Kurzbiographien, Weinheim u.a. 1990, S. 70-73; Karl Holdermann: Carl Bosch. Im Banne der Chemie. Leben und Werk, Düsseldorf 1960; Reiner F. Oelsner: Bemerkungen zum Leben und Werk von Carl Bosch: Vom Industriemanager zum Chef der IG Farbenindustrie (LTA-Forschung, Band 28), Mannheim 1998; Ulrike Kohl: Die Präsidenten der Kaiser-Wilhelm-Gesellschaft im Nationalsozialismus. Max Planck, Carl Bosch und Albert Vögler zwischen Wissenschaft und Macht (Pallas Athene, Band 5), Stuttgart 2002.
130 Hermann Hummel (1876-1952), ausgebildeter Chemielehrer, war von 1909 bis 1918 und von 1919 bis 1924 Mitglied des Badischen Landtages, zunächst für die Süddeutsche Demokratische Partei, nach dem Krieg für die DDP. 1919 wurde er Minister für Kultus und Unterricht in Baden, 1921/22 war er Staatspräsident der Republik Baden, 1924 bis 1930 Mitglied des Deutschen Reichstages. Als Direktor und Aufsichtsratsmitglied der BASF seit 1922 arbeitete Hummel eng mit Bosch zusammen und beteiligte sich gemeinsam mit ihm am Aufbau von IG Farben. Als Assistent Boschs wurde er 1937 Mitglied der Kaiser-Wilhelm-Gesellschaft zur Förderung der Wissenschaften. Er war ferner Aufsichtsratsmitglied der August Horch Automobilwerke GmbH in Zwickau und alleiniger Gesellschafter der Imprimatur GmbH. Hummel emigrierte 1939 in die USA und kehrte erst ein Jahr vor seinem Tod nach Deutschland zurück. Vgl. Heine: Verstand & Schicksal, S. 206/207.

dass sich hinter dem Eintritt des neuen Gesellschafters in das einstige Familienunternehmen der Chemieriese IG Farben verberge. Die damit zusammenhängenden Befürchtungen wurden von den Beteiligten zu zerstreuen versucht – »mit abwiegelnden Stellungnahmen, gelegentlich auch mit Dementis, die auf wissentlich falschen Behauptungen beruhten und jegliche Verbindung zwischen dem Blatt und der IG Farben abstritten.«[131] Es entsprach dem Wunsch beider Seiten, die Details vertraulich zu behandeln; Schivelbusch betont, dass man selbst der Redaktion keinen reinen Wein eingeschenkt habe.[132]

In welchem Maße die FZ mit der Anbindung an Bosch ihre politische Autonomie verloren haben könnte, ist umstritten. Es ist davon auszugehen, dass keine direkte Verpflichtung der FZ auf die Interessen der Großindustrie stattfand, die Gruppe um Bosch jedoch auf »einfache ökonomische Weise sicherstellte«, dass ein hoch angesehenes liberales Blatt zuverlässig »pro-kapitalistische[n]« Kurs hielt.[133] Zugleich bleibt festzuhalten, dass Hermann Hummel zu der südwestdeutschen Gruppe und damit zum linken Flügel der DDP gehörte: »Finanzielle Unterstützung von Personen wie Hummel und Bosch zu erhalten, bedeutete für die Zeitung Hilfe aus dem ihr nächsten politischen Lager.«[134] Gillessen bezieht sich auf Hummel, wenn er herausstreicht, dass Bosch im Vorstand der IG Farben keine Zustimmung für ein Engagement bei der FZ gefunden habe, und spricht sogar vom »gut bezeugten Widerwillen im Vorstand der IG Farben [...], etwas mit der Frankfurter Zeitung zu tun haben zu wollen«[135]. Er zitiert einen Fall aus dem Jahre 1932, in dem die Zeitung auf Seite 1 ihren »Wohltäter« Bosch wegen seiner agrarpolitischen Vorstellungen kritisiert habe[136], und berichtet, dass Carl Duisberg, der Aufsichtsratsvorsitzende der IG Farben und Vorsitzende des Reichsverbandes der Deutschen Industrie von 1925 bis 1931, von Hummel davon abgehalten worden sei, sich über Kracauers Artikelserie »Die Angestellten« vom Herbst 1929 zu beschweren, für die sich namentlich der Feuilletonchef Reifenberg stark gemacht hatte.[137] Tatsache ist auf der anderen Seite aber auch, dass die FZ um 1930 nicht nur in ihrer äußeren Form

---

131 Brodersen: Siegfried Kracauer, S. 84.
132 Vgl. Schivelbusch, Intellektuellendämmerung, S. 54.
133 Ebd., S. 56/57.
134 Gillessen: Auf verlorenem Posten, S. 48.
135 Ebd., S. 56.
136 Vgl. ebd., S. 60.
137 Vgl. ebd., S. 63/64. – Die Artikelserie wurde 1930 unter dem Titel »Die Angestellten. Aus dem neuesten Deutschland« als Buch publiziert und in jüngster

durch die Einführung der »Reichsausgabe«, sondern auch in ihrer politischen Orientierung eine Veränderung durchmachte, durch die linke, linksliberale und potenziell kapitalismuskritische Positionen innerhalb der Redaktion deutlich geschwächt wurden. Es triumphierten die Vertreter des rechten Flügels um Rudolf Kircher, der im Frühjahr 1930 den bisherigen Berliner Korrespondenten Bernhard Guttmann ablöste. Dies war der Auftakt für einen personalpolitischen Domino-Effekt, von dem keine Sparte der Redaktion verschont blieb – auch nicht das so überaus erfolgreiche Feuilleton.

Einen – wenngleich literarisch verfremdeten – Einblick in die Vorgänge bei der FZ im Jahre 1930 bietet Siegfried Kracauers autobiographisch inspirierter Roman »Georg«, in dessen Mittelpunkt ein gleichnamiger Journalist steht, der in den 20er Jahren beim »Morgenboten« arbeitet, einer großen, sich elitär gebärdenden Tageszeitung, deren Redaktionsräume in einem weitläufigen, verwinkelten Gebäude untergebracht sind. Als Georg eines Tages zu Dr. Petri, dem Inhaber des Unternehmens, gerufen wird, befindet sich die Zeitung in einer Umbruchphase: Wo einst, in der ersten Nachkriegszeit, das revolutionäre Pathos regierte, ist nun eine konservative Tendenzwende angebrochen, die auf eine für Georg schwer durchschaubare Weise mit der wirtschaftlichen Misere des Blattes und Petris Rettungsversuchen zu tun hat. Für Georg und seine »radikalen« politischen Ansichten bleibt unter diesen veränderten Bedingungen kein Platz:

> ›»Sie wollen mir kündigen?‹
> Georg wiederholte die Frage, weil er das erste Mal keine Antwort erhalten hatte. Petri war tief in Gedanken. Sein beseeltes Gesicht verriet, daß er sich innerlich über die ganze Auseinandersetzung erhob [...].
> ›Wie direkt Sie immer gleich werden‹, meinte er gönnerhaft, ›Ihr Fehler ist geradezu die Direktheit ... Allerdings muß ich Ihnen bekennen, daß ich mir eine Fortsetzung unserer Zusammenarbeit nicht recht denken kann. Eine Trennung dürfte für beide Teile ersprießlicher sein. Sagen wir zum 1. April ...‹«[138]

Sollte es beim Leser bis hierher noch Zweifel gegeben haben, dass es sich bei dem fiktiven »Morgenboten« um eine literarische Adaption der

Zeit neu herausgegeben: Siegfried Kracauer: Die Angestellten. Aus dem neuesten Deutschland, Neuausgabe, Frankfurt am Main 2004.
138 Siegfried Kracauer: Georg. Roman, in: Ders.: Ginster/Georg (Siegfried Kracauer Schriften, hrsg. von Karsten Witte, Band 7), Frankfurt am Main 1973, S. 243-490, hier S. 477.

»Frankfurter Zeitung« und bei dem aalglatten Zeitungsbeherrscher Petri um das Alter Ego Heinrich Simons handelt, so gibt spätestens das Datum einen klaren Hinweis auf den realen Hintergrund der Erzählung, denn zum 1. April 1930 vollzog sich in der Redaktion der FZ jenes personelle Revirement, das Kracauer in direkter Verbindung mit dem Verlust der materiellen Unabhängigkeit der FZ sah:

> »Georgs Zorn verflog. Es war ihm plötzlich so leicht zumute, als habe er sich selber den Laufpaß gegeben und weile jetzt gewissermaßen außerhalb seines Ichs. Ein sorgloser Zuschauer, der keinerlei persönliche Interessen zu verteidigen hatte [...].
> ›Man erzählt sich überall‹, begann er unbekümmert, ›daß die Zeitung Kredite aufzunehmen beabsichtige oder schon aufgenommen hätte. Verzeihen Sie, daß ich davon spreche, aber in diesem Fall könnten die finanziellen Schwierigkeiten –‹
> Petri schnalzte ungeduldig.
> ›Man erzählt viel. Ich bitte Sie um eines: ersparen Sie mir müßigen Klatsch. Unser Gespräch ist zu ernst dazu ... Wahr ist, nebenbei bemerkt, das genaue Gegenteil: daß ich mich nämlich darum bemühe, der Zeitung ihre bisherige Unabhängigkeit zu erhalten.‹
> ›Dann müßte Ihnen doch gerade meine radikale Einstellung willkommen sein ... Ich sehe vom Finanziellen ab.‹
> ›Ihre Naivität! Gerade dann nicht. Will man sich heutzutage unabhängig bewahren, so ist man zu einer außerordentlichen Elastizität gezwungen. Wer unelastisch ist, wird ohne Erbarmen geschluckt ...‹«[139]

Kracauer hat das Revirement von 1930 bei der FZ überstanden; er wechselte lediglich aus der Frankfurter Zentralredaktion nach Berlin, wo er die Leitung des dortigen Feuilletons übernahm und mit der Niederschrift von »Georg« begann.[140] Einen anderen geistigen Gewährsmann der »Linken« bei der FZ traf es härter: Arthur Feiler verlor 1931 auf Veranlassung Heinrich Simons seinen Posten als Redakteur. Zwei Jahre zuvor hatte Feiler ein Buch mit dem Titel »Das Experiment des Bolschewismus« veröffentlicht, in dem er Parallelen zwischen sowjetischem Totalitarismus und westlichem Monopolkapitalismus zog. Kracauer und Feiler standen sich weltanschaulich nahe und teilten eine persönliche Abneigung gegen Simon. Es kann vermutet werden, dass Feiler das Vorbild für Kracauers »Georg« geboten hat.

139 Siegfried Kracauer: Georg, in: Ders.: Ginster/Georg, S. 478.
140 Der Roman wurde erst 1973 posthum veröffentlicht.

LEITER DES FEUILLETONS (1924-1930)

Der größte Gewinner des personalpolitischen Revirements von 1930 war ohne Frage Rudolf Kircher, der die Familie Simon schon seit längerem gedrängt hatte, sich aus der engen Bindung an die DDP zu lösen. Kircher, 1885 als Sohn eines großherzoglich-badischen Generalstaatsanwaltes geboren, Absolvent des humanistischen Gymnasiums in Karlsruhe, das er fast gleichzeitig mit Wilhelm Hausenstein besucht hatte, war 1912 als promovierter Jurist in die Redaktion der FZ eingetreten, nachdem er die ursprünglich angestrebte Karriere im Staatsdienst vorzeitig beendet hatte. Zuerst war er Korrespondent auf dem Balkan, dann Mitarbeiter in der Frankfurter Zentrale und ab 1920 für zehn Jahre London-Korrespondent. Mit Friedrich Sieburg teilte er den Hang zur »Sonderrolle«[141]: »In jeder Gesellschaft war er der Mittelpunkt. Auf Grund seines ausgeprägten Machtbewußtseins war es nicht leicht, mit ihm in einem Team zu arbeiten.« Als er auf Wunsch Simons den gesundheitlich angeschlagenen, das linksliberale Erbe der FZ repräsentierenden Guttmann als Berliner Korrespondent ablöste, übernahm er in der Redaktion eine Schlüsselposition – ein politisches Signal, das unter den Mitarbeitern für einige Unruhe sorgte. Kirchers Nachfolge in London trat Sieburg an, wodurch wiederum der Posten des Pariser Korrespondenten vakant wurde. Hier kam nun Reifenberg ins Spiel, der die Abläufe in einem Brief an seinen Bruder Hans vom 26. April 1930 aus eigener Perspektive schilderte. Wenn diese Darstellung zutrifft, so hatte Simon auf Reifenberg keinerlei Druck ausgeübt, nach Paris zu wechseln, sondern lediglich die Option formuliert.[142] Angesichts des außergewöhnlichen Vertrauensverhältnisses zwischen Simon und Reifenberg erscheint diese Version durchaus plausibel, zumal Reifenbergs enger Mitarbeiter Erik Wickenburg von einer freiwilligen Entscheidung seines Vorgesetzten ausging.[143]

Aufschlussreich sind die Gründe, die Reifenberg in dem erwähnten Schreiben an seinen Bruder für den Wechsel der Position – und damit des Lebensmittelpunktes – angibt. Da ist keine Rede von einem besonderen Interesse an Frankreich, an französischer Politik oder Kultur, nicht einmal von den Verlockungen der Weltstadt Paris; stattdessen führt Reifenberg in erster Linie gesundheitliche Motive ins Feld und deutet an, dass er sich von der neuen Tätigkeit ein höheres Maß an Freizeit verspre-

---

141 Gillessen: Auf verlorenem Posten, S. 70. Dort auch das folgende Zitat.
142 Benno Reifenberg an Hans Reifenberg, 26.4.1930, NL BR, DLA, 79.2857.
143 Wickenburg, Interview vom 16. und 17.5.1989, zitiert nach: Todorov: Das Feuilleton der »Frankfurter Zeitung«, S. 172.

che, das er dringend benötige, da 1929 »ein sehr anstrengendes Jahr« für ihn gewesen sei:

> »Vielleicht lag es daran, dass meine Freunde weggingen. Hauser ist wieder auf einer großen Segelfahrt, Roth hat mich endgültig verlassen. Ich habe dann versucht, diese Verluste durch eigene Arbeit in der Zeitung wettzumachen, aber es war doch zu viel. Der Arzt hat mir sehr Schonung auferlegt und mir dringend geraten, dieses wüste Arbeitstempo aufzugeben. Ich habe dann plötzlich den Vorschlag von Heinz Simon angenommen und bin mit dem 1. April der Hauptkorrespondent der Frankfurter Zeitung in Paris.«

Reifenberg betonte, er betrachte diese Tätigkeit nur als »eine Übergangszeit«, für die er etwa zwei bis maximal drei Jahre veranschlage. Anschließend wolle er »wieder zurück nach Frankfurt und dort die Innenpolitik machen.« Der Pariser Korrespondentenposten sei »sehr angenehm« im Hinblick auf den beabsichtigten Start einer »politische[n] Karriere«.[144] Die Frage, wie sich diese ehrgeizigen Pläne mit den von Reifenberg erwähnten Erschöpfungszuständen und Herzproblemen vereinbaren lassen sollten, ließ er offen; er berichtete seinem Bruder jedoch, dass er sich vor Antritt des neuen Postens einen vierwöchigen Erholungsurlaub in der Schweiz gegönnt habe.

Warum es Reifenberg 1930 plötzlich in den politischen Bereich drängte, ist nicht eindeutig zu klären; Vermutungen können jedoch angestellt werden. Möglicherweise litt er doch mehr, als er zugeben mochte und nach außen zeigte, unter der Zweitrangigkeit eines noch so erstklassigen Feuilletons gegenüber dem Politik- und auch dem Wirtschaftsteil. Kracauer beschreibt in »Georg«, wie das Feuilleton im Zweifelsfall zurückstecken musste:

> »Am liebsten wohnte er [Georg] dem Umbruch bei, einem kriegerischen Ereignis, das er wie ein unbeteiligter Schlachtenbummler genoß. [...] Sobald [...] der Umbruch begann, erschienen die diensttuenden Redakteure und erteilten laute Kommandos wie Offiziere. [...] Wenn etwa Dr. Albrecht einen Aufsatz geschrieben hatte, stürmte er seinen angriffslustigen Zeilen mit blankem Degen voran, um für sie den nötigen Raum zu erobern. Einmal war er in Streit mit dem Feuilleton-

---

144 Benno Reifenberg an Hans Reifenberg, 26.4.1930, NL BR, DLA, 79.2857. – Zu dem umtriebigen Leben des Reiseschriftstellers Heinrich Hauser vgl. Jan Brandt: Fünf Ehen, viele Berufe und ein rastloser Bericht, in: Frankfurter Allgemeine Sonntagszeitung, 29.1.2006.

redakteur Ohly geraten, der in letzter Minute eine Meldung aus Kunst und Wissenschaft unterzubringen suchte, die Albrecht für zu unwichtig hielt, daß er um ihretwillen seinen eigenen Artikel gekürzt hätte. Die Wirtschaft ist heute wichtiger als die Kunst.«[145]

Dass sich die Vertreter der politischen Ressorts, namentlich Robert Drill, immer wieder in die Feuilletonarbeit einmischten und die Redakteure zu bevormunden versuchten[146] – Roth sprach sogar von »Zensur«[147] –, könnte Reifenberg in seinem Wunsch bestärkt haben, dem Feuilleton den Rücken zu kehren. Wickenburg hat die Machtverhältnisse in der Redaktion der FZ mit den territorialen Abhängigkeiten im alten Österreich-Ungarn verglichen und dem Feuilletonchef Reifenberg in diesem Bild lediglich die vergleichsweise untergeordnete Position eines österreichischen Landeshauptmannes zugewiesen: »Österreich war die politische Redaktion, daneben Ungarn, die Handelsredaktion, beide ziemlich unabhängig voneinander, zwar befreundet, aber unabhängig. Dann gab es noch die Feuilletonredaktion, die war unter der Oberhoheit Österreichs, gewissermaßen ein Bundesland«[148]. Reifenberg war 37 Jahre alt, als er den Entschluss fasste, über das Amt des »Landeshauptmannes« hinauszuwachsen, und hatte im Feuilleton alles erreicht, was erreicht werden konnte; Todorow bewertet den FZ-Jahrgang 1929 aus heutiger Sicht als Höhepunkt der gesamten deutschen Feuilletonpublizistik.[149] Zugleich gab es für Reifenberg aber auch Indizien dafür, dass der Zenit überschritten war, gab es Zeichen einer wachsenden Ablehnung bei der Leserschaft, für die der Aufschrei der Entrüstung, der dem Vorabdruck von »Berlin Alexanderplatz« 1929 folgte, symptomatisch war.[150] Der berühmt gewordene Großstadtroman des Berliner Arztes Alfred Döblin[151]

---

145 Kracauer: Georg, in: Ders.: Ginster/Georg, S. 287.
146 Vgl. Todorow: Das Feuilleton der »Frankfurter Zeitung«, S. 109.
147 Joseph Roth an Benno Reifenberg, 17.1.1928, in: Joseph Roth. Briefe 1911-1939, S. 120/121, hier S. 120.
148 Wickenburg, Interview vom 16. und 17.5.1989, zitiert nach: Todorow: Das Feuilleton der »Frankfurter Zeitung«, S. 178.
149 Vgl. Todorow: Das Feuilleton der »Frankfurter Zeitung«, S. 163.
150 Vgl. ebd., 157. – »Berlin Alexanderplatz« erschien zwischen dem 8. September und 11. Oktober 1929 in der FZ.
151 Alfred Döblin: Berlin Alexanderplatz. Roman, München 1996. Zu Vita und Werk des Schriftstellers Alfred Döblin (1878-1957) vgl. zuletzt u.a. Oliver Bernhardt: Alfred Döblin, München 2007; Gabriele Sander: »Tatsachenphantasie«. Alfred Döblins Roman »Berlin Alexanderplatz«. Die Geschichte vom Franz Biberkopf (Marbacher Magazin, Band 119), Marbach a. Neckar 2007.

erzählt die Geschichte des Transportarbeiters Franz Biberkopf, eines jähzornigen, aber zugleich gutmütigen, nicht sonderlich intelligenten Mannes, der nach seiner Entlassung aus der Strafanstalt Berlin-Tegel an dem Versuch scheitert, ins Berufsleben zurückzufinden und ein »anständiges« Leben zu führen. »Berlin Alexanderplatz« markiert insofern die Abkehr vom bürgerlichen Roman, als hier nicht das Einzelschicksal, sondern das kollektive Geschehen im Mittelpunkt steht, das Allgemeingültige der Situation des Franz Biberkopf.[152] Für die bürgerlichen Leser der FZ bedeutete der Roman offensichtlich eine Überforderung, vielleicht sogar eine Provokation, wie die zahlreichen Reaktionen von Lesern zeigten, die den Roman geschmacklos, seinen Abdruck unangemessen fanden. Todorow konstatiert in diesem Kontext »auseinanderdriftende Wirklichkeitsvorstellungen, [...] das Auseinandertreten von Medienrealität und Leserbewußtsein«[153]. Diese Konflikte könnten Reifenberg in seiner Entscheidung bestärkt haben, sich eine etwas ruhigere Phase als Auslandskorrespondent in Paris zu gönnen, um dann nach der Rückkehr nach Frankfurt eine verantwortungsvolle Position in der politischen Redaktion zu übernehmen, »die Innenpolitik [zu] machen«[154], wie er selbstbewusst formulierte. Wickenburg macht jedoch keinen Hehl daraus, dass er Reifenbergs Entscheidung weder verstanden noch begrüßt habe: Reifenberg, so formulierte er, habe »leider Gottes die Idee gehabt, er muß ein politischer Korrespondent werden, obwohl er ein glänzender Feuilletonist war, ein Feuilletonmensch war«.[155]

Im Rückblick dürfte nicht nur Wickenburg ein Revirement, das den ebenso begeisterten wie begabten Feuilletonisten Reifenberg nach Paris und den hochgelobten Paris-Korrespondenten Sieburg nach London spülte, bedauert haben. Reifenberg gelang es im Laufe seines nur gut anderthalb Jahre währenden Frankreich-Aufenthalts nicht, sich mit seinen Aufgaben zur Gänze zu identifizieren, und für Sieburg brach in England »eine Zeit der Krisen« an, »persönlich, beruflich und politisch.«[156] Friedrich Sieburg war eine der schillerndsten Persönlichkeiten in Reifenbergs Umfeld. Geboren 1893 im westfälischen Altena, aufgewachsen in Düsseldorf, gehörte er als Fliegeroffizier des Weltkrieges wie Reifenberg

---

152 Vgl. Erhard Schütz: Romane der Weimarer Republik, München 1986, S. 217-227.
153 Todorow: Das Feuilleton der »Frankfurter Zeitung«, S. 157.
154 Benno Reifenberg an Hans Reifenberg, 26.4.1930, NL BR, DLA, 79.2857.
155 Wickenburg, Interview vom 16. und 17.5.1989, zitiert nach: Todorow: Das Feuilleton der »Frankfurter Zeitung«, S. 172.
156 Gillessen: Auf verlorenem Posten, S. 72. Dort auch das folgende Zitat.

zur Frontkämpfergeneration und war kurz nach ihm, 1925, zur FZ gekommen, aber damit waren die Gemeinsamkeiten der beiden Männer auch schon erschöpft. Während Reifenberg von Kollegen und Weggefährten immer wieder eine Aura der Ausgeglichenheit, Integrität und Souveränität bescheinigt wurde, war der beständig um Aufmerksamkeit und Anerkennung buhlende, von Stimmungsschwankungen und unberechenbaren Gefühlsausbrüchen gepeinigte Sieburg ein schwieriger Zeitgenosse. Gillessen beschreibt ihn als Salonlöwen mit tiefgehenden persönlichen Problemen, der seine Verletzlichkeit »hinter Masken ästhetischer Selbststilisierung und, wenn er sich in die Enge getrieben fühlte, auch abweisender Arroganz« verborgen habe. Ideologisch tendierte Sieburg, der in Heidelberg Geschichte und Philosophie studiert hatte, bevor er sich 1921 in Berlin als freier Schriftsteller niederließ, zu einer elitären, vom Ästhetizismus geprägten, politisch neokonservativen und zugleich profranzösischen Geisteshaltung, die Margot Taureck zu einem Vergleich seiner Positionen mit denen Ernst Jüngers animierte.[157] Benno Reifenberg hat sich im Laufe der Jahrzehnte an Sieburg menschlich abgearbeitet. Nach dessen Tod 1964 widmete er ihm ein 26 maschinengeschriebene Seiten starkes Manuskript unter dem Titel »Über Friedrich Sieburg. Ein Porträt ohne Anlass«, in dem er die augenfällige Diskrepanz zwischen einer äußerlich überaus erfolgreichen Vita und tiefer innerer Bitterkeit zu ergründen versuchte:

> »Er hatte alles, was ein Schriftsteller haben und erreichen kann. Schon das erste Buch, das er nach einigen literarischen Fingerübungen veröffentlichte, wurde ein Welterfolg. [...] Er war der meistbeachtete ausländische Korrespondent im Paris der Zwischenkriegsepoche. [...] er hatte zahlreiche Bewunderer sowie eine angemessene Zahl von Gegnern, deren geringere Statur es ihm erlaubte, seinen Polemiken eine Prise wahrhaft verletzenden Wohlwollens beizumischen; und schließlich gebot er über eine nie versiegende produktive Kraft, die ihn [...]

---

157 Vgl. Margot Taureck: Friedrich Sieburg in Frankreich. Seine literarisch-publizistischen Stellungnahmen zwischen den Weltkriegen im Vergleich mit Positionen Ernst Jüngers, Heidelberg 1987. – Zu Sieburg vgl. außerdem Tilman Krause: Mit Frankreich gegen das deutsche Sonderbewußtsein: Friedrich Sieburgs Wege und Wandlungen in diesem Jahrhundert, Berlin 1993; Ders.: Friedrich Sieburg. Ein deutscher Publizist auf der Suche nach nationaler Identität, o.O. 1991. Unter wissenschaftlichen Gesichtspunkten weniger brauchbar: Cecilia von Buddenbrook: Friedrich Sieburg (1893-1964). Ein deutscher Journalist vor der Herausforderung eines Jahrhunderts, dt. Ausgabe, Frankfurt am Main 2007.

auf über dreissig Bücher kommen ließ. In der Tat: er hatte alles. [...] Und doch gab es eine Wunde, die ihn quälte.«[158]

Die Ursache dieses Lebensschmerzes, der sich mit zunehmendem Alter immer stärker in »Gereiztheit«, »Unruhe« und »Verschattung« gezeigt habe, sah Reifenberg in einem subjektiv empfundenen Mangel an Repräsentation und gesellschaftlicher Würdigung, durch die Sieburg seine psychische Labilität verzweifelt zu kompensieren versucht habe. Dahinter verbarg sich, wie Reifenberg andeutete, möglicherweise ein Problemkonglomerat, das sich aus dem Leiden an einer vergleichsweise kleinbürgerlichen Herkunft einerseits und der Qual verdrängter homoerotischer Bedürfnisse andererseits ergeben haben könnte. Reifenbergs Ausführungen werfen ein bezeichnendes Licht nicht nur auf einen Kollegen, der in späteren Jahren zu einem seiner wenigen Duzfreunde wurde, sondern auch auf den »Männerbund« FZ:

> »Zahlreiche Beobachter haben feminine Züge an ihm [Sieburg, DB] registriert und sich erinnert, dass er in jungen Jahren verschiedentlich freundschaftlichen Umgang mit Homosexuellen unterhalten habe. [...] Die alte ›Frankfurter Zeitung‹, der er in jungen Jahren beigetreten war, bot denn auch nicht nur seinem Aufstiegsehrgeiz und dem Verlangen nach einem dekorativen Lebenshintergrund unvergleichliche Möglichkeiten; vielmehr kam der elitäre, an kultiviert männerbündlerischen Vorstellungen entwickelte Zusammenhalt innerhalb der Führungsgruppe des Blattes, die Stimmung von Freundschaft, gegenseitiger Bewunderung und Intimität, auch der empfindsamen Seite im Wesen Sieburgs entgegen.«[159]

Reifenbergs Ausscheiden aus dem Feuilleton hinterließ eine Lücke, die provisorisch durch den jungen Schweizer Nachwuchsjournalisten Friedrich Traugott Gubler, eine eher blasse Gestalt, ausgefüllt wurde. Von 1933 bis 1936 übernahm Rudolf Geck noch einmal die Leitung, dann sprang vorübergehend Alfons Paquet ein, ein weitgereister Journalist und Schriftsteller, der bereits in den 20er Jahren für das Feuilleton geschrieben hatte, bevor 1937 Max von Brück Feuilletonchef wurde und bis zur Einstellung der Zeitung 1943 blieb. Das Ende der Weimarer Republik fiel zusammen mit einem drei Jahre währenden Prozess des sukzessiven Zer-

---

158 Benno Reifenberg: Friedrich Sieburg. Ein Porträt ohne Anlass, NL BR, DLA, 79.2538, S. 1. Dort auch das folgende Zitat. – Der Welterfolg, von dem Reifenberg spricht, war Sieburgs Werk »Gott in Frankreich?« von 1929.
159 Ebd., S. 21.

falls der Feuilletonredaktion, der abgeschlossen war, als Kracauer im März 1933 Deutschland verließ. Mit Beginn des »Dritten Reiches« war die große Zeit des Frankfurter Feuilletons endgültig vorbei.

Im Hinblick auf die möglichen Hintergründe des Personal-Karussells von 1930, die finanziellen Transaktionen mit der Gruppe Bosch/Hummel und die damit möglicherweise verbundenen Einbußen an redaktioneller Autonomie hat Reifenberg die Geschäftsführung der FZ stets gegen alle Vorwürfe in Schutz genommen. In einem Beitrag aus dem Jahre 1956 bezeichnete er die »Veränderungen im Besitz der Zeitung [...] als ein peripherisches Ereignis«[160], das keine Auswirkungen auf den redaktionellen Alltag und die politische Positionierung der FZ gehabt habe. Dass sich dieses retrospektive Urteil mit seiner Einschätzung in den frühen 30er Jahren deckt, belegt ein Brief, den der junge Wirtschaftsredakteur Erich Welter am 2. Juni 1931 im Anschluss an eine gemeinsame Unterredung an Reifenberg schrieb:

> »Ich bitte Sie, seien Sie vorsichtiger. Es wäre ein schlechtes Geschäft, die ›Frankfurter Zeitung‹ zu kaufen, wenn man ihre Unabhängigkeit antasten wollte, meinen Sie. Ich beurteile das anders. Gewiss wird das Gewicht der Meinung einer Zeitung sofort geringer, wenn ein Interesseneinfluss spürbar wird. Aber als eine Maschine zur Bearbeitung der öffentlichen Meinung kann ein Blatt wie das unsrige gleichwohl dem Käufer begehrenswert erscheinen. In der Kalkulation beispielsweise der Schwerindustrie könnte es sich vielleicht schon bezahlt machen, ein Blatt wie das unsere zum Schweigen zu bringen.«[161]

War es ein Zeichen für mangelnde Vorsicht oder gar für politische Naivität, dass Reifenberg Welters Sorgen nicht teilte? Schwer vorstellbar. Vieles spricht dafür, dass er schon damals jene unbedingte Loyalität zur FZ und zum Hause Simon entwickelt hatte, die ihn in späteren Jahren auszeichnete. 1961 berichtete er eine Episode aus der Endphase der Weimarer Republik, die er aus zweiter Hand erfahren hatte: Als der schwerreiche Bosch bei einer Fahrt durch Ludwigshafen eine Gruppe Arbeitsloser sah, habe er die Hände vor die Augen gepresst und seinen Chauffeur angeschrien, er möge schneller fahren.[162] In jedem anderen Kontext hätte Reifenberg dieses Verhalten wohl als symbolhaften Ver-

---

160 Die Gegenwart/Sonderheft: Ein Jahrhundert Frankfurter Zeitung, S. 44.
161 Erich Welter an Benno Reifenberg, 2.6.1931, NL BR, DLA, 79.3514.
162 Vgl. Benno Reifenberg: Einfahrt nach Deutschland, Dezember 1931, abgedruckt in: Ders.: Offenbares Geheimnis, S. 288-296, hier S. 294. Dort auch das folgende Zitat.

stoß gegen jene Humanität bewertet, die sich die FZ als oberste Maxime auferlegt hatte, für Bosch aber fand er entschuldigende Worte: »Der aufs Praktische, Erfinderische ausgebildete Geist des Unternehmers wurde krank beim Anblick der für ihn evidenten Sinnlosigkeit des Zustandes.« Benno Reifenberg hatte dem Simon-Kreis und der FZ beruflich und gesellschaftlich alles zu verdanken und identifizierte sich stark mit dem Unternehmen. Als die Weimarer Zeit zu Ende ging, war er bereits auf dem Weg, zum »Gralshüter der FZ-Tradition«[163] zu werden.

---

163 Flemming: »Neues Bauen am gegebenen Ort«, S. 210.

Politisierung (1930-1933)

Benno Reifenberg hat den Habitus des politisch desinteressierten, künstlerisch begabten und kulturell engagierten Bildungsbürgers, den er während seiner Gymnasialzeit und der Studienjahre gepflegt und in seinen autobiographischen Aufzeichnungen hervorgehoben hat, auch während seines ersten Jahrzehnts bei der »Frankfurter Zeitung« nicht abgelegt. Bis einschließlich März 1930 existiert kein einziger Beitrag originär politischen Inhalts von ihm, sieht man von den wenigen emotional getönten Stellungnahmen zur Rolle der Frontsoldaten und der militärischen wie politischen Führung während des Ersten Weltkrieges ab. Die politische Redaktion der FZ in den Weimarer Jahren betrachtete er nach eigenem Zeugnis als »formalistisch und wirklichkeitsfremd« und stand ihr »nachlässig«, ja sogar »herablassend« gegenüber.[1] Tieferen Zugang zur Politik fand Reifenberg erst in den Jahren 1930/31, was weniger mit seiner täglichen Arbeit als Korrespondent in Paris als vielmehr mit seiner Sorge um den Bestand der Republik und, damit eng verbunden, der bürgerlichen Kultur in Deutschland zusammenhing. Das Abschmelzen der politischen Mitte zugunsten der radikalen Kräfte von links und rechts, namentlich der Aufstieg der Nationalsozialisten und ihre Unterstützung durch rechtskonservative, deutschnationale Kräfte mobilisierte sein politisches Verantwortungsgefühl als Staatsbürger, Publizist und Vertreter eines Weltbildes, dem die Vorstellung von der Mündigkeit des Individuums zugrunde lag. Der in der Endphase der Weimarer Republik im Bürgertum um sich greifende »Eindruck, von ›ungebildeten‹ Konkurrenten an die Peripherie gedrängt zu werden«[2], wie Wehler formuliert, kommt in Reifenbergs persönlichen Briefwechseln mit Freunden und Verwandten deutlich zum Ausdruck; so klagte er beispielsweise im Dezember 1930 in einem Brief an seinen Bruder über »die Gewalt, mit der die Dummheit in Deutschland regiert«[3]. In solchen und vielen ähnlichen Sätzen schwingt die ganze Verachtung des Bildungsbürgers für den Parvenü Hitler, seine bäuerlich-proletarischen Schlägertruppen und seine kleinbürgerliche Wählerklientel mit – eine Haltung, die sich im politischen Alltag als fatale Unterschätzung der NS-Bewegung und ihrer Mobilisierungsmöglichkeiten äußern sollte.

---

1 Benno Reifenberg: »Summa vitae meae«, NL BR, DLA, 79.12334, S. 4.
2 Wehler: Deutsche Gesellschaftsgeschichte. Vierter Band, S. 308.
3 Benno Reifenberg an Hans Reifenberg, 15.12.1930, NL BR, DLA, 79.1257.

Ende 1931 wurde Reifenberg aus Paris in die Zentralredaktion der FZ nach Frankfurt zurückgerufen und – wie von ihm gewünscht – mit der Innenpolitik betraut. In der Phase der Agonie der Weimarer Republik besaß er neben dem Berliner Korrespondenten Rudolf Kircher die wichtigste politische Stimme in der Redaktion und bekleidete damit eine exponierte Rolle in der deutschen Öffentlichkeit. Auch an ihn und sein publizistisches Werk ist daher die Schlüsselfrage zu stellen, die Antje Büssgen in einem im Jahre 2000 publizierten Forschungsreferat zum Thema »Intellektuelle in der Weimarer Republik« formuliert hat: die »Frage nach der Verantwortung der Intellektuellen für das Scheitern der Republik.«[4] Die Forschung ist sich weitgehend einig, dass das Gros der deutschen Intellektuellen entweder nicht genug für die Republik von Weimar getan oder sie sogar »verraten« habe. Demgegenüber ist in der wissenschaftlichen Literatur zur Geschichte der FZ immer wieder herausgearbeitet worden, dass die Redaktion bis zuletzt – bis zum Januar oder sogar März 1933 – fest auf dem Boden der Republik stand, die sie mit Mut und Entschiedenheit verteidigt hat. Dass dieser Kampf aufgrund der Geringschätzung der braunen »Proleten« durch die Redaktion mit zeitlicher Verzögerung begonnen und zudem partiell mit ungeeigneten Mitteln bzw. Argumenten geführt wurde, steht auf einem anderen Blatt.

Korrespondent in Paris

Die ausführlichste Schilderung von Reifenbergs Korrespondentenzeit an der Seine stammt von seiner Sekretärin Helga Hummerich, die im August 1930 zunächst eine vierwöchige Vertretungsstelle im französischen Büro der FZ annahm, aus der sich dann eine Lebensstellung entwickelte. Mit Ausnahme der erzwungenen Unterbrechung zwischen 1943 und 1945 arbeitete Hummerich bis zu seinem Tod im Jahre 1970 für Reifenberg, wobei sie nach Ansicht seines Sohnes in der NS-Zeit eine beachtliche »Mutleistung«[5] vollbrachte. Wie sie später berichtete, hatte sie in der Pariser Anfangsphase zunächst den Eindruck gewonnen, dass ihr neuer Vorgesetzter eine angenehm unverkrampfte Einstellung zu seiner Arbeit

---

4 Antje Büssgen: Intellektuelle in der Weimarer Republik, in: Jutta Schlich (Hrsg.): Intellektuelle im 20. Jahrhundert in Deutschland (Internationales Archiv für Sozialgeschichte der deutschen Literatur, 11. Sonderheft), Tübingen 2000, S. 161-246, hier S. 161. Vgl. v.a. auch die von Büssgen zusammengestellte Bibliographie zum Thema: S. 244-246.
5 Jan Reifenberg in einem Schreiben an die Verfasserin, 25.9.2005.

POLITISIERUNG (1930-1933)

habe – eine Einschätzung, die sich nur bedingt mit der Selbstwahrnehmung Reifenbergs deckte, der im Sommer 1930 an seinen Bruder schrieb, er leide darunter, nicht »die nötige Spannung für die Dinge« aufbringen zu können, und fühle sich in Frankreich beinahe fehl am Platz: »Plötzlich kommt es einem vor, als interessiere man sich gar nicht für das Thema.«[6] In ihren Erinnerungen hat Hummerich das räumliche Umfeld anschaulich beschrieben:

»Das Büro der FZ lag [...] auf der Place du Panthéon Nr. 5, zur Rechten, wenn man die Rue Soufflot hinaus, an dem säulen- und kuppelgeschmückten Bau des Panthéons vorbei sich dem Haus näherte. Links, im Hintergrund, erhob sich zart und zierlich die Kirche St. Etienne du Mont [...]. Die FZ-Etage hatte seinerzeit Sieburg ausgesucht. Sie entsprach seinem verwöhnten Geschmack, angefangen mit den spiegel- und mosaikverzierten Wänden des Hauseingangs, hin zu der blank polierten Lifttür und den breiten, läuferbespannten Treppenstufen. [...] Der Blick aus den großen, tief herabgezogenen Fenstern des Arbeitsraumes im ersten Stock genügte zunächst, um Paris wie in einem Atemzug in sich aufzunehmen. [...] Nur wenige Minuten entfernt lagen halb versteckt Sorbonne und Ecole Normale. [...] Mit wenigen Schritten war man im Jardin du Luxembourg.«[7]

Nach einer Einarbeitungsphase durch den Pariser FZ-Handelskorrespondenten Salomon Wolff lernte Hummerich Reifenberg kennen, der, wie sie schrieb, für ihre »fehlende Büroroutine bewundernswerte Geduld [aufbrachte]«: »Mit ihm hatte ich von jetzt an ausschließlich zu tun und er mit mir.«[8] Im Rückblick war die Sekretärin der Ansicht, dass Reifenbergs »Pariser Pensum gegen das spätere in Frankfurt wohltemperiert«[9] gewesen sei. Seinen Arbeitstag habe er in der Regel mit der Lektüre der französischen Morgenblätter begonnen, um anschließend Kammersitzungen zu besuchen, Informationsgespräche zu führen oder die größeren Artikel zu verfassen. Es folgten, so Hummerich, »die Stunde des Apéritifs mit Kollegen und Freunden«, das Mittagessen und ein ausgedehnter Spaziergang, wobei der leidenschaftliche Fußgänger bis zu drei Stunden unterwegs gewesen sei und »enorme Strecken« bewältigt habe.[10] Wenn er

6 Benno Reifenberg an Hans Reifenberg, 24.7.1930, NL BR, DLA, 79.1257.
7 Hummerich: Wahrheit, S. 13/14.
8 Ebd., S. 14/15.
9 Ebd., S. 16.
10 Hummerich: Schreiben – Ein Fest, in: Reifenberg: Offenbares Geheimnis, S. 10. Dort auch das folgende Zitat.

gegen 17 Uhr in die Redaktion zurückgekehrt sei, habe der tägliche »Endspurt« auf dem Programm gestanden, der sich ergeben habe, weil die französischen Abendzeitungen, die als unentbehrliche Quellen dienten, erst um diese späte Nachmittagszeit erschienen, die Frankfurter Zentralredaktion sich aber schon um 19 Uhr meldete, um die Pariser Abendberichte aufzunehmen. Der Prozess des Schreibens bereitete ihm Hummerich zufolge keinerlei Mühe, war eher Genuss als Anstrengung.[11] Die inhaltliche Analyse von Reifenbergs Beiträgen in der FZ macht jedoch jene mangelnde Begeisterung des Journalisten für seine neue Aufgabe deutlich, die er seinem Bruder gegenüber angedeutet hatte: Zwar konnte die Redaktion nahezu täglich die gewissenhaft abgefasste »Drahtmeldung unseres Korrespondenten« zum Abdruck bringen, aber diese Artikel boten selten mehr als eine nüchterne Zusammenfassung der aktuellen politischen Ereignisse in Frankreich, präsentierten Protokolle der Kammersitzungen oder Reden maßgeblicher Staatsmänner und ersetzten nur allzu oft die eigenständige Analyse durch einen Blick in die französische Presse vom Tage. Mitunter musste der Leser den Eindruck gewinnen, dass der Korrespondent eine publizistische Pflicht erfüllte, um anschließend Zeit und Raum für die Kür zu finden – für jene Themen aus den Bereichen Kunst und Architektur, die dem begeisterten Feuilletonisten am Herzen lagen. In zwei Rubriken mit den Titeln »Pariser Tagebuch« und »Pariser Spaziergänge« schilderte Reifenberg das Alltagsleben in der Metropole, Baulichkeiten, kulturelle Ereignisse und persönliche Erlebnisse. Aus seinen Aufzeichnungen geht hervor, dass er sich in Paris die Zeit nahm, seine künstlerischen Neigungen zu pflegen; an der »Academie Colarossi« belegte er einen Kurs im Aktzeichnen, der ihn jedoch enttäuschte:

»Ich erinnere mich an das erste Modell, das ich in der Academie vorfand. Wir waren kaum zu fünft im Saal an jenem Nachmittag und schauten der kleinen dicklichen Frau zu, wie sie sich auszog, ihr rosa Hemdchen sorgfältig faltete und sich mit einer gräßlichen Behutsamkeit daraufsetzte. Genau so pedantisch faltete sie sich selber in die Pose: ›Frau, träumerisch vor sich hinblickend, auf leicht angezogenen Knien die Ellbogen gestützt, reines Profil.‹ Der zierlich abgespreizte

---

11 Vgl. Hummerich: Schreiben – Ein Fest, in: Reifenberg: Offenbares Geheimnis, S. 12.

POLITISIERUNG (1930-1933)

kleine Finger vernichtete in uns jeden Ernst, und keiner hatte Lust zu zeichnen. In der Pause strickte sie.«[12]

Intensiven Kontakt unterhielt Reifenberg mit seinem Pariser Amtsvorgänger Friedrich Sieburg, der ihn unter anderem auf einer Reise zu den alten Kampfgebieten in der Champagne begleitete[13], mit Max Beckmann, der in dieser Zeit einen ständigen Wohnsitz an der Seine unterhielt, und mit Joseph Roth, um dessen Freundschaft er nach den Zerwürfnissen des vergangenen Jahres regelrecht warb: »Ich möchte gern mit Ihnen sprechen und wissen, wie Sie leben und was Sie schreiben.«[14] Auf langen gemeinsamen Wanderungen kamen sich die beiden Männer wieder so nahe, dass Roth offen über seine schweren Alkoholprobleme zu sprechen wagte. Reifenberg erinnerte sich später:

> »Mein Gefährte wollte rechtschaffen müde werden, um abends gleich einzuschlafen und auf solche Art nicht mehr trinken zu müssen. Man hatte ihm gesagt, er könne am Alkohol erblinden, und der Schreck vor diesem Ende trieb ihn dazu, mit Listen seinem Abgrund auszuweichen, dem ›verführerischen, sanftgebetteten Abgrund‹, wie er später, ein Jahr vor seinem Tod, das Trinken bezeichnet hat. Trotz diesem trüben Anlaß und trotz dem gewaltigen Selbstzwang, mit einem Mut von sich abverlangt, den vielleicht nur ein Arzt ermessen kann, war er heiter unterwegs, und wir freuten uns an den Landschaften weit im Osten vor dem großen Paris; als seien wir Wandersburschen, fanden wir alles bemerkenswert und neu in den Dörfern und an den Ufern der Marne, wir lernten die einfachen Wirtschaften schätzen, wo noch zu lesen stand, daß man die Pferde einstellen könne, wo es nach Heu aus den Ställen roch; das weiße Brot brachen wir mit Vergnügen, und heiß war der schwarze Kaffee, in dem der Löffel klingelte.«[15]

Ein Höhepunkt der Pariser Zeit war eine Reise nach Algerien im Mai 1930, zu der die französische Regierung einige der in Paris akkreditierten

---

12 Benno Reifenberg: Aktzeichnen. Kleines Pariser Tagebuch aus der »Academie Colarossi«, in: Ders.: Offenbares Geheimnis, S. 122-127, hier S. 122.
13 Vgl. Benno Reifenberg: Der Morgen von Trilbardou, in: Ders.: Landschaften und Gesichter, S. 299-301.
14 Benno Reifenberg an Joseph Roth, 25.7.1930, abgedruckt in: Joseph Roth. Briefe 1911-1939, S. 173.
15 Benno Reifenberg: Erinnerung an Joseph Roth, in: Ders.: Lichte Schatten, S. 205-214, hier S. 205.

ausländischen Journalisten eingeladen hatte.[16] Mit kräftigen Farben malte Reifenberg in seinem später veröffentlichten »Reisetagebuch« die Bilder jener fremden Welt, die den Frankfurter Bürgersohn an die Märchen seiner Kindertage, an Wilhelm Hauff erinnerte: Algier mit seiner drückenden Hitze, ein Hotelzimmer im fünften Stock, unten vor dem Haus das trockene Rascheln der Palmen, das in allen Blau- und Grüntönen changierende Meer, der weiße Kalk der Moscheen und die dunklen Gesichter der Menschen, Trambahnen, Denkmäler, Bogenlampen, plätschernde Brunnen, glitschige schmale Gassen, knallrote Süßigkeiten, der widerliche Geruch von verbranntem Fett und frischgeschlachtetem Hammel. Von Algier ging es weiter nach Michelet (heute: Tizi Ouzou), wo Reifenberg Assoziationen an vertrautere Gefilde überfielen:

> »Michelet, den 22. Mai abends. Wir kommen gerade vom Fort National, einer Festung aus der Zeit Napoleons III. hoch oben im Atlas. [...] Wir sind über tausend Meter gestiegen. Es ist kühl, Akazien duften, die Nacht starrt diamantenhaft über dem Gebirg. Ich kann nicht realisieren, daß ich in Afrika bin. Algier war mittelmeerisch. Das Gerümpel von Marseille schien mir afrikanischer. Hier oben ist es wie im Tessin. Ich könnte in Ronco sein, am Lago Maggiore. Afrika ist ein Wort, ein geographischer Begriff. Afrika ist im Schulatlas.«[17]

Das »Afrikanische« sah Reifenberg am stärksten in den Frauen verkörpert, die »mit der Gewalt einer Vision [erscheinen]. Der Umriß des Tuches, das sie vom Kopf an umhüllt, ist vor zweitausend Jahren gezogen worden.« Bei diesem Anblick »verschwand Europa«. In Bou Saada, der letzten Station, wurde dem Reisenden schließlich mit vollem Nachdruck die Fremde bewusst:

> »[D]iese Landschaft lag außerhalb jener Welt, durch die der Krieg gezogen ist. Die Jahre 1914-1918, von wo aus unsere Zeitrechnung datiert, waren nicht. Es gab zu ihnen keine Bezugspunkte [...]. Hier zerschellte Europa. Verstummte Geschichte. Ein Erdteil lag da, gleichmütig, unbewegt wie der Mond. Es war nicht auszumachen, wer hier wohnt. Ich kenne diese Eingeborenen nicht. Ich weiß nicht, was das ist, ein Araber. Die Gesichter antworten nicht auf meinen Blick. Ich spreche nicht ihre Sprache. [...] Das Profane und das Sakrale war nirgends geschieden. Es gab also ein Volk, das in seiner Religion lebte, von sei-

---

16 Vgl. Benno Reifenberg: Fahrt nach Bou Saada. Reisetagebuch, in: FZ, 8.6.1930, abgedruckt in: Ders.: Lichte Schatten, S. 35-45.
17 Ebd., S. 38. Dort auch die folgenden Zitate.

ner Religion, wie von Luft, von ihr umhüllt. Auch dies schien sternenhaft weit von jedem europäischen Bezirk.«[18]

Angewidert schilderte Reifenberg ein Festessen mit Hammelbraten und Bauchtanz, das die französische Administration für ihre Gäste gab: »Grauenhaft«[19]. In den Bewegungen der tanzenden Frauen erkannte er »die Zuckungen eines Huhns, dem man das Genick abdreht«, und seine Gedanken kreisten plötzlich um »Hinrichtungen, Zappeln Gehängter. Über dem Ganzen lag Wollust, ein schwarzer, blutiger Dunst.«[20] Zutiefst bestärkt in seiner europäischen, »abendländischen« Identität, kehrte Reifenberg nach Hause zurück. Zuletzt, so schrieb er, habe sein Inneres der afrikanischen Mentalität nur noch widersprochen: »[W]ie ich den Fluß stauen, Kanäle ziehen, Erde stückweise bebauen, Steine schichten wollte. Wie ich gegen das Land kämpfte mit meinen europäischen Gedanken.«[21]

Wenn Reifenberg zwölf Jahre nach Kriegsende davon sprach, dass für die Europäer mit den Jahren 1914 bis 1918 eine neue »Zeitrechnung« begonnen habe, so traf dies auf Deutsche und Franzosen in besonderem Maße zu. Während Deutschland mit dem Inkrafttreten des Waffenstillstandes für geraume Zeit zum passiven Objekt auf der internationalen Bühne degradiert geworden war, de facto außerstande, sich dem Willen der Alliierten zu widersetzen, hatte die Siegermacht Frankreich zunächst weniger politische und »psychologische« Probleme gehabt: »Bei allem Haß der Bevölkerung auf den ›Boche‹ – der 11. November [1918, DB] brachte ihr vor allem eine gewaltige Erleichterung und das Gefühl eines verdienten Sieges.«[22] Die Krise, die Frankreich schon bald ereilte, war ökonomischer und sozialer Natur, zumal Anfang 1919 die amerikanischen und britischen Kredite eingestellt wurden, »an die man sich seit dem Krieg als wirtschaftliche Grundlage Frankreichs gewöhnt hatte.«[23] Unter diesen Bedingungen und unter der Regierung des bejahrten Ministerpräsidenten Georges Clemenceau, der noch lebhafte Erinnerungen an 1870/71 besaß und den Weltkrieg als einen »Kreuzzug der Kräfte des Guten gegen die des Bösen«[24] betrachtet hatte, konnte die Formel

18 Ebd., S. 44.
19 Ebd., S. 42.
20 Ebd., S. 43.
21 Ebd., S. 44.
22 Raymond Poidevin/Jacques Bariéty: Frankreich und Deutschland. Die Geschichte ihrer Beziehungen 1815-1975, München 1982, S. 298.
23 Ebd., S. 300.
24 Ebd., S. 301.

»L'Allemagne paiera« (»Deutschland wird bezahlen«) eine breite Anhängerschaft in der Bevölkerung gewinnen; in den Augen vieler Franzosen war nur ein »harter Frieden« ein »gerechter Frieden«. Der Versailler Vertrag, der Deutschland unter anderem 80 Prozent seiner Eisenerz-Lager, über 40 Prozent seiner Produktionskapazität an Roheisen und über 30 Prozent an Stahl nahm[25], implizierte die Absicht, das wirtschaftliche Kräfteverhältnis zwischen den »Erbfeinden« dauerhaft zugunsten Frankreichs zu verändern. Die Höhe der von Deutschland zu zahlenden Reparationen war von den Versailler Vertragsvätern ebenso offengelassen worden wie die Art ihrer Einziehung; man hatte von dem durch Gebietsverluste geschwächten und durch den »Kriegsschuldparagraphen« gedemütigten Land die Unterschrift unter einen Blankoscheck verlangt und schließlich erhalten. Die Kernfrage in allen Verhandlungen zwischen Deutschland und Frankreich war von nun an der Bestand der 1919 formulierten Nachkriegsordnung. Wie die französischen Historiker Raymond Poidevin und Jacques Bariéty betonen, war es das »Hauptziel *sämtlicher* deutscher Regierungen wie der deutschen Öffentlichkeit [...], die vollständige Erfüllung des Versailler Vertrags zu verweigern und die Revision einiger seiner Bestimmungen zu erreichen«. In Paris dagegen sei der Vertrag »als grundlegende Charta französischer Außenpolitik« betrachtet und behandelt worden.[26]

Als Benno Reifenberg im Frühjahr 1930 für die FZ nach Paris ging, lag trotz dieser fundamentalen Gegensätze eine Phase der Entspannung und sogar der Annäherung hinter den Nachbarländern, die jedoch soeben von neuen Konflikten abgelöst zu werden drohte.[27] Noch wurde die Pariser Außenpolitik von Aristide Briand im Sinne der Verständigung mit dem einstigen Kriegsgegner gelenkt, doch seit dem frühen Tod des deutschen Außenministers Gustav Stresemann im Oktober 1929 fehlte ein kongenialer Gegenpart auf der anderen Seite des Verhandlungstisches. In den heftigen Auseinandersetzungen um den Young-Plan von 1929, der Deutschland zur Zahlung von 109,8 Milliarden Goldmark in 59 Annuitäten bis zum Jahr 1988 verpflichtete und als Gegenleistung die vorzeitige Räumung des Rheinlandes durch alliierte Truppen bis zum 1. Juli 1930 vorsah, wurde deutlich, dass der Geist der Entspannung erschöpft war. Am 23. Juli 1930 klagte der Pariser Korrespondent der FZ,

25 Vgl. Poidevin/Bariéty: Frankreich und Deutschland, S. 306.
26 Ebd., S. 310.
27 Vgl. Franz Knipping: Deutschland, Frankreich und das Ende der Locarno-Ära 1928-1931. Studien zur internationalen Politik in der Anfangsphase der Weltwirtschaftskrise, München 1987.

dass die revanchistischen Kundgebungen in Deutschland anlässlich des Abzugs der Franzosen aus Mainz und Speyer »die Besten in Frankreich«[28] enttäuscht und den Nationalisten neue Nahrung gegeben habe. Damit hatte Reifenberg erstmals erkennbar Position bezogen: Wenn er sich in den folgenden achtzehn Monaten zum politischen Kommentar entschied, so geschah es im Sinne der »Gemäßigten« auf beiden Seiten der Grenze; an Deutsche und Franzosen gleichermaßen erging der Appell, den Teufelskreis der sich gegenseitig aufschaukelnden feindlichen Emotionen zu durchbrechen und dem »Geschrei der Chauvinisten hüben und drüben« eine Strategie kühler Vernunft entgegenzusetzen. Die Chancen für jene »geduldige und realistische Politik«[29], die ihm vorschwebte, standen jedoch schlecht, mehr noch: Sie schwanden mit beängstigender Geschwindigkeit.

Während die Presse über Briands Pläne für eine »Europäische Föderation« diskutierte, die eine dauerhafte politische Abstimmung zwischen den Mitgliedstaaten ermöglichen und den Nationen eine friedliche Zukunftsvision erschließen sollte, wurde im März 1931 in Paris bekannt, dass Berlin und Wien in Verhandlungen über eine Zollunion zwischen dem Deutschen Reich und der Republik Österreich getreten waren. Frankreich beschloss, die Verwirklichung dieses Projekts zu verhindern, und fand dabei die Unterstützung Londons. Es kam zu einer »Kraftprobe gedämpfter Form«[30], die das von den Auswirkungen der Weltwirtschaftskrise besonders stark gebeutelte Deutschland nur verlieren konnte. Während das Gefüge der ersten deutschen Republik unter der Last steigender Arbeitslosigkeit, zunehmender sozialer Not und politischer Radikalisierung ächzte, gab die Reichsregierung am 15. Juni 1931 bekannt, dass Deutschland aufgrund seines Kapitalmangels die Young-Zahlungen werde einstellen müssen. Angesichts der sich dramatisch zuspitzenden Situation schien Reifenberg den Glauben an eine Verständigung der Nachbarländer allmählich zu verlieren:

> »Man kann sagen, daß, wenn jemals Frankreich guten Willens gewesen sein sollte, an einer deutsch-französischen Zusammenarbeit mitzuwirken, dieser Wille heute durchaus fehlt. Seit der deutsch-österreichischen Zolldiskussion [...] hat sich sehr viel in Frankreich geändert. Man ist harthörig geworden. Man hat niemals den Nachbarn über

---

28 Benno Reifenberg: Rheinlandreden und französische Zuhörerschaft, in: FZ, 23.7.1930. Dort auch das folgende Zitat.
29 Benno Reifenberg: Vernünftigere Tonart in Paris, in: FZ, 8.11.1930.
30 Poidevin/Bariéty: Frankreich und Deutschland, S. 367.

dem Rhein unvoreingenommen in Frankreich verstehen können. Die letzte Zeit hat erwiesen, wie tief und naturhaft der politische Gegensatz zwischen deutschem und französischem Denken auch heute, ein Dutzend Jahre nach dem Krieg, geblieben ist. Aber jetzt verschärft sich dieser politische Gegensatz zu gänzlicher Fremdheit: Frankreich versteht Deutschland ebenso wenig, wie der Reiche den Armen versteht.«[31]

Unverständnis und Hilflosigkeit angesichts der politischen Vorgänge jenseits des Rheins hatte der Abgesandte der FZ den Franzosen bereits im Sommer 1930 bescheinigt.[32] Damit traf er ein Urteil, das französische Historiker später bestätigt haben: »In Frankreich war man gegenüber den Entwicklungen in Deutschland fast vollständig blind.«[33]

Einen französischen Beitrag zur Verständigung sollte die kleine Schrift *Incertitudes allemandes* des französischen Intellektuellen und Politikers Pierre Viénot leisten, die im Jahre 1931 veröffentlicht wurde und deren wenig später erschienene deutsche Übersetzung mit dem Titel »Ungewisses Deutschland« durch ein Vorwort Reifenbergs eingeleitet und ergänzt wurde.[34] Der 1897 geborene Nordfranzose und Weltkriegsteilnehmer Viénot, ein studierter Jurist und etablierter Publizist, kannte das Nachbarland Deutschland aus eigener Anschauung: 1913/14 hatte er zeitweise in Oberlahnstein gelebt, 1923/24 Studienaufenthalte in Bonn und Heidelberg absolviert, von 1926 bis 1930 war er als ständiger Vertreter des Deutsch-Französischen Studienkomitees[35], in dem führende Repräsentanten aus den Bereichen Politik, Wirtschaft und Kultur beider Nationalitäten zusammenkamen, in Berlin ansässig gewesen, wo »der private Verständigungspolitiker«[36] als Ansprechpartner für französische

---

31 Benno Reifenberg: Chequers und London. Frankreich will nicht sehen, in: FZ, 9.6.1931.
32 Vgl. Benno Reifenberg: Französische Befürchtungen, in: FZ, 20.7.1930.
33 Poidevin/Bariéty: Frankreich und Deutschland, S. 372.
34 Pierre Viénot: Ungewisses Deutschland. Zur Krise seiner bürgerlichen Kultur, Frankfurt am Main 1931. Reifenbergs Vorwort auf den Seiten 7-12.
35 Vgl. Guido Müller: Deutsch-französische Gesellschaftsbeziehungen nach dem Ersten Weltkrieg. Das Deutsch-Französische Studienkomitee und der Europäische Kulturbund im Rahmen deutsch-französischer Verständigungsbewegungen, Habilitationsschrift, Aachen 1997; Ders.: Pierre Viénot: Schöpfer des Deutsch-Französischen Studienkomitees (1926-1938) und Europäer der Ersten Nachkriegszeit, in: Journal of European Integration History 4 (1998), Nr. 1, S. 5-26.
36 Hans-Manfred Bock: Der Autor Pierre Viénot, in: Pierre Viénot: Ungewisses Deutschland. Zur Krise seiner bürgerlichen Kultur, neu herausgegeben, eingeleitet und kommentiert von Hans Manfred Bock (Reflexionen über Deutschland

POLITISIERUNG (1930-1933)

Intellektuelle fungierte und Freunde und Bekannte wie den Verleger Samuel Fischer samt Familie, den Schriftsteller-Sohn und nachmalig bekannten Historiker Golo Mann, den Germanisten Pierre Bertaux und die späteren Widerstandskämpfer Helmuth James Graf von Moltke und Adolf Reichwein gewann. Nach seiner Rückkehr nach Frankreich verfasste Viénot, auf dem Sprung in die aktive Politik befindlich, als »Fazit jahrelanger Deutschlanderfahrungen«[37] seine Schrift *Incertitudes allemandes*, die mit dem Jahrespreis der briandistischen Zeitschrift *Europe Nouvelle* ausgezeichnet wurde. 1932 und 1936 für den Ardennen-Wahlkreis Rocroi zum Parlamentsabgeordneten gewählt, engagierte sich der unabhängige Politiker auf der gemäßigten Linken, war Mitglied im Ausschuss für Außenpolitik, bis 1934 Delegierter bei den Genfer Abrüstungsverhandlungen und ab 1936 in der Volksfront-Regierung Léon Blums Unterstaatssekretär im Außenministerium. Während der Jahre der NS-Herrschaft in Deutschland unterhielt der »entschiedene Gegner des Nationalsozialismus […] fortgesetzte Kontakte zu den deutschen Exilantenorganisationen, und er unterstützte seit 1933 viele seiner deutschen Bekannten, die als Hitler-Flüchtlinge nach Frankreich gekommen waren.«[38] Im Sommer 1937 schied der gesundheitlich labile Viénot aus der Regierung aus und schloss sich der Sozialdemokratischen Partei Frankreichs (SFIO) an, wo er künftig »eine resolute Politik der Ablehnung jeglicher außenpolitischer Konzessionen an Hitler« vertrat und sich insbesondere gegen das Münchener Abkommen von 1938 wandte. Nach Kriegsbeginn leitete er von April bis Juni 1940 die Deutschland-Abteilung im Informationsministerium und floh nach dem französischen Waffenstillstandsgesuch nach Nordafrika, wo er von der Vichy-Regierung verhaftet wurde. Im Rahmen eines Militärgerichtsverfahrens im Dezember 1940 zu acht Jahren Freiheitsstrafe auf Bewährung verurteilt, zog sich Viénot zunächst aus der Öffentlichkeit zurück, um sich dann im Jahre 1942 dem Widerstandsnetz *Libération-Sud* anzuschließen. Zuletzt gehörte er zum engsten Umfeld von General Charles de Gaulle. Er starb als Botschafter Frankreichs im Sommer 1944 in London. Seine Biographin Gaby

im 20. Jahrhundert), Bonn 1999, S. 253-261, hier S. 255. – Vgl. auch Christoph Dröge: Pierre Viénots »deutsche Ungewissheiten«. Aktuelle Lektüre eines Buches, das Geschichte wurde, in: Dokumente. Zeitschrift für den deutsch-französischen Dialog 46 (1990), S. 40-46 sowie v.a. die entsprechenden Abschnitte bei Gaby Sonnabend: Pierre Viénot (1897-1944). Ein Intellektueller in der Politik (Pariser Historische Studien, Band 69), München 2005.
37 Sonnabend: Pierre Viénot, S. 205.
38 Bock: Der Autor Pierre Viénot, S. 257. Dort auch das folgende Zitat.

Sonnabend hat ihm in ihrer 2005 publizierten Studie eine »schwierig zu fassende Rolle zwischen einem ›Intellektuellen der Tat‹ und einem philosophisch räsonierenden Politiker«[39] bescheinigt.

In seiner Abhandlung »Ungewisses Deutschland«, die 1999 von Hans Manfred Bock, mit einer umfangreichen Einleitung und Kommentaren versehen, neu herausgegeben wurde[40], konstatierte Viénot eine tiefgreifende Krise der bürgerlichen Kultur in Deutschland, wobei er die Wertmaßstäbe des 19. Jahrhunderts als Folie nutzte und mehrfach darauf hinwies, »daß diese Krise auch Frankreich erfaßt habe, jedoch in Deutschland ungleich weiter fortgeschritten sei und klarer reflektiert werde.«[41] Als »eigentliches Signum«[42] der Krise betrachtete Viénot einen »umfassende[n] Relativismus«, den er am Beispiel einzelner moralischer und sozialer Symptome deutlich machte, so etwa im Hinblick auf die Lockerung der Sexualmoral und des Sexualstrafrechts[43] sowie im Umgang mit Geld und materiellem Vermögen, das in den Augen der Deutschen seinen »ethischen Wert«[44] verloren habe: »Das moderne Deutschland hat nicht mehr diese moralische Hochachtung vor dem Geld. [...] Vielmehr taucht heute schon vielfach im Volksempfinden die Idee der Immoralität großer Vermögen auf.«[45] Besonders problematisch erschien ihm der in Deutschland weit verbreitete marxistische Sozialismus, der an die Stelle des individualistischen Ideals bürgerlicher Sozialethik das Klasseninteresse gerückt habe und mit diesem Gedankengut auch die der Arbeiterbewegung eigentlich fernstehenden Schichten infiltriere:

> »Die Idee der Klasse, die Idee des Klassenkampfes ist überall in Deutschland lebendig. Die Rechte wie die Linke sind von ihr durchdrungen und besonders auch die Mehrheit der Arbeitgeberschaft [...]. Nichts aber widerstrebt mehr der bürgerlichen Ordnung als diese Bewußtheit im Leben der Klassen. Die bürgerliche Kultur kennt nur das Individuum.«[46]

---

39 Sonnabend: Pierre Viénot, S. 435.
40 In dieser Ausgabe wurde auf Reifenbergs Vorwort verzichtet. Vgl. Bock: Der Autor Pierre Viénot.
41 Sonnabend: Pierre Viénot, S. 214.
42 Ebd., S. 210. Dort auch das folgende Zitat.
43 Vgl. Viénot: Ungewisses Deutschland, S. 41/42.
44 Ebd., S. 42.
45 Ebd., S. 43.
46 Ebd., S. 52/53.

Viénot sah in Deutschland aber nicht nur die bürgerliche Ordnung des 19. Jahrhunderts im Zusammenbruch begriffen, sondern beobachtete auch eine weitgehende Zersplitterung der Gesellschaft: in das preußisch-militärische und das parlamentarische, in das industrielle und das agrarische, in das katholische und das protestantische, in das proletarische und besitzende, in das demokratische und in das nichtdemokratische Deutschland usw. Der Wunsch nach Überwindung der daraus resultierenden »ungewissen« Situation war in seinen Augen verantwortlich für den Aufstieg des Kommunismus wie auch des Nationalsozialismus, den er als ein »Sammelsurium« von »verworrenen und widersprechenden Absurditäten«[47] betrachtete: »Hitlers Erfolg ist der Ausdruck einer Art von geistiger Aushungerung des deutschen Kleinbürgertums.«[48] Sonnabend kommt in ihrer Analyse der Schrift zu dem Schluss, dass der Verfasser »[t]rotz der deutschen Ungewißheiten, des inneren Chaos, der verlorenen Orientierungsmaßstäbe und der Neigung zum politischen Extremismus« in Deutschland in der dortigen Situation auch eine Chance sah – die Chance, die Umbruchphase sowohl in Deutschland wie auch in Frankreich zu nutzen, »um gemeinsam in Erkenntnis einer europäischen Kulturkrise an der Gestaltung einer neuen Ordnung mitzuwirken.«[49] Benno Reifenberg, der das Buch als einen Beitrag »von einem Franzosen für Franzosen«[50] begriff, demonstrierte in seinem Vorwort zur deutschen Ausgabe vom 1. September 1931 vorsichtigen Optimismus, wenn er schrieb:

>»Es ist möglich, daß Frankreich zu begreifen beginnt, was im Herzen der Menschen Deutschlands sich zur Stunde vollzieht. In dem Augenblick, in dem solche Erkenntnis zu wachsen anfängt, wird Frankreich es verschmähen, der verantwortungslose Zuschauer zu bleiben. Hierfür ist dieses Buch ein Beweis.«[51]

Es ist heute nicht mehr nachvollziehbar, auf welchen Wegen bzw. durch welche Personen und Netzwerke der Kontakt zwischen Reifenberg und Viénot zustande gekommen war; sicher ist jedoch, dass ihre Wege sich kreuzten, als Reifenberg zwischen Dezember 1930 und Juni 1931 an einer

---

47 Ebd., S. 76.
48 Ebd., S. 78.
49 Sonnabend: Pierre Viénot, S. 214.
50 Reifenberg: Vorwort zu Viénot: Ungewisses Deutschland, S. 8.
51 Ebd., S. 12.

Reihe von Deutschlanddebatten der *Union pour la Vérité*[52] teilnahm, einer republikanischen Intellektuellenvereinigung, die 1892, zunächst unter dem Namen *Union pour l'Action morale*, von dem Philosophen Paul Desjardins[53] gegründet worden war und die für Viénot seit den frühen 20er Jahren eine zentrale Rolle spielte. Ihre Mitglieder, unter ihnen auffallend viele Lehrer und Hochschullehrer, veranstalteten regelmäßig Treffen mit führenden Intellektuellen, bei denen aktuelle Probleme diskutiert wurden (*libres entretiens*). Nach entsprechenden Debatten in den Jahren 1913 und 1922 wurde hier 1930/31 erneut das schwierige Verhältnis zu dem Nachbarland Deutschland auf die Agenda gesetzt, wobei Benno Reifenberg als hochrangiger deutscher Pressevertreter geladen war. In der Sitzung der *Union pour la Vérité* vom 17. Dezember 1930 ergriff er das Wort und erklärte eine deutsch-französische Annäherung für nicht (mehr) existent: »Es gibt keinen neutralen Boden, auf dem man sich annähern kann. Man soll nicht in Annäherung machen, sondern zuhause die notwendige Politik durchsetzen.«[54] Reifenberg mahnte an, das Augenmerk zunächst auf die jeweilige Innenpolitik zu legen, und erhielt darin Unterstützung von Viénot, der dem deutschen Journalisten »vor allem in dem Punkt des Ersatzcharakters der deutschen Revisionsforderungen zu[stimmte].« Hinter diesen Ansprüchen finde sich ein Komplex an Fragen und Befindlichkeiten, die auf anderer Ebene entstanden seien«, und die »lediglich auf die internationale Bühne projiziert« würden, »wo sie jedoch nicht gelöst werden könnten.«[55]

Lässt man Reifenbergs Stellungnahmen zu diesem Komplex Revue passieren, so enthalten sie einige Ungereimtheiten. Mit Recht weist Sonn-

---

52 Zur *Union pour la Vérité* vgl. neben der knappen Zusammenfassung von Sonnabend: Pierre Viénot, S. 68-73 v.a. François Beilecke: Französische Intellektuelle und die Dritte Republik. Das Beispiel einer Intellektuellenassoziation 1892-1939, Frankfurt am Main 2003; Ders./Hans Manfred Bock (Hrsg.): Vernunftethik als gesellschaftliche Begründung der Republik – Die Intellektuellenvereinigung Union pour la Vérité in der Dritten Republik, Dossier in: Lendemains. Zeitschrift für vergleichende Frankreichforschung 20 (1995), Heft 78/79, S. 79-171.
53 Zum Leben und Werk des französischen Philosophen und Schriftstellers Paul Desjardins (1859-1940) vgl. François Chaubet: Paul Desjardins et les Décades de Pontigny, Diss. Univ. Lille 1996.
54 Benno Reifenberg, zitiert nach: Problèmes franco-allemands d'après-guerre. Entretiens tenus au siège de l' Union pour la vérité, Paris 1937, S. 57. Es wurde hier die deutsche Übersetzung von Bock zitiert: Der Autor Pierre Viénot, S. 48. Vgl. ausführlicher Sonnabend: Pierre Viénot, S. 218-225.
55 Sonnabend: Pierre Viénot, S. 218.

abend auf die Diskrepanz zwischen dem »hoffnungsvollen Fazit«[56] in Reifenbergs Vorwort zu Viénots Buch und seinem eher pessimistisch-distanzierten Diskussionsbeitrag zu der Deutschlanddebatte der *Union pour la Vérité* hin. Die Viénot-Biographin bezeichnet es ferner als »erstaunlich«, dass der Pariser FZ-Korrespondent die Studie des französischen Intellektuellen als Signal interpretierte, »daß in Frankreich die Bereitschaft bestehe, sich im Sinne der Verständigung von der geistigen Sphäre in jene der harten politischen Alltagsarbeit zu begeben«, da »Viénots Buch doch in erster Linie von psychologisch-philosophischen Krisenfaktoren und so gut wie gar nicht von konkreten tagespolitischen Themen [handelt].« Darüber hinaus muss an dieser Stelle betont werden, dass Reifenberg ohne jeden Zweifel ein überzeugter Gegner der Versailler Nachkriegsordnung war, der diese Position lebenslang vehement vertreten hat[57]; insofern ist es schwer vorstellbar, dass er die deutschen Forderungen nach Revision tatsächlich ausschließlich oder überwiegend vor dem Hintergrund innenpolitischer Konstellationen interpretiert haben soll. Diese Widersprüche sind nicht aufzulösen, sondern eher als Indiz dafür zu werten, dass Reifenberg mental kaum jemals in Paris bzw. bei den dort zu verhandelnden Sujets angekommen ist. Die Zeitspanne, die der langjährige Chef-Feuilletonist der FZ in der französischen Metropole verbrachte, war zu kurz, um sich tiefgehend auf die Materie einzulassen, zumal es keine Hinweise dafür gibt, dass er sich inhaltlich auf den Wechsel von Frankfurt nach Paris vorbereitet hat. Seine private Korrespondenz belegt statt dessen, dass er sich praktisch ununterbrochen mit der Möglichkeit einer baldigen Rückkehr nach Deutschland beschäftigte; so gestand er beispielsweise Annette Kolb in einem Schreiben vom 13. September 1930, dass er »in Paris mit abgewandtem Gesicht herum[laufe], abgewandt nach Deutschland.«[58] Die erhalten gebliebene ausführliche Korrespondenz mit seinem Bruder Hans aus der Pariser Zeit kreist fast ausschließlich um innerdeutsche Angelegenheiten. Reifenbergs Ausführungen zu Viénots Essay, zu dem die Rezensionen in Deutschland übrigens weitaus zurückhaltender ausfielen als in Frankreich, zumal Viénot das Thema des Versailler Vertrages kaum berührt hatte[59], mögen insofern

---

56 Ebd., S. 224. Dort auch die folgenden Zitate.
57 Es wird im Folgenden gezeigt werden, dass es insbesondere die Außenpolitik Hitlers im Sinne der Revision von Versailles war, die Reifenberg ab Ende 1933 eine – wenn auch partielle und vorübergehende – Aussöhnung mit dem NS-Regime erleichterte.
58 Benno Reifenberg an Annette Kolb, 13.9.1930, NL BR, DLA, 79.2775.
59 Vgl. Sonnabend: Pierre Viénot, S. 225.

weniger von einer intensiven Hinwendung zu deutsch-französischen Fragen als vielmehr von Reifenbergs Nähe zu Viénots Positionen bezüglich der Krise der bürgerlichen Kultur in Deutschland motiviert gewesen sein.

Die beständige Sorge um die Zukunft der deutschen Gesellschaft und Kultur sowie um den Bestand der Republik hat Reifenberg in Frankreich kaum jemals verlassen. Schon vor dem Erdrutschsieg der Nationalsozialisten bei den Septemberwahlen 1930 erklärte er seinem Bruder:

>»Ich glaube Dir nicht zu viel zu schreiben, wenn ich Dir sage, dass wir in Deutschland eine Diktatur bekommen werden, keine Hitlerdiktatur, aber das Ende des parlamentarischen Regimes und der Anfang von gefährlichen Konflikten. [...] Ich habe mich diese Woche sehr über Deutschland erregt und auch über die Frankfurter Zeitung, deren Haltung mir unentschieden vorkommt. Dabei ist es nur ein schlechter Trost, dass man mir von allen Seiten versichert, ich wäre in Frankfurt notwendig, sodass meine Position innerhalb des Blattes zweifellos an Bedeutung gewonnen hat.«[60]

Mit der Überzeugung, dass Deutschland keine »Hitlerdiktatur« bekommen werde, stand Reifenberg nicht allein – in der Redaktion der FZ war man allgemein der Ansicht, »aus dem Nationalsozialismus könne nicht viel werden.«[61] Dennoch gab die politische Gesamtlage Anlass zur Sorge: Im März 1930 war das Kabinett des Sozialdemokraten Hermann Müller an einem Konflikt um Beitragserhöhungen zur Arbeitslosenversicherung zerbrochen. Damit begann die Zeit der Präsidialkabinette; eine positive parlamentarische Mehrheitsbildung war fortan nicht mehr möglich und wurde auch nicht mehr ernsthaft versucht. Als die neue Regierung unter Leitung des Zentrumspolitikers Heinrich Brüning im Juli 1930 mit einer Deckungsvorlage für den zerrütteten Finanzhaushalt am Reichstag scheiterte, nahm sie Zuflucht beim Notstandsartikel 48 der Verfassung – »es war das erste Mal, daß ein vom Reichstag abgelehnter Gesetzentwurf in eine Notverordnung umgewandelt wurde, was die herrschende Rechtslehre für unzulässig hielt.«[62] Auf die Auflösung des protestierenden Reichstages folgten die Wahlen vom 14. September 1930, die zum Waterloo für die deutsche Demokratie wurden: Die NSDAP konnte die Zahl ihrer Mandate von 12 auf 107 steigern und mit einem Schlag zweitstärkste

---

60 Benno Reifenberg an Hans Reifenberg, 25.8.1930, NL BR, DLA, 79.1257.
61 Gillessen: Auf verlorenem Posten, S. 77.
62 Kolb, Die Weimarer Republik, S. 128.

Partei nach der SPD werden, die KPD erzielte 77 Sitze. Nur der Tolerierungspolitik der Sozialdemokraten verdankte das Kabinett Brüning sein Fortbestehen. In der Redaktion der FZ verständigte man sich darauf, eine Notstandsregierung Brüning als das geringste Übel zu unterstützen und jegliche Einbindung der Nationalsozialisten in die politische Verantwortung zu bekämpfen. Benno Reifenberg schrieb vier Tage nach der Septemberwahl an Hans:

> »Die deutsche Misere ist groß. Du siehst, dass die blödeste politische Richtung Erfolg hat. [...] Ich bin unter diesen Umständen doch sehr im Zweifel, ob ich so lange, wie ich vorhatte, nämlich mindestens zwei Jahre in Paris bleiben soll. Es waren schon eine Menge Leute aus Frankfurt hier und vorigen Sonntag bin ich nach Strassburg gefahren, wo ich Picard traf, einen Mann, den Du kennenlernen wirst, einer der gescheitesten Leute, die ich überhaupt kenne, und Gubler, meinen Nachfolger im Feuilleton, sowie Joseph Roth. [...] Wir badeten im Rhein und der Schwarzwald sah verteufelt blau und verführerisch aus. Ich hatte grosses Heimweh nach Deutschland.«[63]

Als das Jahr 1930 zu Ende ging, zeigte sich Reifenberg erschrocken über den »niederträchtige[n] Rummel«[64], den die Nationalsozialisten gegen den Film »Im Westen nichts Neues« nach der Romanvorlage von Remarque inszenierten, und sprach erneut von seinem Plan, so rasch wie möglich nach Deutschland zurückzukehren:

> »Mir ist das Programm dieser Leute [der Nationalsozialisten, DB] im Grunde gleichgültig, aber das geistige Niveau, auf dem sich das alles vollzieht, ist hundsmäßig. Vom Antisemitismus ganz abgesehen. Die Entwicklung unserer Zeitung gefällt mir nicht, es zeigt sich, dass in Frankfurt die führende Kraft der Redaktion schwindet und nur an der Peripherie in Berlin, London und Paris die potenten Leute sitzen. Ich muß wahrscheinlich meinen Aufenthalt hier abbrechen und zurückgehen, wenn ich das Ganze noch in die Hände bekommen will. Das Datum auch nur annähernd zu bestimmen geht jetzt nicht, vorläufig haben wir Weihnachten eine Art Führerkonferenz in Frankfurt.«

Zu den »potenten Leuten« bei der FZ rechnete Reifenberg demnach neben den beiden führenden Köpfen des rechten Flügels, dem Berliner

---

63 Benno Reifenberg an Hans Reifenberg, 18.9.1930, NL BR, DLA, 79.1257.
64 Benno Reifenberg an Hans Reifenberg, 15.12.1930, NL BR, DLA, 79.1257. Dort auch die folgenden Zitate.

Korrespondenten Rudolf Kircher und dem nach London entsandten Frankreich-Experten Friedrich Sieburg, sich selber. Er fuhr viel zwischen Paris, Frankfurt und Berlin hin und her und hielt engen Kontakt mit Heinrich Simon; sein Unbehagen an der Korrespondentenexistenz wuchs. Zugleich plagte ihn bei dem Gedanken an eine Rückkehr nach Frankfurt das schlechte Gewissen: Konnte er seiner Frau einen erneuten Umzug, seinem Sohn einen erneuten Schulwechsel innerhalb von so kurzer Zeit zumuten? Zeitweise war er dermaßen unzufrieden, dass er mit dem Gedanken spielte, bei der FZ zu kündigen und sich als freier Journalist und Kunstschriftsteller »eine Art ruhigeres Leben« zu verschaffen. Im Frühjahr 1931 erkrankte er an Angina und »so etwas wie Gelenkrheumatismus«[65]. In einem Brief an seinen Bruder aus dieser Zeit heißt es:

> »Das Weggehen von hier wird vor allen Dingen Maryla ein grosses Opfer sein. Sie hat Paris immer gern gehabt und fängt dabei jetzt erst an, richtig in der Stadt zu leben. Wir sind ziemlich genau ein Jahr jetzt hier. Wir fangen an, angenehmere und intimere Bekanntschaften zu machen als nur die offiziellen und halbamtlichen und alles, was aus Deutschland kommt, klagt uns über die Niedergedrücktheit und den Pessimismus zuhause, während man hier zweifellos wunderbar leicht lebt [...]. Es kommt hinzu, dass ich natürlich in Frankfurt ganz anders von der Zeitungsarbeit gefesselt werde und viel weniger zuhause bei Frau und Kind leben kann als hier. Trotzdem muss ich sobald als möglich zurück, denn die Chance, eine Frankfurter Zeitung zu leiten wird einem nur einmal im Leben geboten, und da muss ich zupacken. Wann ich zurückgehe, ist noch nicht klar. Vermutlich am Ende des Jahres oder im Frühjahr 32.«

Im Dezember 1931 war Reifenberg wieder einmal im »Tollhaus«[66] Deutschland und traf sich in Berlin mit Rudolf Kircher, dessen »nüchterne Art« ihm gefiel. Eine Woche nach der Ankunft in der Reichshauptstadt teilte er Maryla mit liebevollen Worten mit, dass er nun endgültig beschlossen habe, einen Schlussstrich unter das Pariser Zwischenspiel zu ziehen:

> »Paris ist schon ganz weit weg [...], es ist mir wie ein ferner Schmerz, eine Vergangenheit, so weit weg, so süss wie meine Jugend. Nur Du

---

65 Benno Reifenberg an Hans Reifenberg, 8.5.1931, NL BR, DLA, 79.1257. Dort auch das folgende Zitat.
66 Vgl. Benno Reifenberg an Maryla Reifenberg, 8.12.1931, NL BR, DLA, 79.2859. Dort auch das folgende Zitat.

bist mir immer gleich nah, und ich denke oft, wenn ich neuen Menschen begegne, wie wichtig es wäre, Dich jetzt fragen zu können, Dich nur reagieren zu sehen. Vor allem möchte ich Dir ein Porträt von Kircher geben, der, wie mir jetzt ganz deutlich ist, der entscheidende Gegenspieler (nicht im Sinne von Gegner, aber von Partner) für mich sein wird. [...] – Ich bin jetzt im Klaren über die nächste Zeit: Liebe, Paris ist für mich völlig erledigt, ich kann dorthin noch Ferien nehmen, aber jeder Tag länger ist ein Luxus, den ich der Zeitung nicht zumuten kann. [...] Alles Technische für den Umzug u.s.w. besprechen wir später.«[67]

Wenn Reifenberg in diesen Wochen in Frankfurt war, wohnte er bei Heinrich und Irma Simon. Die materielle Situation der Zeitung erfüllte ihn mit tiefer Sorge, zumal er immer mehr realisierte, dass Simon »der geschäftlichen Aufgabe nicht gewachsen [ist].« Gleichzeitig hoffte er, die FZ zur »Keimzelle eines neuen Deutschlands« zu machen, wobei für ihn nun endgültig außer Frage stand, dass er künftig in der Redaktion eine führende, vielleicht sogar die herausragende Position übernehmen würde. Dreißig Jahre später hat er seine Entscheidung für die Rückkehr nach Frankfurt in etwas verfälschender Weise zu einem ad hoc angesetzten Opfergang zur Rettung des bedrohten Vaterlandes stilisiert: In einem autobiographischen Text von 1961 mit dem Titel »Einfahrt nach Deutschland, Dezember 1931«[68] behauptete er, er habe den Pariser Posten ursprünglich fünf Jahre lang übernehmen sollen, sei dann aber nach kaum zwei Jahren dringend nach Hause gerufen worden. Er beschrieb die Bahnfahrt durch Frankreich und Belgien, entlang der alten Schlachtfelder des Weltkrieges, über Aachen nach Köln, wo er umsteigen musste. Er, der als 39-jähriger an seine Frau geschrieben hatte, er »glaube an keine dramatischen Geschehnisse«[69], hat als 69-jähriger die Ereignisse der Vergangenheit bewusst oder unbewusst dramatisiert:

»In den Kölner Hauptbahnhof fährt der Zug wie in einen Tunnel ein. Die Häuserwände rücken so nah, so dumpf dröhnt es von den Schienen in die Hinterhöfe der Stadt. Wie weit war Frankreich [...]. Ich stieg in den Berliner Zug, und da fiel mir ein, was mir der Mann gesagt

---

67 Benno Reifenberg an Maryla Reifenberg, 12.12.1931, NL BR, DLA, 79.2859. Dort auch die folgenden Zitate.
68 Reifenberg: Einfahrt nach Deutschland, in: Ders.: Offenbares Geheimnis.
69 Benno Reifenberg an Maryla Reifenberg, 8.12.1931, NL BR, DLA, 79.2859.

hatte, der mich nach Frankfurt zurückrief: ›Es ist Zeit. Sie müssen kommen. Das System der Lüge beginnt.‹«[70]

Ressort: Innenpolitik

Die FZ hatte sich erstmals Anfang 1923 intensiv mit der NSDAP auseinandergesetzt. In dem für sie typischen akademisch-gelehrten Duktus hatte sie ihren Lesern zunächst Begriff und Idee des Nationalsozialismus erläutert:

»National: wie sollte in diesen Jahren des sich immer mehr steigernden äußeren Drucks der nationale Appell nicht starken Widerhall finden? Sozial: Was spräche in einer Zeit des Versinkens ganzer Schichten, in der die Not fast an alle Türen klopft, eindringlicher zum Volk als ein Wille, der die sozialen Zustände bessern und Unproduktivität und Luxus aus unseren Grenzen bannen will? Doch in solchen Idealen, die gut sind, liegt nicht das Wesentliche der Partei. Es ist vielmehr darin zu finden, daß sie ein Heilmittel gefunden haben will, um allem nationalen und sozialen Elend mit einem Schlage ein Ende zu machen. [...] An allem Elend seien nicht Krieg und äußere Gegner, seien vielmehr die Juden und das internationale Börsenkapital schuld, das nach dieser eigenartigen Wirtschaftstheorie rein jüdisch ist. Man bräuchte nur die Juden aus dem Lande hinauszuwerfen und schon sei alles wieder gut.«[71]

Während die Redaktion die NS-Bewegung vorerst für nicht viel mehr als einen »erregten [Münchner] Großstadthaufen« hielt, bescheinigte sie Adolf Hitler recht unverblümt das Charisma und die Gefährlichkeit eines Psychopathen. Dieser »Führer«, so lautete die Ferndiagnose, leide an einer geistig-seelischen Störung, die vermutlich durch traumatische Kriegserlebnisse hervorgerufen worden sei und zur Folge habe, dass er sich im Zustand »innere[r] Ekstase« als »Befreier seines Volkes« fühle:

»Es handelt sich danach um einen beachtenswerten Fall der Kriegsneurotik. Zweifellos ist es diesen Leuten gegeben, in ihrer Monomanie stark zu wirken, da die Wahnidee jede Kompliziertheit beseitigt, und schon das imponiert sehr unserer selbst so willensschwachen Zeit. Diesen Menschen fehlt es allerdings nicht an Aktivität, vielmehr am Sinn

---

70 Reifenberg: Einfahrt nach Deutschland, in: Ders.: Offenbares Geheimnis.
71 Frankfurt, 27. Januar, in: FZ, 27.1.1923. Dort auch die folgenden Zitate.

und Wert der Ziele, auf die sich ihr ›Wille‹ richtet – und deshalb sind sie in ihrer Besessenheit für die Volksgesamtheit so gefährlich. Aus diesem Holze ist der Führer des Nationalsozialismus geschnitzt.«

Die Neigung der FZ, Maßstäbe von Vernunft und rationalem Urteil zur Bewertung des Nationalsozialismus anzulegen – Benno Reifenberg vermutete hinter dem Lärm und den Drohgebärden des Agitators Hitler ein melancholisches Gemüt bzw. eine Neigung zur Depression[72] –, war Stärke und Schwäche zugleich. Die bürgerlich-liberalen Leser konnte man auf diese Weise ansprechen, ihren Ängsten und ihrer Verachtung ein Ventil verschaffen, zugleich machte die Redaktion, wie Michael Krejci herausgearbeitet hat, jedoch den Fehler, die stark auf die Emotionen ihrer Mitglieder und Wähler spekulierende NS-Bewegung mit reinem Rationalismus bekämpfen zu wollen: »So ist es bezeichnend, daß die ›Frankfurter Zeitung‹ immer wieder das Fehlen positiver Gedanken am Nationalsozialismus bemängelte. Es verleitete sie mehrfach dazu, ihm nur geringe Erfolgsaussichten einzuräumen.«[73] Mindestens bis zum Reichstagswahlkampf 1930 sah das Blatt in den Deutschnationalen eine weitaus größere Gefahr als in den Nationalsozialisten. Hitlers Ideen hielt man für »krauses Zeug«[74].

Liest man Reifenbergs frühe Stellungnahmen zum Phänomen Nationalsozialismus, so wird deutlich, dass er spontan mit einer Mischung aus Aversion und Arroganz zu reagieren geneigt war. Symptomatisch für diese Haltung war ein großer Beitrag vom 7. April 1932, in dem er die »Privatarmee des Herrn Hitler«, die SA, mit Hohn und Spott überzog:

»Dem aufmerksamen Beobachter [...] wird sich stets die Frage aufgedrängt haben: womit schlagen die Burschen außerhalb der Wahlversammlung ihre Zeit tot? [...] Nun, sie spielen Soldat. [...] Ist es nicht eine Wonne, Motorstaffel zu sein und auf regennassen Landstraßen nächtlich daherzubrausen [...]? Ist es nicht ein Vergnügen, die Langeweile eines arbeitslosen Tages durch Anlegen von Karteiskizzen zu verkürzen, zu den Freunden über die Dächer hinweg Blinkzeichen zu geben? Und gar heimlich! [...] Ist es nicht eine noch innigere Wonne, befehlen zu dürfen? Die wunderliche Kommandosprache aus der Zeit des Kriegs, jetzt zu einem Gemisch aus Telegrammstil und schlechtem

---

72 Vgl. Benno Reifenberg: Getrennt marschiert, vereint geschlagen, in: FZ, 24.3.1932.
73 Michael Krejci: Die Frankfurter Zeitung und der Nationalsozialismus 1923-1933, Diss., Univ. Würzburg 1965, S. 18.
74 Gillessen: Auf verlorenem Posten, S. 77.

Geschäftsdeutsch geworden, feiert Orgien. [...] Befehlswollust [...] nicht ohne leise Komik [...] kindische Soldatenspielerei«.[75]

In diesem Tenor ging es weiter: Reifenberg amüsierte sich über das sinnlose Patrouillieren »vor diversen braunen Häusern« und über die Kopfbedeckungen der SA-Männer, die er mit den Mützen von Segelklubmitgliedern in der Vorkriegszeit verglich, und versicherte den »jungen Leuten [...], die so frisch marschieren, ohne zu wissen, wohin und wozu«, dass sie »die mitleidsvolle Aufmerksamkeit derjenigen [verdienen], die für das Bestehen Deutschlands verantwortlich sind.« Für das Bestehen Deutschlands waren demnach Männer wie er zuständig: gebildet, belesen, berufstätig – mit einem Wort: bürgerlich. Die schlecht verborgene Verachtung der von Arbeitslosigkeit und verzweifelter Sinnsuche gepeinigten Bevölkerungsschichten ging Hand in Hand mit generationellen Vorbehalten: Reifenberg, mittlerweile fast 40 Jahre alt, verteidigte auch die Vorherrschaft der allmählich älter werdenden Frontkämpfer von 1914 gegen die »Jugend von heute«, die den Krieg nur noch aus Erzählungen kenne. Als die Regierung Brüning am 13. April 1932 ein Verbot von SA und SS erließ, feierte er diese Entscheidung mit folgenden Worten:

> »Der Nationalsozialistischen Partei wird in den kommenden Wochen ein wesentliches Anziehungsmittel fehlen. Das Trommeln. [...] Die Totenköpfe auf den Mützen, das braune Wams, die hohen Schnürstiefel (die zu tragen die Engländer im Krieg eingeführt haben) – diese ganze kuriose Uniform muß eingemottet werden. Es ist ausgetrommelt.«[76]

Nachdem Reifenberg in den ersten Wochen des Jahres 1932 noch für die Berichterstattung über Frankreich verantwortlich gewesen war, obwohl er sich bereits in Deutschland aufhielt, erfolgte mit dem 31. Januar der Wechsel zur deutschen Innenpolitik. Bis zur Machtübernahme der Nationalsozialisten publizierte Reifenberg, der nun neben dem Berlin-Korrespondenten Kircher die wichtigste politische Stimme in der Redaktion besaß, mehrmals wöchentlich Artikel zur Lage der Nation und kommentierte die sich überschlagenden politischen Ereignisse.[77] In

---

75 Benno Reifenberg: Der Ernst in dem Spiel, in: FZ, 7.4.1932. Dort auch die folgenden Zitate. – Zur SA vgl. v.a. Peter Longerich: Die braunen Bataillone. Geschichte der SA, München 1989.
76 Benno Reifenberg: Raus aus der Kaserne. Wohin?, in: FZ, 15.4.1932.
77 Zur Endphase der Weimarer Republik vgl. u.a. Karl Dietrich Bracher: Die Auflösung der Weimarer Republik. Eine Studie zum Problem des Machtverfalls in der Demokratie, Taschenbuchausgabe, 6. Auflage, Königstein/Taunus 1978.

Anlehnung an seine Pariser Tätigkeit verfolgte er die seit Februar 1932 tagende Abrüstungskonferenz des Völkerbundes in Genf, die sich mehr und mehr auf die Schlüsselfrage konzentrierte, in welchem Maße und zu welchen Bedingungen eine Wiederaufrüstung des Deutschen Reiches von den übrigen Mächten und insbesondere von Frankreich akzeptiert werden könne.[78] Den größten Teil seiner Energie und Arbeitskraft widmete er jedoch der »Grundfrage«[79] dieser Monate: dem Kampf gegen Hitler. Dabei machte er immer wieder deutlich, dass er nicht an einen Erfolg der NS-Bewegung glauben könne, und prophezeite ihr ein Scheitern an dem »wahren Deutschland«[80]. Für seinen Leitartikel vom 8. März 1932, der den unmissverständlichen Titel »Schluß damit!« trug, bekam die Redaktion zahlreiche Dank- und Anerkennungsschreiben.[81] Erfüllt von unverhohlener Abscheu wurde hier über einen Auftritt Hitlers und Görings in Frankfurt berichtet:

> »Sie faseln von dem entehrten Deutschland. Wir haben Deutschland niemals für entehrt gehalten, weil es den Krieg gegen eine Welt verloren hat. [...] Wir haben niemals geglaubt, den Kopf senken zu müssen, weil diese unsere Republik mit Revolutionstagen begonnen hat. [...] Wir debattieren nicht mit Besessenen über Patriotismus. [...] Wir sind an diesem Abend nur ein einziges Mal wirklich erregt gewesen, und die Schamröte lief uns über den Nacken. Als man nämlich verkündete, zu dieser Hitlerversammlung seien auch Korrespondenten rumänischer und amerikanischer Zeitungen erschienen«.[82]

»Da man an Hitler nichts Positives entdecken konnte, räumte man ihm keine Erfolgsaussichten ein.«[83] Mit diesen schlichten, treffenden Worten umreißt Gillessen die Haltung der FZ. Reifenberg, der in bürgerlich-

---

78 Zu den Genfer Verhandlungen vgl. Michael Geyer: Die Genfer Abrüstungskonferenz 1932 und das Problem der Rüstung in der Zwischenkriegszeit, in: Parlamentarische und öffentliche Kontrolle von Rüstung in Deutschland 1700-1970. Beiträge zur historischen Friedensforschung, hrsg. vom Militärgeschichtlichen Forschungsamt und dem Arbeitskreis Historische Friedensforschung sowie von Jost Dülffer (Droste-Taschenbücher Geschichte, Bd. 917), Düsseldorf 1992, S. 175-202. Zum Völkerbund vgl. Albert Pfeil: Der Völkerbund. Literaturbericht und kritische Darstellung seiner Geschichte (Erträge der Forschung, Bd. 58), Darmstadt 1976.
79 Benno Reifenberg: Die Alternative, in: FZ, 23.4.1932.
80 Benno Reifenberg: Die Kardinalfehler der NSDAP, in: FZ, 22.7.1932.
81 Vgl. Hummerich: Wahrheit, S. 30.
82 Benno Reifenberg: Schluß damit!, in: FZ, 8.3.1932.
83 Gillessen: Auf verlorenem Posten, S. 76.

liberaler Denktradition stets das Individuum in den Mittelpunkt seiner Betrachtungen und Analysen rückte, setzte sich mehrfach intensiv mit Charakter, Vita und Leistungen Hitlers auseinander, um den Lesern auf diese Weise deutlich zu machen, welchem Geist der Nationalsozialismus entspringe. Unter der Überschrift »Der Mann und das Amt« vermerkte er im August 1932:

> »Hitler will Kanzler werden. [...] machen wir das tiefe Mißtrauen offenbar, das von allen denen, die nicht den Nationalsozialisten sich verschrieben haben, der Absicht Hitlers sofort entgegengebracht werden muß. [...] Wir verschließen die Augen nicht vor der Tatsache, daß aus den Millionen, die Hitler zusammengetrommelt hat, ihm viel Gläubigkeit entgegengebracht wird. Es ist so viel Unruhe und so viel Not in Deutschland, daß wir die Inbrunst solchen Glaubens nicht gering veranschlagen dürfen. [...] Aber ist das genug? Kann der Mann, der mit jener Psychologie, die er sich für die Propaganda zurechtzimmerte, die überfüllten abendlichen Massenveranstaltungen als den geeigneten Boden für seine politische Arbeit gepriesen hat, den Schritt wagen in die erbarmungslos nüchterne Helle der echten politischen Verantwortung? Und wenn er selber es sich zutraut, die Atmosphäre der lärmenden und betörenden Deklamationen zu verlassen, werden die Geführten und die Verführten die Geduld aufbringen, wenn der politische Alltag anhebt? Ein Wald von Fragezeichen wächst um diesen Mann an diesem Posten.«[84]

Wenn es um politische Programmatik ging, so erkannte Reifenberg »[d]ie Kardinalfehler der NSDAP«[85] in einem gleichnamigen Artikel vom 22. Juli 1932 zum einen im Zentralismus, der den historisch gewachsenen

---

84 Benno Reifenberg: Der Mann und das Amt, in: FZ, 11.8.1932.
85 Benno Reifenberg: Die Kardinalfehler der NSDAP, in: FZ, 22.7.1932. Dort auch die folgenden Zitate. – Reifenbergs Bekenntnis zum deutschen Föderalismus, das in diesem Artikel zum Ausdruck kommt, war bei der FZ nicht konsensfähig. Wie Michael Bosch herausarbeitet, forderte die Redaktion stattdessen den Ausbau der Reichsgewalt: »Die als unzeitgemäß, da zu kompliziert, zu teuer, zu beunruhigend empfundene bundesstaatliche Struktur sollte ersetzt werden durch den dezentralisierten Einheitsstaat mit der politischen Entscheidung und Verantwortung allein beim Reich, mit – freilich höchst-potenzierten – Verwaltungsorganen anstelle der alten Landesgewalten.« Michael Bosch: Liberale Presse in der Krise. Die Innenpolitik der Jahre 1930 bis 1933 im Spiegel des »Berliner Tageblatts«, der »Frankfurter Zeitung« und der »Vossischen Zeitung« (Europäische Hochschulschriften, Reihe 3: Geschichte und ihre Hilfswissenschaften 65), Bern 1976, zugl. Diss. Univ. Tübingen 1974, S. 41/42.

POLITISIERUNG (1930-1933)

Föderalismus in Deutschland ignoriere und damit »die Front zwischen den Ländern« erst recht aufreiße, zum anderen in dem hasserfüllten Kampf gegen die Arbeiterbewegung, namentlich die Sozialdemokratie:

»Der erste Fehler der nationalsozialistischen Politik lag darin, die deutsche Sozialdemokratie, und das ist der größte Teil der deutschen Arbeiterschaft, bewußt mit dem Kommunismus zu verwechseln. Es steht seit Jahren fest, daß der Kommunismus in Deutschland kein Glück haben wird, daß selbst in den bitteren Zeiten der Krise der Zuwachs der Moskauer Trabanten gering geblieben ist. Die Widerstandsfähigkeit des deutschen Proletariats gegen die Radikalisierung ist einer der erstaunlichsten Fakten der deutschen Geschichte. Die Sozialdemokratie [...] hat mit dem Kommunismus nichts zu tun [...]. Die deutsche Arbeiterschaft wird durch den fascistischen [sic!] Anspruch auf Alleinherrschaft automatisch in die alte Klassenkampfposition zurückgedrängt. [...] Die Erregung unter der Arbeiterschaft wächst zusehends. Und mit einigem Frösteln mögen die Führer der NSDAP heute ahnen, wie aberwitzig der Versuch ist, ein Deutschland *gegen* seine Arbeiterschaft errichten zu wollen.«

Die erste große innenpolitische Auseinandersetzung, die Reifenberg als Kommentator der FZ begleitete, war die Reichspräsidentenwahl, die in zwei Wahlgängen am 13. März und am 10. April 1932 stattfand. Die Redaktion unterstützte dabei den greisen Amtsinhaber Paul von Hindenburg gegen seine Herausforderer von rechts und links, Adolf Hitler und Ernst Thälmann. Diese Entscheidung musste den Lesern plausibel gemacht werden, hatte die FZ Hindenburgs erste Kandidatur sieben Jahre zuvor doch energisch bekämpft.[86] Reifenberg übernahm am 2. Februar 1932 die Aufgabe, die veränderte Einstellung der Redaktion zu begründen:

»Wir wünschen nicht die Bedenken zu bagatellisieren, die uns einst bewegt haben, als die deutsche Rechte 1925 den Generalfeldmarschall aus seiner Ruhe in Hannover holte. [...] Wir haben, so glauben wir, es nie an der Ehrfurcht vor einem großen Besiegten fehlen lassen, der die tragische Wende des Krieges überstehen konnte und zugleich ein Symbol von Pflicht und Ehre hat bleiben dürfen. [...] Trotzdem wir [...] gegen eine Reihe von politischen Konsequenzen dieser Präsidentschaft haben opponieren müssen, fühlen wir uns mit denen einig, die als entscheidenden Charakterzug dieses Reichspräsidenten seine Gewissenhaftigkeit gegenüber der Verfassung bezeichnen. [...] Wir glauben,

---

86 Vgl. Krejci: Die Frankfurter Zeitung und der Nationalsozialismus, S. 24-27.

daß dieser Popularität des Feldmarschalls eine Popularität des Reichspräsidenten zugewachsen ist. Wir glauben, daß eine solche Popularität in ihrer letzten Ursache nur aus menschlichen Qualitäten ihres Trägers sich wird herleiten können.«[87]

Mit dem Einsatz für Hindenburg, der im zweiten Wahlgang mit 53 Prozent der Stimmen wiedergewählt wurde, verband sich die Loyalität der FZ zur Regierung Brüning, die Hindenburg favorisiert hatte und der man trotz aller Einwände gegen die Praxis der Notverordnungen den Rücken stärkte. Als der Kanzler Ende Mai 1932 auf Betreiben der Kamarilla des Reichspräsidenten aus dem Amt scheiden musste, bedauerte Reifenberg diese Entwicklung sehr.[88] Franz von Papen – »eines Tages jäh dem deutschen Volk als Vertrauensmann Herrn von Hindenburgs vorgestellt und also Chef des sogenannten Präsidialkabinetts«[89] – wurde von der FZ von Anfang an mit hoher Skepsis betrachtet: »Allein die Person Papens bedeutete der liberalen Presse schon einen schwerwiegenden Mißgriff.«[90]

Die Reichstagswahlen vom 31. Juli 1932 wurden zum Triumph für die radikalen Parteien: Die NSDAP wurde mit 37,3 Prozent der Wählerstimmen und 230 von 608 Sitzen die mit weitem Abstand stärkste Kraft im Reichstag vor der SPD, während die KPD 14,4 Prozent und 89 Mandate erzielte. Gleich nach der Wahl suchte Hitler den neuen Reichswehrminister Kurt von Schleicher auf und erklärte ihm unmissverständlich, angesichts des Wahlergebnisses komme eine Tolerierung der Regierung Papen durch die Nationalsozialisten nicht mehr in Frage; er verlangte eine Neubildung der Regierung unter seiner Führung und wiederholte diese Forderung am 13. August in einer Unterredung mit Hindenburg, handelte sich jedoch »eine glatte Abfuhr«[91] ein. Die FZ reagierte mit Erleichterung: »[N]ach den wiederholten Enttäuschungen über den Reichspräsidenten [fühlte sie sich] wieder etwas ermutigt. Hindenburg stellte sich jedenfalls Hitler in den Weg.«[92] Die Frage, ob die Nationalsozialisten »[e]ine Ahnung auch nur von den Aufgaben [haben], die ihrer

---

87 Benno Reifenberg: Hindenburg, in: FZ, 2.2.1932.
88 Vgl. Benno Reifenberg: Abschied von Brüning, in: FZ, 31.5.1932.
89 Benno Reifenberg: Ueber konservatives Denken, in: FZ, 3.9.1932.
90 Bosch: Liberale Presse in der Krise, S. 235. – Vgl. auch Ulrike Hörster-Philipps: Konservative Politik in der Endphase der Weimarer Republik. Die Regierung Franz von Papen, Köln 1982.
91 Kolb, Die Weimarer Republik, S. 138.
92 Gillessen: Auf verlorenem Posten, S. 82.

harren, wenn sie an die Reihen kommen«[93], wurde von dem Redakteur Reifenberg in mehreren Beiträgen klar verneint: »Nichts davon.«

In der Nacht zum 10. August 1932 überfielen in dem schlesischen Ort Potempa fünf SA-Leute einen kommunistischen Bergmann in seiner Wohnung und töteten ihn vor den Augen seiner Angehörigen mit bestialischer Grausamkeit. Der ärztliche Leichenbeschauer zählte 29 Verletzungen. Die Halsschlagader des Opfers war zerrissen, das Blut durch ein großes Loch im Kehlkopf in die Lunge gedrungen. Das Gesicht wies Spuren von Stockschlägen auf, der Kopf trug Verletzungen wie von einem stumpfen Beil, der Hals zeigte Abschürfungen, die von Fußtritten herrührten. Die tödlichen Verletzungen waren dem Mann beigebracht worden, als er bereits am Boden lag. Die FZ nahm den Vorfall zum Anlass für ausführliche Berichterstattung. Am 24. August 1932 druckte sie drei erschütternde Dokumente ab: den Bericht des medizinischen Sachverständigen, die Aussage eines Bruders des Ermordeten über den Tathergang und ein »unvorstellbares Telegramm«[94] Hitlers an die im Strafprozess zum Tode verurteilten Täter: »Meine Kameraden! Angesichts dieses ungeheuerlichen Bluturteils fühle ich mich mit Euch in unbegrenzter Treue verbunden. Eure Freiheit ist von diesem Augenblick an eine Frage unserer Ehre. Der Kampf gegen eine Regierung, unter der dies möglich war, ist unsere Pflicht. gez. Adolf Hitler.« Benno Reifenberg, der dieses Telegramm viele Jahre später »als das Zeichen einer völligen Verderbnis der Begriffe unbedingt in den Bereich des Kriminellen«[95] verwies, verfasste unter dem Titel »Der Freibrief« den Kommentar dazu:

»Wer [...] wird begreifen, daß der Führer einer großen politischen Bewegung so bedenkenlos den besoffenen Totschlägern noch eine Ehrenerklärung zu bieten wagt? Wer wird begreifen, daß eine Bewegung, die für sich in Anspruch nimmt, die Zukunft Deutschlands zu bestimmen, sich auf diese Weise gleichstellt mit Wesen, die so furchtbar jeder Menschenwürde abgeschworen haben? Wehe der deutschen Zukunft, die auf solche Dokumente wie dieses Hitler-Telegramm sich stützen soll.«[96]

93 Benno Reifenberg: Schluß damit!, in: FZ, 8.3.1932. Dort auch das folgende Zitat.
94 Benno Reifenberg: Der Freibrief, in: FZ, 24.8.1932. Dort auch das nachstehend zitierte Telegramm.
95 Benno Reifenberg: Die zehn Jahre 1933-1943, in: Die Gegenwart/Sonderheft: Ein Jahrhundert Frankfurter Zeitung, S. 40-54, hier S. 40.
96 Benno Reifenberg: Der Freibrief, in: FZ, 24.8.1932. – Die Täter wurden am 22. August 1932 zum Tode verurteilt, später jedoch durch Reichspräsident Hindenburg begnadigt. Die FZ stand der Todesstrafe grundsätzlich ablehnend ge-

Das Entsetzen Reifenbergs und der gesamten Redaktion angesichts der Reaktion Hitlers auf die Bluttat von Potempa war eine Sache – »etwas anderes war die Überlegung, wie man mit dieser Bewegung fertig werden konnte.«[97] Unter der Regie Reifenbergs und Kirchers änderte das Blatt im Spätsommer 1932 vorübergehend seine bisherige Taktik der Abgrenzung und plädierte für eine Einbeziehung der NSDAP in die politische Verantwortung, unter Umständen sogar für eine Regierungsbeteiligung der Hitler-Partei. Angesichts wirtschaftspolitischer Kontroversen und der drohenden Gefahr erneuter Wahlen mit unvorhersehbarem Ausgang im Falle einer Auflösung des Reichstages schlug Reifenberg am 2. September 1932 eine Kooperation der Regierung Papen mit NSDAP und Zentrum ohne Einbeziehung der beiden Parteien ins Kabinett vor. Auf diese Weise hätten die Nationalsozialisten »Gelegenheit zu beweisen, ob wirklich ihnen eine parlamentarische Lösung so am Herzen liegt, wie sie das jetzt verkünden.« Reifenberg verband mit diesem Modell die Hoffnung auf »eine Kampfpause« und eine »Plattform« für »praktische Arbeit«[98] – eine Haltung, die in der FZ-Leserschaft offensichtlich nicht konsensfähig war. Zahlreiche Zuschriften an die Redaktion brachten Skepsis und Protest gegen die vorgeschlagene Taktik einer »Erziehung«[99] der Nationalsozialisten durch die politische Praxis zum Ausdruck. Zwar verteidigte Reifenberg seine Strategie, aber schon bald fand die Redaktion zu ihrem alten Kurs zurück; das Zähmungskonzept blieb Episode. Am 9. September 1932 machte Reifenberg einen Rückzieher, indem er in der FZ einräumte, dass die NSDAP zu »praktischer parlamentarischer Arbeit« nicht in der Lage sei. Die Dimension seines politischen Irrtums zeigt sich auch, wenn er die Ansicht vertrat, dass ausgerechnet die Reichswehr und namentlich General Schleicher eine Sicherung gegen eine Alleinherrschaft Hitlers darstellten.[100] Noch Ende Oktober 1932 hegte er die Zuversicht, dass die NSDAP es schaffen könnte, sich »von dem falschen Massen-

genüber und hatte deshalb keine Einwände gegen diese Entscheidung. Als die Mörder von Potempa Mitte März 1933 im Zuge einer Amnestie für »nationale Straftäter« aus der Haft entlassen wurden, brachte das Blatt auf der ersten Seite eine Notiz mit dem Titel »Die Potempaer Verurteilten auf freiem Fuß«. FZ, 17.3.1933. Vgl. Bosch: Liberale Presse in der Krise, S. 275-278.
97 Gillessen: Auf verlorenem Posten, S. 82.
98 Benno Reifenberg: Die Entscheidung liegt beim Reichstag, in: FZ, 2.9.1932.
99 Benno Reifenberg: Nicht sterben, leben soll er, in: FZ, 9.9.1932. Dort auch das folgende Zitat.
100 Vgl. Gillessen: Auf verlorenem Posten, S. 84.

POLITISIERUNG (1930-1933)

rausch [...] [zu] befreien«[101], wie er in der FZ formulierte. In die KPD hingegen investierte er keinerlei positive Erwartungen; er hielt sie für ideenlos, dumm und roh und bescheinigte ihr insgesamt eine »klägliche Rolle« in der deutschen Politik.[102] Im Vorfeld der Reichstagswahlen vom 6. November 1932 betonte er:

> »Die Hoffnung, es würde der radikalste linke Flügel, d.h. der kommunistische, absinken, bleibt gering, solange eine wirtschaftliche Not von nie gekannter Schwere Millionen in die Utopie treibt. Auf dem rechten Flügel, dem der Nationalsozialisten, geht mehr vor. Es ist hier immer und immer wieder gesagt worden, es sei eine Schicksalsfrage des deutschen Volkes, ob der Nationalsozialismus sich selber aus einer utopischen Bewegung zu einer praktisch wirksamen Partei werde erziehen können.«[103]

Für die Wahl gab Reifenberg eine Empfehlung im Sinne einer demokratischen Zukunft Deutschlands, indem er den Lesern nahelegte, für Zentrum, Staatspartei oder Sozialdemokratie zu votieren; er selber erklärte nach dem Ende des Zweiten Weltkrieges, er habe bei dieser letzten freien Wahl die Staatspartei als Nachfolgeorganisation der linksliberalen DDP gewählt.[104] Die Deutsche Volkspartei (DVP) schloss er als Alternative aus, denn sie befinde sich »ganz und gar im Schlepptau der Deutschnationalen«.[105] Am Wahltag erschien die FZ mit einer geharnischten Kritik an Kanzler Papen aus der Feder Reifenbergs, dem er unter anderem Hochmut und Volksferne vorwarf.[106] Die Nationalsozialisten befänden sich

---

101 Benno Reifenberg: Kleine Gewissens-Erforschung, in: FZ, 30.10.1932.
102 Vgl. Benno Reifenberg: Der Skandal im Landtag. Die Schuld, in: FZ, 27.5.1932.
103 Benno Reifenberg: Kleine Gewissens-Erforschung, in: FZ, 30.10.1932.
104 Konvolute aus der Zeit der Militärregierung, Military Government of Germany, Fragebogen, ohne Datum, NL BR, DLA, 79.3554. – Seit Gründung der Republik war die Anhängerschaft der DDP beständig gesunken: von 18 Prozent in der Nationalversammlung, wo die Linksliberalen drittstärkste Kraft nach der SPD und dem Zentrum gewesen war, ging der Prozentsatz der Wählerstimmen 1920 auf 8, 1924 auf 6, 1928 auf 5 und 1930 auf 3 Prozent zurück. Auch der Versuch der Partei, sich durch eine Öffnung nach rechts dem Zeitgeist anzupassen, ein Bündnis mit dem Jungdeutschen Orden einzugehen und sich fortan Staatspartei zu nennen, konnte den Niedergang nicht aufhalten. Vgl. Hagen Schulze: Weimar. Deutschland 1917-1933 (Die Deutschen und ihre Nation, Band 4), Berlin 1982, S. 77-79.
105 Benno Reifenberg: Kleine Gewissens-Erforschung, in: FZ, 30.10.1932.
106 Benno Reifenberg: Für das Parlament!, in: FZ, 6.11.1932. Dort auch die folgenden Zitate.

im fortgeschrittenen Stadium der »Verwirrung«, in dem ihnen nichts mehr einfalle als »antisemitisches Geschwafel«. Der Artikel endete mit dem Appell: »Es bleibt [...] nur das Eine: Es werde die Mitte [...]. Wählt die Parteien, die das Parlament wollen! Wählt für den selbstbewußten, freien Deutschen!« Es ist bemerkenswert, wie Reifenberg an dieser Stelle den Begriff der politischen »Mitte« verwendet: »Mitte« meint hier nicht – wie in der deutschen politischen Tradition seit der Herausbildung des Parteiensystems im 19. Jahrhundert allgemein üblich – das bürgerlich-liberale, eventuell durch gemäßigt konservative Kräfte erweiterte politische Spektrum, sondern wird synonym mit dem Begriff »staatstragend« bzw. »parlamentarisch« verwandt und schließt auf diese Weise auch die Sozialdemokratie als eigentlich »linke« politische Kraft ein. Nicht zur »Mitte« zählen dagegen sämtliche Kräfte, die eine Gefahr für das bestehende System bedeuten könnten – einschließlich der DVP als Repräsentant des rechten Flügels des Liberalismus. Die »Mitte« ist damit im eigentlichen Sinne des Wortes konservativ, nämlich bewahrend und erhaltend statt revolutionär-umstürzlerisch. Der Beitrag ist ein Beleg dafür, wie sehr die Konturen politischer Vokabeln mitunter zerfließen können, wie abhängig die Sprache des Politischen von der jeweiligen historischen Situation ist – und von der Frage, wer spricht und wer angesprochen werden soll. Angesichts der vermeintlichen oder tatsächlichen akuten Bedrohung der Republik durch den Kommunismus einerseits und den Nationalsozialismus samt seiner rechtskonservativen Helfershelfer andererseits scharte der bürgerliche Publizist Reifenberg seine bürgerlichen Leser um das Zentrum einer »Mitte«, deren Grenzen sich deutlich verschoben hatten.

Nach der Reichstagswahl vom 6. November 1932 schöpften die Kräfte der politischen »Mitte« noch einmal Hoffnung – das Ergebnis des Urnenganges war ein schwerer Schlag für den »Mythos von der Unaufhaltsamkeit des nationalsozialistischen Vormarsches«[107]. Die NSDAP stellte zwar mit 196 Abgeordneten immer noch die weitaus stärkste Fraktion, hatte aber rund zwei Millionen Stimmen eingebüßt. Obwohl Hitlers Kanzlergelüste durch die Unterstützung einer Gruppe von Wirtschaftsführern um den ehemaligen Reichsbankpräsidenten Hjalmar Schacht Auftrieb erhielten, scheiterte sein Griff nach der Macht erneut, denn Hindenburg machte seine Ernennung von der Bildung einer parlamentarischen Mehrheitsregierung abhängig, was Hitler wiederum ablehnte. Ende November 1932 wurde Papen von Hindenburg erneut mit der Re-

---

107 Kolb, Die Weimarer Republik, S. 139.

gierungsbildung beauftragt. Reifenberg fühlte sich offenbar immer noch unter Druck, das von ihm zumindest zeitweise vertretene »Zähmungskonzept« zu rechtfertigen; an Heinrich Simon schrieb er, man habe in der Redaktion »alle Zweifel an unserer demokratischen Gesinnung« in Kauf genommen, »weil der Nationalsozialismus besiegt werden mußte. Ich glaube, unsere Grundhaltung rechtfertigt sich: das Dritte Reich liegt in Trümmern.«[108] Tatsächlich war es die Republik von Weimar, die kurz vor dem Ende stand. Der letzte Reichskanzler vor Hitler war Kurt von Schleicher, »Protagonist eines Präsidialregimes schon lange vor 1930, Verfechter der autoritären Präsidialdiktatur in der Ära Brüning, Regisseur von Brünings Sturz, spiritus rector des Präsidialkabinetts Papen, [...] Hauptexponent des Konzepts einer ›Zähmung‹ Hitlers.«[109] Im Herbst 1932 hatte der intrigante General mit ungewöhnlichen Konstellationen wie etwa der Heranziehung der Gewerkschaften und des »linken« Strasser-Flügels der NSDAP an eine autoritäre Regierung geliebäugelt; was ihm grundsätzlich vorschwebte, war die Etablierung eines von der Reichswehr getragenen Präsidialregimes unter Einbeziehung des Nationalsozialismus und Ausschaltung des Parlaments. Auf Schleichers Ernennung zum Nachfolger Papens am 3. Dezember 1932 reagierte die FZ mit der Ankündigung scharfer Kritik an der neuen Regierung, forderte zugleich jedoch die demokratischen Parteien zur Zurückhaltung auf, um Parlament und Regierung Zeit zu verschaffen. Der Rückgang der NSDAP bei der Wahl vom November wurde als sehr positives Signal gewertet. Sowohl der innenpolitische Jahresrückblick Kirchers als auch die außenpolitische Bilanz Reifenbergs atmeten vorsichtigen Optimismus[110]; die Zeitung glaubte, »›Land‹ zu sehen – so die Überschrift über einem Artikel zur wirtschaftlichen Konjunktur.«[111]

Über die »politische Planlosigkeit des Volkes« und die »Zweifel und Mutlosigkeit seiner bürgerlichen Kreise« klagte Reifenberg in der FZ vom 4. Januar 1933.[112] Zwei Tage später kommentierte er das Treffen Hitlers mit Papen im Hause des Kölner Bankiers Kurt von Schroeder und betonte dabei noch einmal, dass der Nationalsozialismus den Zenit seines Erfolges überschritten habe und in die »Defensive« geraten sei:

108 Reifenberg an Simon, Herbst 1932, vermutlich nach den Novemberwahlen, zitiert nach: Gillessen: Auf verlorenem Posten, S. 90.
109 Kolb, Die Weimarer Republik, S. 136.
110 Vgl. Rudolf Kircher: Ein Jahr deutscher Politik; Benno Reifenberg: Die Großmächte und die treibenden Kräfte ihrer Außenpolitik, beide in: FZ, 1.1.1933.
111 Gillessen: Auf verlorenem Posten, S. 86.
112 Vgl. Benno Reifenberg: Spekulationen über den General, in: FZ, 4.1.1933.

»Die Zeit der Deklamation, die Zeit der Prahlerei ist abgelaufen, und das Wehklagen nutzt schon lange nichts mehr. Die Zeit fordert, daß der Nationalsozialismus aus den Erfahrungen des vergangenen Jahres lerne. Daß er erkenne, es sei ein Alleinherrschaftsanspruch angesichts der demokratischen Strukturen Deutschlands sinnlos. [...] Die NSDAP ist auf der Suche nach einer neuen Politik. Das ist das Fazit der letzten Wochen.«[113]

Reifenbergs Einschätzung deckte sich mit der Haltung Kirchers, der den Führer der NSDAP am 15. Januar in Bedrängnis sah, »jenseits des Höhepunktes seiner Macht, verfolgt von seinen Gläubigern, unsicher auf das Ergebnis des Wahlkampfes im Ländchen Lippe wartend.«[114] Die von Hitler und Goebbels mit propagandistischem Geschick zur Entscheidungsschlacht stilisierten Wahlen in dem Zwergstaat Lippe, bei denen Reifenberg als »Sonderberichterstatter« der FZ fungierte, betrachtete die Redaktion als »Satyrspiel auf der deutschen politischen Bühne«[115], das nichts an der Tatsache ändere, dass sich die Nationalsozialisten in eine »politische Sackgasse«[116] manövriert hätten. Wenige Wochen später musste Reifenberg begreifen, dass er sich getäuscht hatte – die Machtübernahme Hitlers stand unmittelbar bevor.

113 Benno Reifenberg: Zwanglose Unterredung, in: FZ, 8.1.1933.
114 Gillessen: Auf verlorenem Posten, S. 87. – Zur Wahl in Lippe vgl. u.a. Schulze: Weimar, S. 402.
115 Benno Reifenberg: Die symptomatischen Wahlen, in: FZ, 14.1.1933.
116 Benno Reifenberg: Politik im Reagenzglas, in: FZ, 17.1.1933.

Gratwanderungen
Vom Leben und Schreiben in der Diktatur

Publizist im NS-Staat (1933-1937/38)

In seinem großen Rückblick auf die Geschichte der »Frankfurter Zeitung« von 1956 hat Benno Reifenberg selbstkritisch von der »wahrscheinlich zu spät angesetzte[n] Schlacht«[1] gegen Hitler gesprochen, im Übrigen aber den demokratischen, republikanischen Geist betont, mit dem sich die FZ dem an die Macht drängenden Nationalsozialismus entgegengestemmt habe. Die Analyse seines publizistischen Werkes hat diese Darstellung bestätigt: Solange Reifenberg unter den Bedingungen der Demokratie an exponierter Stelle in der Öffentlichkeit tätig war, hat er seinen Einfluss genutzt, um als Vertreter und Verteidiger der Republik zu agieren. Dabei ist es ihm nicht gelungen, sich in Geist und Wesen der NS-Bewegung einzuspüren; die intellektuelle Arroganz so mancher Attacke spricht für sich, und auch die »Zähmungsstrategie« vom Sommer 1932 hat sich als politischer Irrtum erwiesen. Man könnte in diesem Sinne von Fehlern in der Strategie zur Verteidigung der Republik sprechen: Statt die NS-Bewegung und ihre wachsende Anhängerschar als politischen Faktor wirklich ernst zu nehmen, entsprechend argumentativ stark aufzutreten und angemessene Rezepte zur Gegenwehr zu entwickeln, reagierte der bürgerliche Publizist wie im Reflex mit einer Mischung aus Verständnislosigkeit und Geringschätzung, Spott und Hohn. Insgesamt jedoch gehörte er zu der eher kleineren Zahl deutscher Intellektueller, die um die Republik von Weimar gekämpft haben.

1933 begann ein neues Kapitel. Reifenberg hat sich nicht nur für den Verbleib in Deutschland und die Fortsetzung seiner beruflichen Laufbahn entschieden, sondern er hat für dieses Ziel unter den erschwerten Bedingungen, die ihm seine »halbjüdische« Herkunft im Sinne der Nürnberger Gesetze eintrug, zudem jahrelang gekämpft. Damit stand er in besonderer Weise beispielhaft für die große Mehrheit der bürgerlichen Journalisten in Deutschland; Norbert Frei und Johannes Schmitz stellen in ihrer Untersuchung über »Journalismus im Dritten Reich« fest: »Abgesehen von jenen Linken, Linksliberalen und Juden, die vom Regime dazu

---

[1] Reifenberg: Die zehn Jahre, in: Die Gegenwart/Sonderheft, S. 40-54, S. 40.

gezwungen wurden, quittierte 1933 kaum ein Journalist seine Arbeit.«[2] Bemerkenswert im Falle Reifenberg ist, dass er, der so lange seine Abstinenz vom Politischen betont und gepflegt hatte, nun nicht zu jenen Publizisten gehörte, die in die scheinbar unpolitische Schutzzone des Feuilletons, der Unterhaltungssparte auswichen bzw. den sofortigen Rückzug in die Sphäre der »Inneren Emigration« antraten. In dieses Refugium hat er sich erst in den späten 30er Jahren nach einem Zusammenstoß mit der Staatsmacht und in der Folge einer langwierigen Erkrankung zurückgezogen. Bis 1938 war er in führender Position bei der FZ als politischer Kommentator tätig, wobei sich der Schwerpunkt seit Herbst 1933 auf den Bereich der auswärtigen Politik verlagerte, in dem die größte Übereinstimmung zwischen seinen persönlichen Ansichten wie auch der politischen Linie der FZ und dem Kurs des NS-Regimes bestand.

Zwischen den Polen von »Anpassung« und »Distanz« bewegte sich die Redaktion der FZ im »Dritten Reich«. Politischer »Widerstand« im eigentlichen Sinne des Wortes konnte nicht geleistet werden; wo im Einzelfall »Dissens« oder »Resistenz« zum Ausdruck kommen sollten, musste die Redaktion subtile Formen der Camouflage finden und darauf vertrauen, dass diese von den Lesern enttarnt und damit verstanden würden – in welchem Maße Letzteres tatsächlich funktionierte, ist heute kaum nachprüfbar. Die Diskussion über die intellektuelle Existenz im »Dritten Reich« ist nach wie vor geprägt von der Suche nach dem passenden Vokabular zur Beschreibung jener facettenreichen Grauzone zwischen nationalsozialistischen bzw. systemkonformen Ausdrucksformen auf der einen und offensivem Widerstand auf der anderen Seite. Ingo Drzecnik bringt diese Debatte auf den Punkt, indem er darauf hinweist, dass »zur Beschreibung der Wirklichkeit [...] eine breite Skala von Abstufungen zwischen diesen Extremen benötigt [wird].«[3] In Bezug auf die FZ hat Broszat in diesem Kontext das Wort von der »sanften Gegenrede« geprägt.[4] Lässt man Reifenbergs publizistisches Werk der Jahre 1933 bis 1938 Revue passieren, so erscheint diese Formulierung treffend, sofern es um seine Stellungnahmen zu – im weitesten Sinne – kulturellen Fragen ging. Im politischen Bereich durchlief er nach anfänglichem massivem Widerstand gegen das sich etablierende Regime eine Phase der politischen Anpassung, die mitunter sogar Züge von klarer Zustimmung annahm. Der

---

2 Norbert Frei/Johannes Schmitz: Journalismus im Dritten Reich, 2. Auflage, München 1989, S. 122.
3 Ingo Drzecnik: Intellektuelle im »Dritten Reich«, in: Schlich: Intellektuelle, S. 247-277, hier S. 275.
4 Broszat: Sanfte Gegenrede.

Umschlagpunkt ist hier eindeutig zu bestimmen: Es war der von Hitler vollzogene Austritt Deutschlands aus dem Völkerbund im Oktober 1933, der die Haltung des einstigen Kriegsfreiwilligen und Weltkriegsoffiziers offenbar tatsächlich vorübergehend geändert hat.

Der Prozess der Machtübernahme

Die Ernennung Hitlers zum Reichskanzler am 30. Januar 1933 legte den »Grundstein [...] für die gewaltigste Intervention, die das deutsche Pressewesen bis dahin erlebt hatte.«[5] So geschickt die Nationalsozialisten die Möglichkeiten der Pressefreiheit in den Jahren der Republik für ihre Ziele genutzt hatten, so wenig hatten sie jemals einen Hehl daraus gemacht, dass sie die Medien im Falle einer Machtübernahme kompromisslos in den Dienst des neuen Staates und der Partei zu stellen beabsichtigten. Das Ende der Pressefreiheit in Deutschland kam somit nicht unerwartet, überraschend war jedoch das Tempo, das die Regierung Hitler vorlegte. Auf rechtlicher Ebene machte bereits am 4. Februar 1933 die »Verordnung zum Schutze des deutschen Volkes« den Anfang, mit der die polizeiliche Beschlagnahmung »gefährlicher Druckschriften« ermöglicht wurde. Die »Verordnung zum Schutz von Volk und Staat« vom 28. Februar 1933 setzte das Grundrecht der Pressefreiheit außer Kraft und erlaubte den örtlichen Polizeibehörden die willkürliche Anordnung von Zeitungsverboten. Nachdem die politische Linkspresse in Deutschland schon im März 1933 faktisch nicht mehr existiert hatte, versetzten ihr die Nationalsozialisten den formalen Todesstoß mit dem »Gesetz über die Einziehung kommunistischen Vermögens« vom 26. Mai 1933, das die Beschlagnahmung der KPD-Organe nachträglich »legalisierte« und die Enteignung kommunistischer Verlage ermöglichte. Mit dem »Gesetz über die Einziehung volks- und staatsfeindlichen Vermögens« vom 14. Juli 1933 wurde diese Praxis auf die Sozialdemokratie ausgedehnt. Oppositionelle Journalisten, die nicht untertauchen oder fliehen konnten, wurden in »Schutzhaft« genommen. Überlebten sie die Zuchthäuser und Konzentrationslager der Nazis, so blieb ihnen meist nur der Weg ins Exil – ein schwerer Weg für Angehörige eines Berufsstandes, dessen Handwerkszeug die möglichst makellose Beherrschung der gültigen Schriftsprache ist. Wer in Deutschland blieb, musste sich entweder mit dauerhafter Arbeitslosigkeit

---

5 Christian Sonntag: Medienkarrieren. Biografische Studien über Hamburger Nachkriegsjournalisten 1946-1949 (Forum Kommunikation und Medien, Band 5), München 2006, S. 29.

arrangieren oder sich nach einer fachfremden Tätigkeit umsehen. Eine Rückkehr in den Journalismus, sofern sie unter den gegebenen politischen Rahmenbedingungen überhaupt angestrebt wurde, gelang nur wenigen.

In seiner Untersuchung »Das Ende des Rechtsstaats 1933/34 und die deutsche Presse« unterscheidet Kurt Koszyk zwei Phasen: die »Verbotsperiode« von Februar bis Oktober 1933 und die »Gebotsperiode«, in der die Gleichschaltung der verbliebenen bürgerlichen Presse organisiert und durchgesetzt wurde.[6] Mit dem am 4. Oktober 1933 verabschiedeten und zum 1. Januar 1934 in Kraft getretenen »Schriftleitergesetz« untermauerte das Regime seinen Anspruch auf totale Kontrolle der Medien. Künftig unterstanden die Redakteure, die jetzt die sperrige deutsche Berufsbezeichnung »Schriftleiter« trugen, nicht mehr den jeweiligen Verlegern, sondern dem am 13. März 1933 errichteten »Reichsministerium für Aufklärung und Propaganda« unter Leitung von Joseph Goebbels. Dadurch erhielt der Staat direkten Zugriff auf die Presse. Schriftleiter durfte nur werden, wer deutscher Reichsangehöriger, mindestens 21 Jahre alt, »arischer Abstammung«, nicht jüdisch verheiratet und politisch grundsätzlich zuverlässig war; Parteimitgliedschaft war nicht notwendig; Männer und Frauen wurden – zumindest auf dem Papier – gleichberechtigt behandelt. Missliebige Journalisten konnten im Zuge einer Verurteilung durch ein sogenanntes Berufsgericht wieder von der Schriftleiterliste gestrichen werden und standen damit praktisch unter Berufsverbot. Auf der Grundlage dieser Regularien kam es im Laufe des Jahres 1934 zur Entlassung von mindestens 1.300 Journalisten bei einer Gesamtzahl von etwa 15.000 eingetragenen Schriftleitern im Jahre 1935.[7] Zugleich gingen die bisher selbständigen Journalisten- und Verlegerverbände in der neu gegründeten Reichspressekammer, einer Untergliederung der als Körperschaft des öffentlichen Rechts etablierten Reichskulturkammer, auf. Leiter der Reichspressekammer wurde Max Amann, der 1933 alle Parteiverlage in seiner Hand vereinigt hatte und das Ziel verfolgte, die gesamte Presse durch Übernahme der Verlage wirtschaftlich in Abhängigkeit vom Staat zu bringen. Zum 1. Januar 1934 wurden die beiden großen deutschen Nachrichtenagenturen »Wolffsches Telegraphenbüro« und »Telegraphen

---

6 Vgl. Kurt Koszyk: Das Ende des Rechtsstaats 1933/34 und die deutsche Presse, Düsseldorf 1960, S. 13.
7 Es ist nicht eindeutig zu klären, ob die von offizieller Seite angegebene Zahl von 1.300 entlassenen Journalisten auch die Opfer der Entlassungs- und Verfolgungswellen bei der kommunistischen und sozialdemokratischen Presse beinhaltete oder ausschließlich die abgelehnten oder erst gar nicht gestellten Anträge auf Aufnahme in die Schriftleiterliste bezifferte. Vgl. Sonntag: Medienkarrieren, S. 31/32.

Union« zum »Deutschen Nachrichtenbüro« fusioniert und direkt dem Propagandaministerium unterstellt. Zynisch notierte Goebbels 1943 in seinem Tagebuch, dass »ein Mann, der noch ein bißchen Ehrgefühl besitzt, [...] sich in Zukunft schwer hüten [wird], Journalist zu werden.«[8]

Im Vergleich mit der »marxistischen« Presse der Arbeiterparteien war die Situation der bürgerlichen Blätter deutlich weniger dramatisch. Wie Frei/Schmitz in ihrer Untersuchung über Journalismus im Dritten Reich betonen, hatten die neuen Machthaber guten Grund, die einst als »liberalistische Systempresse« geschmähten bürgerlichen Organe zu schonen: Erstens musste »irgendwer weiterhin die Zeitungen machen«; zweitens waren die neuen Machthaber trotz der fortschreitenden Monopolisierung von Herrschaftssphären auf ein Bündnis mit den bisherigen Eliten, sofern sie nicht zur politischen Linken zählten, weiterhin angewiesen: »Die nationalsozialistische Durchdringung der deutschen Gesellschaft stand erst noch bevor, und eine zentrale Aufgabe sollte dabei die bürgerliche Presse übernehmen.«[9] Während die zu dem wenig später »arisierten« Ullstein-Verlag gehörende »Vossische Zeitung« ihr Erscheinen am 31. März 1934 einstellte, konnten die beiden anderen großen demokratischen Zeitungen in Deutschland, das »Berliner Tageblatt« (BT) und die FZ, ihre Arbeit noch bis Anfang 1939 bzw. Mitte 1943 fortsetzen. Das BT trafen die Pressionen des NS-Staates früher und heftiger als die FZ: Theodor Wolff, der langjährige Chefredakteur des BT, musste Deutschland bereits im Frühjahr 1933 fluchtartig verlassen; es kam zu einem vorübergehenden Verbot des Blattes. Wolffs Nachfolger Paul Scheffer schied 1936 zermürbt aus dem Amt und ging die USA. Scheffers journalistische Ziehtochter Margret Boveri, die gegen Reifenbergs Willen einige Jahre später Auslandskorrespondentin bei der FZ wurde, veröffentlichte 1965 ihre Erinnerungen an ihre Zeit beim BT im »Dritten Reich« unter dem prägnanten Titel »Wir lügen alle«.[10]

Obwohl die FZ zu keinem Zeitpunkt akut von der Schließung bedroht war, herrschte in den ersten Tagen nach der Ernennung Hitlers zum Reichskanzler Alarmstimmung in der Redaktion, denn der Hass des NSDAP-Vorsitzenden auf das Bürgerblatt mit dem gelehrigen Duktus

---

8 Joseph Goebbels: Tagebuch, 14.4.1943, zitiert nach: Die Tagebücher von Joseph Goebbels. Im Auftrag des Instituts für Zeitgeschichte hrsg. von Elke Fröhlich, bearbeitet von Hartmut Mehringer, Teil II: Diktate 1941-1945, Band 8: April-Juni 1943, München u.a. 1993.
9 Frei/Schmitz: Journalismus im Dritten Reich, S. 25.
10 Margret Boveri: Wir lügen alle. Eine Hauptstadtzeitung unter Hitler, Olten/Freiburg im Breisgau 1965.

und dem traditionell hohen Anteil jüdischer Mitarbeiter war allgemein bekannt. Karl Schaumberger, ein damals 19-jähriger Student, der als Volontär bei der FZ das Journalistenhandwerk erlernte, hat sich später lebhaft an jenen Vormittag des 30. Januar 1933 erinnert, an dem die Redaktionskonferenz »unheimlich lange« gedauert habe und »fast keine politischen Nachrichten über die Ticker eintrafen«. Erst gegen Mittag seien die Redakteure den langen dunklen Gang entlanggekommen – »mit schweren roten Köpfen«. Und nun erst habe der Volontär erfahren, was Kircher schon am Morgen vertraulich aus Berlin hatte ausrichten lassen: Hitler war Kanzler. Als die Konferenzteilnehmer in das Depeschenzimmer drängten, wo Schaumberger Wache gehalten hatte, lief soeben die Kabinettsliste über den Fernschreiber, und dann begann das Telefon zu läuten, »immer häufiger, schließlich ununterbrochen«:

> »Der Telefonandrang wurde so groß, daß ständig eines der Mitglieder der Depeschen-Redaktion am Telefon bleiben mußte, und wir beschlossen, nur noch Auskunft zu geben, wenn der Fragende seinen Namen nenne. Es waren fast ausschließlich jüdische Namen, die nun genannt wurden, mit ungläubiger, oft angstvoller, erschreckter, zitternder Stimme.«[11]

In seinem altmodisch eingerichteten Büro mit den »blaugrün verwaschenen Wänden, [...] ziemlich nahe bei der gläsernen Eingangstür zur politischen Redaktion«[12], verfasste Benno Reifenberg in diesen Minuten den Leitartikel für den folgenden Tag – den ersten Tag einer neuen politischen Zeitrechnung. Mochte er in späteren Jahren die Kunst der zwischen den Zeilen versteckten Kritik bis zur Perfektion ausbilden, so fand er zu Beginn der Ära Hitler noch klare, unmissverständliche Worte: Unter dem Titel »Der Zweifel« bewertete er die Erfolge der NSDAP als Ergebnis der »bedenkenloseste[n] Demagogie, die man jemals in Deutschland erlebt hat.«[13] Mit Abscheu erinnerte er sich an die nationalsozialistischen Wahlveranstaltungen des Jahres 1932, bei denen »Rohheit und politische Gewissenlosigkeit [...] sich mit politischem Dilettantismus die Waage [hielten]«, und verurteilte den Antisemitismus als den »gemeinsten und kleinlichsten aller Instinkte«. Dem Totalitätsanspruch der Nationalsozialisten prophezeite er ein Scheitern an der deutschen Arbeiter-

---

11 Karl Schaumberger: Meine Zeit bei der Frankfurter Zeitung, 1.8.1932-7.6.1933, Privataufzeichnung, zitiert nach Gillessen: Auf verlorenem Posten, S. 91.
12 Hummerich: Wahrheit, S. 34.
13 Benno Reifenberg: Der Zweifel, in: FZ, 31.1.1933. Dort auch die folgenden Zitate.

schaft wie am Katholizismus: eine These, die er bereits mehrfach vertreten hatte und an der er auch noch in den folgenden Wochen festhielt. Dann aber kam er zu dem, was ihm in dieser Stunde das Eigentliche zu sein schien: zu dem »grundsätzliche[n] Zweifel an der Person Adolf Hitlers«. Wenn sich, so Reifenbergs Argumentation, der Autoritätsanspruch des neuen Reichskanzlers aus dem Führerprinzip ableite, das heißt aus der Tatsache, »daß hier Millionen Menschen, fasziniert und beinahe willenlos, dem geliebten Führer folgen«, so stelle sich die Frage nach Hitlers Persönlichkeit und seinen Kompetenzen. Wer ist der Mensch Adolf Hitler? Er ist ein begabter »Trommler« – nicht mehr:

> »Was aber darüber hinaus die politische Leistung Herrn Hitlers wäre, ist nicht zu sehen. Wir versprechen uns nichts, weil es uns unmöglich ist, den Politiker vom Menschen zu trennen. Wir haben aber in diesem Augenblick, in dem Herrn Hitler die Kanzlerschaft des Deutschen Reiches übertragen worden ist, offen auszusprechen, daß er bis zur Stunde den Beweis menschlicher Qualifikation für dieses hohe Amt der Nation schuldig geblieben ist.«

Das überaus scharfe Urteil rief in der Redaktion nicht nur Zustimmung hervor. Wie sich Reifenberg später erinnerte, hat namentlich Max Geisenheyner, einer der älteren Feuilletonredakteure, den Text aus Angst vor möglichen Folgen für die Zeitung missbilligt.[14] Während sich in der Redaktion eine Atmosphäre gespannter Nervosität und zunehmender Gereiztheit bemerkbar machte, kam es zu ersten politischen Grundsatzdebatten zwischen den Mitarbeitern. Wie Reifenberg nach dem Krieg berichtet hat, sprach bei ihm der junge Handelsredakteur Bruno Dressel vor, bekannte sich in einem offenen Gespräch zur NSDAP und bat gleichzeitig darum, in der Redaktion verbleiben zu können:

> »Ich dankte ihm für seine Aufrichtigkeit, schilderte ihm jedoch, warum seine Bitte unerfüllbar sei. Zum ersten Mal schieden sich die Geister des Hauses – unter Zwang. Die Belegschaft wurde [von der Nationalsozialistischen Betriebszelle im Verlag, DB] zu einer Demonstration für Hitler zusammengerufen. Der Zug bewegte sich nur zögernd durch die Räume. Die Ausnahmen bildeten die Setzer, die wie je zu den Redakteuren hielten und stumm von ihren Schemeln die Abtrünnigen betrachteten.«[15]

14 Vgl. Benno Reifenberg: Die Redaktionskonferenz, in: Oskar Stark zu seinem achtzigsten Geburtstag, Freiburg im Breisgau 1970, S. 18-28, hier S. 25.
15 Reifenberg: Die Redaktionskonferenz, S. 25/26.

Bruno Dressel wurde im Laufe des Jahres 1933 entlassen. Zuvor hatte er sich bei dem Führer seines SA-Sturmes über zunehmende Isolierung in der Redaktion und über Zusammenstöße mit Reifenberg sowie mit seinem direkten Vorgesetzten Albert Oeser, dem Leiter der Frankfurter Handelsredaktion, beschwert, »unter anderem wegen seines als ungehörig empfundenen Verhaltens, in SA-Uniform in der Redaktion zu erscheinen.«[16] Der mit den »Deutschen Christen«, der NS-Gruppierung innerhalb der evangelischen Kirchen, sympathisierende Redakteur Hermann Herriegel erhielt im Frühjahr 1934 die Kündigung.[17]

Bleiben oder gehen? Kurzfristig erwog die Redaktion nach der Machtübernahme ein Ausweichen ins Ausland, nach Basel, aber schon Mitte Februar 1933 wurden diese Gedankenspiele ad acta gelegt. Die FZ hatte 1933 die höchste Auslandsauflage von allen deutschen Zeitungen und wurde in den maßgeblichen Außenministerien gelesen – eine Position, von der man sich Schutz und eine gewisse Unabhängigkeit versprach, denn nur ein Presseorgan, das »einigermaßen als selbständige Größe«[18] galt, würde den Machthabern außenpolitisch nützen können.[19] Nach dem Krieg erklärte Reifenberg, dass es für Verlag und Redaktion letztlich undenkbar gewesen sei, außerhalb der deutschen Grenzen »den Sorgen Deutschlands Ausdruck zu geben und solcherart der Nation zu nützen«, und fügte apodiktisch hinzu: »Nur in Deutschland selbst ließ sich das deutsche Geschehen – wenn überhaupt – begreifen.«[20] Helga Hummerich vermerkt in ihren Erinnerungen, dass neben dem Exil auch die Möglichkeit diskutiert worden sei, die Zeitung freiwillig zu schließen; »nach bitterem Ringen« habe man sich jedoch für das Weitermachen und damit für den Kampf entschieden: »Man faßte diesen Entschluß in dem klaren Bewußtsein, welche Risiken er in sich barg.«[21]

Adolf Hitler wurde Reichskanzler, als seine Partei den Zenit ihres Erfolges in den Augen vieler Zeitgenossen bereits überschritten hatte.

---

16 Gillessen: Auf verlorenem Posten, S. 94.
17 Vgl. ebd., S. 147-151.
18 Ebd., S. 99.
19 Tatsächlich findet sich in Goebbels' Tagebuch (Die Tagebücher von Joseph Goebbels) mit Datum vom 28.1.1938 der Vermerk, er wolle die FZ nicht »auflassen [...], da sie soviel in ausländischen Geschäftskreisen gelesen wird.« Tagebücher, Teil I: Aufzeichnungen 1924-1941, Band 3: 1.1.1937-31.12.1939, München u.a. 1987, S. 417. Vgl. auch S. 415 (Eintrag vom 27.1.1938) und 426 (Eintrag vom 2.2.1938).
20 Reifenberg: Die zehn Jahre, in: Die Gegenwart/Sonderheft, S. 40-54, S. 41.
21 Hummerich: Wahrheit, S. 51.

PUBLIZIST IM NS-STAAT (1933-1937/38)

Seine Vereidigung am 30. Januar 1933 basierte auf der Bereitschaft einer Koalition unterschiedlicher Kräfte aus deutschnationalem Bürgertum, Großagrariern, Wirtschaft, Bürokratie und Reichswehr, die Risiken einer Regierungsbeteiligung Hitlers in Kauf zu nehmen, um die Demokratie von Weimar endgültig zu liquidieren: »Erklärte gemeinsame Absicht der Koalition war die Befreiung der deutschen Politik vom ›Marxismus‹.«[22] Neben dem Kanzler stellte die NSDAP in dem neuen Präsidialkabinett lediglich zwei Vertreter: Wilhelm Frick wurde Reichsinnenminister, Hermann Göring übernahm als Minister ohne Geschäftsbereich die Aufgaben des Reichskommissars für den Luftverkehr und des kommissarischen preußischen Innenministers. Für die DNVP wurden Alfred Hugenberg als Reichsminister für Wirtschaft, Ernährung und Landwirtschaft und Franz Gürtner als Reichsjustizminister berufen. Alle anderen Kabinettsmitglieder waren parteilose Rechtskonservative wie der zum Arbeitsminister avancierte »Stahlhelm«-Führer Franz Seldte und Franz von Papen als Vizekanzler und Reichskommissar für Preußen. Von Papen stammte der immer wieder zitierte Satz, man werde Hitler binnen zwei Monaten in die Ecke gedrückt haben, »dass er quietscht« – ein Beispiel für die kontinuierliche Unterschätzung der nationalsozialistischen Bewegung, die nicht nur im liberalen Bildungsbürgertum, sondern mindestens ebenso auch bei den konservativen Vertretern der »Alten Rechten« weit verbreitet war.

In den Tagen nach der Machtübernahme Hitlers war Benno Reifenberg die wichtigste Stimme der FZ. Obwohl er – wie Rudolf Kircher und zahlreiche andere Kollegen – an Grippe litt und sich von seinem Bruder Hans, der gerade zu Besuch in Deutschland war, beim Tippen helfen lassen musste[23], übernahm er auch am 31. Januar den Leitartikel für den Folgetag. Dabei ging es ihm zuvörderst darum, einen deutlichen »Trennungsstrich«[24] – so die Überschrift – zwischen der FZ und der neuen Regierung zu ziehen:

»Wir haben uns gestern mit dem neuen Kanzler beschäftigt und den tiefen, den grundlegenden Zweifel ausgesprochen, daß den Gefahren des derzeitigen Regierungsexperimentes durch die Persönlichkeit des ›Führers‹ begegnet werden könne. Wir haben uns heute mit diesem Re-

---

22 Norbert Frei: Der Führerstaat. Nationalsozialistische Herrschaft 1933 bis 1943 (Deutsche Geschichte der neuesten Zeit), 3. Auflage, München 1993, S. 39.
23 Vgl. Benno Reifenberg an Max Picard, 4.2.1933, NL BR, DLA, 79.12438.
24 Benno Reifenberg: Der Trennungsstrich, in: FZ, 1.2.1933. Dort auch die folgenden Zitate.

gierungsexperiment selber zu befassen [...]. Wir haben mit einer nationalsozialistischen Politik [...] nichts zu tun; mit einer deutschnationalen schon gar nichts. Das mögliche Zusammenwirken beider Kräfte, das sich praktisch übrigens niemand vorstellen kann, wird uns nicht veranlassen, unsere Haltung sowohl gegenüber der deutschnationalen wie auch gegenüber der nationalsozialistischen Politik zu ändern.«

In Anlehnung an die Positionen der FZ in den vergangenen Jahren betonte Reifenberg, dass er den gefährlichsten politischen Gegner nach wie vor in den Deutschnationalen als dem »Krebsschaden für die junge deutsche Republik« sah. Erst im Gefolge der DNVP habe der Nationalsozialismus als »unklares Gewirr von Dilettantismus und Leidenschaft« zu einer Massenbewegung heranwachsen können:

»Schlagworte, an denen der Nationalsozialismus groß geworden ist, wie der blöde Kampfruf ›Gegen die Marxisten‹, sind durch die sozialreaktionäre Gesinnung der Deutschnationalen erst möglich geworden. [...] Von dort aus ist das elendeste Wort der deutschen Nachkriegszeit, die ›Dolchstoßlüge‹, über das Volk gekrochen und hat vor den sehenden Augen der Kriegsteilnehmer ein Stück der größten deutschen Geschichte verfälscht. Aus den Männern, die ohne Orden und Ehrenzeichen aus dem Krieg zurückgekehrt sind und die jahrelang durch die Bitternis, in die der Wahnsinn von Versailles die Welt gestürzt hat, bei der Arbeit ums tägliche Brot ihre grauen verschlissenen Soldatenmäntel auftrugen, sind nach und nach wieder die ›Roten‹ geworden.«

Wäre es denkbar, dass sich in den Reihen der NSDAP Abneigung gegen die Koalition mit der »soziale[n] Reaktion« regen könnte? Der Kommentator der FZ glaubte es nicht. Er vermutete, dass die Köpfe der vielen jungen Menschen innerhalb der Hitler-Bewegung vom »antisemitischen Nebel« zu sehr verhüllt seien, um noch klar sehen und denken zu können: »Wir fürchten, es läßt sich lange mit Fackelzügen arbeiten.« Hoffnung schöpfte Reifenberg dagegen aus der Annahme, »daß die wahre deutsche Volksgemeinschaft demokratisch ist«. Nachdem der Reichspräsident kaum 48 Stunden nach der Regierungsbildung das Auflösungsdekret für den Reichstag unterzeichnet hatte, um den Weg für die von Hitler gewünschten Neuwahlen am 5. März freizugeben, beschwor Reifenberg am 3. Februar unter der Überschrift »Aufruf statt Programm«[25] die »Vielfalt unserer Nation«, an der die »widernatürliche Verbindung« von

---

25 Benno Reifenberg: Aufruf statt Programm, in: FZ, 3.2.1933. Dort auch die folgenden Zitate.

jungen politischen Hitzköpfen in braunen Uniformen mit der »museumshafte[n] Rückständigkeit« eines Alfred Hugenberg scheitern müsse:

> »Es wird in diesen Wahlen die deutsche Arbeiterschaft zu finden sein, der deutsche Katholizismus [...], und wenn nicht alles trügt, wird sich mehr Bürgerlichkeit zusammenfinden, als die einfachen Geschichtsschreiber von heute wahrhaben wollen. Und daneben wird es den Nationalsozialismus geben mit dem kleinen, aber unheilvollen Anhängsel deutschnationaler Prägung.«

Der Optimismus, der diese Artikel zum Teil noch durchzog, spiegelt sich auch in zwei Privatbriefen Reifenbergs an Max Picard aus den ersten Februartagen, in denen er schwärmte, welche Freude es ihm bereite, »zu schreiben und ganz deutlich zu sein«[26], und stolz berichtete, »dass wir seit der Hitlerkrise eine Menge von Zuschriften erhalten über unsere Politik, zustimmende und zum Teil recht überschwengliche Zuschriften.«[27] Während die Braunhemden der SA das Straßenbild der deutschen Städte beherrschten, setzte Reifenberg nach wie vor auf die »Ernüchterung«, die den Nationalsozialismus in der Regierungsverantwortung erfassen und »erzieherisch wirken« werde.[28] Schärfste Opposition kündigte auch der mittlerweile wieder genesene Kircher der neuen Regierung am 7. Februar an: »Kampf dem Kampfkabinett. [...] Es wird hart auf hart gehen, aber wir werden nicht einen einzigen Grundsatz aufgeben.«[29] Gillessen kommt angesichts der Entschiedenheit und Unverblümtheit, mit der die FZ, insbesondere aber Reifenberg und Kircher in diesen und den folgenden Tagen gegen Hitler und Hugenberg zu Felde zogen, zu dem Schluss, dass die Redaktion »zwar schwere Kämpfe [erwartete], aber nicht, dabei wehr- und rechtlos zu sein.«[30]

Als am 16. Februar der sozialdemokratische »Vorwärts« und das »Acht-Uhr-Abendblatt« – zunächst vorübergehend – verboten wurden, kam es in der Redaktion der FZ zu einer erregten Debatte: Sollte man zugunsten eines linken Parteiorgans sowie eines Boulevardblattes in die Bresche springen? Heinrich Simon, Benno Reifenberg, Robert Drill und Fritz Schotthöfer votierten übereinstimmend dagegen und setzten sich gegen andere Stimmen durch.[31] Erst das am folgenden Tag erlassene Verbot des

26 Benno Reifenberg an Max Picard, 4.2.1933, NL BR, DLA, 79.12438.
27 Benno Reifenberg an Max Picard, 8.2.1933, NL BR, DLA, 79.12438.
28 Benno Reifenberg an Max Picard, 4.2.1933, NL BR, DLA, 79.12438.
29 Rudolf Kircher: Kampf dem Kampfkabinett, in: FZ, 7.2.1933.
30 Gillessen: Auf verlorenem Posten, S. 104.
31 Vgl. ebd., S. 105/106.

Ullstein-Blattes »Tempo« löste einen Stimmungsumschwung in der Redaktionskonferenz aus, die nun Reifenberg mit einem Leitartikel zum Thema Pressefreiheit beauftragte. Der Beitrag, der am 18. Februar unter dem Titel »Die Gazetten«[32] erschien, konzentrierte die Kritik auf eine neue Verfügung der kommissarischen preußischen Regierung, wonach die Begründungen für Verbote einzelner Zeitungen nicht mehr veröffentlicht werden mussten. Reifenberg erkannte in diesem Vorgehen die »Gefahr reiner Verwaltungswillkür« und warnte vor einem »Stummachen der deutschen Presse«. In zwei weiteren großen Artikeln vom 23. und 28. Februar kritisierte er die Propagandamethoden der Nationalsozialisten und mahnte die Grundsätze »ritterlichen Kampfes«[33] an: »Dieser Wahlkampf wird von der NSDAP als ein großangelegter Einschüchterungsversuch betrieben gegen alle diejenigen, die nicht der Partei angehören.«[34] Er verwies auf die wiederholten Erklärungen Hitlers, »es würde am 5. März zum letztenmal gewählt«, sowie auf »die pathetische Wendung des Herrn Dr. Goebbels, man werde die Regierungshöhen lebendig nicht mehr verlassen.« Fast ein wenig naiv merkte er an, dass derartige Äußerungen, wenn man sie »wörtlich nehmen« wolle, »die klare Absicht eines Verfassungsbruchs« anzeigten. Gleichzeitig schien Reifenberg sich zum ersten Mal ernsthaft mit dem Gedanken auseinanderzusetzen, dass es in Deutschland zur Errichtung eines »fascistischen« Systems kommen könne. Krampfhaft wirkten seine Versuche, Hitler auf dessen lange gepflegte Legalitätstaktik festzulegen. Warum jene Kräfte, die er selber als »Ideologen des Fascismus« und »Ideologen der Monarchie« bezeichnete, Interesse daran haben sollten, »eine demokratische Grundordnung [...] zu verwirklichen«, wie er indirekt unterstellte, blieb unklar. Noch immer unterschätzte Reifenberg die Skrupellosigkeit, noch immer unterschätzte er den Fanatismus der Nationalsozialisten.

Mit einer perfiden Mischung aus ungehemmter Propaganda und nacktem Terror kämpften die neuen Machthaber im Vorfeld der Wahlen vom 5. März 1933 um die plebiszitäre Rückendeckung ihrer Herrschaft. In Preußen stellte Hermann Göring die Weichen für die nationalsozialistische Usurpation der staatlichen Verwaltung und wies in seinem berüchtigten Schießerlass vom 17. Februar 1933 die Polizei unter Androhung dienststrafrechtlicher Folgen an, »dem Treiben staatsfeindlicher Organi-

---

32 Benno Reifenberg: Die Gazetten, in: FZ, 18.2.1933. Dort auch die folgenden Zitate.
33 Benno Reifenberg: Das Selbstverständliche, in: FZ, 23.2.1933.
34 Benno Reifenberg: Dieser Wahlkampf, in: FZ, 28.2.1933. Dort auch die folgenden Zitate.

sationen mit den schärfsten Mitteln entgegenzutreten [...] und, wenn nötig, rücksichtslos von der Waffe Gebrauch zu machen.«[35] Zugleich wurde den Beamten die Pflicht auferlegt, die »nationalen Verbände« zu schützen. In der Praxis führte dies nur allzu oft dazu, dass die Polizei bei politisch motivierten Straßen- oder Saalschlachten nur dann eingriff, wenn »die Roten« in der besseren Position zu sein schienen. Norbert Frei hat das Wort »Unverfrorenheit«[36] benutzt, um Hitlers Wahlkampf in jenen Winterwochen des Jahres 1933 zu charakterisieren; er verweist zugleich auf den rapiden Verfall des politisch-kulturellen Selbstbewusstseins, der das liberaldemokratische Bürgertum und die ihm nahestehende Intelligenz ergriffen habe, auf jenen starken geistigen Sog, den eine heute moderne Vokabel womöglich »Zeitgeist« taufen würde und dem viele Menschen nicht mehr standhielten: »Es war eine politische Desensibilisierung in Gang gekommen, die selbst das Kulturbürgertum kaum noch reagieren ließ«. Es sei nicht nur ängstlicher Opportunismus, sondern auch der Wunsch gewesen, nicht unbeteiligt am Rande des historischen Geschehens zu stehen, der »wichtige Organe der öffentlichen Meinung auf demonstratives Wohlwollen gegenüber der Hitler-Regierung« einschwenken ließ.[37]

Die FZ hat noch einige Wochen lang versucht, die Flagge des untergehenden Rechtsstaates hochzuhalten. Als am 27. Februar 1933 in Berlin der Reichstag brannte und in ganz Deutschland die systematische Verfolgung der Kommunisten begann, machte sich das Blatt zur Fürsprecherin der deutschen Sozialdemokratie. Ein offensichtlich ad hoc zu Papier gebrachter Kommentar Reifenbergs zum Reichstagsbrand geriet zu einer leidenschaftlichen Verteidigung der SPD, deren »tragischer, furchtbarer Passionsweg«[38] durch die deutsche Geschichte damit zu enden drohe, »daß heute die nationalsozialistische Politik, und das ist die Politik der Reichsregierung, in ihrem Kampf gegen den ›Marxismus‹ KPD und SPD gleichsetzt«:

> »Die Sozialdemokratische Partei Deutschlands hat das ungeheure Erbe eines verlorenen Krieges 1918 antreten müssen. Die Sozialdemokratische Partei Deutschlands hat dieses Erbe nur dadurch antreten können, daß sie sich der kommunistischen Utopie widersetzte und sie mit Erfolg

---

35 Ministerial-Blatt für die preußische innere Verwaltung. Teil I. Ausgabe A, 94 (1933), S. 169, zitiert nach Frei: Der Führerstaat, S. 43.
36 Frei: Der Führerstaat, S. 44.
37 Ebd., S. 41/42.
38 Benno Reifenberg: Brand, in FZ, 1.3.1933. Dort auch die folgenden Zitate.

niederschlug. Die deutsche Sozialdemokratie ist deshalb von niemand heftiger gehaßt worden als von den deutschen Kommunisten. [...] Trotzdem hat die Sozialdemokratie die Verantwortung dafür übernommen, der Arbeiterschaft den Weg zum Staatsbürger offen zu halten. Es war ein furchtbar mühseliger Weg, und die Rechte in Deutschland hat es nie daran fehlen lassen, den Weg voll Hindernisse zu spicken. [...] Wenn der Nationalsozialismus zu einer echten Aufbauarbeit gelangen will, dann kann er diese Arbeit nicht gegen die deutsche Arbeiterschaft vollziehen, sondern nur mit ihr. Der Nationalsozialismus muß sich also sehr sorgfältig überlegen, was für einen Sinn es haben kann, die aufbauwilligen Kräfte der deutschen Arbeiterschaft – und das ist die Sozialdemokratie – zurückzustoßen«.

Bei aller Solidarität mit der SPD, bei allem Widerstand gegen die Notverordnungspolitik der Regierung, die am 28. Februar die Grundrechte außer Kraft setzte und den Ausnahme- zum Dauerzustand machte, zeigt dieser Artikel zugleich auch, dass Reifenberg in keiner Weise bereit war, seine Stimme zum Schutz der KPD zu erheben, die seiner Meinung nach »die Rolle einer ständigen Unruhestifterin in Deutschland verhängnisvoll genug gespielt hat«, wie er schrieb. In diesem Punkt stimmte Reifenberg mit seinem Berliner Kollegen Kircher überein, der in seinem Leitartikel vom 2. März 1933 nicht davor zurückscheute, der NSDAP in ihrem Kampf gegen die politische Linke die Unterstützung breiter Bevölkerungskreise in Aussicht zu stellen, »wenn sie den Trennungsstrich mit aller Deutlichkeit dort zöge, wo er hingehört: zwischen die Sozialdemokratische und die Kommunistische Partei.«[39]

Derartige Appelle an das politische Differenzierungsvermögen waren selbstredend in den Wind gesprochen. Der nationalsozialistische Wahlkampf war darauf angelegt, den Deutschen einzuhämmern, es gebe nur zwei Alternativen: Hitler oder den Bolschewismus. Die massiven politischen Behinderungsmanöver erstreckten sich nicht nur auf die KPD, sondern – wie von der FZ befürchtet – auch auf die SPD, in Preußen sogar auf das katholische Zentrum. Ein bemerkenswert mutiger Leitartikel, den Reifenberg am 3. März 1933 veröffentlichte, beschreibt anschaulich die Situation der geknebelten Arbeiterbewegung:

»Ihre Plakate sind überklebt, ihre Zeitungen verboten, ihre Versammlungen aufgehoben worden. In Konsequenz des Attentats auf den Reichstag ist die Führerschaft der KPD oder das, was man für ihre

---

39 Rudolf Kircher: Ausnahmezustand, in: FZ, 2.3.1933.

Führerschaft hält, in Schutzhaft gestellt. Trotz der ernstesten Warnungen hat die Reichsregierung bei diesen Maßnahmen (wenigstens was die Publikationsmöglichkeiten der Parteien angeht) KPD und SPD gleichermaßen behandelt. So kommt es, daß zwei Tage vor den Wahlen auch die Arbeiterschaft der SPD verstummt. Oder besser, zu verstummen scheint. Denn glaubt man wirklich, am 5. März würden auch die Stimmzettel verstummen?«[40]

In den letzten Tagen vor der Wahl kämpfte Reifenberg mit allen ihm zur Verfügung stehenden Mitteln um die Erhaltung der deutschen Demokratie – oder zumindest der Rudimente deutscher Rechtsstaatlichkeit: Er argumentierte logisch, er prangerte Unrecht an, er gab die Herrschenden der Lächerlichkeit preis, er appellierte an ihren Geist, ihre Ehre und ihr Verantwortungsgefühl, und obwohl er von dem aggressiven Vorgehen gegen die Presse wusste und die Gefahr kannte, der sich jeder kritische Journalist in Deutschland aussetzte, war er in der FZ fast täglich mit einem großen Artikel, regelmäßig mit dem Leitartikel vertreten. Am Morgen des Wahltages gab er sich noch einmal optimistisch: »Am 5. März wird das ganze Deutschland zur Stelle sein, und der Nationalsozialismus wird noch einmal die Lehre empfangen, daß seine Anhänger nur einen Teil der Nation ausmachen.«[41]

Reifenbergs Prognose erwies sich als richtig: Bei einer für Weimarer Verhältnisse extrem hohen Wahlbeteiligung von 88,7 Prozent erzielte die Regierungskoalition 51,9 Prozent der Stimmen und damit ein – in Anbetracht der Aggressivität des nationalsozialistischen Wahlkampfes – eher bescheidenes Ergebnis. 43,9 Prozent der Wähler hatten für die NSDAP votiert, die sich im Vergleich zu ihrem schlechten Ergebnis vom November 1932 zwar um 10,8 Prozent verbessert hatte, von der absoluten Mehrheit jedoch weit entfernt war. Die SPD war trotz aller Unterdrückung und Bedrängung in der Anzahl der Wählerstimmen fast konstant geblieben, das Zentrum hatte rund 200.000 Stimmen dazugewonnen, und obwohl damit der Anstieg der Wahlbeteiligung nicht ausgeglichen werden konnte, war insgesamt doch deutlich, dass die FZ den politischen Katholizismus zu Recht als Bollwerk gegen den Nationalsozialismus gesehen hatte. Lediglich die KPD hatte 1,1 Millionen Stimmen eingebüßt und war damit erwartungsgemäß die große Wahlverliererin. Unter der sachlichen Überschrift »Die Regierung hat gesiegt« referierte und kommentierte Reifenberg das Wahlergebnis am 6. März in der FZ, wobei er

40 Benno Reifenberg: Das Thema. Deutschland debattiert, in: FZ, 3.3.1933.
41 Benno Reifenberg: Symbole verpflichten, in: FZ, 5.3.1933.

unterstrich, dass von einem Triumph der Nationalsozialisten und ihrer Koalitionspartner keine Rede sein könne:

> »Die Regierung hat um ein Geringes mehr als die Hälfte des ganzen Volkes hinter sich. [...] Die Regierung hat die Majorität, aber diese Majorität ist nicht gleichbedeutend mit dem gesamten Volk. Unsere Voraussage, daß die Positionen der deutschen Arbeiterschaft und des deutschen Katholizismus sich nicht würden überrennen lassen, ist erfüllt.«[42]

Hatte Reifenberg an diesem Tag begriffen, dass die erste deutsche Republik nicht mehr im Sterben lag, sondern bereits zu Grabe getragen wurde? Noch immer hielt er eisern an den Grundpfeilern parlamentarischer Demokratie fest, ermahnte die Regierung zum »Respekt vor der Opposition« und verwies darauf, dass Hitler nicht mehr und nicht weniger als eine vierjährige Legislaturperiode zur Verfügung habe, um das Vertrauen der Wähler durch »praktische« politische Arbeit zu rechtfertigen. In einer großen Wahlanalyse vom 7. März bezeichnete er den Sieg der NSDAP als »überschattet« – »[n]icht weil es Besiegte gibt, sondern weil wir die Methoden nicht vergessen können, denen der Nationalsozialismus einen großen Teil seines Zulaufs zu verdanken hat.«[43] Als Gründe für den Erfolg der NS-Bewegung nannte er die geschickte Psychologie ihres Wahlkampfes, die hohe Arbeitslosigkeit und soziale Not in Deutschland, das Trauma des verlorenen Krieges in Kombination mit einer tiefen Verbitterung der Deutschen »über die Politik der Sieger« und eine dramatische Orientierungskrise in der jungen Generation. Hinzu komme eine gewisse Beliebigkeit der NS-Programmatik, die sich vor allem in wirtschafts- und sozialpolitischen Fragen bemerkbar mache: »Es ist faktisch so, daß viele in dieser Partei finden konnten, was sie wollten.« Die »trübste Quelle, aus der die Emotion in den Massen sich gespeist hat«, sei der Antisemitismus: »Es ist sehr fraglich, ob die zahllosen antisemitischen Mitläufer des Nationalsozialismus sich darüber im klaren sind, daß ein wahrhaft selbstbewußter Mensch es nicht nötig hat, eine andere Rasse zu hassen, um der eigenen Bedeutung bewußt zu werden.«

Nach den Wahlen vom 5. März 1933 begann in Deutschland jener Prozess der Gleichschaltung, der, wie Gillessen formuliert, in der FZ wie in

---

42 Benno Reifenberg: Die Regierung hat gesiegt, in: FZ, 6.3.1933. Dort auch die folgenden Zitate.
43 Benno Reifenberg: Das Vertrauen, in: FZ, 7.3.1933. Dort auch die folgenden Zitate.

einer Chronik nachzuvollziehen ist.⁴⁴ Knapp eine Woche nach der Wahl rückte der Terror für die Mitarbeiter des Hauses gefährlich nahe. Reifenberg berichtete nach dem Krieg, am Abend des 11. März habe »der Mob« versucht, in das Gebäude einzudringen; die Polizei habe die Zugänge zunächst bewacht, sei dann jedoch von den leitenden Stellen abberufen worden. Schließlich habe sich »die Menge [verzogen], ohne daß es zu Auseinandersetzungen gekommen wäre.«⁴⁵ Ausgestanden war die Gefahr damit allerdings noch längst nicht. Mit Hausdurchsuchungen und willkürlichen Verhaftungen versuchte das Regime, den noch lebendigen Widerstand in Deutschland zu brechen und ein Klima der Angst zu erzeugen. Im Zusammenhang mit dem für den folgenden Tag angekündigten »Judenboykott« wurden die Redaktionsräume der FZ am 31. März von SA-Männern durchwühlt. Kurz darauf erschien eine Abordnung von Hitlers »Sturmabteilung« erneut in der Eschenheimer Gasse und erklärte, sie sei beauftragt worden, die Hakenkreuzfahne auf dem Dach des Gebäudes zu hissen: »Die Fahne wurde aufgezogen, aber kaum war sie oben, stieg Albert Oeser aufs Dach und holte sie herunter. [...] Reifenberg telefonierte mit der Gauleitung und hörte, es habe sich um Eigenmächtigkeiten des SA-Sturmes gehandelt.«⁴⁶ Schnell begriffen die Redakteure, dass unmittelbare Gefahr für die Zeitung weniger aus Berlin als vielmehr aus Frankfurt drohte. In der Hauptstadt stand Kircher in Kontakt mit der Pressestelle des Propagandaministeriums und konnte in gewissem Rahmen für die FZ intervenieren. Reifenberg sprach nach 1945 von einem »eigentümlichen Zögern in den Versuchen lokaler Instanzen, den Betrieb der Zeitung, wenn nicht aufzuheben, so doch zu stören.«⁴⁷ Offensichtlich habe es sich bei der Frage des Fortbestandes der Zeitung »um ein Politikum ersten Ranges [gehandelt], das nur von Berlin aus entschieden werden [konnte].« In großen Zügen waren damit bereits die Fronten für die Kämpfe der folgenden zehn Jahre abgesteckt, in denen die FZ durch die Verantwortlichen im Propagandaministerium vor der erbitterten Feindschaft der Frankfurter Parteistellen geschützt wurden.⁴⁸

Im Vergleich zu anderen potenziell systemkritischen bürgerlichen Blättern besaß die FZ im »Dritten Reich« eine privilegierte Position. Trotzdem blieben auch ihre Mitarbeiter vor den Einschüchterungsversuchen der Machthaber nicht verschont. Helga Hummerich hat berichtet, dass

---

44 Gillessen: Auf verlorenem Posten, S. 111.
45 Reifenberg: Die zehn Jahre, in: Die Gegenwart/Sonderheft, S. 40-54, S. 41.
46 Gillessen: Auf verlorenem Posten, S. 117.
47 Reifenberg: Die zehn Jahre, in: Die Gegenwart/Sonderheft, S. 40-54, S. 41.
48 Vgl. auch Gillessen: Auf verlorenem Posten, S. 117.

Benno Reifenberg und seine Familie Opfer der staatlichen Übergriffe auf die Privatsphäre potenzieller »Verdächtiger« geworden und nur durch einen glücklichen Zufall einer sehr prekären Situation entgangen seien:

> »So erschienen Gestapoleute in Reifenbergs Wohnung, durchschnüffelten Zimmer und Möbel, ohne etwas für sie Interessantes zu finden. Sie fragten nach Räumen außerhalb der Wohnung. Es gab eine Mansarde, in der die Hausgehilfin wohnte. Sie war ausgegangen und hatte ihren Schlüssel mitgenommen. Vielleicht hatten die Eindringlinge es eilig, denn sie nahmen die Auskunft hin und zogen ab. In diesem Augenblick – es gab auch damals Schutzengel – fiel uns ein, daß in der Mansarde eine dicke Rolle sowjetischer Plakate lag. Eine Freundin des Hauses, von einer Rußlandreise zurückgekehrt, hatte sie dort hinterlassen, um sie später abzuholen; eine junge Modejournalistin, alles andere als Kommunistin. […] Wir verbrannten die Blätter sofort in dem zum Glück vorhandenen Kachelofen und konnten froh sein über das kühle Wetter, was einen rauchenden Schornstein plausibel machte.«[49]

Hummerich fügte hinzu, ihr Chef habe seitdem »ein anderes Verhältnis« zu seiner Wohnung gehabt: »[S]ie kam ihm jetzt vor wie geschändet.«[50] Reifenberg wusste, dass er nicht nur aus politischen, sondern auch aus »rassischen« Gründen in Hitler-Deutschland in Gefahr schwebte – als Sohn eines deutschen Juden und einer Holländerin, als Ehemann einer Polin. Am 10. März 1933 schrieb er an Max Picard, er fühle sich »in einer merkwürdigen, geradezu bestürzenden Weise allein.«[51] Während der Kollege Kircher mit seinem Resümee der ersten Woche nach der Wahl »eine frühe Probe seiner taktischen Geschmeidigkeit gab«[52], fand Reifenberg am 12. März noch einmal – ein letztes Mal – den Mut zu einem klaren politischen Bekenntnis. In einem mit dem Wort »Abschied«[53] überschriebenen Leitartikel bezeichnete er sich selber als Verlierer einer politischen Auseinandersetzung von historischer Dimension und bekannte sich zu der gescheiterten Republik von Weimar:

> »Das Niedergehen von Schwarz-Rot-Gold wird, so scheint es uns, von den Siegern nicht das letzte Salut erfahren. Wir müßten uns selbst nicht achten, würden wir nicht vor aller Oeffentlichkeit Zeugnis ab-

---

49 Hummerich: Wahrheit, S. 54/55.
50 Ebd., S. 55.
51 Benno Reifenberg an Max Picard, 10.3.1933, NL BR, DLA, 79.12438.
52 Gillessen: Auf verlorenem Posten, S. 113.
53 Benno Reifenberg: Abschied, in: FZ, 12.3.1933. Dort auch das folgende Zitat.

legen für die schwarz-rot-goldene Fahne, für den Traum dieser Fahne und für den guten Willen derer, die sie geliebt haben.«

Danach schwieg Reifenberg für einige Tage, um sich am 22. März 1933 mit einem Kommentar zu der von Goebbels meisterhaft inszenierten Konstituierung des neuen Reichstages in der Potsdamer Garnisonskirche zurückzumelden. Vor dem Hintergrund des geplanten und am 23. März vom Reichstag gebilligten Ermächtigungsgesetzes erinnerte er an ein vergangenes politisches System, das gescheitert sei, weil es seine eigene Machtfülle am Ende nicht mehr habe tragen können – an das deutsche Kaiserreich:

> »Das genaue Studium des Weltkrieges wird jeden belehren, daß jenes Regime [das kaiserliche, DB] an der ungeheuren Verantwortung zusammengebrochen ist, die ihm zugefallen war. Das Geschwätz von der Alleinschuld Deutschlands am Kriege haben auch im Ausland Sachkundige niemals mitmachen können. Daß aber nach so unerhörten militärischen Leistungen die Niederlage so furchtbar war, daran ist zweifellos die Tatsache schuld, daß es dem kaiserlichen Regime nicht gelang, im engsten Zusammenhang mit dem Volk den Krieg auch politisch zu führen. Blind und mit einem ungeheuren Vertrauen ist das Volk der Regierung in den Krieg gefolgt. Als es zur politischen Arbeit mitherangezogen werden sollte, war es zu spät, und dem Regime floß vom Volk nicht jene Kraft zu, die es in der schwierigsten Notzeit so bitter hätte brauchen können. Uns scheint, diese Erinnerung sei heute am Platz.«[54]

Demokratie, so fuhr Reifenberg fort, sei nicht identisch mit »Zügellosigkeit und Führerlosigkeit«, sondern eine schwierige, aber wertvolle »Arbeitsmethode«, die in erster Linie das Ziel habe, den »Führern des Volkes« die schwere Last der Verantwortung durch »ständige Aussprache mit der Nation« zu erleichtern:

> »Das Ermächtigungsgesetz nimmt diese Aussprache vorweg. Es wird von der Mehrheit des Volkes gegeben, und auf dem schweren Weg von vier Jahren begleitet die Männer, die Deutschlands Schicksal bestimmen, die überaus gewaltige Vertrauenskundgebung dieses Gesetzes. Möchten diese Männer, gerade weil ihnen solches Vertrauen entgegen-

---

54 Benno Reifenberg: ... wollen uns redlich bemühen ..., in: FZ, 22.3.1933. Dort auch die folgenden Zitate.

gebracht wird, darum die stete Aussprache mit dem Volk nicht gering schätzen.«

In seinem nochmaligen Bekenntnis zu Demokratie und Parlamentarismus markiert dieser Artikel Klimax und Endpunkt des offenen Kampfes, den Reifenberg und mit ihm die FZ gegen den Nationalsozialismus gefochten haben. Von nun an war Kritik – wenn überhaupt – nur noch zwischen den Zeilen möglich.

Die Redaktion im NS-Staat

Die unmittelbar nach der Machtübernahme einsetzende Entrechtung und Verfolgung der deutschen Juden, die den Auftakt zum Genozid bilden sollte, hatte nachhaltige Auswirkungen auf Redaktion und Verlag der FZ. In einer 1956 publizierten, überblicksartigen Aufstellung sämtlicher Mitarbeiter des Blattes im »Dritten Reich« findet sich hinter zwanzig Namen das Wörtchen »entlassen« als Synonym für »die durch Zwang und Verfügung auferlegte Trennung von einem Kollegen, dem das ›Schriftleitergesetz‹ des Nationalsozialismus mit seiner elenden ›Berufsliste‹ das Schreiben verboten hatte«[55]. Bei einer Gesamtzahl von rund achtzig Redaktionsangehörigen war damit etwa jeder vierte Mitarbeiter betroffen, und in dieser Zahl sind noch nicht jene Männer erfasst, die der drohenden Entlassung durch Emigration zuvorgekommen waren. Gillessen hat den »Exodus«[56] der jüdischen Redakteure im Detail beschrieben und einige erschütternde Beispiele geschildert. So musste Wilhelm Cohnstaedt bei seiner Flucht in die Vereinigten Staaten im Frühsommer 1933 seinen greisen Vater Ludwig Cohnstaedt, der eine Generation zuvor eine wichtige Rolle für das Handelsressort der FZ gespielt hatte[57], in Deutschland zurücklassen; er verdingte sich in der amerikanischen Provinz als Journalist und starb 1934 im Alter von nur 54 Jahren. Salli Goldschmidt, der seit 1898 für die Zeitung tätig gewesen war, ging 1933 in den vorgezogenen Ruhestand und versuchte kurz vor Kriegsbeginn, dem nahenden

---

55 Die Redaktion der F.Z./Bericht über ein Vierteljahrhundert, in: Die Gegenwart/Sonderheft: Ein Jahrhundert Frankfurter Zeitung, S. 56/57, hier S. 56.
56 Gillessen: Auf verlorenem Posten, S. 181.
57 Ludwig Cohnstaedt (1847-1934) war dem Handelsteil der FZ 57 Jahre lang verbunden gewesen, davon 25 Jahre in leitender Position. 1909 hatte er sich formell aus der Redaktion zurückgezogen, war aber in engem Kontakt mit Sonnemann geblieben. Vgl. Albert Oeser: Ludwig Cohnstaedt, in: Die Gegenwart/Sonderheft: Ein Jahrhundert Frankfurter Zeitung, S. 30/31.

Verhängnis in Deutschland durch die Ausreise zu seiner Tochter nach Südamerika zu entkommen: »Bei der Einschiffung in Hamburg schloß sich plötzlich vor ihm die Schranke; er sollte am nächsten Tag wiederkommen. Aber da ging kein Schiff mehr. Goldschmidt kehrte um, fuhr zurück nach Frankfurt, legte sich hin und starb.«[58] Der Handelsredakteur Artur Lauinger kehrte vorübergehend in seinen erlernten Beruf als Versicherungskaufmann zurück, wurde 1938 verhaftet, überlebte das KZ Buchenwald und ging nach seiner Freilassung 1939 nach England. Arthur Feiler emigrierte nach New York, Bernhard Diebold kehrte in seine Schweizer Heimat zurück. Der junge politische Redakteur Hans Kallmann konnte von der Zeitung bis 1936 gehalten werden, wanderte dann in die USA aus und schlug sich in Massachusetts mit Schreinerarbeiten durch, bis er 1945 in amerikanischer Uniform wieder deutschen Boden betrat. Als Robert Drill im Frühjahr 1938 die Redaktion verlassen musste, gaben Benno und Maryla Reifenberg zu seinen Ehren ein Abendessen.[59] Drill starb 1942 in Südafrika, 72 Jahre alt.

Verlag und Redaktion der FZ haben um ihre Mitarbeiter gekämpft. Wendelin Hecht, seit Mai 1934 Geschäftsführer der Imprimatur GmbH, fuhr in Begleitung von Albert Oeser immer wieder nach Berlin, um Anträge auf befristete Ausnahmegenehmigungen zu erreichen. Als verständnisvolle Ansprechpartner erwiesen sich namentlich Walther Funk, Staatssekretär im Propagandaministerium, und Hjalmar Schacht, Präsident der Reichsbank und Wirtschaftsminister der Regierung Hitler. Nach dem Krieg dankte Oeser Funk mit einer entlastenden Aussage vor dem Internationalen Militärtribunal in Nürnberg, wobei er keine Einzelheiten, aber die Namen von acht jüdischen Handelsredakteuren nannte, denen Funk Gelegenheit verschafft habe, »ohne Einkommensverlust ihren Berufswechsel und ihre Auswanderung vorzubereiten«: Ferdinand Freitag, Artur Lauinger, Dr. Max Nürnberg, Dr. Franz Wolf, Dr. Fritz Rosenstiel, Bruno Wolff, Lothar Bauer und Dr. Otto Hirschfeld.[60]

Tragisch endete die Geschichte der Frankfurter Verlegerdynastie Simon-Sonnemann. Hier ließen die amtlichen Stellen nicht mit sich reden, sondern verlangten ultimativ das vollständige Ausscheiden der Familie aus dem Unternehmen und die Einsetzung eines vom Staat bestellten Verlagsdirektors. Während die Bürde eines nationalsozialistischen Verlegers mit viel Geschick abgewendet werden konnte, waren die Gebrüder Heinrich

---

58 Gillessen: Auf verlorenem Posten, S. 185.
59 Vgl. Reifenberg: Die Redaktionskonferenz, S. 23.
60 Vgl. Gillessen: Auf verlorenem Posten, S. 186.

und Kurt Simon und ihre Mutter Therese Simon-Sonnemann nicht zu retten: Ebenso wie einige kleinere Mitinhaber mussten sie – die Erben des Zeitungsgründers Leopold Sonnemann – 1934 ihre Rechte an der Imprimatur GmbH abtreten und zugleich aus allen Organen der Gesellschaft ausscheiden. Heinrich und Kurt Simon, die ihr gesamtes, einst beträchtliches Vermögen für die Erhaltung des Unternehmens geopfert hatten, wurden mit einer monatlichen Rente von 1.000 Reichsmark für die Dauer von zehn Jahren abgefunden. Beide Brüder verließen Deutschland: Kurt Simon emigrierte über London nach New York, Heinrich Simon trat mit seiner Frau Irma und der kleinen Tochter eine Odyssee um die halbe Welt an, um sich nach Stationen in der Schweiz und Palästina ebenfalls in den USA wieder zu finden. In Washington fristete der einst legendäre Gastgeber eine bescheidene Existenz als Klavierlehrer. Im Mai 1941 wurde er auf offener Straße von unbekannten Tätern zusammengeschlagen, konnte sich nach Hause schleppen und starb dort. Benno Reifenberg verfasste in der FZ einen verdeckten Nachruf mit dem Titel »Abschied«, »den nur Eingeweihte entschlüsseln konnten«[61], da er weder den Namen noch das Geburtsdatum oder Angaben zu Lebenslauf und Leistungen des Verstorbenen enthielt, sondern statt dessen in melancholischer Form eine Begegnung mit einer ehemaligen Vermieterin Simons aus dessen Studentenjahren schilderte:

> »Die Frau kannte den Anfang eines Lebens, ich das Ende. Nun es erloschen ist, hatten wir beide, die Frau und ich, zwar keine gemeinsame Erinnerung, aber unsere Wehmut meinte die gleiche Seele, deren unverwechselbarer Umriß mit Heftigkeit uns zurief. [...] ›Sehen Sie‹, sagte sie langsam, wie um alles in ein Wort zu pressen, ›er war hilfsbereit.‹«[62]

Simons bedingungsloser Einsatz für die FZ scheint in den Jahren 1933/34 die Grenze zur Selbstverleugnung überschritten zu haben. Offensichtlich verhandelte er noch kurz vor seiner Ausreise aus Deutschland mit Rudolf Diels, dem vom Liberalismus zum Nationalsozialismus konvertierten ersten Leiter des Gestapo-Amtes, über »einen den neuen Verhältnissen angepaßten Kurs«[63]; Diels hat in seinen Memoiren davon berichtet, und laut Gillessen finden sich in Simons Korrespondenz Hinweise darauf,

---

61 Ebd., S. 173.
62 Benno Reifenberg: Abschied, in: FZ, 10.9.1941, abgedruckt in: Die Gegenwart/Sonderheft: Ein Jahrhundert Frankfurter Zeitung, S. 34/35.
63 Rudolf Diels: Lucifer ante portas ... es spricht der erste Chef der Gestapo, Stuttgart 1950, S. 66/67.

dass diese Darstellung »einen wahren Kern enthält.«[64] Reifenbergs nach dem Krieg aufgestellte Behauptung, es sei »nie zu einer prinzipiellen Aussprache zwischen den neuen Machthabern und der Redaktion, geschweige zu einem Abkommen [gekommen]«[65], erscheint vor diesem Hintergrund wenig stichhaltig; sie dürfte Teil des Versuchs der Überlebenden gewesen sein, an der Legende einer in dunkelsten Zeiten und unter schwierigsten Umständen politisch und moralisch integer gebliebenen Gemeinschaft zu weben. Reifenberg selber hatte im November 1933 Überlegungen angestellt, »ob sich für die Zeitung eine Linie finden lasse, auf der sie zur Reichsregierung grundsätzlich ja sagen könne, ohne ihr Nein zum Nationalsozialismus verbergen zu müssen«[66], und war von Simon zurückgepfiffen worden.

Der durch Simons Ausscheiden im Mai 1934 vakante Konferenzvorsitz lag vorübergehend in den Händen von Robert Drill als »Alterspräsident« und ging dann auf Reifenberg über, der als allgemein anerkannter Ziehsohn Simons das geistige Erbe des Hauses repräsentierte. Unter höchst unglücklichen Umständen hatte Reifenbergs Karriere bei der FZ damit ihren Höhepunkt erreicht: In der Zeit des Ausbaus des nationalsozialistischen Führerstaates und der Gleichschaltung der deutschen Gesellschaft, in jenen Friedensjahren 1934 und 1938, die für das Regime von außen- und wirtschaftspolitischen Triumphen und für seine Verfolgten und Gegner von zunehmender Rechtlosigkeit und brutaler Knebelung geprägt waren, stand er als Primus inter pares an der Spitze der Zeitung – freilich nur informell, denn offiziell hoben die Nationalsozialisten die überlieferte Kollegialverfassung des Blattes auf und zwangen die Redaktion, einen »Hauptschriftleiter« (Chefredakteur) zu benennen. Da Reifenberg aufgrund seiner »halbjüdischen« Herkunft nicht in Frage kam und Oeser ein entsprechendes Angebot ablehnte, fiel die Wahl schließlich auf Rudolf Kircher, über den Reifenberg im Rückblick schrieb, er habe »niemals den Versuch gemacht, über seine persönliche Autorität hinaus seine gewissermaßen amtlich gewordene Funktion bei den gemeinsamen Beratungen einzusetzen« oder übertriebenen Einfluss auf die Auswahl neuer Mitarbeiter zu nehmen:

> »Die Arbeit in Frankfurt vollzog sich weiterhin unabhängig vom Berliner Büro; man schaffte sich eine eigene Zensur, insofern alles, was veröffentlicht wurde, gegengelesen wurde, und zwar unter zweierlei

---

64 Gillessen: Auf verlorenem Posten, S. 163.
65 Reifenberg: Die zehn Jahre, in: Die Gegenwart/Sonderheft, S. 40-54, S. 41.
66 Gillessen: Auf verlorenem Posten, S. 165.

Gesichtspunkten: inwieweit man Gefahr lief, mit den neuen Machthabern in Konflikt zu kommen, und inwieweit man das zum Teil aufgezwungene Material in eine genügend distanzierte Form gebracht hatte. Das Prinzip des ›Gegenlesens‹ hatte, was den Leitartikel betraf, schon früher für die ›Frankfurter Zeitung‹ bestanden, nun wurde es auf das ganze Blatt ausgedehnt. [...] Alle Engagements unterlagen nach wie vor einer ›Engeren Konferenz‹, deren Kompetenz weder vom Verlag noch vom Hauptschriftleiter eingeschränkt worden ist. Die Personalkonstruktion und die eigene Redaktionsverfassung konnten derart trotz des gewaltigen Eingriffs der neuen Pressegesetzgebung als gesichert gelten.«[67]

Reifenberg, der vorübergehend als stellvertretender Hauptschriftleiter fungierte, teilte sein Büro seit 1934 mit dem Historiker und Anglisten Herbert Küsel, der den neu geschaffenen Posten eines hauptamtlichen »Gegenlesers« und Korrektors versah. Küsel war 1932 vom Societätsverlag eingestellt worden, um den Nachlass Leopold Sonnemanns aufzuarbeiten, aber im Zuge der dramatischen politischen Umwälzungen hatte sich ihm bald eine andere und verantwortungsvollere Aufgabe geboten: Als hausinterner Zensor bekleidete er eine Schlüsselstellung, da das geltende Prinzip der Nachzensur, bei dem nach dem Erscheinen eines Presseorgans etwaige Verstöße gegen staatliche Vorgaben festgestellt und geahndet wurden, den Redaktionen ein permanentes Risiko aufbürdete. Küsel, ein begnadeter Hitler- und Goebbels-Imitator, »berühmt für die Länge seiner Spaziergänge und seiner Erörterungen«[68], bezog einen Arbeitsplatz in Reifenbergs Nähe, um sich ständig mit dem Oberhaupt der Frankfurter Redaktion abstimmen zu können. Ein hohes Maß Fingerspitzengefühl war dabei unbedingt erforderlich.

Das System der Presselenkung im Dritten Reich war ausgefeilt. Die Nachzensur wurde ergänzt durch direkte und detaillierte Anweisungen an die Redaktionen, die auf den täglich stattfindenden Pressekonferenzen des Propagandaministeriums in Berlin erlassen wurden und in Kombination mit den verbindlich abzudruckenden Meldungen des »Deutschen Nachrichtenbüros« wie eine Vorzensur wirkten. Für die FZ nahm der spätere Leiter der »Deutschen Presseagentur« und SPD-Bundestagsabgeordnete Fritz Sänger an den Berliner Pressekonferenzen teil, wo er die als streng geheim klassifizierten Befehle aus dem Hause Goebbels im Stenogramm festhielt und der Nachwelt damit einen wertvollen Quellen-

---

67 Reifenberg: Die zehn Jahre, in: Die Gegenwart/Sonderheft, S. 40-54, S. 45.
68 Gillessen: Auf verlorenem Posten, S. 22.

fundus, die sogenannte »Sammlung Sänger«, schuf. Fritz Sänger kam aus der Arbeiterbewegung, war 1933 aus seiner Stellung beim »Deutschen Beamtenbund« entlassen worden und hatte vorübergehend als Aushilfs-Stenograph beim »Deutschen Nachrichtenbüro« gearbeitet, bis er 1935 im Berliner Büro der FZ unterkam. Als er 1975 einen kleinen Teil der gesammelten Presseanweisungen unter dem Titel »Politik der Täuschungen« zwischen Buchdeckel pressen ließ, erinnerte er sich an die überstandenen Gefahren, die mit dem Anfertigen und Aufbewahren dieser Dokumente verbunden gewesen waren[69], aber auch an das anregende und verlässliche »Miteinander« in der Redaktion und an das von »gegenseitigem Vertrauen« geprägte Arbeitsklima.[70] Offensichtlich galt dies nicht nur in der Frankfurter Zentrale, sondern auch in Berlin, wo Kircher den Ton angab.

Kirchers Rolle bei der FZ ist in der Nachkriegszeit kontrovers diskutiert worden, denn kein anderer Mitarbeiter des Blattes hat den Nationalsozialisten in Berichten und Kommentaren so weitgehende Zugeständnisse gemacht wie er, der in außenpolitischen Fragen »nationalistischen Eifer«[71] entfalten konnte. Geboren 1885 als Sohn eines Staatsanwaltes in Karlsruhe, hatte Kircher zunächst in die Fußstapfen seines Vaters treten und die juristische Laufbahn einschlagen wollen, war dann aber nach Studium, Promotion und drei Jahren Staatsdienst im Jahre 1912 in den Journalismus gewechselt und hatte am Vorabend des Ersten Weltkrieges für die Balkan-Berichterstattung der FZ verantwortlich gezeichnet. Die Frankfurter Zentralredaktion, der Außenposten in London und das Berliner Hauptstadtbüro waren Stationen seiner Laufbahn bei dem Weltblatt am Main, dessen Schließung 1943 er als Korrespondent in Rom erlebte. Gillessen hat den Hauptschriftleiter einen »ungewöhnlichen, einsamen und innerlich gefährdeten Mann« genannt, der seine Artikel als »Einsätze« in einem »Spiel« begriffen habe, bei dem man gewann und verlor: »Einem Verlust weinte er nicht nach. Artikel waren Gebrauchsgraphik für die Bedürfnisse des Tages. Er schrieb nicht mit Herzblut, auch nicht für spätere Studien eines Historikers, sondern damit man über die nächste Runde kam.«[72] Die Autorin Ingrid Gräfin Lynar, die 1964 einen Faksimileband zur Geschichte der FZ publizierte, sprach davon, dass Kircher

---

69 Vgl. Fritz Sänger: Politik der Täuschungen. Mißbrauch der Presse im Dritten Reich. Weisungen, Informationen, Notizen 1933-1939, Wien 1975, S. 14/15.
70 Sänger: Politik der Täuschungen, S. 13.
71 Gillessen: Auf verlorenem Posten, S. 307.
72 Ebd., S. 290.

sich in der NS-Zeit »kompromittiert«[73] habe, und zog damit den Zorn Reifenbergs auf sich, der die Einleitung zu dem Buch verfasst und zum Druck freigegeben hatte, ohne diese Formulierung der Herausgeberin zu kennen. Aus einem Brief Reifenbergs an Lynar geht hervor, dass Kircher sich seiner Verfehlungen wohl bewusst gewesen ist. Nach dem Attentat vom 20. Juli 1944 habe Kircher ihn, Reifenberg, in seinem damaligen Wohnort Neustadt im Schwarzwald besucht, um sich den Gefahrenzonen Berlin und Frankfurt für einige Zeit zu entziehen, und dabei ungewohnt selbstkritische Töne angeschlagen:

> »Kircher wusste nicht, wo bleiben, und ich schlug ihm vor, mit mir auf den Feldberg zu gehen, wo er sich auskannte, vom Skilaufen her. Wir gingen sehr langsam den an sich bequemen Weg und auf einmal blieb Kircher stehen und sagte mir folgendes: ›Sie wissen wie ich, dass ich keine reine Weste mehr habe. Ich werde, wenn Sie nach dem Krieg die FZ wieder aufmachen, nicht die Absicht haben, mich daran zu beteiligen, aber Sie könnten doch vielleicht darauf verzichten, in Ihrem ersten Blatt sich dem Publikum vorzustellen und ausdrücklich sich von meiner Person zu trennen.‹ Ich habe ihm damals gesagt: ›Lieber Kircher, wenn wir die FZ wieder aufmachen sollten, dann wird es eben eine FZ sein, was ausschließt, unsere gemeinsame Verantwortung in den heutigen Zeiten leugnen zu wollen.‹«[74]

Wie Hummerich berichtet, hatte Kircher die liebenswürdige Gewohnheit, seinen Manuskriptsendungen an Reifenberg mitunter ein kleines Aquarell beizufügen: eine Art wortlose Bitte »um Einsicht für das Düstere, was da abgehandelt wurde und wie es geschah.«[75] Gillessen ist jedoch der Ansicht, dass die tiefe Wesens- und Anlageverschiedenheit der beiden Männer nicht erlaubt habe, über die gegenseitige Wertschätzung hinaus in ein engeres persönliches Verhältnis zu treten: »Er [Reifenberg, DB] verfügte nicht über die bald kühle, bald heftige Intelligenz Kirchers. Reifenbergs Urteil kam aus der Sicherheit seines Gefühls und der sinnlichen Anschauung. Er bewunderte Kirchers behende Kraft. In Kirchers Beiträgen sah er eine für die Erhaltung der Zeitung entscheidende Leistung.«[76] Während Kircher mit den Erwartungen des Regimes auf der einen und den Ansprüchen der Zeitung an das eigene Wirken auf der

---

73 Lynar: Facsimile Querschnitt, S. 14.
74 Benno Reifenberg an Ingrid Gräfin Lynar, in: Konvolut Frankfurter Zeitung: Faksimileband, NL BR, DLA, 79.6605.
75 Hummerich: Wahrheit, S. 69.
76 Gillessen: Auf verlorenem Posten, S. 291.

anderen Seite jonglierte und die überlebenswichtigen Kontakte zum Propagandaministerium pflegte, kam Reifenberg in erster Linie die Aufgabe zu, die Redaktion zusammenzuhalten und unter dem immensen politischen Druck eine angenehme und produktive Arbeitsatmosphäre zu bewahren. Seine Rolle als Zentral- und Integrationsfigur der Redaktion sollte er bis zu einer längeren krankheitsbedingten Abwesenheit in den Jahren 1938/39 unangefochten beibehalten können.

Da sich seine Aufnahme in die Schriftleiterliste aufgrund seiner »Stellung zwischen den Rassen«[77], wie er selber formulierte, problematisch gestaltete, trat Reifenberg seine Funktion als stellvertretender Hauptschriftleiter 1935 an Erich Welter ab, der in seiner Abwesenheit auch die Redaktionskonferenz leitete. Welter, geboren im Jahre 1900 in Straßburg, hatte Rechts- und Staatswissenschaften studiert und 1922 promoviert. Schon während seines Studiums war er 1920 zum Wirtschaftsressort der FZ gestoßen, wo er blieb, bis ihn 1932 höhere berufliche Weihen nach Berlin lockten: Im vergleichsweise jugendlichen Alter von 32 Jahren übernahm er die Leitung der traditionsreichen »Vossischen Zeitung«. Nach deren Schließung 1934 kehrte er als Leiter des Wirtschaftsteils zur FZ zurück und etablierte sich neben Reifenberg und Kircher als führender Kopf des Blattes. Robert Drill war bis zu seinem Ausscheiden 1938 geschäftsführender Redakteur (Chef vom Dienst) und übergab dieses Amt dann an Oskar Stark, einen der Sozialdemokratie nahestehenden Juristen des Geburtsjahrgangs 1890, zu dem Reifenberg ein enges Vertrauensverhältnis aufbaute. Stark hatte einen ähnlichen Werdegang hinter sich wie Welter: Auch er war bereits in den 20er Jahren für die Zeitung tätig gewesen, hatte dann 1931 als stellvertretender Chefredakteur des »Berliner Tageblatts« Hauptstadt-Karriere gemacht, war 1933 aus politischen Gründen entlassen worden und hatte sich zwei Jahre lang mit Gelegenheitsarbeiten durchgeschlagen, bevor Reifenberg ihn 1935 zur FZ zurückholte. Er residierte in einem Büro gegenüber der Depeschenredaktion – »etwas kurzsichtig spähend, stets dunkel, mit Weste gekleidet«, die Beine beim Lesen gern leger auf den Schreibtisch gelegt, ausgestattet mit einem großen Vorrat »lächerlich kurze[r] Bleistiftstummel«, die er beim Redigieren als Schreibgerät bevorzugte: »Man fragte sich, woher er so viele davon hatte. Zersägte er etwa neue Stifte in kleine Stücke? Neben ihm hatte im Kriege Maxim Fackler, der jüngere Freund und Gehilfe vieler Jahre, sein Zimmer.«[78]

---

77 Benno Reifenberg: »Summa vitae meae«, NL BR, DLA, 79.12334, S. 4.
78 Gillessen: Auf verlorenem Posten, S. 22.

Gegenüber Behörden und Parteistellen vertraten Kircher und Welter das Blatt gemeinsam mit dem Verlagsgeschäftsführer Wendelin Hecht, der zwischen 1934 und 1943 eine gewichtige Rolle für die FZ spielte. Hecht, ausgebildeter Nationalökonom und praktizierender Katholik mit schwäbischen Wurzeln, war vierzig Jahre alt, als er im Frühjahr 1934 die wirtschaftliche Verantwortung für das marode Unternehmen übernahm. Von Zeitgenossen ist er als »wortkarg und großherzig« (Maxim Fackler), »zäh und kämpferisch« (Ernst Trip) und als »moralische Figur« (Max von Brück) charakterisiert worden[79]; wie sehr Benno Reifenberg ihn mochte und schätzte, geht aus den Worten hervor, die er dem früh Verstorbenen im November 1947 am Grab nachrief:

> »Der Mann, dem wir die letzte Ehre erweisen, ist ein mutiger Mensch gewesen. [...] Ich entsinne mich genau unserer ersten Begegnung 1934. Ich sehe Wendelin Hecht vor mir, und ich sehe seine Augen vor mir, Augen, die niemand vergessen wird, der ihnen je gegenübergetreten ist. Diese Augen riefen mir sofort die Empfindung wach: diesem da kannst du vertrauen. Es war ja in jenen Zeiten so, daß, ohne ein Wort zu wechseln, die Gleichgesinnten einander verstanden haben. Die Augen enthüllten das Entsetzen, das die Seele dieses Mannes durchschüttelte, sie enthüllten die Abscheu vor dem, was in unserem Vaterland möglich geworden war.«[80]

Mit erneuter finanzieller Hilfe durch Bosch lieferte Hecht mit der Sanierung des chronisch finanzschwachen Hauses ein betriebswirtschaftliches Meisterstück ab.[81] Die Angestellten hatten dafür einige Härten in Kauf zu nehmen: Nachdem bereits die alte Geschäftsführung im Februar 1933 Einkommenssenkungen um ein Sechstel der jeweiligen Bezüge durchgesetzt hatten, beschnitt Hecht die Gehälter im September 1934 noch einmal drastisch um 40 Prozent bei den Spitzenverdienern mit einem monatlichen Salär von über 1.000 Reichsmark und um 5 bis 25 Prozent bei allen übrigen Mitarbeitern: »Benno Reifenberg musste in einer sehr mühsamen Redaktionskonferenz mithelfen, die Kollegen zur Einwilligung zu überreden.«[82] Bei einem Jahresumsatz von 5,54 Millionen Reichsmark hatte das Unternehmen 1934 noch 0,493 Millionen Verlust zu ver-

---

79 Zitiert nach ebd., S. 173.
80 Wendelin Hecht. Ansprache am Grab, gehalten von Benno Reifenberg, 20. November 1947, in: Die Gegenwart/Sonderheft: Ein Jahrhundert Frankfurter Zeitung, S. 35/36, hier S. 35.
81 Vgl. Gillessen: Auf verlorenem Posten, S. 168-178.
82 Gillessen: Auf verlorenem Posten, S. 175.

zeichnen, aber schon zweieinhalb Jahre später wurden schwarze Zahlen geschrieben, und zum Jahresende 1940 lag der Reingewinn schließlich bei 3,631 Millionen Reichsmark.[83] Im gleichen Zeitraum stieg die Auflage der FZ von knapp 61.000 auf rund 90.000 Exemplare, um kurz vor dem Verbot 1943 den Höchststand von 200.000 Stück zu erreichen.[84] Aus einem Zuschuss-Geschäft, das sich jahrelang am Rande des Bankrotts bewegt hatte, formte Hecht ein pekuniär attraktives Objekt – attraktiv auch für die NSDAP, die aus Anlass des bevorstehenden fünfzigsten »Führer«-Geburtstages am 20. April 1939 den Verkauf der FZ und der Societäts-Druckerei an den nationalsozialistischen Eher-Konzern erzwang und Hitler den Übernahmevertrag als Geschenk auf den Gabentisch legte.[85] Wieder hatte die Zeitung ein Stück Unabhängigkeit eingebüßt.

Obwohl Hecht nicht ohne Einfluss auf die Abläufe und Entscheidungen in der Redaktion war, lag die personalpolitische Verantwortung auch nach den internen Umstrukturierungen von 1934 in den Händen eines kleinen Kreises renommierter Kollegen um Benno Reifenberg. Wer sich bei der FZ um eine Stelle als Schriftleiter bewarb, hatte zunächst ein Vorstellungsgespräch mit den wichtigsten Männern der in Frage kommenden Ressorts zu absolvieren, bevor eine informelle Runde, die sich in Reifenbergs Büro zu versammeln pflegte, über Zusage oder Ablehnung entschied. Auf diese Weise wurden die personellen Lücken, die durch die erzwungene Trennung von der »Vätergeneration«[86] entstanden waren, bis 1939 durch die Einstellung von fast vierzig neuen Mitarbeitern gefüllt; während des Krieges kamen nochmals knapp dreißig neue Kollegen hinzu, die die Eingezogenen oder Dienstverpflichteten ersetzten. Zu den neuen Schriftleitern zählten unter anderem Robert Haerdter und Peter von Haselberg, die beide von der »Vossischen Zeitung« kamen, der England-Kenner Hans Bütow, der Volkswirt Ernst Trip, der Historiker Heinrich Scharp, der von 1936 bis 1939 aus Prag korrespondierte und dann in die Berliner Redaktion wechselte, der Jurist Max von Brück, der 1937 die Leitung des Feuilletons übernahm, und die Wirtschaftsjournalisten Peter Waller, Erich Achterberg, Jürgen Tern und Fritz Sarow. Dolf Sternberger, der nach dem Zweiten Weltkrieg zum Mitbegründer der deutschen Politikwissenschaft avancierte, hatte seine publizistische Lauf-

---

83 Vgl. ebd., S. 389.
84 Vgl. ebd., S. 390.
85 Vgl. ebd., S. 390-392. – Zur wirtschaftlichen Situation der FZ vgl. v.a. auch Werner Wirthle: Frankfurter Zeitung und Frankfurter Societäts-Druckerei GmbH. Die wirtschaftlichen Verhältnisse 1927-1939, Frankfurt am Main 1977.
86 Hummerich: Wahrheit, S. 63.

bahn 1927 als freier Mitarbeiter der FZ begonnen und erhielt 1934 trotz seiner prekären persönlichen Situation – er war mit einer Jüdin verheiratet – eine Festanstellung. Aus dem linkskatholischen Milieu stieß Walter Dirks 1934 auf Empfehlung Hausensteins als Feuilletonist und Musikkritiker zur Redaktion; in der nationalliberalen, kleindeutsch-preußischen Tradition wurzelte Paul Sethe, der sich am rechten Rand der FZ verortete und in den 30er Jahren vom Depeschenredakteur zum außenpolitischen Kommentator aufstieg. Gillessen vertritt die These, dass sich im Zuge der großen Personalergänzung infolge des Ausscheidens der jüdischen Mitarbeiter das politische Spektrum der Redaktion über den angestammten Liberalismus hinaus nach links wie nach rechts erweitert habe: »Die Diktatur fügte Geister zusammen, die in anderen Zeiten kaum zueinander gekommen wären.«[87] Für so manchen Bedrohten wurde die FZ zum schutzbietenden Hafen.

Privat erlebte die Familie Reifenberg die 30er Jahre als eine Zeit existentieller Ängste. Während Maryla sich um die Zukunft von Sohn Jan sorgte, »der ja als Nicht-Arier in diesem Deutschland keine rechte Perspektive hat«[88], hegte Benno Reifenberg lange Zeit »ernste Zweifel«[89] im Hinblick auf seine Zulassung als Schriftleiter. Die Möglichkeit, seinen Arbeitsvertrag mit der FZ aufzulösen und »zurückgezogen auf dem Lande eine schriftstellerische Tätigkeit zu versuchen«, wie Wilhelm Hausenstein ihm schon im Sommer 1933 geraten hatte, widersprach sowohl seinem staatsbürgerlichen Verantwortungsgefühl als auch seinem beruflichen Ehrgeiz: Er könne und wolle sich nicht so verhalten, als ob er »ein kleiner Angestellter [...] wäre oder einen kleinen Handel« hätte, schrieb er an Max Picard.[90] Erst nachdem es ihm mit beträchtlichem Aufwand gelungen war, die »rein arische« Abstammung seiner polnischen Ehefrau und damit den Status einer »privilegierten Mischehe« im Sinne der Nürnberger Gesetze nachzuweisen, konnte er am 13. August 1936 seine Unterschrift unter den »Fragebogen zur Durchführung des Schriftleitergesetzes vom 4.10.1933« setzen.[91] Der FZ gelang es, neben Reifenberg auch den ebenfalls »halbjüdischen« Technikredakteur Erich Lasswitz und die mit Jüdinnen verheirateten Mitarbeiter Wilhelm Hausenstein, Dolf Sternberger und Otto Suhr bis April 1943 in der Redaktion zu halten. Sie gehörten

---

87 Gillessen: Auf verlorenem Posten, S. 196.
88 Benno Reifenberg an Max Picard, 16.9.1933, NL BR, DLA, 79.12438.
89 Benno Reifenberg an Max Picard, 19.6.1934, NL BR, DLA, 79.12438.
90 Benno Reifenberg an Max Picard, 22.8.1933, NL BR, DLA, 79.12438.
91 Dieses Dokument einschließlich Anlagen befindet sich in Reifenbergs Nachlass, NL BR, DLA, 79.3552.

damit zu jener Stammbesetzung, die schweigend zusehen musste, wie langjährige Kollegen ihre Sachen packten und in eine ungewisse Zukunft gingen: »Kallmann verließ das Haus unter Tränen. Drill verschenkte Bücher, die er nicht mitnehmen konnte.«[92] Welche Schuld- und Schamgefühle die Zurückbleibenden in solchen Momenten gequält haben müssen, kann nur erahnt werden, zumal die Redaktion die ausscheidenden Mitarbeiter nicht formell verabschiedete. Reifenberg bewies Takt, indem er darauf verzichtete, jenen Platz am Konferenztisch einzunehmen, von dem das Schriftleitergesetz seinen großen Förderer Heinrich Simon vertrieben hatte, und dessen Stuhl demonstrativ unbesetzt ließ.[93]

Am 23. März 1933 ging Reifenberg das Wagnis ein, in der FZ seine Stimme für das deutsche Judentum zu erheben. In Struktur und Argumentationsgang bot der mit den Worten »Notwendige Feststellung«[94] überschriebene Artikel einen Vorgeschmack auf später übliche taktische Finessen, die es ermöglichen sollten, unter dem Deckmantel des Patriotismus und der Treue zu Staat und Regierung Kritik an bestimmten Gesetzen, Maßnahmen oder ideologischen Vorgaben des Regimes zu üben. Indem Reifenberg die Berichterstattung der internationalen Presse über »das Problem der Juden in Deutschland« als einseitig negativ abqualifizierte und jegliche Versuche des Auslandes, sich in innerdeutsche Angelegenheiten einzumischen, scharf zurückwies, gelang es ihm, den Lesern der FZ einen Blick über den deutschen Tellerrand zu ermöglichen und zugleich ein Thema anzusprechen, über das er sonst hätte schweigen müssen. Reifenberg konstatierte sachlich, dass die Nachfrage nach ausländischen Presseerzeugnissen in Deutschland seit einiger Zeit gestiegen sei, und deutete an, dass diese Tendenz ein unausgesprochenes Ungenügen der Bürger am Zustand der deutschen Medien reflektiere, das zwar ungerechtfertigt, aber dennoch nicht von der Hand zu weisen sei: »Was nun jene Leser ausländischer Zeitungen betrifft, so wäre zu ihnen zu sagen, daß sie in einem verhängnisvollen Irrtum begriffen sind, es sei aus diesen Blättern mehr über Deutschland zu erfahren, als sich in Deutschland selber erfahren ließe.« Konkret erhob Reifenberg Einspruch gegen die internationale Berichterstattung über den Umgang mit der jüdischen Bevölkerung in Deutschland – und verschaffte sich auf diesem Wege die Chance zu eigener Stellungnahme:

---

92 Gillessen: Auf verlorenem Posten, S. 187.
93 Vgl. ebd., S. 198.
94 Benno Reifenberg: Notwendige Feststellung, in: FZ, 23.3.1933. Dort auch die folgenden Zitate.

»Wir streifen hier nur die Tatsache, daß man durch Druck auf die Aerzte- und Anwaltschaft und auf die Justiz die Berufsfreiheit der Juden einzuengen versucht, und daß man auf diese Weise in deren private Sphäre vorstößt, d.h. einen Teil des Judentums in noch gar nicht absehbare materielle Schwierigkeiten bringt. Wir wollen ferner nur erwähnen, wie man augenscheinlich glaubt, die gar nicht zu bestreitende Erfahrung der Juden in Finanz und Wirtschaft so gering veranschlagen zu dürfen, daß man auch in diesen Gebieten auf hochverdiente Männer zu verzichten vorhat. Jedoch wird vor allem eines deutlich: Man gedenkt der zweifellosen starken antisemitischen Gefühlswelle dadurch Rechnung zu tragen, daß man die Juden aus allen öffentlichen Stellen und Aemtern herausdrängt. [...] Wir weigern uns auch heute noch, zu glauben, es sei die Bewährung des Deutschtums, das Sichtbarmachen der besonderen nationalen Eigenart nur dadurch möglich, oder auch nur in irgend einer Weise davon abhängig, daß hierfür ein Kampf mit dem Judentum vorangehen müsse (ein sehr ungleicher Kampf übrigens, wenn er sich lediglich als ein brutaler Machtkampf entwickeln würde).«

Einen Gegensatz zwischen dem »Nationalen« und dem »Menschlichen«, so Reifenberg, könne und dürfe es in Deutschland nicht geben. Es bleibe die Hoffnung, dass man das »unfruchtbare Problem des Antisemitismus« bald ablegen und zur Tagesordnung übergehen werde.

Hatte insbesondere Rudolf Kircher die Ereignisse vom 1. April 1933, als Staat und Partei den Boykott jüdischer Geschäfte, Anwaltskanzleien, Arztpraxen und ähnlicher Einrichtungen mit Hilfe der SA organisierten und durchsetzten, noch mit spürbarem Widerwillen und kritischer Distanz kommentiert[95], so blieb der FZ bald nur noch das Schweigen als einzige Möglichkeit, ihren Widerstand gegen den immer exzessiver um sich greifenden Antisemitismus zum Ausdruck zu bringen. Das Blatt druckte auf Befehl antisemitische Erklärungen der Führung ab, ohne jedoch diesen Ansichten beizupflichten oder sich an der Hetze gegen die jüdische Bevölkerung zu beteiligen. Im Feuilleton erschien während der gesamten zehn Jahre nicht ein einziges antisemitisches Wort.[96] Das »Gesetz zum Schutz des deutschen Blutes und der deutschen Ehre«, das auf dem Nürnberger Reichsparteitag im September 1935 verkündet wurde

---

95 Vgl. Gillessen: Auf verlorenem Posten, S. 122-128.
96 Vgl. Christiane Appenzeller: Eine Inhaltsanalyse der Presse in der Zeit des Nationalsozialismus. Wie über die Juden in der »Frankfurter Zeitung« und in »Das Reich« im Zeitraum von 1940 bis 1943 berichtet wurde, Diss., Konstanz 1997.

und Eheschließungen sowie außerehelichen Geschlechtsverkehr zwischen Juden und »Staatsangehörigen deutschen oder artverwandten Blutes« untersagte, die Beschäftigung weiblicher »arischer« Hausangestellter durch Juden verbot und der jüdischen Bevölkerung fortan verwehrte, die Reichs- und Nationalflagge zu zeigen, wurde in der FZ pflichtgemäß veröffentlicht. Der – angesichts der Tragweite der Ereignisse – unverzichtbare Leitartikel stammte von dem »Mischling« Reifenberg und trug die Überschrift »Deutschlands Anspruch«[97]. In ermüdender Langatmigkeit und mit spürbar fehlendem Enthusiasmus wurde hier zunächst ein allgemeiner Bericht über den Parteitag gegeben. Die folgende Passage über die »Rassengesetze« fiel denkbar knapp aus und bestand im Wesentlichen aus dem Hinweis auf die »Folgerichtigkeit [...], mit der die Nationalsozialistische Deutsche Arbeiterpartei den Weg ihres Programms verfolgt.« Auf derselben Seite fanden die Leser eine Glosse mit dem Titel »Ein merkwürdiges Jubiläum«[98], die fast ebenso lang wie der Leitartikel und mit Dolf Sternbergers Chiffre gezeichnet war – laut Gillessen »der eigentliche Tageskommentar der Zeitung zur Rassenpolitik der NSDAP«. Ein Zufall des Datums diente als Anlass; am 17. September 1935 war, wie Sternberger anmerkte, genau ein Jahrhundert vergangen seit dem Tag, an dem der junge Charles Darwin den Strand von Chatham Island, einer Insel der Galapagos-Gruppe, betreten habe: »Für das Wissen über den Menschen sei die Reise nicht ein Fortschritt, sondern ein ›sonderbarer, folgenreicher Rückschlag‹, nämlich die Rückkehr der Wildnis in die Zivilisation. [...] Jeder konnte verstehen, [...] was gemeint war.«[99]

Die Strategie der Vermittlung von politischer Distanz und Ablehnung durch »Nuancen des Ausdrucks«[100] ist besonders sorgfältig in einer bereits 1950 publizierten Münchener Dissertation von Fred Hepp über den Kulturteil der FZ im »Dritten Reich« analysiert worden.[101] Hepp unterscheidet systematisch unterschiedliche Formen des »geistigen Widerstandes«, darunter das bewusste Ignorieren von Tatbeständen bzw. das Schweigen über bestimmte Entscheidungen der Führung, die Darstellung ausländischer Verhältnisse zum Zweck der Anspielung auf innerdeutsche Vorgänge, die herausgehobene Platzierung eines Beitrages, um die Leser

---

97 Benno Reifenberg. Deutschlands Anspruch, in: FZ, 17.9. 1933. Dort auch die folgenden Zitate.
98 Dolf Sternberger: Ein merkwürdiges Jubiläum, in: FZ, 17.9.1935.
99 Gillessen: Auf verlorenem Posten, S. 253/256.
100 Ebd., S. 129.
101 Vgl. Fred Hepp: der geistige Widerstand im Kulturteil der »Frankfurter Zeitung« gegen die Diktatur des totalen Staates 1933-1943, Diss., Univ. München 1949.

auf dessen Bedeutung hinzuweisen, zweideutige Formulierungen in Überschriften, aufschlussreiche Kombinationen historischer Fakten wie im oben beschriebenen Fall der Nürnberger Gesetze 1935, die reine Wiedergabe von Tatsachen ohne erläutende – und damit zwangsläufig zustimmende – Kommentare und die literarische Verkleidung von Kritik im Gewand von Fabeln, Sprichwörtern, Zitaten oder Gedichten. Immer wieder mussten reale oder scheinbare Konzessionen gemacht werden, um Bedenken aussprechen zu können, immer wieder wurde Ironie als Stilmittel bemüht. Von einer »konservativen Grundhaltung« des Blattes spricht Hepp, wobei er »konservativ« nicht als politischen Terminus, sondern als geistige Grundhaltung im Sinne der Bewahrung abendländischer Traditionen und kultureller Überlieferungen in der totalitären Diktatur verstanden wissen will.[102] Gillessen vergleicht manche Texte, die in der FZ erschienen, mit »Rätselaufgaben«[103] und erläutert, wie die Redaktion mit den Mitteln der Typographie oder des Umbruchs zu sagen versuchte, was mit Worten nicht möglich war: »In der ›Frankfurter Zeitung‹ war es Brauch, einzelne Wörter, die als Stichwörter Hinweise auf den Inhalt gaben, durch Sperrung hervorzuheben. [...] Indem die Redaktion die Wörter ›letzten Fangschuß‹ und ›Schutzhaft‹ sperrte, beleuchtete sie die Gewalttätigkeit der neuen Männer.«

Wie auch immer man jene Form politisch-kultureller Distanz vom Regime, um die sich die FZ zwischen 1933 und 1943 bemühte, begrifflich fassen mag, so kann doch eine Feststellung mit Sicherheit getroffen werden: Es handelte sich um eine bürgerliche Form von Dissens oder Resistenz, um die Sache einer gebildeten Minderheit. Nur ein lesegewohntes Publikum war in der Lage, die quasi wortlose Form des Kommentars zu dechiffrieren; der »Augenaufschlag zwischen Redaktion und Lesern«[104], den Gillessen im Nachhinein konstatiert, war die schweigende Verständigung unter Menschen, die sich in gewisser Weise *kannten*, da sie im gleichen Milieu wurzelten und aus dem Fundus einer ähnlichen Bildung, Erziehung und Sozialisation schöpften. Inhaltlich gab es deutliche Grenzen des Widerspruchs. In den großen Fragen der Außen- und Wirtschaftspolitik schwenkte die FZ schon bald in einem Ausmaß auf NS-Linie ein, das die These vom »Widerstand« der Redaktion gegen das Regime ad absurdum führt. Die folgende Analyse von Reifenbergs publizistischem Werk wird dies belegen.

102 Vgl. ebd., S. 182-187.
103 Gillessen: Auf verlorenem Posten, S. 129. Dort auch die folgenden Zitate.
104 Ebd., S. 129.

Anpassung und Zustimmung

Es ist die wohl größte Leistung der FZ-Redaktion gewesen, ihren Lesern zwischen 1933 und 1943 eine deutsche Tageszeitung zu bieten, die frei war von Judenhass und von der Verunglimpfung bestimmter Religionen und »Rassen«. In anderen Bereichen fällt die Bilanz ambivalenter aus: Während sich die FZ in innenpolitischen Fragen, insbesondere wenn es um den Prozess der Gleichschaltung der Länder und die Stellung der christlichen Kirchen ging, noch so manche kritische Nachfrage und Anmerkung »zwischen den Zeilen« gestattete und gestatten konnte, erfolgte in der auswärtigen Politik schon bald der Schulterschluss mit der Regierung – getreu der von Reifenberg am 20. April 1935 formulierten Maxime, es gebe »[d]er Welt gegenüber [...] nur *ein* Deutschland« und dieses Deutschland stehe »ohne Ausnahme« hinter Adolf Hitler.[105] Nach dem Krieg hat Reifenberg diesen Kurs als einen »Kardinalfehler«[106] bezeichnet und sich selber und der Zeitung den Vorwurf gemacht, »im Bereich der Außenpolitik gewissermaßen in einem neutralen Feld« argumentiert und dabei das Ausmaß der »nationalsozialistischen Begriffsverwirrung und Seelenverderbnis« unterschätzt zu haben:

> »[M]an war sich nicht der Tragweite bewußt, die der deutschen Veränderung innewohnte. Wer, wie die Nationalsozialisten, ungestraft im Innern vernichten konnte, dem mußte allmählich das Gefühl für die Grenzen des Möglichen schwinden. Die schrankenlose Despotie, von unbeherrschten, durch keine Bildung, keine Sitte gezügelten politischen Parvenüs ausgekostet, mußte eines Tages im unsinnigen Machtrausch enden. Und das hieß: Krieg.«

Der verhängnisvolle Irrtum, zu dem Reifenberg sich hier bekannte und den er mit vielen Zeitgenossen aus allen politischen Milieus mit Ausnahme der Kommunisten teilte, wurzelte zum einen in der überlieferten Ansicht, dass staatliche Außenpolitik grundsätzlich von realen Interessen getragen und von »den Überlegungen der Vernunft« gelenkt werde, nicht jedoch von politischen Ideologien oder den Launen einer Partei, eines Monarchen oder einer Herrscherclique abhängig sei, zum anderen – und dies war ausschlaggebend – in dem Wunsch nach Revision der als ungerecht und demütigend empfundenen Versailler Nachkriegsordnung: »Ein so besonnener und ausgleichender Mann wie Benno Reifenberg

---

105 Benno Reifenberg: Adolf Hitler, in: FZ, 20.4.1935.
106 Reifenberg: Die zehn Jahre, in: Die Gegenwart/Sonderheft, S. 40-54, S. 46. Dort auch die folgenden Zitate.

konnte überraschend ›national‹ werden, wenn er auf Langemarck oder seine Erlebnisse am ›Chemin des Dames‹ zu sprechen kam. [...] Revisionisten waren alle, die vor 1933 zur Zeitung gehört hatten.«[107]

Es dürfte kein Zufall gewesen sein, dass sich Reifenberg, dessen Schicksal bis zu seiner Aufnahme in die Schriftleiterliste 1936 am seidenen Faden hing, seit Herbst 1933 in seiner publizistischen Arbeit überwiegend auf auswärtige Fragen konzentrierte, denn hier war ein weitgehender Konsens mit dem Regime gegeben und die Gefahr, den zuständigen Stellen im Propagandaministerium unliebsam aufzufallen, folglich gering. Als Hitler am 14. Oktober 1933 mit dem Abbruch der Genfer Abrüstungsverhandlungen und dem Austritt Deutschlands aus dem Völkerbund »die radikalste Kampfansage an das Versailler System«[108] formulierte, signalisierte Reifenberg in zwei großen Artikeln Verständnis und Zustimmung zu diesem Schritt. Am 17. Oktober erklärte er die Idee des Völkerbundes, der einst angetreten sei, die Staaten »von Versailles weg in eine bessere Zukunft zu führen«, für gescheitert: »Der Verlauf der [Genfer] Abrüstungskonferenz hat [...] von der Zukunft weg und zurück nach Versailles geführt.«[109] Im gleichen Kontext forderte er fünf Tage später einen »neuen Start«[110] für das Deutsche Reich auf internationalem Parkett. Die von Hitler nach dem Rückzug Deutschlands aus dem Völkerbund angesetzten »Neuwahlen« zum Reichstag vom 12. November 1933, bei denen von 45 Millionen Wahlberechtigten 39 Millionen für die Einheitsliste der NSDAP votierten, kommentierte er folgendermaßen:

»Dieser 12. November hat eine Nation zu beispielloser Geschlossenheit der politischen Willenskundgebung zusammengeführt. Auf eine Frage, die in genauestem und unmissverständlichstem Umriß die Generallinie der deutschen Außenpolitik umschrieb, hat das deutsche Volk das Ja des Vertrauens ausgesprochen, das Ja des Bekennens, das Ja des Wollens. [...] Die Verkoppelung des außenpolitischen Bekenntnisses mit einem Wahlakt der inneren Politik hat die Abstimmenden in ihrer überwältigenden Masse zu der Schlußfolgerung geführt, daß die außenpolitische Willensäußerung ohne Verbindung mit dem innerpolitischen Entschluß wirkungslos bleiben müsse. [...] Die Wahlziffern des 12. November machen erst deutlich, welche Revolution im März stattgefunden hat. Es ist gar kein Zweifel, daß diese innerpolitische Ent-

---

107 Gillessen: Auf verlorenem Posten, S. 287/288.
108 Thamer: Verführung und Gewalt, S. 315.
109 Benno Reifenberg: Auge in Auge, in: FZ, 17.10.1933.
110 Benno Reifenberg: Die Kündigung, in: FZ, 22.10.1933.

scheidung, die von manchem bestandenem Gewissenskampf zeugt, nur möglich war, weil diese Entscheidung zugleich die Anerkenntnis enthielt der schicksalhaften Bedeutung, die der Persönlichkeit von Adolf Hitler innewohnt. Ihm haben die Ziffern des 12. November bestätigt, daß er der Führer der Nation in ihrer Ganzheit geworden ist.«[III]

Von Reifenbergs ausgeprägter Bereitschaft, den NS-Staat mit neuen Augen zu betrachten, zeugt auch ein peinlicher Kommentar zum ersten Jahrestag der Machtübernahme am 30. Januar 1934. Unter dem Titel »Ein Volk hat Vertrauen«[112] sprach er von »innerer Bewegung« in der deutschen Bevölkerung: »von stolzer Freude der meisten, von Bereitschaft, sich zu überprüfen bei den Zögernden, und von Hoffnung bei allen.« Während Heinrich Simon sich auf die Emigration vorbereitete und das frisch in Kraft getretene Schriftleitergesetz das personelle Gefüge der FZ durchrüttelte, bescheinigte Reifenberg dem deutschen Reichskanzler in augenfälliger Abgrenzung zu früheren Prognosen, dass er sich von einem »gewaltigen Parteiführer« zum »Staatsmann« entwickelt habe, dessen »Lauterkeit des Wollens« nicht mehr angezweifelt werden könne, lobte die Regierung für ihren Kampf gegen die Arbeitslosigkeit und erinnerte noch einmal an die Wahlen vom 12. November 1933, die gezeigt hätten, dass »die ganze Nation« hinter der Regierung und ihrem Führer stehe. Zwar machte er deutlich, dass er persönlich kein Nationalsozialist sei und dass die FZ nicht den Nationalsozialismus vertrete, aber im gleichen Atemzug betonte er, dass man bereit und im Begriff sei, sich von den politischen Positionen der Vergangenheit zu lösen und eines Besseren belehren zu lassen:

> »[D]ie Zweifler von ehedem [sind] nachdenklich geworden. Sie begreifen, wie frevelhaft es wäre, die Grundvoraussetzung des heutigen Deutschland – daß ein Volk Vertrauen habe – stören zu wollen. Vor Taten müssen sich auch diejenigen beugen, die abseits und jenseits von den weltanschaulichen Auslegungen dieser Taten leben.
> Der Kanzler hat bewiesen, daß er die Gegner von ehemals überzeugen will. Er hat die Tugend der Geduld sich zu eigen gemacht und erwartet im geistigen Bezirk alles andere als Uebereilung. [...]. Es kann, so scheint uns, in Weltanschauungsfragen ein jeder mit dem neuen Deutschland jenen Zustand eingehen, der [...] auf gegenseitiger Achtung beruht.

111 Benno Reifenberg (ohne Titel), in: FZ, 13.12.1933.
112 Benno Reifenberg: Ein Volk hat Vertrauen, in: FZ, 30.1.1934. Dort auch die folgenden Zitate.

Solche Achtung wird sich um so schöner und fruchtbarer bewähren, als keiner in Deutschland vergessen kann, daß ein Volk sich den Mann seines Vertrauens suchte und daß eine Zeit bereit war, diesem Volk einen solchen Mann zu geben.«

Die Entmachtung und Ermordung der SA-Spitze um Ernst Röhm und die damit einhergehende Mordaktion an konservativen Regimekritikern zwischen dem 30. Juni und dem 2. Juli 1934 bot Reifenberg erneut Gelegenheit, Loyalität zum Kanzler und der Regierung zu demonstrieren. Nachdem er bereits am 3. Juli 1934, offensichtlich ohne intime Kenntnisse der Vorgänge, ausländische Presseberichte über das Massaker Hitlers an seinen ehemaligen Gefährten aus der »Kampfzeit« zurückgewiesen hatte[113], nahm er in einem Leitartikel vom 15. Juli zu Hitlers zwei Tage zuvor gehaltener Rechtfertigungsrede im Reichstag folgendermaßen Stellung:

»Seit den Abendstunden des 13. Juli weiß das deutsche Volk, was es bislang nur ahnte: daß der Nation als einem geordneten Gemeinwesen Todesgefahr gedroht hat [...]. Ueber diese Geschehnisse hat vor dem berufensten Forum der Nation, dem Reichstag, der Kanzler Rechenschaft abgelegt. Adolf Hitler hat mit seiner Person die volle Verantwortung für die überstandenen Tage und ihre Folgen übernommen. [...] Es sind viele Ursachen zusammengekommen, aus denen das Verhängnis vom 30. Juni erwachsen ist [...]. Der Kanzler hat sie geschildert und hat den Schmerz nicht verhehlt, der in ihm groß geworden ist, als er hat erkennen müssen, daß Männer, die an seiner Seite die Bahn betreten hatten, sich seitwärts, abseits schlugen. [...] Die Nation hatte bislang nur den Schlußakt der Tragödie, jene bangen vierundzwanzig Stunden, erlebt. Nun weiß sie das bittere Vorspiel.«[114]

Hitlers Entscheidung, »in einem Augenblick der höchsten Not, in extremis« die Rolle des obersten Gerichtsherrn Deutschlands zu übernehmen, verglich Reifenberg mit der Ausnahmesituation des Krieges, die dem Soldaten erlaube und befehle, »sein Leben für das Vaterland in die Schanze zu schlagen.« In einem Nebensatz brachte er seine Hoffnung zum Ausdruck, dass man es mit einem singulären Vorgang zu tun habe und die Rechtsordnung in Zukunft wieder von den dazu berufenen Instanzen

---

113 Vgl. Benno Reifenberg: Die Fehlrechnung im Auslande, in: FZ, 3.7.1934.
114 Benno Reifenberg: Die Lehre, in: FZ, 15.7.1934. Dort auch die folgenden Zitate.

gehandhabt werden möge.¹¹⁵ In seinem Rückblick auf die Geschichte der FZ im Nationalsozialismus von 1956 hat Reifenberg mehrfach betont, dass die Redaktion die Hintergründe der »undurchsichtigen Aktion«¹¹⁶ nicht gekannt habe. Die Atmosphäre in Frankfurt sei von einem beispiellosen Nebeneinander »von Hoffnungen und Ängsten, von Gerüchten und Vermutungen« geprägt gewesen; hastige Fahrten von mit SS besetzten Wagen hätten das Straßenbild bestimmt, man habe von willkürlichen Verhaftungen gehört und er selber sei auf das Polizeipräsidium geholt worden, um dort in Gegenwart der Beamten mit dem Berliner Büro der FZ zu telefonieren und der Polizei auf diese Weise zusätzliche Informationen aus der Hauptstadt zu verschaffen. In Berlin – Kircher sei nicht am Platz gewesen – habe man von einem »landesverräterischen Unternehmen« gesprochen. In diesem Sinne, so Reifenberg, habe die FZ anschließend berichtet. Später erst habe man begriffen, dass mit den Morden vom Sommer 1934 der entscheidende Schritt zur Etablierung des SS-Staates und der absoluten Alleinherrschaft Hitlers vollzogen worden sei, zumal an dem nahenden Ende des greisen Reichspräsidenten zu diesem Zeitpunkt kein Zweifel bestanden habe.

Paul von Hindenburg starb am 2. August 1934. Schon am Vorabend war das »Gesetz über das Oberhaupt des Deutschen Reiches« erlassen worden, das die Ämter des Reichspräsidenten und des Reichskanzlers fortan vereinigte. Unmittelbar nach dem Eintreffen der Todesnachricht wurde die Reichswehr, deren Oberbefehl bisher beim Reichspräsidenten gelegen hatte, auf den »Führer und Reichskanzler« vereidigt; Benno Reifenberg hat in der FZ von einem »natürlichen Vorgang«¹¹⁷ gesprochen. Die für den 19. August 1934 angesetzte »Volksabstimmung«, mit der sich Hitler seine neue Machtposition nachträglich bestätigen ließ, war für

---

115 Gillessen hat Reifenbergs Interpretation der Hitler-Rede in seiner Darstellung der Reaktion der »Frankfurter Zeitung« auf die Ereignisse vom Sommer 1934 unterschlagen. Er berichtet lediglich, dass die Redaktion mit »sprachlose[m] Entsetzen« und »eiskalte[r] Ruhe« geantwortet und sich in den folgenden Tagen auf den Abdruck der amtlichen Meldungen beschränkt habe: »Erst am dritten Tage äußerte sich die Zeitung selbst mit einem Artikel Kirchers in der Taktik changierender Farben. Beinahe jeder Satz war doppelsinnig. [...] Als Hitler am 13. Juli [...] sich selbst im Reichstag dazu erklärte, druckte die Zeitung die Rede im Wortlaut ab, gewiß auf Weisung.« Vgl. Gillessen: Auf verlorenem Posten, S. 212-215.
116 Reifenberg: Die zehn Jahre, in: Die Gegenwart/Sonderheft, S. 40-54, S. 47. Dort auch die folgenden Zitate.
117 Benno Reifenberg: Der Weg zum Volk, in: FZ, 5.8.1935.

ihn Ausdruck eines tiefgehenden »Wandlungsprozesses«[118], in dem sich Deutschland befinde. Wenige Tage vor der Abstimmung schrieb er:

> »Insofern ist der kommende Sonntag absolut mißverstanden, wenn man ihn als einen Tag der Partei, als ein rein nationalsozialistisches Geschehen auffassen will. Es handelt sich vielmehr darum, daß jeder einzelne Deutsche hier gefragt ist, ob er sich bereit fühlt, für seinen Teil mitzuhelfen an der entscheidenden Bürgschaft für die deutsche Zukunft. Daß nämlich dem Mann, dem das ungeheuerste Maß von Verantwortlichkeit auf die Schultern gelegt worden ist, das Lebenselement für sein Amt erhalten bleibe: die Bestätigung durch das Volk.«

Bei einer extrem hohen Wahlbeteiligung von 95,7 Prozent wurden am 19. August 1934 89,9 Prozent Ja-Stimmen abgegeben, für Norbert Frei ein Zeichen dafür, »welchen Auftrieb das Regime, beflügelt durch wachsende innen- und außenpolitische Erfolge, nun bald nehmen sollte. [...] Deutschland ging seinen Weg mit Hitler.«[119]

Benno Reifenberg ist den deutschen Weg ein Stück weit mitgegangen – zögerlicher, ängstlicher, nachdenklicher, vorsichtiger und bedachter als große Teile der Bevölkerung, aber alles andere als resistent gegen die politische und psychologische Verlockung des Regimes. Als Hitler einige Wochen nach der Rückgliederung des Saarlandes an das Deutsche Reich im Januar 1935 in Saarbrücken zur Bevölkerung sprach, stand er im Publikum und war fasziniert und ergriffen:

> »Wer am Abend des 1. März die Ansprache Adolf Hitlers gehört hat – Ansprache auf dem nächtlichen Rathausplatz von Saarbrücken, Ansprache im strömenden Regen, Ansprache vor einer, trotz innerer Bewegung, lautlosen Menschenschar – dem muß deutlich geworden sein, daß in diesem Augenblick die Saarländer die wahrhaft erste Begegnung mit dem neuen Deutschland vollzogen haben. Mit einer dramatischen Einfachheit und Wucht fand diese Begegnung statt. Es war ein Auge-in-Auge-Sehen. Wenn aus der Versammlung die Woge des Beifalls aufrauschte, war es nicht anders, als spende ein antiker Chor Antwort und Bestätigung.«[120]

---

118 Benno Reifenberg: Volksabstimmung, in: FZ, 14.8.1934. Dort auch das folgende Zitat.
119 Frei: Der Führerstaat, S. 37.
120 Benno Reifenberg: Es muß möglich sein ..., in: FZ, 3.3.1935. – Zur Saar-Frage vgl. Gerhard Paul: »Deutsche Mutter – heim zu Dir!« Warum es mißlang,

Neben den außenpolitischen Entwicklungen schienen in den Augen vieler Zeitgenossen auch die ökonomischen Erfolge den Kurs Hitlers zu rechtfertigen. Der rasante Abbau der Arbeitslosigkeit in Verbindung mit dem Abrücken der NSDAP von jenen staatssozialistischen Maximen, für die in der Weimarer Zeit der Flügel um Gottfried Feder gestanden hatte, trug dazu bei, dem deutschen Bürgertum die Aussöhnung mit dem NS-System zu erleichtern. Von jeher war die FZ – von Außenseiterpositionen abgesehen – für eine »freie kapitalistische Wirtschaft«[121] eingetreten; als die Redaktion im Laufe der 30er Jahre zu dem Schluss kam, dass der von Hitler betriebene planwirtschaftliche Umbau des ökonomischen Systems »vorsichtiger« als ursprünglich befürchtet vor sich ging, »glaubte man hier eine vernünftige Politik vor sich zu haben«. Hinzu kam ein weit verbreitetes Gefühl von Optimismus, Aufschwung und Neubeginn, das die deutsche Öffentlichkeit seit der Machtübernahme beherrschte und auch auf kritische Geister nicht ohne Wirkung blieb. Im August 1933 schilderte Reifenberg dem Freund Picard eine Anekdote, die er während einer Dampferfahrt auf dem Rhein erlebt und die ihm schlaglichtartig vor Augen geführt habe, welches »Aktivum« in dem Glauben an Hitler stecke, »an einen Mann, der wirklich das Recht hat, sich Volkskanzler zu nennen«:

> »Wir waren dicht gedrängt. Neben mir und Jan sass [sic!] ein kleines Proletariermädchen. Es hatte beim Kramen mir gezeigt, dass es 60 Pfennig für den Tag von zuhause mitbekommen hatte. Dann kam ein Mann und verkaufte die neueste Hitler-Photographie, und da hat das Mädchen ein solches Bild für 30 Pfennig gekauft, obwohl ich ihm sagte, 30 Pfennig sei doch viel Geld. Aber das Kind schüttelte nur den Kopf, nahm die Photographie, zeigte sie auch nicht den anderen Kindern […] und steckte sie in sein Beutelchen, ein verschlissenes Beutelchen mit Reißverschluss. Glauben Sie, dass so ein Bild von Brüning gekauft worden wäre? Ich glaube es nicht«.[122]

Ein signifikantes Beispiel für die sukzessive politische Anpassung Reifenbergs bietet seine Berichterstattung über die nationalsozialistischen Feierlichkeiten zum 1. Mai in den Jahren 1933, 1934 und 1935. Seinen Kommentar zum ersten Maifeiertag nach der Machtübernahme stellte er unter ein

---

Hitler an der Saar zu schlagen. Der Saarkampf 1933-1935, mit einem Vorwort von Eike Hennig, Köln 1984, zugleich Diss. Univ. Kassel 1984.
121 Reifenberg: Die zehn Jahre, in: Die Gegenwart/Sonderheft, S. 40-54, S. 45. Dort auch die folgenden Zitate.
122 Benno Reifenberg an Max Picard, 28.8.1933, NL BR, DLA, 79.12438.

Hitler-Zitat: »Es wird uns nichts geschenkt«[123]. Ironisch fügte er hinzu, daß »[i]m Verfolg dieser grundlegenden Wahrheit [...] alle diejenigen von der Rede des Kanzlers enttäuscht worden sein [mögen], die auf Wunderrezepte sich verlassen haben.« Mit Blick auf die politischen Entwicklungen der letzten Monate sprach er einmal mehr von »Siegern« und »Besiegten« in Deutschland und bezeichnete den 1. Mai als eine »große Ansprache des Nationalsozialismus« an »das Heer der Abseitigen«, die es von der Politik der »nationalen Revolution« zu überzeugen gelte. Bissig kommentierte er die Einführung der Arbeitsdienstpflicht: »[W]ie interessant ist es zu erfahren, daß als ein wichtigstes Mittel der Arbeitsbeschaffung der Straßenbau in Aussicht genommen ist und daß die Kosten [...] in die Milliarden gehen werden.« Als politischen Fehler brandmarkte er die Zerschlagung der Freien Gewerkschaften, die unmittelbar nach den Maifeierlichkeiten auf brutale Weise vollzogen worden war:

»Wenn nicht alle Anzeichen trügen, waren, wie die andern Gewerkschaften, auch die Freien Gewerkschaften bereit, an dem großen Werk dessen, was man jetzt als ›organische Wirtschaftsführung‹ bezeichnet und was vermutlich eine Veränderung im Sinne des Berufsständischen bedeutet, aus freien Stücken mitzuarbeiten. Es ist sehr die Frage, ob die Arbeiterschaft noch den Glauben hatte, in den Freien Gewerkschaften eine politische Festung zu erblicken. Jetzt hat man die Gewerkschaften erobert, als seien sie eine solche Festung. [...] Gerade weil man darauf aus ist, moralisch zu erobern, hätte, so sollte man glauben, hier gewartet werden können. Es wäre dann Gelegenheit gewesen, an der Haltung der Freien Gewerkschaften die Fortschritte der moralischen Eroberung abzulesen.«

Ausdrücklich bekannte sich Reifenberg in diesem Artikel zu der großen Gruppe der »Besiegten«, indem er erklärte, mit dem Urteil über die Wirtschaftspolitik der Regierung warten zu wollen, bis sie erste Ergebnisse zeige: »Es bleibe am besten bei der Methode aus alten demokratischen Zeiten, wo die Opposition der Regierung zuzurufen pflegte: Wir haben das Programm der Regierung vernommen, wir sind loyal genug, auf die Ausführung zu warten.« Damit war deutlich ausgesprochen, daß von einer homogenen »Volksgemeinschaft« in Deutschland keine Rede sein

---

123 Benno Reifenberg: Es wird uns nichts geschenkt, in: FZ, 3.5.1933. Dort auch die folgenden Zitate. – Zu den Maifeiertagen im NS-Staat vgl. Heinz Lauber: Der 1. Mai unter dem Hakenkreuz. Hitlers »Machtergreifung« in Arbeiterschaft und in Betrieben. Augen- und Zeitzeugen, Daten, Fakten, Dokumente, Quellentexte, Thesen und Bewertungen, Gerlingen 1983.

konnte – es gab immer noch Regierung und Opposition. »Wir«: das war die Redaktion der »Frankfurter Zeitung«, »wir«: das war die Stimme der bürgerlichen deutschen Opposition.

Ein Jahr später klang das anders. Unter dem schlichten Titel »1. Mai«[124] verfasste Reifenberg im Jahre 1934 einen Abgesang auf jene politischen Kräfte, die in der Vergangenheit »hinter den roten Fahnen marschierten.« Ihre Hoffnung, »es könnten die Geschicke der Völker sich durch die Internationalität der Klasse regeln lassen«, sei durch die Politik der Siegermächte in Versailles »furchtbar« zerstört worden; die Ideologie des Sozialismus habe sich nicht nur als Utopie erwiesen, »sondern immer mehr als falsch, eben im Grundsätzlichen.« Nun jedoch richte »das arbeitende Deutschland« den Blick in die Zukunft, die »von der Nation selber angepackt werden muß, ja nur von ihr angepackt werden kann«: »Die Gesichter der deutschen Arbeiter suchen nicht mehr jenseits der deutschen Grenzen nach den Kameraden ihrer Klasse; sie sind nach innen gerichtet und erwarten eine Kameradschaft des deutsches Volkes. Daran erinnert der 1. Mai, das ist der Weg, den er eröffnet.«

Und 1935? Im dritten Jahr der Hitler-Herrschaft hielt sich Reifenberg am »Tag der nationalen Arbeit« nicht mehr lange mit politischer Analyse auf. Statt dessen verließ er seinen Schreibtisch, um sich bei herrlichem Frühlingswetter durch die festlich geschmückten Straßen seiner Heimatstadt treiben zu lassen. Was er dort sah und erspürte, hielt er später mit folgenden Worten fest:

»Gerüst und Aufbau des Feiertages sind soldatisch wie überall. [...] Man hört die Stimme von Männern, die das Jahr hindurch nur selten das Wort ergreifen, jetzt aber mit durchdachtem Ernst, mit leidenschaftlichem Schwung sich zu Land und Volk bekennen und in deren Worten ein Wissen ist, daß in diesen Jahren des Erlebens ein Schicksal sich entscheidet. Aus Sorgen, Erfolgen und Mühen heraus, die auch der Letzte der Belegschaft kennt und ahnt und die sie alle zu einer großen Familie in der Ganzheit des Volkes machen, ist dies ein Fest, an dem alle, die an ihm teilhaben, sich der Arbeit ihrer Hände und Gedanken bewußt sind.«[125]

Unleugbar hatte Reifenberg sich anstecken lassen von der Atmosphäre des Festes. Von blühenden Gärten und im Winde flatternden Fahnen

---

124 Benno Reifenberg: 1. Mai, in: FZ, 1.5.1934. Dort auch die folgenden Zitate.
125 Benno Reifenberg: Frankfurt, 1. Mai, in: FZ, 2.5.1935. Dort auch die folgenden Zitate.

schwärmte er, von den straff geordneten Umzügen der Uniformierten und den »Sopranstimmen marschierender Mädchen«, von Kinderkarussells, Spaziergängern und wohlgefüllten Gaststätten: »In der Entspannung und Ruhe des Tages liegt viel Unausgesprochenes an diesem Frühlingstag, liegt ein tiefes Atemholen für einen neuen langen Tag der Arbeit und des Vertrauens.«

Die hier analysierten Artikel wurden nicht willkürlich gewählt, sondern stehen repräsentativ für Reifenbergs politische Positionierung in der FZ zwischen Ende 1933 und Mitte 1938 in ihrer Gesamtheit. Es bietet sich ein deprimierendes Bild, das Wehlers harsches Wort von der »schmähliche[n] Kapitulation aller bürgerlichen Klassen vor den Anmaßungen des Hitler-Regimes«[126] weitgehend zu bestätigen scheint. Und doch gibt es eine Einschränkung, die ein differenzierteres Urteil erfordert: Bei allen Konzessionen, bei aller Anpassung, bei allem »Umdenken« und allem neu gewonnenen »Vertrauen« in Hitlers Deutschland, existierte eine Grenze, die zu verteidigen der bürgerliche Publizist Reifenberg nie müde geworden ist. Wo immer es um die Heiligtümer des deutschen Bürgertums ging, um Bildung und Erziehung, um Kunst und Kultur und im weitesten Sinne um die Sphäre des Individuellen, bewahrte er ein bemerkenswertes Maß intellektueller Unabhängigkeit und bewies immer wieder den Mut zu unbequemen, potenziell sogar riskanten Stellungnahmen.

Die »Resistenz« des Bildungsbürgers

Wo der »bürgerliche Werthimmel« beginnt, wo die Grundwerte von Bürgerlichkeit berührt werden, endet die Deutungshoheit von Staat und Partei – auf diese Formel lässt sich der Kern von Reifenbergs Widerspruch gegen das NS-Regime reduzieren. Ein frühes Zeugnis dieser Gesinnung war ein Artikel mit dem Titel »Siebzehnjährig, lesend«[127] vom 2. April 1933, in dem er die Forderung Hitlers, die alte Bürgerwelt der Beschaulichkeit durch ein neues Zeitalter des Heroischen abzulösen, mit einem Katalog von Buchempfehlungen für junge Menschen beantwortete, der nahtlos an den klassischen bildungsbürgerlichen Literaturkanon anknüpfte: Goethe, Eichendorff, Mörike und Hölderlin legte er den jungen Deutschen ans Herz, ferner die Märchen von Andersen und Hauff, Gottfried Kellers »Grünen Heinrich«, »Soll und Haben«, »Krieg und

---

126 Wehler: Deutsche Gesellschaftsgeschichte. Vierter Band, S. 720.
127 Benno Reifenberg: Siebzehnjährig, lesend, in: FZ, 2.4.1933. Dort auch das folgende Zitat.

Frieden«, »Don Quichotte«, die Reisebücher von Alfons Paquet und die gesammelten Briefe van Goghs an seinen Bruder. Dieses Programm ergänzte er, abweichend von überlieferten bürgerlichen Literaturvorlieben und versehen mit einer deutlichen politischen Spitze, um den Hinweis auf den Kriegsroman von Ludwig Renn: »Da dieser Siebzehnjährige in einer Zeit steht, die das ›Heroische‹ auf den Schild zu heben gedenkt, muß er vom Kriege eine Vorstellung sich schaffen. Vermutlich gibt es keinen besseren Kameraden der Wahrheit als das Buch ›Krieg‹ von Ludwig Renn.« Zwei Monate später kam Reifenberg noch einmal auf dieses Thema zurück und warb erneut für Renns »Krieg«.[128] Die ganze Brisanz dieser Beiträge wird deutlich, wenn man sich vor Augen führt, dass sich der prominente Kommunist Renn seit dem Reichstagsbrand in »Schutzhaft« befand.[129]

Auch nach 1933 hat Reifenberg versucht, so weit wie möglich die Konventionen des deutschen Bürgertums zu wahren und jene Menschen, die auf seinem Lebensweg von Bedeutung gewesen waren und ihm durch ihre Persönlichkeit und ihr Werk imponierten, aus gegebenem Anlass öffentlich zu ehren. Die Tatsache, dass die Schriftstellerin Annette Kolb im französischen Exil lebte, hinderte ihn nicht, ihr zu ihrem 60. Geburtstag im Februar 1935 mit geradezu überschwänglichen Sätzen in der FZ zu gratulieren: »Furcht ist nicht ihre Sache. [...] Eine kleine, klare Fahne flattert über ihr, die der Begnadung. Sie wurde in keinem Sturm eingezogen, mit lächelnder Anmut überdauert sie die Jahrzehnte. Bravo Annette Kolb!«[130] Nur Tage später erinnerte er »mit Achtung und herzlichen Glückwünschen« an den 80. Geburtstag der »kluge[n] und temperamentvolle[n]« Therese Simon-Sonnemann, die bis zu ihrem 78. Lebensjahr

128 Vgl. Benno Reifenberg: Tage und Jahre im Krieg, in: FZ, 2.6.1933.
129 Renn alias Vieth von Golßenau war 1928 in die KPD eingetreten und hatte in den folgenden Jahren gemeinsam mit Johannes R. Becher »Die Linkskurve«, die Monatsschrift des Bundes Proletarisch-Revolutionärer Schriftsteller Deutschlands, herausgegeben. Im Januar 1934 wurde er zu 30 Monaten Zuchthaus verurteilt. Nach seiner Haftentlassung floh er Anfang 1936 über die Schweiz nach Spanien, wo er als Kommandeur des Thälmann-Bataillons und Stabschef der XI. Internationalen Brigade im Bürgerkrieg kämpfte. Aus mexikanischem Exil kehrte er 1947 nach Deutschland zurück und wurde Mitglied der Sozialistischen Einheitspartei Deutschlands (SED) in der sowjetisch besetzten Zone. In der DDR hat Renn als Schriftsteller und Kulturfunktionär Karriere gemacht und war unter anderem von 1969 bis 1975 Ehrenpräsident der Akademie der Künste. Als zweifacher Träger des DDR-Nationalpreises starb Renn im Alter von 90 Jahren in Ost-Berlin.
130 Benno Reifenberg: Zu einem 60. Geburtstag, in: FZ, 10.2.1935.

Spaziergänger Reifenberg in den 30er Jahren

dem Aufsichtsrat der FZ angehört habe.¹³¹ Als Julius Meier-Graefe im Sommer 1935 an Lungentuberkulose starb, widmete ihm Reifenberg einen knapp zweispaltigen, mit vollem Namen gezeichneten Nachruf, in dem er dem großen Kunstschriftsteller ein immerwährendes Andenken versprach und schon im ersten Satz unverblümt zur Kenntnis gab, dass Meier-Graefe, der »eine Vorstellung vom Deutschen [hatte], die es ihm erlaubte, mit weltoffenen Augen durch dieses Dasein zu gehen«, zuletzt in der Schweiz gelebt habe: »Um ihn wehte die Freiheit.«¹³²

131 Benno Reifenberg: 80. Geburtstag, in: FZ, 22.2.1935.
132 Benno Reifenberg: Julius Meier-Graefe, in: FZ, 7.6.1935.

»Die Grenze des Politischen«¹³³ sah Reifenberg immer dann erreicht, wenn es um die geistige Freiheit des Menschen ging, die Fragen des Glaubens ebenso wie des kreativen Schaffens berühren konnte. In diesem Sinne verteidigte er, der Agnostiker, in einem Beitrag vom 20. Juli 1935 mit den Rechten und Freiheiten des katholischen Erziehungswesens »die Substanz des katholischen und christlichen Glaubens« und gab zu bedenken, dass es im »innersten Interesse des Staates« sei, die religiöse Überzeugung des Menschen zu akzeptieren; in diesem Sinne ergriff er am 8. November 1936 das Wort für die Freiheit der Kunst und warnte den Staat davor, über missliebige Künstler wie etwa die Expressionisten »herzufallen und an Stelle von Kunstpolitik Kunstpolemik zu treiben«: »Allzu viele Unberufene würden sich in solchen Streit mischen. Worauf es ankommt, ist einzig und allein, die Ehrfurcht vor dem künstlerischen Geschehen, als vor der ergreifenden und bezaubernden Gestaltwerdung des Geistes, zu vermehren. Deutschland lebt, solange diese Ehrfurcht besteht.«¹³⁴ Im Sommer 1937, während in München die »Große Deutsche Kunstausstellung« von Hitler abgesegnete und zum Teil sogar persönlich ausgewählte Exponate präsentierte, erschien die FZ mit einer groß aufgemachten Besprechung der Ausstellung »Meisterwerke französischer Kunst in Paris«¹³⁵, für die Reifenberg in die französische Hauptstadt gereist war. In München, das musste nicht hinzugefügt werden, war er nicht gewesen.

Neben seiner Haupttätigkeit als politischer Redakteur mit außenpolitischem Schwerpunkt verfasste Reifenberg in den Jahren 1933 bis 1937/38 zahlreiche Kunst- und Literaturbesprechungen. Seit Anfang 1935 finden sich seine Kürzel »BR« und »-den« wieder häufiger im Feuilleton und damit an jenem Ort, der in der Auseinandersetzung der FZ mit dem NS-Regime eine exponierte Rolle spielte. Während der politische Teil rigider Kontrolle unterlag und immer weiter gehende Zugeständnisse an die Herrschenden machen musste und machte, bot das Feuilleton »eine Arena, in der der Nationalsozialismus nicht ebenbürtig mitstreiten konnte.«¹³⁶ Wenn es auch übertrieben erscheint, mit Gillessen von einem Kampf »um die Seelen der Menschen« zu sprechen, da die bürgerlichen Leser der FZ der nationalsozialistischen Blut-und-Boden-Kultur ohnehin fern-

---

133 Benno Reifenberg: Die Grenze des Politischen, in: FZ, 20.7.1935. Dort auch die folgenden Zitate.
134 Benno Reifenberg: Die Künste, in: FZ, 8.11.1936.
135 Benno Reifenberg: Frankreichs Bild. Notizen zu der Ausstellung »Meisterwerke der französischen Kunst« in Paris, in: FZ, 8.8.1937.
136 Gillessen: Auf verlorenem Posten, S. 329. Dort auch die folgenden Zitate.

standen, so war das Feuilleton doch der Ort, an dem sich der deutsche Bildungsbürger zu Hause fühlen und von den geistigen Zumutungen der Propaganda erholen konnte. So hatte Reifenberg im Juni 1933 ein großes Lektüre-Erlebnis, an dem er die Leser der FZ teilhaben ließ. Pure Begeisterung führte ihm die Feder, als er die soeben in deutscher Übersetzung erschienene Familiensaga »Schau heimwärts, Engel!« des jungen amerikanischen Autors Thomas Wolfe rezensierte: »Dieses Buch ist von der Sprache junger Menschen getragen. [...] Diese Sprache stürmt, ist dunkel, ist unbändig. Durch das Buch weht der gute, würzige Duft von Holzfeuer. [...] Homerisch erscheint der Roman, weil er überall in Saft steht; breit wird die Welt beschrieben.«[137]

Mit der Jugendgeschichte des Eugene Gant, der im Jahre 1900 als jüngstes von zehn Kindern eines alkoholkranken Steinmetzen und seiner geschäftstüchtigen Ehefrau in einem kleinen Ort in North Carolina zur Welt kommt, liefert Wolfe ein farbenprächtiges Panorama US-amerikanischen Alltagslebens zu Beginn des 20. Jahrhunderts. Der Leser begleitet Eugene von der Wiege bis auf den Campus der *State University* und sieht dabei durch seine Augen sein Land: üppige Wiesen und dunkle Wälder, reifende Kirschen im Frühling und knisternde Kaminfeuer im Winter, den geebneten Basketballplatz, die Sonntagsschule und die kleine Stadtbibliothek, reich gedeckte Frühstückstische mit Eiern und Schinken und sirupgetränkten Pfannkuchen, die weiß gestrichenen Einfamilienhäuser mit den gepflegten Gärten und die stinkenden Bretterbuden der Slums, Pfarrer, Pfandleiher und Provinzhuren, verschlafene schwarze Dienstmädchen und ehrbare weiße Lehrerinnen und schließlich, nach dem Kriegseintritt der USA, die im Patriotismus erglühenden Verbindungsstudenten, die aus den Hörsälen an die Front drängen wie kurz zuvor ihre europäischen Altersgenossen. En passant erfährt der Leser, dass sich die selbstverständliche Akzeptanz demokratischer Entscheidungsprozesse im politischen Leben und die alltägliche Diskriminierung farbiger Mitbürger keineswegs ausschließen und dass Antisemitismus alles andere als ein Privileg der »Alten Welt« ist. Als wahres Kennzeichen der amerikanischen Kultur wertete der Kommentator der FZ die ständige Bereitschaft der Menschen, das Altbewährte hinter sich zu lassen und im Vertrauen auf die eigene Kraft immer wieder neu zu beginnen:

---

137 Benno Reifenberg: Schau heimwärts, Engel! Zu dem amerikanischen Roman des Thomas Wolfe, in: FZ, 18.6.1933. Dort auch das folgende Zitat. – Vgl. Thomas Wolfe: »Schau heimwärts, Engel« Eine Geschichte vom begrabenen Leben, Roman, dt. Ausgabe, 6. Auflage, Reinbek bei Hamburg 2003.

»Noch nach zwanzig Jahren haben ihre Häuser etwas Provisorisches, etwas von Zelten. [...] Geschichte läuft von diesen Zelten noch ab wie Regenwasser. [...] Es [das Buch, DB] lebt vom Aufbruch seiner Menschen. Wenn das amerikanisch ist, dann schuf hier dichterische Machtvollkommenheit das bedeutende Gleichnis für die Jugendkraft einer Nation.«

Dem aufmerksamen Leser dürfte nicht entgangen sein, dass damit ein Urteil über die Vereinigten Staaten von Amerika abgegeben wurde, das mit dem offiziell in Deutschland propagierten Bild des dekadenten Yankee-Landes nicht das Geringste gemein hatte.[138] Nach dem Zweiten Weltkrieg schrieb Reifenberg, dass er nie vergessen werde, wie Wolfes Roman »uns allen in der unseligen Zeit noch einmal den Hauch der Freiheit gebracht hat.«[139] Die Hymne auf »Schau heimwärts, Engel!« habe ihm die dankbare Freundschaft von Wolfes deutschem Verleger Ernst Rowohlt eingetragen, der ihn seitdem bei jedem Zusammentreffen zu umarmen pflege.[140]

Die Freude am Formulieren und Fabulieren, die Reifenbergs feuilletonistische Arbeiten in den 20er Jahren ausgezeichnet hatten, war ihm auch ein Jahrzehnt später nicht vergangen. Mit eingängigen Worten schilderte er einen Besuch in der Alten Pinakothek in München[141] und unterhielt die Leser mit Erinnerungen an den Lateinunterricht seiner Gymnasialzeit[142]. Eine Liebeserklärung an seine Heimatstadt war die zehnteilige Serie »Frankfurter Aquarelle« vom Frühjahr 1935, in der er Stadtansichten mit eigenen Impressionen mischte.[143] Diese Beiträge waren gut geschrieben, angenehm zu lesen – und gänzlich apolitisch. Mit ihnen wurde dem »ebenso armen wie bombastischen NS-Jargon«[144] eine ästhetische Sprache entgegengesetzt, die sich in Anspruch und Stil an den hergebrachten

---

138 Zum US-Bild der Nationalsozialisten vgl. Philipp Gassert: Amerika im Dritten Reich. Ideologie, Propaganda und Volksmeinung 1933-1945 (Transatlantische historische Studien, Band 7), Stuttgart 1997, zugleich Diss. Univ. Heidelberg 1996.
139 Reifenberg: Der Mensch unter der Windrose, in: Ders.: Offenbares Geheimnis, S. 116.
140 Vgl. Reifenberg: Kritisches Geschäft, in: Ders.: Offenbares Geheimnis, S. 111.
141 Vgl. Benno Reifenberg: Wiedersehen, in: FZ, 13.2.1935.
142 Vgl. Benno Reifenberg: Just lacht, in: FZ, 10.3.1935.
143 Vgl. Benno Reifenberg: Frankfurter Aquarelle, in: FZ, 17.3., 24.3., 31.3., 7.4., 14.4., 21.4., 28.4., 5.5., 19.5. und 26.5.1935.
144 Gerhard Bauer: Sprache und Sprachlosigkeit im »Dritten Reich«, 2., überarbeitete Auflage, Köln 1990, S. 10.

Maßstäben und Lesegewohnheiten des gebildeten Bürgertums orientierte und deren Gebrauch für die FZ mehr und mehr zur letzten Bastion von Resistenz im Sinne Broszats wurde. 1952 vertrat Reifenberg in einem Vortrag vor jungen Journalisten die These, dass sich im Äußeren, das heißt in der Wahl des gesprochenen oder geschriebenen Wortes, stets das Innere, die Persönlichkeit des Sprechenden oder Schreibenden, spiegele: »Wir bedienen uns der Sprache, aber das Umgekehrte gilt ebenso: die Sprache beherrscht auch uns. Sie formt uns. [...] Das heißt: wenn die Sprache krank ist, sind wir in unserer Seele krank, vielleicht denken wir nicht scharf, vielleicht sind wir lässig in unseren Gefühlen. Wenn man klar denkt, schreibt man klar.«[145] In totalitären Systemen, so Reifenberg, verliere die Sprache als Spiegelbild des geistigen Zustandes einer Nation ihren »Saft« und ihre »Farben«: »Wir haben das in Deutschland durch die sogenannte Propaganda weidlich erleben müssen, allmählich wurde so schematisch gedacht und also schematisch gesprochen, daß unser Deutsch schal schmeckte, wie abgestandenes Bier. Und viele merkten es nicht einmal.«[146]

Den einzigen Ausweg aus diesem Prozess, der in der »Ermordung« des Volkes durch »aufgezwungene Sprache« münde, sah Reifenberg in dem stetigen Bemühen des Individuums um Redlichkeit im Leben, Denken und Schreiben. Nur dann könnten die Sprachen »als die großen individuellen Erscheinungen des Geistes«[147] der Gleichschaltung des öffentlichen Lebens Einhalt gebieten: »Man kann das richtige Wort nicht erzwingen. Man kann sich nur mühen, ein rechter Mensch zu werden, und hoffen, man werde als solcher der Gnade des guten, richtigen Wortes auch teilhaftig.«[148] So schlicht dieses Rezept klingt, so schwierig war es im Deutschland Adolf Hitlers umzusetzen. Die Arbeit bei der FZ war für jeden Beteiligten ein Balanceakt auf einem »schmale[n] Seil«[149]. Ende 1937 wäre Benno Reifenberg beinahe abgerutscht.

---

145 Benno Reifenberg: Das Wort und der Mensch. Aus einem Vortrag, in: Ders.: Lichte Schatten, S. 235-241, hier S. 237/238.
146 Reifenberg: Das Wort und der Mensch, in: Ders.: Lichte Schatten, S. 238. Dort auch die folgenden Zitate.
147 Ebd., S. 237.
148 Ebd., S. 239.
149 Fritz Sänger: Das schmale Seil, in: Die Gegenwart/Sonderheft: Ein Jahrhundert Frankfurter Zeitung, S. 23-25, hier S. 23.

Rückzug in Etappen (1938-1945)

Bürgerliche (männliche) Existenz konstituiert sich entscheidend über zwei üblicherweise eng miteinander verflochtene Grundbedingungen und Werte: Über die Arbeit im Sinne von beruflicher Leistung zum einen und den Status materieller Sicherheit, der in der Regel durch die Berufsarbeit erlangt wird, zum anderen. Für Benno Reifenberg war die führende Position, die er in den Weimarer Jahren bei der FZ erreicht und auch nach der Machtübernahme der Nationalsozialisten intern zunächst behauptet hatte, in starkem Maße Identität stiftendes Moment. Eine der tiefsten Zäsuren seiner Vita war eine Verhaftung durch die Gestapo als Folge einer unliebsamen Bildbesprechung im Jahre 1938, die möglicherweise Auslöser für einen wenige Monate später erfolgenden gesundheitlichen Zusammenbruch war, der eine längere Rekonvaleszenz erforderlich machte. Bei seiner Rückkehr in die Redaktion im September 1939 musste er sich der Tatsache stellen, dass er nach der langen krankheitsbedingten Abwesenheit seine angestammte Führungsrolle in der Redaktion verloren hatte – er werde künftig der Zuständige für die »Rubrik ›Besinnliches‹«[1] sein, teilte er am 11. September 1939 dem Freund Hausenstein mit. Fortan erschien er nicht mehr zur Redaktionskonferenz und veröffentlichte seine Beiträge nur noch im Feuilleton, im Literaturblatt und in der Frauenbeilage, wobei er statt seines gewohnten Signums »BR« entweder das Pseudonym »Florestan«[2] oder die aus dem Mädchennamen seiner Mutter gebildete Chiffre »-den« benutzte. Margret Boveri, die ihn im Juni 1942 traf, gewann den Eindruck, dass er nicht mehr in der Gegenwart, sondern nur noch in seinen Erinnerungen lebe.[3] Der Publizist hatte sich in die »Innere Emigration« zurückgezogen.

---

1 Benno Reifenberg an Wilhelm Hausenstein, 11.9.1939, NL BR, DLA, 79.12415.
2 Ludwig van Beethoven erzählt in der Oper *Fidelio* die Leidens- und Befreiungsgeschichte des Florestan, der von Don Pizarro, dem Gouverneur des Staatsgefängnisses, widerrechtlich gefangen gehalten wird. Unter dem Namen Fidelio schleicht sich Florestans Frau Leonore in Männerkleidung bei Kerkermeister Rocco ein und rettet ihren Mann unter Einsatz ihres Lebens aus den Fängen seiner Bewacher. Freiheit, Gleichheit, Brüderlichkeit – oder einfach: die Befreiung des unschuldigen Helden aus höchster Not – sind die Leitmotive der Oper, die 1805 in Wien uraufgeführt wurde. – Es ist nicht nachzuweisen, dass sich Reifenberg bei der Wahl seines Pseudonyms an Beethoven orientiert hat, aber die Bedeutung des Namens Florestan war dem leidenschaftlichen Opernbesucher mit Sicherheit bewusst.
3 Vgl. Görtemaker: Ein deutsches Leben, S. 172.

Waren die ersten Kriegsjahre für Reifenberg von der Erfahrung seiner schwindenden beruflichen Bedeutung und öffentlichen Einflussmöglichkeiten geprägt, so konnte es für ihn nach seiner Entlassung bei der FZ und der Streichung von der Schriftleiterliste im Frühjahr 1943 nur noch darum gehen, neben Leib und Leben zumindest Rudimente von Bürgerlichkeit zu wahren, indem er sich auf Suche nach Arbeit und Verdienstmöglichkeiten machte. Dass sein immer wieder bezeugter Wunsch, sich auf irgendeine Weise beruflich »nützlich«[4] zu machen, wie er formulierte, erfüllt werden konnte, verdankte er dem Mut des Mediziners Oskar Vogt, der das Risiko auf sich nahm, den fachlich nicht qualifizierten »Halbjuden« Reifenberg zwischen 1943 und 1945 als wissenschaftliche Hilfskraft in seinem privaten Forschungsinstitut in Neustadt im Schwarzwald zu beschäftigen. War Reifenberg damit gleichsam mental geholfen, so war er doch in dieser Lebensphase mit einem eigentümlichen Auseinandertreten von Berufsarbeit und materieller Existenzsicherung konfrontiert, denn ein für den Lebensunterhalt ausreichendes Einkommen konnte ihm Vogt nicht bieten. Hier kam die Hilfe nun von gänzlich anderer Stelle: Es war die IG Farben, die langjährige Geschäftspartnerin der FZ, die in die Bresche sprang. Vermittelt wurde diese Unterstützung von dem IG-Vorstandsmitglied Georg von Schnitzler und dessen Ehefrau Lilly, die Reifenberg in den Weimarer Jahren am Tisch des Zeitungszaren Heinrich Simon kennengelernt hatte – die Netzwerke der FZ funktionierten einmal mehr.

Eine Bildbesprechung und ihre Folgen

»Langgezogen und geisterhaft sitzt die Gestalt eines älteren Mannes an einem roten Tisch. Er lehnt sich weit nach links. Sein schmaler Kopf ist auf die knochige Faust gestützt, seine andere Hand liegt mit weit gespreizten Fingern offen auf der Tischkante. Er trägt eine cremefarbene Mütze und ein dunkelblaues Jackett. [...] Ockerfarbene und limonengrüne Pinselstriche gestalten die Konturen des schmalen Gesichts. [...] Er blickt den Betrachter direkt an, die Augenbrauen hochgezogen, der Blick durchdringend und traurig.«[5]

---

4 Benno Reifenberg an Wendelin Hecht, 21.7.1943, NL BR, DLA, 79.12416.
5 Cynthia Saltzman: Das Bildnis des Dr. Gachet. Geschichte eines Meisterwerks, deutsche Ausgabe, Frankfurt am Main/Leipzig 2003, S. 11.

RÜCKZUG IN ETAPPEN (1938-1945)

Das »Bildnis des Dr. Gachet« ist ein Denkmal in Öl. Wenige Wochen vor seinem Freitod hatte der niederländische Künstler Vincent van Gogh im Sommer 1890 in dem französischen Dorf Auvers bei Paris seinen Arzt Dr. Paul-Ferdinand Gachet porträtiert und damit eine »Ikone der Moderne«[6] geschaffen. Nach dem Tod des Malers kam das Bild zunächst in den Besitz seines Bruders, des Kunsthändlers Theo van Gogh, dessen Witwe es später für 300 Francs an eine dänische Sammlerin verkaufte. Über Amsterdam, Paris, Kopenhagen, Berlin, Weimar und wieder über Paris gelangte es 1911 in das Frankfurter Städel. Georg Swarzenski, der umsichtige Leiter der Kunstausstellung, entfernte es im Frühjahr 1933 aus der Galerie im zweiten Stock und verschloss es in einem Raum unter dem Dach des Museums. Dennoch ließ es sich nicht dauerhaft vor dem Zugriff des Propagandaministeriums schützen: Anfang Dezember 1937 wurde das nunmehr auf einen Wert von 350.000 Reichsmark geschätzte Werk konfisziert. Swarzenski, der als Jude schon 1933 seine Position als Generaldirektor der Städtischen Museen in Frankfurt verloren hatte und nur noch der privaten Stiftung Städel vorstand, wurde wenige Wochen später zum Rücktritt gezwungen. Das »Bildnis des Dr. Gachet« landete zunächst bei Hermann Göring in Berlin und wurde 1938 an den in Amsterdam lebenden deutschen Bankier und Sammler Franz Koenigs verkauft. Den Ertrag leitete Göring mit stillschweigender Billigung Hitlers seinen eigenen Kunstfonds zu.

Als der Frankfurter Kunsthistoriker Ernst Benkard erfuhr, dass das »Bildnis des Dr. Gachet« im Städel abgehängt und nach Berlin gebracht worden war, vertraute er sein Wissen Benno Reifenberg an, dem dieses Werk van Goghs »besonders teuer«[7] war. Benkard war schon in den 20er Jahren »Kunstberichterstatter«[8] für die FZ gewesen und kannte den einstigen Feuilletonchef Reifenberg gut. Laut Erik Wickenburg war Benkard »ein sehr kluger, netter, ein sehr komischer Mann. Er war ganz Gentleman, angezogen mit einem steifen Hut.« Im Sommer 1937 hatte er »[m]it kaum verhohlener Ironie, Distanz und Ablehnung«[9] von der offiziösen »Großen Deutschen Kunstausstellung« in München berichtet, die parallel zu der Ausstellung »Entartete Kunst« stattfand, mit der die Nationalsozialisten Künstler wie Ernst Barlach, Max Beckmann, Otto Dix, Paul Klee, Oskar Kokoschka, Franz Marc und Emil Nolde öffentlich

---

6 Ebd., S. 17.
7 Gillessen: Auf verlorenem Posten, S. 370.
8 Wickenburg, Interview vom 16. und 17.5.1989, zitiert nach: Todorow: Das Feuilleton der »Frankfurter Zeitung«, S. 177. Dort auch das folgende Zitat.
9 Gillessen: Auf verlorenem Posten, S. 333.

ächteten; über Reifenbergs Freund Beckmann hieß es in einer Begleitschrift, er habe »kaum ein einziges Bildnis« geschaffen, »das nicht eine gemeine Zote wäre.«[10] Benkard war gemeinsam mit Carl Linfert, der seit 1929 für die FZ schrieb und 1936 eine Festanstellung als Redakteur erhalten hatte, nach München gefahren. Doppeldeutig formulierte er, der Ausstellung komme »eine Bedeutung auch für die deutsche Kunstgeschichte insofern zu, als sie alle Erscheinungen, die seit dem anhebenden 20. Jahrhundert Geist und Gemüter der Künstler und eines mit Spannung teilnehmenden Publikums beschäftigt haben, vergessen machen und auslöschen will.« Bei der »neuen« Kunst handele es sich um »die Wiederaufnahme von Malweisen, die in den Augen unserer Väter als revolutionäre Methoden Aufsehen erregt haben.«[11] Mit anderen Worten: Der offiziell protegierten Kunst fehlte jeglicher Innovationscharakter.

Nachdem das »Bildnis des Dr. Gachet« aus dem Städel verschwunden war, entschied sich Reifenberg, in dem engen Rahmen des Möglichen eine öffentliche Diskussion anzustoßen. »Kunstkritik« war den deutschen Journalisten durch einen Goebbels-Erlass vom 27. November 1936 verboten worden, gestattet waren lediglich »Kunstbericht« und »Kunstbeschreibung«. Reifenberg begann seinen Beitrag, indem er van Gogh zitierte, der über Gachet gesagt hatte, sein Gesicht habe »den schmerzlichen Ausdruck unserer Zeit«[12], und hinzufügte, dass es der »Achtung gebietende[n] Kraft des Malers« gelungen sei, »[g]enau diese[n] Ausdruck« für die Nachwelt zu bewahren, die »aus den Schmerzen von einst [...] dankbar Linderung auch für eigene Wirren finden [könne].« Der Kernsatz des Artikels lautete: »Wer in der Ferne an das Bildnis des Dr. Gachet denkt und damit an das Museum Städels, dem das Werk van Goghs teuerster Besitz geworden ist, wer an das Gesicht dieses Arztes sich erinnert, der ist getröstet.« Veröffentlicht wurde der Text am 9. Dezember 1937 in der FZ – bezeichnenderweise nicht im Feuilleton, sondern auf der dritten Seite der Politik.

Sechs Wochen später wurde Reifenberg nach Berlin ins Propagandaministerium bestellt; der Kollege Oskar Stark begleitete ihn. Die Vernehmung fand durch Alfred-Ingemar Berndt statt, einen »besonders

---

10 Adolf Dresler (Hrsg.): Deutsche Kunst und entartete »Kunst«. Kunstwerk und Zerrbild als Spiegel der Weltanschauung, München 1938, S. 56.
11 Ernst Benkard: Haus der Deutschen Kunst. Große deutsche Kunstausstellung München 1937, in: FZ, 27.7.1937.
12 Benno Reifenberg: Dr. Gachet, in: FZ, 9.12.1937. Dort auch die folgenden Zitate.

scharfen Partcimann«[13], der 1936 im Alter von 31 Jahren Leiter der Abteilung Deutsche Presse im Propagandaministerium geworden war. Berndt ging es offenbar nicht in erster Linie um die »defätistische Deutung des Bildes, sondern um die Herkunft der Information.«[14] Reifenberg sollte angeben, was oder wer ihn zu dem Artikel veranlasst habe:

> »Niemand erklärte ich – wahrheitsgemäß – das sei ganz und gar auf meine Verantwortung geschrieben. Man wollte aber sich nicht damit begnügen und fragte mich, wer denn die Information gegeben hätte (dass jenes Bild zur entarteten Kunst gerechnet werde und nach Berlin geschafft worden sei). Eine Antwort musste ich natürlich verweigern.«[15]

Wie Reifenbergs Sohn Jan berichtete, drohte Berndt seinem Vater im Laufe der Vernehmung mit der Einweisung in ein Konzentrationslager.[16] Reifenberg schwieg trotzdem. Berndt ließ ihn gehen.

Eine Woche später, Anfang Februar 1938, erschienen zwei Gestapobeamte im Zeitungshaus in der Eschenheimer Gasse und holten Reifenberg ab. Damit war das Wort »Schutzhaft«, das laut Hummerich bei der FZ »längst im ›Hausgebrauch‹«[17] war, vom Schreckgespenst zur konkreten und akuten Gefahr geworden. Der Redakteur Ernst Trip erzählte Günther Gillessen Jahrzehnte später, er habe in diesen Minuten gehört, wie Herbert Küsel »den älteren Freund mit schneidender Stimme auf dem Gang vergatterte: ›Und das‹ werden Sie nicht sagen!‹«[18] Reifenberg soll diese »entschiedene Forderung« nicht als Druck und Belastung, sondern als »Beistand« empfunden haben.[19] Im Untersuchungsgefängnis der Gestapo in der Frankfurter Hammelsgasse behielt er Nerven: Unter Berufung auf den Ehrenkodex des »Geheimnisschutzes [...], den ein Journalist jeglichem Informanten zuerkennen muss«[20], verweigerte er die Aussage. Während er die Nacht in einer Zelle verbrachte, glühten bei der FZ die Drähte, mobilisierten Welter und Hecht ihre Verbindungen mit dem Propagandaministerium. Kircher erinnerte sich schließlich, dass Reifenberg ihm eine Woche zuvor in Berlin die Quelle seiner Informa-

---

13 Gillessen: Auf verlorenem Posten, S. 270.
14 Ebd., S. 370.
15 Benno Reifenberg an Max Picard, 19.6.1938, NL BR, DLA, 79.12437.
16 Jan Reifenberg in einer persönlichen Mitteilung an die Verfasserin, 14.9.2005.
17 Hummerich: Wahrheit, S. 70.
18 Persönliche Auskunft Trip, zitiert nach: Gillessen: Auf verlorenem Posten, S. 371.
19 Ebd.
20 Jan Reifenberg in einer persönlichen Mitteilung an die Verfasserin, 14.9.2005.

tionen anvertraut hatte, und bat Benkard, sich zu bekennen.[21] Für Reifenbergs Familie grenzte es, wie sein Sohn formuliert, an ein »Wunder«[22], dass Benkard sich umgehend stellte; dankbar vermerkte Jan Reifenberg, Benkard habe »unerhörten Mut« bewiesen: »Über meinem Vater wie Benkard muss ein guter Engel gewacht haben (wie Benkard mir nach dem Krieg erzählte): es kam keine Rückfrage aus Berlin, er hörte nichts mehr von der Gestapo.«[23] Reifenberg kam am nächsten Morgen wieder frei. Dass Benkard die Nachricht vom Verschwinden des Bildes von einem Museumsdiener erfahren hatte, entkräftete den Verdacht der Nationalsozialisten, es könne eine »Verschwörung« in der Kunstszene geben, an der mindestens die Leitung des Städels und die Redaktion der FZ beteiligt seien. Die Angelegenheit hatte kein offizielles Nachspiel mehr. Wie tief getroffen Reifenberg war, macht ein Brief an Max Picard deutlich, den er vorsichtshalber nicht aus Deutschland, sondern erst im Juni 1938 während eines Aufenthalts in den französischen Hochalpen aus Villar d'Arène abschickte:

> »Lieber Herr Picard,
> ich wollte Ihnen sagen, daß ich – zwar nur 24 Stunden – aber eben doch in Schutzhaft gesessen habe. [...] Ich schreibe Ihnen das alles erst jetzt (die Sache spielte sich in der 1. Februarwoche ab) weil sich das besser von draussen sagen lässt. Sie wissen, ich hatte immer vor dem Verhaftetwerden Angst, weil ich dachte, ich ertrüge die Freiheitsberaubung nicht. Es ist auch sehr schwer – wie eine Vergewaltigung – aber ich weiss jetzt, dass ich es ertrage. Als ich merkte, dass ich schlafen konnte, habe ich mir gewissermaßen meinen eigenen Bezirk der Freiheit wieder entdeckt. So gings. Schön war die Tapferkeit meiner Frau, schön die unbedingte Kameradschaft auf der Zeitung. Ich habe erst damals gemerkt, welches Zutrauen man mir entgegenbringt.«[24]

Laut Hummerich war Reifenberg vom Gefängnis direkt in die Redaktion gegangen, wo er seine Tätigkeit scheinbar ungerührt fortgesetzt und als Erstes den Geburtstagsbrief an einen Kollegen, den er ihr »am Tag zuvor, kurz ehe man ihn wegholte«[25], diktiert hatte, unterschrieben habe. Wieder einmal beeindruckte er seine Umgebung mit jener eigentüm-

---

21 Vgl. Gillessen: Auf verlorenem Posten, S. 371.
22 Jan Reifenberg in einer persönlichen Mitteilung an die Verfasserin, 14.9.2005. Dort auch das folgende Zitat.
23 Jan Reifenberg in einer persönlichen Mitteilung an die Verfasserin, 25.9.2005.
24 Benno Reifenberg an Max Picard, 19.6.1938, NL BR, DLA, 79.12437.
25 Hummerich: Wahrheit, S. 71.

lichen Ruhe und Souveränität, die den Kollegen Franz Taucher später zu schwärmerischen Worten hinriss:

>»Zuweilen schien uns, die wir damals in seiner Nähe waren, als sei er, so verletzlich er im Inneren auch sein mochte, im Grunde unverwundbar, als schrecke der Despotismus, durch wen immer er personifiziert wurde, vor der Macht seiner Erscheinung zurück. Die Aura, die ihn umgab, verscheuchte die plumpe Anbiederung genauso wie die anmaßende Arroganz. Diese Aura leuchtete aus dem Kern seines Wesens. Was er dachte und schrieb, geschah stets in Übereinstimmung mit seiner Person. Hier waltete Harmonie, kam eine höchstmögliche Proportion an den Tag.«[26]

Der äußere Eindruck trog – der Schock wirkte nach. Helga Hummerich und Günther Gillessen berichten übereinstimmend, dass Reifenberg den Anzug, in dem er festgenommen und verhört worden war, nie wieder getragen habe.[27] Da er sich zu Themen der bildenden Kunst »seit der van.Gogh-Affäre [...] bis auf weiteres nicht mehr äußern [durfte]«[28], nahm er Zuflucht zu einem Buchprojekt, das erst knapp zwanzig Jahre später zum Abschluss kommen sollte: »Die Piperdrucke« wurden 1956 veröffentlicht und 1974 unter dem Titel »Hundert Betrachtungen zu Bildern europäischer Malerei« neu aufgelegt.[29] Die Idee zu dem Band stammte von dem Münchner Verleger Alfred Eisenlohr, der in Kooperation mit seinem Kollegen Reinhard Piper und dem Kunstschriftsteller Julius Meier-Graefe eine umfangreiche Kunstdrucksammlung zusammengetragen hatte. Eisenlohr hatte Reifenberg bereits im Mai 1937 gefragt, »ob ich nicht Lust hätte, zum Verzeichnis der Drucke Beschreibungen der Bilder beizusteuern.«[30] Nachdem Reifenberg zunächst »etwas zögernd« reagiert hatte, nutzte er nach der traumatischen Erfahrung vom Februar 1938 schon bald jede freie Stunde in der Redaktion, um sich in die »ferne Welt« der Kunst zu versenken, die ihm »näher und wirklicher schien als die, in der wir lebten«[31], wie Hummerich meint. Der Katalog,

26 Franz Taucher: Vorwort zu: Reifenberg: Landschaften und Gesichter, S. 9-16, hier S. 16.
27 Vgl. Hummerich: Wahrheit, S. 71 sowie Gillessen: Auf verlorenem Posten, S. 372.
28 Hummerich: Wahrheit, S. 72.
29 Die Piperdrucke.
30 Benno Reifenberg: Vorwort zu: Ebd., S. 5-7, hier S. 5. Dort auch das folgende Zitat.
31 Hummerich: Wahrheit, S. 73.

der im Laufe der Zeit »zu einem eindrucksvollen, wenn auch natürlich nicht lückenlosen Überblick«[32] über die Geschichte der deutschen, französischen, niederländischen und italienischen Malerei seit dem Mittelalter anschwoll, enthielt in der Endfassung unter anderem Werke von Albrecht Dürer, Lucas Cranach, Caspar David Friedrich, Lovis Corinth, Karl Hofer, Franz Marc, Max Beckmann, Jan van Eyck, Hieronymus Bosch, Rubens und Rembrandt, Jan Vermeer van Delft, Vincent van Gogh, Edouard Manet, Claude Monet, Auguste Renoir, Paul Cézanne, Henri Matisse, Tizian und Raffael. Reifenberg hatte keinen Einfluss auf die Auswahl der Bilder; ihm oblag die Abfassung der begleitenden Artikel, wobei es ihm »darauf ankam, nicht so sehr zu vergleichen und kunsthistorisch einzugliedern, als mit aller Kraft auf das Besondere des einzelnen Werkes den Kurs zu halten.«[33] Im Sommer 1954, als der Verlag wieder an ihn herantrat, hatte er rund 150 Beiträge fertiggestellt. Über die Gründe für die späte Veröffentlichung heißt es bei Hummerich, der Katalog habe in der ursprünglich geplanten Fassung nicht erscheinen dürfen, da er den Anordnungen gegen die »entartete« Kunst nicht entsprochen habe; im Krieg seien zusätzlich technische Probleme aufgetreten. Erst nach Eisenlohrs Tod im Jahre 1952 habe seine Witwe das Projekt in Zusammenarbeit mit Reifenberg fortgesetzt und vollendet.[34]

Es ist kein Zufall, dass das Thema Kunst in Reifenbergs Vita durchgehend eine so ausschlaggebende Rolle spielt; es ist vor allem kein Zufall, dass es eine Bildbesprechung und nicht etwa ein politischer Kommentar gewesen war, der zu dem heftigen Zusammenstoß mit der braunen Staatsgewalt 1937/38 geführt hatte. Seit der Herausbildung des Bürgertums als Sozialformation in Deutschland haftete dem kulturellen Bereich ein identitätsstiftendes Element an: Die Bewahrung »ästhetische[r] Normen und Konventionen« und die Pflege von »Kunst als Kulturgut« war konstitutiv für das bürgerliche Selbstverständnis seit dem 19. Jahrhundert.[35] Reifenbergs persönliche Liebe zur bildenden Kunst muss im Kontext seiner Sozialisation in einem bildungs- und kulturbewussten, städtischbürgerlichen Umfeld gesehen und interpretiert werden. Vor dem gleichen Hintergrund wird auch seine – nicht spontan, aber mittel- und langfristig – heftige emotionale Reaktion auf die Erfahrung der Inhaftierung erst in Gänze verständlich: Der Bürger in der Gefängniszelle, im

---

32 Vorwort zur zweiten Auflage, in: Hundert Betrachtungen, S. 7.
33 Benno Reifenberg: Vorwort zu: Die Piperdrucke, S. 5-7, hier S. 5.
34 Hummerich: Wahrheit, S. 73.
35 Schmuhl, Bürgertum und Stadt, S. 245.

Verhör mit den Organen der Staatsgewalt – dieses Szenario ließ jenen »Schiffbruch« der Existenz ahnen, den Dolf Sternberger Jahrzehnte später thematisiert hat.[36] In der totalitären Diktatur erfuhr der Bürger die Kollision der verschiedenen, lebenslang internalisierten Werte und Zielvorstellungen mitunter in einem ganz physischen Sinne: am eigenen Leib.

Krankheit und Rekonvaleszenz

Die Arbeit an den »Piperdrucken« scheint Reifenberg zeitweise eine Art innere Zuflucht geboten zu haben; seine oft bezeugte Fähigkeit, immer und überall schlafen zu können[37], schuf ein weiteres Refugium zum »Kräftesammeln«. Doch seine Energie war begrenzt. Seit den späten 20er Jahren litt er unter Herzbeschwerden, die sich mit zunehmendem Alter und unter dem Druck der existentiellen Bedrohung durch das NS-Regime immer häufiger bemerkbar machten. Eine verschleppte Sommergrippe war schließlich Auslöser für einen gesundheitlichen Zusammenbruch[38], dessen tiefere Ursachen vermutlich in dem subjektiv nicht mehr zu bewältigenden Balanceakt zwischen Konformität und Widerspruch in der politischen Redaktion der FZ zu finden waren. Bei Hummerich ist die Episode geschildert:

»An einem Augusttag 1938 hatte Reifenberg den Artikel auf der ersten Seite übernommen, der dann unter dem Titel ›Von St. Lorenz bis zum Rhein‹ erschien. Roosevelt hatte in einer kanadischen Universität das Land seines Beistands versichert und vor allem den Beistand Amerikas für das demokratische Europa betont. Die Sprachregelung darauf aus Berlin muß sehr scharf gewesen sein, im Grunde wäre ein Schweigen der Zeitung der einzige Ausweg gewesen. Es gab ihn nicht mehr. Die Worte, die gefunden werden mußten, wurden für den Schreibenden zur Qual. Er spürte die Grenze, fühlte sich gefangen, unentrinnbarer als in der Haft. Nachdem er fertig war, fuhr er zum Baden. Der vorzügliche Schwimmer ging plötzlich unter. Sein Freund zog ihn ohnmächtig an Land.«[39]

---

36 Vgl. Sternberger, Hohe See und Schiffbruch.
37 Vgl. beispielsweise Hummerich: Schreiben – Ein Fest, in: Reifenberg: Offenbares Geheimnis, S. 17. Dort auch das folgende Zitat.
38 Vgl. Benno Reifenberg an Hans Reifenberg, 31.8.1938, NL BR, DLA, 79.2857.
39 Hummerich: Wahrheit, S. 74.

»Von der Maas bis an die Memel, von der Etsch bis an den Belt« reicht im »Lied der Deutschen« von Hoffmann von Fallersleben jenes Land, das seinen Menschen »über alles in der Welt« gehen soll; vom St. Lorenzstrom in Nordamerika bis an den Rhein stehe die große Koalition »der Demokratien gegen die autoritären Staaten«[40] – diese Botschaft versuchte Reifenberg den Lesern der FZ zu vermitteln, ohne dabei erneut in Konflikt mit der Staatsmacht zu geraten. Dem Artikel, den er eigenen Angaben zufolge am Vormittag des 20. August 1938 innerhalb von zwei Stunden verfasst hatte, ist die »Qual«, von der Hummerich spricht, deutlich anzumerken; der Autor biegt und windet sich, um seine Warnung vor einer internationalen Isolierung des Deutschen Reiches in das Gewand nationaler Empörung über den US-Präsidenten zu kleiden. Das Ergebnis seiner Mühen liest sich folgendermaßen:

> »Die Vereinigten Staaten erheben ihre Stimme. Ein Kontinent spricht. Der Schall dringt über die Ozeane, und immer ist es, als dringe er auch in die Zukunft der Welt, die sich im Grunde niemand anders vorstellen kann, als daß die Vereinigten Staaten von Amerika daran teilhaben. [...] Roosevelt ist einen entscheidenden Schritt in seinem außenpolitischen Programm weitergegangen, das sich zunächst zum Ziel setzt, dem amerikanischen Bürger deutlich zu machen, er könne sich aus Weltverwicklungen nicht fernhalten. [...] Der Konstellation, die sich in der Aula der Queens Universität von Kingston abzeichnete, soll ihre weltpolitische Bedeutung nicht abgesprochen werden.«

Würde Deutschland im Stande sein, der vereinigten Gegnerschaft von Briten und Franzosen mit einem Land, dessen wesentliche Kennzeichen »Vitalität«, »Unternehmungslust«, »Offenherzigkeit und gesunde Lebenskraft« seien, dauerhaft zu trotzen? Reifenberg ließ die Frage anklingen, ohne sie explizit zu stellen. Anschließend packte er seine Badesachen und fuhr nach Oberursel im Taunus, um die zweite Hälfte des Hochsommertages gemeinsam mit Erich Welter im Schwimmbad zu genießen. Welter war es, der ihm zu Hilfe eilte, als er am Nachmittag gegen 16 Uhr im Wasser eine Herzattacke erlitt und das Bewusstsein verlor.[41] Ob es sich bei dem Kollaps um einen Infarkt gehandelt hat, ist nicht mehr zu klären, auf jeden Fall war die Erkrankung ernsthafter Natur. Am 31. August

---

40 Benno Reifenberg: Von St. Lorenz bis zum Rhein, in: FZ, 21.8.1938. Dort auch die folgenden Zitate.

41 Die Angaben zum Ablauf des Tages finden sich in der Klebemappe Reifenbergs neben dem Artikel »Von St. Lorenz bis zum Rhein«.

1938 teilte Reifenberg seinem Bruder mit, er sei »geschäftsunfähig« geworden: »Ich habe eine Herzmuskelschwäche, verbunden mit einer Herzneurose und verschwinde nächste Woche für einen Monat nach Bad Orb.«[42] Der Aufenthalt in dem kleinen Kurort im Spessart führte nicht zur Genesung. Reifenberg blieb rund ein Jahr lang in ärztlicher Behandlung, war bei der FZ krankgeschrieben und musste regelmäßig Medikamente nehmen. Noch im März 1939 klagte er über ein abnorm hohes Schlafbedürfnis und über rasche Ermattung bei geistigen Anstrengungen, insbesondere beim Sprechen.[43] Nach einem Besuch bei einem Berner Herzspezialisten im Mai 1939 schrieb er an Wendelin Hecht, er leide unter einer unheilbaren »Arhytmie des Herzens« und müsse in Zukunft größere physische Anstrengungen wie Schwimmen, Skilaufen und Bergsteigen meiden; zudem habe ihm der Schweizer Mediziner »eine möglichst gleichmässige und nicht erregende [berufliche, DB] Tätigkeit« empfohlen, was Reifenberg leicht amüsierte, da dies »diametral das Gegenteil von dem [sei], was Journalismus darstelle.« Zwar sei ihm keine besondere Diät verordnet, aber eine Gewichtsreduktion dringend nahegelegt worden: »Ich bin nicht glücklich darüber, wie Sie sich denken können, hoffe aber, die nötige Selbstbeherrschung aufzubringen. Mir sind eben Grenzen gesetzt und ich muss mich danach einrichten.«[44]

Ruhe und Zuspruch fand Reifenberg bei Max Picard in der Schweiz. Im Herbst 1938 verbrachte er viele Wochen im Tessin; erst kurz vor Weihnachten kehrte er zu seiner Familie nach Frankfurt zurück. Zwanzig Jahre später schrieb er in einer gemeinsam mit Wilhelm Hausenstein herausgegebenen Festschrift zu Ehren Picards, ihm sei »einleuchtend, daß Menschen, die in Not geraten, Max Picard aufsuchen und getröstet von ihm weggehen.«[45] Am 10. November 1938 entnahmen die Freunde der internationalen Presse die Nachrichten von brennenden Synagogen und geplünderten jüdischen Häusern, Wohnungen und Geschäften in Deutschland; in Reifenbergs Tagebuch findet sich unter diesem Datum die nicht näher erläuterte Notiz, dass er gemeinsam mit Picard Papiere

---

42 Benno Reifenberg an Hans Reifenberg, 31.8.1938, NL BR, DLA, 79.2857. – Jan Reifenberg zufolge litt sein Vater unter einem permanenten Vorhofkammerflimmern auf Grund eines stressbedingten Schocks. Persönliche Mitteilung Jan Reifenberg an die Verfasserin, 6.11.2006.
43 Vgl. Benno Reifenberg an Max Picard, 14.3.1939, NL BR, DLA, 79.12437.
44 Benno Reifenberg an Wendelin Hecht, 30.5.1939, NL BR, DLA, 79.12416.
45 Benno Reifenberg: Picardsche Postkarte, in: Max Picard zum siebzigsten Geburtstag, hrsg. von Wilhelm Hausenstein und Benno Reifenberg, Erlenbach–Zürich 1958, S. 161-168, hier S. 166.

im Kamin verbrannt habe.⁴⁶ Während den deutschen Medien die Berichterstattung über die sogenannte »Reichskristallnacht« durch das Propagandaministerium untersagt worden war – »keine Bilder, keine Sammelmeldungen, keine Einzeldarstellungen, allenfalls ein wenig über örtliche Vorfälle, da sie den Lesern ohnehin schon bekannt waren, und dies nur auf der zweiten oder dritten Seite«⁴⁷ –, zeigte man sich im Ausland entsetzt über die staatlich gelenkten Ausschreitungen, die in öffentlichen Verlautbarungen zum »Ausdruck spontaner Empörung« der Bevölkerung gegen »das Judentum« stilisiert wurden. Der FZ gelang es einigermaßen, sich aus dem antisemitischen und antiwestlichen Pressechor, mit dem Goebbels insbesondere die britische und US-amerikanische Kritik beantwortet wissen wollte, herauszuhalten.⁴⁸ Die Strafe folgte allerdings auf dem Fuße: Das Propagandaministerium verlangte von der Redaktion, den Hinweis »Begründet von Leopold Sonnemann« aus dem Titel der Zeitung zu streichen, den sie seit 1933 »wie ein Abzeichen ihrer Gesinnung getragen [hatte].«⁴⁹ Das Blatt kam der Anweisung mit der Ausgabe vom 16. November 1938 nach.

Max Picard interpretierte die deutschen Ereignisse in eigenwilliger Weise. In seinem kurz nach dem Krieg veröffentlichten Buch »Hitler in uns selbst« wiederholte er seine schon früher geäußerte Kritik an einer Moderne, die auf der »Zusammenhangslosigkeit« des Menschen und der »Gottesferne« der Gesellschaft basiere und generelle Auflösungsprozesse zur Folge habe – Phänomene, die der Nationalsozialismus auf die Spitze getrieben habe:

> »Das ist das Furchtbare, daß ein solcher Mensch von seinem Morden nichts mehr weiß, – wie er auch, als er mordete und vergaste, nichts mehr davon wußte, daß er ein paar Wochen vorher noch Briefmarken oder Zigarren verkauft oder die Hotelgäste begrüßt hatte, – und er, der jetzt wieder am Postschalter sitzt oder im Zigarrenladen steht, kann morgen wieder morden und vergasen, als ob er nichts anderes je getan hätte, als nur immer gemordet und vergast. Das ist der Mensch, dessen Inneres ganz und gar unzusammenhängend ist.«⁵⁰

Es ist anzunehmen, dass Picard mit Reifenberg in den langen gemeinsamen Wochen Ende 1938 über diese Themen gesprochen hat; nachzu-

---

46 Vgl. Tagebuch, 10.11.1938, NL BR, DLA, 79.12340.
47 Gillessen: Auf verlorenem Posten, S. 376.
48 Vgl. ebd., S. 374-383.
49 Ebd., S. 383.
50 Max Picard: Hitler in uns selbst, Erlenbach–Zürich 1946, S. 31/32.

weisen ist es nicht, denn Reifenberg beschränkte sich in seinen regelmäßigen Tagebucheintragungen auf die Reportage alltäglicher Banalitäten: Spaziergänge, Lektüre, Mahlzeiten, Teestunden, Arzt- und Apothekenbesuche. Nur einmal gingen die Gefühle mit ihm durch: »Angst vor Wahnsinn« lautet der Vermerk vom 26. November 1938.[51]
Er wisse nicht, ob seine Eltern jemals ernsthaft darüber diskutiert hätten, Deutschland zu verlassen und sich im Ausland eine neue Existenz zu schaffen, erklärte Jan Reifenberg 2006; wenn ja, so wäre wohl nur die Schweiz in Frage gekommen.[52] Ganz abwegig scheint diese Möglichkeit für Benno Reifenberg nicht gewesen zu sein, wie die vagen, verklausulierten Anspielungen auf »vorerst« noch nicht anzustellende »Zukunftspläne« zeigen, die er in einem Brief an seinen Bruder vom 7. Dezember 1937 unterbrachte:

»Die formalrechtliche Situation ist durch meine Aufnahme in die Schriftleiterliste ja vollkommen geklärt. Trotzdem, Jan wird älter und im Hintergrund stehen also viele Fragezeichen. Wenn ich alles zusammennehme, glaube ich jedoch, dass ich bis 1938, Ende, hier weiter werde arbeiten müssen. [...] Courage braucht man fürs Leben immer.«[53]

Wenn Reifenberg derartige Überlegungen bereits vor der Verhaftung durch die Gestapo, vor seinem gesundheitlichen Kollaps und vor den Novemberpogromen von 1938 angestellt hatte, muss ihn der Gedanke an Emigration ein Jahr später fast zwangsläufig beschäftigt haben. Viele Freunde und Weggefährten hatten diesen Weg beschritten; trotz des Zusammenhalts, den Reifenberg in seiner Familie und in der Redaktion der FZ fand, war es einsam um ihn geworden. Annette Kolb und René Schickele waren nach Frankreich gegangen, Julius Meier-Graefe im Schweizer Exil verstorben. Georg Swarzenski hatte ursprünglich unter keinen Umständen emigrieren wollen, aber schließlich keinen anderen Ausweg mehr gesehen: Nach dem Erscheinen des »Dr. Gachet«-Artikels in der FZ war der 62-jährige kurzfristig in Gestapo-Haft genommen worden und wurde nach der Entlassung brutal aus seinem Beruf gedrängt. Als das Regime die Daumenschrauben immer fester anzog, floh er 1938 mit seiner Familie in die USA und nahm in Boston eine Stelle als Kunsthistoriker am *Museum of Fine Arts* an. Max Beckmann verließ Deutschland am 19. Juli 1937, dem Tag der Eröffnung jener Ausstellung, in der

---

51 Tagebuch, 26.11.1938, NL BR, DLA, 79.12340.
52 Persönliche Mitteilung Jan Reifenberg an die Verfasserin, 6.11.2006.
53 Benno Reifenberg an Hans Reifenberg, 7.12.1937, NL BR, DLA, 79.2857.

sein Lebenswerk als »entartet« gebrandmarkt wurde. In Amsterdam bemühte er sich gemeinsam mit seiner Frau jahrelang vergeblich um Einreisevisa für die Vereinigten Staaten. Benno Reifenberg hatte ihn zum letzten Mal 1937 auf dem Frankfurter Hauptbahnhof getroffen. Nach dem Krieg erinnerte er sich, es sei »nur ein kurzes Gespräch gewesen«, in dem Beckmann ihn, Reifenberg, gefragt habe, »was ich davon hielte, wenn er Deutschland verlasse. Ich erwiderte, er könne nicht leben, ohne zu malen; und: er würde, wo auch immer er lebe, nie aufhören, ein Deutscher zu sein.« Dann habe man getrennt und nie mehr wiedergesehen: »[I]ch wußte, er war entschlossen, wie schwer es ihm auch fiel.«[54]

Erst zehn Jahre später gelang dem Ehepaar Beckmann die angestrebte Übersiedlung in die USA. Zwar hatten sich bald nach Kriegsende sowohl die Darmstädter Werkkunstschule als auch die Hochschule für Bildende Künste in Berlin um den kurz zuvor noch verfemten Künstler bemüht, aber für Beckmann war eine Rückkehr nach Deutschland unvorstellbar geworden. Er genoss die hohe Wertschätzung, die ihm in seiner amerikanischen Wahlheimat entgegengebracht wurde, widmete sich intensiv der Malerei und nahm 1947 einen Lehrauftrag an der *Art School* der *Washington University* in Saint Louis und 1949 eine Professur für Malen und Zeichnen an der *Art School* des *Brooklyn Museum* in New York an. Im Dezember 1950 starb er während eines Spaziergangs in der Nähe des *Central Parks* an einem Herzschlag. Sein Biograph Stephan Reimertz schreibt über seine letzte Lebensphase, er habe »in seiner eigenen Welt, einer eleganten, großzügigen Welt« gelebt und selten über Deutschland, Europa, den Krieg und die mit ihm verbundenen Leiden gesprochen: »Man merkte ihm aber an, daß er glücklich war, in den Vereinigten Staaten zu sein und sich als freier Mann fühlen zu dürfen.«[55]

Wenn die wissenschaftliche Forschung der neueren Zeit von einem »Minimalkonsens zwischen Exil und Innerer Emigration«[56] in der Zeit des »Dritten Reiches« ausgeht und die großen Auseinandersetzungen

---

54 Benno Reifenberg: Vortrag über Max Beckmann anläßlich einer Gedächtnisfeier zum 70. Geburtstag am 12.12.1954 in Frankfurt, NL BR, DLA, 79.11065, S. 19.
55 Reimertz, Max Beckmann S. 107/108. – Vgl. auch Annabelle Kienle: Max Beckmann in Amerika (Studien zur internationalen Architektur- und Kunstgeschichte, Band 57), Petersburg 2008; Françoise Forster-Hahn: Max Beckmann in Kalifornien. Exil, Erinnerung und Erneuerung (Passerelles, Band 9), München 2007.
56 Ralf Schnell: Innere Emigration und kulturelle Dissidenz, in: Löwenthal/von zur Mühlen, Widerstand und Verweigerung, S. 211-225, hier S. 213. Vgl. Philipp: Distanz und Anpassung, S. 11/12.

RÜCKZUG IN ETAPPEN (1938-1945)

zwischen beiden Gruppen erst auf die Zeit nach Kriegsende datiert, so ist damit nur eine allgemeine Tendenz beschrieben; die Reaktionen der Zeitgenossen fielen selbstverständlich individuell unterschiedlich aus. Nicht alle Emigranten zeigten sich derartig zurückhaltend oder gar versöhnlich wie Beckmann; viele warfen ihren in Deutschland verbliebenen Freunden und Kollegen Feigheit und Opportunismus vor. Siegfried Kracauer war im Streit von der FZ geschieden. Von Anfang an hatte er sich »keinerlei Illusionen über Charakter und Dauer des neuen Regimes [gemacht].«[57] Ein warnendes Telegramm Heinrich Simons gab kurz nach dem Reichstagsbrand den Auslöser für Kracauers überstürzte Flucht nach Paris, wo er offiziell eine Stelle im Büro der FZ antrat. Auf der Reise von Berlin in die französische Hauptstadt hatte er kurz in Frankfurt Station gemacht und war noch einmal mit Reifenberg und Simon zusammengetroffen. Im August 1933 erhielt er die Kündigung des Societätsverlages, nachdem er zwei Artikel in der von Leopold Schwarzschild herausgegebenen Exil-Zeitschrift »Das neue Tage-Buch« publiziert hatte, was laut Beschluss der Redaktionskonferenz mit einer Mitarbeit bei der FZ unvereinbar war.[58] Schon im April 1933 hatte sich Kracauer in zwei Briefen an Reifenberg beschwert, die Redaktion behandle ihn ohne Rücksicht auf seine elfjährige Tätigkeit im Verlag wie einen beliebigen »Lohnarbeiter«.[59] Als deutscher Staatsangehöriger wurde er nach Kriegsbeginn in Frankreich interniert, kam aber auf Intervention von Freunden relativ rasch wieder frei. Nach dem Einmarsch der Wehrmacht 1940 gelang es ihm, Frankreich über Marseille illegal zu verlassen. Im April 1941 bestieg er mit seiner Frau Lili ein Schiff von Lissabon nach New York – »[v]öllig mittellos und damit gezwungen, sich ein weiteres Mal eine neue Existenz aufzubauen«.[60] Nachdem er sich in den USA jahrelang als freier Schriftsteller über Wasser gehalten hatte, wurde er 1952 *Research Director* im *Bureau of Applied Social Research* der *Columbia University*. Nach Deutschland kam er erstmals wieder im Sommer 1956 während einer mehrmonatigen Europareise: »Die Eindrücke, die er dabei [...] sammelte,

---

57 Brodersen: Siegfried Kracauer, S. 95.
58 Kracauers Biograph Brodersen ist der Ansicht, dass man bei der FZ lediglich einen »Vorwand« gesucht und gefunden habe, um sich von dem unbequem gewordenen Mitarbeiter zu trennen. Vgl. Brodersen: Siegfried Kracauer, S. 95. Dagegen betont Gillessen den tiefen Gegensatz zwischen der bürgerlichen FZ und linken Exil-Publizisten wie Schwarzschild. Vgl. Gillessen: Auf verlorenem Posten, S. 185.
59 Kracauer an Reifenberg, zitiert nach Brodersen: Siegfried Kracauer, S. 95.
60 Brodersen: Siegfried Kracauer, S. 120.

bestärkten ihn in seiner Haltung, keine weiteren Gedanken an eine eventuelle Rückkehr in sein Geburtsland zu verschwenden.«[61] Kracauer starb 1966 in New York an den Folgen einer Lungenentzündung.

»Ein Grab im Exil«[62] fand Joseph Roth, dessen ebenso intensive wie schwierige Freundschaft mit Benno Reifenberg 1933 endgültig zerbrochen war. Roth, der am 31. Januar 1933 den ersten Zug von Berlin nach Paris genommen hatte, kannte gegenüber dem NS-Regime keine Kompromisse. Das Angebot einer weiteren Mitarbeit bei der FZ wies er »freundlich, aber bestimmt«[63] zurück. Persönliche Kontakte wurden abgebrochen, Freundschaften beendet. Im Interview mit dem Roth-Biographen David Bronsen erklärte Reifenberg:

»Ab dem Moment, wo Hitler zur Macht kam, haßte Roth die ›Frankfurter Zeitung‹ und hörte auf, für sie zu schreiben. Artikel von Siegfried Kracauer, den wir mit viel Mühe nach Paris hinausschafften, haben wir noch eine Zeitlang nach seiner Ausreise erhalten und auch gedruckt. Roth hingegen war unerbittlich in seiner Ablehnung.«[64]

In seinem politischen Urteil und Vokabular habe Roth aus der »Fibel der Kinder« geschöpft, meinte Reifenberg nach dem Krieg: »[W]ie diese unterschied er gute und böse Menschen und irrte sich auch nicht«[65]. Ob er jenen Brief Roths vom Sommer 1932 an den damaligen Frankfurter Feuilletonchef Friedrich Traugott Gubler kannte, in dem es heißt, Benno Reifenberg sei »ein guter, guter Mensch«, den man »lieben« müsse[66]? Die Härte und Bitterkeit, mit der sich der Schriftsteller nur ein Jahr später von Reifenberg abgewandt und losgesagt hatte, trug tatsächlich Züge enttäuschter Liebe. Im September 1933 schrieb er an seine französische Übersetzerin Blanche Gidon, die ihm ein paar Jahre zuvor durch Reifenberg vermittelt worden war:

»Es tut mir leid, daß es der Familie Reifenberg schlecht geht. Es ist mir aber keineswegs möglich, irgend ein Mitgefühl für meinen Freund Reifenberg aufzubringen. Menschen, die ihre Ehre vernachlässigen, sind

---

61 Brodersen: Siegfried Kracauer, S. 125.
62 Nürnberger: Joseph Roth, S. 105.
63 Ebd., S. 106.
64 Interview Benno Reifenberg, zitiert nach: Bronsen, Joseph Roth, S. 425.
65 Benno Reifenberg: Erinnerung an Joseph Roth, in: Ders.: Lichte Schatten, S. 205-214, hier S. 212/213.
66 Joseph Roth an Friedrich Traugott Gubler, ohne Datum, Sommer 1932, in: Joseph Roth. Briefe 1911-1939, S. 218/219, hier S. 219.

nicht mehr meine Freunde. Wer mit dem III. Reich eine Beziehung eingeht, und gar eine öffentliche, wie es mein armer Freund Reifenberg tut, der ist aus dem Register meiner Freunde gestrichen.«[67]

Obwohl Roth nach Bronsens Einschätzung stets »eine herzliche Beziehung«[68] zu Maryla Reifenberg unterhalten hatte, scheute er sich nach der Machtübernahme nicht, ihr indirekt die Schuld am Verbleiben ihres Mannes in Deutschland zuzuweisen. Als René Schickele Reifenberg gegen Roths Vorwürfe in Schutz nehmen wollte, giftete Roth: »Seit wann ist es so, daß ein Schriftsteller sagen darf: ich muß lügen, weil meine Frau leben und Hüte tragen muß? Und seit wann ist es üblich, das gutzuheißen? Seit wann ist die Ehre billiger, als das Leben und die Lüge ein selbstverständliches Mittel, das Leben zu retten?«[69]

Joseph Roth hat sich im Pariser Exil zu Tode getrunken. Er wohnte hauptsächlich in Hotels, 1934/35 vorübergehend zusammen mit Heinrich Mann und Hermann Kesten in Südfrankreich. Obwohl er bei niederländischen Verlagen publizierte und für Exilzeitschriften und -zeitungen schrieb, verschlechterte sich seine wirtschaftliche Lage permanent. Mit zunehmendem Alkoholkonsum verlor er die Kontrolle über seine finanziellen Angelegenheiten und war für Verlage und Redaktionen bald kein ernstzunehmender Verhandlungspartner mehr. Eine letzte Liebe fand er in der Schriftstellerin Irmgard Keun, der Autorin des Erfolgsromans »Das kunstseidene Mädchen« von 1932: »Sie begleitete ihn auf seinen Reisen; sie trank mit ihm.«[70] Als sie ihn Anfang 1938 für einen französischen Marineoffizier verließ, verlor Roth den letzten Halt. Maryla Reifenberg, die 1938 allein nach Paris fuhr, traf ihn in einem desolaten Zustand:

»Ich wußte, daß er auf Benno böse war, weil er Deutschland nicht verlassen hatte, und ließ ihm durch Soma Morgenstern mitteilen, wenn er ein Wort gegen meinen Mann sagte, würde ich gehen. Ich sah ihn am Abend im Café de Tournon zusammen mit Morgenstern, Walter Mehring und anderen, die ich nicht kannte, und überbrachte ihm die Grüße von Benno, meiner Mutter und unserem Sohn. Roth war freundlich und hielt das Versprechen, das ihm abgefordert worden war. Am nächsten Tag zu Mittag ging ich wieder dort vorbei; Roth war

---

67 Joseph Roth an Blanche Gidon, 27.9.1933, in: Joseph Roth. Briefe 1911-1939, S. 280.
68 Bronsen, Joseph Roth, S. 426.
69 Joseph Roth an René Schickele, ohne Datum, Ende 1933 oder Anfang 1934, in: Joseph Roth. Briefe 1911-1939, S. 301-303, hier S. 302.
70 Nürnberger: Joseph Roth, S. 112.

am Tisch eingeschlafen, vor ihm stand eine Flasche Pernot [...]. Ich wollte ihn nicht wecken und hinterließ zum Abschied drei Rosen, die ich ihm mitgebracht hatte. Als ich anschließend zu Frau Gidon ging, wartete schon dort ein *pneu* von ihm an mich, in dem er seine Liebe zu uns allen aussprach, sowie seine Versicherung, er behalte uns in bester Erinnerung. Es war wieder der alte Roth und der unvollendete Abschied tat mir leid.«[71]

Am Vormittag des 23. Mai 1939 brach Roth in seinem Stammcafé bei der Nachricht vom Freitod des Journalisten und Dramatikers Ernst Toller zusammen.[72] Im Krankenhaus fieberte er, konnte weder essen noch schlafen, schrie nach Kellnern und Zechkumpanen – er brauchte Alkohol. Roth starb am Morgen des 27. Mai 1939 und wurde drei Tage später in Paris beigesetzt; Benno Reifenberg tröstete sich später damit, dass dieses Ende ein »Akt der Freiheit« gewesen sei: »Er hatte der elenden Zeit den Rücken gekehrt.«[73] Sein öffentlicher Abschied von Joseph Roth,

71 Interview Maryla Reifenberg, zitiert nach: Bronsen, Joseph Roth, S. 427. – Walter Mehring (1896-1981) gehörte in der Weimarer Zeit zu den bedeutendsten satirischen Autoren Deutschlands. Als Journalist, Kabarettist und Dichter schrieb er gegen Militarismus, Antisemitismus und übersteigerten Nationalismus an. 1933 nur knapp der Verhaftung entgangen, konnte Mehring zunächst nach Frankreich, 1941 in die USA emigrieren. Nach dem Krieg kehrte er nach Europa zurück und lebte als Schriftsteller in München und in der Schweiz. Sein wichtigstes Werk, »Die verlorene Bibliothek« von 1951 thematisiert die Wirkungslosigkeit des geistigen Erbes der »Dichter und Denker« früherer Zeiten gegenüber der geistigen Barbarei des Nationalsozialismus in Deutschland. Vgl. Frank Hellberg: Walter Mehring: Schriftsteller zwischen Kabarett und Avantgarde (Abhandlungen zur Kunst-, Musik- und Literaturwissenschaft, Bd. 337), Bonn 1983, zugleich Diss. Univ. Hannover 1983; Heinz Ludwig Arnold (Hrsg.): Walter Mehring (Text + Kritik, Bd. 78), München 1983.
72 Ernst Toller, geboren 1893 als Sohn eines jüdischen Kaufmannes in der Nähe von Bromberg, kam aus dem Ersten Weltkrieg als Pazifist und Sozialist zurück. Nach der Niederschlagung der Münchner Räterepublik, an der er führend beteiligt gewesen war, wurde er zu fünf Jahren Festungshaft verurteilt. In den zwanziger Jahren arbeitete er journalistisch und schrieb expressionistische Dramen. 1933 wurde er von den Nationalsozialisten ausgebürgert und gelangte über die Schweiz und London in die USA. Am 22. Mai 1939 nahm er sich in einem New Yorker Hotelzimmer das Leben. Vgl. Stefan Neuhaus (Hrsg.): Ernst Toller und die Weimarer Republik. Ein Autor im Spannungsfeld von Literatur und Politik (Schriften der Ernst-Toller-Gesellschaft, Bd. 1), Würzburg 1999; Dieter Distl: Ernst Toller. Eine politische Biographie (Edition Descartes, Bd. 1), Schrobenhausen 1993, zugleich Diss. Univ. München 1993.
73 Reifenberg: Erinnerung an Joseph Roth, in: Ders.: Lichte Schatten, S. 213.

publiziert 1949 in der »Gegenwart«, ist ein Zeugnis der Zuneigung und der Versöhnung:

»Ich denke, vor siebzehn Jahren haben wir uns zum letztenmal gesehen. Er umarmte mich; wenn ich ihn brauche, wolle er mir nachkommen und helfen, gegen die Feinde der Freiheit zu kämpfen. [...] Auf einer Widmung vom ›Radetzky-Marsch‹ steht in der zierlichen Rankenschrift: ›... in wandelbarer, aber ewiger Freundschaft.‹ Die Wandlungen schmerzten, wenn sie auch vor der Ewigkeit nicht gelten mögen. Soll ich mit ihm rechten? [...] Es ist mir nicht möglich, mit ihm zu rechten. [...] Ertönt sein Name, ist mir, als werde mir mutig und freundlich zugerufen. Ich sehe ihn auf mich zukommen, er hat den Mantel offen über die Schultern geworfen, den leichten Hut etwas im Nacken. Die Wandlungen sind zu Ende, ich meine, er würde mir die Hand entgegenstrecken; wie einst.«[74]

Einem anderen Freund konnte Reifenberg am Ende seines Lebens zur Seite stehen: Rudolf Geck starb 1936 im Alter von 67 Jahren in Frankfurt. Da er keine Familie oder näheren Verwandten hatte, leistete ihm sein einstiger Schüler »[i]n der Nacht, die seine letzte wurde«[75], Gesellschaft. Später erinnerte er sich, Geck sei überrascht und glücklich gewesen, ihn an seinem Bett zu sehen: »›Wunderbar‹, flüsterte er. Und dann wurde er drängend, und vernehmlich hörte man: ›Versprechen Sie mir, gehen Sie aus diesem Deutschland fort.‹«

Wie schwer mag Reifenberg unter diesen Umständen die Entscheidung für das Verbleiben in der Heimat geworden sein, wie bedrückend die Rückkehr aus der Schweiz nach Frankfurt Ende 1938? Der heranwachsende Sohn spürte, dass sein Vater für die Freuden und Sorgen der Familie immer weniger ansprechbar war; bei aller Liebe zu Frau und Kind war er nun ein »in seiner bedrohten Welt abgeschotteter Mann.«[76] Neben dem politischen Druck und der damit verbundenen Sorge um die Existenz gehörte das Abschiednehmen zum Alltag. Liselotte, Reifenbergs jüngste Schwester, wanderte 1938 mit ihrem zweiten Ehemann über Prag

---

74 Reifenberg: Erinnerung an Joseph Roth, in: Ders.: Lichte Schatten, S. 213/214. – Maryla Reifenberg zufolge fand die letzte Begegnung zwischen ihrem Mann und Roth 1932 in Paris statt. Vgl. Interview Maryla Reifenberg, zitiert nach Bronsen, Joseph Roth, S. 426.
75 Reifenberg: -ck, in: Ders.: Offenbares Geheimnis, S. 106. Dort auch das folgende Zitat.
76 Persönliche Nachricht Jan Reifenbergs an die Verfasserin, 25.9.2005.

nach Havanna und von dort in die USA aus.[77] Acht Jahre später half Reifenberg sich selber und seiner Schwester Ada über diese Trennung mit der Vorstellung hinweg, dass Liselotte in dem fremden Land glücklich geworden sei und sich ihren beruflichen Traum habe erfüllen können: »Sie ist Hochdramatische an Metropolitan und eine der angesehensten Sängerinnen in Amerika.«[78] Jan Reifenberg hat diese Darstellung behutsam korrigiert: Seine Tante habe Gesang studiert und zeitweilig an der »Met« in New York gesungen, von »einer der angesehensten Sängerinnen in Amerika« könne jedoch nicht die Rede sein. 1943 amerikanische Staatsbürgerin geworden, habe sie nach ihrer zweiten Scheidung bis 1971 als Sekretärin am New York City Ballet gearbeitet und sei dann nach England übersiedelt, wo sie 1975 verstorben sei.[79]

In den ersten Monaten des Jahres 1939 war Reifenberg wieder in Frankfurt, wo er das ruhige, zurückgezogene Leben eines Rekonvaleszenten führte.[80] Er las viel, unternahm Spaziergänge, saß allein in Cafés. Gelegentlich traf er sich mit Wilhelm Hausenstein, der ihm ähnlich nahe stand wie Max Picard. Hausenstein hatte seine eigenen Erfahrungen mit dem NS-Regime gemacht: Mit einer jüdischen Frau verheiratet, konnte er nur unter besonders erschwerten Bedingungen publizieren; sein Hauptwerk, eine allgemeine Kunstgeschichte von 1927[81], war 1938 auf Befehl der Gestapo eingestampft worden, weil er sich geweigert hatte, die Namen jüdischer Künstler zu streichen. Obwohl sich Reifenberg und Simon lange um ihn bemüht hatten, war er mit der FZ erst in ein festes Arbeitsverhältnis getreten, nachdem er auf Weisung von Himmlers bayerischer Staatspolizei bei den »Münchner Neuesten Nachrichten« fristlos entlassen worden war. Von 1934 bis 1943 leitete er bei der FZ das »Literaturblatt« und die Beilage »Für die Frau«. Hausenstein lebte und arbeitete in Tutzing am Starnberger See, pflegte jedoch in regelmäßigen Abständen für einige Tage nach Frankfurt zu kommen. Als ihn im Frühsommer 1939 angesichts der politischen Lage und seiner persönlichen Situation der Mut zu verlassen schien, beschwor ihn Reifenberg, sich durch »alle äusseren [sic!] Hindernisse« nicht beirren zu lassen: »Hier ist ein Feld, das sich lohnt zu bearbeiten. Eins der wenigen Felder in Deutschland

---

77 Persönliche Nachricht Jan Reifenbergs an die Verfasserin, 21.10.2005.
78 Benno Reifenberg an Ada Brunthaler, 1.1.1946, NL BR, DLA 79.12445.
79 Persönliche Nachricht Jan Reifenbergs an die Verfasserin, 21.10.2005.
80 Vgl. Tagebuch, Kladden: November 1938 bis März 1939 sowie März 1939 Juni 1939, NL BR, DLA, 79.12340.
81 Wilhelm Hausenstein: Kunstgeschichte, Berlin 1927.

überhaupt.«[82] Über seine eigene berufliche Zukunft heißt es in einem Brief an den Freund vom 2. Mai 1939, er glaube zu spüren, dass man ihn in der Redaktion gern wieder in der alten Position sehen wolle, könne jedoch aus gesundheitlichen Gründen nicht darauf eingehen: »[I]ch darf mir die alte Form der Arbeit nicht zumuten. Dass jedoch überhaupt derartige Vorschläge wieder auftauchen, zeigt Ihnen, wie wenig gespannt die Situation für mich und damit für unsere Zeitung überhaupt ist.«[83] Als »Entree in den Journalismus«[84] plante Reifenberg Reiseberichte aus Genf und Frankreich. Nach seiner Rückkehr von einem erneuten Aufenthalt in der Schweiz im Mai 1939 teilte er Rudolf Kircher mit, er wolle »bald wieder versuchen, mit der Arbeit anzufangen, es ist sonst sehr schwer, eine Systematisierung des Tagesablaufs durchzuführen. Zunächst erschiene es mir richtig, wenn ich für vierzehn Tage in die französische Provinz gehen würde, etwa Ende des Monats.« Er fügte hinzu, es gehe ihm zwar besser als 1938, »aber es gibt jetzt ein Vorher und ein Nachher in meinem Leben und daran muss man sich gewöhnen.«[85]

Und das »Bildnis des Dr. Gachet«, das in Reifenbergs Vita eine solch gewichtige Rolle gespielt hatte? 1990, hundert Jahre nach seiner Entstehung und nach einer abenteuerlichen Reise um die Welt, wurde es von dem japanischen Geschäftsmann Ryoei Saito bei einer Auktion in New York für die Rekordsumme von 82,5 Millionen US-Dollar ersteigert.[86] Mit dem Zuschlag an Saito verschwand van Goghs Meisterwerk von der Bildfläche. Jahrelang hieß es, dass es zusammen mit seinem Besitzer nach dessen Tod 1996 verbrannt worden sei. Im Dezember 2005 berichtete dann »NZZ Folio/Zeitschrift der Neuen Zürcher Zeitung«, dass sich das Bild seit 1997 im Besitz einer New Yorker Tochter des Auktionshauses *Sotheby's* befinde. Andere Gerüchte wollen wissen, dass ein amerikanischer Spekulant das »Bildnis des Dr. Gachet« in der Spielerstadt Las Vegas verstecke. Wo immer es sein mag – den Augen der Öffentlichkeit ist es bis heute entzogen.[87]

---

82 Benno Reifenberg an Wilhelm Hausenstein, 7.6.1939, NL BR, DLA, 79.12415.
83 Benno Reifenberg an Wilhelm Hausenstein, 2.5. 1939, NL BR, DLA, 79.12415.
84 Benno Reifenberg an Erich Welter, 22.6.1939, NL BR, DLA, 79.2942.
85 Benno Reifenberg an Rudolf Kircher, 30.5.1939, NL BR, DLA, 79.12425.
86 Vgl. Konrad Heidkamp: Dort, wo Stille und Licht ist, in: Die Zeit, 10.4.2003.
87 Angaben zum Verbleib des Bildes von Anke Richter, Redaktion art/das Kunstmagazin. Persönliche Mitteilung an die Verfasserin, 15.5.2006. Vgl. auch NZZ/Folio, 12/2005, S. 37.

Rückkehr in die Redaktion

Im Sommer 1939 machte sich Reifenberg auf eine zweiwöchige Reise, die ihn über Genf und Paris in die Normandie führte; nach seiner Rückkehr meldete er sich am 30. Juli 1939 nach fast einjähriger publizistischer Abstinenz mit einem großen Kunstbeitrag in der FZ zurück: »Das Abendland, gemalt. Zur Ausstellung der Meisterwerke des Prado im Genfer Museum für Kunst und Geschichte«[88]. Es folgte eine vierteilige Artikelserie unter der Überschrift »Abende in Caen«[89], in der Reifenberg die Eindrücke seiner Rundreise durch Frankreich schilderte – durch ein Land, das sich am Vorabend eines neuen Krieges wähnte:

>»Es besteht ein für das ganze Volk – und die Parteien – umfassendes Uebereinkommen, die Nation sei bedroht. Man argumentiert nicht mehr. Man fragt nicht, ob die Außenpolitik, die Frankreich zu diesem Sommer 1939 gebracht hat, am Ende hätte anders gelenkt werden können. [...] Man ist uniformiert. Auch und gerade geistig. Und man ist entschlossen zu kämpfen. Wofür? Man kann die Antwort hören [...]. Gegen die Deutschen natürlich, gegen die Leute, die über den Rhein kommen. Man kann sich die französische Geistesverfassung nicht simpel genug vorstellen. [...] Deutschland, das ist der Feind schlechthin. Forcément ...«[90]

Deutschland – das ist aus französischer Sicht »der Feind schlechthin«, bemerkt der deutsche Frankreich-Reisende. Und was ist Frankreich? Carl Linfert, der Reifenberg brieflich zum beruflichen Wiedereinstieg gratulierte, interpretierte treffend: Frankreich ist »Leucht-Maßstab«[91]. Es ist das Land Claude Monets, das Land der kleinen Cafés und der fein gedeckten Tische, ein Land mit Sonnenblumen und weißem Brot und großer Literatur, ein Land, wo der Fremde abends bei Artischocken und

---

88 Benno Reifenberg: Das Abendland, gemalt. Zur Ausstellung der Meisterwerke des Prado im Genfer Museum für Kunst und Geschichte, in: FZ, 30.7.1939. – »Das Abendland gemalt« ist auch der Titel eines umfangreichen Sammelbandes mit Beiträgen zur bildenden Kunst, den Reifenberg 1950 publizierte und der auch den Artikel über die Ausstellung der Werke des Madrider Prado in Genf 1939 enthält. Vgl. Benno Reifenberg: Der Prado in Genf, Juli 1939, in: Das Abendland gemalt, S. 3-22.
89 Vgl. Benno Reifenberg: Abende in Caen, in: FZ, 3.8., 6.8., 10.8. und 13.8.1939.
90 Benno Reifenberg: Abende in Caen, in: FZ, 3.8.1939.
91 Carl Linfert an Benno Reifenberg, 7.8.1939, NL BR, DLA, 79.3284.

trockenem Wein »das alte ›carpe diem‹«[92] neu zu entdecken meint. Nach dem Essen serviert die Hausfrau duftenden Tee aus Lindenblüten und Minze, während der Gast den gleichen Gedanken nachhängt wie sein französischer Gesprächspartner:

> »Daß nämlich ihre beiden Völker – die einzigen, die das Schicksal Europas bestimmt haben, die einzigen, die einander in ihren Qualitäten und in ihren Fehlern abzuschätzen vermögen, die einzigen, die nicht nebeneinander dahinleben, sondern im steten Bewußtsein vom Nachbarn – ihre Verschiedenheit niemals vergessen können. Zuweilen beginnt es mit einer anderen Nuance. [...] Da gibt es dieses kleine Format, das der Deutsche nicht kennt. Die schmalen Schlitze in den längsgewinkelten Läden, Briefkästen, die sich im Sockel einer Laterne verbergen, die Billete der Pariser Autobusse, nicht größer als die russischen Briefmarken der Zarenzeit, die Zeitungen, die dreifach gefaltet und dann halbiert werden [...]. Ueberall ist dieses kleine Feld der Franzosen, das mit einem ungeheuren Besitzgefühl bearbeitet, genossen und verteidigt wird.«

Die Differenzen zwischen den Deutschen und ihren »Erbfeinden« – in Reifenbergs Lesart beschränken sie sich auf ein unterschiedliches Proportionsgefühl. Die Frage, welche Bedeutung derartigen Marginalien im Vergleich mit der Gemeinsamkeit des großen abendländischen Erbes zukommen könne, steht unausgesprochen zwischen den Zeilen. Die Serie schließt am 13. August 1939, zweieinhalb Wochen vor dem Beginn des Zweiten Weltkrieges, mit der Frage eines französischen Bauern an den deutschen Besucher, ob man sich wohl bald »verdreschen« werde: »Und wie zur Entschuldigung fügte er hinzu: ›Mein Vater, wissen Sie, ist bei Verdun gefallen.‹«

Reifenberg hat seine Artikelserie »Abende in Caen« im Rückblick als »letzte[n] Warnruf«[93] der FZ vor Kriegsbeginn bezeichnet. Ganz anders lesen sich die Beiträge, die Rudolf Kircher in jenen Spätsommertagen verfasste; selbst Gillessen räumt ein, dass Kircher zumindest »den Eindruck« erweckt habe, »als unterstütze er Hitlers Erpressungspolitik.«[94] Reifenberg, der später berichtete, man habe sich in der Redaktion lange Zeit »krampfhaft« an dem Gedanken festgehalten, »es sei selbst Hitler

---

92 Benno Reifenberg: Abende in Caen, in: FZ, 13.8.1939. Dort auch die folgenden Zitate.
93 Reifenberg: Die zehn Jahre, in: Die Gegenwart/Sonderheft, S. 40-54, S.52.
94 Gillessen: Auf verlorenem Posten, S. 408.

unmöglich, die verantwortlichen Militärs in einen ›unseriösen‹ Krieg zu verlocken«[95], verbrachte die letzten Wochen vor Kriegsbeginn mit seinem Sohn im Urlaub, zunächst in Tirol, später bei Wilhelm Hausenstein und dessen Familie am Starnberger See. Ende August war er wieder in Frankfurt und erfuhr die Nachricht vom Einmarsch der Wehrmacht in Polen in der Redaktion. Seiner Darstellung zufolge soll Kircher in Tränen ausgebrochen sein: »›Ich habe es nicht geglaubt‹, gestand er seinem nächsten Mitarbeiter.«

Der Krieg brachte für die FZ einige Veränderungen.[96] Aufgrund der Papierknappheit musste der Umfang des Blattes verringert werden. Für alle Zeitungen erging eine Vorschrift, dass das Feuilleton höchstens noch ein Sechstel des Textteils ausmachen dürfe. Da die Bahn ihre Fahrpläne umstellte und die Postwaggons zu ungewohnten Zeiten verkehrten, verschob und verzögerte sich der Vertrieb; so konnte die Zeitung in Berlin künftig erst am frühen Nachmittag ausgeliefert werden. Zwar wurden Verlag und Redaktion der FZ zum »wehrwirtschaftlich wichtigen Betrieb« erklärt, wodurch der Personalbestand einigermaßen geschützt war, aber die Korrespondenten aus London und Paris mussten abgezogen werden. Wolf von Dewall ging vorübergehend ins Berliner Büro, um aus den in der Hauptstadt verfügbaren Nachrichten eine behelfsmäßige England-Berichterstattung zu basteln. Später wechselte er nach Ankara und arbeitete dort teils für die Zeitung, teils für die deutsche Botschaft. Die Aufgaben des einstigen London-Korrespondenten übernahmen die Mitarbeiter in anderen europäischen Hauptstädten, in denen noch britische Zeitungen bezogen werden konnten, insbesondere Robert Rüdiger Beer in Bern und Margret Boveri in Stockholm. Paul Bourdin, seit Frühsommer 1939 Nachfolger Sieburgs auf dem Pariser Posten, wich bei Kriegsbeginn nach Brüssel aus und kehrte 1940, nach dem Westfeldzug, in die französische Hauptstadt zurück. Friedrich Sieburg kehrte dem Journalismus kurz vor Kriegsbeginn den Rücken und übernahm eine Stelle als Botschaftsrat im Auswärtigen Amt. Diese Entscheidung ist viel diskutiert und nach dem Krieg scharf kritisiert worden. Einerseits konnte das Auswärtige Amt unter Joachim von Ribbentrop – ähnlich wie die Wehrmacht – in gewissem Maße als eine Art Refugium für innenpolitische Gegner Hitlers gelten, andererseits war eine Verstrickung in die nationalsozialistische Außen- und Kriegspolitik unausweichlich. Gillessen inter-

---

95 Reifenberg: Die zehn Jahre, in: Die Gegenwart/Sonderheft, S. 40-54, S. 52. Dort auch die folgenden Zitate.
96 Vgl. Gillessen: Auf verlorenem Posten, S. 409 ff.

pretiert Sieburgs Wechsel in die politische Bürokratie als Flucht aus dem prekär gewordenen Pressealltag: »Sieburg war kein Widerstandskämpfer. Er war überhaupt kein Kämpfer. Er floh. [...] Tatsächlich floh er auch nach Frankfurt, aber erst zweieinhalb Jahre später.«[97] Am 1. Februar 1943 kehrte Sieburg zur FZ zurück, wo er die letzten Monate vor der erzwungenen Schließung des Blattes erlebte. Wie Reifenberg später berichtete, war die 1933 knapp geführte Debatte über die Möglichkeit der Schließung des Blattes bei Kriegsbeginn in der Redaktion noch einmal aufgeflammt, aber erneut abschlägig entschieden worden, zumal man sich habe eingestehen müssen, dass »eine derartige Fragestellung [...] im Grunde einer liberalen Ära [entstammte], die mittlerweile bis auf den allerletzten Rest verschwunden war.« Im Jahre 1939 habe die Redaktion gar nicht mehr »die Möglichkeit« besessen, »sich selbst auf so demonstrative Art ein Ende zu geben.«[98] Der Staat hatte die Daumenschrauben schon zu weit angezogen.

Die dominierende und für viele Beteiligte qualvollste Frage war künftig, ob man dem deutschen Volk in diesem Krieg Sieg oder Niederlage wünschen sollte. Laut Helga Hummerich entschieden sich viele Mitarbeiter der FZ »für die Niederlage [...] als Niederlage für das nationalsozialistische Regime, die sich nicht anders erreichen ließ.«[99] Reifenbergs Aufzeichnungen machen nicht klar, ob und wie er diesen Konflikt für sich persönlich bewältigt hat; weder seinen privaten Briefen noch den Tagebüchern oder gar den veröffentlichten Texten ist eine eindeutige Stellungnahme zu entnehmen. Nach dem Krieg schrieb er, man habe einen militärischen Sieg als »gleichbedeutend mit dem endgültigen Verlöschen des besten deutschen Wesens« betrachtet: »Was aber bedeutete die Niederlage? Die deutsche Niederlage – was sie bedeutete, hatte Generaloberst Beck in seiner Denkschrift gegen den Krieg 1938 prophetisch ausgesprochen: ›finis Germaniae‹. Viele, und es sind nicht die Schlechtesten, haben sich für die Niederlage entschieden.«[100] Die Gewissensfragen, die sich jeder einzelne Kollege in den folgenden Jahren in vielerlei Hinsicht zu stellen hatte, veränderten laut Reifenberg die Atmosphäre in der Redaktion: »Zum erstenmal in ihrer Geschichte hörte das gemeinsame Gespräch auf und damit die Grundlage ihres Wirkens.«[101] Künftig habe man weniger miteinander als vielmehr nebeneinanderher gearbeitet und die

---

97 Ebd., S. 413.
98 Reifenberg: Die zehn Jahre, in: Die Gegenwart/Sonderheft, S. 40-54, S. 52.
99 Hummerich: Wahrheit, S. 77.
100 Reifenberg: Die zehn Jahre, in: Die Gegenwart/Sonderheft, S. 40-54, S. 52/53.
101 Ebd., S. 40-54, S. 53. Dort auch die folgenden Zitate.

Konferenzen »aufs technisch Notwendige« reduziert. Reifenberg hat in späteren Jahren die fehlende Kriegsbegeisterung der deutschen Bevölkerung im Jahre 1939 betont: »Niemals ist ein Heer so ohne Gruß der Daheimgebliebenen ins Felde gerückt, man war in der Stimmung von 1917, als man sich das Flaggenmeer von 1914 für diesen September kommandierte.« Als wichtigste Aufgabe der FZ begriff er die Vermittlung eines möglichst objektiven Bildes der Kriegslage – eine Aufgabe, an der er selbst nur noch in sehr begrenztem Maße mitwirken konnte.

»Innere Emigration«

In seinem Beitrag über sozialgeschichtliche Aspekte der »Inneren Emigration« in Deutschland während der NS-Zeit arbeitet Michael Philipp vier »Varianten nicht-nationalsozialistischer ›legaler‹ Literatur im ›Dritten Reich‹« heraus, die folgendermaßen charakterisiert werden:
a) ein grundsätzlicher Verzicht auf Publikationen, das »Schreiben für die Schublade«, das Ausweichen auf Tagebücher sowie auf Privatdrucke für den Freundeskreis, ferner anonyme Veröffentlichungen oder Veröffentlichungen unter Pseudonym
b) Literatur ohne einen intendierten Gegenwartsbezug, Hinwendung zu »unverfänglichen« Bereichen wie Kinderbücher oder Reiseberichte, Ausweichen in die Unterhaltungssektoren der Medien Film und Rundfunk sowie in das Zeitungsfeuilleton
c) die literarische Darstellung eines historischen oder überzeitlichen Idealzustandes als implizierten Vorwurf gegenwärtiger Missstände; »Trostbücher« als moralischer Zuspruch
d) camouflierte Systemkritik durch Satire oder »Schreiben zwischen den Zeilen«.[102]

Untersucht man Reifenbergs publizistisches Werk der Kriegsjahre vor dem Hintergrund dieser nachträglich geschaffenen Typologisierung, so findet man zahlreiche Beispiele für alle genannten Optionen und daneben – anders als während der Jahre 1933 bis 1938 – keinerlei systembejahende Beiträge. Zwar kann von einem grundsätzlichen Verzicht auf Publikationen keine Rede sein, aber Reifenberg hat in hohem Maße »für die Schublade« produziert: Seine beiden voluminösen Kunstbände »Das Abendland gemalt« sowie »Die Piperdrucke« entstanden zum größten Teil während der NS-Zeit und wurden erst 1950 bzw. 1956 veröffentlicht.

---

102 Philipp: Distanz und Anpassung S. 18.

Ähnliches gilt für einen gemeinsam mit Dolf Sternberger und dem Fotografen Paul Wolff 1942 erstellten, 1970 erschienenen kommentierten Fotoband über klassizistische Gebäude und Bürgerhäuser in Frankfurt. 1942 ließ Reifenberg seine Erinnerungen an eine gemeinsam mit seinem Bruder 1933 unternommene Reise in die alten Kriegsgebiete im östlichen Frankreich (»Der Stein von Manre«) binden und verteilte den Text als Sonderdruck in kleiner Auflage an Freunde. In der Redaktion der FZ zog er sich ganz ins Feuilleton zurück, wo er unter verschiedenen Pseudonymen Texte von »eigentümlich irenischer Art«[103] publizierte, die deutlich machen, dass er nicht mehr argumentieren, sondern nur noch trösten wollte – sich selbst und andere. Helga Hummerich war der Ansicht, dass das Schreiben für ihren Chef in den letzten Jahren vor dem erzwungenen Ausscheiden aus der Redaktion im Frühjahr 1943 eine Art »Therapie« gewesen sei.[104]

Die FZ stellte ihrem einstigen Konferenzvorsitzenden eine eigene Rubrik zur Verfügung, die zunächst unter dem Titel »In Kriegszeiten«, seit Anfang 1941 immer häufiger und zuletzt ausschließlich unter der unverbindlicheren Überschrift »Landschaften und Gesichter« erschien[105] und von Hummerich treffend charakterisiert wird:

»Kein Tagebuch im eigentlichen Sinn und doch Aufzeichnungen von Gedanken, die dem Schreibenden durch den Kopf gingen, Dingen, die er wahrnahm, Ereignissen, deren er sich erinnerte, Eindrücken, denen er nachhing. [...] Scheinbar waren diese Stücke völlig unpolitisch [...]. Eine leise Schwermut durchzog sie, wie ein Windhauch, der über Gräser streicht und sie niederbeugt.«[106]

Schon der erste der hier versammelten Beiträge ist ein Exempel für camouflierte Systemkritik durch »Schreiben zwischen den Zeilen«. Als Reifenberg den kleinen Artikel, dessen Titel »Nachtfahrt« bereits Düsteres ahnen lässt, Mitte September 1939 verfasste, war der deutsche Feldzug gegen Polen soeben entschieden worden. In zwei großen, am 9. September

---

103 Gillessen: Auf verlorenem Posten, S. 437.
104 Hummerich: Schreiben – Ein Fest, in: Reifenberg: Offenbares Geheimnis, S. 18.
105 Gillessen würdigt diese Rubrik ausführlich, hat sie aber nicht in ihrer Gesamtheit erfasst: Sie erschien nicht – wie von ihm angegeben – zwischen November 1939 und Ostern 1941, sondern zwischen dem 27. September 1939 (»Nachtfahrt«) und dem 1./2. Mai 1943 (»Sphinx«). Vgl. Gillessen: Auf verlorenem Posten, S. 437/438.
106 Hummerich: Wahrheit, S. 81/82.

eingeleiteten Umfassungsbewegungen wurden die Reste der polnischen Streitkräfte eingekesselt und langsam erdrückt. Es war überdeutlich, dass die polnische Armee mit ihrer veralteten technischen Ausstattung gegen die Dynamik der deutschen Panzerverbände, gegen die motorisierten Infanterieeinheiten, die hoch entwickelte Luftwaffe und das präzise arbeitende Nachrichten- und Versorgungssystem der Wehrmacht nicht den Hauch einer Chance gehabt hatte. Grund genug für die Deutschen, sich in siegestrunkene Feierlichkeiten zu stürzen und ihrem obersten Feldherrn zu huldigen? Weit gefehlt. Die überwiegende Mehrheit der Menschen verharrte in »einer Mischung aus dumpfer Apathie und fatalistischer Loyalität«[107]. Von dem rauschhaften Kriegsenthusiasmus, der zumindest Teile der Bevölkerung im August 1914 ergriffen hatte, war nichts zu spüren – nicht in Berlin, wo Hitler am 1. September auf dem Weg zum Reichstag durch nahezu menschenleere Straßen gefahren war, in denen die wenigen Passanten zumeist schweigend auf den Autokonvoi des »Führers« blickten[108], und auch nicht auf dem Bahnhof in Wiesbaden, wo der Verfasser und Ich-Erzähler der »Nachtfahrt« am Abend des 10. September in einen überfüllten Personenzug steigt, der ihn nach einem Ausflug in den Rheingau zurück nach Frankfurt bringen soll. Der Beitrag ist ein Versuch, die in Deutschland tatsächlich herrschende Stimmung einzufangen und wiederzugeben, ohne in Konflikte mit dem Regime zu geraten.

Nachtfahrt: Der Tag ist warm und etwas diesig gewesen, ein Spätsommertag mit reifen Pflaumen an den Bäumen und zartrosa Champignons im Wald, nun geht es bei Einbruch der Dunkelheit wieder nach Hause. Der Zug fährt an, lässt Wiesbaden hinter sich. Durch die offenen Fenster dringt mit dem lauen Fahrtwind schwerer Herbstgeruch in den Waggon: herber Duft nach Kraut und Acker. Der Protagonist registriert sorgenvolle Gesichter und im Flüsterton geführte Unterhaltungen und fragt sich, was die Reisenden bekümmern mag, worüber sie sprechen mögen. Ein Mädchen, das mit anderen Passagieren im Gang steht, schwankt vor Müdigkeit in jeder Kurve. In Hochheim steigen zwei Männer zu, ein

107 Josef Becker: Weltmacht oder Untergang. Der Weg von Hitlers Reich in den Zweiten Weltkrieg, in: Helmut Altrichter/Josef Becker (Hrsg.): Kriegsausbruch 1939. Beteiligte, Betroffene, Neutrale, München 1989, S. 21-38, hier S. 22. – Zum Kriegsbeginn vgl. auch: Stefan Kley: Hitler, Ribbentrop und die Entfesselung des Zweiten Weltkrieges (Sammlung Schöningh zur Geschichte und Gegenwart), Paderborn 1996, zugleich Diss. Univ. Stuttgart 1995.
108 Vgl. William L. Shirer: Aufstieg und Fall des Dritten Reiches, Frankfurt am Main/Wien/Zürich 1962, S. 548.

Soldat und ein »Zivilist«: »[S]ie rückten dicht an mich, sprachen kaum ein Wort und blickten, wie wir alle, die standen, auf den Main, der aus dem Nachtdunkel emporschimmerte.«[109] Der Uniformierte, ein schwerer Mann namens Philipp, verabschiedet sich kurz vor Hattersheim und drängt zur Tür. Unvermittelt dreht sich nun der Zurückbleibende um und beginnt, »mir zu erzählen, daß ihn da sein Freund verlassen habe, der morgen abrücken werde« und noch eine Nacht bei seiner Familie verbringen wolle:

>»Er erzählte von den Kindern, von den Obstbäumen, die reichlich auf dem Acker seines Freundes standen, kaum in der ganzen Fülle dieses Jahr zu bewältigen. Er erzählte in einem fort: von der Metzgerei, die der andere mit Erfolg unterhielt, von den Vätern, die sich schon gekannt, von dem eigenen Vater, der als Landsturmmann bei Frankfurt Brücken bewacht hatte 1914 und dem er das Essen hinausgetragen. Der Freund war älter als er und schon im vorigen Krieg dabei gewesen; er sei 1919 erst zurückgekommen, über ein Jahr hatte er in Gefangenschaft gesteckt. Er erzählte, der Zurückgebliebene, aus dem Dunkel ins Dunkle sprechend, wie um sich selbst zu trösten, es war wie ein Selbstgespräch, es war auch wie ein Abschiedwinken, an Stelle des Taschentuchs entfaltete er Erinnerungen. Die Stimme blieb gleichmäßig und ein wenig traurig.«

Trauer, Sorge, Zukunftsangst, Müdigkeit und Resignation: Dies waren in der Wahrnehmung und Darstellung des Journalisten die Gefühle der Menschen in einem beliebigen deutschen Nahverkehrszug während des »Blitzkriegs« gegen Polen. Wer würde fortan für die Kinder der ausrückenden Soldaten sorgen? Wer würde die Ernte einbringen, die Geschäfte weiterführen? Würde auch dieser Krieg für deutsche Soldaten in Not und Gefangenschaft enden? Fragen, die nicht offen gestellt, aber »zwischen den Zeilen« formuliert werden konnten. Damit war die Grundmelodie für Reifenbergs publizistisches Schaffen in den folgenden Jahren vorgegeben: Die kleinen Feuilletons, die er nun in unregelmäßigen Abständen veröffentlichte, bestechen durch die Schönheit der Sprache, unterscheiden sich in Inhalt und Duktus wohltuend vom Lärm der offiziösen NS-Durchhalte-Propaganda, sind aber nicht im engeren Sinne als »Widerstandsliteratur« zu klassifizieren. Es zeigt sich, wie recht Gerhard Bauer hat, wenn er in seiner Untersuchung über »Sprache und Sprach-

---

109 Benno Reifenberg: Nachtfahrt, in: FZ, 27.9.1939, abgedruckt in: Ders.: Landschaften und Gesichter, Wien 1973, S. 17/18. Dort auch das folgende Zitat.

losigkeit« im NS-Staat die fließenden Grenzen zwischen Anpassung und Abweichung betont und den »Sprachraum des ›Dritten Reiches‹« als einen »Kampfplatz« bezeichnet, »auf dem mit äußerst ungleichen, vielfach wechselnden Mitteln, aber unaufhörlich gekämpft« worden sei, wobei selbst die Gegner des Nationalsozialismus bis zu einem gewissen Grad dazu verurteilt gewesen seien, sich »dem gängigen Sprachgebrauch« anzupassen: »Beim Sprechen und Schweigen zeigte sich das Dilemma zwischen der unvermeidlichen Anpassung an die Normen des ›Dritten Reiches‹ und einer partiellen Abweichung von ihnen besonders deutlich.«[110]

Als Reifenberg im Sommer 1941 eine mehrmonatige Reise durch die ehemals österreichischen, nun als »Ostmark« dem Großdeutschen Reich einverleibten Gebiete unternahm, brachte er das Kunststück fertig, seine stimmungsvollen und zum Teil höchst detaillierten Stadtbeschreibungen in der Zeitlosigkeit anzusiedeln. War dieses Land nicht soeben erst jubelnd in den Schoß des Reiches »heimgekehrt«? War dies nicht die Heimat des »Führers«? Residierte auf der Wiener Hofburg nicht sein Statthalter Baldur von Schirach samt Ehefrau Henriette, der Tochter von Hitlers »Leibfotograf« Heinrich Hoffmann? Ging man nicht auch in Wien und Salzburg und Graz dem Ende des zweiten Kriegsjahres entgegen? Bei Reifenberg erfährt man davon nichts. Stattdessen gewährt er einen Blick in den Frühstücksraum seines Hotels in der Wiener Dorotheergasse[111], führt den Leser eine »nüchtern gekachelte Treppe« in der Hofbibliothek hinauf an riesige Holzregale mit schweren Lederbänden[112], freut sich an einem Mittagessen bei Freunden in der Herrengasse und an dem gepflegten Ambiente ihrer Wohnung – »ach, diese Frische von getünchtem Mauerwerk und gescheuertem Holz«[113] –, bewundert den reichen Barock und kommt schließlich, »morgens am Belvedere«, zu dem Schluss, dass sich die Stadt seit seinem letzten, lange zurückliegenden Besuch nicht verändert habe: »Hier war ich vor vielen Jahren und hatte Wien weit unten liegen sehen, so wie heute: In blauen Schleiern und doch mit einem einzigen Blick zu umarmen.«[114] Die politischen Systeme, so schien er

110 Bauer: Sprache und Sprachlosigkeit, S. 10/11.
111 Vgl. Benno Reifenberg: Wien, Dorotheergasse, in: FZ, 4.5.1941. Abgedruckt in: Ders.: Landschaften und Gesichter, S. 173-175.
112 Vgl. Benno Reifenberg: Wien, Hofbibliothek, in: FZ, 11.5.1941. Abgedruckt in: Ders.: Landschaften und Gesichter, S. 176-178.
113 Benno Reifenberg: Wien, mittags in der Herrengasse, in: FZ, 15.5.1941. Abgedruckt in: Ders.: Landschaften und Gesichter, S. 179-181.
114 Benno Reifenberg: Wien, morgens am Belvedere, in: FZ, 25.5.1941. Abgedruckt in: Ders.: Landschaften und Gesichter, S. 185-187.

dem Leser sagen zu wollen, mögen kommen und gehen – die Stadt Wien bleibe bestehen. Wenn Gillessen konstatiert, dass die »Wertschätzung des Individuums« im Zentrum des Widerspruchs der FZ gegenüber dem Regime stand[115], so sind Reifenbergs Feuilletons der Kriegsjahre ein Exempel für den Versuch, dem sozialdarwinistischen Menschenbild der Nationalsozialisten mit seiner Verherrlichung von Stärke, Mut und Grausamkeit die Ideale des Mitgefühls und der Milde entgegenzusetzen. »Flink wie Windhunde, zäh wie Leder und hart wie Kruppstahl«[116] – mit diesen immer wieder zitierten Schlagworten hatte Hitler 1935 die Erziehungsziele des völkischen Staates prägnant umrissen. Die Menschen, die uns bei Reifenberg begegnen, sind zartere Naturen. In ihren Zügen spiegeln sich die schmerzhaften Erfahrungen des Lebens, Einsamkeit, Verlust und enttäuschte Hoffnungen. Da ist die unverheiratete Hausdame in der Villa der Großeltern van Delden um die Jahrhundertwende, die weint, als ihr Arbeitgeber stirbt, und die – wie die Kinder irgendwo aufschnappen – angeblich ein Problem mit dem »Trinken« hat.[117] Auch die junge Mutter, die im überfüllten Eisenbahnwaggon ihrem unruhigen Kind ein Wiegenlied summt, ist allein, denn ihr Mann ist gleich in den ersten Kriegstagen eingezogen worden, und weil sie das Leben auf dem abgelegenen bayerischen Bergbauernhof, wohin sie ihm aus Liebe gefolgt war, ohne ihn nicht erträgt, hat sie sich mitten in der Nacht mitsamt dem Säugling und einer Reisetasche auf den Weg zu ihren Eltern in den Spessart gemacht.[118] Eine Parabel auf die Leidensfähigkeit und den Überlebenswillen des Menschen ist die Geschichte eines gescheiterten Suizidversuchs, den Reifenberg während einer Schifffahrt vor der nordafrikanischen Küste 1930 miterlebt hatte:

> »Eine Liebesgeschichte, wissen die andern. Es ist etwas wie Befremden, ja Entrüstung zu spüren, daß einer mit seinen privaten Gefühlen einen Dampfer zu stoppen wagt. Schließlich sei er nicht untergegangen, sondern habe zu schwimmen angefangen. Vielleicht war gerade dieser Umstand das Furchtbarste. Daß die Kreatur die Arme rührte, als die kalten Wellen, das Glasige, Erstickende zu pressen anfing. Das Leben war schwer, das Sterben nicht leichter. So hatten sie ihn wie ein Bündel

---

115 Vgl. Gillessen: Auf verlorenem Posten, S. 441.
116 Zitiert nach Heinz Boberach: Jugend unter Hitler, Düsseldorf 1982, S. 30.
117 Vgl. Reifenberg: Rosa Wolke, in: Ders.: Landschaften und Gesichter.
118 Vgl. Benno Reifenberg: Wiegenlied, in: FZ, 14.1.940. Abgedruckt in: Ders.: Landschaften und Gesichter, S. 44/45.

Wäsche in den Nachen gezerrt, da lag er, ohne Halt, Spielball der Empfindungen, ein Bündel Seele.«[119]

Unter literarischen Gesichtspunkten war Reifenberg während der Kriegsjahre auf dem Höhepunkt seines Könnens; Gillessen urteilt pathetisch, aber doch treffend mit den Worten: »Er sah wie ein Maler, hörte wie ein Musiker.«[120] Mit kräftigen Pinselstrichen entwarf er Stadtansichten: das Straßburger Münster an einem Hochsommerabend[121], die vor Nässe glänzenden Schieferdächer Marburgs an einem Regentag[122], Unwetterwolken am Himmel über der Kölner Innenstadt[123], die weiße Mauer, die den Englischen Garten in München von der Königinstraße trennt[124], die Altstadt von Nürnberg, wo die Pegnitz lehmfarben unter Holzstegen fließt[125], das mächtige Gebäude der Frankfurter Oper bei Nacht und im ersten Frühlingslicht.[126] Eine Überraschung erwartete den Leser unter dem Titel »Münster«: Nicht von der westfälischen Universitätsstadt war die Rede, sondern von einem 1915 gefallenen Kriegskameraden des Verfassers, einem ehemaligen Kutscher, der die jüngeren Soldaten gequält habe, indem er »die Leiden des Daseins lächelnd ertrug«, wo es »nichts zu lachen [gab]«.[127] Münster, so fügte Reifenberg hinzu, habe Mitleid nur mit Tieren gekannt: »Tiere waren ihm Wesen, die unverdient litten, der Mensch sollte seinen Verstand gebrauchen«.

Doppeldeutige oder missverständliche Überschriften wie im Falle »Münster« boten eine Möglichkeit, die NS-»Aufpasser«[128] auszutricksen,

---

119 Benno Reifenberg: Oran, in: FZ, 7.7.1940. Abgedruckt in: Ders.: Landschaften und Gesichter, S. 93-95.
120 Gillessen: Auf verlorenem Posten, S. 437.
121 Vgl. Benno Reifenberg: O Straßburg, in: FZ, 23.6.1940. Abgedruckt in: Ders.: Landschaften und Gesichter, S. 86-88.
122 Vgl. Benno Reifenberg: Die Photographie, in: FZ, 4.10.1939. Abgedruckt in: Ders.: Landschaften und Gesichter, S. 21/22.
123 Vgl. Benno Reifenberg: Gesehen in Köln, am zehnten Mai, nachmittags, in: FZ, 17.5.1940. Abgedruckt in: Ders.: Landschaften und Gesichter, S. 70/71.
124 Vgl. Benno Reifenberg: Die unvollkommene Scheibe, in: FZ, 9.2.1941. Abgedruckt in: Ders.: Landschaften und Gesichter, S. 154-156.
125 Vgl. Benno Reifenberg: Nürnberger Abziehbildchen, in: FZ, 1.12.1940. Abgedruckt in: Ders.: Landschaften und Gesichter, S. 133-135.
126 Vgl. Benno Reifenberg: An der Oper vorübergehend, in: FZ, 28.2.1941. Abgedruckt in: Ders.: Landschaften und Gesichter, S. 157-159.
127 Benno Reifenberg: Münster, in: FZ, 15.3.1942. Abgedruckt in: Ders.: Landschaften und Gesichter, S. 251-253.
128 Hummerich: Schreiben – Ein Fest, in: Reifenberg: Offenbares Geheimnis, S. 18.

indem sie vom Inhalt der Artikel ablenkten; so findet sich unter dem unverfänglichen Titel »Schmetterlinge« der unerwartete Hinweis, dass der Krieg für so manchen ausrückenden jungen Soldaten nichts anderes bedeute als den »Abschied für immer«, den Abschied »[v]on dem bunten, blühenden Leben«[129], und »Der Harmoniumspieler« ist ein blinder Bettler in den Frankfurter Anlagen, dessen Anblick melancholisch stimmt:

> »Was machten wir aus unserem Tag in der Nacht dieser Zeiten? War er wirklich hell? [...] Durch die Geschichte, diesen hallenden dumpfen Saal der Menschheit, tasten wir uns halb wissend, halb ahnend fort, und auch die eigene Gegenwart behütet uns kaum [...]. Wie schwer war es, im Dunkeln zu vertrauen, daß die rechten Harmonien sich *in uns selber* einstellen und nicht gleich vergehen würden. [...] Phosphorisch geisterten die Pfosten, die das Ende des Weges kennzeichnen und die man weiß gestrichen hat für diese Fliegernächte.«[130]

Welcher Traum bleibt »in der Nacht dieser Zeiten«? Reifenberg träumt von Goethe[131], träumt von Indien[132], träumt von längst vergangenen Zeiten und fernen Erdteilen. Ein immer wieder gern eingesetztes Stilmittel, das auf unverbindliche Weise Distanz zu den weltpolitischen Ereignissen schuf, war Ironie. Im Plauderton berichtet Reifenberg im Sommer 1940, dass ihm ein Frankfurter Gärtner beim Hantieren an einer erfrorenen Tanne erzählt habe, noch nie in seinem siebzigjährigen Leben habe es einen dermaßen kalten Juni wie in diesem Jahr gegeben, »worauf ich nur an[fügte], man müsse eben unsere Zeit als eine ganz besondere nehmen, wofür allein dieser außerordentliche Winter gezeugt hätte«:

> »›Und die Sterne!‹ rief der Gärtner, ›was am Himmel jetzt vor sich geht, das war seit Jahrhunderten nicht.‹ Und langsamer in Hochdeutsch fuhr er fort, wobei er augenscheinlich Gelesenes zitierte: ›Eine solche Planetenbegegnung bedeutet erschütternde Weltwenden!‹ Er

---

129 Benno Reifenberg: Schmetterlinge, in: FZ, 8.9.1940. Abgedruckt in: Ders.: Landschaften und Gesichter, S. 101/102.
130 Benno Reifenberg: Der Harmoniumspieler, in: FZ, 12.11.1939. Abgedruckt in: Ders.: Landschaften und Gesichter, S. 33/34.
131 Reifenberg publizierte regelmäßig über Leben und Werk Goethes; beispielhaft genannt seien hier: Goethe als Zeichner, in: FZ/Literaturblatt, 17.12.1939, Goethe und die Romantische Kunst, in: FZ/Literaturblatt, 15.9.1941 und Goethes Hand, in: FZ/Die Frau, 11.5.1942.
132 Vgl. Benno Reifenberg: Indien, fast so groß wie der Himmel. (Von einem gelegentlichen Mitarbeiter), in: FZ, 17.8.1941.

schwieg, sah von seinem Gesträuch her zu mir herüber und fragte unvermittelt: ›Glaabe Sie's?‹ Ich meinte, es sei alles so zum Staunen, daß ich nicht eigens die Sterne dafür bemühen müsse.«[133]

Breiten Raum nahmen Reifenbergs Erinnerungen an seine Soldatenzeit im Ersten Weltkrieg ein. So erzählte er von einem Schulfreund namens Reinhard S., mit dem er im Winter 1914/15 in der Champagne gekämpft habe, »ohne ihm – aufgrund seines verschlossenen Wesens – jemals wirklich nahe gekommen zu sein; er meldete sich später bei den Fliegern und fiel.«[134] Mit großer Sensibilität beschrieb Reifenberg den Soldaten Otto Bolz, im Zivilleben »Eckensteher in Dortmund«[135], wie er sich selber vorstellt, einen, der niemals Feldpost erhält und dessen unerfüllbare Lebensträume sich in »feine[n] Krawatte[n]« und »dicke[n] Zigarren« erschöpfen; Otto Bolz hat nichts und weiß wenig, aber er steht morgens als Erster auf, um für die Kameraden Feuer zu machen und Kaffee zu kochen, und einmal, als Reifenberg ihm dabei Gesellschaft leistet, wünscht er sich den Tod: »Er sagte es ganz einfach, man konnte ihm auch nicht widersprechen.« Weiter heißt es:

»Ich weiß nicht, wo Otto Bolz hingeraten ist, ob sich erfüllt hat, was er damals an dem Champagne-Morgen für das beste hielt. Er verschwand ins Unbekannte, wie er aus dem Unbekannten unter uns aufgetaucht war. Er war einer von den vielen, die ihr Schicksal nicht verstehen, die es nur aushalten; mit sich allein und aus ihrer Zartheit des Herzens, die Mütze verdellt und schief auf dem Schädel.«

Die Soldaten, die Reifenbergs »Kriegszeiten« durchwandern, sind Menschen, die mitunter Heldenmut zeigen, aber sie sind keine Helden. Dem stahlharten Kämpfer der nationalsozialistischen Propaganda, der sein Leben freudig für Führer, Volk und Vaterland opfert, mitleidlos gegen sich und andere, setzt er das Individuum im Krieg entgegen: hungrig, frierend, müde und erschöpft, erleichtert, glücklich, stolz oder verliebt. Ob das Mädchen, das der Soldat verstohlen beobachtet, aus Deutschland oder Frankreich stammt, erfährt der Leser nicht, denn es spielt ebenso wenig eine Rolle wie Nationalität und »Rasse«, große Ideen und abstrakte Überzeugungen. In einem politikfreien, nahezu ahistorischen Raum

133 Benno Reifenberg: Wohlbehalten, in: FZ, 30.6.1940.
134 Benno Reifenberg: Verschlossenes Tor, in: FZ, 16.8.1942. Abgedruckt in: Ders.: Landschaften und Gesichter, S. 276-279.
135 Benno Reifenberg: Otto Bolz, in: FZ, 2./3.5.1942. Abgedruckt in: Ders.: Landschaften und Gesichter, S. 315/316. Hier auch die folgenden Zitate.

agieren Individuen, in denen sich niemals ein grundsätzlicher Zweifel am Sinn des Krieges zu regen scheint, obwohl sie das Leid des Krieges erfahren; sie denken nicht ans Desertieren, aber sie kennen die schmerzhafte Sehnsucht nach der Heimat und dem Frieden:

> »Das Heimweh vermag vom Geringsten aufgewühlt zu werden und kann gleich einem Meer jeden Ort und jede Zeit überströmen. Löschte nicht einst in der Champagne ein ferner Eisenbahnpfiff die ganze Kriegsgegenwart aus? Und verstand sich jener Frankfurter nicht auf die Zauberkraft des Heimwehs, der einen Unterstand in einer bedrängten Stunde dadurch verwandelte, daß er seinem Kameraden sämtliche Trambahnhaltestellen der Linie 6 vom Röderberg bis zum Palmengarten aufzählte?«[136]

Man sehe nun in Deutschland »einem zweiten Krieg in diesem Leben entgegen«, hatte Reifenberg am 12. September 1939 an seinen Bruder Hans geschrieben: »Erinnerst Du Dich noch, wie wir von der Möglichkeit eines zweiten Krieges gesprochen haben, als wir miteinander spazieren gingen? Du konntest ihn Dir damals nicht anders als in Frankreich vorstellen, aber die Entwicklung ist nun doch in ganz anderen Bahnen verlaufen.«[137] Zwar hatte Frankreich dem Deutschen Reich am 3. September 1939 den Krieg erklärt und zwei Tage später eine begrenzte Offensive gegen das Saargebiet eingeleitet, aber da die Deutschen zunächst keinen Widerstand leisteten, blieb es im Westen monatelang ruhig. Erst am 10. Mai 1940 begann der Westfeldzug der Wehrmacht mit dem Angriff auf die neutralen Staaten Niederlande, Belgien und Luxemburg. Was im Ersten Weltkrieg gescheitert war, wurde nun in einem nur sechs Wochen und drei Tage dauernden »Blitzkrieg« erreicht: die Niederwerfung Frankreichs durch deutsche Truppen, die Einnahme von Paris und die Schleifung der symbolträchtigen Festung Verdun. Am 21. Juni 1940 wurden französische Unterhändler im Wald von Compiègne, wo der deutsche Politiker Matthias Erzberger am 11. November 1918 seine Unterschrift unter jenen Vertrag gesetzt hatte, der den Ersten Weltkrieg beendete, von Hitler zur Unterzeichnung der Waffenstillstandsbedingungen empfangen. Frankreich wurde in zwei Zonen geteilt: Der Norden und Westen wurde von den Deutschen besetzt, der Osten und Süden blieben offiziell unter französischer Kontrolle, wurden aber unter der Regie von Marschall

---

136 Benno Reifenberg: Würzburger Harfe, in: FZ, 2.11.1939. Abgedruckt in: Ders.: Landschaften und Gesichter, S.30-32.
137 Benno Reifenberg an Hans Reifenberg, 12.9.1939, NL BR, DLA, 79.2857.

Henri Philippe Pétain von Vichy aus als Marionettenstaat des Deutschen Reiches regiert. Bitter registrierte Reifenberg, dass die Kriegserfahrungen seiner Generation unter diesen Umständen nicht mehr gehört wurden. Am 17. November 1940 schilderte er unter der Überschrift »Quartier bei Lille« eine Begegnung mit einem jungen Soldaten, der in diesem Herbst an der gleichen Stelle nordwestlich von Lille liege, wo für ihn selber mehr als ein Vierteljahrhundert zuvor der Stellungskrieg begonnen habe:

> »Er lachte. Ein Knabenlachen; wie auf dem Sprung stand er da, locker im Gelenk. Ob wir so den Älteren erschienen waren, damals? schoß es mir durch den Sinn. Ich fragte ihn, ob er Lambersart kenne. Ja, zuweilen passierten sie die Vorstadt; warum ich frage.
> Mir sei da etwas eingefallen. Vor 26 Jahren, es war im November wie jetzt, hielten wir des öfteren in Lambersart, ehe wir die Munition in die Stellung vor Armentières fuhren, an einer Wirtschaft, an einer behaglichen Ausspanngelegenheit für die Fuhrleute, wo unsere Batterie sich ein kleines Depot Hafer und Heu angelegt hatte. Während wir warteten, kam zuweilen die dicke Wirtin heraus und reichte mir eine Tüte mit heißen Pommesfrites [sic!] aufs Pferd hinauf. [...] Sie führte mit starker Hand das Regiment im Gasthof. Sie hatte selbst Söhne draußen. Auf der anderen Seite.
> ›Und?‹ fragte der Soldat. ›Ja‹, sagte ich, ›die Geschichte hat keinen Schluß. Es war nur ein Bildchen, das plötzlich vor mir stand‹.«[138]

Den gegenwärtigen, den zweiten großen Krieg erlebt der einstige Frontkämpfer als Angehöriger der Zivilbevölkerung – beim Abholen der »Reichsseifenkarten« in einem Klassenraum der »Schule, die den Sohn lehrt, sauber zu denken«[139], wie er ironisch formuliert, beim Übungsalarm in einem Luftschutzkeller zusammen mit einem Obsthändlerehepaar und zwei riesigen Hunden im »Ungewisse[n] der nie zu ergründenden Nacht.«[140] Unter dem Eindruck der Lebensmittelzuteilungen erinnert er sich – scheinbar ohne Bedauern – an kulinarische Genüsse vergangener Friedensjahre: Grießbrei mit flüssigem braunem Zucker am Tisch seiner Großeltern[141], frische Salzstangen und Hörnchen aus der nun kriegsbe-

---

138 Benno Reifenberg: Quartier bei Lille, in: FZ, 17.11.1940. Abgedruckt in: Ders.: Landschaften und Gesichter, S. 127-129.
139 Benno Reifenberg: Gang zur Schule, in: FZ, 12.10.1939. Abgedruckt in: Ders.: Landschaften und Gesichter, S. 25/26.
140 Benno Reifenberg: Kellergespräch, in: FZ, 30.9.1939. Abgedruckt in: Ders.: Landschaften und Gesichter, S. 19/20.
141 Vgl. Reifenberg: Rosa Wolke, in: Ders.: Landschaften und Gesichter.

dingt geschlossenen Bäckerei an der Ecke[142], Langusten in Knoblauchmayonnaise im Speisewagen auf der Fahrt nach Algier 1930.[143] Dagegen hält er die karge Speisekarte des Krieges:

»In der Trinkstube vom Bürgerspital zum Heiligen Geist [in Würzburg, DB] wurde der Gast freundlich-ernst gebeten, sich zu bescheiden und nicht nach dem Gebratenen und Gesottenen zu fragen, das zwar noch auf den letzten Seiten des Weinbüchleins verzeichnet, bis auf weiteres aber nicht mehr zu haben sei. Der Gast, nicht geneigt, diesem ›Bis auf weiteres‹ als einem Gleichnis unserer vorläufigen Erdenfahrt nachzusinnen, nahm vielmehr die Bitte als eine Anleitung hin, zwischen dem Essen, als einer irdischen Verrichtung, und dem Trinken, als einer geistigen Tätigkeit, gehörig zu unterscheiden. Die Bocksbeutel glänzten listig auf den Tischen.«[144]

Zu Recht verweist Michael Philipp im Rahmen seiner Analyse der literarischen Ausdrucksmöglichkeiten der »Inneren Emigration« darauf, dass die »Eindeutigkeit« suggerierende nachträgliche Analyse »der komplexen historischen Wirklichkeit oft nicht gerecht wird« und dass »die Motivation eines Autors« zum Ausweichen auf die beschriebenen Möglichkeiten nichtnationalsozialistischen legalen Schreibens in der Diktatur »oft nicht auf freiwilligen Entscheidungen nach grundsätzlichen Erwägungen beruhte, sondern durch äußere Zwänge bedingt war.«[145] Im Falle Reifenberg muss in diesem Kontext vor allem berücksichtigt werden, dass er sich als »Mischling ersten Grades« im Sinne der Nürnberger Gesetze in einer objektiven Zwangslage befand; Gillessen hat Reifenbergs Rückzug aus der politischen Sparte ab 1938/39 sogar als Ausdruck von Fürsorge für die Redaktion interpretiert, die er nicht mit einem »Halbjuden« in führender Position habe belasten wollen.[146] Reifenbergs private Korrespondenz lässt erkennen, dass auch seine gesundheitliche Beeinträchtigung weiterhin eine Rolle spielte: Wie er dem Freund Picard anvertraute, litt er »[b]eim Beginn vom Steigen, beim Aufstehen nach dem Essen« weiterhin unter Herzbeschwerden.[147] Den Konflikten und Aufregungen, die im Alltag der politischen Redaktion ständig zu erwarten waren, fühlte er

---

142 Vgl. Benno Reifenberg: Vorübergehend …, in: FZ, 16.6.1940. Abgedruckt in: Ders.: Landschaften und Gesichter, S. 84/85.
143 Vgl. Reifenberg: Oran, in: Ders.: Landschaften und Gesichter.
144 Reifenberg: Würzburger Harfe, in: Ders.: Landschaften und Gesichter.
145 Philipp: Distanz und Anpassung, S. 18.
146 Vgl. Gillessen: Auf verlorenem Posten, S. 437.
147 Vgl. Benno Reifenberg an Max Picard, 27.9.1939, NL BR, DLA, 79.12437.

sich nicht mehr gewachsen; aus der Zeit nach der Schließung des Blattes hat er später berichtet, dass ein heftiger Streit mit einem überzeugten Verfechter des totalitären Staates ihn in einen derartigen Zustand von Verzweiflung, Verwirrung und Sprachlosigkeit gestürzt habe, dass er sich erst in Gegenwart eines vertrauten Arztes allmählich wieder habe beruhigen können.[148]

Die Schwermut, die viele Texte Reifenbergs durchzieht und die so gar nicht zu den militärischen Triumphen der ersten Kriegsjahre passen wollte, wurde verstärkt durch eine familiäre Tragödie. Hans Reifenberg, der 1938 von seiner holländischen Frau Annie geschieden worden war, hatte bei Kriegsbeginn nach einem kurzen Zwischenspiel auf den Philippinen wieder auf Java gelebt. Bald nach der Besetzung der Niederlande durch deutsche Truppen im Mai 1940 war die Verbindung zu seinen Geschwistern in Deutschland abgerissen. Wie sehr Benno Reifenberg sich um seinen Bruder sorgte, geht aus einem Feuilleton hervor, das er im Juni 1940 veröffentlichte und das fast schon wie ein Abschied wirkt. Nachdem er sich zunächst an den sechzehnjährigen Hans erinnert hatte, der im Sommer 1914 ein Junge gewesen sei, der während der Schulferien ein selbst gebautes Boot auf dem Main zu Wasser ließ, fuhr er fort:

> »Der Junge kam in den Krieg. Er war bei Verdun, er war in Péronne, er lag in einem Metzer Lazarett, er focht im Cheppywald, er stürmte am Kemmelberg. Als alles vorüber war, sagte er Europa Valet. [...] Der Kemmelberg hat ihm auch in den Tropen noch zugesetzt; in Malariazeiten träumte er von den schwarzen Tulpen, die unter den Granateinschlägen vor ihm den Berg hinauf emporwuchsen.
> Der Junge ist längst ein Mann geworden, der einsieht, wie schwer es bleibt, die Welt zu begreifen [...]. Steckt der Mann jetzt in einem Lager, das möglicherweise den Deutschen in Niederländisch-Indien bereitet wird? Ob er hört, daß wieder ein Heeresbericht den Kemmelberg genannt hat?«[149]

---

148 Dieser Vorfall spielte sich in Reifenbergs Zeit im Hirnforschungsinstitut von Oskar Vogt in Neustadt kurz vor Kriegsende ab. Bei dem Kontrahenten handelte es sich Reifenbergs Darstellung zufolge um einen etwas jüngeren, hochgebildeten Biologen und Mediziner. Vogt, der von Reifenbergs »Herzanomalie« wusste und einen Kollaps befürchtete, eilte seinem Mitarbeiter spontan zu Hilfe. Vgl. Benno Reifenberg: Oskar Vogt – Meine Konfrontation mit der Naturwissenschaft, in: Ders.: Offenbares Geheimnis, S. 309-327, hier S. 323/324.

149 Benno Reifenberg: Auf der Brücke, in: FZ, 9.6.1940.

Wie Reifenberg richtig vermutete, waren sein fünf Jahre jüngerer Bruder und dessen 17-jähriger Sohn Rolf, der bei der Scheidung dem Vater zugesprochen worden war, von den Niederländern interniert worden. Sie starben unter tragischen Umständen am 19. oder 20. Januar 1942 westlich von Sumatra im Indischen Ozean auf einem nicht mit dem Roten Kreuz gekennzeichneten, völlig überladenen Schiff, mit dem die deutschen Gefangenen angesichts des Vorrückens japanischer Truppen nach Britisch-Indien verlegt werden sollten und das kurz nach dem Auslaufen von einem japanischen U-Boot fälschlicherweise für einen Truppentransporter gehalten und versenkt wurde. An Bord befanden sich 478 deutsche Zivilinternierte und eine Besatzung von 110 Holländern. Während der niederländische Kapitän und seine Mannschaft die Rettungsboote bestiegen und im Schlepp eines Motorbootes entkommen kommen, wurde den deutschen Passagieren unter Androhung der Erschießung verboten, den Booten nachzuspringen. Die wenigen Überlebenden, die sich auf Flöße retten konnten, wurden am nächsten Tag von einem Flugboot der niederländischen Marine gesichtet, das einen holländischen Dampfer herbeirief. Als dessen Kapitän erfuhr, daß es sich bei den Schiffbrüchigen ausschließlich um Deutsche handelte, drehte er ab. Nur zwölf Menschen konnten sich auf eine Insel retten, die übrigen ertranken. Eine von der niederländischen Justiz eingeleitete Voruntersuchung wird 1956 ergebnislos eingestellt.[150]

Im Jahre 1942 rückte der Krieg für die deutsche Zivilbevölkerung näher: Am 30. Mai erfolgte der erste schwere Luftangriff der *Royal Air Force* auf eine deutsche Stadt. 90 Minuten lang regneten Bomben auf Köln – »ein Alarmsignal für Frankfurt«[151], wie Reifenberg und sein Freund Dolf Sternberger meinten. Mit Unterstützung durch Wendelin Hecht und den Verlag der FZ engagierten sie im Sommer 1942 den angesehenen Fotografen Paul Wolff, um das alte Frankfurt noch einmal im Bild zu bannen. Nach dem Krieg berichtete Sternberger, in den folgenden Monaten sei man zu dritt so oft wie möglich »in der Stadt umhergezogen« und habe nahezu ohne Differenzen die zu fotografierenden Objekte aus-

---

150 Vgl. http://www.wlb-stuttgart.de/seekrieg/kriegsrecht/transporte.htm, 18.5.2006. – Annie Reifenberg und ihre Tochter Maryla überlebten den Krieg. Wie Jan Reifenberg berichtet, ließ sich seine Cousine später in Neuseeland nieder und gründete dort eine Familie. Persönliche Mitteilung Jan Reifenbergs an die Verfasserin, 6.11.2006.
151 Hummerich: Wahrheit, S. 79.

gewählt.[152] Im Mittelpunkt des Projekts stand weniger das mittelalterliche als vielmehr das spätklassizistische Frankfurt – »die eigentlich bürgerliche Epoche«[153]. Die Zeil, das Heiliggeisthospital und die Rothschildbank, die prunkvolle Fassade der Stadtbibliothek, das alte Opernhaus und das säulenverzierte Portal des Hauptfriedhofs boten ebenso Motive wie die großen Bürgerhäuser an den Wallstraßen und am Anlagenring, mit denen Reifenberg Kindheitserinnerungen verband.[154]

Genau ein Jahr nachdem das fotografische Unternehmen abgeschlossen worden war, brach das befürchtete Inferno über Frankfurt herein. In zwei großen Angriffswellen am 18. und 22. März 1944 wurden über 1.400 Menschen getötet und 175.000 obdachlos; große Teile der Innenstadt sowie der östlichen und nordöstlichen Stadtteile wurden zerstört; die Wasserleitung aus dem Vogelsberg war unterbrochen, so dass der Frankfurter Osten kein Trinkwasser hatte. Dem »orkanartigen Feuersturm«[155] fielen unter anderem der Zoo, die Oper, die Paulskirche, das Städel und das Völkerkundemuseum, das Goethehaus, die Hauptwache und der gesamte Häuserkranz um den Römerberg und den Domhügel zum Opfer; Krankenhäuser, Kindergärten, Schulen, Kirchen, Museen, Ämter und Fabriken brannten, Straßenbahnen, Autos und Lastkraftwagen, Gleisanlagen und Telefonleitungen verschmorten. Zwei Tage später vervollständigten amerikanische Bomber das Werk der *Royal Air Force* und forderten noch einmal 372 Menschenleben. Reifenberg, der zu jener Zeit im Schwarzwald lebte, hielt sich in den Stunden der schlimmsten Angriffe zufällig in Frankfurt auf:

> »Am andern Morgen [am 23. März, DB] lief ich zu Wolffs Wohnung, wo ich die Filme wußte, durch den Palmengarten. Die Toten. Ich suchte das Haus, es war total weggewischt. Noch nicht einmal ein Trümmerhaufen. Im Nachbarhaus Leute von Wolff. Er war den Verlust anmelden. Im Kellergeschoß fand ich den Gehilfen. Er hatte sich an den Rotwein gemacht. Die Kartons mit den singulären Aufnahmen

---

152 Vgl. Dolf Sternberger: Geschichte dieses Buches, in: Günther Vogt: Frankfurter Bürgerhäuser des Neunzehnten Jahrhunderts. Ein Stadtbild des Klassizismus, Frankfurt 1970, S. 295-301, hier S. 298.

153 Sternberger: Geschichte dieses Buches, in: Vogt: Frankfurter Bürgerhäuser, S. 296.

154 Vgl. Benno Reifenberg: Erinnerungen und Ausblick. Aus einem Lichtbildvortrag vor dem Bund tätiger Altstadtfreunde 1958, abgedruckt in: Vogt: Frankfurter Bürgerhäuser, S.303-307, hier S. 305.

155 Frankfurt am Main. Daten, Schlaglichter, Baugeschehen. Ausgewählt von Heinz Ulrich Krauß, Frankfurt am Main 1997, S. 185.

waren unversehrt. Um die Mittagszeit verließen wir Frankfurt, auf dem Wägelchen mit Kleidern lag verschnürt in meiner Aktenmappe das Filmbündel. Um 15 Uhr passierten wir die westlichste Brücke und nahmen einen letzten Blick auf die brennende Stadt. Der Dom in den Schwaden verschwand und tauchte mit leergebranntem Dach auf. [...] Erst zehn Kilometer draußen gewahrten wir, daß dieser Märztag ein heller, wolkenloser Tag war.«[156]

Reifenberg rettete die Filme über den Krieg, indem er sie in sorgfältig mit Paraffin versiegelten Blechbüchsen in der Erde vergrub. 1958 präsentierte er sie im Rahmen eines Lichtbildvortrags vor dem »Bund tätiger Altstadtfreunde« in Frankfurt erstmals der Öffentlichkeit. Ende der 60er Jahre konnte schließlich mit Hilfe des Verlegers Werner Wirthle und des »Kuratoriums Kulturelles Frankfurt« mit den Vorbereitungen für die lange geplante und immer wieder verzögerte Publikation eines Bildbandes begonnen werden. Reifenberg und Sternberger trafen die letzte Auswahl der Fotos; der Germanist Günther Vogt, Lokalredakteur der FAZ, verfasste eine knapp einhundert Seiten starke Einleitung unter dem Titel »Ein Stadtbild des Klassizismus« sowie ausführliche Kommentare zu den Bildern. Reifenberg hat die Veröffentlichung nicht mehr miterlebt; das Buch erschien kurz nach seinem Tod im Jahre 1970 im Frankfurter Societätsverlag. Wenn er das Gedenken an die Zerstörung der deutschen Städte und die Opfer der Luftangriffe in seinem publizistischen Nachkriegswerk am Leben erhielt, so war er doch – ebenso wie Sternberger – weit davon entfernt, die Deutschen zum Opfervolk zu stilisieren: »[W]ir können uns nicht genug daran erinnern: Die Katastrophe, an der wir teilzunehmen hatten – sie war ja nur die Folge einer vorangegangenen Katastrophe: Die Mauern fielen zusammen, weil vorher die Seelen zusammengefallen waren.«[157]

Ein Grund für das hohe Engagement, mit dem Reifenberg das Fotoprojekt der Jahre 1942/43 verfolgte, war vermutlich die Tatsache, dass er als Journalist mehr und mehr auf ein Abstellgleis geraten war. In der Redaktion der FZ galt er zwar informell noch als »Steuermann«[158] und mo-

---

156 Reifenberg zitiert nach Sternberger in Vogt: Frankfurter Bürgerhäuser, S. 300. Vgl. auch Benno Reifenberg: 15. März bis 23. März 1944, in: Die Gegenwart, Nr. 204, 27.3.1954, S. 199-201.
157 Reifenberg: Erinnerungen und Ausblick, in: Vogt: Frankfurter Bürgerhäuser, S. 304.
158 Norbert Schandry, in: Benno Reifenberg 1892-1970. Worte des Gedenkens, S. 30.

ralische Leitfigur, konnte jedoch de facto immer weniger zum Gelingen des Blattes beitragen. Er publizierte seltener, manchmal wochenlang gar nicht. Seine letzte »Klebemappe«, angelegt für den Zeitraum vom 15. März 1942 bis zum 1./2. Mai 1943, ist nicht mehr als ein schmales Heft. Die Rubrik »Landschaften und Gesichter« tauchte unregelmäßiger im Feuilleton auf und wurde im Winter 1942/43 mehrere Monate lang ausgesetzt. Reifenberg verfasste einige Künstler-Porträts – Edgar Degas[159], Caspar David Friedrich[160], Jan Vermeer van Delft[161] –, beschäftigte sich mit chinesischen Holzschnitten[162] und japanischer Literatur[163] und nahm Zuflucht zur Exotik: Eine poetische Beschreibung Ceylons als eines fernen Landes, wo Kaffee und Tee wachsen, die Menschen Buddha verehren oder an Mohammed glauben und dem Reisenden die Fremde im Geruch von Holzfeuer, Kuhdung, Zimt und Vanille in die Nase steigt, beschwor eine Märchenwelt herauf.[164] Über den Redaktionsalltag dieser Jahre heißt es bei Hummerich, dass die Mitarbeiter zwar immer enger zusammengerückt seien, aber – anders als in früheren Jahren – nicht mehr im fruchtbaren geistigen Austausch, sondern in »einer Art ›verzweifelter Gewissenhaftigkeit‹«:

> »Die Gespräche auf dem Gang wurden spärlicher, verstummten. Die Konferenz schrumpfte auf die nötigsten Dispositionen. In der Depeschenredaktion fand man sich bei Hitler-Reden zum ›Gemeinschaftsempfang‹ zusammen. Bei Sondermeldungen dröhnte aus den Lautsprechern der dafür bestimmte Fanfarenton. In den Straßen schepperten die Büchsen für das Winterhilfswerk, übertönt von den scharrenden Stimmen der Sammler. Die Schaufenster waren mit leeren Pappkästchen dekoriert. In der Verdunkelung tappte man unwirsch seinen Weg, hier und da erschreckt von einem herrischen ›Licht aus‹. Zu den mittäglichen Eintopfessen verabredete man sich wie zu wichtigen Terminen. Freunde aus der Stadt kamen dazu, man verstand sich wortlos: nur nicht allein sein in diesen Elendstagen, darauf kam es an.«[165]

159 Vgl. Benno Reifenberg: Erinnerungen an Degas, in: FZ, 30.9.1942.
160 Vgl. Benno Reifenberg: Liniengeheimnis. Zu den Skizzenbüchern von Caspar David Friedrich, in: FZ, 4.1.1943.
161 Vgl. Benno Reifenberg: Jan Vermeer van Delft: Die brieflesende Frau, in: FZ, 11.1.1943.
162 Vgl. Benno Reifenberg: Chinesische Holzschnitte, in: FZ, 29.3.1943.
163 Vgl. Benno Reifenberg: Zur japanischen Literatur, in: FZ, 8.3.1943.
164 Vgl. Benno Reifenberg: Sternsaphir von Ceylon, in: FZ, 12.4.1942.
165 Hummerich: Wahrheit, S. 77.

RÜCKZUG IN ETAPPEN (1938-1945)

Die großen Fragen der Zeit konnte Reifenberg während der Kriegsjahre höchstens noch beiläufig streifen. Im Mai 1942 veröffentlichte er – ausnahmsweise unter vollem Namen – einen groß aufgemachten Beitrag über Leben und Werk des Malers Karl Blechen (1798-1840), der – ursprünglich in der Romantik wurzelnd – als Wegbereiter des Realismus in der bildenden Kunst gilt. Dabei machte er kein Geheimnis daraus, dass der hochbegabte Blechen ein psychisch schwerkranker Mann gewesen war:

> »Er malte mit einer großartigen, wilden Kühnheit. Alles brachte der malerischen Hand seine Schönheit dar, ein paar Dächer in der armen Vorstadtgegend oder das Eisensalzwerk bei Eberswalde. [...] Blechen war ein empfindlicher, verwundbarer Mensch; seine Schüler haben ihn geliebt. Der Mund zeugt von wenig Heiterem, die Augen versengen die Einsamkeit des Gesichtes. Im Wahnsinn hat Blechen vor sich hingezeichnet, aber das Gezeichnete immer wieder ausgelöscht.«[166]

Blechens »Wahnsinn« hieß Depression – im Deutschland Adolf Hitlers eine Diagnose, die unzählige Menschen, unabhängig von ihrer Intelligenz und Begabung, von Persönlichkeit, Charakter, Lebensumständen und physischer Gesundheit, zu potenziellen Mordopfern für den Staat machte. Reifenberg konnte sicher sein, dass die Leser der FZ wussten, worauf er anspielte, denn Gerüchte und Berichte über die sogenannten Euthanasie-Aktionen, das heißt die systematische Tötung körperlich und geistig behinderter sowie seelisch kranker Menschen, kursierten seit Jahren in der Öffentlichkeit und hatten bereits Proteste von kirchlicher Seite ausgelöst. In der FZ hatte sich Dolf Sternberger im Januar 1941 zu den abstrusen volkswirtschaftlichen Untersuchungen über den »Wert« und »Unwert« von gesunden und kranken, jungen und alten, unbescholtenen und vorbestraften, kinderreichen und kinderlosen Menschen für die Allgemeinheit geäußert und dabei unter anderem die Frage aufgeworfen, ob und auf welche Weise der Nutzen Friedrich Schillers mit den üblichen Methoden hätte errechnet werden können. Wenn Sternberger mahnte, »[d]as Unberechenbare« in der menschlichen Natur zu achten und den »eigentlichen Wert« des Individuums nicht in seinem »Nutzwert«, sondern in seinem »Wesen« zu erkennen[167], so illustrierte Reifenberg diese Worte mit dem Beispiel des Malers Blechen, der im Alter von 42 Jahren

---

166 Benno Reifenberg: Karl Blechen (1798-1840). Denkmal seines Lebens, seines Werkes, in: FZ, 11.5.1942.
167 Vgl. Dolf Sternberger: Der Wert des Menschen, in: FZ, 26.1.1941.

in geistiger Umnachtung gestorben war, der Nachwelt jedoch ein wertvolles Erbe hinterlassen hatte. Solche Anspielungen waren das Äußerste, was sich die FZ in den Jahren des massenhaften Mordens herausnehmen konnte. Der Rest war Schweigen.

Das Ende der »Frankfurter Zeitung«

»Man fragt sich«, schreibt Günther Gillessen, »was der Grund für Menschen gewesen sein kann, unter den elenden Bedingungen totalitärer Diktatur Journalisten zu bleiben oder werden zu wollen.«[168] Bei den Mitarbeitern der FZ, die dem NS-Staat überwiegend kritisch-distanziert gegenüberstanden, dränge sich diese Frage in besonderem Maße auf: »Warum hat keiner der Redakteure [...] den Beruf gewechselt? Warum haben alle weitergearbeitet, bis das Regime ihnen den Beruf verbot oder das Instrument wegnahm? Jeder der Beteiligten hat dafür seine eigene Antwort.« Ernst Trip erklärte Jahrzehnte später vor Mainzer Studenten, ausschlaggebend sei für ihn und andere der unvergleichliche Zugang zu Informationen – namentlich durch die ausländische Presse – gewesen, den die Arbeit bei der FZ trotz aller Beschränkungen auch noch im Krieg eröffnet habe. Der Redakteur Wilhelm Rey, der unmittelbar nach der Machtergreifung an einer kommunistischen Untergrundzeitschrift beteiligt gewesen war, dann abtauchen musste und sich als Autoverkäufer und Klavierspieler durchgeschlagen hatte, bevor er 1935 in der Eschenheimer Gasse engagiert worden war, empfand die Redaktion als »eine Oase des freien Meinungsaustausches« in der Wüste der Diktatur. Die 1942 neu hinzugekommene Feuilletonistin Gertrud Siber schätzte das Gefühl, sich im Kollegenkreis »öffnen« zu können, und sprach von einer »Insel« der Freiheit inmitten der allgemeinen Unfreiheit in Deutschland. Benno Reifenberg betonte nach dem Krieg insbesondere die tröstende Funktion der FZ, die für die »geistigen Menschen«[169] im NS-Staat ein Stück »Gegenposition« verkörpert habe; pathetisch fügte er hinzu: »Als die ›Frankfurter Zeitung‹ in Deutschland eingestellt wurde, war es, als würde in einem halbdunklen Raum die letzte Kerze ausgeblasen.«

Im Sommer 1943 war es so weit: Am 20. August erfuhren die Leser der in Basel erscheinenden »National-Zeitung«, dass die karge deutsche Presselandschaft künftig um ein traditionsreiches Organ ärmer werde. Der gro-

---

168 Gillessen: Auf verlorenem Posten, S. 435. Dort auch die folgenden Zitate.
169 Reifenberg an W. Bretscher, 26.5.1947, in: Achterberg, Albert Oeser, S. 152/153, hier S. 153. Hier auch die folgenden Zitate.

ße Leitartikel unter der Überschrift »87 Jahre ›Frankfurter Zeitung‹« zeigt deutlich jene Ambivalenz, mit der die Arbeit der Redaktion im Ausland bewertet wurde und die auch der heutige Leser bei der Lektüre der FZ empfinden mag:

> »Das Damoklesschwert des gänzlichen Verbotes schwebte in den verflossenen zehn Jahren ständig über dem Unternehmen. Die Redaktion fügte sich mehr und mehr in den Rahmen der allgemeinen Gleichschaltung, um, wie leise versichert wurde, ›die Zeitung zu retten‹. Immerhin blieb auch dann noch ein Bemühen spürbar, so oft es ging, humanitären Regungen Raum zu geben, die Stimme warnender Vernunft durchklingen zu lassen und vor allem im Ton nicht ganz der totalitären Marschmusik zu verfallen. Die gepflegte Sprache mancher Beiträge erinnerte immer wieder an bessere Zeiten. Insofern wirkte die kultivierende Form dieses repräsentativen deutschen Organs werbend für die Sache, die es vertreten mußte, und kam auf solche Weise der offiziellen Berliner Propaganda nur zugute.«[170]

Es wirkt fast paradox, dass die FZ den »Todesstoß«[171] ausgerechnet wegen eines Artikels von Herbert Küsel empfing – jenem Mitarbeiter, dem seit 1934 das Amt des inneren Zensors anvertraut war und der die Redaktion mit feinem Gespür für die Befindlichkeiten der Herrschenden durch neun nationalsozialistische Jahre begleitet hatte. Im März 1943 übernahm Küsel den staatlich befohlenen Gedenkartikel zum 75. Geburtstag des früh verstorbenen Hitler-Freundes Dietrich Eckart; es war erst der dritte Beitrag, den er selber verfasste.[172] Küsel zog sich vier Tage lang zurück, studierte alles, was er über Eckart finden konnte, schrieb eine ganze Nacht hindurch und lieferte das Manuskript dann erschöpft bei Erich Welter ab, der es eilig überflog und sofort in den Satz gab. Der Artikel erschien in der ersten Ausgabe mit dem Datum 23. März, die bereits am vorherigen Nachmittag an den Frankfurter Kiosken erhältlich war. Oskar Stark las das frisch gedruckte Blatt in seinem Büro, die Beine entspannt auf den Schreibtisch gelegt. Plötzlich registrierte Helga Hummerich, »daß er die [...] Füße mit seinem durchdringendsten ›Nanu‹ vom Tisch riß und in die Depeschenredaktion seinem Zimmer gegenüber

---

170 87 Jahre Frankfurter Zeitung, in: National-Zeitung. Organ für Handel und Industrie – Anzeigeblatt der Stadt Basel, 20.8.1943.
171 Hummerich: Wahrheit, S. 83.
172 Der gesamte Vorfall ist ausführlich geschildert bei Gillessen: Auf verlorenem Posten, S. 468-478. Vgl. auch Ehrke-Rotermund/Rotermund: Zwischenreiche und Gegenwelten, S. 40-55.

stürzte.«[173] Kurz darauf klingelte das Telefon: Am anderen Ende der Leitung war der zuständige Gaupropagandaleiter, der »in hellem Zorn«[174] die Beschlagnahmung der bereits ausgelieferten Zeitungen und ein Verbot der Auflage ankündigte. Obwohl Stark ihn dazu überreden konnte, seine Beanstandungen stattdessen in schriftlicher Form einzureichen, so dass sie für die wenig später andruckende Reichsausgabe berücksichtigt werden konnten, war der Fall noch nicht ausgestanden. Am nächsten Morgen wurden Küsel und sein Gegenleser Welter verhaftet und ins Untersuchungsgefängnis in der Hammelsgasse gebracht. Welter war nach 24 Stunden wieder frei, aber Küsel blieb vorerst hinter Gittern. Nach einer Woche erfolgte seine Verlegung in das Gestapogefängnis in der Berliner Prinz-Albrecht-Straße, eine »der schreckenerregendsten Adressen, die es in Deutschland gab«[175]. – Was war geschehen?

Das Gedenken an Dietrich Eckart lag den Nationalsozialisten sehr am Herzen. Wie sich der NSDAP-Reichspressechef Otto Dietrich in seinen Memoiren »12 Jahre mit Hitler« erinnerte, war Eckart »der Mann, der nach Hitlers eigenen wiederholten Äußerungen die größte Bedeutung für seinen Lebensweg gehabt hat.«[176] Der 1868 geborene Oberpfälzer stammte aus gutbürgerlichen Verhältnissen, hatte jedoch die ursprünglich angestrebte Medizinerlaufbahn frühzeitig gegen ein unstetes und ungesichertes Leben als freier Journalist, Dichter und Dramatiker getauscht. Während des Ersten Weltkrieges bewegte er sich in München im Dunstkreis der obskuren »Thule-Gesellschaft«; 1919 hielt er seinen ersten Vortrag vor Mitgliedern der Deutschen Arbeiterpartei (DAP), der Vorgängerorganisation der NSDAP. Als Herausgeber und Hauptschriftleiter des »Völkischen Beobachters« in den Jahren 1920/21 spielte er eine vitale Rolle für die noch junge NS-Bewegung: »Eckart kannte einen Kreis begüterter Bürger [...] und führte auch Hitler bei ihnen ein. Sie waren [...] Geldgeber Hitlers.« Der Kontakt zwischen Hitler und dem Baltendeutschen Alfred Rosenberg, der mit dem »Mythus des 20. Jahrhunderts« ein braunes Standardwerk schuf, war durch Eckart zustande gekommen. Nachdem er während des Hitler-Putsches vorübergehend verhaftet worden war, starb er im Dezember 1923 in Berchtesgaden an einem Herzschlag. Der Geburtstagsartikel im Feuilleton der FZ war weder unfreundlich noch besonders kritisch, aber unkonventionell. Wie Reifenberg nach

---

173 Hummerich: Wahrheit, S. 84.
174 Gillessen: Auf verlorenem Posten, S. 470.
175 Ebd., S. 472.
176 Otto Dietrich: Zwölf Jahre mit Hitler, München 1955, S. 178. Dort auch das folgende Zitat.

dem Krieg formulierte, stellte Küsel »das Bohèmehafte, das Typische der formlosen Jahrhundertwende im Leben dieses politischen Literaten objektiv, doch ohne Gehässigkeit dar.«[177] Aus dem »Dichter der Bewegung«, dem Hitler den zweiten Band von »Mein Kampf« gewidmet hatte, wurde in dieser Lesart ein »von den Abenteuern der Jahre«[178] umhergeworfenes Individuum, dem das Elend so vertraut war wie die Ausschweifung: »Allerdings, die Leber macht Beschwerden, aber er lebt seinen Neigungen«. Der Erfolg war ihm nicht in die Wiege gelegt worden, im Gegenteil. Immer von neuem, so betonte Küsel, habe Eckart »einen Anlauf genommen […], seinem Namen die öffentliche Anerkennung zu verschaffen«, was ihm schließlich durch Hitler gelungen sei:

> »Fünfzig Jahre war Dietrich Eckart alt, als das Land im November 1918 zusammenbrach. Er hatte das Leben eines Schriftstellers, eines Dichters geführt, und nach dem Gesetz jenes uns heute so fernen Zeitalters um die Jahrhundertwende hatte ihn das Schicksal gelockt und erhoben, gerüttelt und niedergehalten. […] Aber alle die Entwürfe, die niedergeschrieben, zum Teil ausgearbeitet, zum Teil wieder beiseitegelegt worden waren, sie hatten jetzt, in den Tagen des Zusammenbruchs von 1918, kein Leben mehr für ihn. […] Der Schriftsteller […] war jetzt ganz ein Mann der politischen Arena geworden. Er war einer der erbittertsten Männer.«

Besonders beanstandet wurden jene Passagen des Artikels, in denen Küsel die Qual einer Entziehungskur schildert, die dem Morphinisten Eckart eine Ahnung von der »Macht des Wahns« vermittelt habe. Im Reichssicherheitshauptamt, wo Küsel verhört wurde, sorgte man sich nicht nur um das Andenken Eckarts, sondern auch um den Ruf eines anderen prominenten Suchtpatienten:

> »Nun, Sie sind Schriftleiter, an einem großen Blatt, im außenpolitischen Ressort. Sie lesen doch auch ausländische Zeitungen.
> Kleine Pause. Mit einem leidlichen Anflug von Verlegenheit:
> Da wissen Sie doch, daß man draußen immer wieder den Reichsmarschall [Hermann Göring, DB] verleumdet; es wird behauptet, er sei

---

177 Reifenberg: Die zehn Jahre, in: Die Gegenwart/Sonderheft, S. 40-54, S. 53.
178 Herbert Küsel: Dietrich Eckart. Geboren am 23. März 1868, in: FZ, 23.3.1943. Abgedruckt in: Die Gegenwart/Sonderheft: Ein Jahrhundert Frankfurter Zeitung, S. 36-39. Dort auch die folgenden Zitate.

Morphinist. [...] Sie müssen doch, wenn Sie schreiben, daran denken, wie man so etwas liest.«[179]

Küsel überstand den Aufenthalt in der Prinz-Albrecht-Straße körperlich unversehrt und wurde infolge intensiver Bemühungen Hechts und Welters nach ein paar Tagen wieder entlassen und zum Kriegsdienst eingezogen. Bevor er Frankfurt verließ, kehrte er noch einmal in die Redaktion zurück und berichtete den Kollegen etwa eine Woche lang am Ende jeder Redaktionskonferenz von den Verhören im Reichssicherheitshauptamt: »Es war buchstäblich atemberaubend und man hörte, während er sprach, keinen Laut.«[180]

Mit der Freilassung Küsels schien »die Affäre Dietrich Eckart«[181] für die FZ ausgestanden zu sein. Doch die Ruhe trog. Wenige Wochen später, vermutlich am 1. Mai 1943, spielte sich in Hitlers Münchner Stammrestaurant *Osteria Bavaria* jene Szene ab, die Otto Dietrich ohne Datum überliefert hat: Gerdi Troost, die Witwe von Hitlers bevorzugtem Architekten Paul Ludwig Troost[182], mokierte sich demnach beim Essen über Küsels Eckart-Porträt in der FZ. Hitler nutzte den Anlass und erteilte seinem Paladin Martin Bormann »spontan den Befehl [...], die ›Frankfurter Zeitung‹ kurzerhand einstellen zu lassen, ohne Rücksicht auf alle entgegenstehenden Einwände der Sachbearbeiter.«[183] Der dienstfertige Bormann gab die Entscheidung des »Führers« umgehend weiter: »Darauf allseits fieberhafte Bemühungen, die Zeitung zu retten«.[184] Gefangen

---

179 Herbert Küsel: Corpus delicti, in: Die Gegenwart/Sonderheft: Ein Jahrhundert Frankfurter Zeitung, S. 36.
180 Hummerich: Wahrheit, S. 84.
181 Gillessen: Auf verlorenem Posten, S. 478.
182 Paul Ludwig Troost (1878-1934) war vor Albert Speer der Lieblingsarchitekt Hitlers gewesen. Seine Witwe Gerdi Troost (1904-2003) führte nach seinem Tod sein Münchner Architekturbüro weiter und wurde von Hitler am 20. April 1937 zur »Professorin« ernannt. Bis Kriegsende gehörte sie zum engeren persönlichen Umfeld des Diktators, der sie neben der NS-Frauenführerin Gertrud Scholtz-Klink, der Regisseurin Leni Riefenstahl und der Bayreuther Festspiel-Organisatorin Winifred Wagner zu den »Paradefrauen« des Dritten Reiches zählte. Im Rahmen der Entnazifizierung wurde sie als »Minderbelastete« eingestuft und zu einer Geldstrafe sowie zu zehn Jahren Berufsverbot verurteilt.
183 Dietrich: Zwölf Jahre mit Hitler, S. 202/203.
184 Oskar Stark, zitiert nach Gillessen: Auf verlorenem Posten, S. 480. – Stark rechtfertigte sich mit diesen Worten gegenüber Margret Boveri, bei der er einen Artikel über »Die Juden in Amerika« bestellt hatte, der dann ohne Rücksprache mit der Autorin von Heinrich Scharp umgeschrieben und von Stark in Satz gegeben worden war. Boveri, die schon den Auftrag als Zumutung empfunden

in einem »Teufelskreis«[185] aus rastlosen Aktivitäten zur Bewahrung des Blattes und der Erkenntnis der Aussichtslosigkeit dieser Bemühungen, opferte die Redaktion kurz vor der Schließung noch fünf verdiente Mitarbeiter: Die »Halbjuden« Benno Reifenberg und Erich Lasswitz sowie die mit Jüdinnen verheirateten Mitarbeiter Dolf Sternberger, Wilhelm Hausenstein und Otto Suhr wurden auf persönliche Anordnung von Joseph Goebbels am 5. Mai 1943 rückwirkend zum 30. April entlassen. Reifenberg interpretierte diese Entscheidung nach dem Krieg als letzten Versuch des Propagandaministers, »die Zeitung durch eine Personalveränderung vor Hitler zu rechtfertigen«[186]. Es gelang nicht. Mit dem 31. August 1943 kam das Ende der »Frankfurter Zeitung«. Hitler ordnete an, dass die Redaktion personell zu zerschlagen sei, um die Möglichkeit einer konspirativen Zusammenarbeit auszuschließen. Bei Reifenberg heißt es:

> »So ging man denn auseinander, die einen zogen ins Feld, manche suchten in wissenschaftlichen Studien die Qual der Zeit auszuhalten, die Jüngsten – es waren die Bedauernswertesten – wurden gleich Sklaven an andere ehemals bürgerliche, jetzt gänzlich denaturierte Zeitungen verkauft. Am Spätnachmittag des 31. August 1943 vereinigte sich der engste Kreis der Redakteure noch einmal. Sie bestimmten eine Mittelsperson, mit deren Hilfe sie in Zusammenhang zu bleiben gedachten. Übrigens, so ging die Meinung, sie würden nichts von dem, was sie gemeinsam erfahren hatten, vergessen. Sie wußten, wie es gewesen war in diesen zehn Jahren, deshalb konnten sie wissen, was werden sollte, einst, in diesem Vaterland.«

Im Frühjahr 1943 war Reifenberg weniger abgeklärt, als dieser Rückblick suggerieren mag. Gemeinsam mit Hecht, Kircher und Heinrich Scharp hatte er bis zur letzten Minute versucht, dem Propagandaministerium noch einmal eine Ausnahmegenehmigung abzuhandeln. Als der Anruf von Goebbels kam, der den letzten Hoffnungen ein Ende setzte, hielt er

---

hatte, war über die offensichtlich massiven Änderungen so empört, dass sie mit Kündigung drohte. Ihr bis dahin freundschaftlich-kollegiales Verhältnis zu Oskar Stark hat sich nie wieder erholt. In der Geschichte der FZ war die Publikation des Beitrags eine Zäsur, hatte sich das Blatt doch stets zugutegehalten, die »Judenfrage« konsequent auszusparen. Nun tauchte sie im Gewand des Antiamerikanismus doch auf: Man warf den USA Heuchelei bei der Bekämpfung des deutschen Antisemitismus vor, da es auch in der amerikanischen Gesellschaft Vorbehalte und Feindschaft gegen die Juden gebe. Vgl. Margret Boveri: Landschaft mit doppeltem Boden, in: FZ, 28.5.1943.
185 Hummerich: Wahrheit, S. 87.
186 Reifenberg: Die zehn Jahre, in: Die Gegenwart/Sonderheft, S. 40-54, S. 54.

Benno Reifenberg während des Krieges

sich in Berlin auf. Er verabschiedete sich von Kircher und fuhr noch am gleichen Abend nach Frankfurt zurück.[187]
Mit der Entlassung bei der FZ verloren Reifenberg und seine Kollegen ihren Status als Schriftleiter – das war gleichbedeutend mit einem Berufsverbot. Seinen letzten Artikel, publiziert in der Ausgabe vom 1./2. Mai 1943, hatte Reifenberg schon vor der Abreise nach Berlin verfasst; er

---

187 Vgl. Hummerich: Wahrheit, S. 86. – Hummerich berichtete zudem, dass sie die zum Zusammenhalt der Redaktion bestimmte »Mittelsperson« gewesen sei, von der Reifenberg sprach. Vgl. Hummerich: Wahrheit, S. 98.

gleicht einem Abgesang: »Am Ende«, heißt es in dem kleinen Feuilleton mit dem Titel *Sphinx*, sei »der Mensch selbst sein eigenes, sein schwerstes Rätselwesen, von dem er sich nicht im Leben, vielleicht aber im Tode freimacht.«[188] Sieben Jahre zuvor war Reifenberg während einer Reise nach Verona von einem Anfall von Zukunftsangst überwältigt worden, den er Max Picard folgendermaßen geschildert hatte:

> »Vorgestern Nacht, nachdem ich beim Einschlafen darüber nachgedacht hatte, ich würde doch eines Tages Frankfurt verlassen müssen, träumte ich von Frankfurt, es war in der Hochstrasse, aber im frühen 19. Jahrhundert, mondhell und kein Mensch zu sehen. Ich lag auf den Knien und schlug mit beiden Fäusten aufs Pflaster und schluchzte in mich hinein: ›Das ist meine Stadt, das ist meine Stadt.‹«[189]

Im Frühsommer 1943 war der Alptraum von 1936 Realität geworden. In einem Schreiben an Wendelin Hecht erteilte Reifenberg der »Möglichkeit, in meiner Frankfurter Wohnung zu bleiben und mich gewissermaßen als Rentner völlig zurückzuziehen«, eine kategorische Absage: »Abgesehen davon, dass es psychologisch schwer ist, am gewohnten Ort früherer Tätigkeit untätig zu sein, möchte ich auch der Zeitung zuliebe jeden Verdacht ausräumen, ich hätte die Absicht, die Verbindung mit ihr auf privatem Wege aufrecht zu erhalten.«[190] Reifenberg war entschlossen, Frankfurt zu verlassen. Alles Weitere war vorerst unklar.

Zuflucht im Schwarzwald

»Kommt ein Sommer, da das Sensenläuten
Und das Korn, das tief in Reihen fällt,
Und die Blitze nicht den Tod bedeuten,
Der allmächtig seine Ernte hält.

Kommen lange Winter wieder, stille
Nächte, die kein Feuerlärm zerreißt,
Kommen Jahre, die ein sanfter Wille
Ruhig dauern, ruhig gehen heißt.

---

188 Benno Reifenberg: Sphinx, in: FZ, 1./2.5.1943. Abgedruckt in: Ders.: Landschaften und Gesichter, S. 317-319.
189 Benno Reifenberg an Max Picard, 21.3.1936, NL BR, DLA, 79.12437.
190 Benno Reifenberg an Wendelin Hecht, undatierter Brief mit später eingefügter handschriftlicher Anmerkung »ca. Juni 1943«, NL BR, DLA, 79.12416.

Steht im Westen noch ein rotes Glühen
Wie von Untergang und Blutgericht,
Wirkt es doch in alle Zukunft nicht.
Wind will wehen, Rosen wollen blühen,
Mit der Hoffnung heiligem Bemühen
Wecken wir den Strom der Zuversicht.«[191]

»Strom der Zuversicht« lautet der Titel des Gedichtes von Marie Luise Kaschnitz, das die FZ am vorletzten Tag ihres Erscheinens, dem 29. August 1943, veröffentlichte und das Benno Reifenberg in der ersten Ausgabe der »Gegenwart« vom 24. Dezember 1945 erneut abdrucken ließ. Kaschnitz war seit den frühen 30er Jahren mit Erzählungen, Essays und Gedichten im Feuilleton der FZ vertreten gewesen und pflegte, wie ihre Biographin Dagmar von Gersdorff herausarbeitet, eine ebenso enge wie eigentümliche Freundschaft mit Dolf Sternberger, in der sich »ein geistiges und emotionales Einverständnis, das den Austausch auf jeder Ebene erlaubte«, mit einem »irrationalen, im eigentlichen Sinne erotischen Element« verband.[192] In dem Kreis um die FZ war die weltgewandte, gebildete Ehefrau des bekannten Archäologen Guido Kaschnitz von Weinberg ein geschätzter Gast. Geboren 1901 als Tochter eines preußischen Generalmajors, aufgewachsen unter höchst privilegierten Umständen in Potsdam und Berlin, Spielgefährtin der Kaisertochter Victoria Luise, machte sich die gelernte Buchhändlerin in den 30er und 40er Jahren einen Namen als Schriftstellerin, ohne dabei jene Grenzen bürgerlicher Weiblichkeit zu überschreiten, die Reifenberg und seine Kollegen insbesondere in der Weimarer Zeit gern angemahnt hatten. Ihr Debüt als Romanautorin hatte sie 1933 mit dem Erfolgswerk »Liebe beginnt« gegeben, das in einem Plädoyer für die freiwillige und freudige Unterordnung der Frau unter den Willen des Mannes gipfelt. Im Dritten Reich war sie zwar »›dagegen‹«, wie sie nach dem Krieg erklärte, »aber […] doch viel zu feig, um wirklich etwas zu tun.«[193] Ihr Mut reichte aus, um kleine Zeichen der Verweigerung zu setzen; so erteilte sie im Februar 1936 dem Angebot einer Lesung vor der »Nationalsozialistischen Künstlergemeinschaft« eine Absage und schlug wenige Monate später eine Einladung zu

---

191 Marie Luise Kaschnitz: Strom der Zuversicht, abgedruckt in: FZ, 29.8.1943, und Die Gegenwart, 24.12.1945.
192 Dagmar von Gersdorff: Marie Luise Kaschnitz. Eine Biographie, Taschenbuchausgabe, Frankfurt am Main und Leipzig 1992, S. 150/151.
193 Kaschnitz zitiert nach Gersdorff: Marie Luise Kaschnitz, S. 108. Dort auch das folgende Zitat.

den Olympischen Spielen nach Berlin aus, obwohl ihr Vater zu den Organisatoren der Reitwettkämpfe gehörte. Sie habe in der NS-Zeit »ein paar Unannehmlichkeiten gehabt«, berichtete Kaschnitz später, aber »[m]ich als ›engagiert‹ zu bezeichnen, wäre nichts als Angeberei.« Als sie im Frühsommer 1943 erfuhr, dass Benno Reifenberg, den sie wegen seiner »wohltuenden« Ausstrahlung schätzte[194], auf der Suche nach »Arbeit« war, »die für das allgemeine Wohl förderlich sein könnte«[195], wie er sich ausdrückte, gab sie ihm die Adresse des Freiburger Pathologen Franz Büchner, der als Gegner der nationalsozialistischen »Euthanasie«-Praxis bekannt war.[196] Es war der entscheidende Hinweis für die nähere Zukunft.

Reifenberg wusste, dass er keine großen Ansprüche an seine künftige Tätigkeit stellen konnte; nach seiner Entlassung bei der FZ schrieb er an Wendelin Hecht, er sei bereit, eine untergeordnete Stellung in einem Krankenhaus oder Lazarett, in der Verwaltung »oder vielleicht [...] als Maschinenzeichner in irgendeinem Rüstungsbetrieb« anzunehmen, wobei er sich auf dem Niveau »der jetzt bei dem totalen Kriegseinsatz Dienstverpflichteten« sehe. Wichtig sei für ihn, dem drohenden Frührentnerdasein zu entkommen: »Ich fühle mich dazu mit 51 Jahren zu jung.«[197] Nachdem ein Versuch Hechts, Reifenberg bei der Wehrmacht unterzubringen, gescheitert war[198] und Vorstellungsgespräche »bei befreundeten

---

194 Vgl. Gersdorff: Marie Luise Kaschnitz, S. 195.
195 Benno Reifenberg an Wendelin Hecht, undatierter Brief, späterer Vermerk: »ca. Juni 1943«, NL BR, DLA, 79.12416.
196 Franz Büchner (1895-1991) bekleidete von 1936 bis zu seiner Emeritierung 1963 den Lehrstuhl für Pathologie in Freiburg. Am 18. November 1941 verurteilte er im Rahmen einer öffentlichen Veranstaltung im Kuppelsaal der Universität die Krankentötungen im Rahmen des sogenannten Euthanasie-Programms. In der Bundesrepublik hat er sich kompromisslos gegen die Legalisierung des Schwangerschaftsabbruchs ausgesprochen und die Ansicht vertreten, dass Abtreibung in jeder Phase der embryonalen Entwicklung die Tötung eines Menschen bedeute. 1957/58 war Büchner Präsident der Deutschen Gesellschaft für Pathologie. Vgl. Karl-Heinz Leven: Der Freiburger Pathologe Franz Büchner 1941. Widerstand mit und ohne Hippokrates, in: Bernd Grün (Hrsg.): Medizin und Nationalsozialismus. Die Freiburger Medizinische Fakultät und das Klinikum in der Weimarer Republik und im »Dritten Reich« (Medizingeschichte im Kontext, Bd. 10), Frankfurt am Main 2002, S. 362-396.
197 Benno Reifenberg an Wendelin Hecht, undatierter Brief, späterer Vermerk: »ca. Juni 1943«, NL BR, DLA, 79.12416.
198 Vgl. Wendelin Hecht an Benno Reifenberg, 24.5.1943, NL BR, DLA, 79.3171. Vgl. Gillessen: Eine bürgerliche Zeitung, S. 482/483.

oder mir empfohlenen Ärzten und Gelehrten« in München und Gießen erfolglos geblieben waren[199], fand Reifenberg schließlich bei Büchner ein offenes Ohr. Nach dem Krieg erinnerte er sich, wie er vor dem für 9 Uhr morgens verabredeten Termin auf einem Mauerrand gegenüber dem Institut für Pathologie in Freiburg gesessen habe – »etwas unruhig und ein wenig betroffen« angesichts der ungewohnten Situation:

> »Jahrzehntelang gehörte es zu meinem Beruf, um Rat gefragt zu werden, wie viele Male waren meine Besucher gebeten worden, zu warten, und waren damit ihrem Zustand der Unsicherheit, zwischen Hoffen und Sorgen, ja nicht selten der Verzweiflung weiter preisgegeben. Nun war ich selber der Wartende.«[200]

Obwohl Büchner höflich war und den Termin pünktlich einhielt, scheint Reifenberg die plötzliche Degradierung vom leitenden Redakteur einer großen Tageszeitung zum älteren Arbeitssuchenden als Demütigung empfunden zu haben: »Siehst du, so ist das, fuhr es mir durch den Sinn.« Der Freiburger Lehrstuhlinhaber verstand es jedoch rasch, ihm sein Unbehagen zu nehmen, und verwies ihn an den »alten Vogt in Neustadt«: »Es klang so entschieden, daß ich ihn gewähren ließ, ohne zu wissen, welches Neustadt gemeint war, geschweige, wer der ›alte Vogt‹ sein konnte.«[201]

Büchner meinte den kleinen Ort Neustadt im Schwarzwald und den Hirnforscher Oskar Vogt, dessen Name zusammen mit dem seiner Frau Cécile in die Geschichte der Medizin eingegangen ist. Mit einem Empfehlungsschreiben des Pathologen in der Tasche fuhr Reifenberg von Freiburg direkt nach Neustadt, wo er am frühen Nachmittag eintraf. Das »Gehirnschloss«, wie die Schwarzwaldbauern das Forschungsinstitut des Ehepaares Vogt nicht ohne Gruseln nannten[202], erwies sich als nüchternes, dreistöckiges Gebäude, dessen großzügige Fensterfront einen weiten Blick auf den Schwarzwald freigab. Reifenberg erzählte später, dass ihm auf sein Klingeln eine Frau geöffnet habe, die auf den ersten Blick überaus souverän, ja: hochmütig auf ihn gewirkt habe, obwohl sie schlicht gekleidet und gerade auf dem Weg zum Wäscheaufhängen im Garten gewesen sei: Cécile Vogt. Sie habe sich ihm nicht vorgestellt, monierte Reifenberg. Mit warmen Worten beschrieb er dagegen die erste Begeg-

---

199 Benno Reifenberg an Wendelin Hecht, 28.6.1943, NL BR, DLA, 79.12416.
200 Reifenberg: Oskar Vogt, in: Ders.: Offenbares Geheimnis, S. 309. Dort auch das folgende Zitat.
201 Reifenberg: Oskar Vogt, in: Ders.: Offenbares Geheimnis, S. 309/310.
202 Ebd., S. 316.

nung mit dem Hausherrn, der ihn durch die Lektüre der FZ als Journalist gekannt habe. »Der alte, erfahrene Forscher« sei »nicht sentimental« gewesen; auf Reifenbergs dringend hervorgebrachten Wunsch, eine Beschäftigung zu finden und etwas »Nützliches« zur Gesellschaft beizusteuern, habe er sich zunächst sachlich erkundigt, aus welchem Grund der Geisteswissenschaftler annehme, in einem naturwissenschaftlichen Forschungsinstitut etwas »Nützliches« leisten zu können. Erst als Reifenberg daraufhin von seiner Begabung zum Zeichnen sprach, wurde Vogt aufmerksam:

> »Ich könnte den Versuch machen, Sie einmal am Mikroskop arbeiten zu lassen‹, begann er, und dann schilderte er mir kurz und für mich faßbar, daß für die im Institut betriebenen Forschungen mit eigens hergestellter Apparatur das Hirn in schmalste Abschnitte zerlegt werde, wobei durch Färbung die verschiedenartigen Strukturen in ihren Umrissen zum Vorschein kämen. Diese Umrisse seien durchs Mikroskop zu beobachten und abzuzeichnen, die Blätter mit diesen Umrissen, Tausenden an der Zahl, schüfen die Grunddaten zu einem Atlas der Hirnschichten. [...] Wenn ich möchte und wenn meine zeichnerische Fertigkeit genüge, wolle er den Versuch machen, mit mir eine engere Bindung einzugehen. Es war ein Experiment«.[203]

Die Vita des Wissenschaftlers Oskar Vogt hat den Schriftsteller Tilman Spengler zu einem satirischen Roman mit dem Titel »Lenins Hirn« inspiriert[204]; zudem liegen wissenschaftliche Darstellungen von Helga Satzinger, Walter Kirsche und Peter Düweke über Leben und Werk Vogts vor, wobei insbesondere Satzinger und Düweke auch die Rolle seiner Ehefrau und Mitarbeiterin Cécile Vogt berücksichtigen. Vogt war 1870 als ältestes von fünf Kindern in einem Husumer Pfarrhaushalt geboren worden und hatte als Schüler eine auffällige Leidenschaft für Insekten entwickelt; eine im Alter von 16 Jahren angelegte und jahrzehntelang liebevoll gepflegte Hummelsammlung zählte gegen Ende seines Lebens etwa 300.000 Exemplare. Nach dem frühen Tod des Vaters 1879 ermöglichten ihm wohlmeinende Mitbürger den Besuch des örtlichen Gymnasiums, anschließend studierte er einige Semester Zoologie und Medizin in Kiel und immatrikulierte sich dann an der Medizinischen Fakultät der Universität Jena, »wo der Zoologe Ernst Haeckel und der Anatom Max Fürbringer seine Lehrer waren und seine Neigungen zum Studium der

---

203 Ebd., S. 310/311.
204 Tilman Spengler: Lenins Hirn. Roman, Reinbek bei Hamburg 1991.

Entstehung der Arten und der vergleichenden Morphologie stärkten.«[205] 1893 engagierte der namhafte Psychiater Otto Binswanger den jungen Mann als Assistenten in seiner Jenaer Klinik. Wie ausgeprägt das Selbstbewusstsein des soeben erst promovierten Nachwuchswissenschaftlers war, hat August Forel, damals Direktor der international bekannten Nervenklinik Burghölzli/Zürich, in seinen Memoiren betont. Vogt hatte Forel demnach auf einen Fehler hingewiesen, und der prominente Nervenarzt und Hirnanatom musste zugeben, dass der junge Kollege recht hatte: »Seine ungeschminkte Art und vor allem seine wissenschaftliche Objektivität imponierten mir sehr, da sie wohltuend mit den gewöhnlichen höflichen Schmeicheleien oder Lobhudeleien kontrastierten«.[206]

August Forel galt im späten 19. Jahrhundert als »Meister der Hypnose«[207]. Vogt, der sich seit der Schulzeit für Psychologie und Psychotherapie interessierte, ließ sich von ihm in die therapeutische Hypnose einführen und wurde Mitherausgeber der »Zeitschrift für Hypnotismus, Psychotherapie sowie andere psychophysiologische und psychopathologische Forschungen«, zu jener Zeit die einzige deutschsprachige Fachzeitschrift für Psychotherapie. Unter dem neuen Titel »Journal für Psychologie und Neurologie« stellte sie von 1902 bis 1942 »die hauseigene Zeitschrift von Cécile und Oskar Vogt dar.«[208] Nach einem eher unerfreulichen Zwischenspiel an der Leipziger Psychiatrischen und Nervenklinik, wo mit seinem Vorgesetzten Paul Flechsig »ein späterer mächtiger Gegner«[209] auf den Plan trat, ging Vogt 1897 nach Paris, um neuroanatomisch zu arbeiten: »Seine Zielstellung lag in der Aufklärung der materiellen Grundlagen normaler und pathologischer psychischer Vorgänge im Gehirn, so daß die Hirnanatomie zunehmend in den Mittelpunkt seines Interesses trat.«[210] Im Alter von 28 Jahren gründete er im Mai 1898 in einem Berliner Mietshaus mit privaten Mitteln aus seiner nervenärztlichen

---

205 Walter Kirsche: Oskar Vogt 1870-1959. Leben und Werk und dessen Beziehung zur Hirnforschung der Gegenwart. Ein Beitrag zur 25. Wiederkehr seines Todestages (Sitzungsberichte der Akademie der Wissenschaften der DDR. Mathematik – Naturwissenschaften – Technik, Jg. 1985/Nr. 13/N), Berlin 1986, S. 6/7.
206 Auguste Forel: Rückblick auf mein Leben, Zürich 1935, S. 151.
207 Kirsche: Oskar Vogt, S. 7.
208 Helga Satzinger: Die Geschichte der genetisch orientierten Hirnforschung von Cécile und Oskar Vogt (1875-1962, 1870-1959) in der Zeit von 1895 bis ca. 1927 (Braunschweiger Veröffentlichungen zur Geschichte der Pharmazie und der Naturwissenschaften, Band 41), Stuttgart 1998, S. 39/40.
209 Satzinger: Die Geschichte der genetisch orientierten Hirnforschung, S. 44.
210 Kirsche: Oskar Vogt, S. 8.

Tätigkeit ein eigenes Institut: die »Neurobiologische Zentralstation«, die 1902 der Universität angegliedert wurde. Vogt betrieb dieses Unternehmen seit 1899 zusammen mit seiner französischen Frau Cécile, einer ebenso begabten wie ehrgeizigen Neurologin, die ihre wissenschaftliche Tätigkeit auch als Mutter zweier Töchter engagiert fortsetzte. In enger und fruchtbarer Zusammenarbeit begründeten Oskar und Cécile Vogt ein gemeinsames Lebenswerk: Sie suchten im menschlichen Gehirn nach anatomischen Entsprechungen seelischer Phänomene. Wie Satzinger 1998 feststellte, legten sie damit »wesentliche Grundlagen des neuroanatomischen Baues des Großhirns des Menschen und der Säugetiere.«[211] Aus dem von ihnen aufgebauten Kaiser-Wilhelm-Institut für Hirnforschung in Berlin gingen nach 1945 die Max-Planck-Institute für Hirnforschung der Bundesrepublik Deutschland hervor.

Cécile Vogt, geborene Mugnier, Jahrgang 1875, hatte als Neurologin ein für Frauen »besonders heikles medizinisches Gebiet«[212] gewählt. Um die Jahrhundertwende glaubten die männlichen Fachvertreter den Nachweis führen zu können, dass die als Faktum vorausgesetzte intellektuelle Unterlegenheit der Frau mit dem durchschnittlich geringeren weiblichen Hirngewicht logisch erklärbar sei – eine gewagte These, die schon vor ihrer eindeutigen Widerlegung angezweifelt wurde, nachdem eine Stichprobenuntersuchung ein höheres Durchschnittsgewicht der Hirne schwarzer Frauen im Vergleich mit weißen Westeuropäerinnen ergeben hatte. Im deutschen Kaiserreich war die Situation für Frauen noch erheblich schwieriger als in Frankreich: Als Cécile in ihrer Heimat bereits als Assistenzärztin arbeitete, waren ihre Geschlechtsgenossinnen jenseits des Rheins noch nicht einmal zum Medizinstudium zugelassen. Die ärztliche Approbation, die sie 1900 in Paris zugleich mit der Promotion erhalten hatte, wurde in Deutschland erst zwanzig Jahre später anerkannt. Dass weder die Übersiedlung nach Berlin noch Ehe und Mutterschaft das Ende ihrer wissenschaftlichen Tätigkeit bedeuteten, hatte Cécile der Wertschätzung und Unterstützung ihres Mannes zu verdanken, der Aufsehen erregte, indem er seine Teilnahme an wissenschaftlichen Tagungen an die Bedingung knüpfte, dass seine Frau ihn begleiten und den Vorträgen lauschen dürfe. Wissenschaftlich stimmten Oskar und Cécile Vogt in allen wesentlichen Punkten überein: Beide sahen den Zugang zum Rätsel-

---

211 Satzinger: Die Geschichte der genetisch orientierten Hirnforschung, S. 3.
212 Peter Düweke: »Aus allen diesen Gründen läßt unser hirnanatomischer Befund Lenin als einen Assoziationsathleten erkennen.« Cécile und Oskar Vogt (1875-1962, 1870-1959), in: Ders.: Kleine Geschichte der Hirnforschung. Von Descartes bis Eccles, München 2001, S. 114-128, hier S. 118.

organ Gehirn in der genauen Erforschung der Hirnstrukturen unter dem Mikroskop, beide vertraten ein außerordentlich mechanistisches Verständnis des Hirngeschehens, beide kritisierten die Psychoanalyse und widersprachen der Annahme Freuds, dass es ein zu deutendes Unbewusstes des Menschen geben könne. Als sich Cécile Vogt 1925 gegen Alfred E. Hoche und Karl Binding wandte, deren fünf Jahre zuvor erschienene Schrift »Die Freigabe der Vernichtung lebensunwerten Lebens, ihr Maß und ihre Form« eine theoretische Rechtfertigung für Krankentötungen lieferte[213], argumentierte sie nicht ethisch, sondern streng naturwissenschaftlich. Binding und Hoche gingen davon aus, dass psychische Krankheiten keine »materielle Basis« hätten und daher auch nicht therapierbar seien. Cécile Vogt hielt dagegen, indem sie darauf verwies, dass bei der von ihr untersuchten Krankheit *Chorea Huntington* eine Region im Gehirn strukturell verändert sei und es damit theoretisch einen Ansatzpunkt für eine physikalische oder chemische Therapie gebe.[214]

Benno Reifenberg geriet nach eigenem Bekunden schon am Tag des Neustädter Vorstellungsgesprächs zum ersten Mal in einen Disput mit der »gelehrten Frau«[215], die ihn auf Geheiß ihres Mannes durch die wertvolle Sammlung präparierter Gehirne führte:

»Es waren da Hirnexemplare von Tieren der niederen Stufen bis zum Affen ausgestellt und eine nicht geringe Reihe von Menschenhirnen. [...] Cécile Vogt und ich gingen langsam und einigermaßen stumm an den grauen komplizierten Gebilden vorüber. Plötzlich fragte meine Begleiterin: ›Nun, was meinen Sie, wo ist da die unsterbliche Seele?‹« Ich ärgerte mich über diese theologische Konsequenz unseres Betrachtens, die sie mir solcherart ansann: ›Ach‹, erwiderte ich, ›die ist so gut im Hirn wie im Daumen.‹«[216]

Den Nationalsozialisten waren die Vogts von Anfang an ein Dorn im Auge gewesen. Oskar Vogt unterhielt enge Verbindungen in die Sowjetunion und war 1925 von der Moskauer »Kommission für die Unter-

---

213 Karl Binding/Alfred E. Hoche: Die Freigabe der Vernichtung lebensunwerten Lebens, ihr Maß und ihre Form, Leipzig 1920.
214 Vgl. Düweke: »Aus allen diesen Gründen«, S. 123. – Chorea Huntington ist eine erbliche Erkrankung, die sich durch regellose, plötzlich einschießende, unwillkürliche und asymmetrische Bewegungen der Muskulatur auszeichnet, die eventuell im Schlaf verschwinden; betroffen sind in erster Linie die Extremitäten, im Einzelfall auch das Gesicht.
215 Reifenberg: Oskar Vogt, in: Ders.: Offenbares Geheimnis, S. 310.
216 Ebd., S. 311/312.

suchung des Gehirns Lenins« um seine Mitarbeit gebeten worden. Die deutsche Reichsregierung, bestrebt, das deutsch-sowjetische Verhältnis zu verbessern, hatte den Plan unterstützt. Vogt, der in Deutschland als langjähriger Nervenarzt und enger Vertrauter der Familie Krupp noch während des Zweiten Weltkrieges materielle Unterstützung durch die Großindustrie genoss, übersiedelte nach Moskau und bezog eine repräsentative Villa, die zum »Institut zur Erforschung des Gehirns von Lenin« erklärt wurde. Aus heutiger Perspektive haftet dem Projekt etwas Kurioses an: Vogts Assistentin Margarete Woelcke zerlegte das durch mehrere Schlaganfälle schwer verletzte Gehirn des 1924 verstorbenen Sowjetführers in akribischer Feinarbeit in mehr als 30.000 Serienschnitte; vor dem Panzerschrank, in dem das kostbare Material aufbewahrt wurde, schob ein Soldat Tag und Nacht Wache. Die Forschungsergebnisse, die Vogt Ende 1929 im Rahmen eines Vortrags in Moskau präsentierte, bieten seitdem in der Neurologie wiederkehrenden Anlass zu Spott und Hohn. Offensichtlich motiviert von dem Wunsch, seine fast fünfjährige Tätigkeit zu rechtfertigen, erklärte Vogt Lenin aufgrund des Fundes von Pyramidenzellen in einer bis dato angeblich noch nie beobachteten Größe bzw. riesigen Pyramidenzellen in einer sonst noch nie beobachteten Zahl in der dritten Rindenschicht des Gehirns kurzerhand zum »Assoziationsathleten«: »Speziell machen uns diese großen Zellen das von allen denjenigen, die Lenin gekannt haben, angegebene außergewöhnlich schnelle Auffassen und Denken Lenins, sowie das Gehaltvolle in seinem Denken oder – anders ausgedrückt – seinen Wirklichkeitssinn verständlich.«[217] Düweke fügt in seinem 2001 erschienenen Werk über die Geschichte der Hirnforschung trocken hinzu, noch größere Pyramidenzellen habe lediglich Vogts Mitarbeiter Korbinian Brodmann bei der Obduktion von Löwen und Wickelbären gefunden[218] – interessanterweise bereits einige Jahre vor dem Moskauer Abenteuer seines Chefs.

Politisch war und blieb Vogt ungebunden: Während er bis 1930 den Aufbau des »Staatsinstituts für Hirnforschung« in Moskau organisierte, plante er zugleich mit Unterstützung der US-amerikanischen *Rockefeller Foundation* den Neubau des erweiterten Kaiser-Wilhelm-Instituts für Hirnforschung, das am 2. Juni 1931 in Berlin-Buch eingeweiht wurde. Zwei Jahre später begannen die Repressalien des Regimes mit einer Durchsuchung des Instituts durch die SA. Vogt wurde vorgeworfen, »[h]erausfordernde Bemerkungen [...] über die SA und den Nationalso-

---

217 Vogt zitiert nach Düweke: »Aus allen diesen Gründen«, S. 116.
218 Vgl. Düweke: »Aus allen diesen Gründen«, S. 116.

zialismus« gemacht, in mehreren Fällen Juden und Ausländer begünstigt und kommunistische Propaganda in seinem Einflussbereich nicht unterbunden, sondern stillschweigend geduldet zu haben.[219] 1937 zog er sich unter starkem politischem Druck mit seiner Frau, einigen engen Mitarbeitern und der damals 24-jährigen Tochter Marguerite Vogt, die in der entwicklungsbiologischen Forschung tätig war, in den Schwarzwald zurück, wo er sich optimale Bedingungen für seine Hummelbeobachtungen versprach. Am Rande von Neustadt gründete er jenes idyllisch gelegene »Institut für Hirnforschung und allgemeine Biologie«, in dem Benno Reifenberg nach einem vorbereitenden Praktikum vom 15. bis zum 22. Juni am 15. September 1943 eine Tätigkeit als »technischer Hilfsarbeiter« aufnahm.[220] Was ihn dort nach Absprache mit Vogt erwartete, hatte er in einem Brief an Hecht vom 21. Juli 1943 skizziert – eines der wenigen erhalten gebliebenen Dokumente, in denen er mit dem Hitler-Gruß schloss, den er in seiner privaten wie beruflichen Korrespondenz sonst fast immer vermied:

> »Herr Professor Vogt hat keinen Hehl daraus gemacht, dass für mich eine Arbeit wissenschaftlicher Natur nicht in Frage kommen kann, auch keine wissenschaftliche Assistenten-Arbeit. Mir fehlt dazu jede Qualifikation durch irgendwelche einschlägige Vorbildung. […] Ich würde daher am Institut […] lediglich als eine untergeordnete Hilfskraft Verwendung finden. […] Wenn ich trotz dieser mir bevorstehenden etwas eintönigen Arbeit bereit bin, zuzugreifen, so geschieht das in der Hoffnung, die Dienststunden (8-12 und 2-6) würden mir Zeit genug lassen, naturwissenschaftliche Anfangsgründe autodidaktisch zu erwerben, die mir bislang völlig fehlten und von denen ich mir eine wünschenswerte Ergänzung meiner Allgemeinbildung versprechen darf. Dass ich zudem – allerdings auf sehr bescheidene Weise – mich doch in einem Unternehmen von öffentlichem Interesse nützlich machen kann, ist ein weiterer Anreiz […]. Heil Hitler!«[221]

Bevor Reifenberg seine Arbeit im Institut aufnehmen konnte, musste noch einmal Hecht in Aktion treten: Anfang Juli 1943 sprach er persönlich im Berliner Propagandaministerium vor, um dort »mit Hilfe zuständiger Herren« die notwendige Arbeitsgenehmigung des badischen Innen-

---

219 Vgl. ebd., S. 123.
220 Vgl. Helga Hummerich an Benno Reifenberg, 15.9.1943, NL BR, DLA, 79.12538.
221 Benno Reifenberg an Wendelin Hecht, 21.7.1943, NL BR, DLA, 79.12416.

ministeriums für den »Mischling I. Grades« zu erwirken[222], denn Vogt hatte zur Bedingung gemacht, nicht als Antragsteller in Erscheinung zu treten.[223] Auch nach dem Ende der FZ stand Reifenberg demnach unter dem besonderen Schutz einzelner Personen im Propagandaministerium; im Juni 1943 hatte er sich gegenüber Hecht als einen »besonderen Fall« bezeichnet, da er nicht mit »Schwierigkeiten im Sinn der Nürnberger Gesetze« rechnen müsse.[224]

Ein weißer Kittel, den Reifenberg fortan bei der Arbeit zu tragen hatte, sorgte optisch dafür, »jede Erinnerung an seine Zeitungstätigkeit zu tilgen«[225]. Er scheint seine Sache gut gemacht zu haben, denn nach einiger Zeit schlug ihm Oskar Vogt vor, neben der Arbeit mit Mikroskop und Zeichenstift auch im genetischen Laboratorium auszuhelfen, wo seine Tochter vererbungsbiologische Studien an der Taufliege (Drosophila) durchführte. Reifenberg erinnerte sich später gern an die Zusammenarbeit mit der engagierten jungen Wissenschaftlerin: »Wurde ich kleinmütig, so ermunterte sie mich schon durch die Frische ihres berlinischen Tonfalls, durch ihre Geschicklichkeit und Intelligenz. Sie war unermüdlich im Erklären, wie ihr Vater morphologisch hochbegabt.«[226] Helga Hummerich, die ihren ehemaligen Chef mehrfach in Neustadt besuchte, erlebte Marguerite Vogt als eine »unermüdlich instruierende, aufmunternde Lehrerin« Reifenbergs, mit dem sie abends vierhändig Klavier spielte: »[D]as erinnerte noch am ehesten an alte Frankfurter Bräuche.«[227] Insgesamt bedeutete die neue Tätigkeit in Verbindung mit der Übersiedlung von Frankfurt in das verschlafene Schwarzwaldstädtchen mit seinen 4.000 Einwohnern eine umfassende Änderung der Lebensgewohnheiten:

»Reifenbergs Vokabular in seinen Tagebüchern, den Herbst 1943 über, veränderte sich. Nichts mehr von einem ›Sprung in die Oper‹; ›Lektüre in André Gides Tagebüchern‹ [...]. Jetzt notierte er etwa: ›Wie Frl. Vogt die Maden zerreißt, die Heftigkeit der Bewegung.‹ – ›Im Laboratorium von C. Vogt die Hirne betrachtet.‹ [...] ›Kopiert, photographiert, seziert.‹«[228]

222 Benno Reifenberg an Oskar Vogt, 28.6.1943, beiliegend dem Briefwechsel Reifenberg an Wendelin Hecht, NL BR, DLA, 79.12416.
223 Vgl. Benno Reifenberg an Wendelin Hecht, 28.6.1943, NL BR, DLA, 79.12416.
224 Vgl. Benno Reifenberg an Wendelin Hecht, undatierter Brief, späterer Vermerk: »ca. Juni 1943«, NL BR, DLA, 79.12416.
225 Hummerich: Wahrheit, S. 95.
226 Reifenberg: Oskar Vogt, in: Ders.: Offenbares Geheimnis, S. 317.
227 Hummerich: Wahrheit, S. 95.
228 Hummerich: Wahrheit, S. 95/96.

Nicht nur die Tagebücher, sondern auch mehrere Notizbücher mit detaillierten Aufzeichnungen zu medizinischen und biologischen Fragen[229] machen deutlich, dass sich Reifenberg zielstrebig in die unbekannte Materie einarbeitete und die Chance zu nutzen versuchte, sich ein gänzlich neues Thema zu erschließen. Er beschäftigte sich mit der Geschichte der Genetik, ließ sich wissenschaftliche Literatur aus Freiburg und Berlin kommen und erstellte auf Anregung Oskar Vogts eine Chronik der Fachhistorie: »Meine Arbeit grenzte an ein Handbuch und Nachschlagewerk.«[230] Doch bei aller Faszination verlor er nie »die anfängliche Scheu« des Geisteswissenschaftlers vor der Naturwissenschaft und die Abneigung gegen die Tendenz, »es sollten sich die Erscheinungen des Lebens auf physikalisch-chemische Begriffe reduzieren.«[231] Wiederholte Diskussionen mit Oskar und Marguerite Vogt brachten keine Erleichterung, sondern bestärkten ihn in dem Gefühl, eine geistige »Krise« durchzumachen, denn die Kenntnis »der Unabänderlichkeit des einmal angefangenen Erbganges bei Kreuzungen« schien ihm das aufklärerische Ideal von der Freiheit des Individuums in Frage zu stellen.[232] Oskar Vogt war Darwinist und betrachtete die Geisteswissenschaften als »lästig«: »[E]r hat mir einmal gesagt, er habe noch nie etwas ihm Nützliches von den Philosophen erfahren können.« Gespräche über derartige Fragen habe er mitunter mit den etwas mitleidig hervorgebrachten Worten »›Ach, Sie sind eben ein Künstler!‹« beendet: »Es [...] unterstrich [...] die Hoffnungslosigkeit, daß wir uns je einig werden können.«[233] Dennoch entwickelte Reifenberg im Laufe der Zeit eine außerordentliche Bewunderung für den Mann, der ihn, als er entwurzelt und hilfesuchend vor seiner Tür gestanden habe, »[i]n seiner Menschenkenntnis [...] anfänglich wie einen Patienten behandelt [hatte]«[234], vor dem Agnostiker, der die Kirchen verachtete und »sich dem Mitmenschen ganz unmittelbar, einfach und natürlich, eben in christlicher Nächstenliebe bewährte.«[235] Seine Rolle am Forschungsinstitut beschrieb er im Rückblick mit einer Prise Selbstironie:

---

229 Aufzeichnungen aus der Neustadter Zeit im Gehirnforschungsinstitut, 1943-1945, NL BR, DLA, 79.2596.
230 Reifenberg: Oskar Vogt, in: Ders.: Offenbares Geheimnis, S. 319.
231 Ebd., S. 320.
232 Vgl. ebd., S. 319.
233 Ebd., S. 320/21.
234 Ebd., S. 314.
235 Ebd., S. 323.

»Vogt, für seine Person, fand in mir immerhin einen Gesprächspartner. Nicht gerade einen Narren, der, wie das Sprichwort sagt, mehr fragte, als tausend Gelehrte beantworten können, aber doch den Dilettanten, der in seiner Unbefangenheit ihn manchmal überrascht haben mochte. Von Kunst war nicht die Rede; wenn Marguerite Vogt und ich abends vierhändig spielten, mußte der Professor das Musikzimmer passieren, um in seine Bibliothek zu gelangen (er las vornehmlich Reisebeschreibungen und Memoiren oder ließ sie sich durch Frau Cécile vorlesen). Dann eilte er an uns vorüber: ›Es ist Kinderbettzeit‹, hörte ich ihn rufen, altmodisch und rührend.«[236]

Während Reifenbergs Berufsarbeit in einem freundlichen Umfeld und in vergleichsweise geregelten Bahnen verlief, ließ sich die Wohnungsfrage nur provisorisch und wenig zufriedenstellend lösen. Während seines kurzen Praktikums bei Vogt im Juni 1943 hatte er dreimal umziehen müssen und vorübergehend »bei einer braven Frau [...] hinterm Friedhof [gehaust]«[237]. Später bezog er in Neustadt ein Zimmer bei einer Arztwitwe namens Dorothee Lacour, während Maryla und Jan Unterschlupf im Haus des mit Hausenstein befreundeten Rechtsanwalts Jean Kuntz in Colmar fanden.[238] »Babuscha«, wie Marylas Mutter in der Familie genannt wurde, blieb für eine Übergangsphase noch in der Frankfurter Wohnung[239], übersiedelte dann jedoch zu ihrer Tochter.[240] Im November 1944 erfolgte eine Familienzusammenführung in Neustadt, wo Jan im Institut unterkam, während seine Eltern und die Großmutter bei der Witwe Lacour zusammenrückten. Mit schlecht verstecktem Entsetzen schrieb Dolf Sternberger an Reifenberg, er habe erfahren, »daß Sie nun alle zusammen in Neustadt hausen«[241], und auch Margret Boveri äußerte in einem Brief vom 4. Dezember 1944 Sorge: »Wie mag es inzwischen Ihnen und den Ihren gehen? Sitzen Sie alle noch in dem einen Zimmer?«[242] Wie Reifenberg seiner Schwester Ada und deren Mann einige Monate nach Kriegsende gestand, litt er sehr darunter, seiner Frau

---

236 Ebd., S. 324.
237 Benno Reifenberg an Maryla Reifenberg, 16.6.1943, NL BR, DLA, 79.2859.
238 Vgl. persönliche Mitteilung Jan Reifenbergs an die Verfasserin, 3.3. und 6.11.2006.
239 Vgl. Helga Hummerich an Benno Reifenberg, 17.9.1943, NL BR, DLA, 79.12538.
240 Vgl. persönliche Mitteilung Jan Reifenbergs an die Verfasserin, 3.3.2006.
241 Dolf Sternberger an Benno Reifenberg, 23.9.1944, NL BR, DLA, 79.3456.
242 Margret Boveri an Benno Reifenberg, 4.12.1944, NL BR, DLA, 79.3026.

kein »eigenes Zuhause« bieten zu können: »Seit September 1944 leben wir aus Koffern, deren Inhalt übrigens immer spärlicher wird.«[243]

Eine Beruhigung muss es für Benno und Maryla Reifenberg gewesen sein, in Anbetracht der miserablen Gesamtlage den einzigen Sohn in ihrer Nähe zu wissen. Jan, der im Frühjahr 1941 am Frankfurter Lessing-Gymnasium das Abitur abgelegt hatte, war als »Mischling zweiten Grades« im Sinne der Nürnberger Gesetze »des Dienstes am Spaten des Reichsarbeitsdienstes nicht würdig«[244] und konnte aus gesundheitlichen Gründen auch keinen Militärdienst leisten; aufgrund eines Schilddrüsenleidens in Verbindung mit beschleunigtem Körperwachstum war er »g.v.H./garnisionsverwendungsfähig Heimat« gemustert worden, konnte im Sommersemester 1941 als »Hörer« im Fach Geologie an der Freiburger Universität studieren und arbeitete anschließend bis 1942 im sogenannten »Ausgleichsdienst« bei einer mit optischen Rüstungsaufgaben betrauten Firma in Bad Homburg. Ende August 1942 wurde er zum Landesschützen-Ersatzregiment 9 in Mülhausen/Thüringen eingezogen. Seine Kriegserlebnisse schilderte er folgendermaßen:

> »Meine Dienstzeit dort war kurz. Erstens gab es keine Stiefel meiner Größe (50), ausserdem machte ich im Manöver schlapp und wurde von einem verständnisvollen Oberstabsarzt ›w.u.‹ (wehruntauglich) geschrieben und verließ Mülhausen Anfang Oktober 42, um in Frankfurt weiter zu studieren. Ich fürchte, dass die meisten meiner Kompaniekameraden in Russland gefallen sind. Ich setzte mein Studium dann bis Sommer 43 in Frankfurt, dann in Freiburg fort. Im September 1944 wurde ich zum Volkssturm einberufen, in dem ich bis Kriegsende im sogenannten ›vierten Aufgebot‹ blieb – Schwerverwundete, Halbblinde, einseitig Amputierte, Veteranen [...]. Wir sollten mit einer Schrotflinte und einem Infanteriegewehr 98 den Bahnhof Kappel-Gutachbrücke an der Strecke Neustadt-Donaueschingen gegen feindliche Fallschirmjäger verteidigen, das war eine echte Komödie!«

Einige Monate vor Kriegsende unterbrach der 21-jährige seinen Dienst in Goebbels' »Volkssturm«, um an der Freiburger Universität bei der Evakuierung der geologischen Sammlung in den Kaiserstuhl mitzuhelfen. Am Nachmittag des 27. November 1944 war diese Arbeit beendet; wenige

---

243 Benno Reifenberg an Ada und Hans Brunthaler, 1.1.1946, NL BR, DLA, 79.12445.
244 Persönliche Mitteilung Jan Reifenbergs an die Verfasserin, 3.3.2006. Dort auch die folgenden Zitate.

Stunden später prasselten englische Bomben auf Freiburg und vernichteten das Gebäude der geologischen Fakultät. Jan Reifenberg konnte den Angriff teilweise aus der Ferne beobachten. Er sah die zerstörte Stadt erst im Frühjahr 1945 wieder.

Schon elf Monate zuvor, im Januar 1944, hatten alliierte Bomber bei zwei erneuten Angriffen auf Frankfurt am Main das alte Zeitungshaus in der Eschenheimer Gasse schwer beschädigt. Benno Reifenberg erfuhr Anfang Februar von Wilhelm Hollbach, dem Redakteur des »Illustrierten Blattes« und ehemals des »Stadtblattes« der FZ, dass Teile des Gebäudes, unter anderem das traditionsreiche Konferenzzimmer, die Kantine und der Setzmaschinenraum, völlig zerstört worden waren: »Das sind die Totalschäden. So ziemlich das ganze übrige Haus ist Teilschaden, Fenster heraus, Türen heraus, Risse in den Wänden usw.«[245] Ein Zeitungsfahrer war im Bombenhagel ums Leben gekommen, Hollbach und mehrere Mitarbeiterinnen hatten leichte Verletzungen erlitten. Im Februar forderten die alliierten Bombardements ein Todesopfer in Reifenbergs Freundeskreis: Alfons Paquet, 63 Jahre alt, starb im Keller seines Hauses an einem Herzschlag – wenige Wochen nachdem er die Nachricht erhalten hatte, dass sein jüngster Sohn Bernhard in Russland gefallen war. Das letzte erhalten gebliebene Schreiben Paquets an Reifenberg stammt vom 24. November 1943 und lässt tiefe Niedergeschlagenheit ahnen:

»Lieber Reifenberg,
Dank für Ihr freundschaftliches Wort in diesen finsteren Novembertagen, die von einem Advent entfernter scheinen als je. Lebensdankbarkeit vermindert sich freilich auch in dieser bitteren Trauer nicht. Auch Bernhard hatte dieses Gefühl zum Leben. Wir glaubten, daß ihm einmal ein großer Weg als Mensch und Künstler offenstünde.«[246]

Hatten die Redakteure und Mitarbeiter der FZ in den ersten Kriegsjahren vielfach geschwankt, ob sie dem Deutschen Reich Sieg oder Niederlage wünschen sollten, so lassen zahlreiche Briefe von Freunden und ehemaligen Kollegen, die Benno Reifenberg während der Jahre 1943 bis 1945 erreichten, keinen Zweifel daran, dass sich die Hoffnungen der Wartenden nicht auf den »Endsieg« der deutschen Wehrmacht, sondern auf das Heranrücken der britischen und amerikanischen Streitkräfte konzentrierten. Max von Brück, gegen den ein Verfahren zum Entzug der

---

245 Wilhelm Hollbach an Benno Reifenberg, 2.2.1944, NL BR, DLA, 79.3196.
246 Alfons Paquet an Benno Reifenberg, 24.11.1943, NL BR, DLA, 79.3348.

Berufserlaubnis wegen »politischer Unzuverlässigkeit« lief[247], erwartete ungeduldig die Invasion; am 5. März 1944 schrieb er an Reifenberg, die »Hoffnung, dass die Dinge nun in raschen Fluss kämen, scheint sich nicht zu bewahrheiten, wir müssen wohl noch lange mit einer Stagnation rechnen.«[248] Am 10. Juni 1944 freute sich Helga Hummerich über die vier Tage zuvor erfolgte Landung der Alliierten in der Normandie und bat Reifenberg um eine Lagebeurteilung: »Wie lange kann das Ganze denn jetzt noch dauern?«[249] Robert Haerdter, der gemeinsam mit Franz Taucher im November 1943 zum »Völkischen Beobachter« nach Wien kommandiert worden war, machte in seinen Briefen an Reifenberg aus seiner Verachtung für das NS-Regime keinerlei Hehl; er müsse am neuen Arbeitsplatz unter den Porträts Hitlers und Rosenbergs sitzen und leide »Seelenschmerzen«[250], schrieb er. Weder Haerdter noch Taucher fügten sich in der Redaktion des »Völkischen Beobachters« ein, beide galten als verschlossen, störrisch, »aufgeblasen« und politisch unbelehrbar und wurden schließlich zur Wehrmacht eingezogen.[251] Am 3. Februar 1944 teilte Haerdter Reifenberg mit, dass sein »Gastspiel am VB« nach nur zehn Wochen beendet worden sei: »Es war eine Erfahrung, die auch nicht durch die phantasiebegabteste Theorie ersetzt werden kann.« Seine Frankfurter Wohnung sei in der Zwischenzeit beschlagnahmt worden, »natürlich zugunsten eines Pg., der nun mit seiner Frau drei Zimmer bewohnt, während für meine Familie, meine Frau und die zwei Kinder, zwei Zimmer freigehalten wurden.«[252]

Reifenberg hielt sich in seinen politischen Aussagen bedeckter, widersprach den Freunden jedoch nicht. Ende 1945, als er in der »Gegenwart« nach den Ursachen der »Katastrophe« forschte, verwies er auf die deutsche Eigenart, sich dem verantwortungsvollen Umgang mit der Freiheit durch den Hinweis auf die angeblich unausweichliche Macht des Schick-

---

247 Vgl. Gillessen: Auf verlorenem Posten, S. 498/499.
248 Max von Brück an Benno Reifenberg, 5.3.1944, NL BR, DLA, 79.12502.
249 Helga Hummerich an Benno Reifenberg, 10.6.1944, NL BR, DLA, 79.12538.
250 Robert Haerdter an Benno Reifenberg, 25.11.1943, NL BR, DLA, 79.3153.
251 Vgl. Gillessen: Auf verlorenem Posten, S. 497.
252 Robert Haerdter an Benno Reifenberg, 3.2.1944, NL BR, DLA, 79.3153. – Gillessen zählt Haerdter und von Brück wie Walter Dirks, Herbert Küsel, Dolf Sternberger, Ernst Trip und Franz Taucher zum »hart-oppositionelle[n] Flügel« der Redaktion, der sich auch von den Erfolgen des Westfeldzugs nicht habe »irremachen« lassen. Im Widerspruch dazu habe der »national-gestimmte Flügel« um Robert Rüdiger Beer, Margret Boveri, Leonhard Miksch, Eberhard Schulz, Paul Sethe und Erich Welter gestanden. Vgl. Gillessen: Auf verlorenem Posten, S. 430/431.

sals zu entziehen, und mahnte die »Besinnung auf einige wenige einfache Tatsachen« an, zum Beispiel diese: »Deutschland vermeinte die ganze Welt zu erobern und hat am Ende keinen einzigen Freund gewonnen. Das muß nicht an der Welt, sondern wohl an Deutschland gelegen haben.«[253] Zu seiner Bewunderung für den britischen Premierminister Winston Churchill bekannte er sich im Jahre 1954 im Hessischen Rundfunk, wobei er einmal mehr deutlich machte, dass er politische und historische Ereignisse weniger strukturell als vielmehr vom Individuum aus zu analysieren geneigt war:

> »Frankreich war zusammengebrochen, die Sowjetunion war mit dem Feind verbündet, Amerika war nicht im Krieg, England hatte Churchill. Nur ihn zur Seite kämpfte es neunzehn Monate allein. Mit dem Rücken an der Mauer. [...] Churchill besaß nur eine einzige Reserve, es war die Überzeugung von der Entschlossenheit seiner Nation. Er wußte, sie würde kämpfen. [...] Die Selbstbehauptung Englands trägt den Namen Churchill. Hier handelt es sich nicht um Ruhm. Es handelt sich um den Zustand der westlichen Welt, die seitdem und bis auf heute im Zustand der Freiheit lebt.«[254]

Auch nach der Schließung des Blattes bewegten sich die einstigen Mitarbeiter der FZ in einer Grauzone zwischen stillschweigender Anpassung und latenter Bereitschaft zum Widerspruch gegen das NS-Regime; der gefährliche Schritt zum aktiven Widerstand wurde jedoch nach wie vor nicht gewagt, obwohl entsprechende Kontakte bestanden. Wie Gillessen berichtet und Jan Reifenberg bestätigt hat, traf sich Benno Reifenberg einige Monate vor dem Attentat vom 20. Juli 1944 mit dem Pädagogen Adolf Reichwein, der zum Kreisauer Kreis um Helmuth Graf von Moltke gehörte und zugleich gemeinsam mit Julius Leber Verbindungen zu einer Gruppe sozialistischer Widerstandskämpfer pflegte.[255] Reichwein, Jahrgang

---

253 Benno Reifenberg: Archimedischer Punkt, in: Die Gegenwart. Eine Halbmonatsschrift, Nr. 1, 24.12.1945, S. 9/10, hier S. 9.
254 Benno Reifenberg: Churchill (Zum 80. Geburtstag), Hessischer Rundfunk, 29.11.1954, abgedruckt in: Ders.: In den Tag gesprochen, Frankfurt am Main 1962, S. 40-44, hier S. 40.
255 Zum Kreisauer Kreis und Adolf Reichwein vgl. u.a. einige neuere Veröffentlichungen: Wolfgang Altgeld: Moltke und der Kreisauer Kreis, in: Rolf-Ulrich Kunze (Hrsg.): Distanz zum Unrecht, 1933-1945. Methoden und Probleme der deutschen Widerstandsforschung (Biographische Porträts zur Zeitgeschichte, Band 1), S. 159-174; Ullrich Amlung: Adolf Reichwein und der »Kreisauer Kreis«, in: Terror und Widerstand im faschistischen Deutschland nach dem 20. Juli

1898, war aufgrund seiner Mitgliedschaft in der SPD 1933 aus seinem Amt als Professor für Staatsbürgerkunde und Geschichte an der Pädagogischen Hochschule Halle/Saale entlassen worden. Obwohl ihm eine Professur in Istanbul angeboten worden war, hatte er sich gegen die Emigration entschieden und seinen Lebensunterhalt als Dorfschullehrer und Museumspädagoge bestritten. Während eines Spaziergangs im Schwarzwald soll Reichwein Reifenberg im Jahre 1944 um eine Liste mit den Namen seiner ehemaligen Kollegen gebeten haben – »für die Zeit nach Hitlers Tod. Reifenberg lehnte das unter Hinweis auf die Gestapo ab. Nach einem Umsturz sei immer noch Zeit dafür.«[256] Reifenberg hatte klug entschieden – Adolf Reichwein stand bereits im Visier der Gestapo. Am 4. Juli 1944 wurde er verhaftet; am 20. Oktober 1944 erging das Todesurteil des Volksgerichtshofes, das noch am gleichen Tag in Berlin-Plötzensee vollstreckt wurde.

Nach dem gescheiterten Attentat in der »Wolfsschanze« in Ostpreußen rückte der Terror für die ehemaligen Mitarbeiter der FZ näher; so wurde der ehemalige Rom-Korrespondent Nikolas Benckiser zusammen mit seiner Frau in Budapest verhaftet, da sein Schwager Anton Graf Inn- und Knyphausen zum Umfeld der Attentäter gehörte. Während der Graf sich in Schweden in Sicherheit bringen konnte, verbrachte das Ehepaar Benckiser die letzten Kriegsmonate in »Sippenhaft« in Budapest und Wien und wurde erst durch den Einmarsch der Roten Armee befreit. Wendelin Hecht und Rudolf Kircher, die Kontakte zu ranghohen Offizieren der Wehrmacht und Vertretern des nationalkonservativen Widerstandes wie Carl Friedrich Goerdeler und Ludwig Beck unterhalten hatten, mussten

---

1944. Ein historisches Thema im Spiegel von Erinnerungskultur und Geschichtspolitik. Protokollband einer Tagung der Rosa-Luxemburg-Stiftung Thüringen e.V. am 10. Juli 2004 in Weimar, hrsg. von der Rosa-Luxemburg-Stiftung Thüringen e.V., Jena 2005, S. 33-54; Ders./Klaus Schittko: »... wenn die Schwell erkämpft ist«: Adolf Reichwein – Pädagoge und Widerstandskämpfer (Beiträge zur Nienburger Stadtgeschichte, Reihe D, Band 5), Nienburg 2008; Günther Brakelmann: Der Kreisauer Kreis. Chronologie, Kurzbiographien und Texte aus dem Widerstand (Schriftenreihe der Forschungsgemeinschaft 20. Juli 1944 e.V., Band 3), 2., korrigierte Auflage, Münster 2004; Ders.: Helmuth James von Moltke: 1907 bis 1945. Eine Biographie, München 2008; Christine Hohmann: Dienstbares Begleiten und später Widerstand. Der nationale Sozialist Adolf Reichwein im Nationalsozialismus, Bad Heilbrunn 2007, sowie Ulrich Karpen: Europas Zukunft. Vorstellungen des Kreisauer Kreises um Helmuth James Graf von Moltke, Heidelberg 2005.

256 Gillessen: Auf verlorenem Posten, S. 501/502.

nach dem misslungenen Anschlag auf Hitlers Leben »auf Reisen«[257] gehen; Kircher hielt sich kurzfristig bei Reifenberg im Schwarzwald auf – eine Begegnung, die Reifenberg zufolge »gleich durch den Soldatensender Calais ruchbar geworden« sei.

Große Sorge bereitete den einstigen Kollegen der FZ das Schicksal der Familie Hausenstein. Wie Max von Brück im März 1944 vermutete, war »Margot [...] krank [...] und Hausenstein [...] wohl stark deprimiert.«[258] Für den Kunstschriftsteller Hausenstein war die Verbannung aus dem Journalismus mit massiven Existenznöten verbunden: »Wie er das Kriegsende ohne Einkünfte erreichte, ist nicht beschrieben«.[259] Schlimmer noch war die ständige Sorge um seine Frau, die zwar gemeinsam mit ihm 1940 zum Katholizismus konvertiert war, nach den Rassevorstellungen der Nationalsozialisten jedoch als »Volljüdin« galt. Mit keinem Menschen scheint Hausenstein die Last dieser Monate geteilt zu haben; obwohl er Benno Reifenberg zu den »absolute[n] Freunde[n]«[260] zählte, vertraute er ihm erst nach Kriegsende an, was er durchgestanden und noch immer zu bewältigen hatte: Ende Februar 1944 sei es »ganz nahe daran [gewesen], dass Margot und ich noch deportiert würden, es kam ein Fragebogen der Gestapo, dessen Bedeutung keinem Zweifel unterlag, vor allem da analoge Fälle gegeben waren.« Der erwartete Befehl zum Abtransport sei zwar »[w]underbarerweise« ausgeblieben, aber die nervliche und seelische Belastung sei kaum zu ertragen gewesen, zumal große Teile der Familie seiner Frau, darunter ihr Bruder und eine Cousine, von den Nazis ermordet worden seien:

> »Genug, um Ihnen begreiflich zu machen, dass Margot in völliger physischer und moralischer Erschöpfung zu Bette liegt und wohl für viele Wochen liegen wird. [...] [S]ie lebt diese ganze Zeit in der Vorstellung der umgebrachten Angehörigen und sieht die Ihren zwischen fünf Millionen Juden, die von den Hitler-Höllenhunden erschossen, vergast oder sonstwie zu Tode gebracht worden sind (von dem, was vorangegangen sein mag, nicht zu reden). Nach den grausigen zwölf Jahren, wie wir sie an uns selbst durchzustehen hatten, ist dies zuviel geworden«.[261]

---

257 Benno Reifenberg an Ingrid Gräfin Lynar, 10.6.1964, NL BR, DLA, 79.6605. Dort auch das folgende Zitat.
258 Max von Brück an Benno Reifenberg, 5.3.1944, NL BR, DLA, 79.12502.
259 Gillessen: Auf verlorenem Posten, S. 484.
260 Wilhelm Hausenstein an Benno Reifenberg, 28.7.1944, NL BR, DLA, 79.3168.
261 Wilhelm Hausenstein an Benno Reifenberg, 5.8.1945, NL BR, DLA, 79.3168.

In seinem 1967 publizierten Tagebuch der Jahre 1942 bis 1946 notierte Hausenstein, wie er gemeinsam mit seiner Frau nach der Besetzung Tutzings durch US-Truppen am 6. Mai 1945 einen Dankgottesdienst besucht und dabei auf der Orgelempore einen Cellisten gesehen habe, der noch kurz zuvor dem Hakenkreuz näher gestanden hatte als dem gekreuzigten Heiland der Christenheit – ein Anblick, der in seinen Augen den Geist der kommenden Zeit ahnen ließ: »[K]einer will jetzt ›dabei‹ gewesen sein; keiner hat das Parteizeichen im Rockumschlag ernst gemeint; die Charaktere stehen in Blüte ... es ist zum Speien.«[262]

Benno Reifenberg erlebte das Ende des Krieges in seinem »seltsamen Incognito und Exil«[263] bei der Familie Vogt im Schwarzwald. Wenn er sich später an den 8. Mai 1945, diesen »Schicksalstag der Kapitulation, des Kriegsendes, der undeutlichen Zukunft« erinnerte, so schwang weniger Freude als vielmehr Erschöpfung mit; an »Wunder«, meinte er, habe damals »kein Mensch« mehr geglaubt.[264] Es dauerte einige Tage, bis er realisieren konnte, dass mit dem Krieg auch die Angst, die Gefahr, die Bedrohung vorüber waren; in einem Rundfunkvortrag von 1957 hat er sein subjektiv empfundenes Kriegsende auf den 15. Mai 1945 datiert. Eine dunkle Zeit war zu Ende – in doppelter Hinsicht:

> »Früher, da sprach man wohl vom ›lichtscheuen Gesindel‹, und nun war ein ganzes Volk dazu verdammt, das Licht zu scheuen, und wenn man endlich alle Fenster verdunkelt und die Häuser gleichsam mit Trauerstreifen versehen hatte, dann rief doch eine böse Stimme von draußen: ›Licht aus!‹ Mir ist der Abend unvergesslich, als im Schwarzwald am 15. Mai 1945 die Verdunkelung aufgehoben wurde und wir im Forschungsinstitut, wo ich damals lebte, alle Zimmer beleuchteten, die Gänge und die Keller, die Fenster waren weit geöffnet, und das ganze Gebäude sandte hoch über dem Tal sein wiedergeschenktes Licht wie ein Freudensignal ins Weite. Da erst spürten wir: Der Krieg ist aus.«[265]

---

262 Wilhelm Hausenstein: Licht unter dem Horizont. Tagebücher von 1942 bis 1946, München 1967, S. 347.
263 Dolf Sternberger an Benno Reifenberg, 23.9.1944, NL BR, DLA, 79.3456.
264 Benno Reifenberg: Turm des Geistes, in: FAZ, 24.4.1959, abgedruckt in: Ders.: Das Einzigartige von Frankfurt, S. 190-194, hier S. 190.
265 Benno Reifenberg: Die neueste Beleuchtung, Hessischer Rundfunk, 31.5.1957, abgedruckt in: Ders.: In den Tag gesprochen, S. 104-108, hier S. 105.

Unterstützung durch die IG Farben

Es kann als Ironie der Geschichte bezeichnet werden, dass der »Halbjude« Reifenberg und seine Familie die letzten Kriegsjahre ausgerechnet mit finanzieller Unterstützung der IG Farben überlebt haben – jenes Konzerns, der zu den wichtigsten Profiteuren des NS-Systems zählte und in Auschwitz an der Ausbeutung der überwiegend jüdischen KZ-Insassen und Zwangsarbeiter aktiv beteiligt war. Seit Juni 1944 erhielt Reifenberg nach eigenen Angaben aus dem Jahre 1958 einen monatlichen Betrag von 500 Reichsmark zum Lebensunterhalt von einer sogenannten »Forschungsstelle« der IG Farben.[266] Als Mittelsperson diente dabei Lilly von Schnitzler[267], die Ehefrau des IG-Farben-Managers Georg von Schnitzler, der allgemein als »Verkäufer der I.G.«[268] bekannt war. Der Kontakt war in den 20er Jahren durch Heinrich Simon und den FZ-Kreis zustande gekommen und bestand bis zu Reifenbergs Tod 1970; Lilly von Schnitzler sprach von einer »Bekanntschaft«, die nie den Gedanken an »freundschaftliche Intimität« zugelassen habe: »Wir wußten voneinander ohne diese.«[269] Die durch Schnitzler vermittelte monatliche Unterstützung bewahrte Reifenberg vor großer materieller Bedrängnis. Gegenüber Wendelin Hecht betonte er bitter, dass er »grundsätzlich in einer anderen Lage« als andere ehemalige Kollegen sei, da »ich die einzige Tätigkeit, die ich gründlich gelernt und entwickelt habe, nämlich die journalistische, nicht mehr zum Lebensunterhalt verwenden darf«.[270] Nach der Entlassung im Frühjahr 1943 hatte der Societätsverlag dem langjährigen Mitarbeiter zunächst eine Abfindung in Höhe von fünfzehn Monatsgehältern zugesichert, die dann als Folge des Verbots der FZ und der Schließung des Blattes nicht geleistet wurde. Reifenberg sorgte sich nicht nur um seinen Lebensunterhalt, sondern auch um das Verhältnis zu Oskar Vogt, dem er eine kostenlose oder nahezu kostenlose Mitarbeit in Aussicht gestellt hatte. An Hecht schrieb er am 5. August 1943, er habe in den ersten

---

266 Vgl. Reifenberg an Winzer (Personalabteilung der Frankfurter Societäts-Druckerei), 21.2.1958, beiliegend der Akte Benno Reifenberg an Werner Wirthle/Geschäftskorrespondenz, NL BR, DLA, 79.7711.
267 Persönliche Mitteilung Jan Reifenbergs an die Verfasserin, 6.11.2006.
268 Joseph Borkin: Die unheilige Allianz der IG Farben. Eine Interessengemeinschaft im Dritten Reich, deutsche Ausgabe, Frankfurt a.M./New York 1990, S. 58.
269 Ansprache von Lilly von Schnitzler-Mallinckrodt, in: In Memoriam Benno Reifenberg, München/Bremen 1970, S. 11-13, hier S. 12/13.
270 Benno Reifenberg an Wendelin Hecht, 5.8.1943, NL BR, DLA, 79.12416. Dort auch die folgenden Zitate.

Unterredungen mit Vogt »ausdrücklich betont, dass die Trennung von der ›Frankfurter Zeitung‹ sich unter den angenehmsten Bedingungen vollziehen werde und ich infolgedessen materiell fürs Nächste völlig unabhängig sein würde.« Reifenberg bat dringend um Einhaltung der getroffenen Absprache, da er sich nicht in der Lage sehe, mehr als 200 Mark im Monat zu verdienen: eine Summe, die gerade den »bescheidensten persönlichen Unterhalt« abdecke. Hecht musste ihn jedoch enttäuschen: In seiner Antwort vom 7. August 1943 teilte er ihm mit, dass er lediglich bis einschließlich Dezember desselben Jahres Anspruch auf Gehaltszahlungen durch den Societätsverlag habe und damit ähnlich behandelt werde wie alle anderen Mitarbeiter, »die vielleicht aus unserem Unternehmen nun in grösserer Zahl ausscheiden müssen.«[271] Zusätzlich stellte ihm der Verlagsleiter ein Extra-Honorar für »das photographische Werk über die Stadt Frankfurt am Main« in Aussicht – wohl eher ein bescheidenes Trostpflaster. Reifenberg berichtete nach dem Krieg, dass man ihm das Gehalt für ein halbes Jahr »in bar außerhalb des Hauses von Hand zu Hand«[272] überreicht habe. Endlich, am 8. Juli 1944, erhielt er von Hecht die gute Nachricht, dass er rückwirkend ab Juni mit regelmäßigen monatlichen Zahlungen von 500 Reichsmark rechnen könne: »Ich selbst habe aus meinem Bankkonto Herrn Prof. Vogt am 5. Juni 44 RM 1.000,– überwiesen.«[273] Das Geld stammte vom IG-Farben-Konzern.

Georg von Schnitzler[274], Reifenbergs Gönner, war zu dieser Zeit einer der mächtigsten Männer der deutschen Wirtschaft. Der promovierte Jurist, Jahrgang 1884, Abkömmling einer Kölner Bankiersfamilie, war 1912 im Alter von 28 Jahren als Angestellter in die Hoechst AG eingetreten, wo er nach vierjährigem Kriegsdienst 1919 Prokura erhielt und 1924 zum ordentlichen Mitglied des Vorstandes gewählt wurde. Zwischen 1926 und 1945 gehörte er dem Vorstand des IG-Farben-Konzerns an und trug in dieser Funktion Mitverantwortung für die aktive Verstrickung des Chemieriesen in die Verbrechen des NS-Staates. Er war persönlich anwesend, als Hjalmar Schacht, der zu den potentesten Helfern Hitlers aus dem Lager der Wirtschaft gehörte, führende deutsche Industrielle und Bankiers am 20. Februar 1933 zu einem geheimen Treffen im Haus von

271 Wendelin Hecht an Benno Reifenberg, 7.8.1943, NL BR, DLA, 79.12416. Dort auch das folgende Zitat.
272 Vgl. Reifenberg an Winzer (Personalabteilung der Frankfurter Societäts-Druckerei), 21.2.1958, beiliegend der Akte Benno Reifenberg an Werner Wirthle/ Geschäftskorrespondenz, NL BR, DLA, 79.7711.
273 Wendelin Hecht an Benno Reifenberg, 8.7.1944, NL BR, DLA, 79.3171.
274 Vgl. Heine: Verstand & Schicksal, S. 133-136.

Hermann Göring lud, um Spenden in Höhe von 3 Millionen Mark für Hitlers Wahlkampf zu erbitten, und versprach auf Anweisung von Carl Bosch mit 400.000 RM die bei weitem größte Einzelspende.[275] Im »Dritten Reich« trat er der SA bei und avancierte zum Hauptsturmführer; seine älteste Tochter Liselotte heiratete den Gesandtschaftsrat und späteren Konsul in Boston, Mailand und Turin, SS-Oberführer Herbert Scholz. Als die Alliierten 1946 in Nürnberg das Vorhaben diskutierten, eine überschaubare Zahl von Industriellen vor ein internationales Tribunal zu zitieren, wo sie sich für ihre Taten im NS-Staat verantworten sollten, wurde Schnitzler als einer von nur fünf Männern ausgewählt – neben Alfred Krupp, dem Kölner Bankier Kurt von Schroeder, dem saarländischen Kohle- und Stahlmagnaten Hermann Röchling sowie Hermann Schmitz, der von 1935 bis 1945 Vorsitzender des Vorstandes von IG Farben gewesen war.[276] Der Plan wurde nicht in die Tat umgesetzt; stattdessen leiteten die Vertreter der Vereinigten Staaten ein Verfahren gegen die leitenden Angestellten des IG-Farben-Konzerns ein. Die Hauptpunkte der Anklage lauteten auf »Planung, Vorbereitung und Führung von Angriffskriegen und Einfällen in andere Länder«, »Raub und Plünderung« und »Versklavung und Tötung der Zivilbevölkerung, Kriegsgefangenen und KZ-Insassen«. Am 29. Juli 1948, nach 152 Verhandlungstagen und fast ein Jahr nach Prozessbeginn, wurden die Urteile verlesen und Georg von Schnitzler nach Anklagepunkt »Raub und Plünderung« für schuldig befunden. Er wurde zu vier Jahren Haft verurteilt, jedoch schon ein Jahr später wieder auf freien Fuß gesetzt.[277] Der Prozess warf ein erschütterndes Bild auf ein Wirtschaftsimperium, über das es in einem US-Gutachten hieß, es habe Deutschland im Hinblick auf Wirtschaft, Technik, Forschung und Produktionsmöglichkeiten erst in die Lage versetzt, einen Angriffskrieg zu beginnen.[278] Joseph Borkin, der die Geschichte des Konzerns im Dritten Reich untersucht hat, kommentiert diese Schlussfolgerung mit den Worten, sie möge »übertrieben klingen, aber alle Dokumente beweisen ihre Richtigkeit.«

Die Geschichte der IG Farben ist von der historischen Forschung ausführlich untersucht und detailliert dargestellt worden[279]. Das seinerzeit

275 Vgl. Borkin: Die unheilige Allianz, S. 58.
276 Vgl. ebd., S. 126.
277 Vgl. ebd., S. 126-140.
278 Vgl. ebd., S. 9. Dort auch das folgende Zitat.
279 Vgl. neben Borkin u.a. auch Janis Schmelzer: IG Farben – vom »Rat der Götter«. Aufstieg und Fall, Stuttgart 2006; Kim Coleman: IG Farben and ICI, 1925-53. Strategies for growth and survival, Basingstoke u.a. 2006; Stephan H.

größte Chemieunternehmen der Welt mit Sitz in Frankfurt am Main wurde 1926 durch Fusionen, an denen für Hoechst auch Schnitzler beteiligt war, mit einem Stammkapital von 1,1 Milliarden Reichsmark und 80.000 Beschäftigten gebildet und nach dem Ende des Zweiten Weltkrieges auf Beschluss des Alliierten Kontrollrates wieder in eigenständige Firmen geteilt, wobei die Rechtsnachfolgerin unter dem Namen IG Farbenindustrie AG i.A. (in Abwicklung) antrat. Trotz einer Insolvenz im Jahre 2003 waren die Aktien des Unternehmens auch im Jahre 2008 noch börsennotiert. In den Weimarer Jahren gehörte die Konzernspitze, wie Peter Hayes betont, zu den wichtigsten industriellen Befürwortern der Republik und einer allmählichen und friedlichen Revision des Versailler Vertrags.[280] Mit seiner Unterstützung für die freie Wirtschaft, die demokratischen Parteien und die Wiederwahl Hindenburgs zum Reichspräsidenten[281] lag das Unternehmen politisch auf Linie der FZ, an der sie durch die »Imprimatur GmbH« von Boschs Mitarbeiter Hummel größere Anteile hielt. Dies änderte sich ab 1933, als die neue Regierung mit der IG Farben einen Vertrag über eine Absatz- und Mindestpreisgarantie für 350.000 Tonnen synthetisches Benzin schloss. In den folgenden Jahren expandierte der Konzern stark, u.a. durch »Arisierungen« jüdischer Unternehmen, so des vormaligen Konkurrenten »Aussiger Verein«. Mit ihrem weitläufigen Besitz kontrollierte sie weltweit das Chemie-Geschäft und schuf »ein Labyrinth von Kartellen«[282]. Aus ihren Fabriken und Laboratorien kamen strategisch wichtige Grundstoffe wie Öl, Nitrate, Gummi und Webgarne, die es in natürlicher Form in Deutschland nicht gab. Daneben produzierte das Unternehmen Impfstoffe, Medikamente, Giftgase und Raketentreibstoffe. Am Vorabend des Zweiten Weltkrieges war die eng in Hitlers und Görings Vierjahresplan eingebundene IG Farben das größte Unternehmen Europas und – nach General Motors, US Steel und Standard Oil – das viertgrößte der Welt.

Während des Krieges profitierte die IG Farben von der steigenden Nachfrage nach rüstungswirtschaftlich wichtigen Produkten und übernahm zudem eine Reihe von Chemiewerken in den besetzten Gebieten, z.T. erneut im Rahmen von »Arisierungen«. Eine Tochtergesellschaft der Degussa AG und der IG Farben, die Firma Degesch (Deutsche Gesell-

---

Lindner: Hoechst. Ein IG Farben Werk im Dritten Reich, 2. Auflage, München 2005; Peter Hayes: Die I.G.-Farbenindustrie, in: Lothar Gall/Manfred Pohl: Unternehmen im Nationalsozialismus, München 1998, S. 107-116.
280 Vgl. ebd., S. 108/109.
281 Ebd.
282 Borkin: Die unheilige Allianz, S. 9.

schaft für Schädlingsbekämpfung), vertrieb das Giftgas Zyklon B, das in den Gaskammern des Vernichtungslagers Auschwitz-Birkenau zum Massenmord eingesetzt wurde. Den »moralischen Tiefstand«[283] erreichten die Verantwortlichen in der Konzernleitung ab 1941 mit dem bei Auschwitz gegründeten und in Zusammenarbeit mit der SS betriebenen Bunawerk, das bis heute im Betrieb ist und die größte Kunstkautschuk-Fabrik Polens darstellt. Entgegen einer früher weit verbreiteten Auffassung hatte die Auswahl des Werksgeländes Auschwitz vermutlich zunächst nichts mit der Nähe des Konzentrationslagers zu tun, sondern erfolgte davon unabhängig aus strategischen bzw. infrastrukturellen Gründen, wobei die IG dann jedoch in einem zweiten Schritt »ohne große Bedenken«[284] bereit war, den Arbeitermangel in Schlesien durch direkten »Kauf« von Zwangsarbeitern von der SS zu beseitigen. Damit gab der Konzern Himmler einen Grund, das KZ Auschwitz zu erweitern und zum Zentrum des Genozids ausbauen zu lassen. Unmenschliche Umstände – Hunger, Krankheit, Misshandlungen, Demütigungen – bestimmten das Leben der Menschen, die für die IG Farben in Auschwitz arbeiten mussten und bei ersten Anzeichen von nachlassender Produktivität der »Selektion«, also dem Tod in den Gaskammern, anheimfielen. In den Nürnberger Prozessakten findet sich immer wieder der Hinweis, alle Mitglieder des Direktoriums von IG Farben hätten Kenntnis von den Zuständen in Auschwitz gehabt und damit Beihilfe zu Menschheitsverbrechen geleistet.[285] Georg von Schnitzler war kein überzeugter Nationalsozialist und Antisemit, sondern ein kalt kalkulierender Geschäftsmann, der in Einzelfällen seine Kontakte und sein Geld nutzte, um jüdischen Bekannten zu helfen[286], von den Verbrechen der SS an den europäischen Juden jedoch zugleich profitierte.

Persönliche Briefe und Reifenbergs Tagebuch belegen, dass die Verbindung mit dem Ende des Zweiten Weltkrieges nicht abbrach, sondern in den 50er und 60er Jahren, als die Verbrechen der IG Farben öffentlich bekannt waren, fortgesetzt wurde. Reifenberg tauschte sich mit Schnitzler über politische Themen aus[287] und ermunterte ihn im Jahre 1954, seine Autobiographie zu schreiben: »Sie werden den Nutzen des antiken ›Erkenne dich selbst‹ entdecken und zugleich den nahen und fernen

---

283 Hayes: Die I.G.-Farbenindustrie, S. 114.
284 Ebd., S. 115.
285 Vgl. Borkin: Die unheilige Allianz, S. 126-140.
286 Vgl. ebd., S. 133.
287 Vgl. z.B. Benno Reifenberg an Georg von Schnitzler, 10.1.1952, NL BR, DLA, 79.8721.

Freunden die eigenen Erfahrungen auf förderlichste Weise zum Nachdenken anvertrauen.«[288] Mit Lilly von Schnitzler verband ihn die Kunstbegeisterung; beide engagierten sich über viele Jahre federführend in der Max Beckmann-Gesellschaft, wo die Industriellengattin nach Reifenbergs Tod im Jahre 1970 die Gedenkrede auf ihn hielt.[289] Dass Reifenberg sehr wohl bewusst war, wie problematisch diese Konstellation vor dem Hintergrund der Geschichte der IG Farben in der NS-Zeit und der persönlichen Verstrickung Schnitzlers war, belegt ein Schreiben an Lilly von Schnitzler mit Datum vom 23. Oktober 1954, in dem Reifenberg ihre Bitte, einen Glückwunsch-Artikel zum 70. Geburtstag ihres Mannes in der »Gegenwart« zu platzieren, mit Hinweis auf die jüngste deutsche Vergangenheit abschlägig beschied:

> »Ich brauche Ihnen wohl nicht zu sagen, wie sehr es mich persönlich schmerzt [...]. Ich habe mit meinen Freunden gesprochen und selbstverständlich auch mit den Herren, die für den Wirtschaftsteil der Zeitschrift verantwortlich sind: sie alle meinen, es sei unvermeidlich, dass mit der vorgeschlagenen Veröffentlichung das ganze Thema der IG aufgeworfen ist. Wir möchten dieses Thema selbst aus diesem Anlass nicht behandeln.«[290]

Reifenberg fügte hinzu, er habe den »Ausweg« in Erwägung gezogen, »nur ad personam« über den Jubilar zu sprechen, sei aber zu dem Schluss gekommen, dass dies nicht möglich sei, »denn hier sind Mensch und Sache so gut wie gar nicht zu trennen.« Er bedaure, Georg von Schnitzler die mit einem derartigen Artikel verbundene »Genugtuung« nicht gewähren zu können. Weder in diesem noch in irgendeinem anderen Kontext hat Reifenberg jemals eine auch nur halbwegs kritische Reflexion der Geschichte von IG Farben unternommen – nicht in seinem publizistischen Werk und auch nicht in seinen unveröffentlichten, im Nachlass befindlichen Aufzeichnungen.

---

288 Benno Reifenberg an Georg von Schnitzler, 28.10.1954, NL BR, DLA 79.8721.
289 Vgl. Ansprache Lilly von Schnitzler, In Memoriam Benno Reifenberg.
290 Benno Reifenberg an Lilly von Schnitzler, 23.10.1954, NL BR, DLA, 79.8723. Dort auch die folgenden Zitate.

Vergangenheitsbewältigung und neue Herausforderungen
Eine Karriere im Westen

»Die Gegenwart« (1945-1958)

Es ist hinlänglich bekannt, dass der Übergang vom Nationalsozialismus zur parlamentarischen Demokratie im westlichen Teil Deutschlands nach 1945 von hoher personeller Kontinuität in nahezu allen Berufsfeldern begleitet und bestimmt war. Für den publizistischen Bereich hat dies Christian Sonntag eindrucksvoll in seiner 2006 veröffentlichten Studie über den von den Briten etablierten Medienstandort Hamburg gezeigt, der für die Westzonen bzw. die spätere Bundesrepublik schon bald die Rolle der einstigen deutschen Pressehauptstadt Berlin übernahm. Sonntag weist nach, wie minimal der Einfluss der Remigranten auf die Medienszene der Nachkriegszeit war: Von den 308 Journalisten, die zwischen 1946 und 1949 für die in Hamburg erscheinenden Zeitungen arbeiteten, kamen lediglich 18 aus dem Exil, ein Anteil von knapp 6 Prozent.[1] Dabei spielte neben der Haltung der emigrierten Journalisten, die sich »oftmals ganz bewusst« gegen eine Rückkehr nach Deutschland entschieden, auch die »Skepsis der britischen Politik« eine Rolle, die verhindern wollte, »dass die Rückkehrer als lebendes schlechtes Gewissen den zu Hause Gebliebenen ihre politische Lethargie vorhalten konnten und dass sie als Sieger in der Heimat auftraten, um alte Rechnungen zu begleichen.«[2] Karriere machten dagegen Männer wie Peter Frankenfeld, der – NSDAP-Mitglied seit 1937 – im »Dritten Reich« für die »Frankfurter Zeitung« und das »Berliner Tageblatt« sowie für Goebbels' »Reich« geschrieben hatte und bald nach Kriegsende Chefredakteur der »Hamburger Freien Presse« wurde.

---

1 Vgl. Sonntag: Medienkarrieren, S. 246. – Vgl. zur Geschichte der westdeutschen Presselandschaft nach 1945 das grundlegende, namentlich auch generationenspezifische Ansätze berücksichtigende Werk von Christina von Hodenberg: Konsens und Krise. Eine Geschichte der westdeutschen Medienöffentlichkeit 1945-1973 (Moderne Zeit. Neue Forschungen zur Gesellschafts- und Kulturgeschichte des 19. und 20. Jahrhunderts, Bd. 12), Göttingen 2006.
2 Sonntag: Medienkarrieren, S. 247.

Jener »Minimalkonsens zwischen Exil und Innerer Emigration«[3], von dem Ralf Schnell für die Zeit des Nationalsozialismus gesprochen hat, löste sich ab 1945 auf und wich einer kontroversen Debatte über den Terminus, ja über das Vorhandensein einer »Inneren Emigration« überhaupt, wobei es, wie Michael Philipp herausarbeitet, »zu einer entscheidenden Bedeutungsverschiebung« kam: »[H]atte Innere Emigration in den ersten Jahren der NS-Herrschaft eine vielfach auch von Exilierten akzeptierte, nicht-nationalsozialistische Position bezeichnet, so wurde der Ausdruck nach Kriegsende von den Nicht-Exilanten zur Rechtfertigung und Selbstentschuldigung instrumentalisiert.«[4] Die als »große Kontroverse« bezeichnete Debatte zwischen Thomas Mann[5] und den in Deutschland verbliebenen Schriftstellern Frank Thiess[6] und Walter von Molo[7] in den Jahren 1945/46 riss tiefe Gräben auf und scheiterte schließlich an dem Unwillen oder der Unfähigkeit beider Parteien zur Empathie, an Pauschalurteilen, Bannsprüchen und Selbstgerechtigkeit.[8]

Benno Reifenberg, der auch in dieser Frage – den Grundzügen seines Charakters entsprechend – eher zum Ausgleichen und Versöhnen als zum Spalten und Verschärfen neigte, hat stets eine ambivalente Position zum Thema »Emigration« bezogen: Während er einerseits die individu-

3 Schnell: Innere Emigration und kulturelle Dissidenz, S. 213.
4 Philipp: Distanz und Anpassung, S. 11.
5 Zahllose Veröffentlichungen beschäftigten sich mit Vita und Werk Thomas Manns, v.a. aber auch mit seinem Verhältnis zu Deutschland. Für die vorliegende Arbeit wurde maßgeblich herangezogen: Hermann Kurzke: Thomas Mann. Das Leben als Kunstwerk, München 1999.
6 Zu Leben, Werk und politischer Verortung des Schriftstellers, Journalisten und Regisseurs Frank Thiess (1890-1977) vgl. Yvonne Wolf: Frank Thiess und der Nationalsozialismus. Ein konservativer Revolutionär als Dissident (Untersuchungen zur deutschen Literaturgeschichte, Band 114), Tübingen 2003, zugleich Diss. Univ. Mainz 2001.
7 Der Schriftsteller und Lyriker Walter von Molo (1880-1958) hatte nach 1933 zurückgezogen auf seinem Gut bei Murnau gelebt, nachdem er von den Nationalsozialisten als »unvölkisch« attackiert worden war. Vgl. Babette Dietrich: »Ein Auftrag von höherer Macht ...«. Walter von Molo und die Mainzer Literaturklasse 1949-1956 (Edition Wissenschaft, Reihe Germanistik, Band 7), Marburg 1995, zugleich Diss. FU Berlin 1995.
8 Vgl. Johannes F.G. Grosser (Hrsg.): Die große Kontroverse. Ein Briefwechsel um Deutschland, Hamburg 1963. Die wesentlichen Beiträge wurden auch abgedruckt in: Heinz Ludwig Arnold (Hrsg.): Deutsche Literatur im Exil 1933-1945, Band 1: Dokumente, Frankfurt am Main 1974, S. 245-279. Vgl. auch die neuere Arbeit von Marcus Hajdu: »Du hast einen anderen Geist als wir!«. Die »große Kontroverse« um Thomas Mann 1945-1949, Diss. Univ. Gießen 2002.

»DIE GEGENWART« (1945-1958)

elle, einer tiefen subjektiven Überzeugung und/oder einer objektiven Zwangslage entspringende Entscheidung, Hitlers Staat den Rücken zu kehren, akzeptierte und mitunter auch verteidigte, hat er die Emigranten als Gruppe – oder zumindest einen Teil dieser Gruppe – herb kritisiert: Sie hätten »verhängnisvoll«[9] agiert, »insofern sie viel zur Unterschätzung der nationalsozialistischen Machtposition und zur Überschätzung der innerdeutschen Widerstandsmöglichkeiten beigetragen« hätten. Seine eigene, 1933 getroffene und 1938/39 erneuerte Entscheidung gegen das Exil hat er – zumindest öffentlich – nie in Zweifel gezogen, sondern stets mit der doppelten Funktion der FZ als Stimme und zugleich als Trost des viel zitierten »anderen Deutschland« begründet und gerechtfertigt; apodiktisch verkündete er: »Nur in Deutschland selbst ließ sich das deutsche Geschehen – wenn überhaupt – begreifen.« Mit dieser Haltung stand Reifenberg beispielhaft für jene bürgerlichen Kräfte, die gegen die ideologischen Forderungen des NS-Staates zwar einigermaßen immun gewesen waren, ihnen jedoch nur in sehr begrenztem Maße öffentlich widerstrebt hatten. Ein Teil von ihnen fand sich in der Redaktion der von Reifenberg bei Kriegsende begründeten Halbmonatsschrift »Die Gegenwart«, die zunächst mit französischer Lizenz in Freiburg im Breisgau, ab 1950 in Frankfurt am Main erschien und sich als Nachfolge-Organ der FZ begriff.

Hatte Reifenberg seit 1943 die schnellstmögliche Wiederbegründung der FZ nach einer Kapitulation des Hitler-Reiches vorgeschwebt, so türmten sich bald unüberwindbare Hürden vor diesem Ziel auf, die nicht nur in der Politik der zuständigen US-Militärregierung und in der katastrophalen Infrastruktur in Deutschland, sondern auch in Reifenbergs eigener Haltung begründet waren. Als allgemein akzeptierter und von seiner Mission durchdrungener Nachlassverwalter der FZ wollte Reifenberg, wie Jens Flemming formuliert, »das Maximum, weder Kompromisse noch taktische Volten, sondern die alte Zeitung zu den alten Konditionen mit dem alten Profil und dem alten Radius.«[10] Da sich diese Vorstellungen nicht realisieren ließen, wich er schließlich auf die Gründung einer Zeitschrift aus, die – unbelastet von der jüngsten Vergangenheit – den Namen »Die Gegenwart« zu Recht tragen sollte. Gegründet von Reifenberg und seinen langjährigen Kollegen Ernst Benkard, Bernhard Guttmann, Robert Haerdter und Albert Oeser in Kooperation mit

9 Reifenberg: Die zehn Jahre, in: Die Gegenwart/Sonderheft, S. 40-54, S. 41. Dort auch die folgenden Zitate.
10 Flemming: »Neues Bauen am gegebenen Ort«, S. 192.

dem Verleger Erich Stückrath, konzipiert als »Auffangbecken [...] für einen Stamm ehemaliger FZ-Redakteure«[11], war »Die Gegenwart« ein »Provisorium«, das sich dann jedoch »erstaunlich lange, bis zum Jahresende 1958 zu behaupten vermochte.« Flemming liest die Geschichte des Blattes, das am 24. Dezember 1945 das Licht einer diffusen deutschen Öffentlichkeit erblickte, als Geschichte verpasster Gelegenheiten: Sie sei »anfangs durchaus Erfolgsgeschichte« gewesen, »um dann nach und nach auch Verlustgeschichte zu werden. Denn in dem Maße, wie sie ihr Schicksal an eine zusehends chimärische Wiedergründung der FZ band, beraubte sie sich eines davon unabhängigen Daseinsrechtes und programmierte ihr Scheitern mehr oder minder selbst.«

Die Zeitschrift

Ein zentrales Element für das Selbstverständnis der FZ in der NS-Zeit war die Sprache gewesen. Die Redaktion legte höchsten Wert darauf, gutes, korrektes Deutsch im Sinne jener gebildeten bürgerlichen Schichten zu verwenden, die sie traditionell ansprach und auch nach der Machtübernahme Hitlers zuvörderst erreichen wollte. Die Abstinenz von Parolen zugunsten zurückhaltenderer Formulierungen und (so weit wie möglich) rational abwägender Darstellung war in dieser Lesart ein Akt des Widerstehens gewesen. Günther Gillessen unterstützt diese Haltung, wenn er die Sprache als jenen Ort im menschlichen Dasein bezeichnet, an dem »das Humane unmittelbar bewahrt oder auch verraten« werde, und betont, dass »unverdorbene Sprache« weder »Marotte« noch »Nebensächlichkeit« sei, »sondern Verteidigung der ersten und größten Kulturleistung des Menschen.« Indem sich die FZ »scheinbar hochmütig und elitär« vom Duktus der »kommandierten Presse« abgehoben habe, habe sie ein politisches Signal gesetzt: »Sie war nicht mitzureißen. Sie wollte vor allem niemanden mitreißen.«[12]

Zehn Monate nach dem Untergang des Regimes griff die im badischen Freiburg neu erscheinende Halbmonatsschrift »Die Gegenwart« dieses Thema auf. Unter dem Titel »Deutschlands Verstummen« appellierte der Autor an seine Landsleute, ihre Sprache neu zu entdecken, die in den vergangenen zwölf Jahren in doppelter Hinsicht erloschen sei – zum einen durch individuelle traumatische Erlebnisse in Krieg und Diktatur,

---

11 Ebd., S. 194. Dort auch die folgenden Zitate.
12 Gillessen: Auf verlorenem Posten, S. 365/366.

zum anderen durch den »offiziellen Lärm« der allgegenwärtigen Propaganda, der zartere Stimmen und distanzierte Urteile übertönt habe:

> »Es ist sehr viel geredet worden während dieser Jahre, schwerlich kann einer behaupten, man habe dabei auch viel zu hören bekommen. Die Reden waren immer die gleichen. Und jeder Schuljunge verstand sie nachzumachen. [...] So wußte jeder über jedes Bescheid. Was man von den Türken, den Juden, den Engländern zu halten habe, vom Parlamentarismus, von der Ehe, von der Arbeitslosigkeit Amerikas, vom Kapitalismus, den Freimaurern, dem Römischen Recht, von den Intellektuellen und der Kunst. Besonders aber kannte jeder sich in den Fehlern der anderen und den eigenen Verdiensten aus. Die Reden, die auf und ab durch Deutschland mit der schrecklichen Allgegenwart der Lautsprecher in Häusern und Versammlungen dröhnten, schlugen am Ende in ein eintöniges Getöse zusammen, das sich gar nicht sehr von dem der Einheitssirenen unterschied, unter denen dieser Krieg endete. Für die Bürger bedeuteten die Reden [...] und diese Sirene schließlich das gleiche: gehorchen.«[13]

Als Benno Reifenberg diese Worte im Februar 1946 auf das zur Mangelware gewordene Papier brachte, hatte er seinen ursprünglichen Plan, die FZ direkt nach Kriegsende neu zu begründen, vorerst auf Eis gelegt. In seinem Neujahrsbrief 1946 an seine Schwester Ada und ihren Ehemann Hans Brunthaler erklärte er, die FZ sei »noch nicht aktuell, ob jemals wieder, ist schwer zu sagen.«[14] Das Wichtigste sei für ihn in den letzten Monaten gewesen, »eine importante Gruppe der Redaktion weiterarbeiten zu lassen.« Diese Aufgabe erfülle »Die Gegenwart«, die im Dezember 1945 mit 83.000 Vorbestellungen gestartet sei und ihre Auflage unter dem Aspekt der Nachfrage »bequem [...] verdoppeln« könne, »was wir aus Gründen der Papierersparnis nicht tun werden«. »Die Gegenwart« habe die redaktionelle Verfassung der FZ übernommen, arbeite also ohne Chefredakteur und werde stattdessen von einer Herausgebergruppe geleitet. Er selbst sei von der Arbeit für die Zeitschrift vollkommen in Beschlag genommen und müsse ununterbrochen »schreiben und verhandeln«. Mit dem »Resultat« sei er bisher »zufrieden«, denn die Zeitschrift biete »ernsthaft[e] politisch[e]« Kost und werde künftig nicht nur in der französischen, sondern auch in der amerikanischen und britischen Zone

---

13 Benno Reifenberg: Deutschlands Verstummen, in: Die Gegenwart, 24.2.1946.
14 Benno Reifenberg an Ada und Hans Brunthaler, NL BR, DLA, 79.12445. Dort auch die folgenden Zitate.

sowie in der Schweiz und Frankreich erscheinen können – »wie es mit der russischen Zone steht, wissen wir noch nicht, auf jeden Fall ist einiges nach Berlin gegangen.« »[E]in Wiedererscheinen der alten Zeitung« werde »schwierigste Personalfragen« aufwerfen und sei darüber hinaus nur sinnvoll, wenn in Deutschland wieder völlige »Zensurfreiheit« herrsche. Unter den gegebenen Umständen müsse darauf verzichtet werden.

Wenige Monate zuvor hatte die Situation noch anders ausgesehen. Bereits Ende Mai 1945 war in der US-Zone die Herausgabe von Presseorganen unter deutscher Leitung nach kurzer Frist wieder gestattet worden, und einige Tage später, am 4. Juni 1945, hatte sich der ehemalige FZ-Redakteur Wilhelm Hollbach in seiner Funktion als von den Amerikanern eingesetzter *Acting Burgomaster* von Frankfurt am Main brieflich mit Reifenberg in Verbindung gesetzt und ihm von seinem Kontakt mit einem US-Offizier berichtet, der »entschieden der Meinung [ist], dass Deutschland eine Zeitung von dem Ansehen der ›Frankfurter Zeitung‹ brauche. [...] Er ist sehr interessiert, Sie kennenzulernen und sich mit Ihnen über das Problem zu unterhalten.«[15] Nach Empfang des Schreibens war Reifenberg umgehend nach Frankfurt gereist. Am 12. Juni 1945 traf er sich in einem Gebäude der Militärregierung mit dem amerikanischen Deutschland-Experten Otto Springer zu Verhandlungen.[16] Nie wieder sollten die Möglichkeiten zur Reanimierung der FZ so groß sein wie an diesem Tag – doch Reifenberg ließ den Moment ungenutzt verstreichen. Im Gespräch mit Springer beharrte er auf seiner Vorstellung, wonach er eine Zeitung mit tagespolitischem Schwerpunkt für »das ganze Deutschland«[17] und nicht nur – wie von dem Vertreter der Siegermacht vorgeschlagen – »für das Dreieck Frankfurt—Stuttgart—Nürnberg« schaffen wollte. Wie Ernst Beutler, der Direktor des Frankfurter Goethe-Museums und des Freien Deutschen Hochstifts, ein gemeinsa-

---

15 Wilhelm Hollbach an Benno Reifenberg, 4.6.1945, NL BR, DLA, 79.3196.
16 Springer war 1930 als junger Universitätsdozent für deutsche Literatur und skandinavische Sprachen in die USA gegangen und hatte in den 30er Jahren als Professor an verschiedenen amerikanischen Universitäten gelehrt, zuletzt in Princeton. Seit 1943 arbeitete er für das amerikanische Militär. Der gesamte Ablauf der Verhandlungen zwischen Springer und Reifenberg sowie die nachfolgend geschilderte Reaktion Ernst Beutlers ist – freilich wie so oft mit überspitzt einseitiger Parteinahme für die FZ bzw. hier für Reifenberg – auch nachzulesen bei Gillessen: Auf verlorenem Posten, S. 507-512.
17 Ernst Beutler an Wilhelm Hollbach, 6.6.1945, beiliegend der Akte Wilhelm Hollbach an Benno Reifenberg, NL BR, DLA, 79.3196. Dort auch die folgenden Zitate.

mer Bekannter Reifenbergs und Springers, zwei Tage später an Hollbach schrieb, war der Amerikaner »von dieser Unterredung nicht befriedigt und bedauerte, dass Herr Reifenberg die Übernahme eines Neuerstehens der Frankfurter Zeitung abgelehnt hat.« Beutler war tief enttäuscht von Reifenberg. In seinen Augen jagte der Freund einem »Wunschbild« nach, das ihm den Blick auf die sich realistisch bietenden Optionen verstellte. Wenn die für Deutschland erforderliche tonangebende Zeitung nicht in Frankfurt entstehe, so werde sie schon bald »in Wiesbaden oder Köln oder sonstwo« ins Leben gerufen werden. »[W]ichtiger als die eigentliche Tagespolitik, die für Herrn Reifenberg im Vordergrund zu stehen scheint«, sei in der derzeitigen Situation die symbolische Bedeutung, die sich mit den traditionsreichen Namen der »Frankfurter Zeitung« verbinde:

> »Wir sind uns wohl nicht recht bewußt, wie arm wir an nationalen Symbolen geworden sind. Wir haben kein Wappen, keine Flagge, keinen Kaiser, keinen Präsidenten, keine Regierung, die uns vertritt. Wir haben keine Kirche, die für das ganze Volk sprechen könnte, keine Denkmäler mehr und keine Erinnerungen, in denen sich die politische und geistige Geschichte des Landes symbolisiert. Alles ist vergangen oder liegt in Trümmern. Die ›Frankfurter Zeitung‹ aber war ein solches Symbol und eines der wenigen, das wiederbelebt werden kann. Der Name ›Frankfurter Zeitung‹ ist eine Fahne, die einzige vielleicht, die man hissen kann.«

Springer, so fuhr Beutler fort, sei der Ansicht, dass eine neugegründete FZ in den USA sofort Aufsehen erregen und Abonnenten finden werde: »Warum? Weil jeder schon bei dem Titel der Zeitung das Gefühl haben würde: diese Zeitung ist legitimiert, für Deutschland zu sprechen.« Politisch müsse man sich einstweilen auf den unkommentierten Abdruck von Nachrichten beschränken, aber dies schließe nicht aus, ernsthafte Debatten über grundlegende geistige und ethische Fragen anzuregen und zu führen. Wenn der große Wurf, der Reifenberg vorschwebe, sich als »undenkbar« erweise, so dürfe dies nicht daran hindern, zunächst in bescheidenerem Rahmen und für einen kleineren Kreis zu arbeiten und auf die Zeit und die Wirkung des Blattes zu vertrauen, für das Beutler in einem beiliegenden Exposé bereits Themenvorschläge formulierte:

> »War die entartete Kunst wirklich entartet? [...] Eine fernere Serie: Blick durch das Fenster! Hier dächte ich mir Aufsätze über Nachbarländer, zumal diejenigen, die man in Deutschland nie richtig betrach-

tet hat, also die Bedeutung Böhmens, Hollands, Belgiens als Kulturfaktoren, als Geistigkeiten, als Volkstümer, nicht aber, wie man bisher zumeist diese Länder ansah, als Aufmarschgebiete. [...] Das absolute Fehlen jeden Verständnisses für die Nachbarnationen ist ja unsere Tragödie gewesen, hier muss immer und immer wieder angesetzt werden. [...] [W]ir müssen heute das politische Ziel auf unpolitischem Wege verfolgen, und dem sollte sich auch Herr Reifenberg nicht verschliessen.«

Doch alle Beschwörungen Beutlers, alle Überredungskünste Hollbachs blieben fruchtlos; Reifenberg lehnte die Bedingungen der Besatzungsmacht ab und fuhr unverrichteter Dinge nach Hause – die Verhandlungen waren gescheitert. In den folgenden Monaten änderte sich die Haltung der zuständigen US-Behörden zu Ungunsten der FZ, wobei Reifenberg vermutete, dass »lokale deutsche Intrigen«[18] durch missgünstige Journalistenkollegen eine Rolle spielen könnten. Anfang Dezember 1945 schrieb er an Albert Oeser, das Unternehmen FZ gelte nunmehr »in völliger Verkennung seines Wesens als Nazi-verdächtig, zum Mindesten bei einem Teil der Amerikaner. Dabei spielt der Verkauf an Bosch, und das heißt für die oberflächlichen Betrachter an die I.G. [Farben, DB], [...] eine Rolle.« – Der gesamte Ablauf zeigt, dass Reifenberg eine reelle Chance zur Wiederbegründung der FZ ausgeschlagen hatte; zugleich wird deutlich, dass er unter den einstigen Kollegen wie bei offiziellen Stellen als der berufene Sprecher und Vertreter der FZ galt: Ohne ihn ging gar nichts.

Zurück in Neustadt, richtete sich Reifenberg mit seiner Frau auf einen Daueraufenthalt in der französischen Zone ein. Seine Frankfurter Wohnung und das Haus seiner Familie in Kronberg waren von den Alliierten beschlagnahmt worden, Sparbuch und Lebensversicherung schwebten, wie er im Januar 1946 an Schwester und Schwager schrieb, »irgendwo in den Wolken der Okkupation«[19]. Gesichert wurde Reifenbergs materielle Lage erst durch das Erscheinen der »Gegenwart«, »deren Leiter ich ja praktisch bin«, wie er vermerkte. Am 26. August 1945 stand der Name der Zeitschrift fest, Ende November waren drei Nummern vorläufig fertiggestellt, und die erste Redaktionskonferenz hatte, wie Reifenberg dem nicht anwesenden Oeser einige Tage später berichtete, »eine erfreuliche

---

18 Benno Reifenberg an Albert Oeser, 27.11.1945, NL BR, DLA, 79.8538. Dort auch das folgende Zitat.
19 Benno Reifenberg an Ada und Hans Brunthaler, NL BR, DLA, 79.12445. Dort auch das folgende Zitat.

Übereinstimmung zu Tage [gefördert], was die Gesamthaltung unserer Zeitschrift angeht.«[20] In dem gleichen Schreiben mit Datum vom 27. November 1945 dankte Reifenberg Oeser »für die Glückwünsche zur Lizenz«; am 3. Dezember 1945 teilte er dann auch dem Freund Sternberger mit, dass die Franzosen das Blatt »acceptiert«[21] hätten.

Sternberger war Reifenberg in diesen Tagen um wenige Schritte voraus: Am 30. November 1945 war in Heidelberg die erste Ausgabe der von ihm initiierten und herausgegebenen Zeitschrift »Die Wandlung« erschienen, die das gleiche Publikum ansprach und den gleichen Maximen verpflichtet war wie »Die Gegenwart«: »Beide bewegten sich auf bemerkenswert hohem intellektuellem Niveau, brachten identische Bedürfnisse und Erwartungen zu Gehör; mit den Trümmern der zerborstenen Diktatur im Gepäck ging es ihnen um selbstkritische Besinnung, um Einkehr und moralisch-politische Erneuerung.«[22] Wie Reifenberg hatte es auch Sternberger in den deutschen Südwesten verschlagen: Im Sanatorium auf der Bühlerhöhe in Baden-Baden hatte er das Kriegsende erlebt. Die Tatsache, dass er der »Gegenwart« mit der »Wandlung« einen »Zeitschriftenzwilling«[23] bescherte, löste bei Reifenberg gemischte Gefühle aus, wie er Sternberger gestand: »Auf die Wandlung freue ich mich, obschon es mir immer grotesk vorkommt, Sie und mich zwei verschiedene

---

20 Benno Reifenberg an Albert Oeser, 27.11.1945, NL BR, DLA, 79.8538. Dort auch das folgende Zitat.
21 Benno Reifenberg an Dolf Sternberger, 3.12.1945, NL BR, DLA, 79.8816.
22 Flemming: »Neues Bauen am gegebenen Ort«, S. 187. – Zur »Wandlung« vgl. François Beilecke: Vom Europa der Dritten Kraft zur Weltregierung. Ursprünge und diskursive Ausprägungen der Europa-Thematik in *Die Wandlung* (1945-1949), in: Michel Grunewald/Hans Manfred Bock (Hrsg.): Der Europadiskurs in den deutschen Zeitschriften (1945-1955), Bern u.a. 2001, S. 121-148; ferner Monika Waldmüller: Die Wandlung. Eine Monatsschrift. Herausgegeben von Dolf Sternberger unter Mitwirkung von Karl Jaspers, Werner Krauss und Alfred Weber 1945-1949, Marbach a.N. 1988 sowie Birgit Pape: Vorschule der Demokratie in Deutschland. Dolf Sternbergs Zeitschrift »Die Wandlung« trat zwischen 1945 und 1949 für die Bürgergesellschaft ein, in: FAZ, 11.12.1999. – Ein Schlaglicht auf die zeitgenössische Aufnahme beider Zeitschriften durch das Publikum wirft der Germanist Walter Müller-Seidel: Zur geistigen Situation der Zeit – um 1945, in: Wilfried Barner/Christoph König (Hrsg.): Zeitenwechsel. Germanistische Literaturwissenschaft vor und nach 1945, Frankfurt a.M. 1996, S. 420/421. – Zu Sternberger vgl. Jörg Pannier: Das Vexierbild des Politischen. Dolf Sternberger als politischer Aristoteliker, Berlin 1996 sowie den Beitrag von Joachim C. Fest in: Dolf Sternberger 28.7.1907-27.7.1989. Ansprachen bei der Trauerfeier am 3. August 1989 in der Heiliggeistkirche zu Heidelberg, Frankfurt a.M. 1989.
23 Flemming: »Neues Bauen am gegebenen Ort«, S. 187.

Gespanne lenken zu sehen. Wir müssen uns trösten, dass wir wenigstens in einer Richtung fahren und einander zurufen können.«[24] Nachdem »Die Wandlung« sich nicht auf dem Pressemarkt der Nachkriegsjahre zu bewähren vermochte und 1949 eingestellt werden musste, schloss sich Sternberger im Frühjahr 1950 der Gruppe um Reifenberg an, um fortan eine Schlüsselfunktion bei der »Gegenwart« zu übernehmen.[25] In mehreren Beiträgen würdigte »Die Gegenwart« den publizistischen Einsatz der »Wandlung« für das hohe Ziel der »Freiheit des Einzelnen«[26].

Neben »Der Wandlung« und »Der Gegenwart« entstanden in diesen und den folgenden Monaten aus dem Kreis der einstigen FZ-Angehörigen weitere Presseorgane[27] – ein deutliches Zeichen dafür, wie sehr sich der Kollegenkreis zerstreut hatte und ein frühes, freilich ungehört verhallendes Signal an Reifenberg, dass es unmöglich sein würde, die FZ in alter Form wiederzubeleben. In Stuttgart rief Erich Welter gemeinsam mit den Wirtschaftspublizisten Hans Baumgarten und Helmut Cron die »Wirtschaftszeitung« ins Leben. In der amerikanischen Besatzungszone erhielten Walter Dirks und Eugen Kogon die Lizenz für die »Frankfurter Hefte«. Im französischen Sektor von Berlin gab Paul Bourdin, der ehemalige Pariser FZ-Korrespondent, den »Kurier« heraus. Im oberschwäbischen Leutkirch begründete Wendelin Hecht die »Schwäbische Zeitung« und engagierte Johannes Schmid, den letzten Leiter des Buchverlages der Frankfurter Societäts-Druckerei, als Chefredakteur sowie Ernst Trip als einen der politischen Redakteure. Eine größere Gruppe einstiger FZ-Leute fand sich bei der ebenfalls von Hecht in Zusammenarbeit mit dem Herderverlag und der Druckerei Rombach geschaffenen »Badischen Zeitung« zusammen: Oskar Stark, Maxim Fackler, Paul Sethe, Brigitte Beer, Ida M. Baehrle, Nikolas Benckiser u.a. als Redakteure, Margret Boveri, Eberhard Schulz, Wolf von Dewall, Irene Seligo und Heinrich Scharp als freie Mitarbeiter und Korrespondenten. Zwar führte Reifenberg in den 50er Jahren noch mehrfach Gespräche mit Werner Wirthle, dem von den Amerikanern 1945 eingesetzten Treuhänder des Frankfurter Verlagsvermögens und Geschäftsführer der Frankfurter Societäts-Druckerei, über eine Neuauflage der FZ, doch spätestens mit der Gründung der »Frankfurter Allgemeinen Zeitung« im Jahre 1949 durch einen Kreis um Erich

---

24 Benno Reifenberg an Dolf Sternberger, 3.12.1945, NL BR, DLA, 79.8816.
25 Vgl. Flemming: »Neues Bauen am gegebenen Ort«, S. 200-202.
26 Die Wandlung, in: Die Gegenwart, 3.12.1955. Im gleichen Tenor auch: Das letzte Heft der Wandlung, in: Die Gegenwart, 1.1.1950.
27 Vgl. Gillessen: Auf verlorenem Posten, S. 520-525.

»DIE GEGENWART« (1945-1958)

Welter wurde das Unternehmen illusorisch. Reifenberg hat diese – für ihn so bittere – Wahrheit möglicherweise als Letzter verstanden.

Wenn Reifenberg auch ohne Frage als entscheidender Kopf bei der Gründung der »Gegenwart«, als programmatischer Vordenker und führende Figur in der Herausgeberriege gelten kann, so hatte er die Last der Planung in den kargen Nachkriegsmonaten doch nicht allein zu schultern: Tatkräftige Hilfe kam von Erich Stückrath, dem ersten Verleger der »Gegenwart«, Sohn des ehemaligen Herausgebers der Berliner »Spandauer Zeitung«.[28] Der promovierte Historiker hatte sich vor dem Krieg am Abhang des Hochfirsts in Saig über dem Titisee ein Ferienhaus bauen lassen, so dass die räumliche Nähe zum Schwarzwaldquartier Reifenbergs gegeben war. Obwohl Stückrath bei Kriegsende zunächst die Gründung einer Lokalzeitung in Freiburg oder Mainz vorgeschwebt hatte, ließ er sich schon bald vollständig auf das Unternehmen »Gegenwart« ein, für das er bis 1949 als Verleger fungieren sollte; Reifenberg erklärte später dankbar, dass Stückraths Enthusiasmus »ausschlaggebend« für den Erfolg der Zeitschrift als »Schöpfung aus dem Nichts« gewesen sei. In seinem Nachruf auf den früh verstorbenen Stückrath von 1955 heißt es:

> »Erich Stückrath rechnete zu dem Jahrgang 1902, zu den Sechzehnjährigen, die das Ende und den Hader eines verlorenen Krieges als entscheidenden Eindruck für das Leben in einen Staat mitnehmen mußten, dem sie zynisch zu begegnen oft Gefahr gelaufen sind. Dieser Gefahr ist Stückrath nicht erlegen. [...] [E]r war einziges Kind in einem sehr reichen Haus, hatte sich dann selbst in Berlin-Grunewald verwöhnt eingerichtet, einen erstaunlich weit gespannten Bekanntenkreis geformt, wobei es eine Rolle gespielt haben mag, daß er mit beiden Händen ausgab. Er war mit mancher Figur befreundet, die dann zum 20. Juli gezählt hat. Schließlich hat er die Reichshauptstadt Hals über Kopf verlassen und mußte auch sein Haus im Schwarzwald meiden; kurz vor Kriegsende nahm er den Rucksack und wanderte geschickt durch zurückmarschierende Truppen, Feldgendarmen und die sich nähernden Alliierten ins Freie. [...] Stückrath mag wahrscheinlich gefühlt haben, wie er nun zum ersten Mal in seinem Dasein ganz und gar auf seine eigenen Talente angewiesen war. Mit diesem Ansporn,

---

28 Zu Stückrath vgl. Werner Köhler: Freiburg i.Br. 1945-1949. Politisches Leben und Erfahrungen in der Nachkriegszeit, Freiburg i.Br. 1987, S. 74; Stephan Schölzel: Die Pressepolitik in der französischen Besatzungszone 1945-1949, Mainz 1986, S. 53/54 sowie Benno Reifenberg: Zum Tod von Erich Stückrath, in: Die Gegenwart, 22.10.1955. Die folgenden Zitate nach Reifenberg.

mit der Erwartung und der Dankbarkeit eines Robinson Crusoe betrat er die wüste Insel des Nachkriegsdeutschland.«

Als Verlagssitz der »Gegenwart« wählte Stückrath das Haus der intakt gebliebenen Druckerei Poppen & Ortmann in Freiburg, als behelfsmäßige Zentrale der Redaktion diente bis in das Jahr 1946 hinein der Gasthof »Zum Ochsen« in Saig, wo der Inhalt der Hefte nach alter FZ-Tradition im Rahmen von regelmäßig tagenden Konferenzen verhandelt wurde. Die technische und materielle Organisation war »ein einziges großes Abenteuer«[29]. Stückrath konnte einen fahrbaren Untersatz zur Verfügung stellen und hatte zudem den Fahrer seines Vaters zur Seite, der die von Sowjettruppen umzingelte Hauptstadt im letzten Augenblick verlassen und sich in den Schwarzwald durchgeschlagen hatte: »Er kümmerte sich nun, ein wahres Genie an der Viktualien- und Gebrauchsgegenstandsbörse des Schwarzmarkts, um Reifenbeschaffung, Treibstoff und Lebensmittel.« Jan Reifenberg erinnerte sich mehr als fünfzig Jahre später an die Atmosphäre jener »Vorbereitungswochen im Sommer und Herbst 1945«, die er als 22-jähriger gemeinsam mit seinem Vater erlebt hatte:

»Die Luftwarnsirenen heulten nicht mehr. Über uns zogen nicht mehr die Kondensstreifen der Bombengeschwader-Formationen. Wie in vielen Orten waren auch in Neustadt über Nacht Parteiführung und Gestapo geflohen. Dem bitterkalten letzten Kriegswinter folgten ein strahlender Frühling und ein heißer Sommer. Trotz der guten Ernte war die Ernährungslage in der französischen Zone für den Großteil der deutschen Zivilbevölkerung miserabel. [...] Es gab, bis weit ins Jahr 1946, nur ein kümmerliches privates Telefonnetz. Die Post funktionierte in den ersten Monaten nach Kriegsende so gut wie überhaupt nicht. [...] Auf abenteuerlichen Wegen erreichten uns Nachrichten von Verwandten, Freunden und Bekannten. Wer noch ein Empfangsgerät hatte, war meist auf die Schweizer Nachrichten des Senders Beromünster angewiesen. Ein Fahrrad war kostbarer Besitz, wieder und wieder flickte man dessen abgefahrene Reifen. Geld war so gut wie nichts wert. Statt dessen blühte der Schwarzmarkt auf. Zigaretten – erst die honiggelben, duftenden amerikanischen, dann gewöhnliche ›Gauloises‹ – wurden zur eigentlichen Währung. Über allem aber lag eine heute kaum mehr vorstellbare Stille: Nach all den Parolen, Gesängen, Aufmärschen, Fanfaren, dem täglichen Ansturm der Propaganda,

---

29 Jan Reifenberg: Die Gegenwart – Zur Geschichte einer Zeitschrift, in: FAZ, 30.3.1996.

»DIE GEGENWART« (1945-1958)

den metallisch-unnatürlich bellenden Stimmen der Sprecher des ›Reichsrundfunks‹ oder der ›Deutschen Wochenschau‹, der Kaskade gelenkter Lügen hatte man das Gefühl, durchzuatmen. [...] Es gab nichts anderes als viel Zeit, um nachzudenken und Bilanz zu ziehen.«
Eine Frucht des Nachdenkens und Bilanzierens lag am 24. Dezember 1945 mit der ersten Ausgabe der »Gegenwart« vor. Die Herausgeber hatten, wie Reifenberg in einem Brief an Oeser formulierte, »den ersten neuen Schritt in die journalistische Gefahrenzone«[30] gewagt. An Dolf Sternberger schrieb er, die »Revue« sei »ausgesprochen politisch geworden«, was er mit Blick auf seine eigenen journalistischen Vorlieben und Neigungen als »[k]urios« empfinde: »Ich komme mir vor wie in der Zeitung, als ich Leitartikel schreiben musste, anstatt Feuilletons, die ich schreiben wollte.«[31] In den folgenden Jahren fügte sich Reifenberg in sein Schicksal als politischer Journalist »wider Willen«, wie er sich selber bezeichnete, und verzichtete weitgehend auf die Pflege seiner schöngeistigen Steckenpferde Kunst- und Literaturkritik. Ab 1949 jedoch wurden die namentlich gezeichneten politischen Kommentare seltener. Je mehr sich die politische und wirtschaftliche Lage in der frisch gegründeten Bundesrepublik stabilisierte, desto intensiver widmete sich Reifenberg dem Feuilleton.

Die Gründungs- und Konsolidierungsphase der »Gegenwart« war für Reifenberg und seine Mitstreiter überschattet von dem ständig präsenten Gefühl nagenden Hungers.[32] Deutschland lag in den ersten Nachkriegsjahren innerhalb Europas »am Ende der Kalorienskala«[33], und in Deutschland selbst rangierte die französische Besatzungszone wiederum ganz hinten – selbst unter den Sowjets herrschte nicht ein so extremer Nahrungsmangel wie hier, wo Mitte 1946 von amtlicher Seite ein Satz von 900 Kalorien pro Kopf der Bevölkerung vorgesehen war[34]; in Freiburg, wo Reifenberg und Stückrath »Die Gegenwart« gestalteten, beliefen sich die Lebensmittelrationen im August/September 1945 auf 590, im November 1945 auf 1.225 Kalorien pro Tag.[35] Wie tiefgreifend der

---

30 Benno Reifenberg an Albert Oeser, 27.11.1945, NL BR, DLA, 79.8538.
31 Benno Reifenberg an Dolf Sternberger, 3.12.1945, NL BR, DLA, 79.8816. Dort auch das folgende Zitat.
32 Vgl. auch Flemming: »Neues Bauen am gegebenen Ort«, S. 195.
33 Christoph Kleßmann: Die doppelte Staatsgründung. Deutsche Geschichte 1945-1955, 4., ergänzte Auflage, Göttingen 1986, S. 47.
34 Vgl. ebd., S. 47/48.
35 Vgl. Köhler: Freiburg i.Br. 1945-1949, S. 25.

Mangel war, wird deutlich, wenn man sich vor Augen führt, dass die in der britischen Zone Mitte 1946 veranschlagte Zahl von 1.050 Kalorien in der Praxis nicht viel mehr als zwei Scheiben Brot mit Margarine, einen Löffel voll Milchsuppe und zwei Kartoffeln bedeutete[36] – Hungerkost also, die das Überleben eines erwachsenen Menschen auf die Dauer nicht sicherstellen konnte. Dennoch war Reifenberg in der Lage, sich an den neuen Möglichkeiten publizistischer Aktivität zu erfreuen; am Silvestertag 1945 schrieb er an Helga Hummerich, die ihm nun wieder als Sekretärin zur Seite stand, »die alte Spannung, die vom Metteurtisch, dem Geruch der Druckerschwärze und den begierig ergriffenen Fahnen ausgeht«, beginne sich aller Widrigkeiten zum Trotz »doch einzustellen.«[37] Obschon der Zustand der Papierknappheit chronisch war und das Blatt in den ersten Jahren der Vorzensur durch die zuständigen Stellen der französischen Militärregierung in Baden-Baden unterlag[38], bot es einen namhaften Beitrag zu jener »phänomenalen Zeitschriftenblüte«[39], von der Christoph Kleßmann für die Zeit ab 1945 gesprochen hat. So existierten bereits 1946/47 auf deutschem Boden rund 200 politisch-kulturelle und unterhaltende Zeitschriften – »und sie alle fanden ihren Leserkreis.« Ganz offensichtlich hatte das »Dritte Reich« ein »Vakuum« im Bereich Bildung und Information hinterlassen, das nun gefüllt wurde.

Von der – angesichts der miserablen Lebensbedingungen in Deutschland – überraschend hohen Nachfrage nach solide gestalteten Presseerzeugnissen profitierte auch »Die Gegenwart«. Mit dem zweiten Nachkriegsjahr konnte der anfänglich kleine Kreis um neue Mitarbeiter erweitert werden. Im Juli 1946 stieß der aus Kriegsgefangenschaft entlassene ehemalige FZ-»Hauszensor« Herbert Küsel als auswärtiger Korrespondent mit Sitz in Frankfurt hinzu[40], 1947 folgte Max von Brück, der, von der »Süddeutschen Zeitung« kommend, »mit relativ bescheidenem

36 Vgl. Kleßmann: Die doppelte Staatsgründung, S. 48.
37 Benno Reifenberg an Helga Hummerich, 31.12.1945, NL BR, DLA, 79.4433.
38 Zur Zensurpraxis in der französischen Besatzungszone vgl. v.a. Schölzel, Pressepolitik, ferner den Diskussionsbeitrag von Hellmuth Auerbach, in: Franz Knipping/Jacques Le Rider (Hrsg.): Frankreichs Kulturpolitik in Deutschland, 1945-1950, Tübingen 1987, S. 241/242.
39 Kleßmann: Die doppelte Staatsgründung, S. 161. Dort auch die folgenden Zitate. – Vgl. Ingrid Laurien: Die Verarbeitung von Nationalsozialismus und Krieg in den politisch-kulturellen Zeitschriften der Westzonen 1945-1949, in: Geschichte in Wissenschaft und Unterricht, 1988, S. 220-237; Dies.: Politisch-kulturelle Zeitschriften in den Westzonen 1945-1949. Ein Beitrag zur politischen Kultur der Nachkriegszeit, Frankfurt a.M. 1991.
40 Vgl. Flemming: »Neues Bauen am gegebenen Ort«, S. 196/197.

Spesenkonto und Fixum als externer Redakteur in Bayern lebend«, für die »Gegenwart« tätig wurde, »häufig von Zweifeln über seine Produktion geplagt, allerdings schon früh nebenher beim Westdeutschen Rundfunk engagiert, zu dem er dann 1957 hauptberuflich überwechselte.«[41] Als einzige Frau im Stab wirkte die promovierte Romanistin Arianna Giachi, die 1946, 26 Jahre jung, als Redaktionsassistentin engagiert worden war und seit 1949 als Redakteurin geführt wurde, zuständig für den »Literarischen Ratgeber«.[42] Eine interne Statistik aus dem Jahre 1954[43] nennt als »Redakteure der ›Gegenwart‹« zwölf Personen: Neben Reifenberg, Sternberger, Oeser, Brück, Haerdter, Guttmann, Küsel und Giachi den 1892 geborenen ehemaligen Leiter des Handelsteils der »Kölnischen Zeitung« Fritz Hauenstein als Wirtschaftsredakteur, den Historiker Michael Freund, den einstigen FZ-Mitstreiter Friedrich Sieburg und den damals 27-jährigen Nachwuchsjournalisten Rainer Tross, der in den 60er Jahren zum Chefredakteur der »Stuttgarter Zeitung« avancierte. Ende 1956 wurde zudem der damals 30-jährige Karl Moersch eingestellt[44], der später von 1964 bis 1976 für die FDP im Bundestag saß, 1970 Parlamentarischer Staatssekretär und 1974 Staatsminister im Auswärtigen Amt wurde; ausschlaggebend für sein Engagement war das angekündigte, freilich nicht vollzogene Ausscheiden Haerdters gewesen.[45]

Eine gewichtige Rolle für die »Gegenwart« spielte der wissenschaftlich von Gerhard Ritter protegierte England-Experte Michael Freund, dessen Ehrgeiz sich freilich »weniger auf eine journalistische Karriere denn auf eine akademische [richtete].«[46] Freund, Jahrgang 1902, baute das Archiv des Blattes auf und rückte 1949 in den Kreis der Herausgeber auf. Bereits 1938 Dozent an der Universität Freiburg geworden, erhielt er 1956 eine ordentliche Professur an der Universität Kiel; bei der »Gegenwart« war er, wie Flemming ausführt, »gewiß keine Randfigur, vielmehr in Fragen, wie das Blatt gestaltet werden sollte, außerordentlich rührig.« Wenn er

---

41 Ebd., S. 197/198. Vgl. auch Gillessen: Auf verlorenem Posten, S. 314.
42 Vgl. in diesem Kontext Reinhard Rösler: Beiträge zur Publizistik für die Entwicklung der Literatur in den westlichen Besatzungszonen während der Jahre 1945-49. Zur Literaturkonzeption der Zeitschriften »Die Nation«, »Das Neue Wort«, »Die Fähre«, »Welt und Wort«, »Die Gegenwart, Merkur«, Diss. Rostock 1981.
43 Redakteure der »Gegenwart«/1954, Konv. Notizen und Aktennotizen, NL BR, DLA 7701.
44 Vgl. Flemming: »Neues Bauen am gegebenen Ort«, S. 208/209.
45 Ebd.
46 Ebd., S. 199. Dort auch die folgenden Zitate.

dennoch nicht »zum inneren Kern der Entscheidungsträger zählte«, so mögen dabei neben der räumlichen Entfernung und der beruflichen Doppelbelastung auch politische Differenzen mit Reifenberg ausschlaggebend gewesen sein. Freund war NSDAP-Mitglied gewesen und bewahrte eine gewisse Reserve gegen »die Demokratie westlicher Färbung«, wie Reifenberg ihm in einem persönlichen Schreiben vom März 1959 vorwarf.[47] Ähnlich wie Freund verfolgte auch Dolf Sternberger parallel zu seiner journalistischen Arbeit eine Hochschullaufbahn und wurde 1955 auf eine Professur für Politikwissenschaft an der Universität Heidelberg berufen – neben seiner Arbeit für den Rundfunk »ein weiteres Indiz dafür, daß die Gegenwart allein weder seine berufliche Existenz zu fundieren noch seinen beruflichen Ehrgeiz zu stillen vermochte.«[48] Friedrich Sieburg, der von den französischen Militärbehörden unter ein dreijähriges Publikationsverbot gestellt worden war, hatte seit Anfang 1946 in engem Briefkontakt mit Reifenberg gestanden, dem er – bei aller menschlichen Verbundenheit – mitunter ein Äußerstes an Geduld abverlangt haben dürfte; in seinen Briefen an Reifenberg klagte Sieburg unausgesetzt über die Aussichtslosigkeit seiner Situation und seine »tiefe Depression«[49], über Hunger, Not, Müdigkeit, den Zustand seiner Garderobe, die der »langsamen Verlumpung«[50] ausgesetzt sei, über sein zerrüttetes Verhältnis zu Sternberger sowie »höllische Erfahrungen«[51] in seiner gescheiterten Ehe und erging sich in Selbstmitleid: »Der strahlende Himmel tut mir weh, der kühle Wind, der in den Bäumen rauscht, macht mich ganz krank.«[52] Von dem viel beschäftigten Leiter der »Gegenwart« erwartete er sich aktive Fürsprache bei den Franzosen; so hieß es in einem Schreiben vom 10. Mai 1946 pathetisch, Reifenberg solle sich darauf besinnen, dass er »einen Freund, der Sie liebt, vor dem Untergang retten« könne. Tatsächlich scheint Reifenberg mehrfach für Sieburg interveniert zu haben[53]; 1948 holte er ihn zur »Gegenwart«, wo die Zerwürfnisse mit Sternberger weitergingen[54] und Sieburg sich erneut »an die Peripherie

---

47 Vgl. Benno Reifenberg an Michael Freund, 18.3.1959, NL BR, DLA, 79.3937.
48 Flemming: »Neues Bauen am gegebenen Ort«, S. 202.
49 Friedrich Sieburg an Benno Reifenberg, 10.5.1946, NL BR, DLA, 79.3440.
50 Friedrich Sieburg an Benno Reifenberg, 8.3.1946, NL BR, DLA, 79.3440.
51 Friedrich Sieburg an Benno Reifenberg, 9.3.1946, NL BR, DLA, 79.3440.
52 Friedrich Sieburg an Benno Reifenberg, 10.5.1946, NL BR, DLA, 79.3440. Dort auch das folgende Zitat.
53 Vgl. u.a. Friedrich Sieburg an Benno Reifenberg, 2.4.1946 sowie Benno Reifenberg an Friedrich Sieburg, 17.5.1946, NL BR, DLA 79.3440.
54 Vgl. Flemming: »Neues Bauen am gegebenen Ort«, S. 204/205.

gedrängt« wähnte, »nicht genug gewürdigt, vermutlich auch nicht genügend geliebt.«[55] Nach nebenberuflicher Tätigkeit für die »Zeit« und Verhandlungen mit der FAZ bereits im Jahre 1953[56] schied Sieburg Anfang 1956 aus dem Herausgeberkollegium der »Gegenwart« aus, was den »Spiegel« zu dem »verschachtelte[n] und maliziöse[n] Kommentar«[57] veranlasste, mit Sieburgs Weggang sei »die Redaktion der ›Gegenwart‹, die sich rühmt, eine Art Traditionskompanie der alten ›Frankfurter Zeitung‹ zu sein, um einen Veteranen dieses berühmten liberalen Blattes, von dessen Wiederauferstehen immer noch die Rede ist, ärmer geworden.«[58]

Von der »Gegenwart« als einer »Traditionskompanie« zu sprechen war, wie Flemming formulierte, »so abwegig nicht«[59]. »Die Gegenwart« betrieb keine gezielte Nachwuchspflege, war auch – die Ausnahme Giachi bestätigte hier nur die Regel – kaum offen für weibliche Mitarbeit und blieb insgesamt dominiert von den männlichen Angehörigen der Frontkämpfer- und Kriegsjugendgeneration, bot zudem Zuflucht für zwei Urgesteine der FZ: den gesundheitlich schwer beeinträchtigten Albert Oeser, Jahrgang 1878, und den greisen Bernhard Guttmann, Jahrgang 1869. Zu den freien Mitarbeitern der »Gegenwart« zählten ferner u.a. der ehemalige Züricher FZ-Gesandte Hans Georg Pauls, der 1950 verstarb, und die einstige FZ-Auslandskorrespondentin Lily Abegg, die für die »Gegenwart« u.a. aus der Türkei und Teheran berichtete.[60] Ein Engagement Karl Apfels, um das dieser 1956 ersuchte, musste aus finanziellen Gründen unterbleiben, denn zu diesem Zeitpunkt kämpfte »Die Gegenwart« bereits mit grassierendem Auflagenschwund und massiven Existenznöten.[61]

Ein neues Kapitel in der Unternehmensgeschichte der »Gegenwart« wurde aufgeschlagen, nachdem Stückrath 1949 sein Amt als Verleger aus finanziellen Gründen niedergelegt hatte und nach Berlin zurückgekehrt

---

55 Ebd., S. 207.
56 Ebd.
57 Ebd., S. 208.
58 Friedrich Sieburg, in: Der Spiegel, 18.1.1956.
59 Flemming: »Neues Bauen am gegebenen Ort«, S. 208.
60 Eine Übersicht über Mitarbeiter und Themen gewähren Bernhard Fischer/Thomas Dietzel: Die Gegenwart, in: Deutsche Literarische Zeitschriften 1945-1970. Ein Repertorium, Bd. 2, München 1992, S. 315-319.
61 Vgl. Benno Reifenberg an Karl Apfel, 9.11.1956, NL BR, DLA, 31211. Wie ein beiliegendes Schreiben von Reifenberg an Wirthle vom 12.11.1956 zeigt, hatte er versucht, sich bei dem Verleger für Apfel einzusetzen, der jahrelang »der Umbruchredakteur der Reichsausgabe der ›Frankfurter Zeitung‹« gewesen sei, war damit jedoch gescheitert.

war.⁶² Reifenberg trat daraufhin in Verhandlungen mit Werner Wirthle und der Frankfurter Societäts-Druckerei. Am 10. Januar 1950 unterbreitete ihm Wirthle den Vorschlag, »Die Gegenwart« künftig »in der Art einer Geschäftsabteilung« der FSD zu führen, die bei nicht ausreichender Liquidität für das Blatt »in Vorlage treten« werde, sich dafür jedoch das Recht auf die Festsetzung von Preisen und Gehältern, den Materialeinkauf und etwaige Kreditverhandlungen vorbehalte.⁶³ Zwei Monate später teilte Reifenberg Sternberger mit, dass der Vertrieb der »Gegenwart« zum 1. Mai nach Frankfurt verlegt werde; Druck und Redaktion sollten in absehbarer Zeit folgen.⁶⁴ Abgeschlossen war die Übersiedlung im Oktober 1950. Fortan residierte »Die Gegenwart« in den Räumen der Frankfurter Societäts-Druckerei an der Mainzer Landstraße in Reifenbergs Heimatstadt am Main. In den folgenden Jahren war Wirthle für Reifenberg der wichtigste Ansprechpartner in allen geschäftlichen Belangen, die die Zeitschrift betrafen. Die Basis dieser Kooperation wird in einem Schreiben Wirthles vom Oktober 1955 deutlich, in dem er die Unabhängigkeit der »Gegenwart« nicht mit ihrer tatsächlichen Bedeutung auf dem westdeutschen Pressemarkt, sondern mit ihrer Rolle als »Traditionsträger der ›Frankfurter Zeitung‹« begründete.⁶⁵ Dies widersprach keineswegs den Vorstellungen Reifenbergs, der einen guten Teil seines publizistischen Selbstwertgefühls in den 50er Jahren von seiner Rolle als Nachlassverwalter der FZ ableitete. Verbunden war damit, wie er 1963 erklärte, auch die Überzeugung, dass die politisch-kulturelle Deutungshoheit in der Bundesrepublik in den Händen der Vertreter der »Inneren Emigration« liegen solle:

> »Wir, das heißt der innere Kreis der Redaktion, wie er vor der Auflösung der FZ noch einmal zusammentraf, haben ausdrücklich festgestellt, dass wir die Gründe für eine Emigration gar nicht zu kennen brauchen, um die Tatsache eines Emigrierens zu akzeptieren. Andererseits waren wir der Ansicht, wenn je die FZ wieder erstehen sollte, müsste sie in ihrem Kern Persönlichkeiten besitzen, die innerhalb Deutschlands lebend diesen Zeitpunkt erreicht haben würden.«⁶⁶

---

62 Vgl. Benno Reifenberg: Zum Tod von Erich Stückrath, in: Die Gegenwart, 22.10.1955.
63 Werner Wirthle an Benno Reifenberg, 10.1.1950, in: Geschäftskorrespondenz mit Werner Wirthle, NL BR, DLA, 79.7710.
64 Vgl. Benno Reifenberg an Dolf Sternberger, 3.3.1950, NL BR, DLA, 79.8816.
65 Werner Wirthle an Benno Reifenberg, 6.10.1950, in: Geschäftskorrespondenz mit Werner Wirthle, NL BR, DLA, 7710.
66 Benno Reifenberg an Max Hermann Maier, 27.9.1963, NL BR, DLA, 79.3333.

»DIE GEGENWART« (1945-1958)

Damit war ein Thema angesprochen, das »Die Gegenwart« in den ersten Nachkriegsjahren mehr als jedes andere beschäftigt hat: die Auseinandersetzung mit dem Nationalsozialismus und der Schuld und Verantwortung der Deutschen für die Etablierung der Diktatur und die Katastrophe des Zweiten Weltkrieges.

Die Schatten der Vergangenheit

»Von wo aus wäre das ungeheure Gewicht der geschlagenen Nation wieder ins Bewegte und das heißt ins Leben zu verwandeln? Einstweilen hat die Katastrophe eine ungeformte, träge Masse zurückgelassen, um die der leere, unübersehbare Nebel des Unglücks braut. Durch die Schwaden hallen Notrufe. Sie vermehren nur das schauerliche Schweigen. Man wird sich auf die Suche nach festem Boden, nach jenem archimedischen Standpunkt machen müssen, von wo aus mögliche neue Willenskräfte auf eine rechte Weise anzusetzen wären. Wer die Suche beginnt, darf vor keiner Einsicht in den Umfang der Niederlage zurückschrecken.«[67]

Mit diesen Sätzen begann der Leitartikel in der ersten Ausgabe der »Gegenwart« vom 24. Dezember 1945. Reifenberg hatte den Text verfasst und unter den Titel »Archimedischer Punkt« gestellt. Der Ruf nach dem »totalen Krieg«, so erklärte er hier, habe »das Gegenstück« zur Folge gehabt: »den totalen Zusammenbruch« Deutschlands. Dies sei – trotz der »finsteren Notzeit«, die man nun zu ertragen habe – auch eine Chance, denn die militärische Niederlage sei dermaßen eindeutig, dass es mit Sicherheit keine Neuauflage der »Dolchstoßlegende« von 1918 geben werde. Stattdessen müsse eine gewissenhafte und von der »Vernunft« gesteuerte Debatte über die Ursachen der »beispiellosen Katastrophe« einsetzen, müsse »die Nation sich anschicken […], den Weg, den sie durch zwei Kriege zurückgelegt hat, zu überprüfen und auf solche Weise zu erkennen, wo der Irrweg begann.« Gefordert sei »echte Gewissensforschung«, die von den Deutschen selber auszugehen habe und nicht von Dritten »kommandiert« werden könne. An die Alliierten erging folglich der Appell, »den Deutschen das Zutrauen [entgegenzubringen], sie würden diesmal gründlich mit sich selbst zu Rate gehen«. Die Bewältigung der Schuld könne nur individuell geschehen, denn: »Die Sphäre, die hier

---

67 Benno Reifenberg: Archimedischer Punkt, in: Die Gegenwart, 24.12.1945. Dort auch die folgenden Zitate.

berührt ist, liegt vor aller Politik. Sie verlangt vom einzelnen Menschen einzig und allein unter seiner eigensten Verantwortung durchschritten zu werden. Nur so wird man sich von der Hypothek befreien, die Deutschland sich selbst im Moralischen auferlegt hat.« Mit Kollektivschuldthesen, betonte Reifenberg, sei nicht geholfen, auch nicht mit kollektiven Kniefällen der besiegten Nation: »Wie es falsch ist, ›Deutschland über alles‹ zu proklamieren, so hat auch ›Deutschland unter alles‹ keinen Sinn. Niemand darf sich anmaßen, über ein Individuum geschweige über ein ganzes Volk den endgültigen Spruch fällen zu dürfen; die ewige Verdammnis steht anderen Instanzen als den menschlichen zu.« Im Übrigen gelte es nun, »auszubaden«, was man sich in den vergangenen zwölf Jahren eingehandelt habe, und sich der Tatsache bewusst zu sein, dass das, »[w]as inzwischen geschehen ist«, den Deutschen verbiete, »ohne weiteres an die Zeit vor diesen Geschehnissen nahtlos anzuschließen.« Die Nation müsse erkennen, dass sie die Humanität auf dem »Altar des Vaterlandes« geopfert habe: »Zum Schaden des Vaterlandes.« Kritik an der deutschen Bevölkerung könne und dürfe jedoch nur von jenen geübt werden, die »das Raffinement des Terrors am eigenen Leibe erfahren« hätten.

Mit den Thesen dieses Beitrages hatte Reifenberg gleichsam das Gelände abgesteckt, auf dem in der »Gegenwart« der Komplex NS-Vergangenheit in seinen unterschiedlichen Facetten insbesondere in den Jahren 1945 bis 1948/49 intensiv verhandelt wurde. Während bei der Mehrheit der deutschen Bevölkerung eine Mischung aus Existenznöten, Verunsicherung, genereller politischer Enttäuschung und Missstimmung gegenüber den Alliierten vorherrschte[68], die eine konstruktive und selbstkritische Auseinandersetzung mit der jüngsten Vergangenheit im Keim zu ersticken drohte, wurden die Verbrechen der Nationalsozialisten in der »Gegenwart« immer wieder ins Zentrum der Betrachtung gerückt. Dies war alles andere als üblich in der deutschen Zusammenbruchgesellschaft, im Gegenteil: Umfragen zeigten »die insgesamt konstante und sogar leicht steigende hohe Tendenz der positiven Antworten auf die Frage, ob der Nationalsozialismus eine gute Idee gewesen sei, die nur schlecht realisiert wurde.«[69] In auffälliger Abkehr vom Geist der Zeit betrachtete »Die Gegenwart« die Auseinandersetzung mit der deutschen Schuld als unabdingbare Voraussetzung für eine bessere Zukunft – »[n]ur der Blick auf die Wahrheit« rechtfertige die Hoffnung auf »edlere Epochen«, hieß es hier.[70]

---

68 Vgl. z.B. Kleßmann: Die doppelte Staatsgründung, S. 53-56.
69 Kleßmann: Die doppelte Staatsgründung, S. 56.
70 Benno Reifenberg: Epilog zu Nürnberg, in: Die Gegenwart, 31.12.1946.

»DIE GEGENWART« (1945-1958)

Reifenberg selbst hat sich des Gegenstandes in zahlreichen Kommentaren und Leitartikeln angenommen und – zum Teil in nahezu identischer Wortwahl – seine politische Analyse von 1933 wiederholt, wonach der Erfolg der NSDAP zuvörderst »mit Hilfe der Dolchstoßlegende zu Stande gekommen«[71] sei: »Das Tausendjährige Reich hatte in seinen Grundfesten eine kolossale Geschichtslüge eingemauert.« Die historische Verantwortung für das Verderben liege nicht nur bei den Nationalsozialisten, sondern bei der deutschen Rechten in ihrer Gesamtheit, bei jenen Kräften, die 1925 die Reichspräsidentschaft des Feldmarschalls Hindenburg betrieben hätten, und keineswegs etwa bei der Arbeiterschaft, auch wenn die Nationalsozialisten sich selber fälschlicherweise als »Arbeiterpartei« bezeichnet hätten. Mit einer perfiden Mischung aus erfolgreichen Arbeitsbeschaffungsmaßnahmen und einer »satanisch gemeisterten Kunst des Verdrehens« durch Propaganda habe das Regime ab 1933 vorübergehend mit der Mehrheit der Bevölkerung auch die Arbeiterschaft auf seine Seite gebracht, bevor die »Despotie [...] ihr Wesen [enthüllte]: ihre Gegner waren vogelfrei.« Der Prozess der Gleichschaltung des gesamten politischen und gesellschaftlichen Lebens in Verbindung mit einer reibungslos funktionierenden »Maschinerie des Terrors« habe wirksame Opposition unmöglich gemacht, wobei es einzelne Beispiele von heroischer »Selbstaufopferung« (die Attentäter vom 20. Juli, die studentische Widerstandsorganisation »Weiße Rose«) gegeben habe, deren moralische Bedeutung nicht genug betont werden könne. Insgesamt aber biete sich ein deprimierendes Bild:

»Die Maschinerie funktionierte, weil sie mit Methodik alle bisher bestehenden Bindungen der Bürger des Staates untereinander exakt zerschnitten hat. Bis Ende März 1933 waren die Landesregierungen verschwunden, bis Ende Juli die Parteien. Alle politischen Vereinigungen [...] wurden aufgelöst. Die Gewerkschaften und die Arbeitgeberverbände wurden zu nationalsozialistischen Organisationen und verloren damit ihren faktischen Sinn. Die Kirchen sahen sich in die Enge getrieben und vermochten deshalb für die Regelung des öffentlichen Daseins kein entscheidendes Wort mehr anzumelden. Die Lehrerschaft, die Universitäten, die deutschen Richter, die Ärzte – es gab nichts, was sich nicht hätte ›gleichschalten‹ lassen.«

---

71 Benno Reifenberg: Vom Fundament der Demokratie, in: Die Gegenwart, 24.1.1946. Dort auch die folgenden Zitate.

Als entscheidendes Moment für die Etablierung des Terror-Regimes sah Reifenberg die Auflösung der individuellen, privaten Sphäre, die »Nivellierung« und »Vermassung« der Einzelnen und ihre ständige Kontrolle durch Staat und Partei.

Die bereits auf den Kriegskonferenzen der Alliierten zum »Kernbestand«[72] der Nachkriegsplanungen erhobene Entnazifizierung, die insbesondere von den Amerikanern mit »[m]issionarische[m] Eifer, Strenge und Perfektionsstreben«[73] betrieben wurde und eine riesenhafte Bürokratie-Lawine auslöste, wurde von der »Gegenwart« mit Skepsis betrachtet, obwohl Reifenberg das aufwändige System der Fragebögen und Spruchkammerverfahren und der Einteilung in »Hauptschuldige«, »Belastete«, »Minderbelastete«, »Mitläufer« und »Entlastete« prinzipiell für geeignet und gelungen hielt.[74] Dennoch formulierte er grundsätzliche Bedenken, dass sich »[d]er Vorgang der ›politischen Befreiung‹« mittels Gesetzgebung vollziehen könne. Die Tatsache, dass die »Entnazifizierung« in den Händen der Siegermächte liege, stelle ein weiteres Problem dar, da sie »das deutsche Selbstbewußtsein sehr schwer belastet.« Es bestehe die Gefahr, dass die Deutschen mit Abwehr sowohl auf den Inhalt als auch auf die Zielsetzung des Verfahrens reagieren und ihre Frustration unreflektiert gegen die Alliierten richten könnten. Insgesamt wurde in der »Gegenwart« die Wirksamkeit, nicht jedoch die Berechtigung der »Entnazifizierung« in Zweifel gezogen. Ähnliches galt für die Nürnberger Hauptkriegsverbrecherprozesse, die in der Zeitschrift eingehend verfolgt und gegen öffentliche Kritik verteidigt wurden. So hieß es im Dezember 1946 in Reifenbergs »Epilog zu Nürnberg«:

> »Es ist richtig, Deutschland hat dem Prozeß, den man einigen Hauptfiguren seiner jüngsten Geschichte machte, nur als Zuschauer beigewohnt. Das ist für uns ein bitteres Faktum [...]. Aber das Faktum erwuchs unvermeidlich aus der anderen, nicht weniger bitteren Tatsache: Deutschland hat dem Dritten Reich nicht durch eine Revolution ein Ende gemacht. Also war ein Revolutionstribunal nicht gegeben. [...] Es mag lebenswichtig für Deutschland werden, daß sich nicht an Nürnberg die Geister von neuem scheiden.«[75]

---

72 Kleßmann: Die doppelte Staatsgründung, S. 78.
73 Ebd., S. 87.
74 Vgl. Benno Reifenberg: Befreiung durch Gesetz, in: Die Gegenwart, 24.4.1946. Dort auch die folgenden Zitate.
75 Benno Reifenberg: Epilog zu Nürnberg, in: Die Gegenwart, 31.12.1946.

»DIE GEGENWART« (1945-1958)

Wenn »Die Gegenwart« die Aktivitäten der Alliierten im Hinblick auf die deutsche NS-Vergangenheit akzeptierte oder partiell sogar vorsichtig begrüßte, war man in der Redaktion dennoch der Meinung, dass das ethische Urteil über die deutsche Schuld grundsätzlich nur den Deutschen zustehe, und auch dies nur, wenn sie die Jahre der NS-Herrschaft in Deutschland erlebt hatten. Mit deutlicher Stoßrichtung gegen die Emigranten argumentierte Reifenberg, dass nur derjenige, der das autoritäre Regime mit seiner ständig präsenten Drohung der Einweisung in ein Konzentrationslager persönlich erfahren habe, ein kompetentes Urteil über die Geschichte abgeben könne: »Nur wer von einem Dasein angesichts der Todeslager eine Vorstellung besitzt, darf sich erlauben, etwas darüber auszusagen, wie nach seiner Ansicht solches Dasein hätte geführt werden müssen.«[76] In einem frühen Kommentar zur »Großen Kontroverse« zwischen Thomas Mann und den Vertretern der »Inneren Emigration« hieß es, dass die Mehrzahl eingegangener Leserbriefe den Beweis liefere, dass Manns Argumentation »nicht zu überzeugen« vermöge.[77] Wie Flemming feststellt, kamen Repräsentanten der literarischen Emigration in der »Gegenwart« nicht nur kaum zu Wort, sondern man bemühte sich auch nicht um sie.[78] Typisch für Reifenberg war jedoch das gleichzeitige Streben nach Verständnis für die individuelle Situation auch der Exil-Deutschen und nach Würdigung individueller schöpferischer Leistung. Obwohl »Die Gegenwart«, hier vertreten durch Friedrich Sieburg, erst im Jahre 1949 »Frieden mit Thomas Mann«[79] geschlossen hatte, geriet Reifenbergs Nachruf auf den verstorbenen deutschen Nobelpreisträger vom August 1955 zur wortgewaltigen Ehrbezeugung für einen Schriftsteller, der als »Instanz des Geistes« und als Verkörperung von »Helligkeit« gelten könne:

> »Niemand hat so mit seinem Land gerechtet wie Thomas Mann mit Deutschland. Aber es läßt sich auch sagen, niemand hat sein Land so geliebt wie Thomas Mann, dem nur ein innerlich freies Deutschland, ein *geistiges* also, als Deutschland galt. [...] Er behauptete in der allerschwierigsten Sphäre, im schriftstellerischen, schöpferischen Bereich das Primat der Vernunft. Insofern mußte er das System der Lüge, was zugleich ein System der Dummheit war, von Grund auf verachten; er

---

76 Benno Reifenberg: Deutschlands Verstummen, in: Die Gegenwart, 24.2.1946.
77 Briefe von draußen – Briefe von drinnen, in: Die Gegenwart, 24.12.1945.
78 Vgl. Flemming: »Neues Bauen am gegebenen Ort«, S. 212.
79 Friedrich Sieburg: Frieden mit Thomas Mann, in: Die Gegenwart, 15.7.1949.

hat es durch sein Schreiben überlebt, wie eine Episode, wie eine Ausfallerscheinung der Spezies Mensch.«[80]

Das in der »Gegenwart« formulierte Rezept für die Heilung der deutschen Wunden und die Gestaltung der deutschen Zukunft orientierte sich am bürgerlichen Wertekanon, indem es auf die Schlüsselrolle von Bildung und Erziehung verwies. Schon im »Dritten Reich«, so glaubte Reifenberg, seien die Buchhandlungen zu Orten geworden, »wo ständig geheime Wahlen stattfanden«, denn: »Es war nicht möglich, das Lesen zu kommandieren.«[81] In Zukunft müssten Bildung und Bildungspolitik eine gewichtigere Rolle spielen als in der Vergangenheit. Unter dem Titel »Wege der Bildung«[82] plädierte Reifenberg im August 1946 dafür, dass die Zugangsmöglichkeiten zu weiterführenden Schulen und Universitäten künftig unabhängig vom Einkommen der Eltern, von »Stand« und »Besitz« sein müssten, sondern sich ausschließlich an persönlicher Begabung und Leistung orientieren dürften. »[D]ie entscheidende soziale Aufgabe« der Schule sei es, »den Tüchtigen in Freiheit aufsteigen zu lassen.« Unbedingt reformbedürftig sei das Klima in den Schulen, insofern man begreifen müsse, dass der nur allzu weit verbreitete »Kasernenhofton« der Vergangenheit angehöre. Künftig dürften Deutschlands Kinder und Jugendliche nicht mehr zu einem »Soldatengehorsam«[83] erzogen werden, der im Zweifelsfall auch bereit sei, »Schändliches« zu decken, sondern müssten einen differenzierten Umgang mit der Forderung nach Gehorsam wie auch mit dem Begriff der »Vaterlandsliebe«[84] erfahren. Patriotismus habe sich nicht mehr auf den Schlachtfeldern und in den Rüstungsfabriken zu bewähren, sondern »[i]n den Schulen, in den Büros, in den Lesehallen, den Laboratorien«, im »Schöpferischen«. »[T]iefste Quelle abendländischer Erziehung«[85] habe unverrückbar das Christentum zu sein, aber auch eine vorsichtige Orientierung an der mentalen »Beschwingtheit«[86] der »Neuen Welt« könne von Nutzen sein: »Das

---

80 Benno Reifenberg: In memoriam Thomas Mann, in: Die Gegenwart, 27.8.1955.
81 Benno Reifenberg: Deutschlands Verstummen, in: Die Gegenwart, 24.2.1946.
82 Benno Reifenberg: Wege der Bildung, in: Die Gegenwart, 24.8.1946. Dort auch die folgenden Zitate.
83 Reifenberg: Epilog zu Nürnberg, in: Die Gegenwart, 31.12.1946. Dort auch das folgende Zitat.
84 Benno Reifenberg: Über die Liebe zum Vaterland, in: Die Gegenwart, 24.3.1946. Dort auch die folgenden Zitate.
85 Benno Reifenberg: Die schwerste Sorge, in: Die Gegenwart, 24.5.1946.
86 Ohne Verfasser und Titel in der Rubrik »Wochen- und Monatsheft«, in: Die Gegenwart, 24.12.1945. Dort auch das folgende Zitat.

Abendland sollte sich dem kräftigen Unternehmerhauch aus den Vereinigten Staaten nicht in Gram und Schuld und Stolz verschließen.«

Hier waren zwei Stichworte genannt, die Reifenbergs politische Linie und damit die Linie der »Gegenwart« in Zukunft prägen sollten: Die Sorge um den Bestand abendländischer Kulturtradition verband sich im Zeichen des Kalten Krieges mehr und mehr mit dem hoffnungsvollen Blick über den Atlantik zur großen westlichen Siegermacht USA. In dem Essay »Das europäische Element«, das 1948 in englischer Übersetzung durch Heinrich Hauser unter dem Titel »Does The European Spirit still Live?« im Verlag Henry Regnery Company in Hinsdale/Illinois erschien, sprach Reifenberg von der Scheidung der Welt in zwei geistig-politische Sphären und forderte von den Europäern eine klare Entscheidung »zwischen Tag und Nacht« im Namen aufklärerischer Ideale:

»Dieser Hauptsorge ordnet sich alles andere unter. Das Europäische wird nur dann wieder sichtbar werden, wenn es von der Freiheit ans Licht gerufen werden könnte, von der Freiheit, die einst dem Abendland eingeboren war und der allzu viele im Abendland abgeschworen hatten. Sehen die Menschen und die Völker des alten Kontinents die Alternative nicht, zu der unsere Welt sich vereinfacht hat, vergessen sie, daß zur Idee des Rechtsstaates seine Unverbrüchlichkeit gehört, relativieren sie den absoluten Wert der Person und verkennen sie damit den Träger der Freiheit, dann erlischt Europa.«[87]

Politische Positionen[88]

In seiner 1999 publizierten Monographie »Zwischen Abendland und Amerika. Studien zur westdeutschen Ideenlandschaft der 50er Jahre« arbeitet der Hamburger Historiker Axel Schildt heraus, was sich am Beispiel der Zeitschrift »Die Gegenwart« exemplarisch nachvollziehen lässt: eine »Abschwächung und Akzentveränderung der in der Besatzungszeit

---

87 Benno Reifenberg: Das europäische Element/Does the European Spirit still live?, Hinsdale/Illinois 1948, S. 16/17.
88 Wie bereits in der Einleitung zu dieser Arbeit erläutert, steht eine fundierte inhaltliche Analyse der »Gegenwart« bis zur Stunde noch aus. Die vorliegenden Ausführungen sind deshalb zwangsläufig relativ knapp gehalten und als vorläufig zu begreifen; sie stützen sich im Wesentlichen auf eine Auswertung der Leitartikel sowie der von Reifenberg namentlich gezeichneten Beiträge und der im Nachlass befindlichen redaktionsinternen Dokumente zur politischen Ausrichtung der Zeitschrift.

*Der Herausgeber der »Gegenwart«;
vermutlich frühe 50er Jahre*

noch intensiv geführten Debatte um Schuld und Verantwortung für die Durchsetzung des Nationalsozialismus und der NS-Diktatur«[89] zugunsten eines antitotalitären Diskurses im Zeichen des Kalten Krieges. In dieser Sichtweise war zwar mit dem Nationalsozialismus »eine der totalitären Mächte verschwunden, die weitaus gefährlichere, der ›Bolschewismus‹, war dagegen geblieben und bedrohte die Welt.« Eine gewichtige

---

89 Axel Schildt: Zwischen Abendland und Amerika. Studien zur westdeutschen Ideenlandschaft der 50er Jahre (Ordnungssysteme. Studien zur Ideengeschichte der Neuzeit, Band 4), München 1999, S. 14. Dort auch die folgenden Zitate.

»DIE GEGENWART« (1945-1958)

Rolle in dieser Debatte spielten die Stichworte »Amerikanisierung« und »Verwestlichung«[90], galten doch die militärisch überaus potenten Vereinigten Staaten von Amerika als Schutzschirm vor sowjetischer Bedrohung und die Einbindung in das westliche Verteidigungssystem als unverzichtbare Voraussetzung im Kampf gegen den Bolschewismus. Zugleich manifestierte sich die im überwiegend christlich-konservativ orientierten Bürgertum verankerte Furcht vor einer allzu rasanten Modernisierung Westdeutschlands unter US-amerikanischem Vorbild und Einfluss in dem – bereits in der Debatte um die »Amerikanisierung« in den 20er Jahren anzutreffenden – »Dünkel der Gegenüberstellung«[91] von deutscher bzw. westeuropäischer »Kultur« und nordamerikanischer »Zivilisation«; selbst die Begeisterung für den Europagedanken habe, so Schildt, »einen Teil ihres Überschwangs aus abendländischen Ideologien [bezogen]«.

Bei der »Gegenwart« ist man nicht mit der Gründung der Bundesrepublik Deutschland und der Wahl des CDU-Politikers Konrad Adenauer im Jahre 1949 sowie der Etablierung der Deutschen Demokratischen Republik jenseits des sich nun herabsenkenden Eisernen Vorhangs in der Mitte Europas von heute auf morgen auf einen kritiklosen proamerikanischen Westbindungskurs eingeschwenkt; die Diskussionen in der Redaktion dauerten einige Jahre an und wurden erst in den frühen 50er Jahren allmählich zugunsten einer aktiven Unterstützung der Außen- und Wiederbewaffnungspolitik der Bundesregierung[92] entschieden. Elisabeth

---

90 Ebd., S. 7.
91 Ebd., S. 15. Dort auch die folgenden Zitate.
92 Dieser Komplex und die in der Forschung ausführlich geführte Debatte zum Thema sollen hier nicht erneut rekapituliert werden. Exemplarisch sei stattdessen auf folgende Literatur verwiesen: Arnulf Baring: Außenpolitik in Adenauers Kanzlerdemokratie, München 1960; Anselm Doering-Manteuffel: Die Bundesrepublik Deutschland in der Ära Adenauer. Außenpolitik und innere Entwicklung 1949 bis 1963, Darmstadt 1983; Wolfram F. Hanrieder: Fragmente der Macht. Die Außenpolitik der Bundesrepublik, München 1981; Ders.: Deutschland, Europa, Amerika. Die Außenpolitik der Bundesrepublik Deutschland 1949-1989, Paderborn 1990; Helga Haftendorn: Sicherheit und Entspannung. Zur Außenpolitik der Bundesrepublik Deutschland 1955-1982, Baden-Baden 1983; Wilfried Loth: Der Weg nach Europa. Geschichte der europäischen Integration 1939-1957, Göttingen 1990; Ders.: Die Teilung der Welt. Geschichte des Kalten Krieges 1941-1955, 4. Auflage, München 1983; Rudolf Morsey: Die Bundesrepublik Deutschland. Entstehung und Entwicklung bis 1969, 2. Auflage, München 1990; Klaus von Schubert: Wiederbewaffnung und Westintegration.

Jenssen, die die entsprechende Debatte in der »Gegenwart« im Rahmen einer Staatsexamensarbeit untersucht hat, kommt zu dem Schluss, dass ein Leitartikel vom 1. November 1950 hier den »Wendepunkt« markiere.[93] Unter dem Titel »Die grimmige Wahrheit«[94] erfolgte das öffentliche Eingeständnis, man habe zu akzeptieren, dass reine Gewaltlosigkeit angesichts der sowjetischen Bedrohung keine Alternative darstelle: »In dieser Sphäre ruft Macht Gegenmacht heraus.« Wenn der deutsche »Michel« künftig, der »Zumutung der Alliierten« folgend, »wieder das Gewehr zu schultern« habe, so müsse jedoch zumindest darauf verwiesen werden dürfen, dass dies nicht »mit heiterer Freiwilligkeit« geschehe. Der namentlich nicht genannte Verfasser des zuvor in der Redaktionskonferenz inhaltlich abgestimmten Kommentars plädierte für weitgehendes Verständnis für die Gegner der Wiederbewaffnung, die nicht als »vaterlandslose Gesellen« verunglimpft werden dürften, und für das Primat der Politik, dem sich die militärische Autorität unbedingt unterzuordnen habe.

In politischer Hinsicht positionierte sich »Die Gegenwart« als getreue Nachfolgerin der »Frankfurter Zeitung« grundsätzlich im liberalen Spektrum. In einer internen Denkschrift vom Dezember 1951 betonte Reifenberg, dass es für die Herausgeber des Blattes »keine Alternative zur parlamentarischen Demokratie« gebe, dass »alles darauf an[komme], diese schwierige, nicht ohne weiteres volkstümliche Staatsform stark zu machen«[95] und insbesondere die freie Presse zu stützen, deren originäre Aufgabe die öffentliche Auseinandersetzung mit Fragen von Politik und Wirtschaft sei. In wirtschaftspolitischer Hinsicht sei es für »Die Gegenwart« selbstverständliches Ziel, »dass sie als eine bürgerliche Zeitschrift

---

Die innere Auseinandersetzung um die militärische und außenpolitische Orientierung der Bundesrepublik 1950-1952, 2. Aufl., Stuttgart 1972; Hans-Peter Schwarz: Die Ära Adenauer 1949-1957. Gründerjahre der Republik (Geschichte der Bundesrepublik Deutschland, Bd. 2), Stuttgart/Wiesbaden 1981; Ders.: Die Ära Adenauer 1957-1963. Epochenwechsel (Geschichte der Bundesrepublik Deutschland, Bd. 3), Stuttgart/Wiesbaden 1983; Kurt Sontheimer: Die Adenauer-Ära. Grundlegung der Bundesrepublik (Deutsche Geschichte der neuesten Zeit), München 1991; Gerhard Wettig: Entmilitarisierung und Wiederbewaffnung in Deutschland 1943-1955, München 1967; Heinrich August Winkler (Hrsg.): Politische Weichenstellungen im Nachkriegsdeutschland 1945-1953, Göttingen 1979.

93 Sämtliche Ausführungen zum Thema sind bei Jenssen: Wiederbewaffnung detaillierter nachzuvollziehen.
94 Die grimmige Wahrheit, in: Die Gegenwart, 1.11.1950. Dort auch die folgenden Zitate.
95 Benno Reifenberg: »Die Gegenwart«. Zur Entwicklung einer politischen Zeitschrift, 5.12.1951, NL BR, DLA 79.7696. Dort auch die folgenden Zitate.

und also mit Verständnis für die Unternehmer-Initiative« so seriös und fundiert argumentiere, dass sie »von der Oppositionspartei ernst genommen« werde, »insofern die Sozialdemokratie sich mit einer an sie gerichteten Kritik der ›Gegenwart‹ beschäftigt«. Diese »Grundgedanken«, so Reifenberg, seien von der Redaktion entwickelt worden, nachdem sich »die ursprüngliche Meinung«, Deutschland werde nach der Katastrophe des Hitler-Reiches und des vollständigen Zusammenbruchs für längere Zeit in einem passiven, »vorpolitischen Dasein« verharren, als falsch erwiesen hatte: »Die politische Verantwortung kam rascher in deutsche Hände zurück, als man nach der Niederlage hatte annehmen können.«

Ähnliche Vorstellungen hatte Reifenberg ein Jahr zuvor, anlässlich des fünften Geburtstages der »Gegenwart«, auch dem Publikum entwickelt. In dem mit dem schlichten Titel »Lustrum«[96] überschriebenen Beitrag bekannte er stellvertretend für die Redaktion, »daß es ein Irrtum gewesen ist, zu glauben, Deutschland könne eine geraume Zeit in einer Art *vorpolitischem* Zustand dahinleben«; allein schon der sich zuspitzende Konflikt zwischen den Siegermächten habe dies unmöglich werden lassen. »Die Gegenwart« hätte es ursprünglich, so Reifenberg, im Interesse der deutschen »Gewissenserforschung« vorgezogen, wenn das westliche Demokratiemodell nicht so rasch und vollständig auf das westliche Deutschland transferiert worden wäre, sondern eine länger andauernde Zwischenperiode der Nation auf ihrem »Brachfeld« Gelegenheit geboten hätte, Einsicht in vergangene Schuld zu entwickeln und damit die ideellen Grundlagen einer neuen Staatsform zu schaffen. Die Lizenzierung der Parteien, die Übertragung administrativer und politischer Aufgaben an die Deutschen war in dieser Perspektive eher zu früh als zu spät erfolgt. Angesichts des »neuen Weltdramas« der Spaltung in Ost und West bewertete Reifenberg die politisch-moralische Situation Ende 1950 negativer als die des Jahres 1945 – es sei »dunkler« geworden, formulierte er.

Während Bundeskanzler Konrad Adenauer und Wirtschaftsminister Ludwig Erhard mit der Entscheidung für das Modell der »sozialen Marktwirtschaft« die Weichen für den phänomenalen ökonomischen Aufstieg der Bundesrepublik in den 50er und 60er Jahren stellten und damit zugleich die Grundlagen für den wachsenden Wohlstand und den weitgehenden sozialen Frieden in der Gesellschaft gelegt wurden, setzte sich »Die Gegenwart« zwischen 1948 und 1955 weniger mit Fragen der Innen-, Wirtschafts- und Sozialpolitik als vielmehr mit den umstrittenen

---

96 Benno Reifenberg: Lustrum, in: Die Gegenwart, 15.12.1950. Dort auch die folgenden Zitate.

Themen der westdeutschen Remilitarisierung, der Westbindung und Wiedervereinigung auseinander. Weil die Redaktion fürchtete, dass die Wiederbewaffnung, zumal innerhalb eines antisowjetischen Bündnisses, die Spaltung Deutschlands noch weiter vertiefen oder gar dauerhaft fixieren könnte, bildete dieses Thema jenen Bezugspunkt, mit dem sich die Zeitschrift über Jahre am intensivsten und leidenschaftlichsten befasste. Die deutsche Teilung wurde als künstlicher und pervertierter Zustand empfunden; so schrieb Reifenberg in einem Beitrag vom November 1947, es bleibe »unfaßlich, daß hart östlich Fulda eine andere Welt beginnen soll«[97], und sprach von Deutschland als einem »lebenden Objekt«, »das man nicht wie einen toten absurden Gegenstand der Weltgeschichte in Teile« zerschneiden dürfe, sondern dem man vielmehr die Selbstverantwortung in Einheit und Freiheit zum Ziel setzen solle. Insbesondere der Zustand in der sowjetisch besetzten Zone erschien ihm dramatisch, da sie »aus bislang abendländischen Bereichen« herausgelöst worden sei. »[D]as Herz der Deutschen«[98], so formulierte er im Januar 1948, müsse an der »Einheit als einem absoluten Wert« im geistigen Bereich festhalten, auch wenn das »Unvorstellbare« einer staatlichen Teilung geschehen sollte: »Verlieren wir unser Bewußtsein von einer geistigen Wirklichkeit, die deutsch heißt, dann allerdings wäre alles verloren.«

Nach der Zwangsvereinigung der SPD mit der KPD zur Sozialistischen Einheitspartei Deutschlands im April 1946 in der Sowjetzone wuchs Reifenbergs Sorge vor einem Zerbrechen Deutschlands »in zwei Hälften, verschieden wie Tag und Nacht«, an denen jeweils »die ungeheuren Gewichte der Hemisphären [zerren].«[99] Doch obwohl sich die Redaktion noch 1948 gegen die Pläne zur Gründung eines westdeutschen Staates aussprach, wurde die Bindung an die Westalliierten zu keinem Zeitpunkt in Frage gestellt, die kommunistische Diktatur stets entschieden abgelehnt. Zweifelsohne war »Die Gegenwart« davon überzeugt, dass namentlich die amerikanische Unterstützung beim Wiederaufbau und der Verteidigung eines freien Westeuropas unverzichtbar sei, denn die europäischen Staaten alleine seien zu schwach, um sich gegen die sowjetische Bedrohung zur Wehr zu setzen.[100] Bald nach der Gründung der Bundesrepu-

---

97 Benno Reifenberg: Am lebenden Objekt, in: Die Gegenwart, 30.11.1947. Dort auch die folgenden Zitate.
98 Benno Reifenberg: Die dunkle Zone, in: Die Gegenwart, 5.1.1948. Dort auch die folgenden Zitate.
99 Benno Reifenberg: Von der Mitte aus gesehen, in: Die Gegenwart, 30.9.1947.
100 Vgl. Europäisches »Réduit«, in: Die Gegenwart, 1.4.1948.

blik wurde die Frage, welchen Weg der junge Staat künftig einschlagen solle – »den Weg nach Osten, und das hieße schließlich Bolschewisierung, oder den mühevollen, etappenreichen, vom Misstrauen beschatteten Weg nach Europa«[101] – eindeutig zugunsten der zweiten Alternative entschieden. Bei aller Schwermut angesichts der nun vollzogenen »doppelten Staatsgründung« (Kleßmann) auf deutschem Boden sah »Die Gegenwart« keine andere Möglichkeit als eine Integration in den Westen, der als Garant und als Synonym für Freiheit und Demokratie betrachtet wurde: »Deutschland ist die einzige Nation, die beides erfahren hat: Einmal die Gewalt und damit die innere Unwahrhaftigkeit, zum anderen die Menschlichkeit und rechtliches Denken. Die Deutschen vergessen nie, was Schutzhaft bedeutet. Es gibt kein Schwanken mehr«[102], hieß es beispielsweise in der ersten Ausgabe des Jahrgangs 1951. Ein gutes Jahr später, im April 1952, postulierte die Redaktion wieder einmal das hohe Ziel der »Einigung des Vaterlandes«, um dann hinzuzufügen, »[k]ein Deutscher im Westen – mit Ausnahme der Kommunisten natürlich – [werde] zögern, wenn er vor die Wahl gestellt wird: Freiheit ohne Einheit oder Einheit ohne Freiheit.«[103] Mit Blick auf die DDR verkündete man markig, Deutschland spreche dem sozialistischen System »das Recht ab, wahrer Ausdruck der von der Sowjetunion besetzten deutschen Gebiete zu sein«, denn: »die Zonentrennung ist keine Bürgerkriegsbarriere.«[104]

Als in den Jahren 1949/50 die kontrovers geführte Debatte um einen westdeutschen Verteidigungsbeitrag begann, bezog »Die Gegenwart« zunächst klar ablehnend Stellung. Zahlreiche große Leitartikel und politische Kommentare nahmen sich des Themas an, wobei sämtliche Überlegungen zur Etablierung einer westdeutschen Armee noch im August 1950 als »lächerlich«[105] und »infam«, als »Ding der Unmöglichkeit« gebrandmarkt wurden:

>»Überall in der Welt – in- und außerhalb Deutschlands – geht ein Raunen durch die Menschen: Die Deutschen an die Front! [...] Die militärische Macht der europäischen Westmächte ist gegenüber der sowjetischen Kriegsmacht noch immer kläglich unzureichend. Wie nahe liegt da: Die Deutschen an die Front! Man kann doch nicht gut,

---

101 Umwege nach Straßburg, in: Die Gegenwart, 15.4.1950.
102 Antwort auf Drohungen, in: Die Gegenwart, 1.1.1951.
103 Der Schritt vom Wege, in: Die Gegenwart, 12.4.1952.
104 ... und was die Kommunisten betrifft, in: Die Gegenwart, 1.9.1950.
105 The Germans to the Front?, in: Die Gegenwart, 15.8.1950. Dort auch die folgenden Zitate.

so geht die Rede, Menschen und Industriepotential ungenützt lassen, wo überall von den Völkern das Äußerste verlangt wird und die letzte Gefahr vor der Menschheit steht. Der deutsche Soldat wisse immerhin Kriege zu führen, auch wenn sie dann Deutschlands Staatsmänner und Generäle verlieren. Laßt ihn doch einmal, so heißt es überall in der Weltpresse, auch für eine gute Sache kämpfen! Die Worte klingen lockend und verführend. [...] Man möchte gern die Deutschen als einen Wachhund gegen den Osten haben.«

Gegen dieses Vorhaben, so argumentierte, die Zeitschrift, spreche vielerlei, zuvörderst die anhaltende politische Unselbständigkeit der Bundesrepublik Deutschland und die Unfähigkeit des jungen Staates, zum westlichen Waffenarsenal mehr beizusteuern als etwas »in der Größenordnung des Volkssturmes«: »Daher ist alles, was heute deutsche Remilitarisierung heißt, verbrecherischer Nonsens.« Zudem müsse auch der Stimmung in der Bevölkerung Rechnung getragen und »der Abscheu des deutschen Volkes vor jeder Aufrüstung« ernst genommen werden.

Wenn »Die Gegenwart« kritisierte, den Deutschen werde »zugemutet, militaristische und antimilitaristische Gesinnung so häufig wie (hoffentlich) ihre Hemden zu wechseln«, so schwang dabei auch die deutlich spürbare Reserve gegenüber der politischen und moralischen Eignung der deutschen militärischen Führung mit, die – von falschem Elitedenken und »Standesdünkel«[106] erfüllt – in der Vergangenheit für eine »Schwächung der Zivilgewalt« gesorgt habe, »die zur Auslieferung an den Nationalsozialismus führte.« In ihrem Leitartikel vom 15. September 1950 warf »Die Gegenwart« die Frage auf, ob das zivile demokratische Bewusstsein in Deutschland bereits stark genug sein könne, »um sich gegen alles das zu behaupten, was das Wiedererscheinen des deutschen Soldaten auf der innerpolitischen Bildfläche erfahrungsgemäß mit sich führt«. Drei Jahre später, als sich »Die Gegenwart« längst, zunächst zögerlich, dann zunehmend entschieden, hinter die Pläne zur Wiederbewaffnung gestellt hatte, blieb der Herausgeber Reifenberg kritisch, wenn es um die Haltung der hohen Militärs ging. »Ein Wort an die Generäle« überschrieb er einen Beitrag vom 1. August 1953, in dem er Irritation angesichts der Tatsache zum Ausdruck brachte, dass »die Soldaten sich selbst loben oder loben lassen«, dass deutsche Generäle »von der Ehre [sprechen]. Ihrer, der Ge-

---

106 Achselzucken ist keine Politik, in: Die Gegenwart, 15.9.1950. Dort auch die folgenden Zitate.

neräle, soldatischen Ehre.«[107] Im Rückblick auf die NS-Zeit lasse sich zwar feststellen, dass die Wehrmacht von vielen Deutschen in einem positiven Sinn als Staat im Staate empfunden worden sei, auch die Tapferkeit der Attentäter vom 20. Juli 1944 bleibe zu vermerken, auf jeden Fall sei jedoch festzuhalten, dass die Generalität in ihrer Gesamtheit prinzipiell »jenes verruchte Regime« hingenommen hätten: »Ob sie wollen oder nicht, sie haben höchste Verantwortung damals getragen, sie können heute die Verantwortung, wieder vor der Öffentlichkeit zu erscheinen, nur tragen, wenn sich jeder einzelne, jeder für seine Person aus tiefster Überzeugung von dem Regime losgesagt hat.« Und noch im Jahre 1954, als den USA in der »Gegenwart« als »Atlas der freien Welt«[108] gehuldigt wurde, betonte die Redaktion, dass die Aufstellung einer bundesdeutschen Armee weniger den Wünschen der Bevölkerung als vielmehr denen der politischen und militärischen Strategen, insbesondere in Washington, entspreche.[109] Die meisten Deutschen seien von »eine[r] Welle des Unbehagens«[110] ergriffen, und dies gelte auch für »die gewesenen und die künftigen Soldaten«:

> »Es hat eben [...] einen Bruch gegeben, und es wäre gefährlich, zu meinen, man dürfe darüber, als sei er nicht geschehen, hingleiten. [...] [D]as Heer ist von Hitler all seines Glanzes beraubt worden. [...] Das Heer hat [...] im Kriege passiv – und leider auch aktiv – an den Schändlichkeiten des Regimes Anteil genommen. Nach solchem Geschehen ist es nicht denkbar, sie einfach zu überspringen und die Verbindung mit gloriosen Zeiten aufzunehmen. Aus den Geschehnissen sind Konsequenzen zu ziehen. Das gilt für die Nation überhaupt, das stellt ein Hauptstück ihrer inneren Aufgaben dar; sie festigt sich nicht, wenn sie nicht begangene Fehler einsieht – und die Dinge, die mehr als Fehler waren. Das gilt für das Heer ganz besonders.«

Regierung und Parlament müssten den Aufbau der Bundeswehr sehr aufmerksam verfolgen, das Offizierskorps müsse mit höchster Sorgfalt ausgewählt werden, es dürfe keine Schinderei auf dem Kasernenhof mehr geben, und niemals solle man den Soldaten den Respekt für »das Zivile«

---

107 Benno Reifenberg: Ein Wort an die Generäle, in: Die Gegenwart, 1.8.1953. Dort auch die folgenden Zitate.
108 Atlas der freien Welt, in: Die Gegenwart, 24.4.1954.
109 Vgl. Die Strategen haben ihr Teil, in: Die Gegenwart, 9.10.1954.
110 Das bunte Tuch, in: Die Gegenwart, 23.10.1954. Dort auch die folgenden Zitate.

austreiben. Entscheidend sei der »Geist«, der in der künftigen Armee zu herrschen habe.

Während »Die Gegenwart« in dem hart umkämpften Bezirk der Westbindungs- und Verteidigungspolitik im Laufe der 50er Jahre allmählich auf Regierungskurs einschwenkte, stand sie den ökonomischen Konzepten von Wirtschaftsminister Erhard von vornherein nahe und betonte die »Überlegenheit« des freien Wettbewerbs gegenüber »der mehr oder weniger radikalen und totalitären Planwirtschaft.«[111] Das Verhältnis zur Sozialdemokratie war entsprechend gespannt und verschlechterte sich fortlaufend. Im Frühjahr 1951 kritisierte Reifenberg heftig den SPD-Vorsitzenden Kurt Schumacher, dessen Opposition derartig »schrille Töne« angenommen habe, »als werde sie von dem Gefühl beherrscht, nicht mehr verstanden zu werden«; er sah die SPD in die Defensive gedrängt und in »Unrast« und »Vereinsamung« gefangen und konstatierte befriedigt die langsame, aber unaufhaltsame »Kräftigung des bürgerlichen Deutschlands«.[112] Als die Regierungsparteien bei der zweiten Bundestagswahl vom 6. September 1953 über zwei Drittel der Parlamentssitze gewannen, bejubelte »Die Gegenwart« das »deutsche Wahlwunder«[113]. Angesichts der Diagnose vom vollständigen außenpolitischen Scheitern der Sozialdemokratie[114] verblasste die gelegentliche Kritik an der übergroßen persönlichen Autorität des Kanzlers[115] und an der »Farblosigkeit«[116] sämtlicher demokratischer Parteien in Fragen der Innenpolitik.

Für Benno Reifenberg, der im Jahre 1957 die »Traditionen bürgerlicher Höflichkeit« zur Grundlage der Demokratie erklärte, der enge freundschaftliche Verbindungen zu Bundespräsident Theodor Heuss[117] pflegte

111 Wachsende Arbeitslosigkeit, in: Die Gegenwart, 1.2.1950.
112 Benno Reifenberg: Schumachers Opposition, in: Die Gegenwart, 1.5.1951. – Zur Haltung der Sozialdemokratie in der Ära Adenauer vgl. u.a. Kurt Klotzbach: Der Weg zur Staatspartei. Programmatik, praktische Politik und Organisation der deutschen Sozialdemokratie 1945-1965, Berlin 1982.
113 Das Friedensfest, in: Die Gegenwart, 13.3.1954.
114 Vgl. Scherbengericht, in: Die Gegenwart, 27.2.1954.
115 Vgl. z.B. Vor der Debatte, in: Die Gegenwart, 1.1.1952.
116 Benno Reifenberg. Wo liegen die Entweder – Oder? Zur Politik der Parteien im Innern, in der Wirtschaft, im Äußern, in: Die Gegenwart, 24.8.1957. Dort auch das folgende Zitat.
117 Theodor Heuss, Jahrgang 1884, hatte bereits in den 30er Jahren für das Feuilleton und die Literaturbeilage der FZ geschrieben. Im Frühjahr 1941 schloss man mit ihm einen festen Vertrag über fünfzig Artikel im Jahr, um ihm und seiner Familie zu helfen. Nach einem »Führerbefehl«, den Namen Heuss aus den Spalten des Blattes zu verbannen, publizierte er ab 1942 in der FZ unter dem

und in regelmäßigem Austausch mit Adenauers erstem Außenminister Heinrich von Brentano[118] stand, war der Prozess des geistig-mentalen Ankommens im deutschen Teilstaat Bundesrepublik in der zweiten Hälfte der 50er Jahre abgeschlossen. Dass er selbst in der sensiblen Frage der Wiederbewaffnung einen Kurswechsel vollzogen hatte, kam am deutlichsten zum Ausdruck, als er im Frühjahr 1956 für die allgemeine Wehrpflicht eintrat und dabei exakt jene Argumentation bemühte, die in der »Gegenwart« sechs Jahre zuvor abgelehnt worden war: Im letzten Krieg, so erklärte er nun, habe Deutschland auf der falschen Seite gekämpft, jetzt dagegen stehe die Bundesrepublik auf der richtigen, der Seite der Freiheit – und das Volk müsse bereit sein, diese Freiheit auch mit Waffengewalt zu verteidigen.[119] Reifenberg war mental und seit 1950 auch wieder de facto im bürgerlichen, zum Banken- und Börsenzentrum der Bundesrepublik avancierenden Frankfurt verwurzelt, er war – zumindest auf dem Papier – Katholik und, ähnlich wie der aus Köln stammende Adenauer, ein Gegner alles Preußischen. Mit dem ersten Kanzler der Bundesrepublik verbanden ihn auch die beinahe selbstverständliche Hinwendung zum europäischen Westen und die Überzeugung, dass der neue deutsche Staat in der westeuropäischen und atlantischen Welt verankert werden müsse. Die Vorbehalte so vieler deutscher Intellektueller gegen eine Ära, in der »der Geist lahm, das Klima schlaff, die Mentalität provinziell geblieben ist«[120], hat Reifenberg nicht geteilt. Spätestens seit Mitte der 50er Jahre stand er fest auf dem Boden der katholisch-konservativ geprägten Rheinrepublik.

Pseudonym »Thomas Brackheim«. Vgl. Gillessen: Auf verlorenem Posten, S. 437. – Für Kurt Sontheimer repräsentierte der 1949 gewählte und 1954 mit großer Mehrheit im Amt bestätigte Bundespräsident »die politische und geistige Einheit der Bundesrepublik. Er wollte über den Parteien stehen und eine ausgleichende Kraft im politischen Leben sein.« Sontheimer: Die Adenauer-Ära, S. 14. – Vgl. auch Burger: Theodor Heuss als Journalist sowie Guido Müller: Theodor Heuss: deutscher Bildungsbürger und ethischer Liberalismus. Probleme und Aufgaben einer Heuss-Biographie in der Spannung zwischen politisch-gesellschaftlichen Strukturen und selbstverantworteter Individualität (1884-1963), in: Jahrbuch zur Liberalismus-Forschung, Band 15, 2003, S. 199-214.

118 Vgl. S. 437 f. im vorliegenden Buch.
119 Benno Reifenberg: Berufsheer?, in: Die Gegenwart, 21.4.1956.
120 Horst Krüger: Ein frühes Nein – ein spätes Ja. Ein deutscher Intellektueller und sein Staat, in: Walter Scheel (Hrsg.): Nach dreißig Jahren ... Geschichte, Gegenwart und Zukunft der Bundesrepublik Deutschland, Stuttgart 1979, S. 246-255, hier S. 248.

VERGANGENHEITSBEWÄLTIGUNG

Persönlicher Lebenszuschnitt und publizistische Produktivität

Obgleich Reifenberg der Stadt Frankfurt am Main auf das Engste verbunden geblieben ist, hat er nach der staatlich oktroyierten Vertreibung aus der FZ-Redaktion und der Übersiedlung in den Schwarzwald 1943 nicht mehr direkt in der Stadt gelebt. Im Sommer 1950, während Redaktion und Verlag der »Gegenwart« den Firmensitz von Freiburg nach Frankfurt verlegten, hatte er sich mit Ehefrau und Schwiegermutter in dem Taunusstädtchen Kronberg niedergelassen und pendelte künftig zum Arbeiten nach Frankfurt. Wie Helga Hummerich berichtet hat, konnte er einen Teil seiner anfallenden Pflichten daheim erledigen – entweder in seinem großzügigen Arbeitszimmer oder auf der überdachten Terrasse des Einfamilienhauses.[121] Auch Maryla Reifenberg absolvierte mitunter Arbeitsphasen am heimischen Schreibtisch: Nachdem sie ihre sporadischen journalistischen Aktivitäten der 20er und 30er Jahre mit Beginn des Zweiten Weltkrieges aufgegeben hatte, fand sie nun in einer freiberuflichen Tätigkeit als Literaturübersetzerin einen anregenden Ausgleich zu ihren Hauptaufgaben in Haus und Garten. Zu ihren bedeutenden Arbeiten zählen der 1961 in deutscher Sprache erschienene Abenteuerroman »Die Handschrift von Saragossa«[122] des polnischen Schriftstellers und Forschungsreisenden Jan Potocki (1761-1815) sowie zwei Werke von Czesław Miłosz (1911-2004): »Das Tal der Issa«[123], eine autobiographisch inspirierte Erzählung über Kindheit, Erwachsenwerden und den damit einhergehenden Verlust der Unschuld, die 1957 in deutscher Erstausgabe auf den Markt kam, und der Mitteleuropa-Roman »West und Östliches Gelände«[124], dessen deutsche Fassung soeben erschienen war, als der Autor in Stockholm mit dem Literatur-Nobelpreis des Jahres 1980 ausgezeichnet wurde. Jan Reifenberg hat den Journalisten, Schriftsteller und Wissenschaftler Miłosz, dessen wechselvolles Leben stark von der Auseinandersetzung mit zwei totalitären Systemen, dem nationalsozialistischen zunächst, später dem stalinistischen, geprägt war, als einen »engen Freund«[125] seiner Eltern bezeichnet.

121 Vgl. Hummerich: Schreiben – Ein Fest, in: Reifenberg: Offenbares Geheimnis, S. 12/13.
122 Jan Potocki: Die Handschrift von Saragossa, deutsche Ausgabe, Frankfurt am Main 1961.
123 Czesław Miłosz: Das Tal der Issa, deutsche Ausgabe, Köln 1957.
124 Czesław Miłosz: West und Östliches Gelände, deutsche Ausgabe, Köln 1980.
125 Jan Reifenberg, persönliche Mitteilung an die Verfasserin, 14.9.2005.

»DIE GEGENWART« (1945-1958)

Ehepaar Reifenberg in den 50er Jahren

Die 50er und frühen 60er Jahre brachten familiäre Veränderungen. Jan Reifenberg, der sich neben seinem Studium der Geographie, Geologie und Völkerkunde an den Universitäten Freiburg, Frankfurt, Bonn und Neuchâtel (Schweiz) als redaktioneller Mitarbeiter der »Gegenwart« mit dem Berufsfeld des Journalisten vertraut gemacht hatte, promovierte 1950 mit einer Arbeit über »Siedlungsformen im tibetischen Hochland« an der Freiburger Universität zum Dr. rer. nat. und konnte anschließend als *Fulbright Post Graduate* an der *Georgetown University School of Foreign Service* in Washington, D.C., erste Auslandserfahrungen sammeln. Von 1951 bis 1954 war er als Nachrichtenredakteur bei der Deutschen Presseagentur in Hamburg, Bonn und Washington tätig, bevor er 1955 als politischer Korrespondent der FAZ dauerhaft in die US-Metropole wechselte. Einen einflussreichen Mentor hatte der junge Nachwuchsjournalist in Erich Welter gefunden, den er eine »Talleyrand-Natur«[126] genannt hat: hochintelligent, entschlusskräftig und begabt in den sensiblen Fragen der »personalpolitischen Taktik«, dabei bescheiden im persönlichen Lebenszuschnitt. Obwohl er zu spüren glaubte, dass Welter »vor allem nach meinem Vater angelte, den er stets in der FAZ haben wollte«, fühlte er sich in seiner eigenen Position und Tätigkeit anerkannt und sicher. Im Mai 1956 heiratete er in Washington die Deutsche Renate Graf, wobei die Eltern wegen der räumlichen Entfernung nicht zugegen sein konnten. Knapp zwei Jahre später, am 20. Februar 1958, hielten Benno und Maryla Reifenberg ein Telegramm in den Händen, das ihnen die Geburt ihres ersten Enkelkindes verkündete: »Sabine borne Wednesday p.m. 5 estimate 6 ½ pounds. Renate happy perfectly alright.«[127] Auf Sabine, vom Großvater in seinen Tagebüchern zärtlich »Sabinka« genannt, folgten zwei weitere Mädchen: Nicola, geboren am 12. Dezember 1961, und Franziska, geboren am 18. November 1963. Aus der Ferne verfolgte Benno Reifenberg mit Wohlwollen die »reizende Harmonie«[128] in der jungen Familie seines Sohnes. In seinem Tagebuch ist die erste Begegnung mit Enkelin Sabine kurz nach dem Tod von Marylas Mutter im Juli 1958 vermerkt: »Jan von weitem, dann [...] Reni, die samt Stewardess das Körbchen trägt. [...] Sabinka interessiert, lustig, lebensvergnügt, ausgesprochene Individualität, hält meinen Daumen ganz fest.«[129]

Vor dem Hintergrund dieses bürgerlich-beschaulichen Lebenszuschnitts in der Konsolidierungsphase der wirtschaftlich prosperierenden Bundesrepublik entfaltete Reifenberg rege publizistische Aktivität. Betrachtet man die lange Liste jener Veröffentlichungen, die neben seiner redaktionellen Tätigkeit für die »Gegenwart« bzw. ab 1959 für die FAZ entstanden und in Druck gegangen sind, so wirkt es geradezu, als ob der Verfasser nachgeholt hätte, was ihm während der NS-Herrschaft unmöglich gewesen war. Schon 1947, in der Zeit von Nachkriegsnot und Papierknappheit, brachte er in Zusammenarbeit mit einem Schweizer Verlag einen

---

126 Jan Reifenberg, persönliche Mitteilung an die Verfasserin, 25.9.2005. Dort auch die folgenden Zitate.
127 Tagebuch, 20.2.1958, NL BR, DLA, 79.12350-51 sowie Tagebuch/Abschriften, NL BR, DLA, 79.12385.
128 Benno Reifenberg an Robert Lenneberg, 27.9.1963, NL BR, DLA, 79.4280.
129 Tagebuch, 18.7.1958, NL BR, DLA, 79.12350-51 sowie Tagebuch/Abschriften, NL BR, DLA, 79.12385. Dort auch das folgende Zitat.

Bildband mit Werken des französischen Impressionisten Edouard Manet (1832-1883) auf den Markt[130]; wenig später, im Frühjahr 1948, ging er auf den Vorschlag des Münchener Verlegers Reinhard Piper ein, in Kooperation mit Wilhelm Hausenstein den Begleittext zu einem Band zu veröffentlichen, der 1949 erschien und dem deutschen Publikum eine Auswahl aus dem Œuvre des emigrierten Malers und Freundes Max Beckmann präsentierte.[131]

Bundespräsident Theodor Heuss und der Historiker Hermann Heimpel standen Reifenberg als Mitherausgeber zur Seite, als er in den Jahren 1956/57 ein vier voluminöse Bände zuzüglich Ergänzungsband umfassendes biographisches Sammelwerk mit dem Titel »Die Großen Deutschen. Deutsche Biographie in vier Bänden«[132] publizierte. Hier finden sich Lebensbeschreibungen aus dem deutschen Mittelalter (z.B. Karl der Große, Otto der Große, Friedrich I., Wolfram von Eschenbach, Walther von der Vogelweide, Elisabeth von Thüringen, Hildegard von Bingen) und der Frühen Neuzeit (z.B. Friedrich der Große, Maria Theresia); für die Neuzeit wurden neben vielen anderen der erste Kanzler des Deutschen Kaiserreiches Otto von Bismarck und der erste Reichspräsident der Weimarer Republik Friedrich Ebert, der Sozialdemokrat August Bebel, der Sozialliberale Friedrich Naumann und die bürgerliche Frauenrechtlerin Helene Lange berücksichtigt. Mit Max Beckmann, Käthe Kollwitz, Ludwig Renn und Karl Blechen waren Persönlichkeiten berücksichtigt, mit denen sich Reifenberg bereits während der FZ-Jahre beschäftigt hatten, mit Carl Bosch kam der einstige Förderer der FZ zu biographischen Ehren. In die Riege der »großen Deutschen« hatten die Herausgeber ferner u.a. die Dichter Annette von Droste-Hülshoff, Johann Wolfgang von Goethe, Friedrich Schiller, Gotthold Ephraim Lessing, Heinrich von Kleist, Heinrich Heine, Friedrich Hölderlin, Gerhart Hauptmann und Rainer Maria Rilke, die Märchen-Brüder Wilhelm und Jacob Grimm, die Schriftsteller Theodor Fontane, Thomas Mann und Franz Kafka, die Komponisten Johann Sebastian Bach, Georg Friedrich Händel, Josef Haydn, Wolfgang Amadeus Mozart, Felix Mendelssohn-Bartholdy und Richard Wagner, die Philosophen Immanuel Kant und Friedrich Nietzsche, die Historiker Leopold von Ranke und Theodor Mommsen, den Pädagogen Friedrich Fröbel, den Kunsthistoriker Jacob Burckhardt, den

---

130 Manet. Text von Benno Reifenberg, Bern 1947.
131 Benno Reifenberg/Wilhelm Hausenstein: Max Beckmann, München 1949.
132 Für die vorliegende Arbeit wurde die zweite Auflage herangezogen: Hermann Heimpel/Theodor Heuss/Benno Reifenberg (Hrsg.): Die großen Deutschen. Deutsche Biographie, 2. Ausgabe, Berlin 1956-1958 (5 Bände).

Maler Franz Marc, die Naturwissenschaftler Justus von Liebig, Robert Bunsen, Wilhelm Conrad Röntgen und Albert Einstein sowie den Psychoanalytiker Siegmund Freud aufgenommen. Die Auswahl der zu besprechenden Persönlichkeiten war unabhängig von politischen Motiven erfolgt – zu den »Großen Deutschen« zählten Karl Marx und Bert Brecht ebenso wie der frühkonservative Vordenker Justus Möser und die Generäle Carl von Clausewitz, Gerhard von Scharnhorst und August Graf von Gneisenau. Zu den Autoren des Sammelwerkes gehörten mit Dolf Sternberger, Max von Brück, Bernhard Guttmann, Friedrich Sieburg, Erich Welter, Margret Boveri und Kasimir Edschmidt erneut Angehörige des angestammten FZ-Kreises, aber auch die Historiker Hans Rothfels, Golo Mann und Gerhard Ritter – Letzterer vermutlich vermittelt durch den ebenfalls beteiligten Michael Freund –, die Schriftsteller Carl Zuckmayer und Ina Seidel sowie der Soziologe Theodor W. Adorno hatten gewonnen werden können. Reifenberg selber hatte u.a. einen Beitrag über seinen akademischen Lehrer Heinrich Wölfflin beigesteuert.

Zu den eigenständigen Veröffentlichungen Reifenbergs während der 50er Jahre zählten ferner u.a. das 430 Seiten umfassende Werk »Das Abendland gemalt. Schriften zur Kunst« mit kunstkritischen und kunsthistorischen Betrachtungen[133], ein Band mit französischen Gedichten verschiedener Autoren, die von Reifenberg zusammengetragen und von Wilhelm Hausenstein ins Deutsche übersetzt worden waren[134], gesammelte Feuilletons aus eigener literarischer Produktion unter dem Titel »Lichte Schatten«[135], ein kommentierter Bildband mit Werken des französischen Impressionisten Edgar Degas[136], die nach rund zwanzigjähriger Vorbereitung endlich fertiggestellten »Piperdrucke«[137], ein in Kooperation mit dem Kunsthistoriker Fried Lübbecke erstelltes Porträt der Stadt Frankfurt am Main[138] sowie eine ausführliche Beschreibung und Bespre-

---

133 Benno Reifenberg.: Das Abendland gemalt (Schriften zur Kunst), Frankfurt a.M. 1950.
134 Das trunkene Schiff und andere französische Gedichte von Chénier bis Mallarmé. Deutsch von Wilhelm Hausenstein. Mit einer Einleitung von Benno Reifenberg. Zweisprachige Ausgabe, Freiburg/München 1950.
135 Reifenberg: Lichte Schatten.
136 Degas, Edgar-Hilaire-Germain, 1834-1917, mit einer Einführung von Benno Reifenberg, München 1954.
137 Die Piperdrucke.
138 Frankfurt am Main: Porträt einer Stadt. Vergangenheit und Gegenwart, eingeleitet von Benno Reifenberg, mit Beiträgen von Fried Lübbecke, 5. Aufl., Frankfurt a.M. 1958.

chung des Bildes »Das Ehepaar Sisley« des französischen Impressionisten Pierre Auguste Renoir (1841-1915)[139]. Zunächst sporadisch, ab 1956 regelmäßig einmal pro Monat gestaltete Reifenberg zudem im Hessischen Rundfunk die Sendereihe »Vom Geist der Zeit« mit gesprochener Prosa zu jenen Themen, mit denen er sich auch in seinen Feuilletons gern beschäftigte: Kunst und Literatur, Jugend und Alter, Natur und Technik, Kindheitserinnerungen und Kriegserfahrungen usw.[140] Einen schlaglichtartigen Blick auf sein Gesellschaftsbild, dem in vielerlei Hinsicht lebenslang bürgerliche Wertvorstellungen des 19. Jahrhunderts zugrunde lagen, bietet ein Rundfunk-Beitrag mit dem Titel »Diener und Herr« aus dem Jahre 1955. Hier bedauerte Reifenberg zunächst ganz allgemein, dass die früher gültige Ordnung von Herrschaft und Dienerschaft durch eine »abstrakte Bindung« zwischen »Sozialpartnern« abgelöst worden sei[141], und hob sodann zu einem Loblied auf jenes Dienstmädchen an, das seiner Frau und ihm in den mühsamen ersten Nachkriegsjahren zur Seite gestanden hatte:

»Die Herrschaft der alten Anna war tot, das Haus hatte aber die Bombardements überstanden, und die Generation der Kinder, die im Ausland lebt, vermietet das Haus zimmerweise. Wer wollte, konnte die Anna, die im Haus ihre Kammer behielt, mitmieten. Sie wurde also unsere Köchin und unser Dienstmädchen. Sie war glücklich und sagte oft: ›Ich, ich gehör zum Inventar.‹ Für uns war sie mehr. Sie gab uns noch einmal zu verstehen, was ›Dienen‹ bedeuten kann; es war die selbstverständliche und getreue Pflege des anvertrauten Gutes; in jenen schweren, hungrigen Zeiten hieß das die Sorge um unser körperliches Wohlergehen, aber zudem die immer wohlgelaunte Bereitwilligkeit zu helfen, ohne nach den üblichen Arbeitsstunden zu fragen. […] Sie tat das alles – in ihrem hohen Alter – nicht um der Belohnung willen. Sie hielt im Grunde das Andenken an die ehemalige Ordnung lebendig, ehrte ihre Herrschaft weiter und ehrte damit sich selbst.«[142]

In den späten 50er Jahren, als »Die Gegenwart« finanziell immer mehr in Bedrängnis geriet, stellten die vielfältigen publizistischen Aktivitäten

139 Renoir, Auguste: Das Ehepaar Sisley. Hrsg. von Benno Reifenberg (Werkmonographien zur bildenden Kunst, Bd. 46), Stuttgart 1959.
140 Eine Auswahl dieser Beiträge erschien als Buch: Reifenberg: In den Tag gesprochen.
141 Benno Reifenberg: Diener und Herr, in: Ders.: In den Tag gesprochen, S. 235-241, hier S. 238/239.
142 Ebd., S. 239/240.

außerhalb der Zeitschrift für Reifenberg eine willkommene Ablenkung von den allmählich existenziell werdenden Sorgen dar. Über das Scheitern des selbst verantworteten Journals und damit des de facto schon längst illusorisch gewordenen Ziels einer Wiederbegründung der FZ konnten sie ihn freilich nicht hinwegtrösten.

Das Scheitern der »Gegenwart« und die Übernahme durch die FAZ

Neben Sternbergers »Wandlung«, Dirks' »Frankfurter Hefte« und einigen anderen hochwertigen politisch-kulturellen Presseorganen[143] gehörte »Die Gegenwart« in den ersten Jahren nach Kriegsende zu den wichtigsten Stimmen deutscher Öffentlichkeit. Mit dieser Zeitschrift hatte Reifenberg, buchstäblich auf den Trümmern des zerborstenen Regimes, ein publizistisches Forum geschaffen, das auf intellektuell anspruchsvolle Weise die deutsche Vergangenheit reflektierte, die aktuelle Situation beleuchtete, Konzepte für die Zukunft zu entwickeln bemüht war und dabei – trotz Not, Hunger und Mangel jeglicher Art – sein Publikum fand. Dies ist, wie gesagt, eine Diagnose, die für die ersten Jahre nach 1945 Gültigkeit besitzt. Im Zuge von Wiederaufbau, »Wirtschaftswunder« und »Verwestlichung« der Lebensstile und des Lebensgefühls in den 50er Jahren jedoch expandierte der Medienmarkt, veränderten sich raumgreifend Lese-, Seh-, Hör- und Konsummöglichkeiten und -gewohnheiten. Schon bald war in nahezu jedem Haushalt ein Rundfunkgerät vorhanden. Das Fernsehen, das zu Beginn des Jahrzehnts noch in den Kinderschuhen gesteckt hatte, begann allmählich, das Freizeitverhalten immer größerer Teile der Bevölkerung zu dominieren. Der Boom des Kinos und die besondere Beliebtheit von im monarchischen Milieu angesiedelten Herz-Schmerz-Filmen (»Sissi«) fand eine direkte Entsprechung in der »Regenbogenpresse«, die nach dem Namen der persischen Kaiserin auch als »Soraya-Presse« bezeichnet wurde und sich der Welt des Hochadels annahm. Die 50er Jahre brachten ebenfalls den Aufstieg einer bilderreichen sensationsheischenden Boulevardpresse, für die v.a. die seit 1952 erscheinende »Bild«-Zeitung stand. Hinzu kamen ein reichhaltiges Angebot seriöser überregionaler Tageszeitungen wie die FAZ, »Die Welt«, die »Frankfurter Rundschau« etc., das erfolgreiche Wochenblatt »Die Zeit« und das Nachrichtenmagazin »Der Spiegel«, von den unzähligen

---

143 Vgl. für einen knappen Überblick Kleßmann: Die doppelte Staatsgründung, S. 161/162.

Lokalblättern ganz abgesehen. Sie alle liefen »den alten, anspruchsvollen Periodika der Besatzungszeit den Rang ab«[144]. Zu den Verlierern dieses Prozesses gehörte »Die Gegenwart«.

Der hohe intellektuelle Anspruch der Zeitschrift, ihre mitunter übertrieben wirkende politische Reflexivität, das wenig ansprechende, »altmodische« Layout ohne Bilder, Fotos oder andere optisch auflockernde Elemente und die ungenügende Generationenmischung in der Redaktion mögen ausschlaggebend dafür gewesen sein, dass das Blatt in einem langen, für die Herausgeber und Mitarbeiter sich schmerzlich dehnenden Prozess in den 50er Jahren scheiterte. Dem umfangreichen Redaktionsarchiv der Zeitschrift ist zu entnehmen, dass sich die regelmäßig tagende Konferenz bereits im September 1948 mit einem massiven Abschmelzen der Auflage auseinanderzusetzen hatte: »Rückgang vor allem in der französischen Zone, während in der britischen relative Stabilität und in der russischen neue Bestellungen vorliegen«[145], vermerkt das Konferenzprotokoll. Die Auflage war demnach mit dem Septemberheft von 1948 auf 65.000 zurückgegangen, und ein weiterer Rückgang um 5.000 Stück wurde für die nächste Ausgabe erwartet. Im Laufe der beiden folgenden Jahre brachen die Absatzzahlen mit dramatischer Geschwindigkeit ein, um im September 1950 nur noch bei 25.000 zu liegen, wobei lediglich 11.690 Exemplare an Abonnenten ausgeliefert wurden (5.500 Buchhändler, 5.500 Privatabonnements, 690 Postabonnements) und nach wie vor Abbestellungen eingingen. Die in der FAZ, der »Frankfurter Rundschau«, der »Frankfurter Neuen Presse« sowie in einschlägigen Fachzeitschriften für Mediziner und Juristen geschaltete Werbung schien keine Früchte zu tragen; in Frankreich wie in Österreich war »Die Gegenwart« entgegen ursprünglicher Planungen gar nicht auf dem Markt, während sie in Luxemburg und im Saargebiet zwar vertreten war, jedoch jeweils nur minimalen Absatz fand.[146]

In einer Reihe von Krisengesprächen, an denen neben Reifenberg und Wirthle verschiedene Verlagsmitarbeiter teilnahmen, wurden die Probleme der »Gegenwart« im Herbst 1950 und den folgenden Wintermonaten kontrovers diskutiert. Fest stand, dass »leider mehr Abbestellungen als Zugänge zu verzeichnen sind« und dass die Abonnenten dafür »meist

---

144 Edgar Wolfrum: Die geglückte Demokratie. Geschichte der Bundesrepublik Deutschland von ihren Anfängen bis zur Gegenwart (Schriftenreihe der Bundeszentrale für politische Bildung, Band 641), Bonn 2007, S. 162.
145 Protokoll Redaktionskonferenz, 24./25.9.1948, NL BR, DLA, 7704.
146 Vgl. 6. Gegenwartsbesprechung, 25. September 1950, in: Protokolle Redaktionskonferenzen, NL BR, DLA, 7705.

keine Gründe [angeben].«[147] Allerdings sei aus Leserzuschriften zu entnehmen, »dass führende Personen aus der Industrie an Wochentagen einfach nicht zum Lesen einer solchen Zeitschrift kommen.«[148] Die Frage, ob »Leitartikel und [die politische Rubrik, DB] Zeitregister Schuld an den Schwierigkeiten der ›Gegenwart‹ haben«[149], wurde von Reifenberg ausdrücklich verneint, obwohl er prinzipiell wusste, dass die Zeitschrift an der »zu schweren Kost«[150] krankte, die sie dem viel beschäftigten Publikum der bundesrepublikanischen Aufbaujahre zumutete. In zahlreichen Sitzungsprotokollen und internen Redaktionspapieren finden sich Hinweise darauf, dass es v.a. Reifenberg war, der eine grundlegende Reform der »Gegenwart« trotz permanent sinkender Auflage generell ausschloss: »[E]in Abweichen von der Linie« im Sinne von »Konzessionen an ein sensationslüsternes oder nationalistisches Publikum« zum Zwecke »einer leichteren Verkäuflichkeit« sei für die Redaktion nicht tragbar, erklärte er.[151] »Die Gegenwart« wende sich bewusst an »eine Elite-Leserschaft«[152].

Im Januar 1951 lagen neue, alarmierende Zahlen auf dem Tisch. Innerhalb eines Monats war die Auflage erneut um 1.700 Exemplare gesunken und pendelte nun bei etwa 12.000. Die Werbung für das Blatt war und blieb erfolglos: Auf rund 1.000 Anzeigen kam im Schnitt ein neues Abonnement.[153] Nun musste sich die Redaktion erstmals ernsthaft mit den möglichen Konsequenzen ihres Misserfolgs beschäftigen: Diskutiert wurde eine Kürzung der Bezüge für sämtliche Mitarbeiter. Mit Datum vom 27. August 1951 räumte Reifenberg in einem an Wirthle adressierten Papier ausdrücklich ein, er wisse, dass die Zeitschrift überwiegend durch

147 7. Gegenwartsbesprechung, 6.10.1950, in: Protokolle Redaktionskonferenzen, NL BR, DLA, 7705.
148 8. Gegenwartsbesprechung, 13.10.1950, in: Protokolle Redaktionskonferenzen, NL BR, DLA, 7705.
149 Redaktionskonferenz, 21.12.1950, in: Protokolle Redaktionskonferenzen, NL BR, DLA, 7705.
150 Redaktionskonferenz, 26.1.1951, in: Protokolle Redaktionskonferenzen, NL BR, DLA, 7705.
151 8. Gegenwartsbesprechung, 5.1.1951, in: Protokolle Redaktionskonferenzen, NL BR, DLA, 7705. – Die aus den Akten übernommene Zählung ist falsch: Es handelte sich mindestens um die 9. »Gegenwartsbesprechung«, da die 8. Sitzung bereits im Oktober 1950 stattgefunden hatte.
152 Benno Reifenberg: »Die Gegenwart«. Zur Entwicklung einer politischen Zeitschrift, 5.12.1951, NL BR, DLA, 79.7696.
153 8. Gegenwartsbesprechung, 5.1.1951, in: Protokolle Redaktionskonferenzen, NL BR, DLA, 7704-07. – Siehe auch Anm. 150.

Subventionen der Frankfurter Societäts-Druckerei »über Wasser«[154] gehalten werde, betonte jedoch, dass dies aus einem gewichtigen Grund geschehe: »dass nämlich mit ›Der Gegenwart‹ von der FSD eine Art Cadre für eine künftige F.Z. erhalten, wenn nicht ausgebaut werden soll.« Angesichts der Tatsache, dass die Redakteure Haerdter, Sieburg und Sternberger bereits Angebote von anderer Seite erhalten hätten, lehnte er weiter gehende Sparmaßnahmen ab: »Ich brauche wohl nicht zu sagen, dass ein Ausscheiden dieser Redakteure den Nerv der Zeitschrift trifft. Die Idee eines Cadres für die F.Z. wird zur Fiktion.« Er plädierte dafür, der Zeitschrift unabhängig von ihrem Verkaufserfolg und ihrer sonstigen Entwicklung »eine Existenzsicherung sagen wir bis Ende 1952« zu geben. Auch der Möglichkeit einer Verkleinerung der Redaktion als Alternative zur Kürzung der Bezüge erteilte er eine Absage.

Die Geschäftskorrespondenz zwischen Reifenberg und Wirthle belegt, dass der Verleger auf die unrentabel arbeitende Redaktion und ihre Leitung mit zunehmender Gereiztheit reagierte. So genügte im August 1952 eine Kleinigkeit, um seinen Geduldsfaden reißen zu lassen: Reifenberg hatte ihn gebeten, während der Ferienzeit eine Ersatzkraft für anfallende Büroarbeiten einzustellen, da alle drei Sekretärinnen gleichzeitig in Privaturlaub gegangen seien. In seinem Antwortschreiben an Reifenberg forderte Wirthle ihn wütend auf, sich an Regeln zu halten, die »in jeder Firma so üblich«[155] seien, und ferner dafür zu sorgen, dass dies ebenso auch im Kreis der Mitarbeiterinnen und Mitarbeiter geschehe. Einmal in Fahrt gekommen, sprach er von den Sorgen, die ihm »Die Gegenwart« bereite – »durch die Jahre hindurch und Monat für Monat«, wie er schrieb:

»Ich bemühe mich, diese Sorgen möglichst allein zu tragen, weil ich befürchte, dass es auf Sie hemmend und drückend wirken könnte, wenn ich Ihnen gegenüber immer wieder davon sprechen würde.
Aber bitte stimmen Sie mir doch darin zu, dass die Kosten und vor allen Dingen auch die Nebenkosten der ›Gegenwart‹ sich nicht laufend erhöhen dürfen, wie das sei einigen Monaten der Fall ist. Wir sind bisher ohne eine Ersatzkraft für die Urlauberinnen ausgekommen. [...] Man ist sehr wohl berechtigt, von den Angestellten zu verlangen, dass die Urlaube so genommen werden, dass der Geschäftsfluss da-

---

154 Benno Reifenberg: Aufzeichnung für Herrn Wirthle über die Situation der »Gegenwart«, 27.8.1951, NL BR, DLA, 7693. Dort auch die folgenden Zitate.
155 Werner Wirthle an Benno Reifenberg/Geschäftskorrespondenz, 9.8.1952, NL BR, DLA, 79.7710. Dort auch die folgenden Zitate.

durch nicht behindert wird. [...] Sie bringen mich mit Ihrer Bitte um die Zurverfügungstellung einer Ersatzkraft in allergrößte Verlegenheit.«

Reifenbergs Reaktion ist den Akten nicht überliefert. Ende 1953 – die Höhe des von der »Gegenwart« erwirtschafteten Defizits überstieg mittlerweile die Jahresaufwendung für die Redaktion[156] – sah Reifenberg sich veranlasst, seine Überlegungen zur Bedeutung der Zeitschrift für die bundesdeutsche Öffentlichkeit in ausführlicher Form zu Papier zu bringen. Die Denkschrift unter dem Titel »Pro memoria: Die Gegenwart 1953/54« ist ein Zeugnis seiner Intransigenz. Reifenberg betonte zunächst, dass die Gründung der »Gegenwart« wie auch die Restituierung der FSD, die unabhängig voneinander erfolgt seien, das gleiche Ziel, nämlich die Wiederbegründung der »Frankfurter Zeitung«, verfolgt hätten, und pochte sodann auf die damit verbundene Verpflichtung der FSD, »Die Gegenwart« finanziell am Leben zu erhalten, da sie nicht nur in personeller, sondern auch in qualitativer Hinsicht die legitime Nachfolgerin der FZ sei:

»›Die Gegenwart‹ ist heute die einzige politische Zeitschrift, die von verantwortlichen Stellen in Deutschland beobachtet wird. Und zwar sowohl auf der Regierungsseite wie auf Seiten der Opposition. Dabei wird sie vielfach von der Regierungsseite als kryptosozialistisch angesehen, hingegen niemals von der SPD als ein kryptosozialistisches Blatt. De facto stellt jedoch die Zeitschrift das einzige bürgerliche Organ [dar], dessen Kritik an der SPD von dieser Partei seit Schumacher ernst genommen worden ist. Damit erfüllt ›Die Gegenwart‹ genau die Funktion der FZ in ihrer ersten grossen liberalen Epoche.«

Die »Autorität« der »Gegenwart«, so fuhr Reifenberg fort, stehe »in umgekehrtem Verhältnis zu ihrer Auflage«. Das Blatt werde zwar nur von einem »Bruchteil der Öffentlichkeit« zur Kenntnis genommen, doch handele es sich bei ihrer Leserschaft um die besonders bedeutsame Gruppe der »Gebildeten«. Die bestehende Redaktion, die auf keinen Fall verkleinert werden dürfe, verkörpere »journalistische Goldwährung«. Sie habe sich dem »auf lange Sicht sehr undankbaren Geschäft« verschrieben, »die Linie einer unabhängigen, kritischen, politischen Zeitschrift einzuhalten.« Infolgedessen sei es ihr unmöglich, den Anteil des »unterhaltenden Stoffes« auf Kosten des politischen und wirtschaftliches Teils zu vergrößern oder sonstige Abstriche in Fragen der »Qualität« in Kauf

---

156 Vgl. Benno Reifenberg: Pro memoria: Die Gegenwart 1953/54, NL BR, DLA, 79.7697. Dort auch die folgenden Zitate.

»DIE GEGENWART« (1945-1958)

Am Schreibtisch, vermutlich späte 50er Jahre

zu nehmen. Wenn sich die Situation mittlerweile so darstelle, dass die Erhaltung der »Gegenwart« einen »Engpass für die Liquidität der FSD« bedeuten könne, so dürfe die Zeitschrift dennoch der letzte Posten sein, an dessen Etat Einsparungen vorgenommen würden: »In den Dispositionen der FSD bleibt die Erhaltung der Zeitschrift solange Hauptziel, als die Möglichkeiten einer FZ noch offenstehen.« – Wenn diese – nicht für die Öffentlichkeit bestimmten – Ausführungen bereits den Beigeschmack intellektueller Überheblichkeit trugen, so geriet ein Beitrag Reifenbergs in der »Gegenwart« vom 12. März 1955 regelrecht peinlich. Unter der Überschrift »Niveau« trieb der Herausgeber Leserschelte und tadelte Abonnenten, die mit Abbestellung der »Gegenwart« drohten oder diese

Drohung gar in die Tat umsetzten: »Bei uns ist es Sitte, abzubestellen, siegesgewiß, denn wer könnte und wer wollte diese Macht dem Leser rauben. Doch ahnt er nicht, daß er mit dieser seiner Machtvollkommenheit seinen eigenen Ansichten noch durchaus kein Recht verliehen hat.«[157] Signalisierten derartige Äußerungen des Herausgebers bereits überdeutlich, dass er im Begriff war, zusammen mit der Bodenhaftung auch die Nerven zu verlieren, so spitzte sich die Situation Anfang 1956 nach Sieburgs Wechsel zur FAZ, wo er bis zu seinem Tod acht Jahre später wirken sollte, weiter zu: In internen Aufzeichnungen und Briefwechseln war nun erstmals ausdrücklich die Rede davon, dass der Moment kommen könne, in dem die Zeitschrift eingestampft werden müsse. In einem Schreiben an Wirthle vom 10. Februar 1956, in dem Reifenberg einmal mehr die singuläre »Qualität« der »Gegenwart« in der bundesdeutschen Presselandschaft betonte und als Kronzeugen dieses Urteils seinen Schweizer Freund Max Picard bemühte, unterbreitete er den Vorschlag, die Zeitschrift durch Umstellung auf wöchentliche Erscheinungsweise vor dem Konkurs zu retten[158] – ein Gedanke, der dann bis zur Schließung des Blattes Ende 1958 immer wieder diskutiert, jedoch nie umgesetzt wurde.

Das Ende der »Gegenwart« stand bereits im Raum – nicht mehr Schreckgespenst, sondern immer konkreter werdende Option für die Zukunft –, als die Redaktion im Juli 1958 zusammentrat, um über ein Exposé zu einer Wochenausgabe zu beschließen. Die Halbmonatsschrift, so heißt es hier einleitend, führe »mit der größten Wahrscheinlichkeit zu einer vollkommenen Stagnation.«[159] Angesichts des zwar verlangsamten, aber stetigen Rückgangs der Abonnenten, deren Anzahl im Begriff sei, die Ziffer 7.000 zu unterschreiten, müsse »die Alternative: Wochenschrift oder Monatsschrift« ernsthaft diskutiert werden. Der Schritt zur Monatsschrift liege zwar scheinbar auf der Hand, »weil ›Die Gegenwart‹ bisher eher zur Zeitschrift als zur Zeitung tendierte«, würde aber ein falsches Signal an die Öffentlichkeit und Leserschaft bedeuten und höchstwahrscheinlich einen weiteren Rückgang der Auflage zur Folge haben – »kurzum: Staatsbegräbnis.« Die Wochenschrift sei zwar vergleichsweise schwieriger herzustellen, da das bisherige Format ungeeignet für den in diesem Fall

157 Benno Reifenberg: Niveau, in: Die Gegenwart, 12.3.1955.
158 Benno Reifenberg an Werner Wirthle, 10.2.1956/Geschäftskorrespondenz, NL BR, DLA, 79.7711.
159 Erstes Exposé zu einer Wochenausgabe der »Gegenwart« auf Basis der ersten Konferenz der Redaktion über dieses Thema am 14. Juli 1958, in: Protokolle Redaktionskonferenzen, NL BR, DLA, 7707. Dort auch die folgenden Zitate.

nötigen Kiosk-Verkauf sei, der Rotationsdruck demnach großformatiger werden müsse, aber sie stelle vermutlich die einzige noch mögliche Lösung dar. Es erhebe »sich die Grundfrage: Bedeutet die neue Form einen anderen Inhalt? Jedenfalls nicht in dem Sinn, dass ›Die Gegenwart‹ an Ernsthaftigkeit verlieren dürfte. [...] Wir müssen Anspruch erheben.«

Festhalten am hergebrachten »Anspruch« einerseits, Konzessionen an den veränderten Geschmack und die Bedürfnisse des Lesepublikums andererseits: dies war das Heilmittel, mit dem die »Gegenwart« kuriert werden sollte. Jahrelang hatten die Herausgeber, Reifenberg als Wortführer an ihrer Spitze, jegliche Reformen als Verrat an der reinen Lehre bzw. »Linie« des Blattes wie an den Traditionen der FZ abgelehnt, nun – gleichsam in letzter Minute – sollte gehandelt werden. Plötzlich wurde in Erwägung gezogen, was stets indiskutabel gewesen war: eine Auflockerung des überkommenen Layouts und Inhalts mit Bildern, Karten und Karikaturen, durch Ausbau des Reportage-Teils, Einführung von Gerichtsreportagen, Film-, Theater- und Architekturkritik etc.:

»Die gleichen Federn schreiben in dem neuen Blatt. Sie können aber – und das ist der Kern des ganzen Versuches – bei der neuen Aufgabe [...] schärfer und glänzender werden. [...] Schliesslich ist ins Auge genommen, der Tatsache des Fernsehens Rechnung zu tragen und ausgewählt von Fall zu Fall kritisch zu referieren (Bilder).«

Die allzu altväterlich gewordene »Gegenwart« schien endlich in der bundesrepublikanischen Gesellschaft der späten 50er Jahre ankommen zu wollen. Allein: Sie kam zu spät. Die Umstrukturierung des Unternehmens erwies sich als nicht mehr finanzier- und durchführbar. Das von der Redaktion entwickelte Programm für eine moderne Wochenschrift hätte nach Berechnungen der Konferenz die Einstellung von mindestens sechs oder sieben neuen Kräften erforderlich gemacht (ein »begabter Reporter«, ein weiterer Wirtschaftsredakteur, »ein Referent oder Informant in Bonn, in Berlin, eventuell auch in Karlsruhe«, ein Gerichtsberichterstatter, ein Bildredakteur, ein Karikaturist) – das lag außerhalb dessen, was der Verlag für das langjährige Sorgenkind »Gegenwart« noch zu leisten bereit und in der Lage war. Als der Sommer 1958 in den Herbst überging, stellte sich nicht mehr die Frage, wie »Die Gegenwart« zu retten sei; nun ging es nur noch um die Bewahrung ihrer Erbmasse, konkret: um die Unterbringung und Versorgung der festen Mitarbeiter. Die einzige umsetzbare Lösung war die Verschmelzung der »Gegenwart« mit der ungleich größeren und erfolgreicheren »Frankfurter Allgemeinen Zeitung« – das war ein Schritt, den Reifenberg nie gewollt, den er stets gefürchtet hatte, der sich in Anbetracht der Gesamtsituation jedoch nicht mehr vermeiden ließ.

Die Geschichte der FAZ ist eine Erfolgsgeschichte. Das Blatt ist so alt wie die Bundesrepublik Deutschland und gehört neben der »Welt«, der »Süddeutschen Zeitung«, der »Frankfurter Rundschau« und der Wochenzeitung »Die Zeit« bis heute zu den großen, seriösen Meinungsführern im Printmedienbereich. Die Startauflage war noch bescheiden gewesen: 9.000 Abonnenten verzeichnete das 4. Quartal (erstes Erscheinungsquartal) 1949, aber schon ein Jahr später lag die verkaufte Auflage bei über 42.000 Exemplaren. 1959, als die FAZ die »Gegenwart« übernahm, wurden mehr als 210.000 Exemplare abgesetzt; 1970, im Jahr von Reifenbergs Tod, lag die Auflage bei rund 255.000 Exemplaren, um bis 1998 auf 400.000 (davon insgesamt 44.000 Auslandsauflage in 148 Ländern) zu steigen.[160] Mit 59 Redakteuren, davon 19 im Bereich Politik, zwölf in der Sparte Wirtschaft, zehn im Feuilleton und 18 in den übrigen Ressorts, beschäftigte die FAZ 1955 die größte Redaktion unter allen deutschen Tageszeitungen.[161] 1974 arbeiteten 176 fest angestellte und Hunderte von freien Mitarbeitern für das Blatt[162], das sich bei der Gründung zwar ausdrücklich nicht als Nachfolgeorgan der »Frankfurter Zeitung« definiert hatte, seit dem 17. Dezember 1958 – mit einer kurzen Unterbrechung zwischen Oktober 2007 und Januar 2009 – jedoch im Impressum als »Frankfurter Allgemeine Zeitung (Frankfurter Zeitung)« firmiert, inzwischen ergänzt um den Zusatz »Gründungsherausgeber Erich Welter«. Unter dem Titel »Die Gegenwart« erscheint noch heute unregelmäßig eine Sonderseite in der FAZ, die überwiegend Beiträge externer Autoren beinhaltet. An das Erbe der alten FZ erinnert bis zum gegenwärtigen Zeitpunkt die Tatsache, dass die FAZ keinen Chefredakteur, sondern stattdessen ein Herausgeberkollegium benennt. In der ersten Ausgabe vom 1. November 1949 hieß es, die Redaktion bewundere »die hohen Qualitäten« der einstigen FZ, verbinde jedoch mit dem »Respekt vor der hervorragenden Leistung [...] nicht den Wunsch, sie zu kopieren«:

> »Wir haben einen ziemlich kräftigen Ehrgeiz, und dieser ist vornehmlich auf eigene und selbständige Leistung gerichtet. Wir haben genaue Vorstellungen von einer neuen Art Zeitung, die wir schaffen möchten.

160 Vgl. FAZ (Hrsg.): Der Leser und die Zeitung, Frankfurt am Main 1974, S. 6 sowie FAZ (Hrsg.): Alles über die Zeitung. Dahinter steckt immer ein kluger Kopf, 24. Auflage, Frankfurt am Main 1998, S. 10.
161 FAZ (Hrsg.): Der Leser und die Zeitung, S. 11.
162 Ebd., S. 13.

»DIE GEGENWART« (1945-1958)

Für sie müßte die Wahrheit der Tatsachen heilig sein; sie müßte sich der strengen Sachlichkeit in der Berichterstattung befleißigen; sie müßte auch den Andersmeinenden gegenüber immer Gerechtigkeit walten lassen; und sie müßte sich bemühen, nicht an der Oberfläche der Dinge stehen zu bleiben, sondern ihre geistigen Hintergründe aufzusuchen. Dies alles also wollen wir redlich; aber wir glauben, zu diesem neuen Typ von Zeitung müßte auch eine beträchtliche Volkstümlichkeit, ein Ansprechen breiter Schichten – ohne ihre Umschmeichlung – gehören. [...] Für die Denkfaulen möchten wir nicht schreiben. Aber sonst meinen wir, daß die Vereinigung von breiter Wirkung und geistigen Ansprüchen sehr wohl möglich sei.«[163]

Sicher war die größere »Volkstümlichkeit« ein Grund dafür, warum die FAZ gerade im Vergleich mit der »Gegenwart« auf dem hart umkämpften Medienmarkt der jungen Bundesrepublik reüssieren konnte. Hinzu kamen ein jüngerer, dynamischerer Mitarbeiterstab und die finanzielle Unterstützung durch die Industrie, die insbesondere durch Erich Welter vermittelt wurde, der zu Recht als »Schlüsselfigur«[164] für die Gründungsphase der Zeitung bezeichnet worden ist. Als versierter Nationalökonom hatte Welter im Laufe seiner journalistischen Karriere Kontakte zur deutschen Wirtschaft knüpfen können; 1948 wurde er ordentlicher Professor für Volkswirtschaftslehre an der Universität Mainz, wo er das Forschungsinstitut für Wirtschaftspolitik aufbaute. Seit Anfang 1948 stand Welter in Kontakt mit der sogenannten »Wirtschaftspolitischen Gesellschaft«, kurz: »Wipog«, die als eingetragener Verein im November 1947 von Unternehmern und Landwirten gegründet worden war, die sich für das Konzept der freien Marktwirtschaft starkmachten und zu denen u.a. der ehemalige preußische Finanzminister Otto Klepper, der spätere bundesdeutsche Wirtschaftsminister Ludwig Erhard, der Vorstandsvorsitzende der Metallgesellschaft Frankfurt Alfred Petersen, der Präsident der Industrie- und Handelskammer Augsburg Otto Vogel und der Prokurist der Hannoveraner Bahlsen-Keksfabrik Kurt Pentzlin zählten. Der »Wipog«, die 1949 bereits über 3.000 Mitglieder umfaßte, gelang es noch vor der Gründung der Bundesrepublik, führende Köpfe aus Industrie, Handwerk, Landwirtschaft, Politik, Medien und Wissenschaft an einen Tisch zu bringen, wobei Welter, der seit 1948 dem Beirat der Gesellschaft an-

---

163 Zeitung für Deutschland, in: FAZ, 1.11.1949.
164 Constantin Schulte Strathaus: Verpasste Chancen? Paul Sethes publizistische Opposition gegen Adenauer in der »Frankfurter Allgemeinen Zeitung« (FAZ) 1949-1955, Diss., Eichstätt 2002, S. 29.

gehörte, als »einflussreicher und talentierter publizistischer Vertrauensmann der Unternehmer«[165] agierte. Im September 1949 beschlossen die »Wipog« und der Mainzer Verlag der »Allgemeinen Zeitung«, mit dem Welter in Verbindung stand, gemeinsam eine überregionale Tageszeitung mit Sitz in Frankfurt am Main zu gründen: Dies war die Geburtsstunde der FAZ. Das Blatt entstand in erster Linie aus dem Wunsch der Wipog nach einer großen liberalen, wirtschaftsnahen Zeitung; hinzu kam die Absicht v.a. Welters, an alte FZ-Traditionen anzuknüpfen.[166] Die neugegründete Frankfurter Allgemeine Zeitung GmbH, deren Geschäftsführung der Wipog-Vorsitzende Klepper übernahm, gehörte zu 51 Prozent der Wirtschaftspolitischen Gesellschaft, zu 49 Prozent der Mainzer Zeitungsverlags GmbH. Im September 1950 musste Klepper aufgrund von Differenzen innerhalb der »Wipog« den Posten des Geschäftsführers aufgeben und wurde von Werner G. Hoffmann, Direktor der Zellstoff-Fabrik Waldhof, abgelöst. Als Folge des Konflikts zog sich die »Wipog« als Institution aus der FAZ GmbH zurück. Einzelne Mitglieder, darunter Pentzlin und Alexander Haffner von der Salamander AG, schlossen sich daraufhin zu einem Förderkreis zusammen und hielten weiterhin die Mehrheit der FAZ-Anteile über die 1951 gegründete »Allgemeine Verlags-GmbH«.[167]

Zu den Gründungsherausgebern der FAZ zählten neben den ehemaligen FZ-Redakteuren Erich Welter und Paul Sethe mit Karl Korn, Hans Baumgarten und Erich Dombrowski drei weitere versierte Journalisten. Der promovierte Altphilologe Karl Korn, Jahrgang 1908, war von 1934 bis 1938 literarischer Redakteur beim »Berliner Tageblatt« gewesen, von 1938 bis 1940 verantwortlicher Redakteur der Monatszeitschrift »Die neue Rundschau« und 1940 für einige Monate Feuilleton-Redakteur beim »Reich«, hatte dann nach seiner fristlosen Kündigung Berufsverbot als Journalist erhalten und war 1941 zur Wehrmacht eingezogen worden; nach dem Krieg arbeitete er vorübergehend als freier Publizist, bevor er zur »Allgemeinen Zeitung« nach Mainz wechselte. Der 1900 geborene Baumgarten, ein enger Vertrauter Welters, mit dem er nach dem Krieg

---

165 Astrid von Pufendorf: Otto Klepper (1888-1957). Deutscher Patriot und Weltbürger (Studien zur Zeitgeschichte, Band 54), München 1997, zugleich Diss. Univ. Frankfurt a.M., S. 242.
166 Vgl. z.B. Schulte Strathaus: Verpasste Chancen?, S. 32.
167 Vgl. Anton Riedl: Liberale Publizistik für Soziale Marktwirtschaft. Die Unterstützung der Wirtschaftspolitik Ludwig Erhards in der Frankfurter Allgemeinen Zeitung und in der Neuen Zürcher Zeitung 1948/49 bis 1957 (Theorie und Forschung, Band 187. Zeitgeschichte, Band 3), Regensburg 1992, S. 67-73.

die »Wirtschaftszeitung« begründet hatte, war von 1923 bis 1933 Redakteur beim »Berliner Börsen-Courier« und von 1934 bis 1943 Chefredakteur der Fachzeitschrift »Deutscher Volkswirt« gewesen; neben seiner Tätigkeit als Herausgeber der FAZ hatte er einen Lehrauftrag für Publizistik an der Universität Mainz. Dombrowski, Jahrgang 1882, hatte seine Karriere beim »Berliner Tageblatt« begonnen, schrieb in den Weimarer Jahren zeitweise für die Zeitschrift »Die Weltbühne« und war von 1926 bis 1936 Chefredakteur des »Frankfurter Generalanzeigers«. 1945 begründete er den »Neuen Mainzer Anzeiger«, 1946 die »Mainzer Allgemeine Zeitung«, die sich – ähnlich wie »Die Gegenwart« – als Nachfolgeorgan der FZ verstand, diesen Anspruch jedoch mit Gründung der FAZ aufgab.

Parteipolitisch ist die FAZ zwar ungebunden, steht jedoch seit ihren Anfängen den bürgerlichen Parteien CDU und FDP nahe. Etwa seit 1953/54 hatte Bundeskanzler Konrad Adenauer versucht, Einfluss auf die FAZ zu nehmen – Bestrebungen, die gerüchteweise an die Öffentlichkeit drangen.[168] Als Paul Sethe Adenauers Politik der Westbindung offensiv kritisierte, musste er 1955 auf Druck der Aktionäre des Förderkreises aus dem Herausgeberkollegium ausscheiden und war in der FAZ fortan »persona non grata«[169]. In einer hauseigenen Publikation aus dem Jahre 1998 mit dem Titel »Alles über die Zeitung« heißt es, die FAZ sei kein »Parteiblatt«, sondern verfolge lediglich »eine ganz bestimmte freiheitliche Linie«, die aber auch Raum für »abweichende Meinungen« biete; Ziel sei »von Anfang an« der Einsatz für die deutsche »Wiedervereinigung« und für die bestehende bundesdeutsche Verfassungsordnung gewesen: »Wir stehen zu dieser Freiheit und zu ihrem Schutz.«[170] Zu der interessanten Frage »Wem gehört die FAZ?« führten die Verantwortlichen aus, die wichtigste Gesellschafterin sei die am 22. April 1959 aus den Reihen der »Freunde des Blattes« errichtete FAZIT-Stiftung, deren Erträge ausschließlich für gemeinnützige Zwecke verwendet werden dürften. Die weiteren Anteilseigner seien die Frankfurter Societäts-Druckerei GmbH und »mit kleinen Prozentsätzen« die jeweiligen Herausgeber. Die Frankfurter Allgemeine Zeitung GmbH habe als Aufsichtsgremium einen Aufsichtsrat, der aus dem Vorsitzenden, dem stellvertretenden Vorsitzenden

---

168 Vgl. z.B. Schulte Strathaus: Verpasste Chancen?, S. 96-98.
169 Ebd., S. 111.
170 FAZ: Alles über die Zeitung, S. 9/10.

und mindestens zwei weiteren, von der Gesellschafterversammlung gewählten Mitgliedern bestehe.[171]

Der Prozess der Übernahme der gescheiterten »Gegenwart« durch die expandierende FAZ ist anhand von Reifenbergs Tagebüchern und erhaltenen Briefen im Detail nachvollziehbar, wobei insbesondere die Schlüsselrolle Erich Welters als FAZ-Verhandlungsführer deutlich wird. Bereits am 3. September 1958 schrieb Reifenberg an Picard, dass »nur ein Vertragsbruch [...] die Realisierung [der Fusion, DB] noch verhindern«[172] könne. Die FAZ erhalte im Moment der Vereinigung der beiden Blätter »durch eine besondere Abmachung die Rechte der FZ« und werde künftig im Impressum den Titel »Frankfurter Allgemeine Zeitung (Frankfurter Zeitung)« führen. Problematisch gestalte sich die personelle Frage, denn während die FAZ bereit sei, den größten Teil der festen Redaktionsmitglieder der »Gegenwart« aufzunehmen, könne für Herbert Küsel und Robert Haerdter wohl nicht mehr als eine finanzielle Abfindung oder Rentenzahlung erreicht werden. Die FAZ weigere sich, einen »höchst achtbaren Charakter wie Herrn Küsel in ihren Kreis aufzunehmen, weil er durch die Form seines Argumentierens die Diskussionen allzu sehr verlängern würde und die Aussprachen mit ihm zuviel Zeit verlangen.« Haerdter wiederum werde in politischer Hinsicht als nicht tragbar für die FAZ eingestuft. In Anspielung auf den Fall Sethe argumentiere die FAZ, »dass bei allen Differenzen in den Auffassungen der Redaktionsmitglieder man doch in der Gesamtrichtung einig bleiben muss, weil sonst Verwirrung entsteht. Man hat das deutliche Gefühl, dass solch eine Einigkeit mit Herrn Haerdter sich nicht herstellen lässt.«

In den Herbstmonaten des Jahres 1958 gelang es Wirthle und Reifenberg in wiederholten zähen Verhandlungen mit Welter, ein »Nachgeben in Sachen Küsel«[173] zu erreichen, wie Reifenberg am 10. November im Tagebuch notierte. Zugleich herrschte jedoch »Verhärtung in Sachen Haerdter«, und auch für Arianna Giachi, die einzige Frau unter den Redaktionsangehörigen der »Gegenwart«, schien Reifenberg nicht viel tun zu können: »Es liegt kein Angebot vor.«[174] Um seine eigene Zukunft

---

171 FAZ: Alles über die Zeitung, S. 11/12.
172 Benno Reifenberg an Max Picard, 27.10.1958, NL BR, DLA 79.12438. Dort auch die folgenden Zitate.
173 Tagebuch, 10.11.1958, NL BR, DLA, 79.12350-51 sowie Tagebuch/Abschriften, NL BR, DLA, 79.12385. Dort auch das folgende Zitat.
174 Tagebuch, 11.11.1958, NL BR, DLA, 79.12350-51 sowie Tagebuch/Abschriften, NL BR, DLA, 79.12385. Dort auch das folgende Zitat. – Anders als Küsel fanden Haerdter und Giachi tatsächlich kein Unterkommen bei der FAZ. Haerd-

»DIE GEGENWART« (1945-1958)

Reifenberg, vermutlich späte 50er Jahre

musste er sich keine Sorgen machen: Als prominentester Vertreter der alten FZ war ihm ein Platz in der Herausgeberriege der FAZ sicher. Wenn Reifenberg in den letzten Monaten vor der Fusion dennoch »innerlich voll Zweifel«[175] und derartig angespannt war, dass er unter Schreibblockaden litt und wochenlang »ohne Produktion« blieb, wie er klagte, so gab es dafür triftige Gründe: Nicht nur das in hohem Maße als persönliches Scheitern begriffene Ende der »Gegenwart« machte Reifen-

ter war in den 60er Jahren für die »Stuttgarter Nachrichten« tätig, Giachi arbeitete freiberuflich als Literaturübersetzerin und Journalistin, u.a. für die »Zeit«.
175 Tagebuch, 15.11.1958, NL BR, DLA, 79.12350-51 sowie Tagebuch/Abschriften, NL BR, DLA, 79.12385. Dort auch die folgenden Zitate.

berg zu schaffen, sondern auch die entstandene »Kluft innerhalb der Gruppe«, die »Diskriminierung« von Küsel, Haerdter und Giachi durch die FAZ (»sind keine Aussätzigen«, wütete Reifenberg im Tagebuch, »sondern Journalisten von Metier«[176]) sowie seine mangelnde persönliche Identifikation mit dem Unternehmen FAZ, dem er vorwarf, sich der FZ zu »rühmen und die derzeitige Generation ihrer Redakteure als verschiebbare Figuren zu behandeln.«[177] In der zweiten Novemberhälfte stand er kurz davor, sich aus dem gesamten Revirement zurückzuziehen: »[H]abe immer weniger Lust, an der F.A.Z. meinen Lebensrest dranzugeben. Wenn Jan nicht wäre, hätte ich schon abgebrochen«[178], heißt es im Tagebuch unter dem Datum vom 24. November. Einige Tage lang spielte Reifenberg mit dem Gedanken, die »Gegenwart« doch noch zu einer Monatsschrift umzuformen und diese im Alleingang herauszugeben[179], akzeptierte dann jedoch am 6. Dezember die von der FAZ geforderte Ausschließlichkeitsklausel, durch die jedes andere publizistische Projekt unmöglich wurde – um am nächsten Morgen »mit einem Choc [sic!]« aus dem Schlaf aufzuschrecken: »völlig verzweifelt über meinen gestrigen Entschluss.«[180]

Am Sonntag, dem 20. Dezember 1958, teilte die FAZ mit einer kleinen Notiz auf Seite 1 knapp und sachlich mit, dass die Zeitschrift »Die Gegenwart« zum Jahresende ihr Erscheinen einstellen werde. Fünf ihrer bisherigen Herausgeber seien in den Dienst der F.A.Z. übernommen worden: Dolf Sternberger und Michael Freund als ständige Mitarbeiter, Herbert Küsel für die politische Redaktion, Fritz Hauenstein für die Wirtschaftsredaktion und Benno Reifenberg als Mitherausgeber.[181] Weitere Informationen über Person und Werdegang der neuen Redaktionsmitglieder fanden sich im Mittelteil der Zeitung, außerdem ein Rück-

---

176 Tagebuch, 16.11.1958, NL BR, DLA, 79.12350-51 sowie Tagebuch/Abschriften, NL BR, DLA, 79.12385. Dort auch das folgende Zitat.
177 Tagebuch, 15.11.1958, NL BR, DLA, 79.12350-51 sowie Tagebuch/Abschriften, NL BR, DLA, 79.12385.
178 Tagebuch, 24.11.1958, NL BR, DLA, 79.12350-51 sowie Tagebuch/Abschriften, NL BR, DLA, 79.12385. Dort auch das folgende Zitat.
179 Vgl. Tagebuch, 27.11.-6.12.1958, NL BR, DLA, 79.12350-51 sowie Tagebuch/Abschriften, NL BR, DLA, 79.12385.
180 Tagebuch, 7.12.1958, NL BR, DLA, 79.12350-51 sowie Tagebuch/Abschriften, NL BR, DLA, 79.12385. Dort auch das folgende Zitat.
181 Vgl. Von der »Gegenwart« zur »Frankfurter Allgemeinen Zeitung«, in: FAZ, 20.12.1958.

blick auf die Geschichte der »Gegenwart«.[182] Mit der ersten Nummer des Jahres 1959, die am 2. Januar erschien, tauchte der Name Reifenberg in der Herausgeberliste neben Hans Baumgarten, Erich Dombrowski, Karl Korn und Erich Welter auf.[183] Während damit für die Öffentlichkeit der Prozess der Verschmelzung der beiden Blätter zum offiziellen Nachfolgeorgan der FZ abgeschlossen war, kämpfte der neue Herausgeber mit seiner Neigung zur Melancholie. Statt seinen Einstand bei der FAZ feierlich zu begehen, zog er sich wieder einmal für einige Tage zu Picard in die Schweiz zurück. Er habe Erholung nötig, erklärte er, denn er fühle sich »zerschunden«[184] von den Auseinandersetzungen und Kraftproben der vergangenen Monate. Nach der Rückkehr nach Deutschland traf er sich am 5. Januar mit Helga Hummerich, die ihn als Sekretärin zur FAZ begleiten würde, um gemeinsam mit ihr die »Post der Klagenden«[185] durchzusehen, wie er formulierte: Leserbriefe, die das Bedauern über das Ende der »Gegenwart« zum Ausdruck brachten. Am Tag darauf trat er seinen neuen Posten bei der FAZ an.

---

182 Vgl. Die Geschichte der »Gegenwart«, in: FAZ, 20.12.1958.
183 Vgl. FAZ, 2.1.1959.
184 Tagebuch, 12.12.1958, NL BR, DLA, 79.12350-51 sowie Tagebuch/Abschriften, NL BR, DLA, 79.12385. Dort auch das folgende Zitat.
185 Tagebuch, 5.1.1959, NL BR, DLA, 79.12352 sowie Tagebuch/Abschriften, NL BR, DLA, 79.12386. Dort auch das folgende Zitat.

Die »Frankfurter Allgemeine Zeitung« (1959-1970)

Die meisten Arbeiten zur Rolle der (west)deutschen Intellektuellen in der unmittelbaren Nachkriegszeit und während der beiden ersten bundesrepublikanischen Dezennien unterscheiden zwischen zwei Phasen: einer frühen, die neben den Jahren 1945 bis 1949 die Konstituierungs- und Konsolidierungszeit der Bundesrepublik Deutschland bis 1955 umfasst, und einer späteren, die von den ersten außerparlamentarischen Widerstandsbewegungen Mitte der 50er Jahre bis zum Beginn der Studentenproteste 1967 reicht. Birgit Pape hat in ihrem 2000 publizierten Forschungsreferat zum Thema folgende Linien herausgearbeitet: Nach der Katastrophe des »Dritten Reiches« schienen die Intellektuellen zunächst in besonderer Weise dafür prädestiniert, »Sinnstifter im Bemühen um eine neue Identität«[1] zu sein. Viele der in Deutschland verbliebenen oder nach Deutschland zurückkehrenden, v.a. aber auch der in generationeller Hinsicht nachwachsenden Literaten, Publizisten, Politiker usw. waren von »der idealistischen Idee eines radikalen Neubeginns Deutschlands bewegt, die häufig mit sozialistischen Vorstellungen und Zielen verbunden wurde.«[2] Überschattet wurde die »allgemeine Aufbruchstimmung«[3] jedoch von »Glaubensverlust und Isolierung«[4] der Intellektuellen aufgrund der Erfahrungen der jüngsten Vergangenheit. Von einer »Krise der Intellektuellen« ist dann für jene späteren Jahre die Rede, in denen sich mehr und mehr abzeichnete, dass die deutsche Linke – und die meisten deutschen Intellektuellen positionierten sich in der Epoche nach Auschwitz auf der linken Seite des politischen Spektrums[5] – gesellschaftlich

---

[1] Birgit Pape: Intellektuelle in der Bundesrepublik 1945-1967, in: Schlich: Intellektuelle, hier S. 295.
[2] Ebd., S. 296.
[3] Ebd., S. 297.
[4] Ebd., S. 302. Dort auch die folgenden Zitate.
[5] In diesem Zusammenhang muss die immer wieder geführte Diskussion über den Vergleich zwischen »Bonn« und »Weimar« und die jeweilige Rolle der Intellektuellen Erwähnung finden. So hat Wolfgang Bergsdorf die grundsätzlichen Unterschiede zwischen der intellektuellen Debatte in der Weimarer Zeit und der in Westdeutschland nach 1945/49 betont: Nicht nur das nationalistische, sondern auch das konservative Denken sei durch den Nationalsozialismus so gründlich diskreditiert worden, dass sich die Nachkriegsintellektuellen fast durchgehend eher links orientiert hätten, wobei sie – im Gegensatz zur Weimarer Intelligenz – mehrheitlich auf dem Boden der geltenden Verfassung geblieben seien. Hinzu komme, dass das gemeinsame Erlebnis des Scheiterns der Weimarer Republik der politischen Grundsatzdebatte nach dem Zweiten Weltkrieg einen Teil ihrer Schärfe

und politisch marginalisiert wurde, dass ihre Hoffnungen angesichts der außen- wie wirtschaftspolitisch erfolgreichen und von großen Teilen der Bevölkerung mitgetragenen Politik Adenauers begraben werden mussten: »Übereinstimmend konstatieren [...] fast alle Forscher die Entfernung des ›Geistes‹ von der ›Macht‹« – ein Konflikt, der seit der Entstehung der Protestbewegungen gegen die Wieder- und Atombewaffnung Mitte der 50er Jahre immer weiter an Schärfe gewann und sich schließlich in den Studentenprotesten von 1967/68 radikal und z.T. gewaltsam entlud. In diesen Kontext gehören auch die heftigen Abwehr-, ja: Überreaktionen von Staat, bürgerlicher Gesellschaft und großen Teilen der Presse auf diese Protestaktionen sowie der beliebte Pauschalvorwurf der »Utopiesucht und Entfremdung« an die Adresse der sogenannten »Linksintellektuellen«.[6]

In Abgrenzung von den weit verbreiteten »Vorstellungen einer Schlachtanordnung von geistloser Macht und machtlosem Geist oder aber, je nach Werturteil, der ruhigen Fahrt des Staatsschiffes, begleitet von ein wenig belangvoller Intellektuellenkritik«, hat Axel Schildt hervorgehoben, »daß es wohl nie zuvor in der deutschen Geschichte eine derart breite und massenmedial vermittelte gesellschafts- und kulturdiagnostische Diskussion als Dauerzustand gegeben« habe wie in der Bundesrepublik der 50er Jahre, wobei es sich »im Kern [...] um bildungsbürgerliche Selbstvergewisserung mit den ihr inhärenten deutschen Traditionen handelte«.[7] Auf die von ihm bezeichneten Pole »Abendland« und »Amerika« rekurrierte seit den späten 40er Jahre auch der bürgerliche Publizist Benno Reifenberg, dessen Aussöhnung mit dem in den frühen Jahrgängen der »Gegenwart« zunächst noch bekämpften Kurs der Westintegration und Wiederbewaffnung längst abgeschlossen war, als er 1959 in die Herausgebergruppe der FAZ eintrat. Wenn Reifenberg dieser Wechsel zunächst vor größere mentale Probleme stellte, so war der

---

genommen habe. Vgl. Wolfgang Bergsdorf: Ohnmacht und Anmaßung. Das Verhältnis von Intellektuellen zur Politik, in: Die politische Meinung 23 (1978), Heft 178, S. 53-66. Kurt Sontheimer kommt zu einem ähnlichen Ergebnis und spricht von dem erfreulich gestiegenen politischen Verantwortungsbewusstsein der bundesdeutschen Intelligenz im Vergleich zur Weimarer Republik. Vgl. Kurt Sontheimer: Zwei deutsche Republiken und ihre Intellektuellen. Die Rolle der Intelligenz in Weimar und Bonn, in: Merkur 36 (1982), Heft 11, S. 1062-1071. Ähnlich auch Martin Greiffenhagen: Die Intellektuellen in der deutschen Politik, in: Der Monat 20 (1968), S. 33-43.

6 Pape: Intellektuelle in der Bundesrepublik, S. 312.
7 Schildt: Zwischen Abendland und Amerika, S. 1.

Grund dafür nicht in der Sphäre etwaiger politischer Differenzen zu suchen, sondern allein in dem bitteren Beigeschmack der Niederlage, der dem Scheitern der »Gegenwart« und damit dem Ende der Vision einer reanimierten FZ in seinen Augen anhaften musste. Das weit verbreitete Unbehagen der kulturell und geistig Schaffenden an der Atmosphäre der Bonner Republik und dem autoritären Stil des greisen Kanzlers hat ihn mit zunehmender Zeit immer weniger tangiert, mit der Studentenbewegung von 1967/68 hat er sich publizistisch überhaupt nicht mehr auseinandergesetzt. Angesichts der massiv empfundenen Bedrohung durch ein »bolschewistisches« Gegenmodell, das im Widerspruch zu sämtlichen liberal-individualistischen Überzeugungen stand, die er internalisiert hatte und wortreich zu postulieren verstand, suchte und demonstrierte Reifenberg in seinem letzten Lebensjahrzehnt den Schulterschluss mit Staat und Regierung.

Der Herausgeber

Reifenbergs Tagebücher und Privatbriefe lassen keinen Zweifel daran, dass es ihm schwergefallen ist, sich in einem Alter, in dem ein konventioneller Lebenslauf den Eintritt in den Ruhestand verzeichnet, noch einmal an eine neue Umgebung und neue Anforderungen zu gewöhnen. Am Ende seiner dritten Arbeitswoche bei der FAZ notierte er niedergeschlagen, er kenne jetzt in der Redaktion dreizehn Gesichter: »Etwas wenig bei über sechzig Herren.«[8] Es dauerte acht Monate, bis er Margret Boveri berichten konnte, dass er sich in seiner Tätigkeit »schon fast zuhause«[9] fühle, und im Dezember 1959 fiel seine Bestandsaufnahme in einem Brief an seine Schwester Liselotte schließlich zurückhaltend positiv aus: »Das Jahr läuft ab, es war in der neu-alten Stellung in der Zeitung für mich interessanter als ich erwartet habe, und im Grunde bin ich zufrieden mit der Aussicht auf künftige Entwicklungen.«[10] De facto hatte Reifenberg Grund zur Zufriedenheit: Der Ruf in das Herausgeberkollegium der FAZ brachte ihm nicht nur intensive Arbeit, sondern auch reges gesellschaftliches Leben auf Frankfurter und auf Bonner Parkett.

Bei der FAZ war man offensichtlich bemüht, Reifenberg so rasch und reibungslos wie möglich zu integrieren. Bereits im April 1960 übernahm

8 Tagebuch, 29.1.1959, NL BR, DLA, 12352 sowie Tagebuch/Abschriften, NL BR, DLA 79.12386.
9 Benno Reifenberg an Margret Boveri, 7.8.1959, NL BR, DLA, 79.3752.
10 Benno Reifenberg an Maria van Delden (d.i. Liselotte Reifenberg), 7.12.1959, NL BR, DLA, 79.3814.

er für einen Zeitraum von anderthalb Jahren den turnusmäßig wechselnden Vorsitz der wöchentlich tagenden Herausgeberkonferenzen, d. h. die Pflicht und das Recht zur Einladung, zur Formulierung der Tagesordnung, zur Leitung der Sitzungen und zur Abfassung des Protokolls.¹¹ Zu seinen Aufgaben zählte auch die Auswahl neuer Mitarbeiter für das expandierende Blatt; er sichtete Bewerbungsunterlagen, führte Vorstellungsgespräche, verfasste kleine Skizzen über die jeweiligen Bewerber und sprach Empfehlungen für oder wider ein Engagement aus.¹² Sein Tätigkeitsprofil war, wie er vermerkte, sehr »heterogen«: »Ich bin unverschämt mit den verschiedensten Dingen beschäftigt, auch belastet«¹³. Insgesamt betrachtete Reifenberg die Rückkehr zum Tagesjournalismus als ein zunächst gewagtes, dann jedoch gelungenes »Experiment«¹⁴, obwohl er sich mitunter mit Überlastungssymptomen und gesundheitlichen Problemen quälte. An den einstigen FZ-Kollegen Bernard von Brentano schrieb er im Juli 1959, man müsse in diesem Metier »mit Haut und Haar dabei sein. Und das scheint mir – worüber ich ursprünglich große Zweifel hatte – nun doch möglich.«

Inhaltlich hat sich Reifenberg bei der FAZ innerhalb weniger Wochen als Kommentator für Fragen des Ost-West-Konflikts etabliert. Schon in seinem ersten Leitartikel, der am 15. Januar 1959 unter der Überschrift »Von gleich zu gleich«¹⁵ erschien, bezog er deutlich Position, indem er den »unbezweifelbaren amerikanischen Schutz« als den »Fels« bezeichnete, auf dem die Bundesrepublik gründe. In den folgenden Jahren erlebten die Leser des Blattes den Herausgeber Reifenberg als Verfechter eines harten Kurses in der Auseinandersetzung zwischen den Blöcken, der jeden Gedanken an »Tauwetter« während des »Kalten Krieges« in den Bereich der Illusionen verwies und von den USA Unnachgiebigkeit gegenüber der Sowjetunion forderte: »Chruschtschow liebt die Sprichwörter. Wir haben eines, das manchesmal recht nutzt: ›Auf einen groben Klotz gehört ein grober Keil.‹ Vielleicht kann man das auch amerikanisch

11 Vgl. Konvolut FAZ, Verschiedenes, Protokolle der Herausgebersitzungen, NL BR, DLA 79.3640.
12 Vgl. Konvolut FAZ, Verschiedenes, Bewerbungs- und Personalgutachten. NL BR, DLA, 79.3635.
13 Benno Reifenberg an Max Picard, 4.7.1960, NL BR, DLA, 79.12441.
14 Benno Reifenberg an Bernard von Brentano, 24.7.1959, NL BR, DLA, 79.3759. Dort auch das folgende Zitat.
15 Benno Reifenberg: Von gleich zu gleich, in: FAZ, 15.1.1959. Dort auch die folgenden Zitate.

sagen?«[16] Hatte Reifenberg als junger Journalist in den Weimarer Jahren noch kulturelle Vorbehalte gegen die Vereinigten Staaten gehegt, so formulierte er jetzt Sympathie und Bewunderung für eine Nation, die er in der Tradition der »großen französischen Revolution«[17] sah und auf deren politische Weisheit und militärische Kraft er vertraute: »Freiheit, die, um sich zu behaupten, Macht besitzen muß, hat bislang noch jeder totalitären Macht, in der die Freiheit erstickt wird, widerstanden. Das ist die amerikanische Grunderfahrung nach zwei unter vielen Opfern ausgefochtenen Weltkriegen.« Mit Nachdruck und mitunter auch mit Pathos wurde die Leserschaft eingeschworen auf Kurs nach Westen: »Wo stehen wir?«, fragte Reifenberg im Oktober 1961 und wusste die Antwort klar zu geben: »Vor der Mauer, auf ihrer amerikanischen Seite. Niemand kann diese politische Ortsbestimmung bezweifeln.«[18]

Die Debatten über mögliche Alternativen zu Adenauers Politik der Westbindung, die in den frühen 50er Jahren in der bundesdeutschen Öffentlichkeit und auch in der »Gegenwart« geführt worden waren, schienen rückblickend für Reifenberg ihre Berechtigung verloren zu haben: »Es ist unmöglich zu beweisen [...], wir hätten uns aus der amerikanischen Sphäre heraushalten dürfen, ohne in den Sog der Sowjetunion zu geraten.«[19] Das Ziel der Vereinigung der beiden deutschen Staaten werde durch das Bekenntnis der Bundesrepublik zum Westen, zur NATO und zur Freundschaft mit den Vereinigten Staaten in keiner Weise verraten, denn »[e]s gibt für Moskau keine Wiedervereinigung Deutschlands, es sei denn eine sowjetische.« Reifenberg sah die »sogenannte DDR«[20] in einem als Freundschaft getarnten Abhängigkeitsverhältnis von der UdSSR, die wiederum allein den »grotesken Zustand«[21] der deutschen Teilung verschulde, und gab zu bedenken, dass es sinnvoll sein könne, künftig nicht mehr »von ›Wiedervereinigung‹ zu sprechen, sondern von ›Deutschlands Freiheit‹«:

16 Benno Reifenberg: Zum Überdenken nach Schottland, in: FAZ, 5.9.1959.
17 Benno Reifenberg: Nach Westen, o nach Westen, in: FAZ, 1.8.1964. Dort auch das folgende Zitat.
18 Benno Reifenberg: Wo stehen wir?, in: FAZ, 14.10.1961.
19 Benno Reifenberg: Gedrückte Heimkehr, in: FAZ, 20.3.1959. Dort auch das folgende Zitat.
20 Die zeitgenössisch übliche Formulierung »sogenannte DDR« taucht immer wieder auf, beispielsweise in: Benno Reifenberg: Die Sprache von Tula, in: FAZ, 19.2.1959.
21 Benno Reifenberg: Zutrauen, in: FAZ, 24.12.1959. Dort auch die folgenden Zitate.

»Die Teilung steht jedermann vor Augen. Braucht doch nur einer im Zug eine Streckenkarte der Bundesbahn zu betrachten, wird er nachdenklich und grübelnd: Er fährt in einem Nordsüdbereich hin und her, sein Land, einst breit von Ost nach West sich dehnend, scheint verschwunden und atmet, in dieser Richtung eingeschnürt, durch die Enge von rund zweihundert Kilometern. [...] Dann aber überfällt lähmender Gedanke, daß die Landsleute dort, ein Drittel der Deutschen, [...] die Freiheit verloren haben. Wer mit diesem Gedanken ernst macht, dem wird es heiß und kalt. [...] Sollen wir uns fürchten? Der Westen, vielgliedrig, klug und frei, vermochte kraft seiner Überzeugung jeden Lagewechsel zu bestehen. In der Verteidigung hat er noch immer vor den totalitären Mächten die Oberhand gewonnen. Seine Krisen waren nicht tödlich. Seine Idee ist unwiderstehlich. [...] Es wäre [...] kleinmütig, ihr nicht zu trauen.«

Ebenso ablehnend wie auf alle Konzepte eines originär »deutschen« Weges zwischen Ost und West reagierte Reifenberg auf die Aktionen der Friedens- und Antiatombewegung[22], die einen prominenten Fürsprecher in dem evangelischen Geistlichen Martin Niemöller[23] gefunden hatte. In einem Artikel vom 30. Januar 1959 rechnete er mit Niemöller ab: Unter

22 Vgl. dazu u.a. Hans Karl Rupp: Außerparlamentarische Opposition in der Ära Adenauer. Der Kampf gegen die Atombewaffnung in den fünfziger Jahren. Eine Studie zur innenpolitischen Entwicklung der Bundesrepublik Deutschland, Köln 1970; Karl A. Otto: Vom Ostermarsch zur APO. 1960 bis 1970, Frankfurt a.M./New York 1970.
23 Martin Niemöller (1892-1984), Gemeindepfarrer in Berlin-Dahlem, hatte als radikaler Gegner der Weimarer Demokratie die Machtübernahme Hitlers zunächst begrüßt. Sein Widerstand gegen das Regime entsprang weniger politischen als vielmehr theologischen und innerkirchlichen Erwägungen; Kirchenkampf war für ihn kein Kampf gegen die Regierung und das System, sondern ein Versuch, dem Wesen der Kirche zuwiderlaufende Übergriffe von Staat und Partei auf die Gemeinden abzuwehren oder das Evangelium im Sinne der »Deutschen Christen« politisch umzudeuten. Niemöller war Mitbegründer und Vorsitzender des 1933 entstandenen Pfarrernotbundes und eines der aktivsten Mitglieder der Bekennenden Kirche. Von 1938 bis 1945 war er als »persönlicher Gefangener« Hitlers in den Konzentrationslagern Sachsenhausen und Dachau interniert. Nach dem Krieg war er von 1945 bis 1955 Mitglied des Rates der Evangelischen Kirchen in Deutschland (EKD) und zwischen 1947 und 1964 Präsident der Evangelischen Landeskirche in Hessen und Nassau. Jahrzehntelang gehörte Niemöller zu den prominentesten Gestalten der bundesdeutschen Friedensbewegung. Vgl. Matthias Schreiber: Martin Niemöller, Reinbek bei Hamburg 1997. Vgl. auch Johanna Vogel: Kirche und Wiederbewaffnung. Die Haltung der Evangelischen

dem Titel »Die Scheinwerfer weg«[24] forderte er die deutsche Öffentlichkeit auf, den Diskurs mit dem »militante[n] Kirchenpräsident[en]« zu beenden und ihn künftig mit stillschweigender Missachtung zu strafen. Niemöller, der als zentrale Gestalt des Kirchenkampfes im »Dritten Reich«, als Symbolfigur der Bekennenden Kirche und eines christlich motivierten Antifaschismus internationales Renommee besaß, hatte fünf Tage zuvor in einer Aufsehen erregenden Rede in Kassel seine Ablehnung der westdeutschen Wiederbewaffnung mit schärfsten Angriffen gegen die Bundeswehr verbunden, den Wehrdienst als »die Hohe Schule für Berufsverbrecher« bezeichnet und einen Appell an die Eltern junger Männer formuliert, sich bewusst zu sein, »was sie tun, wenn sie ihren Sohn Soldat werden lassen. Sie lassen ihn zum Verbrecher ausbilden.«[25] Bundesverteidigungsminister Franz Josef Strauß und mit ihm viele Wehrpflichtige stellten Strafantrag wegen Beleidigung der Bundeswehr, das Verfahren wurde jedoch eingestellt, da Niemöller, so die Staatsanwaltschaft, als Seelsorger und Präsident der Deutschen Friedensgesellschaft das Recht habe, seiner Sorge Ausdruck zu verleihen. In der Öffentlichkeit schlug der Vorfall hohe Wogen; Bundespräsident Theodor Heuss, gewöhnlich kein Freund scharfer Worte, sprach vor Offizieren von »demagogischen Anwürfen«, denen nur mit »gelassener Souveränität« begegnet werden könne.[26] In der FAZ kommentierte Reifenberg:

> »Wir haben nach schweren inneren Kämpfen uns zu einer Bundeswehr entschlossen; alle Parteien sind sich darin einig. Es darf nicht einem einzelnen der Selbstbeherrschung unfähigen Mann überlassen bleiben, diese grundsätzliche Debatte aufzurühren und die Kirche, unser wichtigstes Bindeglied zu unseren Landsleuten drüben, in die politische Debatte zu reißen. Niemöller ist zu taub geworden, um das einzusehen [...]. Leider überdenkt er nicht, daß Leute, die geschworene Atheisten sind, die Kommunisten, ihm zujubeln. Der Kirchenpräsident möge nachlesen, wie flink ihm das ›Neue Deutschland‹ zur Seite springt.«[27]

Kirche in Deutschland und in den Auseinandersetzungen um die Wiederbewaffnung der Bundesrepublik 1949-1956, Göttingen 1978.
24 Benno Reifenberg: Die Scheinwerfer weg, in: FAZ, 30.1.1959. Dort auch das folgende Zitat.
25 Martin Niemöller: zitiert nach Schreiber, Martin Niemöller, S. 130.
26 Theodor Heuss: Soldatentum in unserer Zeit, Tübingen 1959, S. 16.
27 Benno Reifenberg: Die Scheinwerfer weg, in: FAZ, 30.1.1959. – Die Tageszeitung »Neues Deutschland« war 1946 in der sowjetischen Besatzungszone gegründet worden und galt als DDR-Zentralorgan und Propagandawerkzeug der SED. Nach der Vereinigung der beiden deutschen Staaten 1989/90 sank die Auflage

Benno Reifenberg hat sich auch in seinen späten Jahren nicht zum politischen Theoretiker entwickelt; er war und blieb der kunstbeflissene Individualist, der, wie Wilhelm Hausenstein urteilte, »das Politische einigermaßen so [betrachtet], wie er eine Landschaft betrachtet.«[28] Gleichwohl atmen seine politischen Analysen in der FAZ unverkennbar den Geist der Totalitarismustheorie, die anstelle des singulären Charakters der nationalsozialistischen Gewaltherrschaft die strukturellen Gemeinsamkeiten zwischen Faschismus und Stalinismus, NS-Regime und Sowjetsystem herausarbeitete und die Parallelen zwischen Braun und Rot betonte; durch Dolf Steinberger hatte Reifenberg mit Hannah Arendt eine der am häufigsten rezipierten Vertreterinnen dieses Modells persönlich kennen und schätzen gelernt[29] – »diese mutige Frau, die [...] von beiden Seiten her angegriffen wird«, wie er bemerkte.[30] Besonders abstoßend erschien Reifenberg der Anspruch totalitärer Systeme, den Menschen von der Wiege bis zur Bahre zu erfassen, ihn in vorgefertigte Strukturen zu pressen und gemäß einer bestimmten Ideologie zu formen, die stets auf die möglichst vollständige Vernichtung der Individualität und die Einschmelzung der Person in ein Kollektiv abziele. In diesem Sinne verglich er das Reich Adolf Hitlers, in dem man den Dreijährigen die Hakenkreuzfahne in die Hand gedrückt habe, mit der Sowjetunion, die erleben dürfe, was dem Nationalsozialismus nicht beschieden gewesen war – dauerhaften Bestand: »Ihre totalitäre Herrschaft hat längst das Stadium des Experimentes verlassen.«[31]

von etwa einer Million auf knapp 42.000 Exemplare (2008). Das »Neue Deutschland« steht heute politisch der »Linkspartei« nahe.
28 Wilhelm Hausenstein: Impressionen und Analysen. Letzte Aufzeichnungen, Eintragung vom 25.10.1955, München 1969, S. 82.
29 Die promovierte Philosophin Hannah Arendt (1906-1975) hatte sich mit ihrem 1951 in englischer Sprache veröffentlichten Hauptwerk *Origins of Totalitarianism*, das 1955 in deutscher Ausgabe unter dem Titel »Elemente und Ursprünge totaler Herrschaft« erschien, als politische Theoretikerin profiliert. Reifenberg vermerkte in seinem Tagebuch im Sommer 1952 ein gemeinsames Essen mit ihr und Sternberger. Vgl. Tagebuch, 25.7.1952, NL BR, DLA, 79.12345 sowie Tagebuch/Abschriften, NL BR, DLA, 79.12379. – Vgl. Hannah Arendt: Elemente und Ursprünge totaler Herrschaft. Antisemitismus, Imperialismus, totale Herrschaft, deutschsprachige Ausgabe, 5. Auflage, München 1986. Unter den zahlreichen Veröffentlichungen zu Arendt ist ausschlaggebend die umfangreiche Biographie von Elisabeth Young-Bruehl: Hannah Arendt. Leben, Werk und Zeit, Frankfurt a.M. 1986.
30 Benno Reifenberg an Margret Boveri, 6.6.1963, NL BR, DLA, 79.3752.
31 Benno Reifenberg: Sehnsucht nach Bildern, in: FAZ, 15.5.1963.

Als Herausgeber der FAZ, vermutlich Mitte der 60er Jahre

Nach dem Bau der Berliner Mauer hat sich Reifenbergs antisowjetische Haltung noch einmal verschärft und zugleich in verstärktem Maße auf die Machthaber in der DDR übertragen. Im März 1962 überfielen ihn angesichts »der Aufenthaltsgenehmigungen, der Kontrollpunkte für die Ausländer, für die West-Berliner, für die Bundesbürger«[32], die »auf Ulbrichts Schreibtischen« zum Schutz der Republik erdacht worden seien, »[t]rübe Erinnerungen [...] an eine Zeit [...], als wir erleben mußten, wie ein raffiniertes System Menschen in die Enge drängte; da waren sie, die Juden, ›nicht zugelassen‹, die Verkehrsmittel ihnen verweigert, die

---

32 Benno Reifenberg: Gulliver ist nicht eingeschlafen, in: FAZ, 29.3.1962. Dort auch die folgenden Zitate.

Bank im Park, der deutsche Arzt, der deutsche Wald.« In der bürokratischen Unmenschlichkeit der politischen Praxis seien »die Totalitären« einander nahe und ähnlich.

Reifenbergs Trostlosigkeit angesichts der deutschen Teilung war aufrichtig und schlug sich nicht nur in seinen Veröffentlichungen, sondern auch in persönlichen Aufzeichnungen, in Briefen an Kollegen und Freunden sowie in Tagebuchnotizen nieder; so hatte er Picard im Frühjahr 1959 gestanden, er habe, allein im Wohnzimmer vor dem Fernsehgerät, beim Klang der Nationalhymne zum Sendeschluss weinen müssen, weil ihm bewusst geworden sei, »wie wenig im Augenblick das Verlangen nach Wiedervereinigung elementar ist«.[33] Als er Anfang Juni 1961, wenige Wochen vor dem Mauerbau, zum letzten Mal nach Ost-Berlin reiste, teilte er seine Melancholie mit den Lesern der FAZ:

> »Da saß ich nun. Auf einer Bank unter den Kastanien zwischen der Schinkelschen Wache und dem Zeughaus. [...] Ich holte meinen Pass hervor, bislang hatte ich den Passierschein noch nicht betrachtet:
> ›Tages-Aufenthaltsgenehmigung
> für Bürger der Deutschen Bundesrepublik
> zum Betreten
> der Hauptstadt der Deutschen Demokratischen Republik, Berlin
> (Demokratisches Berlin)
> gültig nur in Verbindung mit Personaldokument Nr. ...
> Präsidium der Volkspolizei
> Unterschrift‹
> Dieses in Klammer gesetzte ›Demokratische Berlin‹ zu betreten, hatte ich, immerhin Bürger angeredet, mir eine Genehmigung erteilen zu lassen? [...] Mir wurde heiß. [...] Die Sache mit dem Schein ging mir [...] an die Nieren«.[34]

Knapp drei Jahre später schilderte Reifenberg unter dem Titel »Die Mauer, ein Stück lang«[35] seine Eindrücke von der westlichen Seite der mittlerweile auf brutale Weise manifestierten Grenze: Drahtverhaue, Glasscherben und Gestrüpp, ein rotweiß gestreifter Schlagbaum und zwei gelb gestrichene Baracken, Stacheldraht und »Niemandsland«. Am Übergang Friedrichstraße erklomm er ein niedriges Holzgerüst und sah sich Auge

---

33 Benno Reifenberg an Max Picard, 3.4.1959, NL BR, DLA 79.12440.
34 Benno Reifenberg: In den alten Straßen, in: FAZ, 6.6.1961.
35 Benno Reifenberg: Die Mauer, ein Stück lang, in: FAZ, 28.3.1964. Dort auch die folgenden Zitate.

in Auge mit einem Grenzsoldaten, der ihn durch sein Fernglas beobachtete: »Er sah mich Notizen in mein Skizzenbuch machen. [...]. Mit dieser Kopfbedeckung und dem erbsengrünen Mantel wirkte der Wächter russisch, aber das täuschte, auch diese Leute sind unsere Landsleute.«

Zwar blieb Reifenberg auch in der Bundesrepublik parteipolitisch ungebunden, aus seinem publizistischen Werk spricht jedoch – bei gleichzeitiger Sympathie für die regierenden Christdemokraten[36] – deutliche Nähe zur FDP[37], die er als deutsche Verwalterin der großen westlichen Werte »Vernunft, Freiheit, Humanität, Toleranz«[38] betrachtete. Im April 1959 nahm er in Bad Kreuznach an einer Arbeitstagung der Friedrich-Naumann-Stiftung zum Thema »Die geistige und politische Freiheit in der Massendemokratie« teil und bekannte sich wenige Tage später in der FAZ zu den Grundgedanken des Liberalismus, wobei er den Bogen von den geistigen Ursprüngen im 19. Jahrhundert bis in die Gegenwart spannte:

»Die Gedanken, die unter dem Begriff des Liberalen verwirklicht worden sind, bestimmen ein gutes Stück westlichen Gemeinschaftslebens. Doch das Wort hat schon lange an Glanz verloren. [...] Liberal scheint abgenutzt, obschon es so vielen und so hohen Nutzen gebracht hat und weiter bringt. Es hat einmal bedeutet, daß an Stelle der Unterdrückung der Vertrag gesetzt wurde, daß aus Untertanen Bürger werden konnten. Dieser Begriff war einmal Sammellinse für die besten Hoffnungen der Menschheit. [...] Im Grunde wird die Weltpresse nach der liberalen Methode geschrieben; kein bedeutendes Blatt kann sich anders verhalten, und das totalitäre Regime kennzeichnet sich – und führt sich selbst ad absurdum –, indem es Pressefreiheit nicht dulden darf. Die Form der sozialen Marktwirtschaft mit ihren staunenswerten Möglichkeiten entspringt den Anfängen des liberalen Denkens; heute

---

36 Zur Geschichte der CDU vgl. v.a. das jüngst erschienene Wert von Udo Zolleis: Die CDU. Das politische Leitbild im Wandel der Zeit, Wiesbaden 2008 sowie die dort abgedruckte umfangreiche Bibliographie, S. 277-313.

37 Zur Geschichte der FDP in der Bundesrepublik vgl. Lothar Albertin (Hrsg.): Politischer Liberalismus in der Bundesrepublik, Göttingen 1980; Heino Kaack: Die FDP. Grundriß und Materialien zur Geschichte, Struktur und Programmatik, 3. Auflage, Meisenheim 1979; Sebastian J. Glatzeder: Die Deutschlandpolitik der FDP in der Ära Adenauer, Baden-Baden 1980; Dietrich Wagner: FDP und Wiederbewaffnung, Boppard 1978.

38 Benno Reifenberg: Regungen im deutschen Liberalismus. Der Beginn der Friedrich-Naumann-Stiftung, in: FAZ, 14.4.1959. Dort auch die folgenden Zitate.

hat sie die westliche Hälfte der Erde durchdrungen, der gegenüber die östliche herausgefordert ist, die Dauerhaftigkeit ihres zentralen Plansystems zu behaupten. Auch die Einrichtung des Parlamentarischen setzt Grundthesen des Liberalismus voraus: das Schöpferische der freien Aussprache.«

In Deutschland, so fuhr Reifenberg fort, trage die parlamentarische Demokratie eine schwere Hypothek, da sie zweimal als Frucht einer militärischen Niederlage empfangen worden sei – ein Umstand, der dem Liberalismus »keine besondere Strahlkraft verliehen hat«. Dennoch sah er die Westdeutschen ein Jahrzehnt nach der Staatsgründung auf dem besten Wege, die Grundsätze des Parlamentarismus westlicher Prägung nicht nur zu akzeptieren, sondern auch zu internalisieren: »Wenn es gut geht, lernen wir dabei, den Wert des Liberalismus zu prüfen, seine Anwendbarkeit, ja seine Unvermeidlichkeit einzusehen. Daß der dem Liberalismus im engeren Sinne verpflichteten Partei eine solche Prüfung obliegt, scheint ihr bewußt zu sein.« Im Vorfeld der Bundestagswahl vom 17. September 1961, bei der die SPD den charismatischen Berliner Regierenden Bürgermeister Willy Brandt gegen Konrad Adenauer ins Rennen schickte, spielte Reifenberg kurz mit dem Gedanken, seine Stimme den seit 1957 mit absoluter Mehrheit regierenden Christdemokraten zu geben, wählte dann aber »nach langem Zögern doch wie immer die F.D.P. im Gedanken, dass die Regierungspartei nicht allein die Mehrheit bilden soll.«[39] Seine Wunschkonstellation war zu diesem Zeitpunkt eine Koalitionsregierung aus CDU und FDP unter der Führung Adenauers. Als der Fraktionsvorstand der Union im April 1963 Ludwig Erhard als Kandidaten für die Nachfolge im Kanzleramt nominierte, zog Reifenberg in der FAZ unter der Überschrift »Gewissenhafte Politik«[40] ein Resümee der Ära Adenauer, das sich wie das Abschlusszeugnis eines Klassenprimus liest: Außenpolitisch sei mit der Westbindung die einzig richtige Entscheidung getroffen worden, die Innenpolitik habe für eine »gesunde« Entwicklung gesorgt, die Wirtschaftspolitik könne nur als »exemplarisch« bezeichnet werden. Allein in Fragen der Bildung und Forschung sah der Kommentator Handlungsbedarf für die Zukunft.

Persönliche Verbindungen zur Union besaß Reifenberg namentlich durch Heinrich von Brentano, der zu den Gründungsmitgliedern und führenden Köpfen der hessischen CDU zählte und sich mit dem Ausspruch, die späte Lyrik Brechts sei nur mit der Horst Wessels zu verglei-

---

39 Tagebuch, 9.9.1961, NL BR, DLA, 79.12354.
40 Benno Reifenberg: Gewissenhafte Politik, in: FAZ, 27.4.1963.

chen[41], einen Platz in der Zitatensammlung der bundesdeutschen Nachkriegsgeschichte gesichert hat. Brentano, Jahrgang 1904, jüngstes von sechs Kindern des streng katholischen hessischen Zentrumspolitikers Otto Rudolf von Brentano, war promovierter Jurist und hatte sich 1932 als Anwalt in Darmstadt niedergelassen; er galt als »ein schwieriger und komplizierter Mann, persönlich von großer Liebenswürdigkeit, doch zugleich scheu, introvertiert und kontaktarm«[42], geplagt von starken Stimmungsschwankungen und nervöser Sensibilität. Seine Herkunft aus einer alten, traditionsbewussten Familie, die Jahrhunderte lang bedeutende Kaufleute, Künstler, Gelehrte, Offiziere und Politiker hervorgebracht hatte, hatte ihn mit »Stil- und Formgefühl«, »Noblesse und Weltläufigkeit« ausgestattet. In den Jahren der NS-Herrschaft war er politisch nicht in Erscheinung getreten, hatte sich wohl schon allein aufgrund seiner religiösen Überzeugung nicht mit dem Regime gemein gemacht, jedoch auch nicht den Weg in den Widerstand oder ins Exil gefunden; sein Biograph Frank-Lothar Kroll vergleicht seine Haltung mit »derjenigen Konrad Adenauers, der sich zwölf Jahre lang aus der Politik herausgehalten hatte, weil er mit den Nationalsozialisten nicht kooperieren wollte.«[43] Wie so viele andere persönliche Beziehungen, die Reifenberg noch in den 60er Jahren nützlich waren, ging auch der Kontakt zu Brentano auf jenes Netzwerk zurück, das in der Weimarer Zeit im alten Zeitungshaus in der Eschenheimer Gasse in Frankfurt geknüpft worden war – Heinrichs drei Jahre älterer Bruder Bernard hatte seine Karriere Mitte der 20er Jahre im Feuilleton der FZ begonnen. Als Vertreter der äußersten Linken hatte er das Blatt 1930 verlassen müssen und war nach der Machtübernahme der Nationalsozialisten in die Schweiz gegangen, wo »er dann allerdings rasch und vollständig von der revolutionären proletarischen Idee und vom Marxismus abgerückt« war und es schon bald abgelehnt hatte, sich weiter öffentlich vom NS-Regime zu distanzieren: »Entschlossen bekannte er sich nun zu seiner alten Heimat, reiste Ende 1940 zu seinem Bruder Heinrich nach Darmstadt und pflegte auch sonst eine erklärtermaßen deutsch-patriotische Gesinnung.«[44]

41 Vgl. Sontheimer: Die Adenauer-Ära, S. 141.
42 Frank-Lothar Kroll: Heinrich von Brentano. Ein biographisches Porträt, in: Heinrich von Brentano. Ein Wegbereiter der europäischen Integration, hrsg. vom hessischen Ministerpräsidenten Roland Koch, Redaktion: Frank-Lothar Kroll, München 2004, S. 25-65, hier S. 26. Dort auch die folgenden Zitate.
43 Kroll: Heinrich von Brentano, S. 27.
44 Ebd., S. 28.

DIE »FRANKFURTER ALLGEMEINE ZEITUNG« (1959-1970)

Bernard von Brentano war zunächst von Joseph Roth, später von Bert Brecht protegiert worden, hatte sich jedoch weder mit dem einen noch mit dem anderen dauerhaft zu arrangieren verstanden; er galt als außerordentlicher Exzentriker, dessen »aufbrausendes und reizbares Temperament […] ihn immer wieder in Schwierigkeiten [brachte].«[45] Mit Thomas Mann, der im schweizerischen Küsnacht in seiner unmittelbaren Nachbarschaft lebte, hatte sich Brentano beinahe entzweit, weil er dem berühmteren Kollegen die Annahme der tschechischen Staatsbürgerschaft als unpatriotischen Akt verübelte. Nachdem die geplante Rückkehr nach Deutschland nach Kriegsende aus gesundheitlichen Gründen immer wieder hatte verschoben werden müssen, ließ sich Brentano mit seiner Familie 1949 schließlich in Wiesbaden nieder. Obwohl er in seiner hessischen Heimat persönlich wieder Fuß zu fassen verstand und Mitglied der Deutschen Akademie für Sprache und Dichtung in Darmstadt wurde, konnte er nicht mehr an den Erfolg früherer Jahre anknüpfen: »Um jede Veröffentlichung mußte gerungen werden.«[46] Reifenberg traf ihn im Sommer 1959 und empfand ihn als »geistig [geschrumpft], ichbesessen und missgünstig«[47]. Bernard von Brentano starb 1964 – wenige Wochen nach seinem Bruder Heinrich, der in der Bundesrepublik eine ungleich glanzvollere Karriere gemacht hatte: 1945 bis 1949 Vorstandsmitglied des Landesverbandes Hessen in der CDU, 1946 Mitglied der Verfassunggebenden Versammlung in Hessen, 1946 bis 1948 Abgeordneter im Hessischen Landtag, 1948/49 Mitglied im Parlamentarischen Rat, seit 1949 Mitglied des Deutschen Bundestages, bis 1955 und erneut von 1961 bis 1964 Vorsitzender der Unionsfraktion, 1955 bis 1961 Außenminister unter Adenauer. Reifenberg hatte den überzeugten Streiter für die Westbindung bei Kriegsende durch Max von Brück, den einstigen FZ-Feuilletonchef, kennengelernt.[48] Fast zwanzig Jahre später erinnerte er sich, dass Brentano ihm sogleich von der geplanten Gründung einer neuen Partei erzählt habe: »[U]nd ich weiß, Sie beeindruckten mich; besonders durch die Vorstellung, dass auf solche Art Aussicht bestünde, in der

---

45 Ulrike Hessler: Bernard von Brentano – Ein deutscher Schriftsteller ohne Deutschland. Tendenzen des Romans zwischen Weimarer Republik und Exil (Europäische Hochschulschriften, Reihe I: Deutsche Sprache und Literatur, Band 778) Frankfurt am Main u.a. 1984, S. 46.
46 Ebd., S. 74.
47 Tagebuch, 7.8.1959, NL BR, DLA, 79.12352 sowie Tagebuch/Abschriften, NL, DLA, 79.12386.
48 Vgl. Benno Reifenberg an Heinrich von Brentano, 23.6.1964, NL BR, DLA, 79.3760. Dort auch das folgende Zitat.

deutschen Politik die unglückliche Spannung der Konfessionen herabzumindern.«

Reifenbergs Briefe an die Brentano-Brüder aus den späten 50er und frühen 60er Jahren zeugen durchgehend von seiner politischen Wertschätzung für die Union und ihre führenden Köpfe; nach dem Rücktritt des Außenministers im Zuge der Koalitionsverhandlungen zwischen CDU und FDP am 30. Oktober 1961 vermerkte er: »Die Kritik, die von der Opposition an der Aussenpolitik [sic!] der Bundesrepublik geübt worden ist, war von Anfang an ja zur Wirkungslosigkeit verdammt. Sie hat der SPD auch nie Früchte eingetragen, im Gegenteil.«[49] Reifenberg hielt die Sozialdemokratie, wie er in einem Schreiben an Michael Freund im Frühjahr 1959 formulierte, für »sträflich unbegabt« und fügte hinzu, er »geniere« sich geradezu, den SPD-Vorsitzenden Erich Ollenhauer »in seiner Verlegenheit ansehen zu müssen.«[50] Über Adenauer hieß es dagegen nach einem persönlichen Treffen am 3. August 1962 in Bonn bewundernd, dass man ihm sein Alter – Adenauer war ein Greis von 85 Jahren – kaum ansehe, da er über eine »eigentümliche Spannung« verfüge. Mit Stolz fügte Reifenberg hinzu, der Kanzler habe ihm erklärt, »[e]r lese jeden Tag als einzige deutsche Zeitung die F.A.Z.«[51].

Als Mitherausgeber der FAZ war Reifenberg im Establishment der Bonner Republik angekommen. Er ging in der Villa Hammerschmidt ein und aus, war Gast beim Empfang für Indira Gandhi im Dezember 1960, schüttelte John F. Kennedy während dessen Deutschland-Visite im Juni 1963 die Hand und ließ seine Augen bei einem offiziellen Essen in Bad Godesberg im Mai 1967 mit Wohlwollen auf dem persischen Kaiserpaar ruhen: »Eindruck von gebildeten Menschen, mit denen man sich leicht unterhalten könnte.«[52] Am 28. August 1964 stand er selber im Mittel-

---

49 Benno Reifenberg an Bernard von Brentano, 30.10.1961, NL BR, DLA, 79.3759.
50 Benno Reifenberg an Michael Freund, 24.3.1959, NL BR, DLA, 79.3937.
51 Tagebuch, 3.8.1962, NL BR, DLA, 79.12355.
52 Tagebuch, 28.5.1967, NL BR, DLA, 79.12360. – Der Besuch des Schahs von Persien in der Bundesrepublik war Auslöser für Studentenproteste in zahlreichen deutschen Städten. In West-Berlin eskalierte die Situation und forderte am 2. Juni 1967 ein Todesopfer: Die Erschießung des jungen Studenten Benno Ohnesorg durch den 2009 als ehemaligen inoffiziellen Mitarbeiter des Ministeriums für Staatssicherheit (MfS) der DDR enttarnten Polizisten Karl-Heinz Kurras gilt als Signal für die Radikalisierung der Studentenbewegung und Zäsur in der politischen Auseinandersetzung in der Bundesrepublik der 60er Jahre. Reifenberg, der dem persischen Staat und seinem Oberhaupt offene Sympathie zollte, hat sich weder mit den Ereignissen vom 2. Juni noch mit der entstehen-

punkt einer großen Festlichkeit, als ihm in der Frankfurter Paulskirche der Goethepreis der Stadt Frankfurt verliehen wurde. Die FAZ berichtete: »Der Goethepreis ist die höchste Ehrung, die die Stadt Frankfurt vergibt. Da er nur alle drei Jahre verliehen wird und hoch dotiert ist, gilt er als einer der angesehensten Preise der Bundesrepublik. Stefan George hat ihn als erster, als letzter vor Benno Reifenberg hat ihn der Architekt Walter Gropius erhalten. In den Statuten des Preises heißt es, er werde einer ›in ihrem Schaffen bereits zur Geltung gelangten Persönlichkeit zuerkannt, deren schöpferisches Wirken einer dem Andenken Goethes gewidmeten Ehrung würdig ist.‹«[53]

Reifenberg selber schrieb einige Monate später an Margret Boveri, er könne sich »[ü]ber das Echo, das durch die Verleihung mir entgegenschlug, [...] nicht beklagen. [...] es war eine fast beängstigende Fülle von Zustimmungen in Briefen, Karten und Telegrammen, die auf den Tisch zuhause und in der Redaktion niederströmten.«[54]

Der Goethepreis fügte sich nahtlos in die lange Reihe der Ehrungen, die Reifenbergs Vita schmückten: Aufnahme als ordentliches Mitglied in die von Wilhelm Hausenstein[55] präsidierte Bayerische Akademie der Schönen Künste 1951, Großes Verdienstkreuz der Bundesrepublik Deutsch-

den »Außerparlamentarischen Opposition« oder der Protestwelle der Jahre 1968/69 ernsthaft auseinandergesetzt.
53 Benno Reifenberg: Ferne und Nähe Goethes. Rede zur Verleihung des Goethepreises der Stadt Frankfurt, in: FAZ, 2.9.1964. – Reifenbergs Vorgänger in der Liste der Geehrten waren mit dem Dichter Stefan George (1868-1933) und dem »Bauhaus«-Begründer Walter Gropius (1883-1969) zwei international bekannte Persönlichkeiten des deutschen kulturellen Lebens gewesen. Vgl. zu George u.a. Heinz Ludwig Arnold (Hrsg.): Stefan George (Text und Kritik, Band 168), München 2005; Thomas Karlauf: Stefan George – Die Entdeckung des Charisma. Biographie, 3. Auflage, München 2007 sowie Stefan Breuer: Ästhetischer Fundamentalismus. Stefan George und der deutsche Antimodernismus, Darmstadt 1995. Zu Gropius vgl. zuletzt Gilbert Lupfer/Paul Sigel: Walter Gropius, 1883-1869. Protagonist der neuen Form, Köln 2004.
54 Benno Reifenberg an Margret Boveri, 11.12.1964, NL BR, DLA, 3752.
55 Hausenstein hatte unter Adenauer Karriere als Diplomat gemacht: 1950 als Generalkonsul nach Paris entsandt, wurde er 1953 erster Botschafter der Bundesrepublik in Paris. Reifenberg hatte 1955 in der »Gegenwart« die Entscheidung gelobt, einen *homme de lettres* als deutschen Vertreter nach Frankreich zu schicken. Vgl. Benno Reifenberg: Wilhelm Hausenstein, in: Die Gegenwart, 21.5.1955. – Als der Freund 1957 verstarb, ehrte Reifenberg ihn als einen Vertreter des »Anderen Deutschland« während der NS-Zeit. Vgl. Benno Reifenberg: Wilhelm Hausenstein. In memoriam, in: Die Gegenwart, 15.6.1957.

land 1952, Verleihung der Goethe-Plakette durch den Magistrat der Stadt Frankfurt 1957, Ehrendoktorwürde der Frankfurter Universität 1964, Ehrenplakette der Stadt Frankfurt 1967. Er war Mitglied des PEN-Clubs und publizierte 1967 gemeinsam mit Wolfgang Weyrauch einen »Almanach des deutschen PEN-Zentrums der Bundesrepublik«[56], er engagierte sich führend in der Max Beckmann-Gesellschaft und gehörte dem Verwaltungsrat des Städelschen Kunstinstituts an, seine gesammelten Rundfunk-Vorträge erschienen 1962 unter dem Titel »In den Tag gesprochen« als Sammelband[57], er war Herausgeber von Festschriften für Max Picard[58], Ernst Beutler[59] und Dolf Sternberger[60]. Doch trotz aller Aktivitäten, trotz aller Erfolge und Auszeichnungen gab es eine Narbe, die von Zeit zu Zeit fühlbar wurde: Der endgültige Verlust der »Frankfurter Zeitung« war nie verschmerzt worden. »Träumte, dass ich in die alte F.Z. gehe«[61], lautete ein typischer Tagebuch-Vermerk vom 4. Oktober 1959. Obwohl Reifenberg sich bei der FAZ in den 60er Jahren integriert und auf positive Weise vom journalistischen Tagesgeschäft beansprucht fühlte[62], vermisste er, wie er Michael Freund gestand, »das spezifische Gewicht, was natürlich mich bei der ›Frankfurter Zeitung‹ einst so fasziniert hat.«[63] Unter dem Datum des 4. März 1962 findet sich in seinem Tagebuch eine aufschlussreiche Notiz: Beim Tee habe er mit Maryla darüber gesprochen, »wie erstaunlich lang der provisorische letzte Abschnitt meines Lebens (seit 1945) anhält, ohne etwas zu ordnen ...«[64] Wenn das Leben ohne die FZ für Reifenberg ein Provisorium war, so war es in der Tat ein langes, ein am Ende über fünfundzwanzig Jahre währendes Provisorium.

56 Benno Reifenberg/Wolfgang Weyrauch (Hrsg.): Federlese. Ein Almanach des deutschen PEN-Zentrums in der Bundesrepublik, München 1967.
57 Reifenberg: In den Tag gesprochen.
58 Hausenstein/Reifenberg (Hrsg.): Max Picard zum siebzigsten Geburtstag.
59 Benno Reifenberg/Emil Staiger (Hrsg.): Weltbewohner und Weimaraner: Ernst Beutler zugedacht, Zürich 1960.
60 Carl-Joachim Friedrich/Benno Reifenberg (Hrsg.): Sprache und Politik. Festgabe für Dolf Sternberger zum sechzigsten Geburtstag, Heidelberg 1968.
61 Tagebuch, 4.10.1959, NL BR, DLA, 79.12352 sowie Tagebuch/Abschriften, NL BR, DLA, 79.12386.
62 Vgl. Benno Reifenberg an Robert Lenneberg, 27.9.1963, NL BR, DLA, 79.4280.
63 Benno Reifenberg an Michael Freund, 6.1.1961, NL BR, DLA, 79.3937.
64 Tagebuch, 4.3.1962, NL BR, DLA, 79.12355.

DIE »FRANKFURTER ALLGEMEINE ZEITUNG« (1959-1970)

Die späten Jahre

Im März 1964 begaben sich Benno und Maryla Reifenberg auf eine mehrwöchige Reise in die Vereinigten Staaten, um ihrem Sohn und dessen Familie einen Besuch abzustatten. An Bord des Dampfers, den sie in Rotterdam bestiegen hatten, überließen sie sich bei der Ankunft im New Yorker Hafen spontanen Regungen von Ehrfurcht und Ergriffenheit: »Nur ein Snob kann über die Freiheitsstatue spotten.«[65] Unter dem schwärmerischen Titel »Nach Westen, o nach Westen« erstattete Reifenberg den Lesern der FAZ am 1. August 1964 Reisebericht:

> »Nichts läßt sich schwerer bestimmen als der erste Eindruck, den man von einer Landschaft wie der zwischen New York und Washington empfängt. Zunächst durchsiedelt von Industrie, zeigt sich der Erdboden undeutlich, als fehle der Humus, als sei die Kruste verbraucht. […] Weder Wälder, Weiden noch Äcker geben Charakter, das Land ist von Siedlern, Farmern verlassen, es hat ausgedient. Abseits der glänzend gehaltenen und kühn gezogenen Autobahnen dehnt es sich, von niemandem beachtet, ins Weite. Nur zuweilen tritt Fels von Jahrmillionen abgeschliffen zutage, wie man ihn zuerst in Manhattans Centralpark wahrgenommen hat. […] Solche Formationen tragen geduldig die künstliche Gebirgswelt der Wolkenkratzer, wie Spielzeug.«

Mit ähnlicher Begeisterung hatte Reifenberg bereits im Jahre 1958 nach seiner ersten USA-Reise in der »Gegenwart« berichtet: In einer Serie mit dem Titel »Aus dem amerikanischen Alphabet«[66] zeichnete er das Bild einer ebenso gastfreundlichen wie tatkräftigen Nation, deren Angehörige sich – ein geläufiges Stereotyp – die Unbefangenheit und Unschuld von Kindern bewahrt hätten. In Anspielung auf die außenpolitischen Debatten in Deutschland und Westeuropa hatte er mit spitzem Unterton hinzugefügt, die amerikanische Politik rechne nicht auf Dankbarkeit: »Sie ist vielmehr betroffen, ja auch bestürzt, wenn es sich erweist, daß andere Nationen an den unbedingt notwendigen evidenten Lebensaufgaben der Epoche nicht mittun wollen.«[67]

---

65 Benno Reifenberg: Nach Westen, o nach Westen, in: FAZ, 1.8.1964. Dort auch das folgende Zitat.
66 Benno Reifenberg: Aus dem amerikanischen Alphabet, in: Die Gegenwart, 8.2.1958, 22.2.1958, 8.3.1958 und 22.3.1958.
67 Benno Reifenberg: You' re welcome. Aus dem amerikanischen Alphabet, in: Die Gegenwart, 8.2.1958.

Nicht nur politisch, sondern auch persönlich war der FAZ-Herausgeber den Vereinigten Staaten eng verbunden; seine Tagebücher und Briefe verraten den Stolz, mit dem er die Entwicklung seines Sohnes zu einem der namhaftesten deutschen USA-Experten verfolgte: »Jan [...] macht seine Sache als unser Washingtoner Korrespondent sehr gut – das habe ich selbst durch Kennedys Mund erfahren dürfen.«[68] Jan Reifenberg, der bereits den Lesern der »Gegenwart« Mentalität und Alltagsleben der maßgeblichen westlichen Siegermacht anhand von Washingtoner Skizzen nahegebracht hatte[69], berichtete insgesamt 22 Jahre lang für die FAZ aus der »Hauptstadt des Westens«[70], zunächst von 1955 bis 1965, dann, nach siebenjähriger Korrespondententätigkeit in Paris, noch einmal von 1972 bis 1984. Viel beachtet wurde sein 1963 publiziertes Buch »Notiert in Washington«, das eine umfassende Darstellung seiner frühen US-Erfahrungen liefert. Im Laufe seiner langen Karriere begleitete Jan Reifenberg die US-Präsidenten Eisenhower, Kennedy und Johnson auf Reisen, traf Charles de Gaulle, Nikita Chruschtschow und Michail Gorbatschow, erlebte sieben amerikanische Präsidentschaftswahlkämpfe und hielt Vorträge »zum Thema amerikanisch-europäische Beziehungen an Universitäten und Foreign Relations Councils von Maine bis Florida, von Kalifornien bis Alaska, im Mittleren Westen, dem gesamten Süden und dem Südwesten.«[71] Die letzte Station seiner Laufbahn war Brüssel, wo er von 1984 bis 1990 als »Diplomatischer Korrespondent der F.A.Z.« unter anderem für die Bereiche NATO und KSZE tätig war. Nach dem Eintritt in den Ruhestand blieb er der FAZ als freier Mitarbeiter erhalten. Seine älteste Tochter Sabine Reifenberg führte die journalistische Tradition der Familie in der dritten Generation fort und bekleidet nach Korrespondentenjahren in Washington und London seit 2006 die Position der Auslandschefin ihres Heimatsenders NDR in Hamburg.

Mit der sechsjährigen Sabine und ihren beiden kleinen Schwestern Nicola und Franziska kehrten Jan und Renate Reifenberg im Frühjahr 1965 nach Europa zurück: eine Entscheidung, die Jans Eltern sehr glücklich machte. Während Maryla sich vor allem danach sehnte, das Aufwachsen der Enkelkinder intensiver als bisher begleiten zu können[72], suchte Benno

68 Benno Reifenberg an Robert Lenneberg, 27.9. 1963, NL BR, DLA, 79.4280.
69 Vgl. Jan Delden: Washington, Szenen und Menschen, in: Die Gegenwart, Nr. 203, 13.3.1954, S. 174-176.
70 Jan Reifenberg: Notiert in Washington, 1955-1963. Von Eisenhower zu Kennedy, Stuttgart 1963, S. 8.
71 Lebenslauf Jan Reifenberg, persönliche Einsendung an die Verfasserin, 14.9.2005.
72 Vgl. u.a. Benno Reifenberg an Max Picard, 10.7.1962, NL BR, DLA, 79.12441.

Reifenberg in seinem erwachsenen Sohn einen Vertrauten. Mit ihm hatte er sich im Herbst 1964 über jene Frage beraten, die ihn in dieser Lebensphase zunehmend bewegte: die Frage nach Art und Umfang seiner künftigen beruflichen Tätigkeit. »Rückzug oder deutliche Hinwendung zu Beiträgen kultureller Sphäre«[73] – mit diesen Worten fasste er seine Überlegungen zusammen. Einer »erzwungene[n] Ruhe, wie sie die Pensionierung mit sich bringt«[74], stand er grundsätzlich skeptisch gegenüber, weil er fürchtete, dass der ungewohnte Zustand geistiger Untätigkeit auch den Körper »erschlaffen« lassen und die Alterungsprozesse beschleunigen könne. In einem Rundfunkvortrag hatte er 1961 dafür plädiert, den Ruhestand so weit wie möglich hinauszuzögern:

»So ist das Alter an sich [...] noch kein Verdienst. Es muß genutzt und fruchtbar gemacht werden. Wir sollten einen ganz einfachen Gedanken im Auge behalten: In jedem Stand der Jahre bieten sich neue Stufen dar, neue Ausblicke des Lernens, des Lehrens, des Suchens und des Findens, des Gehorchens und des Herrschens, des Neuschaffens und des Verwaltens. Für jeden Stand der Jahre gibt es eine Möglichkeit, sein Lebensalter richtig zu erfüllen. Darauf wartet der Geist jeder Zeit, so auch der unserer unruhigen Tage.«[75]

Reifenberg entschied sich für eine behutsame Reduzierung seiner Aktivitäten. Seit seiner Rückkehr aus den USA im Frühsommer 1964 konzentrierte er sich mehr und mehr auf jenen Bereich, in dem er Jahrzehnte zuvor seine journalistische Laufbahn begonnen hatte und an dem sein Herz hing: das Feuilleton. Bis zum Herbst 1964 veröffentlichte er eine Reihe von – zum Teil opulent illustrierten – Kunstberichten aus US-Museen[76], später schrieb er unter anderem über Kokoschka[77], Vermeer[78]

73 Tagebuch, 2.10.1964, NL BR, DLA, 79.12357.
74 Benno Reifenberg: Die Lebensalter, Hessischer Rundfunk, 8.10.1961, abgedruckt in: Ders.: In den Tag gesprochen, S. 9-13, hier Seite 10. Dort auch das folgende Zitat.
75 Die Lebensalter, in: Ders.: In den Tag gesprochen, S. 13.
76 Vgl. u.a.: Benno Reifenberg: In der Phillips Collection. Impressionen in einem amerikanischen Museum, in: FAZ, 22.8.1964, Ders.: Manet in der National Gallery. Notizen aus amerikanischen Galerien, in: FAZ, 31.10.1964, und: Ders.: Corot und Cézanne in der National Gallery, in: FAZ, 21.11.1964.
77 Benno Reifenberg: Der Quell versiegt nicht. Zum achtzigsten Geburtstag von Oskar Kokoschka, in: FAZ, 26.2.1966.
78 Benno Reifenberg: In het licht van Vermeer: Traum einer Ausstellung, in: FAZ, 3.8.1966.

Reifenberg vermutlich in den späten 60er Jahren

und Rembrandt[79]. Zur Jahreswende 1965/66 schied er auf eigenen Wunsch aus dem Herausgeberkollegium der FAZ aus und wurde von Nikolas Benckiser und Bruno Dechamps abgelöst. In seinem letzten Seite-1-Artikel vom Silvestertag 1965 appellierte er an kommende Generationen, sich der Auseinandersetzung mit der deutschen Geschichte in all ihren Facetten nicht zu entziehen, und schloss mit dem Wunsch, die »Jugend [möge] sich nicht weismachen lassen, die Unterscheidung von Gut und Böse sei dahin. In allen Lichtjahren wird das Gewissen nicht aufhören, den rechten

79 Benno Reifenberg: Der Maler Rembrandt, in: FAZ, 1.10.1966.

Weg zu weisen.«[80] Dies waren – unmissverständlich – Abschiedsworte. Am 3. Januar 1966 teilte die Redaktion den Lesern die personellen Veränderungen mit und betonte, dass Reifenberg dem Blatt als ständiger Mitarbeiter eng verbunden bleiben werde.[81]

Den Schmerzen und der Mühsal des Alters hat sich Benno Reifenberg nicht entziehen können; seine Tagebücher der letzten Lebensjahre berichten zunehmend von gesundheitlichen Problemen und anderen »Alterszeichen«[82]. Aber der Wunsch nach lebenslanger geistiger Betätigung wurde ihm erfüllt; seine letzte, sorgfältig angelegte »Klebemappe« für den Zeitraum von September 1965 bis Januar 1970 weist eine Produktivität im Umfang von durchschnittlich zwei bis drei Artikeln pro Monat nach. Wenn Reifenberg sich in der FAZ als freier Mitarbeiter äußerte, so griff er nun in zunehmendem Maße auf das Bewährte zurück, ließ Lebensstationen wie die Alte Pinakothek in München[83], die Gräben der Westfront[84] und die Straßen von Paris[85] noch einmal Revue passieren, erzählte von Joseph Roth[86] und Rudolf Geck[87], von Max Beckmann[88] und Julius Meier-Graefe[89], rezensierte die neuen Werke von Marie Luise Kaschnitz[90] und die postum veröffentlichten Tagebücher von Wilhelm Hausenstein[91] und mischte sich zuweilen, wenn es um Stadtgestaltung, Verkehrsführung oder den Schutz des alten Baumbestandes ging, in die

80 Benno Reifenberg: Geschichte mittragen, in: FAZ, 31.12.1965.
81 Herausgeber der F.A.Z., in: FAZ, 3.1.1966.
82 Tagebuch, 3.3.1967, NL BR, DLA, 79.12360.
83 Vgl. Benno Reifenberg: In der Alten Pinakothek, in: FAZ, 14.12.1969.
84 Vgl. Benno Reifenberg: Die Feldherrn weinten. Verdun nach einem halben Jahrhundert, in: FAZ, 19.2.1966.
85 Vgl. Benno Reifenberg: Erinnerung und Gegenwart. Skizzenblätter aus Paris, in: FAZ, 13.5.1967.
86 Vgl. Benno Reifenberg: Joseph Roth, in: FAZ, 2.10.1965.
87 Vgl. Benno Reifenberg: Die Dinge ruhig auf sich wirken lassen. Zum 100. Geburtstag von Rudolf Geck, in: FAZ, 7.6.1968.
88 Vgl. Benno Reifenberg: Die schweren Jahre. Eine Erinnerung an Max Beckmann, in: FAZ, 18.9.1968.
89 Vgl. Benno Reifenberg: Ehrfurcht vor der erfüllten Schönheit. Julius Meier-Graefe, geboren am 10. Juni 1867, in: FAZ, 10.6.1967.
90 Vgl. Benno Reifenberg: Ein Wort weiter. Die jüngsten Gedichte von Marie Luise Kaschnitz, in: FAZ, 4.9.1965.
91 Vgl. Benno Reifenberg: Licht über dem Horizont. Zu den Tagebüchern von Wilhelm Hausenstein, in: FAZ, 25.3.1967.

Frankfurter Lokalpolitik ein[92]. Ein gewichtiger Teil seiner Arbeitskraft wurde durch traurige Pflichten gebunden: Immer öfter waren Nachrufe zu schreiben. In der FAZ fand Reifenberg Abschiedsworte für Theodor Heuss[93], Friedrich Sieburg[94], Friedel Battenberg[95], Kasimir Edschmid[96], Annette Kolb[97] und andere Weggefährten. Besonders hart traf ihn der Tod von Max Picard, an dessen Grab er am 6. Oktober 1965 die Trauerrede hielt und dabei jene »dunkelsten Jahre« beschwor, in denen der Schweizer Freund die letzte mögliche Zuflucht vor dem zunehmend unerträglichen Druck geboten habe, der in Deutschland auf ihm gelastet habe: »Ihn hier in Neggio zu wissen, das hat manchesmal ausgereicht, uns [...] Hoffnung, ja Zuversicht zu schenken. Dort unten in dem Dorf des Malcantone, so kam uns in den Sinn, lebt Picard, dort glüht sein Geist in der augenscheinlich geistverlassenen Welt der puren Macht.«[98]

»Ein langes Leben«, schrieb Reifenberg im November 1965 in seinem Kondolenzbrief an Emma Lübbecke-Job, die Witwe des Frankfurter Kunsthistorikers Fried Lübbecke, »spielt sich am Ende längs der Mauern eines Friedhofs der Freunde fort.«[99] Nur einmal, anlässlich des Todes von Herbert Küsel, mischte sich in die melancholische Stimmung ein Anflug von feinem Humor, als Reifenberg daran erinnerte, wie der damalige »Hauszensor« der FZ den Artikeln der Kollegen in der NS-Zeit tagtäglich mit »zweierlei Farbstiften, blauen und roten«, zu Leibe gerückt sei, um abschließend ein ernüchterndes Urteil über das gemeinsame Werk abzugeben: »[A]m Abend [...] fragte der Kollege: ›Nun, Herr Küsel,

---

92 Vgl. Benno Reifenberg: Kahlschlag?, in: FAZ, 6.4.1966.
93 Vgl. Benno Reifenberg: Abschied und Dank. Nachruf auf Theodor Heuss, in: FAZ, 13.12.1963.
94 Vgl. Benno Reifenberg: Abschied von Friedrich Sieburg, in: FAZ, 21.7.1964.
95 Vgl. Benno Reifenberg: Battenbergs, in: FAZ, 18.1.1966.
96 Vgl. Benno Reifenberg: Trauer um Kasimir Edschmid, in: FAZ, 2.9.1966.
97 Vgl. Benno Reifenberg: Klage um Annette Kolb, in: FAZ, 4.12.1967.
98 Vgl. Benno Reifenberg: Max Picard. Rede am Grab in Neggio am 6. Oktober, abgedruckt in: FAZ, 8.10.1965.
99 Benno Reifenberg an Emma Lübbecke-Job, 22.11.1965, NL BR, DLA, 79.4280.
  – Fried Lübbecke (1883-1965) war als promovierter Kunsthistoriker im Jahre 1911 von Georg Swarzenski an das Städelsche Kunstinstitut nach Frankfurt berufen worden. Seit 1919 organisierte er als Mitarbeiter im Städtischen Messeamt die Kunstausstellungen in der Mainmetropole. Lübbecke gründete 1922 den »Bund tätiger Altstadtfreunde«, der Benno Reifenberg 1958 ein Forum für die Vorführung seiner Frankfurt-Fotografien aus der Zeit vor den Luftangriffen bot.

DIE »FRANKFURTER ALLGEMEINE ZEITUNG« (1959-1970)

Mit Annette Kolb, undatiert, vermutlich 50er oder 60er Jahre

wie finden Sie das Blatt?‹, um die ermunternde Antwort zu erhalten: ›Ent-setz-lich‹.«[100]

Eine Standortbestimmung seiner Generation schien Reifenberg vorzuschweben, als er am 1. August 1964 an den Beginn des Ersten Weltkrieges erinnerte, der für ihn der »Stichtag der großen Zeitenwende«[101] war und blieb:

> »An diesem Tag, der Anlaß gibt, ein halbes Jahrhundert zurückzudenken, kann die heutige Generation ihre großväterliche als Augenzeugen befragen. Die alten Herren würden nicht verlegen sein mit farbigen Berichten. Doch da sie nur zu gut wissen, wie bald Glanz und Gloria verrauschten und wie die Leichentücher des Grabenkrieges so viele blanke Augen stumpf werden ließen, werden sie nicht die Illusion von einst erneuern wollen. Sie werden versucht sein, einmal wieder Er-

100 Vgl. Benno Reifenberg: Außenseiter, der Besten einer. Herbert Küsel nachgerufen, in: FAZ, 4.6.1969.
101 Benno Reifenberg: Stichtag der großen Zeitenwende. Zur Situation vom 1. August 1914, in: FAZ, 1.8.1964. Dort auch das folgende Zitat.

fahrungen den kommenden Geschlechtern weiterzugeben, damit sie es besser machen. Obschon augenscheinlich nichts rarer ist, als daß Völker es fertigbringen, aus ihrer Geschichte zu lernen. [...] Für jene Generation erscheint der Kriegsanfang 1914 als der Scheitelpunkt, auf den hin die gesamte europäische Geschichte mit einer gefährlichen, ja schauerlichen Konsequenz herangerückt war.«

Reifenberg formulierte diese Sätze nicht in einem luftleeren Raum, sondern auf dem Höhepunkt der großen Kriegsschuld-Debatte, die sich mit dem Namen des Hamburger Historikers Fritz Fischer verbindet und in den 60er Jahren von einer akademischen Auseinandersetzung zu einem öffentlichen Diskurs mit gewaltigem Medienecho avanciert war. Die Kontroverse, die »fast einen kanonischen Status in der Historiographiegeschichte der Nachkriegszeit«[102] erlangen sollte, hatte im Jahre 1959 mit einer Abhandlung Fischers in der »Historischen Zeitschrift« (HZ) begonnen.[103] Auf der Basis neuer Quellen aus dem Auswärtigen Amt und der Reichskanzlei skizzierte Fischer ein von einem breiten nationalen Konsens getragenes imperiales Expansionsprogramm des Deutschen Reiches im Ersten Weltkrieg und rief damit den Berliner Kollegen Hans Herzfeld auf den Plan, der die Unterschiede zwischen einer gemäßigten Reichsregierung und einer radikalen Kriegszielbewegung betonte.[104] In seinem Aufsehen erregenden Werk »Griff nach der Weltmacht« von 1961 legte Fischer nach, wobei er keineswegs – wie von seinen Kritikern behauptet – von einer deutschen Alleinschuld am Kriegsausbruch sprach, sondern lediglich »von einem erheblichen Teil der historischen Verantwortung«[105], die Deutschland zu tragen habe; die Replik in der HZ verfasste Gerhard Ritter.[106] Reifenberg stand Fischers Thesen klar ablehnend gegenüber[107], scheute jedoch offensichtlich vor Detaildiskus-

102 Jarausch: Der nationale Tabubruch.
103 Vgl. Fritz Fischer: Deutsche Kriegsziele. Revolutionierung und Separatfrieden im Osten 1914-1918, in: Historische Zeitschrift 188 (1959), S. 249-310.
104 Vgl. Hans Herzfeld: Zur deutschen Politik im Ersten Weltkriege. Kontinuität oder permanente Krise?, in: Historische Zeitschrift 191 (1960), S. 67-82.
105 Fischer, Griff nach der Weltmacht, S. 97. – Vgl. zum Thema auch Ders.: Krieg der Illusionen. Die deutsche Politik von 1911 bis 1914, 2. Auflage, Düsseldorf 1970.
106 Gerhard Ritter: Eine neue Kriegsschuldthese? Zu Fritz Fischers Buch »Griff nach der Weltmacht«, in: Historische Zeitschrift 194 (1962), S. 646-668.
107 In einem Brief an Michael Freund vom 12. März 1964 grenzte sich Reifenberg stellvertretend für die FAZ in aller Entschiedenheit von sämtlichen Versuchen ab, »umständlich eine Alleinschuld Deutschlands« am Ersten Weltkrieg nach-

sionen zurück. Stattdessen warf er seine Autorität als Zeitzeuge in die
Waagschale, indem er darzulegen versuchte, dass die deutsche Bevölkerung im Jahre 1914 »angesichts der Zahl der Feinde, die sich ihr gegenüber alliiert hatten«[108], bis in die Reihen der Sozialdemokratie hinein »an
nichts anderes als an die Gefahr der Einkreisung« habe glauben können:
»Ganz allgemein herrschte das Gefühl, man sei angegriffen worden und
müsse sich seiner Haut wehren.« In der Reihe der in den Kriegsbeginn
schuldhaft verstrickten Länder nannte er zuvörderst das um den Bestand
der Doppelmonarchie fürchtende Österreich-Ungarn, sodann das russische Zarenreich in dem Bestreben, seine Autorität auf dem Balkan zu
verteidigen, schließlich Deutschland, Frankreich und England.

War Reifenbergs Argumentation bis zu diesem Punkt noch nachvollziehbar, so muten andere Passagen des Beitrags befremdlich an. Der Mann,
der einst seine Arbeitskraft bei der FZ in den Dienst eines Feuilletons
gestellt hatte, das dezidiert kriegskritische, sogar pazifistische Stimmen
zu Wort kommen ließ, pries plötzlich voll Pathos die einheitsstiftende
Kraft des Krieges, die Deutschland anno 1914 erfasst und »[d]as Partikulare, auch das Kurios-Kleinstädtische, auch das Geschiebe der Kasten, an
die Führungseliten heranzukommen«, mit einem Schlag ausgeschaltet
habe: »Die Gläubigkeit an die gemeinsam zu bestehende Gefahr durchdrang die ganze Nation. [...] die staatlichen Symbole erfüllten sich mit
Leben, und die jungen Soldaten verstanden, was eine Fahne ist.« – Späte
Rechtfertigung eines einstigen Kriegsfreiwilligen? Es ging noch weiter:
Die »große Rechnung«, die die Sieger den Besiegten in Versailles präsentiert hatten, sah Reifenberg als tiefere Ursache für das Scheitern der Weimarer Republik und den Aufstieg und die Machtübernahme der Nationalsozialisten mit allen katastrophalen Konsequenzen:

»Sie halsten dem geschlagenen Land alle Schuld auf, an der doch die
gesamteuropäische Staatskunst ihren Teil zu tragen hatte, nachdem
alle sich in jenes Dickicht verloren hatten, in dem man nur stolpern
konnte. Frankreich [...] erdrückte das Deutschland von Weimar und
mußte zu spät erkennen, daß auf solche Art dieses Land, in Wut und
Hader mit sich streitend, seinen Weg der Erblindung in Schreckensherrschaft Schritt für Schritt abzahlte.«

zuweisen. Vgl. Benno Reifenberg an Michael Freund, 12.3.1964, NL BR, DLA,
 79.3937.
108 Benno Reifenberg: Stichtag der großen Zeitenwende. Zur Situation vom 1. August 1914, in: FAZ, 1.8.1964. Dort auch die folgenden Zitate.

Ähnliche Thesen vertrat Reifenberg noch einmal im Dezember 1967 in einem großen historisch-politischen Beitrag, in dem er unter dem Titel »Im Zeichen der Kriege«[109] die deutsche und europäische Geschichte der vergangenen fünf Jahrzehnte Revue passieren ließ. Erneut blickte er zurück auf die Augusttage des Jahres 1914, in denen »[w]ir Deutsche [...] zweifellos des Glaubens gewesen [waren], der Krieg sei uns von der Entente mit einem Angriffskrieg aufgezwungen [worden]«, sprach von Verdun, von den »Niederlagen auf beiden Seiten« und der Entscheidungsschlacht bei Amiens vom 8. August 1918, auch von dem nach und nach raumgreifenden Gefühl, von den verantwortlichen militärischen Führern »betrogen« worden zu sein, empörte sich einmal mehr über die »Sünde von Versailles«, der die Deutschen »die Sünde des Dolchstoßes folgen [ließen]«, streifte knapp das braune »Zwangsregime« und erzählte kurz von jenen dramatischen Spätsommertagen 1939, in denen sich ein stummes Volk von einem »finsteren Amateur« in einen zweiten großen Krieg habe jagen lassen, bevor er unter dem Stichwort »Recht der Jugend« folgendes Credo formulierte:

»Die Jugend von 1914, die mit Liedern auf den Lippen von einer unentschuldbaren Führung den Maschinengewehren von Langemarck überlassen worden ist, gab den tragischen Auftakt. Ende der dreißiger Jahre zog unsere Jugend illusionslos in den Krieg. [...] Die jungen Menschen wollten sich der Pflicht der Kameradschaft nicht entziehen, auch und gerade, weil sie die Sinnlosigkeit dieses ihnen oktroyierten Krieges im Herzen brennen fühlten. Sie nahmen es auf sich, ›der Sinnlosigkeit ins Gesicht zu sehen‹. Die furchtbare Lage, ›für etwas kämpfen zu müssen, an das man nicht glaubt‹, haben sie ausgehalten bis in den Tod. Diese Generation hat draußen im Feld und drinnen im Kerker alles wettgemacht, was sie vielleicht anfänglich im Taumel der Begeisterung in seiner Scheinhaftigkeit nicht erkannt haben sollte.«

Begeisterung, so fügte Reifenberg hinzu, sei und bleibe »das Recht der Jugend« – eine Argumentation, die möglicherweise als indirekter Kommentar zu den Studentenprotesten von 1967 zu lesen ist, bei vielen Lesern jedoch einen schlechten Nachgeschmack hinterließ; so klagte beispielsweise ein Bibliothekar und Journalist aus dem hessischen Bad Homburg, Reifenberg predige einen »verheerenden Pflichtbegriff«, scheine »an das schlimme Märchen vom Krieg als Naturgewalt« zu glauben und leiste der

---

109 Benno Reifenberg: Im Zeichen der Kriege. Ein halbes Jahrhundert Europa, in: FAZ, 30. 12.1967. Dort auch die folgenden Zitate.

weit verbreiteten Verharmlosung der jüngsten deutschen Vergangenheit auf gefährliche Weise Vorschub.[110] Ob dieses harte Urteil gerechtfertigt ist, mag dahingestellt bleiben; auf jeden Fall werfen Reifenbergs Ausführungen eine Reihe von Fragen auf: Was genau meint er, wenn er von dem »Recht der Jugend« spricht? Das Recht auf Begeisterung – egal, wofür? Oder das Recht auf eine obskure Pflichterfüllung – auch in der Sinnlosigkeit? Das Recht auf generationelle Kollektiverfahrungen? Das Recht auf den Rausch der Illusion oder auf den würdigen Ernst der Illusionslosigkeit? Das Recht auf den Krieg oder auf den Frieden? Auf das Leben oder auf den Tod? – Vielleicht darf man nicht unberücksichtigt lassen, dass Reifenberg 75 Jahre alt war, als er seine Betrachtungen über die Empfindungen und Bedürfnisse der Jugend zu Papier brachte. Ist es möglich, dass der Wunsch, dem eigenen Leben rückblickend höheren Sinn und größere moralische Gültigkeit zu verleihen, den Blick auf die Historie ändert? Schon sieben Jahre zuvor hatte Reifenberg in seiner privaten Korrespondenz Ermüdungserscheinungen im Hinblick auf die Bewältigung der NS-Zeit erkennen lassen. Er, der die Leser der »Gegenwart« in den ersten Aufbaujahren nach dem Krieg eindringlich zur ernsthaften Auseinandersetzung mit individueller Schuld gemahnt hatte, der die ehrliche Aufarbeitung des Nationalsozialismus stets als Voraussetzung für das Gedeihen von Staat und Gesellschaft eingefordert hatte, hatte dem Freund Picard im Sommer 1960 gestanden, dass ausgerechnet eine Dokumentation über das Leiden und Sterben der Juden im Warschauer Ghetto ihn in dem Gefühl bestärkt habe, »dass man gar nicht anders leben und gar wirken kann, als dass man das Ganze, nie zu Bereinigende, auf sich beruhen lässt.«[111] Es mag seinem Verantwortungsgefühl als Demokrat geschuldet gewesen sein, dass Reifenberg solche Schlussstrich-Gedanken nicht in die Öffentlichkeit trug; nur wenige Tage bevor er besagten Brief an Picard verfasste, hatte er in der FAZ der Attentäter vom 20. Juli als »Besten unseres Landes« gedacht, eine intensivere Auseinandersetzung mit der Geschichte des deutschen Widerstandes angeregt und staatliche Ehrbezeugungen eingefordert.[112]

Im Rückblick kann festgestellt werden, dass die Fischer-Debatte der 60er Jahre – unabhängig von den Ursprungs- und Kernfragen der Kriegsziel- und Weltpolitik – einen wesentlichen Beitrag zur Entstehung eines

---

110 Der Leserbrief stammt vom 2.1.1968 und wurde im Nachlass in einer Mappe mit Leserbriefen gefunden: BR NL, DLA, 79.6254-55.
111 Benno Reifenberg an Max Picard, 8.8.1960, NL BR, DLA, 79.12441.
112 Vgl. Benno Reifenberg: Der 20. Juli, in: FAZ, 20.7.1960.

selbstkritischeren deutschen Geschichtsbildes und damit auch zur Liberalisierung der politischen Kultur in der »alten« Bundesrepublik geleistet hat. Der Publizist Benno Reifenberg, der in den Jahren der ersten deutschen Republik um vergleichbare Ziele gerungen hatte, war an diesem Prozess nicht nur nicht beteiligt, sondern stand ihm offenkundig distanziert, ja ablehnend gegenüber; seine historischen Interpretationen gestatteten keinerlei Kontinuitätslinien, die von der politisch-gesellschaftlichen Verfassung des Kaiserreiches auf Hitler verwiesen hätten, sondern sprachen apodiktisch von der großen Epochenwende 1914/18, als das Alte unrettbar versank und nur noch die von einer verantwortungslosen deutschen Rechten missbrauchte Versailler Demütigung in fataler Weise in eine gänzlich neue Welt hineinzuragen sich anschickte. Die Bundesrepublik der 60er Jahre erschien ihm nicht nur politisch, sondern auch kulturell und geistig saturiert, der gewünschte und gewollte Weg nach Westen in jeglicher Hinsicht glücklich abgeschlossen; nun blieb allein die schmerzende Wunde der deutschen Teilung zu heilen, die Mauer zu überwinden.

Physisch wie mental war Reifenberg angegriffen, als er am 3. Januar 1970 »ein Arbeitsprogramm«[113] für die kommenden Wochen notierte, das unter anderem den Besuch einer Ausstellung des Bildhauers Hans Wimmer[114] in Mannheim vorsah. Am 5. Januar traf er sich in seinem Frankfurter Büro mit Helga Hummerich zum Aufräumen – ein bewährtes Ritual zum Jahresbeginn. Im Rückblick will die langjährige Mitarbeiterin dabei Signale registriert haben, die das nahende Ende ankündigten: Während er seine Mappe gepackt habe, habe er – für sie irritierend – halblaut vor sich hingemurmelt, er sei »müd' und aufgeregt«; »[d]ann stand er in der Tür, in seinem dunkelblauen Wintermantel, den dunkelblauen Seidenschal um den Hals geschlungen, hob leise die Hand – adieu – und ging.«[115]

»Sehr schwach«[116] fühlte sich Reifenberg seinen eigenen Aufzeichnungen zufolge in den folgenden Tagen. Er schlief schlecht, war deprimiert

---

113 Tagebuch, 3.1.1970, NL BR, DLA, 79.12364 sowie Tagebuch/Abschriften, NL BR, DLA, 79.12392.
114 Hans Wimmer (1907-1992) war ein bekannter deutscher Bildhauer und von 1949 bis 1972 Professor an der Kunstakademie Nürnberg.
115 Hummerich: Schreiben – Ein Fest, in: Reifenberg: Offenbares Geheimnis, S. 20.
116 Tagebuch, 12.1.1970, NL BR, DLA, 79.12364 sowie Tagebuch/Abschriften, NL BR, DLA, 79.12392.

DIE »FRANKFURTER ALLGEMEINE ZEITUNG« (1959-1970)

über das nasskalte Winterwetter und »unlustig«[117] beim Lesen wie beim Schreiben und quälte sich mit dem Bericht über Wimmer, der schließlich am 20. Januar in der FAZ erschien und den Abschluss seines langen Journalistenlebens darstellen sollte.[118] Am letzten Sonntag im Januar erlitt der 77-jährige einen gesundheitlichen Zusammenbruch, der zunächst als leichter Schlaganfall, später als »[e]ine sehr starke Kreislauf- und Durchblutungsstörung, die anfänglich aussah wie ein leichter Schlag«[119], diagnostiziert wurde. In einem Brief Helga Hummerichs an Reifenbergs Patentochter Renée-Marie Parry-Hausenstein vom 29. Januar hieß es, »BR« müsse im Kronberger Krankenhaus stationär behandelt werden und erfahre jede erdenkliche Fürsorge durch die Familie: »Maryla war in Paris, um nach langer Zeit die Enkelmädchen wiederzusehen, kam aber sofort, von Jan begleitet, zurück. Jan ist noch da, eine große Stütze.«[120] Benno Reifenberg hat sich nicht mehr erholt. Er starb am 9. Februar 1970 in Kronberg im Taunus.

---

117 Tagebuch, 15.1.1970, NL BR, DLA, 79.12364 sowie Tagebuch/Abschriften, NL BR, DLA, 79.12392.
118 Vgl. Benno Reifenberg: Der Bildhauer Hans Wimmer. Rückblick auf eine Ausstellung, in: FAZ, 20.1.1970.
119 Helga Hummerich an Dora Kircher, 3.2.1970, NL BR, DLA, 79.3558.
120 Helga Hummerich an Renée-Marie Parry-Hausenstein, 29.1.1970, NL BR, DLA, 79.3558.

Schlussbetrachtung

In seinen Ausführungen zum Selbstverständnis und zur unterschiedlichen Tradition der Intellektuellen in Deutschland und Frankreich von 1995 hat Paul Noack die These formuliert, dass sich der deutsche Intellektuelle gern in seiner Rolle als »Bürgerschreck«[1] gefalle, der in Fundamental-Opposition zu seinem Staat stehe und damit zugleich zur politischen Einflusslosigkeit verdammt sei. Definiert man den Intellektuellen jedoch als sozialen Akteur, der auf der Grundlage einer höheren Bildung, die in der Regel, aber nicht zwingend mit einem akademischen Werdegang korrespondiert, bewusst und zielstrebig Einfluss auf die öffentliche Debatte in den Bereichen Politik, Gesellschaft, Kunst, Kultur und/oder Wissenschaft nimmt und dazu die Möglichkeit hat, da er Zugang zu entsprechend einflussreichen Zirkeln besitzt bzw. in entsprechende Netzwerke eingebunden ist, so wird deutlich, dass er keinesfalls auf die Rolle des (zumeist politisch links stehenden, im Einzelfall auch rechtskonservativ-nationalistischen) »Bürgerschrecks« abonniert sein muss; ebenso gut kann er dem liberalen oder gemäßigt konservativen Gedankengut verpflichtet sein. In Benno Reifenberg tritt uns der Typus eines deutschen Intellektuellen entgegen, der – alles andere als ein »Bürgerschreck« – geradezu ein publizistischer Sprecher des deutschen Bürgertums war, durchdrungen von den grundlegenden Werten, Normen und Idealen dieses sozialen Milieus im klassischen Sinne des 19. Jahrhunderts: der Einzigartigkeit des Individuums und der Hochschätzung der Individualität, der vom Staat zu garantierenden individuellen Rechte und Freiheiten, der parlamentarischen Ordnung, der Nation als politischer Schicksalsgemeinschaft, der bürgerlich verfassten Familie auf der Basis der geschlechtsspezifischen Rollenverteilung zwischen Mann und Frau, der Identifikation über die Stadt als Lebensraum und Aufgabe, der Bedeutung von Bildung, Kultur und kreativem Schaffen, auch der instinktiven, rational freilich abzuleugnenden Abwehr gegen unterbürgerliche Schichten. Dass sich dabei mit zunehmendem Alter der schon immer in ihm angelegte Hang zum »Bewahren« des Bestehenden über die Freude am Innovativen erhob, hat der FAZ-Kollege Karl Korn in seiner Trauerrede für Reifenberg betont:

[1] Paul Noack: Widerspruch und Widerstand. Zweierlei Intellektuelle, in: Die politische Meinung, Nr. 310, 1995, S. 11-17, hier S. 11.

SCHLUSSBETRACHTUNG

»Benno Reifenberg hat ein Leben lang der Bewahrung gedient. [...] Wie ist das zu verstehen? Ganz gewiß nicht im Sinne des von der Polemik verschlissenen bösen Wortes reaktionär oder auch nur konservativ. Reifenberg war von überzeugender, weil gelebter Liberalität [...]. Sein Teil und sein Auftrag war die Bewahrung von etwas, das er theoretisch zu formulieren nicht unternommen hat. Man kann es vorsichtig die Bildkraft und die Bilder nennen. [...] Bewahren, was im Patrimonium aufgehoben ist, das heißt die guten Kräfte der Natur, die künstlerische Urbanität, Geselligkeit, Bildkraft, das Erlebte – das ist sein Programm gewesen und war der Inhalt seines Lebens.«[2]

Lässt man dieses Leben und das damit verbundene publizistische Werk Revue passieren, so sind unterschiedliche Phasen der intellektuellen Entwicklung und politischen Positionierung zu konstatieren. In seiner Jugend und z.T. auch noch in den Blütejahren der Weimarer Republik bis etwa 1930 huldigte Reifenberg dem Habitus des »unpolitischen«, kulturbeflissenen Gebildeten, dessen Anliegen in jenen Bereich der »Vermittlung scheinbar zweckfreier Bedürfnisse wie Ästhetik und Lebensstil« fiel, die Manfred Hettling – neben anderen Merkmalen – als konstitutiv für »den Anspruch und das Versprechen von Bürgerlichkeit« bezeichnet hat.[3] Diese Orientierung entspricht möglicherweise auf den ersten Blick jener deutschen Geistestradition, für die Thomas Mann mit seiner Weltkriegsschrift »Betrachtungen eines Unpolitischen«[4] Pate steht, unterscheidet sich jedoch bei näherer Beleuchtung grundlegend von ihr. Wenn Fritz Ringer in seiner Analyse antimodernistischen Denkens in Deutschland für die »Gelehrten« in der Weimarer Republik herausarbeitet, dass zu den Charakteristika »unpolitischen« Denkens u.a. die radikale Ablehnung der Aufklärung, eine organische Staatsauffassung und die Idealisierung der ständischen und religiösen Organisation der Gesellschaft zählen[5], so hat Reifenberg diesem Ideen- und Gedankengut zu keiner Zeit und in keiner Weise nahegestanden. Wo er sich in frühen Jahren sowie im Rückblick auf diese Zeit dezidiert politisch geäußert hat, da

2 Karl Korn: Worte am Grabe, in: Benno Reifenberg 1892-1970. Worte des Gedenkens, S. 7-11, hier S. 8/9.
3 Hettling: Bürgerlichkeit im Nachkriegsdeutschland, S. 14.
4 Thomas Mann: Betrachtungen eines Unpolitischen, in: Ders.: Politische Schriften und Reden, Band 1, hrsg. von Hans Bürgin (Fischer Bücherei. Moderne Klassiker, Bd. 116), Frankfurt am Main 1968. Vgl. auch Hans Wysling: Thomas Mann. Das Unpolitische in der Politik, in: Die Neue Rundschau, 1980, Heft 2/3, S. 36-57.
5 Vgl. Fritz K. Ringer: Die Gelehrten. Der Niedergang der deutschen Mandarine 1890-1933, Stuttgart 1983.

geschah es stets im Sinne des Liberalismus und Parlamentarismus. Der mit dem Terminus des »Unpolitischen« einhergehende Vorwurf, präfaschistischen Tendenzen Vorschub geleistet zu haben, erweist sich im konkreten Einzelfall als unhaltbar.

Reifenbergs Hinwendung zu politischen Fragen begann – anders als bei zahlreichen anderen Vertretern der Frontgeneration – nicht etwa durch die tiefen Erschütterungen von 1914/18; diese bildeten lediglich den Nährboden, auf dem die spätere Politisierung erfolgen sollte. Ausschlaggebend waren für ihn der Aufstieg der radikalen, antibürgerlichen Kräfte aus den Reihen der Kommunisten wie v.a. der von den Deutschnationalen unterstützten Nationalsozialisten, die Aushöhlung des Rechtsstaates von Weimar und schließlich der Niedergang jener Republik, der er sich, aller Kritik an der Versailler Nachkriegsordnung zum Trotz, in Loyalität verbunden fühlte. Nachdem er lange Zeit geglaubt hatte, »das Seinige zur Entwicklung der geschlagenen Nation beigetragen zu haben, wenn er im Rahmen des Feuilletons das junge literarische Deutschland zu Wort kommen ließ«[6], musste er nun das Scheitern dieses Konzepts eingestehen. Im letzten Jahr vor und den ersten Monaten nach der Machtübernahme Hitlers begegnet uns der politische Journalist und Kommentator Reifenberg als couragierter Demokrat. In der »Gemengelage«[7] der politischen Kultur und namentlich der Intellektuellendiskurse der Weimarer Republik kann es als öffentliches Anliegen des Publizisten begriffen werden, das deutsche Bürgertum in Gestalt der Leserschaft der »Frankfurter Zeitung« mit der Moderne zu versöhnen, die überlieferten liberalen Wertmaßstäbe des 19. Jahrhunderts mit den Innovationen des 20. Jahrhunderts, insbesondere auf kulturellem Gebiet, zu verschmelzen und in politischer Hinsicht die Vorbehalte gegenüber der Sozialdemokratie abzubauen, um eine breite Front zur Verteidigung der Republik zu bilden. Dahinter stand erkennbar die Absicht, ähnlich wie es Daniel Argèles für Thomas Mann konstatiert hat, »das System, das die bürgerliche Kultur ermöglicht«, vor dem Umsturz zu bewahren: »Reform also, aber im Sinne der Erhaltung«[8]. In diesem Kontext ist auch Reifenbergs Einleitung zu dem Deutschland-Essay Pierre Viénots zu lesen, die weni-

---

6 Benno Reifenberg: »Summa vitae meae«, LAM, NL BR 79.12334, S. 4.
7 Argèles: Thomas Manns Einstellung zur Demokratie, S. 229.
8 Ebd., S. 230. – Dieser Parallelen zum Trotz sind deutliche Unterschiede in der Haltung Manns und Reifenbergs zu konstatieren: Weder entsprach Reifenberg, wie oben ausgeführt, in jungen Jahren dem Vollbild des »unpolitischen«, also konservativen Deutschen, noch hat er in den 20er Jahren eine derartig tiefgehende Wandlung wie Mann durchgemacht oder sich gar tiefer mit dem Sozialismus,

ger einen Beitrag zur deutsch-französischen Annäherung oder Aussöhnung darstellte als vielmehr dem Bestreben nach Bewältigung der empfundenen Krise bürgerlicher Kultur geschuldet war. Dass dieses Ziel nicht erreicht werden konnte, ist hinlänglich bekannt – das »Volk« entglitt seinen kulturbürgerlichen Vordenkern.

Reifenbergs publizistisches Wirken im »Dritten Reich« umfasst drei Intervalle: Auf die ab Frühjahr 1933 zunehmend unmöglich gewordene offene Gegnerschaft zum NS-Regime folgte zunächst eine Phase weitgehender politischer Anpassung, insbesondere in Fragen der Außenpolitik, die mit dem Austritt Deutschlands aus dem Völkerbund begann und erst in der Zeit der Kriegsvorbereitungen etwa ab 1937/38 endete. Der Kriegsfreiwillige von 1914, in dieser Hinsicht ganz dem Denken der überwiegenden Mehrzahl der Deutschen verpflichtet, hat nach 1945 eingestanden, dass nicht nur Druck und Zwang, Gewalt und Terror, sondern auch die erfolgreichen Bemühungen der Nationalsozialisten um die Revision von Versailles die Stimmen der inneren Opposition in Deutschland – auch seine eigene – nach und nach zum Verstummen gebracht hätten:

»War nicht [...] die Außenpolitik Hitlers eine einzige Kette atemberaubender Erfolge? Schienen die Erfolge nicht die deutsche Machtkonzentration zu rechtfertigen, die mühelos errang, was die deutsche Demokratie unter den schwierigsten Bedingungen von der Vernunft vergeblich gefordert hatte? [...] Die Macht holte sich endlich das Recht, das bislang der Ohnmacht versagt geblieben war.«[9]

Mindestens bis in die späten 1930er Jahre scheint Reifenberg, gemeinsam mit seinen Mitstreitern in der FZ-Redaktion, dem Irrglauben gehuldigt zu haben, dass sich die Grundpfeiler überlieferter Bürgerlichkeit, der Vorstellungen von bürgerlicher Kultur, bürgerlichem Habitus, in eingeschränktem Maße auch bürgerlichem »Anstand« unter den Bedingungen der totalitären Diktatur aufrechterhalten ließen. Erst der Schock der Verhaftung durch die Gestapo, deren Anlass nicht etwa ein politischer Kommentar, sondern bezeichnenderweise eine Kunstbesprechung war, löste ab 1938 ein Umdenken aus, das Reifenbergs zunehmenden Rückzug in die Sphäre der »Inneren Emigration« zur Folge hatte: ins Feuilleton, ins »Schreiben für die Schublade«, ins Absichtsvoll-Apolitische und Zeitlos-Humane. Die Tatsache, dass er als von den Nürnberger Gesetzen betrof-

auch nicht in der von Mann bevorzugten paternalistischen Variante, auseinandergesetzt.
9 Reifenberg; Die zehn Jahre, in: Die Gegenwart/Sonderheft, S. 40-54, S. 46.

SCHLUSSBETRACHTUNG

fener »Halbjude« im Vergleich mit den meisten anderen FZ-Kollegen in einer besonders prekären, bedrohlichen Situation war, kam dabei verstärkend hinzu.

Nach 1949 stand Reifenbergs grundsätzlich immer vorhandenem Bemühen, der jeweils etablierten Staatsform Loyalität, wenn nötig: in kritisch-distanzierter Form, entgegenzubringen, nichts mehr im Wege: Nach anfänglichem Zögern angesichts der Westbindungs- und Wiederbewaffnungspolitik Adenauers entwickelte er sich etwa seit der Korea-Krise zum engagierten Befürworter dieser Linie, der sich nicht nur fest auf den Boden der Bundesrepublik Deutschland und ihrer Verfassung stellte, sondern sich auch als Anhänger der bürgerlichen Regierungsparteien CDU und FDP, als Befürworter von NATO und Bundeswehr sowie als leidenschaftlicher Fürsprecher einer möglichst innigen Bindung Westdeutschlands an die Vereinigten Staaten von Amerika und eines harten westlichen Kurses im »Kalten Krieg« etablierte. Spätestens mit dem Wechsel zur FAZ hatte er sich eingereiht in »[d]ie Schlachtordnung eines Kreuzzuges der abendländischen Freiheit gegen den Totalitarismus«[10], von dem Axel Schildt für die 50er Jahre spricht. Seine Reserve gegenüber den Remigranten nach 1945 entsprach dabei in gewisser Weise seiner vorsichtigen Distanz gegenüber den Deserteuren der Kriege: Verständnis im Einzelfall, aber kollektive Ablehnung scheint hier die Formel zu sein, auf die sich seine Haltung reduzieren lässt; ein originär bürgerlicher Pflichtbegriff dominierte mitunter über ethische Erwägungen. Insgesamt entsteht der Eindruck, dass auch seine Beschäftigung mit politischen Fragen als Gegenstand publizistischer Arbeit in erster Linie meist aus einem Pflichtgefühl erwuchs; wann immer es ihm möglich und vertretbar erschien, widmete sich Reifenberg verstärkt dem Feuilleton. Günther Gillessen beobachtete in den gemeinsamen FAZ-Jahren im Umgang mit Reifenberg dessen »eigentümliche Unberührtheit«[11] von primär politischen Themen.

Als Reifenberg 77-jährig verstorben war, gehörte zu den Trauerrednern an seinem Grab neben dem FAZ-Kollegen Karl Korn und dem Kronberger Pfarrer Paul Albert Simon der als Politikwissenschaftler längst zu internationaler Geltung gelangte Dolf Sternberger. Er rückte in den Mittelpunkt seiner Abschiedsworte »eine Beschäftigung, die Benno Reifenberg zeit seines Lebens unendlich interessiert hat«, wie er formulierte – die Beschäftigung mit dem »Individuellen«:

10 Schildt: Zwischen Abendland und Amerika, S. 15.
11 Gillessen: Auf verlorenem Posten, S. 66.

SCHLUSSBETRACHTUNG

»Unter meinen Freunden weiß ich niemanden, der so stetig, so einlässlich und so bestimmt auf das Individuelle geachtet hätte wie er. Auf Gesichter, Gebärden, charakteristische Regungen, Äußerungen. Kollektive – Völker, Klassen, Parteien – sind ihm immer blaß geblieben. Die eigene Nation freilich war ihm wohl ein selbstverständlicher, zuzeiten beglückender, zumeist eher bedrückender, stets unentrinnbarer Zusammenhang des Geschicks. In diesem Sinn war er ein Patriot, aber das ist ein anderes Thema. Woran er sich hielt, das waren immer die Einzelnen.«

Sternberger nannte als Beispiele die Kollegen in der Redaktion, aber ebenso flüchtige Bekanntschaften beim Einkaufen, einen Kellner in einem Café, eine Verkäuferin in einem Metzgerladen:»Es war immer wie ein kleiner Blitz der Erkenntnis: die Wahrnehmung des Individuums. Ich möchte meinen, dass er sich vornehmlich auf diese Art überhaupt in dieser unserer Welt orientiert und fortgeholfen hat.«[12]

Mit wenigen Worten lieferte der langjährige Kollege und Freund damit die Essenz von Reifenbergs Persönlichkeit und Weltbild, die zugleich auf den Kern seines publizistischen und damit intellektuellen Werks verweist: Die Überzeugung,»dass nur im Individuum das geistige Prinzip sich auf Erden zu verkörpern vermag«[13], wie er 1947 geschrieben hatte, durchzieht seine Arbeiten, von der Bildbesprechung über die Stadtansicht bis zum politischen Kommentar, wie ein roter Faden. Vergeblich sucht man in seinen Texten abstrakte politische Analyse oder gar Theorie; soziologische Kategorien haben ihn stets kaltgelassen; er empfing sinnliche Eindrücke und gab sie, literarisch aufbereitet, dem Publikum wieder, und indem er die Protagonisten der Weltgeschichte in erster Linie als Menschen betrachtet hat, versuchte er sich und anderen deutlich zu machen, welchem Geist ihre Handlungen und Entscheidungen entsprangen. Vor diesem Hintergrund erscheint die Frage, ob der einstmals bekennende Liberale Reifenberg in seinem letzten Lebensjahrzehnt zum Konservativen im politischen Sinne des Wortes geworden war, nahezu irrelevant. Reifenberg war kein Parteipolitiker und auch nicht der publizistische Vertreter einer politischen Partei; er war kein Stichwortgeber der großen politischen Debatten des 20. Jahrhunderts, obwohl er durchaus öffentliche Positionen bekleidete, die ihm eine solche Rolle ermöglicht hätten. Er war Demokrat und zugleich mental verankert in der

---

12 Dolf Sternberger: Worte am Grabe, in: Benno Reifenberg 1892-1970. Worte des Gedenkens, S. 14-16, hier S. 14/15.
13 Manet. Text von Benno Reifenberg, S. 25/26.

SCHLUSSBETRACHTUNG

Bürgerwelt jenes halbabsolutistischen Obrigkeitsstaates, den er in seiner Jugend in einer durch die spezifische liberale Tradition seiner Heimatstadt Frankfurt am Main gleichsam abgemilderten Form erfahren hatte und den er nicht zufällig im Zuge der Fischer-Kontroverse in den 60er Jahren mit vorher nicht gekannter Verve vor Angriffen in Schutz zu nehmen versuchte. Reifenbergs Mission war die Bewahrung der bürgerlichen Lebenswelt und Deutungsmacht über historische Zäsuren hinweg und in den unterschiedlichen politischen Systemen, die Deutschland im 20. Jahrhundert erfahren hat; seine Bedeutung lag in der Verbindung zwischen einem weiten geistigen Horizont und einer gewinnenden persönlichen Art, die sich aus dem Grundgefühl habitueller Sicherheit im sozialen Umfeld speiste: Sie machte ihn über Jahrzehnte zu einer Integrationsfigur für einen ebenso weitläufigen wie heterogenen Kreis von Journalisten, Schriftstellern, Künstlern und Denkern, dessen Ursprung bei der »Frankfurter Zeitung« der Weimarer Zeit lag und der die junge Bundesrepublik Deutschland noch bis in ihr zweites Jahrzehnt intellektuell geprägt und mitgestaltet hat.

Quellen und Literatur

Ungedruckte Quellen

Archivmaterial

Nachlass Benno Reifenberg, Literaturarchiv Marbach

Presseorgane

Frankfurter Zeitung, Jg. 1917-1943
Die Gegenwart, Jg. 1945-1958
Frankfurter Allgemeine Zeitung, Jg. 1949-1970

Gedruckte Quellen

Bibliographie Reifenberg

Reifenberg, Benno: An Wilhelm Hausenstein. Als er fünfzig wurde, in: Die Neue Rundschau, 43 Band I (1932), S. 818-823.
–: Das Abendland gemalt (Schriften zur Kunst), Frankfurt a.M. 1950.
–: Das Einzigartige von Frankfurt. Ausgewählte Schriften, hrsg. von Helga Hummerich mit Bildern von Max Beckmann und Friedrich Philipp Usener, Frankfurt a.M. 1979.
–: Das europäische Element/Does the European spirit still live?, Hinsdale/Illinois 1948.
–: Das Frankfurt, in dem wir heute leben. Ein Vortrag, Frankfurt a.M. 1961.
–: Der Nachsommer/Der grüne Heinrich. Ein Tagebuch und ein Vortrag (Reihe der Vorträge und Schriften, Bd. 14), Wiesbaden 1950.
–: Der Sinn für Qualität, in: Beiträge für Georg Swarzenski zum 11. Januar 1951, hrsg. von Oswald Goetz, Berlin/Chicago 1951, S. 254-260.
–: Die Redaktionskonferenz, in: Oskar Stark zu seinem achtzigsten Geburtstag, Freiburg i.Br. 1970.
–: Eine Art Reichshauptstadt, in: Frankfurt am Main. Merian. Das Monatsheft der Städte und Landschaften, Heft 8/XXI 1968, S. 6-16.
–: Eugène Delacroix. Eröffnung der Ausstellung in der Kunsthalle Bremen, 23.2.1964 (Schriften zu Kunstwerken der Kunsthalle Bremen, Bd. 3), Bremen 1964.
– (Hrsg.): Federlese. Ein Almanach des deutschen Pen-Zentrums der Bundesrepublik, München 1967.

QUELLEN UND LITERATUR

–: Hundert Betrachtungen zu Bildern europäischer Malerei, München 1974.
–: In den Tag gesprochen, Frankfurt a.M. 1962.
–: Johann Christian Senckenberg in seiner Zeit. Rede, gehalten am 16. 11. 1963 zur Feier des 200jährigen Bestehens der Dr. Senckenbergischen Stiftung (Aufsätze und Reden der Senckenbergischen Naturforschenden Gesellschaft, Bd. 13), Frankfurt a.M. 1964.
–: Julius Meier-Graefe, in: Die Neue Rundschau, Jg. 1962, S. 738-756.
–: Karl Hofer. Mit einer Selbstbiographie des Künstlers (Junge Kunst, Bd. 48), Leipzig 1924.
–: Landschaften und Gesichter, Wien 1973.
–: Lichte Schatten. Aus den literarischen Schriften, Frankfurt a.M. 1953.
–: Max Beckmann, in: Ganymed. Jahrbuch für die Kunst, 3. Band, München 1921.
–: Offenbares Geheimnis. Ausgewählte Schriften, mit Handzeichnungen des Autors. Einleitung von Helga Hummerich, Nachwort von Günter Busch, Frankfurt a.M. 1992.
–: Rudolf Kircher. Rede an seinem Grab, in: FAZ, 9.10.1954.
–: Tausend Jahre Abendland, Augsburg/Basel 1955.
–: Trier in dunklen Tagen. Eine Fahrt durch Nacht und Zeit, Trier 1955.
–: Über Johann Peter Hebel, Tübingen 1964.
–: Über Julius Meier-Graefes »Entwicklungsgeschichte der modernen Kunst«, München 1965.
–/Wilhelm Hausenstein: Max Beckmann, München 1949.
–/Emil Staiger (Hrsg.): Weltbewohner und Weimaraner: Ernst Beutler zugedacht 1960, Zürich 1960.
–/Wolfgang Weyrauch (Hrsg.): Federlese. Ein Almanach des deutschen PEN-Zentrums in der Bundesrepublik, München 1967.
Das trunkene Schiff und andere französische Gedichte von Chénier bis Mallarmé. Deutsch von Wilhelm Hausenstein. Mit einer Einleitung von Benno Reifenberg. Zweisprachige Ausgabe, Freiburg/München 1950.
Degas, Edgar-Hilaire-Germain, 1834-1917, mit einer Einführung von Benno Reifenberg, München 1954.
Die Piperdrucke. Katalog mit 165 Abb., Texte von Benno Reifenberg, München 1956. (Neu aufgelegt unter dem Titel: Hundert Betrachtungen zu Bildern europäischer Malerei, München 1974.)
Frankfurt am Main: Porträt einer Stadt. Vergangenheit und Gegenwart, eingeleitet von Benno Reifenberg, mit Beiträgen von Fried Lübbecke, 5. Aufl., Frankfurt a.M. 1958.
Friedrich, Carl-Joachim/Benno Reifenberg (Hrsg.): Sprache und Politik. Festgabe für Dolf Sternberger zum sechzigsten Geburtstag, Heidelberg 1968.
Hausenstein, Wilhelm/Benno Reifenberg (Hrsg.): Max Picard zum siebzigsten Geburtstag, Erlenbach/Zürich 1958.
Heimpel, Hermann/Theodor Heuss/Benno Reifenberg (Hrsg.): Die großen Deutschen. Deutsche Biographie, 2. Ausgabe, Berlin 1956-1958 (5 Bände).
Jaenecke, Anselm/Benno Reifenberg: Francofordia, Frankfurt a.M. 1963.
Köhler, Hanns E.: Sticheleien mit der Zeichenfeder. Zu Aphorismen von G.Ch. Lichtenberg. Benno Reifenberg über Lichtenberg, Bruno Dechamps über den Zeichner, Freiburg i.Br. 1977.

GEDRUCKTE QUELLEN

Manet. Text von Benno Reifenberg, Bern 1947.
Meier-Graefe, Julius: Entwicklungsgeschichte der modernen Kunst, nach der 3. Aufl. hrsg. von Benno Reifenberg und Annemarie Meier-Graefe-Broch, München 1966.
Renoir, Auguste: Das Ehepaar Sisley. Hrsg. von Benno Reifenberg (Werkmonographien zur bildenden Kunst, Bd. 46), Stuttgart 1959.
Stehelin-Holzing, Lonja: Das Lied, eine Flamme: Gedichte und Nachdichtungen. Vorrede von Benno Reifenberg, Hamburg 1969.
Vermeer van Delft. Das Bild: Atlanten zur Kunst, hrsg. von Wilhelm Hausenstein, Band X. Mit einem Nachwort von Benno Reifenberg und einer Anmerkung von Wilhelm Hausenstein, mit fünfundvierzig Tafeln und einem Titelbild, München 1924.
Vogt, Günther: Frankfurter Bürgerhäuser des Neunzehnten Jahrhunderts. Ein Stadtbild des Klassizismus, Frankfurt a.M. 1970.
Von der geistigen Freiheit in unserer Zeit. Ansprachen von Theodor Heuss und Benno Reifenberg in der Paulskirche zu Frankfurt a.M., Tübingen 1959.

Weitere gedruckte Quellen

Abetz, Otto: Das offene Problem. Ein Rückblick auf zwei Jahrzehnte deutscher Frankreichpolitik, Köln 1951.
Ansprachen aus Anlaß eines Empfangs der Stadt Frankfurt am Main zu Ehren der Generalversammlung des Deutschen PEN-Zentrums vom 23. bis 26. Mai 1957 in Frankfurt am Main und anläßlich der Verleihung der Goethe-Plakette der Stadt Frankfurt an Kasimir Edschmid und Benno Reifenberg, Frankfurt a.M. 1957.
Apfel, Karl: In den zwanziger Jahre. Erinnerungen an die Frankfurter Zeitung, in: Archiv für Frankfurts Geschichte und Kunst, Heft 55, 1976, S. 235-253.
Arendt, Hannah: Elemente und Ursprünge totaler Herrschaft. Antisemitismus, Imperialismus, totale Herrschaft, deutschsprachige Ausgabe, 5. Auflage, München 1986.
Baden, Max von: Erinnerungen und Dokumente. Neu herausgegeben von Golo Mann und Andreas Burckhardt. Mit einer Einleitung von Golo Mann, Stuttgart 1968.
Beckmann, Max: Briefe im Kriege (1914-1915). Gesammelt von Minna Tube. Mit 32 Zeichnungen des Künstlers. Nachwort von Peter Beckmann, München 1984.
Benckiser, Nikolas (Hrsg.): Im Gespräch mit der Sprache. Glossen der Frankfurter Allgemeinen Zeitung über gutes und schlechtes Deutsch, Frankfurt a.M. 1962.
– (Hrsg.): Kritik aus dem Glashaus. Neue Glossen der Frankfurter Allgemeinen Zeitung über gutes und schlechtes Deutsch, Frankfurt a.M. 1961.
– (Hrsg.): Modenschau der Sprache. Glossen und Aufsätze der Frankfurter Allgemeinen Zeitung über gutes und schlechtes Deutsch, Frankfurt a.M. 1969.
– (Hrsg.): Sprache, Spiegel der Zeit. Dritte Folge der Glossen der Frankfurter Allgemeinen Zeitung über gutes und schlechtes Deutsch, Frankfurt a.M. 1964.
– (Hrsg.): Zeitungen in Deutschland. 56 Porträts von deutschen Tageszeitungen. Dargeboten durch die Frankfurter Allgemeine Zeitung, Frankfurt a.M. 1968.
Benno Reifenberg 1892-1970. Worte des Gedenkens, Frankfurt a.M. 1970.

Binding, Karl/Alfred E. Hoche: Die Freigabe der Vernichtung lebensunwerten Lebens, ihr Maß und ihre Form, Leipzig 1920.
Bloch, Ernst: Fabelnd denken. Essayistische Texte aus der »Frankfurter Zeitung« (Promenade 10), Tübingen 1997.
Böll, Heinrich: Dann wird das Feuilleton zur Quarantäne-Station. An die Herausgeber der Frankfurter Allgemeinen Zeitung, in: Freimut Duve/Heinrich Böll/ Klaus Staeck (Hrsg.): Briefe zur Verteidigung der Republik, Reinbek bei Hamburg 1977, S. 16-19.
Boveri, Margret: Joseph Roth und die Frankfurter Zeitung, in: Merkur 25 (1971), S. 786-798.
–: Verzweigungen. Eine Autobiographie, hrsg. von Uwe Johnson, München/Zürich 1978.
–: Wir lügen alle. Eine Hauptstadtzeitung unter Hitler, Olten 1965.
Brück, Max von: Im Lauf der Zeit. Arbeiten eines Feuilletons, Frankfurt a.M. 1940.
–: Über Benno Reifenberg, in: Hans Jürgen Schultz (Hrsg.): Journalisten über Journalisten, München 1980, S. 248-258.
Burger, Fritz: Die deutsche Malerei vom ausgehenden Mittelalter bis zum Ende der Renaissance, Berlin-Neubabelsberg 1913.
Busch, Günter: In Memoriam Benno Reifenberg. Zur Jahrestagung 1970 der Max Beckmann-Gesellschaft, München 1970.
-ck. Die schönsten Geschichten von Rudolf Geck. Ein Zeitungsmann erzählt, Frankfurt a.M. 1962.
Cziffra, Géza von: Der heilige Trinker: Erinnerungen an Joseph Roth. Mit einem Vorwort von Marcel Reich-Ranicki, Berlin 2006.
Der Große Krieg. Eine Chronik von Tag zu Tag; Urkunden, Depeschen und Berichte der Frankfurter Zeitung, Frankfurt a.m. 1914-1919.
Die Gegenwart/Sonderheft: Ein Jahrhundert Frankfurter Zeitung, begründet von Leopold Sonnemann, 1856-1956, 29.10.1956.
Die Wirtschaftskurve: mit Indexzahlen der Frankfurter Zeitung, hrsg. unter Mitw. der »Frankfurter Zeitung«, Frankfurt a.M. 1922-1944.
Diels, Rudolf: Lucifer ante portas ... es spricht der erste Chef der Gestapo, Stuttgart 1950.
Dietrich, Otto: Weltpresse ohne Maske, Dortmund 1937.
–: Zwölf Jahre mit Hitler, München 1955.
Döblin, Alfred: Berlin Alexanderplatz. Roman, Taschenbuchausgabe, München 1996.
Doehring, Bruno (Hrsg.): Kaiser Wilhelm der Zweite. Geschichtliche Dokumente aus dem letzten Jahrzehnt seiner Regierung in Stichproben aus dem »Berliner Tageblatt«, der »Vossischen Zeitung«, der »Frankfurter Zeitung«, der »Berliner Volkszeitung«, der »Berliner Morgenpost«, dem »8-Uhr-Abendblatt«, der »Germania«, der »Kölnischen Volkszeitung« nebst Anhang »Das Urteil des Auslandes über Kaiser Wilhelm II. als Friedensfürst« (Allgemeine Zeitung, Chemnitz), Berlin 1926.
Dombrowski, Erich: Vor der Geburt der »Frankfurter Allgemeinen«, in: Ders. u.a.: Wie es war. Mainzer Schicksalsjahre 1945-48, Mainz 1965, S. 64-65.
Dresler, Adolf (Hrsg.): Deutsche Kunst und entartete »Kunst«. Kunstwerk und Zerrbild als Spiegel der Weltanschauung, München 1938.

GEDRUCKTE QUELLEN

Ein Jahrhundert Frankfurter Zeitung (1856-1956). Sonderheft der Zeitschrift »Die Gegenwart«, 29.10.1956.

Enzensberger, Hans Magnus: Journalismus als Eiertanz. Beschreibung einer Allgemeinen Zeitung für Deutschland, in: Ders. (Hrsg.): Einzelheiten, Frankfurt a.M. 1962, S. 16-61.

Enzensbergersche Einzelheiten, korrigiert von der Frankfurter Allgemeinen Zeitung, Frankfurt 1963.

FAZ (Hrsg.): Alles über die Zeitung. Frankfurter Allgemeine, Zeitung für Deutschland (Dahinter steckt immer ein kluger Kopf), 24. Auflage, Frankfurt a.M. 1998.

– (Hrsg.): Dahinter steckt immer ein kluger Kopf – Frankfurter Allgemeine Zeitung, Frankfurt a.M. 1960.

– (Hrsg.): Der Leser und die Zeitung – Frankfurter Allgemeine Zeitung, Frankfurt a.M. 1975.

– (Hrsg.): Die erste Seite. Frankfurter Allgemeine, Zeitung für Deutschland. Das politische Weltgeschehen auf der Titelseite der Frankfurter Allgemeinen Zeitung vom 1. November 1949 bis zum 21. Dezember 1990, Band 1: 1949-1967, Frankfurt 1991, Band 2: 1968-1980, Frankfurt a.M. 1991.

– (Hrsg.): Frankfurter Allgemeine. Ein Weltblatt und ein Lokalblatt ersten Ranges zugleich in Verbindung mit dem täglichen großen lokalen Teil »Zeitung für Frankfurt«, Frankfurt a.M. 1967.

– (Hrsg.): Frankfurter Allgemeine Zeitung – Satzungen. Gesellschaftsvertrag der FAZ – Satzung der FAZIT-Stiftung, Frankfurt a.M. 1985.

– (Hrsg.): Kleiner Bildbericht von einer großen Zeitung, Frankfurt a.M. 1964.

– (Hrsg.): Sie redigieren und schreiben die Frankfurter Allgemeine Zeitung für Deutschland, Frankfurt a.M. 1960.

Forel, Auguste: Rückblick auf mein Leben, Zürich 1935.

Frankfurter Zeitung. Die Mayflower, in: Der Spiegel, 13. Jg., Nr. 9, 25.2.1959, S. 24-29.

Friedrich Sieburg, in: Der Spiegel, Nr. 3, 10. Jg., 18.1.1956, S. 45.

Ganter, Joseph (Hrsg.): Heinrich Wölfflin 1864-1945. Autobiographie, Tagebücher und Briefe, Basel/Stuttgart 1982.

Geschichte der Frankfurter Zeitung, hrsg. vom Verlag der Frankfurter Zeitung, Frankfurt a.M. 1911.

Geschichte der Frankfurter Zeitung: 1856 bis 1906, Frankfurt a.M. 1906.

Gründel, Günther E.: Die Sendung der Jungen Generation. Versuch einer umfassenden revolutionären Sinndeutung der Krise, München 1932.

Hausenstein, Wilhelm: Kunstgeschichte, Berlin 1927.

–: Impressionen und Analysen. Letzte Aufzeichnungen, München 1969.

–: Licht unter dem Horizont. Tagebücher 1942 bis 1946, München 1967.

Heinrichsdorff, Wolf: Die liberale Opposition seit dem 30. Januar 1933, dargestellt an der Entwicklung der Frankfurter Zeitung. Versuch einer Systematik der politischen Kritik, Diss. Hamburg 1937.

Hemingway, Ernest: Fiesta. Roman, 9. Auflage, Reinbek bei Hamburg 1999.

Herling, Gustaw: Der Turm und Die Insel, 2 Erzählungen, deutsche Übersetzung: Maryla Reifenberg, Köln 1966.

Heuss, Theodor: Soldatentum in unserer Zeit, Tübingen 1959.

Hey, Willi: Benno Reifenberg 1892-1970. Publizist und Herausgeber, in: Oberkasseler Persönlichkeiten, Bonn-Oberkassel 1993, S. 156-165.
Hlasko, Marek: Der achte Tag der Woche u.a. Erzählungen, deutsche Übersetzung: Maryla Reifenberg, Köln 1958.
Hummerich, Helga: Wahrheit zwischen den Zeilen. Erinnerungen an Benno Reifenberg und die Frankfurter Zeitung, Freiburg i.Br. 1984.
In Memoriam Julius Meier-Graefe. Zum 70. Geburtstag am 10. Juni 1937, Berlin 1937.
Joseph Roth. Briefe 1911-1939, hrsg. und eingeleitetet von Hermann Kesten, Köln/ Berlin 1970.
Julien, Claude: Das amerikanische Imperium. Mit einem Geleitwort von Jan Reifenberg, Frankfurt a.M. 1969.
Kahn, Ernst: Die Indexzahlen der Frankfurter Zeitung: Preise, Löhne, Valuten, Börsenkurse, Staatsfinanzen, Notenwesen, Produktionszahlen, Außenhandel, 5. Auflage, Frankfurt a.M. 1921.
Kleinhans, Albert: Wehrpolitische Beiträge aus der Frankfurter Allgemeinen Zeitung, München 1977.
Köhler, Hanns E. (Hrsg.): Die Lage der Nation. Mit 111 Abbildungen nach Karikaturen in der Frankfurter Allgemeinen Zeitung aus den Jahren 1958 bis 1974, Frankfurt a.M. 1974.
Korn, Karl: Lange Lehrzeit. Ein deutsches Leben, Frankfurt a.M. 1975.
Kracauer, Siegfried: Die Angestellten. Aus dem neuesten Deutschland, Neuausgabe, Frankfurt a.M. 2004.
—: Ginster/Georg. Zwei Romane (Siegfried Kracauer Schriften, hrsg. von Karsten Witte, Bd. 7), Frankfurt a.M. 1973.
Krause, Tilman: Friedrich Sieburg. Ein deutscher Publizist auf der Suche nach nationaler Identität, Diss. FU Berlin 1990.
—: Friedrich Sieburgs Widerruf und Neubeginn, in: Neue Gesellschaft und Frankfurter Hefte 41, 1994, S. 848-852.
—: Mit Frankreich gegen das deutsche Sonderbewußtsein. Friedrich Sieburgs Wege und Wandlungen, Berlin 1993.
Kühn, Dieter: Kritische Wahrheit gerade jetzt. An einen Leitartikler der FAZ, in: Freimut Duve/Heinrich Böll/Klaus Staeck (Hrsg.): Briefe zur Verteidigung der Republik, Reinbek bei Hamburg 1977, S. 95-101.
Küsel, Herbert: Zeitungs-Artikel, Heidelberg 1973.
Lauinger, Artur: Das öffentliche Gewissen. Erfahrungen und Erlebnisse eines Redakteurs der Frankfurter Zeitung, Frankfurt a.M. 1958.
Mann, Thomas: Gladius Dei, in: Ders.: Frühe Erzählungen 1893-1912, hrsg. von Terence J. Reed (Große kommentierte Frankfurter Ausgabe Werke – Briefe – Tagebücher, Bd. 2.1), Frankfurt a.M. 2004, S. 222-242.
Thomas Mann: Werke. Politische Schriften und Reden, Bd. 1: Betrachtungen eines Unpolitischen, hrsg. von Hans Bürgin (Fischer Bücherei. Moderne Klassiker, Bd. 116), Frankfurt a.M. u.a. 1968.
Mazurkiewicz, Maryla: Antike und junge Mädchen, Berlin 1936.
Meier-Graefe, Julius: Kunst ist nicht für Kunstgeschichte da. Briefe und Dokumente, hrsg. von Catherine Krahmer, Göttingen 2002.

GEDRUCKTE QUELLEN

Miłosz, Czesław: Das Tal der Issa, deutsche Übersetzung: Maryla Reifenberg, München 1983.
–: West und östliches Gelände, deutsche Übersetzung: Maryla Reifenberg, München 1986.
Nachkriegskapitalismus: eine Untersuchung der Handelsredaktion der Frankfurter Zeitung (Reihe der Wirtschaftshefte der Frankfurter Zeitung), Frankfurt a.M. 1931.
Paquet, Alfons: Aus dem bolschewistischen Russland (Zur deutschen Revolution 4), Frankfurt a.M. 1919.
Pechel, Rudolf: Zwischen den Zeilen, Wiesentheid (Ufr.) 1948.
Picard, Max: Die Atomisierung in der modernen Kunst, Hamburg 1954.
–: Die Flucht vor Gott, Erlenbach–Zürich/Leipzig 1935.
–: Das Ende des Impressionismus, München 1916.
–: Hitler in uns selbst, Erlenbach–Zürich 1946.
Potocki, Jan: Die Handschrift von Saragossa, deutsche Übersetzung: Maryla Reifenberg, Frankfurt a.M. 1961.
Quarck, Max: Zur Naturgeschichte der Frankfurter Zeitung und der bürgerlichen »Demokratie«. Redaktionserlebnisse, Frankfurt a.M. 1896.
Reifenberg, Jan: Notiert in Washington 1955-1963. Von Eisenhower zu Kennedy, Stuttgart 1963.
Reimann, Hans: Frankfurt – Mainz – Wiesbaden. Was nicht im Baedeker steht, Nachdruck der 1930 erschienenen Ausgabe, Leipzig 1995
Renn, Ludwig: Krieg. Roman, Neuausgabe, Berlin 2001.
Roth, Joseph: Zipper und sein Vater, Roman, Amsterdam/Köln 1956/1975/1986.
Sänger, Fritz: Politik der Täuschungen. Mißbrauch der Presse im Dritten Reich. Weisungen, Informationen, Notizen 1933-1939, Wien 1975.
–: Zur Geschichte der »Frankfurter Zeitung«, in: Publizistik 22 (1977), S. 275-294.
Schnitzler-Mallinckrodt, Lilly von: In Memoriam Benno Reifenberg, München/Bremen 1970.
Sieburg, Friedrich. Die Lust am Untergang. Selbstgespräche auf Bundesebene, Hamburg 1954.
–: Es werde Deutschland, Frankfurt a.M. 1933.
–: Unsere schönsten Jahre. Ein Leben mit Paris, Tübingen 1950.
Simon, Heinrich: Leopold Sonnemann. Seine Jugendgeschichte bis zur Entstehung der »Frankfurter Zeitung«, Frankfurt a.M. 1931.
Spengler, Tilman: Lenins Hirn. Roman, Reinbek bei Hamburg 1991.
Sternberger, Dolf: Artikel aus der Frankfurter Zeitung. Bis Mai 1942, o.O. 1942.
–: Ekel an der Freiheit? Und fünfzig andere Leitartikel, München 1964.
–: Figuren der Fabel. – Essays, Frankfurt a.M. 1950.
Tagebücher von Joseph Goebbels. Im Auftrag des Instituts für Zeitgeschichte, hrsg. von Elke Fröhlich, bearbeitet von Hartmut Mehringer, München u.a. 1993.
Taucher, Franz: Frankfurter Jahre, Wien u.a. 1977.
Verleihung des Goethepreises der Stadt Frankfurt an Dr. h.c. Benno Reifenberg am 28. August 1964 in der Paulskirche, Reden, Frankfurt a.M. 1964.
Viénot, Pierre: Ungewisses Deutschland. Zur Krise seiner bürgerlichen Kultur, Frankfurt a.M. 1931.

Voll, Karl: Die altniederländische Malerei von Jan van Eyck bis Memling. Ein entwicklungsgeschichtlicher Versuch, 2., verbesserte Auflage, Leipzig 1923.
Von der Nachricht bis zum Leser. Die Herstellung der »Frankfurter Allgemeinen Zeitung«, Frankfurt a.M. 1958.
Welter, Erich: Ende und Lehren der Krise, Sonderabdruck Frankfurt a.M. 1933.
–: Le Krach de l'Allemagne: La Revue Economique de la Frankfurter Zeitung pour 1931, Nendeln 1982 (Nachdruck der Ausgabe Paris 1932).
–: Nachkriegskapitalismus. Eine Untersuchung der Handelsredaktion der Frankfurter Zeitung, Frankfurt a.M. 1931.
Wickenburg, Erik Graf: Anekdotisches um Rudolf Geck, in: Frankfurter Neue Presse, 29.10.1956.
Wiese, Leopold von: Politische Briefe über den Weltkrieg, Zwölf Skizzen, München/Leipzig 1914.
Wirthle, Werner: Frankfurter Zeitung und Frankfurter Societäts-Druckerei GmbH. Die wirtschaftlichen Verhältnisse 1927-1939, Frankfurt a.M. 1977.
Wolf, Friedrich: Cyankali. Ein Schauspiel, in: Ders.: Dramen, 2. Auflage, Berlin/Weimar 1976.
Wolfe, Thomas: Schau heimwärts, Engel! Eine Geschichte vom begrabenen Leben, Roman, dt. Ausgabe, 6. Auflage, Reinbek bei Hamburg 2003.
Wölfflin, Heinrich: Gedanken zur Kunstgeschichte. Gedrucktes und Ungedrucktes, 4. Auflage, Basel 1947.
–: Kunstgeschichtliche Grundbegriffe. Das Problem der Stilentwicklung in der neueren Kunst, 13. Auflage, Basel/Stuttgart 1963.
Zur deutschen Revolution: Flugschriften der Frankfurter Zeitung. Frankfurt a.M. 1919.
87 Jahre »Frankfurter Zeitung«, in: National-Zeitung, Basel, 20.8.1943.

Literatur

Abelshauser, Werner: Die Langen Fünfziger Jahre. Wirtschaft und Gesellschaft in der Bundesrepublik Deutschland 1949-1966, Düsseldorf 1987.
Achterberg, Erich: Albert Oeser. Aus seinem Leben und hinterlassenen Schriften (Studien zur Frankfurter Geschichte, Bd. 13), Frankfurt a.M. 1978.
Albertin, Lothar: Politischer Liberalismus in der Bundesrepublik, Göttingen 1980.
Albrecht, Clemens u.a.: Die intellektuelle Gründung der Bundesrepublik. Eine Wirkungsgeschichte der Frankfurter Schule, Frankfurt a.M./New York 1999.
Aleman, Ulrich von u.a. (Hrsg.): Intellektuelle und Sozialdemokratie, Opladen 2000.
Altgeld, Wolfgang: Moltke und der Kreisauer Kreis, in: Rolf-Ulrich Kunze (Hrsg.): Distanz zum Unrecht, 1933-1945. Methoden und Probleme der deutschen Widerstandsforschung (Biographische Porträts zur Zeitgeschichte, Bd. 1), Konstanz 2006, S. 159-174.
Altrichter, Helmut/Josef Becker (Hrsg.): Kriegsausbruch 1939. Beteiligte, Betroffene, Neutrale, München 1989.
Amlung, Ullrich: Adolf Reichwein und der »Kreisauer Kreis«, in: Terror und Wider-

stand im faschistischen Deutschland nach dem 20. Juli 1944. Ein historisches Thema im Spiegel von Erinnerungskultur und Geschichtspolitik. Protokollband einer Tagung der Rosa-Luxemburg-Stiftung Thüringen e.V. am 10. Juli 2004 in Weimar, hrsg. von der Rosa-Luxemburg-Stiftung Thüringen e.V., Jena 2005, S. 33-54.

–/Klaus Schittko: »... wenn die Schwell erkämpft ist«: Adolf Reichwein – Pädagoge und Widerstandskämpfer (Beiträge zur Nienburger Stadtgeschichte, Reihe D, Bd. 5), Nienburg 2008.

Appenzeller, Christiane: Eine Inhaltsanalyse der Presse in der Zeit des Nationalsozialismus. Wie über die Juden in der »Frankfurter Zeitung« und in »Das Reich« im Zeitraum von 1940 bis 1943 berichtet wurde, Diplomarbeit Univ. Konstanz 1997.

Arbeitsgruppe »Biographie«: Biographie als kommunikationsgeschichtliche Herausforderung. Aktuelle Tendenzen, Chancen und Defizite eines umstrittenen Genres, in: Medien & Zeit, 8. Jg., Heft 4/1993, S. 34-38.

Arndt, Karl: Paul Ludwig Troost als Leitfigur der nationalsozialistischen Repräsentationsarchitektur, in: Iris Lauterbach (Hrsg.): Bürokratie und Kult. Das Parteizentrum der NSDAP am Königsplatz in München. Geschichte und Rezeption (Veröffentlichungen des Zentralinstituts für Kunstgeschichte in München, Bd. 10) München/Berlin 1995, S. 147-156.

Arnold, Heinz Ludwig (Hrsg.): Deutsche Literatur im Exil 1933-1945, Band 1. Dokumente, Frankfurt a.M. 1974.

–: Stefan George (Text und Kritik, Bd. 168), München 2005.

–: Walter Mehring (Text und Kritik, Bd. 78), München 1983.

Arnold, Sven: Das Spektrum des literarischen Expressionismus in den Zeitschriften »Der Sturm« und »Die Weissen Blätter« (Forschungen zur Literatur- und Kulturgeschichte, Bd. 64), Frankfurt a.M. 1998.

Asendorf, Manfred: Öffentliche Meinung (Öffentlichkeit), in: Ders. u.a. (Hrsg.): Geschichte. Lexikon der wissenschaftlichen Grundbegriffe, Reinbek bei Hamburg 1994, S. 463-465.

Auerbach, Philip: Wesen und Formen des Widerstandes im Dritten Reich, Diss., Erlangen 1949.

Austermann, Anton: Unter der Maske des Berufs das Gesicht wahren. Die Wiederentdeckung der journalistischen Persönlichkeit, in: Aviso Nr. 14/Juli 1995, S. 7-10.

Bachmann, Martin: Die Diskussion über die Wiederbewaffnung Westdeutschlands von 1949 bis 1955 im Spiegel der Tageszeitungen Frankfurter Allgemeine Zeitung und Süddeutsche Zeitung, Magisterarbeit Univ. Erlangen-Nürnberg 1990.

Bänsch, Dieter (Hrsg.): Die fünfziger Jahre. Beiträge zu Politik und Kultur, Tübingen 1985.

Baring, Arnulf: Außenpolitik in Adenauers Kanzlerdemokratie, München 1960.

–: Im Anfang war Adenauer. Die Entstehung der Kanzlerdemokratie, München 1982.

Basler, Werner: Deutsche Annexionspolitik in Polen und im Baltikum 1914-1918, Ost-Berlin 1962.

Bauer, Gerhard: Sprache und Sprachlosigkeit im »Dritten Reich«, Köln 1988.

Bauer, Helmut: Die Presse und die öffentliche Meinung (Geschichte und Staat, Bd. 106), 2., veränderte Auflage, München 1968.

Bauerkämper, Arnd/Konrad H. Jarausch/Marcus M. Payk (Hrsg.): Demokratiewunder. Transatlantische Mittler und die kulturelle Öffnung Westdeutschlands 1945-1970, Göttingen 2005.

Bausch, Hans: Ein Erbe der Alliierten. Die Freiheit von Presse und Rundfunk, in: Roderich Klett/Wolfgang Pohl (Hrsg.): Stationen einer Republik, Stuttgart 1979.

Becker, Werner: Demokratie des sozialen Rechts. Die politische Haltung der Frankfurter Zeitung, der Vossischen Zeitung und des Berliner Tageblattes 1918-1924, Göttingen 1971.

Bender, Oskar: »Der Gerade Weg« und der Nationalsozialismus. Ein Beitrag zur katholischen Widerstandspresse, Diss., Univ. München 1954.

Benz, Wolfgang (Hrsg.): Die Geschichte der Bundesrepublik Deutschland. Aktualisierte, erweiterte und illustrierte Auflage, 4 Bände, Frankfurt a.M. 1989.

–: Nationalsozialismus II: Führerstaat und Vernichtungskrieg (Informationen zur politischen Bildung, Bd. 266), München 2004.

Beilecke, François: Französische Intellektuelle und die Dritte Republik. Das Beispiel einer Intellektuellenassoziation 1892-1939, Frankfurt a.M. 2003.

–: Netzwerke und Intellektuelle. Konzeptionelle Überlegungen zur politischen Rolle eines zivilgeschichtlichen Akteurs, in: Ders./Katja Marmetschke (Hrsg.): Der Intellektuelle und der Mandarin. Für Hans Manfred Bock (Intervalle 8. Schriften zur Kulturforschung), Kassel 2005, S. 49-65.

–: Vom Europa der Dritten Kraft zur Weltregierung. Ursprünge und diskursive Ausprägungen der Europa-Thematik in *Die Wandlung* (1945-1949), in: Le Discours Européen dans les Revues Allemandes (1945-1955) – Der Europadiskurs in den deutschen Zeitschriften (1945-1955), hrsg. von Michel Grunewald in Zusammenarbeit mit Hans Manfred Bock (Convergences, Vol. 18), New York/Oxford/Wien 2001, S. 121-148.

–/Hans Manfred Bock (Hrsg.): Vernunftethik als gesellschaftliche Begründung der Republik – Die Intellektuellenvereinigung Union pour la Vérité in der Dritten Republik, Dossier in: Lendemains. Zeitschrift für vergleichende Frankreichforschung 20 (1995), Heft 78/79, S. 79-171.

Bennecke, Heinrich: Die Reichswehr und der »Röhm-Putsch«, (Politische Studien: Beiheft, Bd. 2), München 1964.

Benninghaus, Christina: Das Geschlecht der Generation. Zum Zusammenhang von Generationalität und Männlichkeit um 1930, in: Jureit/Wildt, Generationen, S. 127-158.

Berding, Helmut: Moderner Antisemitismus in Deutschland, Frankfurt a.M. 1988.

Berger, Christel: Friedrich Wolf 1953. Eine unvollständige Biographie rückwärts (Erkundungen – Entwürfe – Erfahrungen, Bd. 1), Berlin 2006.

Bergsdorf, Wolfgang: Ohnmacht und Anmaßung. Das Verhältnis von Intellektuellen zur Politik, in: Die politische Meinung 23 (1978), Heft 178, S. 53-66.

Bering, Dietz: Die Intellektuellen. Geschichte eines Schimpfwortes, Stuttgart 1978.

Bernhardt, Oliver: Alfred Döblin, München 2007.

Bernoulli, Christoph: Die Herrenrunde beim Chefredakteur Simon der Frankfurter Zeitung, in: Klaus Gallwitz (Hrsg.): Max Beckmann in Frankfurt, S. 26-28.

Bialas, Wolfgang/Georg Iggers (Hrsg.): Intellektuelle im Nationalsozialismus (Schriften zur politischen Kultur der Weimarer Republik, Bd. 4), Frankfurt a.M. u.a. 2000.

- (Hrsg.): Intellektuelle in der Weimarer Republik, Frankfurt a.M. 1996.
Blanc, Laurence: Wilhelm Hausenstein (1882-1957). Un médiateur culturel et politique entre l'Allemagne et la France (Annales Littéraires de l'Université de Franche-Comté, 642), Paris 1997.
Blaschke, Olaf: Katholizismus und Antisemitismus im Deutschen Kaiserreich (Kritische Studien zur Geschichtswissenschaft, Bd. 122), Göttingen 1997.
Blaxland, Gregory: Amiens. 1918, London 1968.
Bloom, Harold (Hrsg.): The sun also rises, New York 2007.
Boberach, Heinz: Jugend unter Hitler, Düsseldorf 1982.
Bock, Hans Manfred: Der Autor Pierre Viénot, in: Pierre Viénot: Ungewisses Deutschland. Zur Krise seiner bürgerlichen Kultur, neu herausgegeben, eingeleitet und kommentiert von Hans Manfred Bock (Reflexionen über Deutschland im 20. Jahrhundert), Bonn 1999, S. 253-261.
–: Der Intellektuelle und der Mandarin? Zur Rolle des Intellektuellen in Frankreich und Deutschland, in: Frankreich Jahrbuch 1998, S. 35-51.
Borkin, Joseph: Die unheilige Allianz der I.G. Farben. Eine Interessengemeinschaft im Dritten Reich, deutsche Ausgabe, Frankfurt a.M./New York 1990.
Bormuth, Lotte: Käthe Kollwitz. Aus dem Leben einer engagierten Künstlerin, Marburg 2006.
Bosch, Michael: Liberale Presse in der Krise. Die Innenpolitik der Jahre 1930 bis 1933 im Spiegel des »Berliner Tageblatts«, der »Frankfurter Zeitung« und der »Vossischen Zeitung« (Europäische Hochschulschriften, Reihe 3: Geschichte und ihre Hilfswissenschaften 65), Bern 1976, zugl. Diss. Univ. Tübingen 1974.
Bourdieu, Pierre: Die feinen Unterschiede. Kritik der gesellschaftlichen Urteilskraft, deutsche Ausgabe, Frankfurt a.M. 1982.
–: Homo Academicus, Paris 1984.
–: Praktische Vernunft. Zur Theorie des Handelns, deutsche Ausgabe, Frankfurt a.M. 1998.
–: Sozialer Sinn. Kritik der theoretischen Vernunft, deutsche Ausgabe, 3. Auflage, Frankfurt a.M. 1999.
Bracher, Karl Dietrich: Der Weg zum 20. Juli 1944, in: Rudolf Lill/Heinrich Oberreuther (Hrsg.): 20. Juli – Porträts des Widerstands, Taschenbuchausgabe, München 1989, S. 15-28.
–: Die Auflösung der Weimarer Republik. Eine Studie zum Problem des Machtverfalls in der Demokratie, Taschenbuchausgabe, 6. Auflage, Königstein/Taunus 1978.
Brakelmann, Günther: Der Kreisauer Kreis. Chronologie, Kurzbiographien und Texte aus dem Widerstand (Schriftenreihe der Forschungsgemeinschaft 20. Juli 1944 e.V., Bd. 3), 2., korrigierte Auflage, Münster 2004.
–: Helmuth James von Moltke: 1907 bis 1945. Eine Biographie, München 2008.
Brandt, Jan: Fünf Ehen, viele Berufe und ein rastloser Bericht, in: Frankfurter Allgemeine Sonntagszeitung, 29.1.2006. [Porträt Heinrich Hauser, DB]
Brendel, Alfred (Hrsg.): Die Zeit Klassik-Edition. Band 10: Wilhelm Furtwängler. Leben und Musik des großen Dirigenten, Hamburg 2006.
Breuer, Stefan: Ästhetischer Fundamentalismus. Stefan George und der deutsche Antimodernismus, Darmstadt 1995.
–: Anatomie der konservativen Revolution, Darmstadt 1993.

Brodersen, Momme: Siegfried Kracauer, Reinbek bei Hamburg 2001.

Bröder, Friedrich J.: Presse und Politik. Demokratie und Gesellschaft im Spiegel politischer Kommentare der »Frankfurter Allgemeinen Zeitung«, der »Welt« und der »Süddeutschen Zeitung« (Erlanger Studien 8), Erlangen 1976, zugl. Diss. Univ. Erlangen-Nürnberg 1973.

Bronsen, David: Joseph Roth. Eine Biographie, Köln 1974.

Broszat, Martin: Resistenz und Widerstand. Eine Zwischenbilanz des Forschungsprojektes, in: Ders./Elke Fröhlich/Anton Grossmann (Hrsg.): Bayern in der NS-Zeit. Band IV: Herrschaft und Gesellschaft im Konflikt, Teil C, München/Wien 1981, S. 691-709.

–: Sanfte Gegenrede zur kriegerischen Sprache, in: Der Spiegel, Nr.22/1987, S. 101-108.

–: Zur Sozialgeschichte des deutschen Widerstands, in: Vierteljahreshefte für Zeitgeschichte 34 (1986), Heft 3, S. 293-309.

–: Zweihundert Jahre deutsche Polenpolitik, München 1963.

Brunkhorst, Hauke: Der Intellektuelle im Land der Mandarine, Frankfurt a.M. 1987.

Buchele, Marga: Der politische Witz als getarnte Meinungsäußerung gegen den totalitären Staat. Ein Beitrag zur Phänomenologie und Geschichte des inneren Widerstandes im Dritten Reich, Diss., Univ. München 1955.

Bude, Heinz: Generation im Kontext. Von den Kriegs- zu den Wohlfahrtsstaatsgenerationen, in: Ulrike Jureit/Michael Wildt: Generationen, S. 28-44.

Budde, Gunilla-Friederike: Auf dem Weg ins Bürgerleben. Kindheit und Erziehung in deutschen und englischen Bürgerfamilien 1840-1914 (Bürgertum. Beiträge zur europäischen Gesellschaftsgeschichte, Bd. 6), Göttingen 1994.

–: Bürgerinnen in der Bürgergesellschaft, in: Peter Lundgreen (Hrsg.): Sozial- und Kulturgeschichte des Bürgertums, S. 249-271.

Buddenbrock, Cecilia von: Friedrich Sieburg (1893-1964). Ein deutscher Journalist vor der Herausforderung eines Jahrhunderts, dt. Ausgabe, Frankfurt a.M. 2007.

Burkhardt, Wolfram/Hartle, Johan Frederik: Risse im Raum des Politischen. Über den Typus des streitbaren Intellektuellen, in: Vorgänge: Zeitschrift für Bürgerrechte und Gesellschaftspolitik 40 (2001), Heft 4, Nr. 156, S. 5-17.

Burger, Reiner: Theodor Heuss als Journalist. Beobachter und Interpret von vier Epochen deutscher Geschichte, Münster 1999.

Carr, Jonathan: Frankfurter Allgemeine Zeitung – The World at Length, in: Reporting U.S.-European Relations. Four Nations, Four Newspapers, New York, S. 1-23.

Cassier, Peter: Zur Rolle der »Frankfurter Allgemeinen Zeitung« bei der Herausbildung und Durchsetzung der herrschenden Kulturpolitik der BRD. Von 1949 bis zum Beginn der siebziger Jahre, Berlin Humboldt-Univ. 1978.

Charle, Christophe: Vordenker der Moderne. Die Intellektuellen im 19. Jahrhundert, Frankfurt a.M. 1997.

Chaubet, François: Paul Desjardins et les Décades de Pontigny, Diss. Univ. Lille 1996.

Chickering, Roger: Das Deutsche Reich und der Erste Weltkrieg, deutsche Ausgabe, München 2002.

Christensen, Carsten Sander: Zur Wiederaufrüstung Westdeutschlands 1955-59. Politische Intentionen und Konzeptionen der Bundesrepublik Deutschland und

LITERATUR

Frankreichs im Remilitarisierungsprozess (Theorie und Forschung, Bd. 774, Politikwissenschaften, Bd. 4), Regensburg 2002.

Coleman, Kim: IG Farben and ICI, 1925-53. Strategies for growth and survival, Basingstoke u.a. 2006.

Collasius, Franz: Die Außenpolitik der Frankfurter Zeitung im Weltkrieg, Greifswald 1921.

Conze, Werner (Hrsg.): Bildungsbürgertum im 19. Jahrhundert, Bd. 1: Bildungssystem und Professionalisierung im internationalen Vergleich, Stuttgart 1985.

–: Der Nationalsozialismus 1934-1945. Totaler Führerstaat und nationalsozialistische Eroberungspolitik (Tempora. Quellen zur Geschichte und Politik), Stuttgart 1997.

–: Polnische Nation und deutsche Politik im Ersten Weltkrieg (Ostmitteleuropa in Vergangenheit und Gegenwart, Bd. 4), Köln/Graz 1958.

–/Rainer M. Lepsius (Hrsg.): Sozialgeschichte der Bundesrepublik Deutschland, Stuttgart 1985.

Debrunner, Albert M.: Freunde, es war eine elende Zeit! René Schickele in der Schweiz 1915-1919, Frauenfeld u.a. 2004.

Deist, Wilhelm: Militär, Staat und Gesellschaft: Studien zur preußisch-deutschen Militärgeschichte (Beiträge zur Militärgeschichte, Bd. 34), München 1991.

Diel, Helmut: Grenzen der Presselenkung und Pressefreiheit im Dritten Reich untersucht am Beispiel der »Frankfurter Zeitung«, Diss. Univ. Freiburg i. Br. 1960.

Dietrich, Babette: »Ein Auftrag von höherer Macht ...«. Walter von Molo und die Mainzer Literaturklasse 1949-1956 (Edition Wissenschaft, Reihe Germanistik, Bd. 7), Marburg 1995, zugleich Diss. FU Berlin 1995.

Diller, Ansgar: Rundfunk und Presse mit neuen Freiheiten, in: Jürgen Weber: Die Gründung des neuen Staates 1949 (Bayerische Landeszentrale für politische Bildung, Bd. A63), 2. Auflage, München 1983.

Dilly, Heinrich: Material zu einer Geschichte des Kunstgeschichtlichen Instituts der Johann Wolfgang Goethe-Universität Frankfurt am Main, in: Die Geschichte des Kunstgeschichtlichen Instituts der Goethe-Universität Frankfurt: 1915-1995, hrsg. vom Direktorium des Kunstgeschichtlichen Instituts (Frankfurter Fundamente der Kunstgeschichte, Bd. 17), Frankfurt a.M. 2002, S. 35-38.

Distl, Dieter: Ernst Toller: Eine politische Biographie, Schrobenhausen 1993 (Edition Descartes, Bd. 1), zugleich Diss. Univ. München 1993.

Dodd, William J.: Jedes Wort wandelt die Welt. Dolf Sternbergers politische Sprachkritik, Göttingen 2007.

Doering-Manteuffel, Anselm: Die Bundesrepublik Deutschland in der Ära Adenauer. Außenpolitik und innere Entwicklung 1949 bis 1963, Darmstadt 1983.

Dohrendorf, Rüdiger: Zum publizistischen Profil der »Frankfurter Allgemeinen Zeitung«. Computergestützte Inhaltsanalyse von Kommentaren der FAZ (Europäische Hochschulschriften, Reihe 22, 204), Frankfurt a.M. 1990, zugl. Diss. Univ. Hamburg 1990.

Dörner, Andreas/Ludgera Vogt: Kultursoziologie (Bourdieu – Mentalitätengeschichte – Zivilisationstheorie), in: Klaus-Michael Bogdal (Hrsg.): Neue Literaturtheorien. Eine Einführung, 2., neubearbeitete Auflage, Opladen 1997, S. 134-158.

Dorst, Klaus/Wolfgang Wünsche: Der erste Weltkrieg. Erscheinung und Wesen, Berlin (Ost) 1989.

Dovifat, Emil: Die Publizistik der Weimarer Zeit, in: Leonhard Reinisch (Hrsg.): Die Zeit ohne Eigenschaften. Eine Bilanz der zwanziger Jahre, Stuttgart 1961, S. 119-136.

–: Journalistische Kämpfe um die Freiheit der Presse in der Weimarer Republik. Tragischer Rückblick eines Beteiligten, in: Publizistik. Festschrift für Edgar Stern-Rubarth, Bremen 1963, S. 24-29.

–: 60 Jahre deutscher Journalismus, in: 60 Jahre Verein deutscher Zeitungsverleger 1894-1954. – Zeitung gestern und heute. Zeitungsverlag und Zeitschriftenverlag, Wiesbaden 1954.

Dreier, Hardy: Formen von Konzentration und Verflechtung im Medienbereich. Am Beispiel der Gruppe »Frankfurter Allgemeine Zeitung«, Magisterarbeit FU Berlin 1983.

Dröge, Christoph: Pierre Viénots »deutsche Ungewißheiten«. Aktuelle Lektüre eines Buches, das Geschichte wurde, in: Dokumente. Zeitschrift für den deutsch-französischen Dialog 46 (1990), S. 40-46.

Drommer, Günther: All die tapferen Soldaten. Nachwort zu: Ludwig Renn: Krieg. Roman, Berlin 2001, S. 323-334.

Duault, Alain: Frédéric Chopin, Arles 2004.

Dülffer, Jost/Karl Holl (Hrsg.): Bereit zum Krieg. Kriegsmentalität im wilhelminischen Deutschland 1890-1914. Beiträge zur historischen Friedensforschung, Göttingen 1986.

Dürr, Sybille: Zur Geschichte des Faches Kunstgeschichte an der Universität München (Schriften aus dem Institut für Kunstgeschichte der Universität München, Bd. 62), München 1993.

Düweke, Peter: »Aus allen diesen Gründen läßt unser hirnanatomischer Befund Lenin als einen Assoziationsathleten erkennen.« Cécile und Oskar Vogt (1875-1962, 1870-1959), in: Ders.: Kleine Geschichte der Hirnforschung. Von Descartes bis Eccles, München 2001, S. 114-128.

Ebeling, Hans: Die Anfänge der Frankfurter Zeitung und Ferdinand Lassalle, Diss. Univ. Gießen 1929.

Eckel, Jan: Hans Rothfels. Eine intellektuelle Biographie im 20. Jahrhundert, Göttingen 2005.

Eksteins, Modris: Tanz über Gräben. Die Geburt der Moderne und der Erste Weltkrieg, deutsche Ausgabe, Reinbek bei Hamburg 1990.

–: The Limits of Reason. The German Democratic Press and the Collapse of Weimar Democracy, Oxford 1975.

Edgar, James H.: The »Frankfurter Zeitung« and the political parties of the radical right in Weimar Republic: 1918-1933, Ann Arbor, Mich.: UMI 1993.

Ehrke-Rotermund, Heidrun/Erwin Rotermund: Zwischenreiche und Gegenwelten. Texte und Vorstudien zur »Verdeckten Schreibweise« im »Dritten Reich«, München 1999.

Eigenbrodt, August: Berliner Tageblatt und Frankfurter Zeitung in ihrem Verhalten zu den nationalen Fragen 1887-1914. Ein geschichtlicher Rückblick, 2. Aufl., Berlin 1917.

Eimer, Gerhard: Das Kunstgeschichtliche Institut, in: Die Geschichte des Kunstgeschichtlichen Instituts der Goethe-Universität Frankfurt: 1915-1995, hrsg. vom

Direktorium des Kunstgeschichtlichen Instituts (Frankfurter Fundamente der Kunstgeschichte, Bd. 17), Frankfurt a.M. 2002, S. 3-34.

Eliav, Mordechai: Jüdische Erziehung in Deutschland im Zeitalter der Aufklärung und der Emanzipation (Jüdische Bildungsgeschichte in Deutschland, Bd. 2), deutsche Ausgabe, Münster 2001.

Engelhardt, Ulrich: »Bildungsbürgertum«. Begriffs- und Dogmengeschichte eines Etiketts (Industrielle Welt, Bd. 43), Stuttgart 1986.

Erdmann, Karl Dietrich: Der Erste Weltkrieg (Gebhardt. Handbuch der deutschen Geschichte), 9., neu bearbeitete Auflage, hrsg. von Herbert Grundmann, Bd. 18, München 1980.

Ewald, Hans-Gerd: Die gescheiterte Republik. Idee und Programm einer »Zweiten Republik« in den »Frankfurter Heften« (1946-1950), Frankfurt a.M. 1988.

Fest, Joachim: Über Friedrich Sieburg, in: Hans Jürgen Schultz (Hrsg.): Journalisten über Journalisten, München 1980, S. 259-272.

–, in: Dolf Sternberger 28.7.1907-27.7.1989. Ansprachen bei der Trauerfeier am 3. August 1989 in der Heiliggeistkirche zu Heidelberg, Frankfurt a.M. 1989.

Fischer, Bernhard/Thomas Dietzel: Die Gegenwart, in: Deutsche Literarische Zeitschriften 1945-1970. Ein Repertorium, Bd. 2, München 1992, S. 315-319.

Fischer, Fritz: Deutsche Kriegsziele. Revolutionierung und Separatfrieden im Osten 1914-1918, in: Historische Zeitschrift 188 (1959), S. 249-310.

–: Griff nach der Weltmacht. Die Kriegszielpolitik des kaiserlichen Deutschland 1914/18, Düsseldorf 1961.

–: Krieg der Illusionen. Die deutsche Politik von 1911 bis 1914, 2. Auflage, Düsseldorf 1970.

Fischer, Heinz-Dietrich (Hrsg.): Beispielhafter Journalismus. Theodor-Wolff-Preisträger und deren Texte aus der Frankfurter Allgemeinen Zeitung. Ein publizistisches Lesekompendium, Stuttgart 1987.

– (Hrsg.): Chefredakteure – Publizisten oder Administratoren? Status, Kompetenzen und kommunikative Funktion von Redaktionsleitern bei Tageszeitungen und Wochenzeitungen, Düsseldorf 1980.

– (Hrsg.): Deutsche Kommunikationskontrolle des 15. bis 20. Jahrhunderts, München 1980.

– (Hrsg.): Deutsche Presseverleger des 18. bis 20. Jahrhunderts, Pullach bei München 1975.

– (Hrsg.): Deutsche Publizisten des 15. bis 20. Jahrhunderts (Publizistik – Historische Beiträge, Bd. 1), München-Pullach/Berlin 1971.

– (Hrsg.): Deutsche Zeitungen des 17.-20. Jahrhunderts (Publizistik – Historische Beiträge, Bd. 2), München 1972.

–: Die großen Zeitungen – Porträts der Weltpresse, München 1966.

–: Parteien und Presse in Deutschland seit 1945, Bremen 1971.

Flach, Karl Hermann: Die Situation im deutschen Pressewesen, in: Bracher, Karl-Dietrich (Hrsg.): Nach 25 Jahren. Eine Deutschland-Bilanz, München 1970.

Flemming, Jens: »Neues Bauen am gegebenen Ort«. Deutschland, Europa und *Die Gegenwart*, in: Le Discours Européen dans les Revues Allemandes (1945-1955) – Der Europadiskurs in den deutschen Zeitschriften (1945-1955), hrsg. von Michel

Grunewald in Zusammenarbeit mit Hans Manfred Bock (Convergences, Vol. 18), Bern 2001, S. 187-218.

–/Klaus Saul/Peter-Christian Witt: Familienleben im Schatten der Krise. Dokumente und Analysen zur Sozialgeschichte der Weimarer Republik 1918-1933, Düsseldorf 1988.

Flugblatt und Zeitung. Ein Wegweiser durch das gedruckte Tagesschrifttum, Band II: Von 1848 bis zur Gegenwart. Unter Zugrundelegung des Textes von Karl Schottenloher, neu verfaßt und bis in die Gegenwart fortgeführt von Johannes Binkowski (Bibliothek für Kunst- und Antiquitätenfreunde, Bd. 21/2), München 1985.

Flügge, Matthias (Hrsg.): Heinrich Zille. Zeichner der Großstadt, 2. Auflage, Dresden u.a. 1998.

Fogt, Helmut: Politische Generationen. Empirische Bedeutung und theoretisches Modell (Beiträge zur sozialwissenschaftlichen Forschung, Bd. 32), Opladen 1982.

Forster-Hahn, Françoise: Max Beckmann in Kalifornien. Exil, Erinnerung und Erneuerung (Passerelles, Bd. 9), München 2007.

Frei, Norbert: Der Führerstaat. Nationalsozialistische Herrschaft 1933 bis 1943 (Deutsche Geschichte der neuesten Zeit), 3. Auflage, München 1993.

–/Johannes Schmitz: Journalismus im Dritten Reich, 2. Auflage, München 1989.

Frevert, Ute: Frauen-Geschichte. Zwischen Bürgerlicher Verbesserung und Neuer Weiblichkeit (Neue Historische Bibliothek, Bd. 284), Frankfurt a.M. 2001.

Fricke, Kurt: Spiel am Abgrund. Heinrich George. Eine politische Biographie, Halle a.d. Saale 2000.

Friedrich, Heinz: Wer war Wilhelm Hausenstein?, in: Bayerische Akademie der Schönen Künste. Jahrbuch 13, Band 2, 1999, S. 664-670.

Fries, Helmut: Deutsche Schriftsteller im Ersten Weltkrieg, in: Wolfgang Michalka (Hrsg.): Der Erste Weltkrieg. Wirkung, Wahrnehmung, Analyse, München/Zürich 1994, S. 825-848.

Funk, Michael: Das faschistische Italien im Urteil der »Frankfurter Zeitung« (1920-1933), in: Quellen und Forschungen aus italienischen Archiven und Bibliotheken 69 (1989), S. 255-311.

Furler, Elisabeth (Hrsg.): Karl Hofer. Leben und Werk in Daten und Bildern. Mit einer Einleitung von Ursula Feist, Frankfurt a.M. 1978.

Haffner, Herbert (Hrsg.): Furtwängler, Berlin 2006.

Gall, Lothar (Hrsg.): Stadt und Bürgertum im 19. Jahrhundert (Stadt und Bürgertum, Bd. 1), München 1990.

–: Stadt und Bürgertum im 19. Jahrhundert. Ein Problemaufriß, in: Ders.: Stadt und Bürgertum, S. 1-11.

Gallo, Max: Der schwarze Freitag der SA: der Röhm-Putsch, München 1981.

Gallwitz, Klaus (Hrsg.): Max Beckmann in Frankfurt, Frankfurt a.M. 1984.

– u.a. (Hrsg.): Max Beckmann. Briefe, 3 Bände, München u.a. 1993-1996.

Gangl, Manfred/Gérard Raulet (Hrsg.): Intellektuellendiskurse in der Weimarer Republik. Zur politischen Kultur einer Gemengelage, Frankfurt a.M. 1994.

Gantner, Joseph (Hrsg.): Heinrich Wölfflin 1864-1945. Autobiographie, Tagebücher und Briefe, Basel/Stuttgart 1982.

Gassert, Philipp: Amerika im Dritten Reich: Ideologie, Propaganda und Volksmeinung 1933-1945 (Transatlantische historische Studien, Bd. 7), Stuttgart 1997, zugl. Diss. Univ. Heidelberg 1996.

Gay, Ruth: Geschichte der Juden in Deutschland. Von der Römerzeit bis zum Zweiten Weltkrieg, dt. Ausgabe, München 1993.

Gehrke, Hans-Joachim/Helmuth Schneider (Hrsg.): Geschichte der Antike. Ein Studienbuch, Stuttgart 2000.

Geinitz, Christian: Das Augusterlebnis in Freiburg. Eine Studie zum Kriegsbeginn 1914, Essen 1998.

Geiss, Imanuel: Das Deutsche Reich und der Erste Weltkrieg, München/Zürich 1985.

Die Geschichte des Kunstgeschichtlichen Instituts der Goethe-Universität Frankfurt: 1915-1995, hrsg. vom Direktorium des Kunstgeschichtlichen Instituts (Frankfurter Fundamente der Kunstgeschichte, Bd. 17), Frankfurt a.M. 2002.

Gersdorff, Dagmar von: Marie Luise Kaschnitz. Eine Biographie, Taschenbuchausgabe, Frankfurt a.M./Leipzig 1992.

Gersdorff, Gero von: Adenauers Außenpolitik gegenüber den Siegermächten 1954. Westdeutsche Bewaffnung und internationale Politik (Beiträge zur Militärgeschichte, Bd. 41), München 1994.

Geyer, Michael: Die Genfer Abrüstungskonferenz 1932 und das Problem der Rüstung in der Zwischenkriegszeit, in: Parlamentarische und öffentliche Kontrolle von Rüstung in Deutschland 1700-1970, Beiträge zur historischen Friedensforschung, hrsg. vom Militärgeschichtlichen Forschungsamt und dem Arbeitskreis Historische Friedensforschung und Jost Dülffer (Droste-Taschenbücher Geschichte, Bd. 917), Düsseldorf 1992, S. 175-202.

Giesen, Bernhard (Hrsg.): Die Intellektuellen und die Nation. Eine deutsche Achsenzeit, Frankfurt a.M. 1993.

–: Nationale und kulturelle Identität, Frankfurt a.M. 1991.

Gillessen, Günther: Auf verlorenem Posten. Die Frankfurter Zeitung im Dritten Reich, 2., überarb. Auflage, Berlin 1987.

–: Der Zweifel, in: FAZ, Nr. 24, 29.1.2004.

–: Eine bürgerliche Zeitung »auf verlorenem Posten« – Die Frankfurter Zeitung im Dritten Reich, in: Christoph Studt (Hrsg.): »Diener des Staates«, S. 161-174.

Gimbel, John: Amerikanische Besatzungspolitik in Deutschland 1945-1949, Frankfurt a.M. 1971.

Glaser, Curt u.a.: Max Beckmann, München 1924.

Glaser, Hermann: Kulturgeschichte der Bundesrepublik, 3 Bände, München 1985-1988.

–: »Als die Republik geboren wurde«. Eine Rückerinnerung anhand des ersten Jahrgangs der »Frankfurter Hefte«, in: Frankfurter Hefte, 1978, Heft 9, S. 9-18.

Glatzeder, Sebastian J.: Die Deutschlandpolitik der FDP in der Ära Adenauer, Baden-Baden 1980.

Görner, Rüdiger (Hrsg.): Rainer Maria Rilke (Wege der Forschung, Bd. 638), Darmstadt 1987.

Görtemaker, Heike B.: Ein deutsches Leben. Die Geschichte der Margret Boveri 1900-1975, München 2005.

Görtemaker, Manfred: Geschichte der Bundesrepublik Deutschland. Von der Gründung bis zur Gegenwart. München 1999.

Gradl, Bergita: Rudolf Geck, Theaterkritiker der »Frankfurter Zeitung« (1898-1936), Diss. FU Berlin 1968.

Grebe, Hans: Wandlungen einer Stadt. Zwölfhundert Jahre Frankfurt am Main, Frankenberg 1994.

Greenfield, Darby: Indonesia. A Traveler's Guide. Java and Sumatra, New York/ Cambridge 1975.

Greiffenhagen, Martin: Die Intellektuellen in der deutschen Politik, in: Der Monat 20 (1968), S. 33-43.

Greiser, Franz: Die westdeutschen Tageszeitungen – Tatsachen und Tendenzen, in: Wirtschaftsdienst 34 (1954), S. 553-559.

Greuner, Reinhard: Lizenzpresse – Auftrag und Ende. Der Einfluß der anglo-amerikanischen Besatzungspolitik auf die Wiedererrichtung eines imperialistischen Pressewesens in Westdeutschland, Berlin 1962.

Gritschneder, Otto: Der »Röhm-Putsch«, in: Christoph Studt (Hrsg.): Das Dritte Reich, ein Lesebuch zur deutschen Geschichte 1933-1945 (Beck'sche Reihe, Bd. 4013), München 1997, S. 78-81.

Grosser, Alfred: Geschichte Deutschlands seit 1945, 11. Auflage, München 1984.

Grosser, Johannes F.G. (Hrsg.): Die große Kontroverse. Ein Briefwechsel um Deutschland, Hamburg 1963.

Groth, Otto: Die unerkannte Kulturmacht. Grundlegung der Zeitungswissenschaft (Periodik, Bd. 4: Das Werden des Werkes), Berlin 1962.

Grunenberg, Nina: Die Journalisten. Bilder aus der deutschen Presse, Hamburg 1967.

Grunert, Frank/Dorothee Kimmich (Hrsg.): Denken durch die Dinge. Siegfried Kracauer im Kontext, Paderborn 2008.

Grüning, Harald: Die Komposition von Seiten und Ausgaben bürgerlicher Presseorgane als Mittel der ideologischen Manipulation. Untersucht an der DDR-Darstellung in der Frankfurter Allgemeinen Zeitung, Berlin Humboldt-Univ. 1979.

Habe, Hans: Im Jahre Null. Ein Beitrag zur Geschichte der deutschen Presse, München 1966.

Habermas, Jürgen: Heinrich Heine und die Rolle der Intellektuellen in Deutschland, in: Ders.: Eine Art Schadensabwicklung, Frankfurt a.M. 1987, S. 27-54.

–: Strukturwandel der Öffentlichkeit. Untersuchungen zu einer Kategorie der bürgerlichen Gesellschaft, Neuwied–Berlin 1962.

Haftendorn, Helga: Sicherheit und Entspannung. Zur Außenpolitik der Bundesrepublik Deutschland 1955-1982, Baden-Baden 1983.

Hagemann, Walter: Publizistik im Dritten Reich, Hamburg 1948.

–: Der Presse Niedergang im Dritten Reich, in: Das Parlament, Bonn, Jg. 1954, Nr. 38, S. 3.

Hagmann, Meinrad: Der Weg ins Verhängnis: Reichstagswahlergebnisse 1919-1933 besonders aus Bayern, München 1946.

Hajdu, Marcus: »Du hast einen anderen Geist als wir!«. Die »große Kontroverse« um Thomas Mann 1945-1949, Diss. Univ. Gießen 2002.

Hale, Oron J.: Presse in der Zwangsjacke, 1933-1945, Düsseldorf 1965.

Hallwirth, Uta: Auf der Suche nach einer neuen Identität? Zum nationalen Selbst-

verständnis der westdeutschen Presse 1945-1955 (Erlanger Historische Studien, Bd. 13), Frankfurt a.M. u.a. 1987.
Hamm, Peter: Einer allein. Gegen das Zeitalter des Nichtmehrwissens. Etwas über Max Picard, in: Bayerische Akademie der Schönen Künste. Jahrbuch 13, Band 2, 1999, S. 641-648.
Hammerstein, Notker: Die Johann Wolfgang Goethe-Universität Frankfurt am Main. Von der Stiftungsuniversität zur staatlichen Hochschule, Band 1: 1914-1950, Neuwied 1989.
Hanrieder, Wolfram F.: Fragmente der Macht. Die Außenpolitik der Bundesrepublik, München 1981.
–: Deutschland, Europa, Amerika. Die Außenpolitik der Bundesrepublik Deutschland 1949-1989, Paderborn 1990.
Hardtwig, Wolfgang: Großstadt und Bürgerlichkeit in der politischen Ordnung des Kaiserreiches, in: Lothar Gall (Hrsg.): Stadt und Bürgertum im 19. Jahrhundert, S. 19-64
Hartwig, Wolfgang: Vormärz. Der monarchische Staat und das Bürgertum (Deutsche Geschichte der neuesten Zeit), 3. Auflage, München 1993.
Hay, Gerhard/Hartmut Rambaldo/Bernhard Zeller (Hrsg.): Zur literarischen Situation 1945-1949, Kronberg i. Ts. 1977.
Hayes, Peter: Die I.G.-Farbenindustrie, in: Lothar Gall/Manfred Pohl (Hrsg.): Unternehmen im Nationalsozialismus, München 1998, S. 107-116.
Heidkamp, Konrad: Dort, wo Stille und Licht ist, in: Die Zeit, 10.4.2003.
Heine, Jens Ulrich: Verstand & Schicksal. Die Männer der I.G. Farbenindustrie A.G. (1925-1945) in 161 Kurzbiographien, Weinheim u.a. 1990.
Heinemann, Ulrich: Die verdrängte Niederlage. Die politische Öffentlichkeit und Kriegsschuldfrage in der Weimarer Republik (Kritische Studien zur Geschichtswissenschaft, Bd. 59), Göttingen 1983.
Hellack, Georg: Architektur und bildende Kunst als Mittel nationalsozialistischer Propaganda, in: Publizistik 5 (1960), S. 77-95.
Hellberg, Frank: Walter Mehring: Schriftsteller zwischen Kabarett und Avantgarde, Bonn 1983 (Abhandlungen zur Kunst-, Musik- und Literaturwissenschaft, Bd. 337), zugleich Diss. Univ. Hannover 1983.
Hepp, Fred: Der geistige Widerstand im Kulturteil der »Frankfurter Zeitung« gegen die Diktatur des totalen Staates: 1933-1943, Diss. Univ. München 1950.
Herbert, Ulrich: Best. Biographische Studien über Radikalismus, Weltanschauung und Vernunft 1903-1989, 2., durchgesehene Auflage, Bonn 1996.
–: Generationenfolge in der deutschen Geschichte des 20. Jahrhunderts, in: Jürgen Reulecke (Hrsg.): Generationalität und Lebensgeschichte im 20. Jahrhundert (Schriften des Historischen Kollegs. Kolloquien, Bd. 58), München 2003, S. 95-114.
Herbst, Ludolf: Das nationalsozialistische Deutschland 1933-1945. Die Entfesselung der Gewalt: Rassismus und Krieg, Frankfurt a.M. 2005.
Hermand, Jost: Kultur im Wiederaufbau. Die Bundesrepublik Deutschland 1945-1965, München 1986.
–/Helmut Peitsch/Klaus R. Scherpe (Hrsg.): Nachkriegsliteratur in Westdeutschland, Bd. 2: Autoren, Sprache, Tradition, Berlin 1984, S. 28-40.

Herwig, Holger: The First World War. Germany and Austria-Hungary, 1914-1918, London 1997.
Herzfeld, Hans: Zur deutschen Politik im Ersten Weltkriege. Kontinuität oder permanente Krise?, in: Historische Zeitschrift 91 (1960), S. 67-82.
Hessler, Ulrike: Bernard von Brentano – Ein deutscher Schriftsteller ohne Deutschland. Tendenzen des Romans zwischen Weimarer Republik und Exil (Europäische Hochschulschriften, Reihe I: Deutsche Sprache und Literatur, Bd. 778), Frankfurt a.M. u.a. 1984.
Hettling, Manfred: Bürgerlichkeit im Nachkriegsdeutschland, in: Ders./Bernd Ulrich (Hrsg.): Bürgertum nach 1945, Hamburg 2005, S. 7-37.
–/Stefan-Ludwig Hoffmann: Der bürgerliche Wertehimmel. Zum Problem individueller Lebensführung im 19. Jahrhundert, in: Geschichte und Gesellschaft, Band 23, 1997, S. 333-359.
–: (Hrsg.): Der bürgerliche Wertehimmel. Innenansichten des 19. Jahrhunderts, Göttingen 2000.
Heydecker, Joe J.: Der Große Krieg 1914-1918. Von Sarajewo bis Versailles, Frankfurt a.M./ Berlin 1988.
Hillach, Ansgar: Aufbruch als novellistisches Ereignis: Joseph von Eichendorff: Aus dem Leben eines Taugenichts (1826), in: Winfried Freund (Hrsg.): Deutsche Novellen: von der Klassik bis zur Gegenwart, München 1993, S. 73-83.
Hillgruber, Andreas: Deutsche Geschichte 1945-1982. Die ›deutsche Frage‹ in der Weltpolitik, 5. Auflage, Stuttgart 1985.
Hirsch, Helmut: Die Saar von Genf. Die Saarfrage während des Völkerbundregimes von 1920-1935 (Rheinisches Archiv, Bd. 46), Bonn 1954.
Hirschfeld, Gerhard/Gerd Krumeich/Irina Renz (Hrsg.):»Keiner fühlt sich hier mehr als Mensch ...«. Erlebnis und Wirkung des Ersten Weltkrieges, Frankfurt a.M. 1996.
–/Gerd Krumeich/Dieter Langewiesche (Hrsg.): Kriegserfahrungen. Studien zur Sozial- und Mentalitätsgeschichte des Ersten Weltkrieges, Frankfurt a.M. 1996.
Hodenberg, Christina von: Konsens und Krise. Eine Geschichte der westdeutschen Medienöffentlichkeit 1945-1973 (Moderne Zeit. Neue Forschungen zur Gesellschafts- und Kulturgeschichte des 19. und 20. Jahrhunderts, Bd. 12), Göttingen 2006.
Hohmann, Christine: Dienstbares Begleiten und später Widerstand. Der nationale Sozialist Adolf Reichwein im Nationalsozialismus, Bad Heilbrunn 2007.
Höhne, Roland: Die Einschätzung der internationalen Machtverhältnisse durch die Frankfurter Zeitung während der Sudetenkrise, in: Franz Knipping (Hrsg.): Machtbewußtsein in Deutschland am Vorabend des Zweiten Weltkrieges (Sammlung Schöningh zur Geschichte und Gegenwart), Paderborn 1984, S. 295-316.
Holdermann, Karl: Carl Bosch. Im Banne der Chemie. Leben und Werk, Düsseldorf 1960.
Holz, Klaus: Nationaler Antisemitismus. Wissenssoziologie einer Weltanschauung, Hamburg 2001.
Hopp, Andrea: Jüdisches Bürgertum in Frankfurt am Main im 19. Jahrhundert (Frankfurter Historische Abhandlungen, Bd. 38), Stuttgart 1997.

LITERATUR

Hörster-Philipps, Ulrike: Konservative Politik in der Endphase der Weimarer Republik. Die Regierung Franz von Papen, Köln 1982.

Hübinger, Gangolf: Kulturprotestantismus und Politik. Zum Verhältnis von Liberalismus und Protestantismus im wilhelminischen Deutschland, Tübingen 1994.

–/Wolfgang Mommsen (Hrsg.): Intellektuelle im Deutschen Kaiserreich, Frankfurt a.M. 1993.

Hurwitz, Harold: Die Stunde Null der deutschen Presse. Die amerikanische Pressepolitik in Deutschland 1945-49, München 1976.

Jahr, Christof: Gewöhnliche Soldaten. Desertion und Deserteure im deutschen und britischen Heer 1914-1918, Göttingen 1998.

Jänecke, Günther: Der Übergang der Presse von der Weimarer Republik zum Dritten Reich, in: Zeitungs-Verlag und Zeitschriften-Verlag, 1.5.1963, S. 592-598.

Jarausch, Konrad H.: Der nationale Tabubruch. Wissenschaft, Öffentlichkeit und Politik in der Fischer-Kontroverse, in: Martin Sabrow/Ralph Jessen/Klaus Große Kracht (Hrsg.): Zeitgeschichte als Streitgeschichte. Große Kontroversen nach 1945, München 2003, S. 20-40.

–: Deutsche Studenten 1800-1970 (Neue Historische Bibliothek), Frankfurt a.M. 1984.

–: Students, Society, and Politics in Imperial Germany. The Rise of Illiberalism, Princeton 1982.

Jehser, Werner: Friedrich Wolf. Leben und Werk, Berlin 1982.

Jensen, Brigitte: Rassistische Tendenzen in der »Frankfurter Zeitung« und der Wochenzeitung »Das Reich« (1933-1945), FU Berlin 1990.

Jensen, Uffa: Gebildete Doppelgänger. Bürgerliche Juden und Protestanten im 19. Jahrhundert (Kritische Studien zur Geschichtswissenschaft, Bd. 167), Göttingen 2005.

Jenssen, Elisabeth: Wiederbewaffnung und NATO-Beitritt der Bundesrepublik Deutschland: Positionen, Analysen und Debatten in der Zeitschrift *Die Gegenwart*, Wissenschaftliche Hausarbeit zur Ersten Staatsprüfung für das Lehramt an Gymnasien, Univ. Kassel 2008.

Jochmann, Werner: Gesellschaftskrise und Judenfeindschaft in Deutschland 1870-1945, Hamburg 1988.

Jureit, Ulrike/Michael Wildt (Hrsg.): Generationen. Zur Relevanz eines wissenschaftlichen Grundbegriffs, Hamburg 2005.

Kaack, Heino: Die FDP. Grundriß und Materialien zur Geschichte, Struktur und Programmatik, 3. Auflage, Meisenheim 1979.

Kahn, Ernst: The Frankfurter Zeitung. In: Leo Baeck Institute Yearbook (II), 1957, S. 228-235.

Kapitza, Arne: Zwischen Anpassung und Opposition. Die »Frankfurter Zeitung« und die nationalsozialistische Machtergreifung, in: Jahrbuch zur Liberalismus-Forschung 5 (1993), S. 69-103.

Karlauf, Thomas: Stefan George – Die Entdeckung des Charisma. Biographie, 3. Auflage, München 2007.

Karpen, Ulrich: Europas Zukunft. Vorstellungen des Kreisauer Kreises um Helmuth James Graf von Moltke, Heidelberg 2005.

Kasang, Dieter: Wilhelminismus und Expressionismus. Das Frühwerk Fritz von Unruhs 1904-1921 (Stuttgarter Arbeiten zur Germanistik, Bd. 78), Stuttgart 1980.

Kershaw, Ian: Widerstand ohne Volk? Dissens und Widerstand im Dritten Reich, in: Jürgen Schmädecke/Peter Steinbach (Hrsg.): Der Widerstand gegen den Nationalsozialismus. Die deutsche Gesellschaft und der Widerstand gegen Hitler, München/Zürich 1985, S. 779-798.

Kielmansegg, Peter Graf: Deutschland und der Erste Weltkrieg, Frankfurt a.M. 1968.

Kienle, Annabelle: Max Beckmann in Amerika (Studien zur internationalen Architektur- und Kunstgeschichte, Bd. 57), Petersburg 2008.

Kienzle, Michael: (Hrsg.): Wolf, Friedrich: Cyankali § 218. Mit Materialien, Stuttgart u.a. 1998.

Kirsche, Walter: Oskar Vogt 1870-1959. Leben und Werk und dessen Beziehung zur Hirnforschung der Gegenwart. Ein Beitrag zur 25. Wiederkehr seines Todestages (Sitzungsberichte der Akademie der Wissenschaften der DDR. Mathematik – Naturwissenschaften – Technik, Jg. 1985/Nr. 13/N), Berlin 1986.

Klautke, Egbert: Unbegrenzte Möglichkeiten. »Amerikanisierung« in Deutschland und Frankreich (1900-1933) (Transatlantische Historische Studien, Bd. 14), Wiesbaden 2003.

Kleberger, Ilse: Käthe Kollwitz, Augsburg 2004.

Klein, Fritz u.a.: Deutschland im Ersten Weltkrieg, 3 Bände, Ost-Berlin 1968/69.

Kleßmann, Christoph: Die doppelte Staatsgründung. Deutsche Geschichte 1945-1955, 4., ergänzte Auflage, Göttingen 1986.

Kley, Stefan: Hitler, Ribbentrop und die Entfesselung des Zweiten Weltkriegs. Paderborn 1996 (Sammlung Schöningh zur Geschichte und Gegenwart), zugl. Diss. Univ. Stuttgart 1995.

Kliesch, Hans-Joachim: Die Film- und Theaterkritik im NS-Staat, Diss. FU Berlin 1957.

Klotzbach, Kurt: Der Weg zur Staatspartei. Programmatik, praktische Politik und Organisation der deutschen Sozialdemokratie 1945-1965, Berlin 1982.

Knipping, Franz: Deutschland, Frankreich und das Ende der Locarno-Ära 1928-1931. Studien zur internationalen Politik in der Anfangsphase der Weltwirtschaftskrise, München 1987.

–/Jacques le Rider (Hrsg.): Frankreichs Kulturpolitik in Deutschland 1945-1950, Tübingen 1987.

Knoch, Peter: Kriegsalltag. Die Rekonstruktion des Kriegsalltags als Aufgabe der historischen Forschung und der Friedenserziehung, Stuttgart 1989.

Koch, Gertrud: Kracauer zur Einführung, Hamburg 1996.

Kocka, Jürgen (Hrsg.): Bildungsbürgertum im 19. Jahrhundert, Band 4: Politischer Einfluß und gesellschaftliche Formation, Stuttgart 1989.

–: Bürgertum im 19. Jahrhundert. Deutschland im europäischen Vergleich, München 1988.

–: Das lange 19. Jahrhundert (Gebhardt. Handbuch der deutschen Geschichte, Bd. 13), 10., völlig neu bearbeitete Auflage, Stuttgart 2001.

–: Klassengesellschaft im Krieg. Deutsche Sozialgeschichte 1914-1918, Göttingen 1973.

Koebner, Thomas/Gert Sautermeister/Sigrid Schneider (Hrsg.): Deutschland nach Hitler. Zukunftspläne im Exil und in der Besatzungszeit, Opladen 1987.

Kohl, Ulrike: Die Präsidenten der Kaiser-Wilhelm-Gesellschaft im Nationalsozialismus. Max Planck, Carl Bosch und Albert Vögler zwischen Wissenschaft und Macht (Pallas Athene, Bd. 5), Stuttgart 2002.

Köhler, Ludwig von: Die Staatsverwaltung der besetzten Gebiete. Belgien, Stuttgart/Berlin/Leipzig 1927.

Köhler, Werner: Freiburg i.Br. 1945-1949. Politisches Leben und Erfahrungen in der Nachkriegszeit, Freiburg i.Br. 1987.

Körber, Esther-Beate: Buchbesprechung von: Gillessen, Frankfurter Zeitung, in: Historische Zeitschrift 246 (1988), S. 476 f.

Kolb, Eberhard: Die Weimarer Republik (Oldenbourg Grundriß der Geschichte, Bd. 16), München 1993.

Korda, Rolf Martin: Für Bürgertum und Business. Die Frankfurter Allgemeine Zeitung, in: Michael Wolf Thomas (Hrsg.): Porträts der deutschen Presse. Presse und Profit, Berlin 1980, S. 81-96.

Koselleck, Reinhart (Hrsg.): Bildungsbürgertum im 19. Jahrhundert, Band 2: Bildungsgüter und Bildungswissen, Stuttgart 1990.

Koszyk, Kurt: Deutsche Pressepolitik im Ersten Weltkrieg, Düsseldorf 1968.

–: Das Ende des Rechtsstaates 1933/34 und die deutsche Presse, Düsseldorf 1960.

–: Pressepolitik für Deutsche 1945-1949. Geschichte der deutschen Presse, Teil IV (Abhandlungen und Materialien zur Publizistik, Bd. 10), Berlin 1986.

Kraul, Margret: Das deutsche Gymnasium 1780-1980 (Neue Historische Bibliothek), Frankfurt a.M. 1984.

Krauß, Heinz Ulrich: Frankfurt am Main. Daten, Schlaglichter, Baugeschehen, Frankfurt a.M. 1997.

Krejci, Michael: Die Frankfurter Zeitung und der Nationalsozialismus 1923-1933, Diss. Univ. Würzburg 1965.

Kremming, Rolf: Heinrich Zille, Berlin 2002.

Krieger, Wolfgang (Hrsg.): Adenauer und die Wiederbewaffnung (Rhöndorfer Gespräche, Bd. 18 – Veröffentlichungen der Stiftung Bundeskanzler-Adenauer-Haus), Bonn 2001.

Kroll, Frank-Lothar: Heinrich von Brentano. Ein biographisches Porträt, in: Heinrich von Brentano. Ein Wegbereiter der europäischen Integration, hrsg. vom hessischen Ministerpräsidenten Roland Koch, Redaktion: Frank-Lothar Kroll, München 2004, S. 25-65.

Kröger, Ullrich: Die Ahndung von NS-Verbrechen vor westdeutschen Gerichten und ihre Rezeption in der deutschen Öffentlichkeit 1958 bis 1965 – unter besonderer Berücksichtigung von »Spiegel«, »Stern«, »Zeit«, »SZ«, »FAZ«, »Welt«, »Bild«, »Hamburger Abendblatt«, »NZ« und »Neuem Deutschland«, Diss., Univ. Hamburg 1973.

Krüger, Horst: Ein frühes Nein – ein spätes Ja. Ein deutscher Intellektueller und sein Staat, in: Walter Scheel (Hrsg.): Nach dreißig Jahren ... Geschichte, Gegenwart und Zukunft der Bundesrepublik Deutschland, Stuttgart 1979, S. 246-255.

Kruse, Wolfgang (Hrsg.): Eine Welt von Feinden. Der Große Krieg 1914-1918, Frankfurt a.M. 1997.

–: Krieg und Kultur: Die Zivilisationskrise, in: Ders. (Hrsg.): Eine Welt von Feinden. Der Große Krieg 1914-1918, Frankfurt a.M. 1997, S. 183-195.

Kücklich, Erika: Ernst Thälmann und die Reichspräsidentenwahl 1932 (Illustrierte historische Hefte, Bd. 41), Berlin 1986.

QUELLEN UND LITERATUR

Kullmann, Adolf: Die Stellungnahme der »Frankfurter Zeitung« zum Kulturkampf, Diss. Univ. Würzburg 1922.

Kurucz, Jenö: Struktur und Funktion der Intelligenz während der Weimarer Republik (Sozialforschung und Sozialordnung, Bd. 3), Bergisch Gladbach 1967.

Kurzke, Hermann: Thomas Mann. Das Leben als Kunstwerk, München 1999.

Langenbucher, Wolfgang R.: Buchbesprechung von: FAZ (Hrsg.): Sie redigieren und schreiben, in: Publizistik 19 (1974), S. 1f. und 20 (1975), S. 645.

–: Journalismus als Kulturleistung. Aufklärung, Wahrheitssuche, Realitätserkundung, in: Aviso 5. Jg., Nr. 11/Juli 1994, S. 7-10.

Langewiesche, Dieter (Hrsg.): Liberalismus im 19. Jahrhundert: Deutschland im europäischen Vergleich (Kritische Studien zur Geschichtswissenschaft, Bd. 79), Göttingen 1988.

Large, David Clay: Hitlers München. Aufstieg und Fall der Hauptstadt der Bewegung, deutsche Taschenbuchausgabe, München 2001.

Latzel, Klaus: Vom Kriegserlebnis zur Kriegserfahrung. Theoretische und methodische Überlegungen zur erfahrungsgeschichtlichen Untersuchung von Feldpostbriefen, in: Militärgeschichtliche Mitteilungen, Bd. 56, 1997, S. 1-30.

Lauber, Heinz: Der 1. Mai unter dem Hakenkreuz. Hitlers »Machtergreifung« in Arbeiterschaft und in Betrieben. Augen- und Zeitzeugen, Daten, Fakten, Dokumente, Quellentexte, Thesen und Bewertungen, Gerlingen 1983.

Laurien, Ingrid: Die Verarbeitung von Nationalsozialismus und Krieg in den politisch-kulturellen Zeitschriften der Westzonen 1945-1949, in: Geschichte in Wissenschaft und Unterricht, 1988, S. 220-237.

–: Politisch-kulturelle Zeitschriften in den Westzonen 1945-1949. Ein Beitrag zur politischen Kultur der Nachkriegszeit, Frankfurt a.M. 1991.

Lehmann-Haupt, Hellmut: Art under dictatorship, New York 1954.

Lehnert, Detlev/Klaus Megerle (Hrsg.): Politische Teilkulturen zwischen Integration und Polarisierung. Zur politischen Kultur der Weimarer Republik, Opladen 1990.

Leichtentritt, Hugo: Frédéric Chopin. Eine Biographie, Leipzig 2007.

Lemke, Cordula/Claus Zittel (Hrsg.): Joseph Conrad 1857-1924 (Memoria, Bd. 8), Berlin 2007.

Leonhardt, Rudolf Walter: Kritik der FAZ, in: »Die Zeit«, 23. Jg./ Nr. 26, 28.6.1968.

Lepenies, Wolf: Aufstieg und Fall der Intellektuellen in Europa, Frankfurt a.M. 1992.

Lepsius, Rainer M.: Bürgertum als Gegenstand der Sozialgeschichte, in: Wolfgang Schieder (Hrsg.): Sozialgeschichte in Deutschland: Entwicklung und Perspektiven im internationalen Zusammenhang, Band IV: Soziale Gruppen in der Geschichte, Göttingen 1987, S. 61-80.

–: Bildungsbürgertum im 19. Jahrhundert, Teil 3: Lebensführung und ständische Vergesellschaftung, Stuttgart 1992.

Lethmair, Thea: Die Frauenbeilage der »Frankfurter Zeitung«. Ihre Struktur – ihre geistigen Grundlagen, Diss. Univ. München 1956.

Leven, Karl-Heinz: Der Freiburger Pathologe Franz Büchner 1941. Widerstand mit und ohne Hippokrates, in: Bernd Grün (Hrsg.): Medizin und Nationalsozialismus. Die Freiburger Medizinische Fakultät und das Klinikum in der Weimarer Republik und im »Dritten Reich« (Medizingeschichte im Kontext, Bd. 10), Franfurt a.M. 2002, S. 362-396.

LITERATUR

Lill, Klaus: Die Künstlernovelle: J. von Eichendorff: Aus dem Leben eines Taugenichts; Th. Mann: Tonio Kröger, Paderborn 2003.

Lindner, Stephan H.: Hoechst. Ein IG Farben Werk im Dritten Reich, 2. Auflage, München 2005.

Linn, Gottfried: Zur Einschätzung sowjetischer Bedrohung in der westdeutschen überregionalen Tages- und Wochenpresse, dargestellt am Beispiel »Die Welt«, »Frankfurter Allgemeine Zeitung« und »Rheinischer Merkur/Christ und Welt« im Untersuchungszeitraum 1975-1981, Diss. Univ. Bonn 1983.

Lohmeier, Anke-Marie: Geschichtsdeutung und Selbstverständnis der westdeutschen Intelligenz in den frühen Nachkriegsjahren. Konsensbildung in den politisch-kulturellen Zeitschriften 1945-1949, in: DAAD (Hrsg.): Germanistentreffen Bundesrepublik Deutschland — Polen. Dokumentation, Bonn 1994, S. 203-217.

Longerich, Peter: Die braunen Bataillone. Geschichte der SA, München 1989.

Loth, Wilfried: Der Weg nach Europa. Geschichte der europäischen Integration 1939-1957, Göttingen 1990.

–: Die Teilung der Welt. Geschichte des Kalten Krieges 1941-1955, 4. Auflage, München 1983.

Löwenthal, Richard/Patrick von zur Mühlen (Hrsg.): Widerstand und Verweigerung in Deutschland 1933-1945, Berlin 1982.

–: Widerstand im totalen Staat, in: Ders./Patrick von zur Mühlen (Hrsg.): Widerstand und Verweigerung in Deutschland, Neuausgabe, Bonn 1997, S. 11-24.

Lundgreen, Peter (Hrsg.): Sozial- und Kulturgeschichte des Bürgertums. Eine Bilanz des Bielefelder Sonderforschungsbereichs 1986-1997, Göttingen 2000.

Lupfer, Gilbert/Paul Sigel: Walter Gropius, 1883-1869. Protagonist der neuen Form, Köln 2004.

Lynar, Ingrid Gräfin von (Hrsg.): Facsimile-Querschnitt durch die Frankfurter Zeitung. Eingeleitet von Benno Reifenberg (Facsimile-Querschnitte durch alte Zeitungen und Zeitschriften, Bd. 3), Bern u.a. 1964.

Mai, Günther: Das Ende des Kaiserreichs. Politik und Kriegführung im Ersten Weltkrieg, München 1987.

Mallmann, Klaus-Michael/Paul, Gerhard: Resistenz oder loyale Widerwilligkeit? Anmerkungen zu einem umstrittenen Begriff, in: Zeitschrift für Geschichtswissenschaft (1993), Heft 41, S. 99-116.

Mannheim, Karl: Das Problem der Generationen, in: Kölner Vierteljahrshefte für Soziologie, Jg. 7, 1928, Heft 2/3, S. 157-185 sowie S. 309-330.

Marchand, Suzanne L.: Down from Olympus. Archaeolgy and Philhellenism in Germany 1750-1970, Princeton 1996.

Martin, Bernhard: Dichtung und Ideologie. Völkisch-nationales Denken im Werk Rudolf Georg Bindings (Europäische Hochschulschriften, Reihe 1: Deutsche Sprache und Literatur, Bd. 950), Frankfurt a.M. u.a. 1986.

Maser, Werner: Hindenburg: Eine politische Biographie, ungek., geringf. veränd. Ausg. Frankfurt a.M. 1992.

Mayer, Hartmut: Paul Ludwig Troost: »Germanische Tektonik« für München, Tübingen 2007.

Meier, Nikolaus: Heinrich Wölfflin (1864-1945), in: Heinrich Dilly (Hrsg.): Altmeister moderner Kunstgeschichte, 2., durchgesehene Auflage, Berlin 1999.

Mergel, Thomas: Zwischen Klasse und Konfession. Katholisches Bürgertum im Rheinland 1794-1914 (Bürgertum. Beiträge zur europäischen Gesellschaftsgeschichte, Bd. 9), Göttingen 1994.

Merrill, John C.: The Elite Press. Great Newspapers of the World, New York/Toronto/London 1968, S. 197-203.

–/Harold A. Fisher: The World's Great Dailies. Profiles of Fifty Newspapers, New York 1980.

Meyer, Hans: Niederländisch-Ostindien. Eine länderkundliche Skizze, Berlin 1922.

Michalka, Wolfgang (Hrsg.): Der Erste Weltkrieg. Wirkung, Wahrnehmung, Analyse, München/Zürich 1994.

Migge, Walter: Wilhelm Hausenstein. Wege eines Europäers. Katalog einer Ausstellung, Marbach a.N. 1967.

Mirbt, Karl-Wolfgang: Methoden publizistischen Widerstandes im Dritten Reich, nachgewiesen an der »Deutschen Rundschau« Rudolf Pechels, Diss. FU Berlin 1959.

Möller, Frank: Bürgerliche Herrschaft in Augsburg 1790-1880, München 1998.

Mohler, Armin: Die Konservative Revolution in Deutschland 1918-1932. Ein Handbuch, 3. Auflage, Darmstadt 1993.

Mommsen, Wolfgang J.: Bürgerstolz und Weltmachtstreben 1890-1918, Berlin 1995.

–: Bürgerliche Kultur und künstlerische Avantgarde. Kultur und Politik 1870-1918, Frankfurt a.M./Berlin 1994.

–: Der Erste Weltkrieg. Anfang vom Ende des bürgerlichen Zeitalters (Schriftenreihe der Bundeszentrale für politische Bildung, Bd. 439), Frankfurt a.M. 2004.

Morsey, Rudolf: Die Bundesrepublik Deutschland. Entstehung und Entwicklung bis 1969, 2. Auflage, München 1990.

Mosse, George L.: Gefallen für das Vaterland. Nationales Heldentum und namenloses Sterben, Stuttgart 1993.

–: Jewish Emanzipation: Between Bildung and Respectability, in: J. Reinharz/W. Schatzberg (Hrsg.): The Jewish Response to German Culture: From the Enlightenment to the Second World War, Hanover 1985, pp. 1-16.

–: Jüdische Intellektuelle in Deutschland. Zwischen Religion und Nationalismus, Frankfurt a.M. 1992.

Müller, Bruno: Stiftungen in Frankfurt am Main: Geschichte und Wirkung, neubearbeitet und fortgesetzt durch Hans-Otto Schembs (Mäzene, Stifter, Stadtkultur, Bd. 7), Frankfurt a.M. 2006.

Müller, Guido: Deutsch-französische Gesellschaftsbeziehungen nach dem Ersten Weltkrieg. Das Deutsch-Französische Studienkomitee und der Europäische Kulturbund im Rahmen deutsch-französischer Verständigungsbewegungen, Habilitationsschrift, Aachen 1997.

–: Pierre Viénot: Schöpfer des Deutsch-Französischen Studienkomitees (1926-1938) und Europäer der Ersten Nachkriegszeit, in: Journal of European Integration History 4 (1998), Nr. 1, S. 5-26.

–: Theodor Heuss: deutscher Bildungsbürger und ethischer Liberalismus. Probleme und Aufgaben einer Heuss-Biographie in der Spannung zwischen politisch-gesellschaftlichen Strukturen und selbstverantworteter Individualität (1884-1963), in: Jahrbuch zur Liberalismus-Forschung, Bd. 15, 2003, S. 199-214.

LITERATUR

Müller, Hans-Peter: Sozialstruktur und Lebensstile. Der neuere theoretische Diskurs über soziale Ungleichheit, 2. Auflage, Frankfurt a.M. 1993.

Müller-Seidel, Walter: Zur geistigen Situation der Zeit – um 1945, in: Wilfried Barner und Christoph König (Hrsg.): Zeitenwechsel. Germanistische Literaturwissenschaft vor und nach 1945, Frankfurt a.M. 1996, S. 420/421.

Müller-Vogg, Hugo (Hrsg.): Wege zur Stadtgeschichte. Spaziergänge durch Frankfurt, Frankfurt a.M. 1995.

Naumann, Jenny: Grenzen von Information und Meinungsbildung. Inhaltsanalytische Fallstudie der Berichte in der Frankfurter Allgemeinen Zeitung über den Kommunismus in Italien von 1948 bis 1978, Diss. Univ. Bremen 1982.

Neuhaus, Stefan (Hrsg.): Ernst Toller und die Weimarer Republik: Ein Autor im Spannungsfeld von Literatur und Politik (Schriften der Ernst-Toller-Gesellschaft, Bd. 1), Würzburg 1999.

Niethammer, Lutz u.a. (Hrsg.): Bürgerliche Gesellschaft in Deutschland. Historische Einblicke, Fragen, Perspektiven, Frankfurt a.M. 1990.

Nipperdey, Thomas: Deutsche Geschichte 1800-1866. Bürgerwelt und starker Staat, 6., durchgesehene Auflage, München 1993.

–: Deutsche Geschichte 1866-1918. Band I: Arbeitswelt und Bürgergeist, München 1990.

–: Deutsche Geschichte 1866-1918. Band II: Machtstaat vor der Demokratie, 3., durchgesehene Auflage, München 1995.

–: Wie das Bürgertum die Moderne fand, Berlin 1988.

Noack, Paul: Widerspruch und Widerstand. Zweierlei Intellektuelle, in: Die politische Meinung, Nr. 310, 1995, S. 11-17.

Nürnberger, Helmuth: Joseph Roth, Reinbek bei Hamburg 1981.

Oelsner, Reiner F.: Bemerkungen zum Leben und Werk von Carl Bosch: Vom Industriemanager zum Chef der IG Farbenindustrie (LTA-Forschung, Bd. 28), Mannheim 1998.

Ohnmacht, Tina: Geschlechterdiskurs in der Tagespresse. Institutionalisierte Orte des Redens über Frauen in der Frankfurter Zeitung und der Frankfurter Rundschau, Magisterarbeit Univ. Konstanz 2000.

Oliver, Charles M.: Critical companion to Ernest Hemingway. A literary reference to his life and work (Facts on File library of American literature), New York 2007.

Omland, Frank: Die Reichstagswahl und Volksabstimmung vom 12.11.1933, die Volksabstimmung vom 19.8.1934, in: Ders.: Wahlkampf, Wahlzwang, Wahlfälschung, Teil 1 (Mitteilungen der Gesellschaft für Kieler Stadtgeschichte, Bd. 80,6), Kiel 2002, S. 241-295.

Otto, Karl A.: Vom Ostermarsch zur APO. 1960 bis 1970, Frankfurt a.M./New York 1970.

Pannier, Jörg: Das Vexierbild des Politischen. Dolf Sternberger als politischer Aristoteliker, Berlin 1996.

Pape, Birgit: Vorschule der Demokratie in Deutschland. Dolf Sternbergers Zeitschrift »Die Wandlung« trat zwischen 1945 und 1949 für die Bürgergesellschaft ein, in: Frankfurter Allgemeine Zeitung Nr. 285 vom 11.12.1999.

Paul, Gerhard: »Deutsche Mutter – heim zu Dir!«. Warum es mißlang, Hitler an der

Saar zu schlagen. Der Saarkampf 1933-1935, mit einem Vorwort von Eike Henning, Köln 1984, zugl. Diss. Universität Kassel 1984.

Peters, Olaf: Vom schwarzen Seiltänzer. Max Beckmann zwischen Weimarer Republik und Exil, Berlin 2005.

Peukert, Detlev J.K.: Die Weimarer Republik. Krisenjahre der Klassischen Moderne, Frankfurt a.M. 1987.

Pfeiffer, Hermannus (Hrsg.): Die FAZ. Nachforschungen über ein Zentralorgan (Kleine Bibliothek 489: Politik und Zeitgeschichte), Köln 1988.

Pfeil, Alfred: Der Völkerbund: Literaturbericht und kritische Darstellung seiner Geschichte (Erträge der Forschung, Bd. 58), Darmstadt 1976.

Philipp, Michael: Distanz und Anpassung. Sozialgeschichtliche Aspekte der Inneren Emigration, in: Exilforschung. Ein internationales Jahrbuch, hrsg. im Auftrag der Gesellschaft für Exilforschung von Claus-Dieter Krohn, Band 12: Aspekte der künstlerischen inneren Emigration 1933-1945, München 1994, S. 11-30.

Pietsch, Ilse: Das Theater als politisch-publizistisches Führungsmittel im Dritten Reich, Diss. Univ. Münster 1952.

Pilgert, Henry P.: Press, Radio and Film in West Germany 1945-1955. Historical Division Office of the U.S. High Commissioner of Germany, 1953.

Piron, M.K.: Zweimal Rudolf Geck. Frankfurter Erinnerungen, in: Frankfurter Rundschau, 13. Jg., Nr. 225, 28.9.1957.

Poidevin, Raymond/Jacques Bariéty: Frankreich und Deutschland. Die Geschichte ihrer Beziehungen 1815-1975, München 1982.

Pritzkoleit, Kurt: Wem gehört Deutschland? Eine Chronik von Besitz und Macht, Wien/München/Basel 1958.

Prochasson, Christophe: Les intellectuels, le socialisme et la guerre 1900-1938, Paris 1993.

Pross, Harry (Hrsg.): Deutsche Presse seit 1945, Bern/ München/Wien 1965.

Pufendorf, Astrid von: Otto Klepper (1888-1957). Deutscher Patriot und Weltbürger (Studien zur Zeitgeschichte, Bd. 54), München 1997, zugleich Diss. Univ. Frankfurt a.M.

Pyta, Wolfram: Hindenburg: Herrschaft zwischen Hohenzollern und Hitler, 2., durchgesehene Aufl., München 2007.

Rahden, Till van: Von der Eintracht zur Vielfalt: Juden in der Geschichte des deutschen Bürgertums, in: Andreas Gotzmann/Rainer Liedtke/Till van Rahden (Hrsg.): Juden, Bürger, Deutsche. Zur Geschichte von Vielfalt und Differenz 1800-1933, Tübingen 2001 (Schriftenreihe wissenschaftlicher Abhandlungen des Leo Baeck Instituts, Bd. 63), S. 9-31.

Raithel, Thomas: Das »Wunder« der inneren Einheit. Studien zur deutschen und französischen Öffentlichkeit bei Beginn des Ersten Weltkrieges, Bonn 1996.

Rasehorn, Theo: Presse und politische Kultur am Beispiel eines »Weltblatts«, in: Frankfurter Hefte, 35. Jg./Heft 9, September 1980, S. 18-24.

Rave, Paul Ortwin: Kunstdiktatur im Dritten Reich, Hamburg 1949.

Rebentisch, Dieter: Max Beckmann und Frankfurt am Main, in: Archiv für Frankfurts Geschichte und Kunst 69, 2003, S. 127-157.

Reimertz, Stephan: Max Beckmann, Reinbek bei Hamburg 1995.

Reißmüller, Johann Georg (Hrsg.): »Dazu möchte ich bemerken ...«. Leserbriefe in der Frankfurter Allgemeinen Zeitung aus 50 Jahren, München 1999.

Repenning, Diana: »Linke Texte« – »rechte Texte«? Analyse der Sprache politischer Zeitungskommentare und Leitartikel. Am Beispiel der »Frankfurter Allgemeinen Zeitung« und der »tageszeitung«, Göttingen 1997.
Requate, Jörg: Journalismus als Beruf. Entstehung und Entwicklung des Journalistenberufs im 19. Jahrhundert. Deutschland im internationalen Vergleich (Kritische Studien zur Gesellschaftswissenschaft, Bd. 109), Göttingen 1995.
Rieder, Silvia B.: Das Image der Gebildeten vom Fernsehen und die Fernsehberichterstattung in der Presse in den Jahren 1951 bis 1960. Dargestellt am Beispiel der Presseorgane »Frankfurter Allgemeine Zeitung« und »Der Spiegel«. Deskriptive Inhaltsanalyse, Magisterarbeit Univ. München 1990.
Riedl, Anton: Liberale Publizistik für soziale Marktwirtschaft. Die Unterstützung der Wirtschaftspolitik Ludwig Erhardts in der Frankfurter Allgemeinen Zeitung und der Neuen Zürcher Zeitung 1948/49 bis 1957 (Theorie und Forschung 187), Regensburg 1992, zugl. Diss. Univ. Erlangen-Nürnberg 1992.
Ringer, Fritz K.: Die Gelehrten. Der Niedergang der deutschen Mandarine 1890-1933, Stuttgart 1983.
Ritter, Gerhard: Eine neue Kriegsschuldthese? Zu Fritz Fischers »Griff nach der Weltmacht«, in: Historische Zeitschrift 194 (1962), S. 646-668.
Ritter, Gerhard A. u.a.: Totalitäre Verführung im Dritten Reich. Arbeiterschaft, Intelligenz, Beamtenschaft, Militär, hrsg. von der Bayerischen Landeszentrale für Politische Bildungsarbeit München (Zeitfragen. Bayerischen Landeszentrale für Politische Bildungsarbeit, Bd. 19), München 1983.
Robinson, David: Chaplin. Sein Leben, seine Kunst, Zürich 1993.
Rodenberg, Hans-Peter: Ernest Hemingway, Reinbek bei Hamburg 1999.
Rösler, Reinhard: Beiträge zur Publizistik für die Entwicklung der Literatur in den westlichen Besatzungszonen während der Jahre 1945-49. Zur Literaturkonzeption der Zeitschriften »Die Nation«, »Das Neue Wort«, »Die Fähre«, »Welt und Wort«, »Die Gegenwart«, »Merkur«, Diss.Univ. Rostock 1981.
Roloff, Gerhard: Exil und Exilliteratur in der deutschen Presse 1945-1949. Ein Beitrag zur Rezeptionsgeschichte, Meisenheim/Glan 1976.
Roth, Ralf: Stadt und Bürgertum in Frankfurt am Main. Ein besonderer Weg von der ständischen zur modernen Bürgergesellschaft 1760-1914 (Stadt und Bürgertum, Bd. 7), München 1996.
Rothfels, Hans: Die deutsche Opposition gegen Hitler, neue, erweiterte Ausgabe, Frankfurt a.M./Hamburg 1969.
Rupp, Hans Karl: Außerparlamentarische Opposition in der Ära Adenauer. Der Kampf gegen die Atombewaffnung in den fünfziger Jahren. Eine Studie zur innenpolitischen Entwicklung der Bundesrepublik Deutschland, Köln 1970.
Rürup, Reinhard: Emanzipation und Antisemitismus. Studien zur »Judenfrage« der bürgerlichen Gesellschaft (Kritische Studien zur Geschichtswissenschaft, Bd. 15), Göttingen 1975.
Saltzman, Cynthia: Das Bildnis des Dr. Gachet. Geschichte eines Meisterwerks, deutsche Ausgabe, Frankfurt a.M./Leipzig 2003.
Sander, Gabriele: »Tatsachenphantasie«. Alfred Döblins Roman »Berlin Alexanderplatz«. Die Geschichte vom Franz Biberkopf (Marbacher Magazin, Bd. 119), Marbach a. Neckar 2007.

QUELLEN UND LITERATUR

Satzinger, Helga: Die Geschichte der genetisch orientierten Hirnforschung von Cécile und Oskar Vogt (1875-1962, 1870-1959) in der Zeit von 1895 bis ca. 1927 (Braunschweiger Veröffentlichungen zur Geschichte der Pharmazie und der Naturwissenschaften, Bd. 41), Stuttgart 1998.

Schäfer, Ulrich P.: Rudolf Kircher als Londoner Korrespondent der Frankfurter Zeitung 1920-1923 (Europäische Hochschulschriften, Reihe 40: Kommunikationswissenschaft und Publizistik 43), Frankfurt a.M. 1994, zugl. Diss. Dortmund 1991.

Schembs, Hans-Otto: Jüdische Mäzene und Stifter in Frankfurt am Main, Frankfurt a.M. 2007.

Schenkel, Elmar: Fahrt ins Geheimnis: Joseph Conrad. Eine Biographie, Frankfurt a.M. 2007.

Schildt, Axel (Hrsg.): Dynamische Zeiten. Die 60er Jahre in den beiden deutschen Gesellschaften (Hamburger Beiträge zur Sozial- und Zeitgeschichte, Bd. 37), Hamburg 2000.

–: Zwischen Abendland und Amerika. Studien zur westdeutschen Ideenlandschaft der 50er Jahre (Ordnungssysteme. Studien zur Ideengeschichte der Neuzeit, Bd. 4), München 1999.

Schimpf, Gudrun-Christine: Geld, Macht, Kultur. Kulturpolitik in Frankfurt am Main zwischen Mäzenatentum und öffentlicher Finanzierung 1866-1933, Frankfurt a.M. 2007.

Schivelbusch, Wolfgang: Intellektuellendämmerung. Zur Lage der Frankfurter Intelligenz in den zwanziger Jahren: die Universität, das Freie Jüdische Lehrhaus, die Frankfurter Zeitung, Radio Frankfurt, der Goethe-Preis und Sigmund Freud, das Institut für Sozialforschung, 2. Auflage, Frankfurt a.M. 1983.

Schlich, Jutta (Hrsg.): Intellektuelle im 20. Jahrhundert in Deutschland (Internationales Archiv für Sozialgeschichte der deutschen Literatur, 11. Sonderheft), Tübingen 2000.

Schmelzer, Janis: IG Farben – vom »Rat der Götter«. Aufstieg und Fall, Stuttgart 2006.

Schmuhl, Hans-Walter: Bürgertum und Stadt, in: Peter Lundgreen (Hrsg.): Sozial- und Kulturgeschichte des Bürgertums, S. 224-248.

Schölzel, Stephan: Die Pressepolitik in der französischen Besatzungszone 1945-1949, Mainz 1986.

Schramm, Wilbur: Frankfurter Allgemeine Zeitung, in: Ders.: One Day in the World Press. Fourteen Great Newspapers on a Day of Crisis, Nov. 2, 1956, Stanford/Calif., 1959, S. 37-49.

Schreiber, Matthias: Martin Niemöller, Reinbek bei Hamburg 1997.

Schübeler, Walter: Die Redaktion der »Frankfurter Zeitung« in ihrem letzten Jahrzehnt (1933-1943), Magisterarbeit Univ. Münster 1988.

Schütz, Erhard: Romane der Weimarer Republik, München 1986.

Schütz, Walter J.: Wettbewerbsbedingungen und Konzentrationstendenzen der deutschen Tageszeitungen. Ergebnisse pressestatistischer Strukturuntersuchungen, in: Publizistik. Festschrift für Edgar Stern-Rubarth, Bremen 1963, S. 171-187.

Schulte Strathaus, Constantin: Verpasste Chancen? Paul Sethes publizistische Opposition gegen Adenauer in der »Frankfurter Allgemeinen Zeitung« (FAZ) 1949-1955, Diplomarbeit Univ. Eichstätt 2002.

Schultz, Klaus D.: Unternehmerinteresse und Wirtschaftssystem. Beiträge der Unternehmer zur politischen Entwicklung der Bundesrepublik Deutschland (Arnoldshainer Schriften zur interdisziplinären Ökonomie, Bd. 12), Frankfurt 1986.

Schulz, Karola: Fast ein Revolutionär. Fritz von Unruh zwischen Exil und Remigration (1932-1962) (Cursus, Bd. 11), München 1995.

Schulze, Hagen: Weimar. Deutschland 1917-1933 (Die Deutschen und ihre Nation, Bd. 4), Berlin 1982.

Schwalm, Jürgen: »Ich musste es auf meine Weise sagen«. Annette Kolb (1870-1967). Leben und Werk, Bad Schwartau 2006.

Schwarz, Hans-Peter: Die Ära Adenauer 1949-1957. Gründerjahre der Republik (Geschichte der Bundesrepublik Deutschland, Bd. 2), Stuttgart/Wiesbaden 1981.

–: Die Ära Adenauer 1957-1963. Epochenwechsel (Geschichte der Bundesrepublik Deutschland, Bd. 3), Stuttgart/Wiesbaden 1983.

Senzer, Heinz Peter: Die Tagespresse in der amerikanischen Besatzungszone Deutschlands nach dem Zweiten Weltkrieg, Diss., Wien 1951.

Seubert, Holger: Deutsch-französische Verständigung. René Schickele, München 1993.

Seul, Jürgen: Karl Mey im Urteil der »Frankfurter Zeitung«, Husum 2001.

Sheehan, James J.: Der deutsche Liberalismus von den Anfängen im 18. Jahrhundert bis zum Ersten Weltkrieg, München 1989.

Shirer, William L.: Aufstieg und Fall des Dritten Reiches, Frankfurt a.M./Wien/Zürich 1962.

Schubert, Klaus von: Wiederbewaffnung und Westintegration. Die innere Auseinandersetzung um die militärische und außenpolitische Orientierung der Bundesrepublik 1950-1952, 2. Auflage, Stuttgart 1972.

Sirinelli, Jean-François: Génération intellectuelle. Khâgneux et Normaliens dans l'entre-deux-guerres, Paris 1988.

Sonnabend, Gaby: Pierre Viénot (1897-1944). Ein Intellektueller in der Politik (Pariser Historische Studien, Bd. 69), München 2005.

Sonntag, Christian: Medienkarrieren. Biografische Studien über Hamburger Nachkriegsjournalisten 1946-1949 (Forum Kommunikation und Medien, Bd. 5), München 2006.

Sontheimer, Kurt: Die Adenauer-Ära. Grundlegung der Bundesrepublik (Deutsche Geschichte der neuesten Zeit vom 19. Jahrhundert bis in die Gegenwart), München 1991.

–: Zwei deutsche Republiken und ihre Intellektuellen. Die Rolle der Intelligenz in Weimar und in Bonn, in: Merkur 36 (1982), Heft 11, S. 1062-1071.

Sösemann, Bernd: Periode des Übergangs oder »Ende des Systems«? Liberale Publizistik im Weimar der Präsidialkabinette, in: Thomas Koebner: Weimars Ende. Prognosen und Diagnosen in der deutschen Literatur und politischen Publizistik 1930-1933, Frankfurt a.M. 1982, S. 143-181.

–: Voraussetzungen und Wirkungen publizistischer Opposition im Dritten Reich, in: Publizistik, 30. Jg. (1985), S. 195-215.

–: Die Frankfurter Zeitung im Nationalsozialismus. Zwischen Distanz und Anpassung, in: Die Zeit, Nr. 11, 6.3.1987.

–: Journalismus im Griff der Diktatur. Die ›Frankfurter Zeitung‹ in der nationalsozialistischen Pressepolitik, in: Christoph Studt (Hrsg.): »Diener des Staates«, S. 11-38.

Stalder, Helmut: Siegfried Kracauer. Das journalistische Werk in der »Frankfurter Zeitung« 1921-1933 (Epistemata: Reihe Literaturwissenschaft 438), Würzburg 2003, zugl. Diss. Univ. Zürich 2002.

Stape, John: The several lives of Joseph Conrad, Toronto 2007.

Stark, Michael: Deutsche Intellektuelle 1910-1933. Aufrufe, Pamphlete, Betrachtungen, Heidelberg 1984.

Stein, Dorothee: Die Darstellung von Konrad Adenauer in der BRD während seiner Kanzlerzeit. Dargestellt am Beispiel der Berichterstattung der Frankfurter Allgemeinen Zeitung und des Nachrichtenmagazins Der Spiegel, Magisterarbeit Univ. Mainz 1981.

Steininger, Rolf: Deutsche Geschichte 1945-1961. Darstellung und Dokumente, 2 Bände, 2. Aufl., Frankfurt a.M. 1984.

Steinle, Jürgen: Weimarer Krisenbewußtsein zur Zeit des Präsidialkabinetts Papen im Spiegel der Frankfurter Zeitung, in: Historische Mitteilungen 7 (1994), S. 244-261.

Steinmeier, Georg: Siegfried Kracauer als Denker des Pluralismus. Eine Annäherung im Spiegel Hannah Arendts, Berlin 2008.

Stephan, Werner: Aufstieg und Verfall des Linksliberalismus. Geschichte der Deutschen Demokratischen Partei, Göttingen 1973.

–: Joseph Goebbels, Dämon einer Diktatur, Stuttgart 1949.

Sternberger, Dolf: Hohe See und Schiffbruch. Zur Geschichte einer Allegorie, in: Ders.: Gerechtigkeit für das neunzehnte Jahrhundert. Zehn historische Studien, Frankfurt a.M. 1975, S. 151-164.

Stöcker, Hans/Heinz Greeven/Peter Herbrand: Zwischen den Zeilen. Ein Beitrag zur Geschichte des Widerstandes der deutschen bürgerlichen Presse gegen die Diktatur des Nationalsozialismus, Düsseldorf 1948.

Stoll, Karl: Die politische Stellung der Frankfurter Zeitung (Neue Frankfurter Zeitung, Frankfurter Handelszeitung) in den Jahren 1859 bis 1871, Diss. Univ. Frankfurt a.M. 1932.

Strohmeyr, Armin: Annette Kolb. Dichterin zwischen den Völkern, München 2002.

Strothmann, Dietrich: Nationalsozialistische Literaturpolitik. Ein Beitrag zur Publizistik im Dritten Reich, Bonn 1960.

Studt, Christoph (Hrsg.): »Diener des Staates« oder »Widerstand zwischen den Zeilen«? Die Rolle der Presse im »Dritten Reich«. XVIII. Königswinterer Tagung Februar 2005 (Schriftenreihe der Forschungsgemeinschaft 20. Juli, Bd. 8), Berlin 2007.

Taureck, Margot: Friedrich Sieburg in Frankreich. Seine literarisch-publizistischen Stellungnahmen zwischen den Weltkriegen im Vergleich mit Positionen Ernst Jüngers, Heidelberg 1987.

Tenfelde, Klaus: Stadt und Bürgertum im 20. Jahrhundert, in: Ders./Hans-Ulrich Wehler (Hrsg.): Wege zur Geschichte des Bürgertums, Göttingen 1994, S. 317-353.

Thamer, Hans-Ulrich: Verführung und Gewalt. Deutschland 1933-1945 (Die Deutschen und ihre Nation, Bd. 5), Berlin 1986.

Thoß, Bruno: Der Erste Weltkrieg als Ereignis und Erlebnis. Paradigmenwechsel in der westdeutschen Weltkriegsforschung seit der Fischer-Kontroverse, in: Wolfgang Michalka (Hrsg.): Der Erste Weltkrieg. Wirkung, Wahrnehmung, Analyse, München/Zürich 1994, S. 1012-1043.

Timmermann, Heiner (Hrsg.): Deutschlandvertrag und Pariser Verträge. Im Dreieck von Kaltem Krieg, deutscher Frage und europäischer Sicherheit (Dokumente und Schriften der Europäischen Akademie Otzenhausen, Bd. 115), Münster 2003.

Todorow, Almut: Das Feuilleton der »Frankfurter Zeitung« in der Weimarer Republik. Zur Grundlegung einer rhetorischen Medienforschung (Rhetorik-Forschungen 8), Tübingen 1996.

–: »Wollten die Eintagsfliegen in den Rang höherer Insekten aufsteigen?«. Die Feuilletonkonzeption der Frankfurter Zeitung während der Weimarer Republik im redaktionellen Selbstverständnis, in: Deutsche Vierteljahresschrift für Literatur und Geistesgeschichte, 62. Jg. (1988), Heft 4, S. 697-740.

Toury, Jacob: Der Eintritt der Juden ins deutsche Bürgertum, in: Hans Liebeschütz/ Arnold Paucker (Hrsg.): Das Judentum in der deutschen Umwelt 1800-1850. Studien zur Frühgeschichte der Emanzipation (Schriftenreihe wissenschaftlicher Abhandlungen des Leo Baeck Instituts 35), Tübingen 1977, S. 139-242.

–: Soziale und politische Geschichte der Juden in Deutschland zwischen Revolution, Reaktion und Emanzipation 1847-1871 (Schriftenreihe des Instituts für Deutsche Geschichte, Bd. 2), Düsseldorf 1977.

Trampe, Gustav: Reichswehr und Presse. Das Wehrproblem der Weimarer Republik im Spiegel von »Frankfurter Zeitung«, »Münchner Neueste Nachrichten« und »Vorwärts«, München 1962.

Ulrich, Bernd: Die Augenzeugen. Deutsche Feldpostbriefe in Kriegs- und Nachkriegszeit 1914-1933 (Schriften der Bibliothek für Zeitgeschichte. Neue Folge, Bd. 8), Essen 1997.

–: Feldpostbriefe des Ersten Weltkrieges – Möglichkeiten und Grenzen einer alltagsgeschichtlichen Quelle, in: Militärgeschichtliche Mitteilungen 53, 1994, S. 73-83.

–/Benjamin Ziemann: Das soldatische Kriegserlebnis, in: Wolfgang Kruse (Hrsg.): Eine Welt von Feinden. Der Große Krieg 1914-1918, Frankfurt a.M. 1997, S. 127-158.

– (Hrsg.): Frontalltag im Ersten Weltkrieg. Wahn und Wirklichkeit, Frankfurt a.M. 1994.

Vaillant, Jérôme: Französische Kulturpolitik in Deutschland 1945-1949. Berichte und Dokumente, Konstanz 1984.

Veit, Walter: Die Stunde Null im Spiegel einiger zeitgenössischer Zeitschriften, in: Bernd Hüppauf (Hrsg.): »Die Mühen der Ebenen«. Kontinuität und Wandel in der deutschen Literatur und Gesellschaft 1945-1949, Heidelberg 1981, S. 195-232.

Verhey, Jeffrey: Der »Geist von 1914« und die Erfindung der Volksgemeinschaft, Hamburg 2000.

Vieweg, Klaus: Der Funktionswandel der sogenannten seriösen bürgerlichen Presse, dargestellt an einem Vergleich zwischen der »Frankfurter Zeitung« der Weimarer Republik und der »Frankfurter Allgemeinen Zeitung« in Westdeutschland, Univ. Leipzig 1963.

Vogel, Johanna: Kirche und Wiederbewaffnung. Die Haltung der Evangelischen Kirche in Deutschland und in den Auseinandersetzungen um die Wiederbewaffnung der Bundesrepublik 1949-1956, Göttingen 1978.

Volkov, Shulamit: Die Ambivalenz der Bildung. Juden im deutschen Kulturbereich, in: Dies.: (Hrsg.): Das jüdische Projekt der Moderne. Zehn Essays, München 2001, S. 165-183.

–: Jüdisches Leben und Antisemitismus im 19. und 20. Jahrhundert, München 1990.

Wächter, Ursula: Die Anwendung der Reportage bei der Berichterstattung über innen- und außenpolitische Probleme in überregionalen Tageszeitung der Monopolbourgeoisie der BRD. Untersucht am Beispiel der »Frankfurter Allgemeinen Zeitung«, der »Welt«, der »Süddeutschen Zeitung« und der »Frankfurter Rundschau«. Ein Beitrag zur differenzierten Einschätzung des BRD-Pressesystems, Univ. Leipzig 1985.

Wagener, Hans: René Schickele. Europäer in neun Monaten, Gerlingen 2000.

Wagner, Dietrich: FDP und Wiederbewaffnung, Boppard 1978.

Wagner-Martin, Linda: Ernest Hemingway. A literary life, Basingstoke u.a. 2007.

Waldmüller, Monika: Die Wandlung. Eine Monatsschrift. Herausgegeben von Dolf Sternberger unter Mitwirkung von Karl Jaspers, Werner Krauss und Alfred Weber 1945-1949, Marbach a. N. 1988.

Wehler, Hans-Ulrich: Deutsche Gesellschaftsgeschichte. Dritter Band: Von der »Deutschen Doppelrevolution« bis zum Beginn des Ersten Weltkrieges 1849-1914, München 1995.

–: Deutsche Gesellschaftsgeschichte. Vierter Band: Vom Beginn des Ersten Weltkrieges bis zur Gründung der beiden deutschen Staaten 1914-1949, München 2003.

Wende, Frank: Die belgische Frage in der deutschen Politik des Ersten Weltkrieges, Hamburg 1969.

Werber, Rudolf: Die »Frankfurter Zeitung« und ihr Verhältnis zum Nationalsozialismus, untersucht an Hand von Beispielen aus den Jahren 1932-1943. Ein Beitrag zur Methodik der publizistischen Camouflage im Dritten Reich, Diss. Univ. Bonn 1964.

Werner, Charlotte Marlo: Annette Kolb. Eine literarische Stimme Europas, Königstein/Ts. 2000.

Werner, Johannes: Wilhelm Hausenstein. Ein Lebenslauf, München 2005.

Werth, German: Verdun. Die Schlacht und der Mythos, Bergisch-Gladbach 1979.

Wette, Wolfram (Hrsg.): Der Krieg des Kleinen Mannes. Eine Militärgeschichte von unten, München/Zürich 1992.

Wettig, Gerhard: Entmilitarisierung und Wiederbewaffnung in Deutschland 1943-1955, München 1967.

Wilke, Jürgen: Auf dem Weg zur »Großmacht«. Die Presse im 19. Jahrhundert, in: Rainer Wimmer (Hrsg.): Das 19. Jahrhundert. Sprachgeschichtliche Wurzeln des heutigen Deutsch, Berlin 1991, S. 428-447.

Winkler, Heinrich August (Hrsg.): Politische Weichenstellungen im Nachkriegsdeutschland 1945-1953, Göttingen 1979.

Woisetschläger, Karl: Die Rezeption neuer Erzählliteratur in der »Neuen Freien Presse« und in der »Frankfurter Zeitung« 1918-1933, Diss. Univ. Wien 1991.

Wolbrink, Barbara: Ein Bürger sein? Dolf Sternbergers Besichtigung des bürgerlichen Erbes, in: Dieter Klein/Klaus Hildebrandt/Andreas Schulz (Hrsg.): Historie und Leben. Der Historiker als Wissenschaftler und Zeitgenosse. Festschrift für Lothar Gall zum 70. Geburtstag, München 2006, S. 721-730.

LITERATUR

Wolf, Yvonne: Frank Thiess und der Nationalsozialismus. Ein konservativer Revolutionär als Dissident (Untersuchungen zur deutschen Literaturgeschichte, Bd. 114), Tübingen 2003, zugleich Diss. Univ. Mainz 2001.

Wolfrum, Edgar: Die geglückte Demokratie. Geschichte der Bundesrepublik Deutschland von ihren Anfängen bis zur Gegenwart (Schriftenreihe der Bundeszentrale für politische Bildung, Bd. 641), Bonn 2007.

Wuerstlein, Georg: Zur Problematik der deutschen Presse nach 1945, Diss. Univ. Erlangen 1971.

Wysling, Hans: Thomas Mann – Der Unpolitische in der Politik, in: Neue Rundschau, 1980, Heft 2/3, S. 36-57.

Young-Bruehl, Elisabeth: Hannah Arendt. Leben, Werk und Zeit, Frankfurt a.M. 1986.

Zielinski, Tadeusz A.: Chopin. Sein Leben, sein Werk, seine Zeit, dt. Ausgabe, Mainz 2008.

Ziemann, Benjamin (Hrsg.): Fahnenflucht im deutschen Heer 1914-1918, in: Militärgeschichtliche Mitteilungen 55 (1996), S. 93-130.

Zolleis, Udo: Die CDU. Das politische Leitbild im Wandel der Zeit, Wiesbaden 2008.

Bildnachweis

Deutsches Literaturarchiv, Marbach am Neckar, Bildstelle
    S. 43, 47, 57, 153, 163, 288, 342, 405, 423, 434, 446, 449

Familie Reifenberg
    S. 72, 110, 115, 196, 394, 415

Wolfgang Beckermann
    S. 63

Dank

Dieses Buch ist eine leicht geänderte Fassung meiner Habilitationsschrift, die im Wintersemester 2008/09 am Fachbereich Gesellschaftswissenschaften im Fach Geschichte an der Universität Kassel eingereicht wurde. Das Habilitationsverfahren im Fachgebiet Neuere und Neueste Geschichte wurde im Sommersemester 2009 erfolgreich abgeschlossen. Wie so viele wissenschaftliche Arbeiten ist auch diese Biographie zwar die Leistung einer Einzelperson, verdankt ihr Entstehen und Voranschreiten aber vielen Menschen und Institutionen. Nun, da die Publikation ansteht, nutze ich die Gelegenheit für den Dank:

Er gilt an erster Stelle meinem langjährigen wissenschaftlichen Lehrer Prof. Dr. Jens Flemming, der mich im Sommer 2003 auf den umfangreichen Nachlass Benno Reifenbergs im Deutschen Literaturarchiv in Marbach am Neckar aufmerksam machte und damit die entscheidende Anregung für die Studie gab, die er während des mehr als fünf Jahre dauernden Forschungs- und Schreibprozesses intensiv begleitet hat. Prof. Dr. Hans Manfred Bock danke ich für sein reges Interesse an meinem Vorhaben, seine stets konstruktive Kritik und die große Unterstützung, die er mir insbesondere in der letzten Phase der Abfassung der Arbeit gewährt hat, Prof. Dr. Axel Schildt für seinen unkomplizierten fachlichen und praktischen Beistand als auswärtiger Gutachter.

Bei der Erstellung der Studie habe ich mannigfaltige Hilfe erhalten. Stete Ermutigung und Fürsprache erfuhr ich vor allem von Prof. Dr. Ingrid Baumgärtner, Prof. Dr. Helmut Scheuer, Prof. Dr. Helmuth Schneider und Prof. Dr. Dirk Stegmann. Mit Humor und Freundlichkeit standen mir die Kolleginnen und Kollegen meiner Kasseler Assistentinnenzeit zur Seite, wobei Prof. Dr. Markus Bernhardt, Dr. Theo Broekmann, Dr. Björn Onken, Dr. Pauline Puppel, Dr. Dorothea Rohde und Prof. Dr. Guido Thiemeyer namentlich genannt werden sollen. Mein ganz herzlicher Dank gilt PD Dr. Klaus Weinhauer für die wunderbare Zusammenarbeit an der Leuphana Universität Lüneburg seit Oktober 2007; er wie auch zahlreiche andere Menschen an der Leuphana Universität bewiesen in außerordentlichem Maße Verständnis für die an ihrer Habilitationsschrift arbeitende und deshalb mitunter stark in Anspruch genommene Juniorprofessorin.

Im Zuge meiner Recherchen für dieses Buch habe ich viele Monate im Deutschen Literaturarchiv in Marbach am Neckar verbracht, wo mir die Mitarbeiterinnen und Mitarbeiter der Bibliothek mit Rat und Tat zur

DANK

Seite standen; insbesondere Hildegard Dieke, Heidrun Fink und Thomas Kemme im Lesesaal der Handschriftenabteilung schufen die Rahmenbedingungen für effektive Arbeit in einer angenehmen Atmosphäre. Wertvolle organisatorische Unterstützung, z.T. weit über das übliche Maß hinaus, gewährten mir die Verantwortlichen der Kasseler Universitätsbibliothek, Gislinde Wagner im Sekretariat, Dr. Renate Pletl, Kerstin Pippert und Silke Stoklossa-Metz als Mitarbeiterinnen im Kasseler Dekanat sowie die beteiligten studentischen Hilfskräfte Simona Göbel, Svenja Handke-Zech, Johanna Wohlkopf, Roland Ahrendt und Nadja Seibert. Die engagierte und sorgsame Betreuung des Manuskripts für die Drucklegung versah Hajo Gevers vom Wallstein Verlag. Einen großzügigen Zuschuss zu den Druckkosten gewährte die FAZIT-Stiftung der Frankfurter Allgemeinen Zeitung.

Eine herausragende Rolle bei der Abfassung der Biographie hat Dr. Jan Reifenberg, der 1923 geborene Sohn Benno Reifenbergs und langjährige Auslandskorrespondent der »Frankfurter Allgemeinen Zeitung«, gespielt, der die gesamte Entstehung der Schrift mit hohem Interesse begleitet hat. Zahlreiche Details der Vita Benno Reifenbergs wären ohne seine vertrauensvolle Offenheit und Kooperationsbereitschaft nicht oder nur unvollständig zu ermitteln gewesen; darüber hinaus war er ein kritischer, stets anregender Diskussionspartner in Fragen, die die schwierige Rolle der »Frankfurter Zeitung« und das Selbstverständnis ihrer Redaktion im NS-Staat betrafen. Für diese Mitarbeit, von der ein umfangreicher Briefwechsel zeugt, sowie für die Bereitstellung von Fotos aus dem Privatbesitz schulde ich Jan Reifenberg und seiner Familie großen Dank.

Last not least möchte ich meiner Familie und meinen Freunden von Herzen für den emotionalen Rückhalt und die Geduld in dieser arbeitsintensiven, oft freizeitarmen Lebensphase danken: Eure kontinuierliche Anteilnahme hat mir mehr bedeutet, als ich Euch sagen kann. Eine besondere Freude war die Geburt meiner Nichte und Patentochter Jordis Bussiek im Herbst 2008: Du kamst zur Welt, als ich das Schlusswort dieser Arbeit schrieb!

Lüneburg, im Herbst 2010
Dagmar Bussiek

Knut Bergbauer, Sabine Fröhlich,
Stefanie Schüler-Springorum

Denkmalsfigur

Biographische Annäherung an
Hans Litten 1903-1938
360 S., 58 Abb., geb., Schutzumschlag,
ISBN 978-3-8353-0268-6

In einem spektakulären Prozess vor dem Berliner Kriminalgericht in Moabit stellte der junge Rechtsanwalt Hans Litten 1930 den »Schriftsteller« Adolf Hitler als Zeugen für die Gewaltbereitschaft von SA und NSDAP zur Rede. Litten verteidigte in zahlreichen Prozessen straffällige Jugendliche und kommunistische Arbeiter und griff zugleich die rechtslastige Justiz der letzten Weimarer Jahre scharf an. Seine Biografie ist eine deutsche Lebensgeschichte, die mit der jüdischen Jugendbewegung in Ostpreußen begann und in Dachau endete. Im geteilten Deutschland wurde sie in unterschiedlichen Versionen überliefert. Die einen würdigten den antifaschistischen Bündnispartner der Arbeiterklasse, die anderen – mit jahrzehntelanger Verspätung – den Verteidiger des republikanischen Rechtswesens. Littens Verhaftung 1933 nach dem Reichstagsbrand und sein Tod im Konzentrationslager machten ihn im Osten wie im Westen zum Märtyrer.

Keines der überlieferten Bilder – des jugendbewegten Aktivisten, des engagierten Juristen, des aufrechten KZ-Häftlings – ist »falsch«, aber heute, mit größerem zeitlichem Abstand, wird es möglich, auch die weniger beleuchteten Seiten im Leben Hans Littens wahrzunehmen, die Widersprüche, die zur Eindeutigkeit einer Denkmalsfigur nicht passen wollen.

»Hans Litten wird durch den Band tatsächlich ein Denkmal gesetzt. Es werden neue Details offengelegt und dennoch scheuten sich die Autoren nicht, ihren Protagonisten in seiner Widersprüchlichkeit zu zeigen.«

Jüdische Zeitung

»[…] die umfangreiche Recherche beeindruckt. In dichten Montagen aus Zeitungsbericht und Aktenmaterial veranschaulichen die drei Autoren die Atmosphäre in Berlin kurz vor Hitlers Machtübernahme.«

Stefan Berkholz, Der Tagesspiegel

Wallstein
e-mail: info@wallstein-verlag.de · www.wallstein-verlag.de

Carola Dietze
Nachgeholtes Leben
Helmuth Plessner 1892-1985

2. Auflage, 622 S., 29 Abb., geb., Schutzumschlag,
ISBN 978-3-8353-0078-1

»Inzwischen sind Grenzgänger dieses Profils die gefragtesten Figuren einer Kulturwissenschaft, die nach historischen Impulsgebern sucht, und einer Biographik, die neue Methoden testet. Carola Dietze ist in ihrer Göttinger Dissertation ein Bravourstück gelungen, beides miteinander zu verknüpfen. (...) Dietze findet in ihrem Fazit eine schlüssige Antwort auf die Frage, die allen intellektuellen Biografien gilt: was bindet Leben und Werk eines Autors zusammen?«

Gangolf Hübinger, Süddeutsche Zeitung

»Es ist das Verdienst von Carola Dietze, mit ihrer historisch fundierten, sehr lesenswerten Biografie zur erneuten und vertieften Beschäftigung mit diesem großen Philosophen des 20. Jahrhunderts anzuregen.«

Jens Hacke, H-Soz-u-Kult

»Carola Dietzes gründlich recherchierte Studie erfüllt gleich drei Erwartungen: Sie entwirft die biographischen Konturen eines sozialen, politischen und wissenschaftlichen Außenseiters, der sich als Emigrant und Remigrant sozusagen ständig neu erfinden musste; sie rekonstruiert ein Kapitel deutscher Wissenschaftsgeschichte im 20. Jahrhundert, und sie beleuchtet, das in vieler Hinsicht überaus unerfreuliche geistige und politische Klima in der frühen Bundesrepublik.«

Hans-Martin Lohmann, Die ZEIT

»Ein großartiges Porträt, das Historiker, Philosophen und Kulturwissenschaftler gleichermaßen anregen und faszinieren wird. Dass eine intellektuelle Biographie mehr sein kann als nur ein willkommenes Seitenstück für die sogenannte systematische Beschäftigung, wird hier eindringlich belegt.«

Thomas Meyer, Zeitschrift für Geschichtswissenschaft

Wallstein
e-mail: info@wallstein-verlag.de · www.wallstein-verlag.de

Benigna von Krusenstjern

»daß es Sinn hat zu sterben – gelebt zu haben«
Adam von Trott zu Solz 1909-1944
Biographie

3. Auflage, 608 S., 48 Abb., geb., Schutzumschlag,
ISBN 978-3-8353-0506-9

»Benigna von Krusenstjern, hat in zahlreichen nationalen und internationalen Archiven geforscht und eine Menge unbekanntes Material zutage gefördert. Das Bild, das wir uns bisher von Trott machen konnten, wird dadurch nicht nur um viele Facetten bereichert - es erhält überhaupt zum ersten Mal schärfere Konturen. (...) ein würdiges Denkmal.«

Volker Ullrich, DIE ZEIT

»Es sagt viel aus über unsere politische Kultur, über das moralisch immer so ostentative Nachdenken zur deutschen Geschichte, dass (...) die erste wissenschaftliche Biographie des Widerstandskämpfers Adam von Trott zu Solz erst jetzt, zu seinem hundertsten Geburtstag erscheint. Das durch Genauigkeit und Faktenfülle maßstabsetzende Buch Benigna von Krusenstjerns zeigt zum ersten Mal in umfassender Dokumentation, wie kompromisslos und hellsichtig Trotts Feindschaft gegen den Nationalsozialismus vom ersten Moment an, sogar schon vor der Machtergreifung gewesen ist.«

Gustav Seibt, Süddeutsche Zeitung

»Adam von Trott ist der seltene und damit herausragende Fall eines aus konservativ-adliger Familie stammenden Widerständlers, der von Beginn an für internationale Verständigung, den Ausgleich der Klassen und für Demokratie eintrat. Es ist ein großes Verdienst der Historikerin Benigna von Krusenstjern ... klar und quellensatt wie nie zuvor den politischen Weg Trotts zu verdeutlichen.«

Tilmann Lahme, Deutschlandradio Kultur

»Drei frühen Lebensbeschreibungen Trotts aus dem angloamerikanischen Raum kann jetzt eine grundlegende deutsche Biografie gegenübergestellt werden, die sich durch ihre empathische Zuneigung zum Gegenstand nicht weniger auszeichnet als durch sorgfältigen Umgang mit den (zu einem großen Teil hier erstmals ausgewerteten) Quellen.«

Thomas Karlauf, Die Welt

»The strength of Benigna von Krusenstjern´s comprehensive work ist that she has refrained from excessively prejudging Trott and made her painstaking research speak for itself - and indeed she has succeeded in making it speak loudly. The persuasiveness of this book lies both in the wealth of the materials collated by the author and the modesty of her evaluation. In this case the Rankean formula of history »as it actually happened« has proven its validity.«

Klemens von Klemperer, The Journal of Central European History

Wallstein
e-mail: info@wallstein-verlag.de · www.wallstein-verlag.de